KB047995

디자인보호법
판례연구

디자인법연구회

Case Study on the
Design Protection Act

박영사

발간사

「디자인보호법 판례연구」 독자 여러분, 반갑습니다. 우리 '디자인법연구회'는 우리나라 디자인보호법의 발전 및 각 회원들의 관련 전문성 강화를 목적으로 2015년 5월에 창립되었습니다. 지난 4년간 우리 연구회는 격월로 정기세미나를 개최하여, 2019년 7월 현재까지 제25회에 이르도록 디자인보호법 관련 국내 · 외 판례에 대하여 발표하고, 토론하여 왔습니다. 지난 2018년 11월에는 "4차 산업혁명과 디자인 보호"라는 제목의 공개세미나를 개최하기도 하였습니다. 그러한 세미나를 통하여 국내 · 외의 중요한 판례를 공부하고 회원 개인의 역량을 높여왔다고 생각합니다. 그러나 우리 연구회의 목적은 회원 개인의 디자인보호법 전문성을 높이는 것은 물론이고 또 우리나라 디자인보호법의 발전을 기하는 것입니다. 그래서 지금까지 우리 연구회에서 발표, 토론한 판례평석들을 모아 "디자인보호법 판례연구"라는 이름의 판례평석집을 발간하게 되었습니다. 아무쪼록 이 책의 내용이 독자 여러분의 디자인보호법 공부에 도움이 되기를 소망합니다.

「2017 통계로 보는 특허동향」에 따르면, 1년에 백만 건에 육박하는 전 세계 디자인 출원 중 2위 및 3위 출원인이 각각 삼성전자와 LG전자임에도 불구하고 우리나라의 디자인보호법은 특허법, 상표법, 저작권법 등 다른 지식재산권법에 비해 적절한 정도의 관심을 받지 못하였고, 그럼으로 인하여 디자인보호법의 법리가 충분히 발전할 수 없었지 않았나 생각합니다. 그러나 기술의 발전이 초고도화됨에 따라 가치 피라미드상에서 하이테크가 구현하는 기능적 가치는 일차적인 것으로 당연시하고 거기에 더하여 심미적 가치 또는 자기초월적 가치까지 만족시켜야만 소비자가 지갑을 여는 가치역전의 시대에서 제품 중 디자인이 차지하는 중요도가 점점 높아지고 있으며, 그럼으로 인하여 디자인권 관련 분쟁이 증가할 것이 예상됩니다. 몇 년간 전 세계적으로 진행된 애플과 삼성의 IP 분쟁도 디자인권의 침해가 주요 쟁점이었는데, 이는 아름답고 독창적인 디자인이 현대 소비자의 구매를 유인하는 핵심 요소라는 점을 보여 주는 극단적인 사례입니다. 분쟁의 사전방지 및 효율적 해결을 위해서는 관련 법리가 명확한 가이드라인을 제시하여야 합니다. 충분히 발전하지 않은 디자인보호법 법리는 관련 분쟁의 수와 비용을 늘리는 부작용을 초래할 것입니다. 그런 견지에서 우리 디자인법연구회는 정기세미나의 지속적인 개최, 관련 책자의 발간 등을 통하여 우리나라 디자인보호법의 법리를 더욱 발전시키는 데 기여하고자 합니다. 우리 디자인보호법의 발전이 우리나라 디자인산업의 발전에 일조할 것임을 믿어 의심치 않습니다.

우리 디자인법연구회가 창립 이래로 꾸준히 그리고 효율적으로 연구활동을 계속할 수 있었던 데에는 노태악 초대회장님, 한상욱 전 회장님 및 정차호 현 회장님의 지도력이 큰 공헌을 하였습니다. 이 자리를 빌어 우리 연구회 회원 일동은 그 세 분에게 감사를 드립니다. 그리고 이 책의 발간을 위하여 편집위원장의 역할을 기꺼이 수행하여 주신 이해영 변리사님께도 감사드립니다. 또, 우리 연구회 회원 일동은 상대적으로 관심을 많이 받지 못하는 디자인보호법 분야에서 사명감을 가지고 꾸준히 공부하고, 발표, 토론한 우리 회원 각자에게도 박수를 보내고자 합니다. 우리 연구회가 서로가 서로에게 힘이 되는 장(場)이 되어 왔음을 감사하게 생각합니다. 우리 디자인법연구회는 향후에도 꾸준히 그리고 열심히 연구하여 우리나라 디자인보호법의 발전에 계속 기여할 것을 다짐합니다. 감사합니다.

2019년 8월

디자인법연구회 회원 일동

집필진 명단(가나다 순)

김동원 김 · 장법률사무소 변호사
김동준 충남대학교 법학전문대학원 교수
김 웅 해움특허법인 변리사
김원오 인하대학교 법학전문대학원 교수
김정현 한얼국제특허사무소 변리사, 전 광고디자이너
김지현 법무법인 태평양 변호사
김지훈 특허청 교육기획과 사무관
김희진 삼성전자 수석연구원
노태악 서울고등법원 부장판사
박종학 법무법인 화현 변호사, 전 서울남부지방법원 부장판사
박태일 서울중앙지방법원 부장판사, 전 대법원 재판연구관
변영석 특허청 복합상표심사팀 과장
안원모 홍익대학교 법과대학 교수
유영선 김 · 장법률사무소 변호사
이규홍 특허법원 부장판사
이용민 법무법인 율촌 변호사
이원복 이화여자대학교 법학전문대학원 교수
이해영 리앤목특허법인 변리사
이혜라 LG화학 변리사
장현진 김 · 장법률사무소 변호사, 전 특허법원 판사
전성태 한국지식재산연구원 부연구위원
정차호 성균관대학교 법학전문대학원 교수, 전 특허청 심사관
정태호 경기대학교 지식재산학과 교수, 전 원광대학교 법학전문대학원 교수
정택수 특허법원 고법판사
조국현 특허법인 다래 변리사
한상욱 김 · 장법률사무소 변호사

차례

제 1 장
디자인 성립요건

제 2 장
디자인
등록요건

제 3 장
디자인 유사 판단

제 4 장
디자인권

제 5 장

기타

제 7 장

디자인 성립요건

1-1

디자인 성립요건으로서의 '물품성'에 대한 논의

| 이용민 | 법무법인 율촌 변호사

I 서론

우리나라를 포함한 많은 국가에서 인간의 지적 창작물은 크게 특허, 저작물 및 디자인 중 하나로 보호된다. 즉, 특허법은 "자연법칙을 이용한 기술적 사상의 창작으로서 고도한 것"을 '발명'으로, 저작권법은 "인간의 사상 또는 감정을 표현한 창작물"을 '저작물'로, 그리고 디자인보호법은 "물품[물품의 부분(제42조는 제외한다) 및 글자체를 포함한다. 이하 같다]의 형상 · 모양 · 색채 또는 이들을 결합한 것으로서 시각을 통하여 미감美感을 일으키게 하는 것"을 '디자인'으로 각 정의하여 보호한다. 한편, 상표법은 "자기의 상품과 타인의 상품을 식별하기 위하여 사용하는 표장"을 '상표'로 정의하여 보호한다.

그런데 기술의 발달에 따라 기존에 존재하지 않던 새로운 지적 창작물이 등장하게 되면, 그러한 창작물을 특허, 저작물, 디자인 또는 상표 중 어느 개념에 포함시켜 보호해야 하는지, 혹은 어느 법률에 의한 보호를 부여해야 하는지, 새로운 개념을 창설하여야 하는지가 항상 문제되어 왔고, 특히 디자인보호법 영역에서는 디자인이 반드시 물품에 표현되어야 한다는 물품성 요건 때문에 디자인보호법에서 포섭해야 하는 새로운 지적 창작물, 예를 들어 화상디자인, 건물, 트레이드드레스 등의 보호 자체를 놓치거나 다른 국가들에 비하여 그 보호의 시작시점이 늦어지고 있다는 지적이 계속되어 왔다.

이하에서는 먼저 일반적으로 논의되는 디자인 성립요건으로서의 물품성 인정 요건들을 살펴보고, 물품성과 관련한 우리나라 디자인보호법의 개정 연혁을 간단히 살펴본 뒤, 디자인보호법에 의한 보호영역 확대의 관점에서 물품성과 관련하여 현재 논의되고 있는 쟁점들에 대해 살펴보기로 한다.

II 물품성의 인정 요건

우리나라의 디자인보호법은 물품에 대한 정의 규정을 두지 않고 있다. 그러나 우리 대법원은 "'물품'이란 독립성이 있는 구체적인 유체동산을 의미하는 것으로서, 이러한 물품이 디자인(1)등록의 대상이 되기 위해서는 통상의 상태에서 독립된 거래의 대상이 되어야 하고 …"라고 판시해 오고 있고,(2) 특허청의 디자인심사기준은 '물품'을 "독립성이 있는 구체적인 물품으로서 유체동산을 원칙으로 한다."라고 규정하며,(3) 이러한 해석은 일반적으로도 받아들여지고 있다.(4) 이러한 해석에 따라 물품성의 인정 요건을 세분화하여 살펴보면 다음과 같다.

1. 물품의 독립성

디자인보호법의 보호대상이 되는 물품은 독립하여 거래될 수 있고 소유권의

(1) 그 당시에는 '디자인'을 '의장'으로 표현하였으나 현행법상의 용어로 바꾸어 기재하였다(이하 같다).

(2) 대법원 2004. 7. 9. 선고 2003후274 판결, 대법원 2001. 4. 27. 선고 98후2900 판결.

(3) 특허청, 디자인심사기준, 2018. 1. 1., 108면.

(4) 정상조 외 3인 공편, 디자인보호법 주해, 박영사, 2015, 40면(박태일 집필부분).

객체로서 지배 및 이동이 가능한 것을 말한다. 따라서 독립하여 거래대상이 될 수 없는 물품의 부분, 예를 들어 양말의 뒷굽, 병의 주둥이 등은 독립성의 요건을 갖추지 못한 것으로서 디자인으로 보호 받을 수 없다.(5) 또한 합성물의 구성각편도 독립성을 결여한 것이나, 완성형태가 다양한 조립완구의 구성각편과 같이 독립거래의 대상이 되고 있는 것은 디자인등록의 대상이 된다.(6) 물품의 독립성을 갖추어야 된다는 것의 예외로서 부분디자인 제도가 존재하나, 상거래나 지배의 객체로 되는 것은 물품의 전체이기 때문에 부분디자인의 경우에도 물품의 독립성은 부분디자인을 포함하고 있는 물품의 전체를 기준으로 판단한다.(7)

이러한 물품의 독립성과 관련하여 부품 및 부속품도 물품으로 볼 수 있는지에 대한 논의가 있다. 먼저 부품은 전체를 구성하는 일부이지만 그것만을 떼어낼 수 있고 게다가 그것만으로 독립된 교환가치를 가지므로 디자인보호법상의 물품으로 될 수 있다.(8) 그런데 현실적으로 물품은 다수의 구성부재에 의해 성립하는 것이 보통이며, 그러한 구성부재의 어디까지가 독립된 교환가치를 갖는 부품이며 어디부터가 물품의 부분인가의 구별이 곤란한 경우가 많다.(9) 이에 대하여 우리 대법원은 디자인의 대상이 된 물품이 스위치이나 플레이트 및 노브덮개가 결여된 디자인이 문제된 사안에서(10) "물품이 디자인등록의 대상이 되기 위해서는 통상의 상태에서

(5) 특허청, 디자인심사기준, 2018. 1. 1., 110면.

(6) 특허청, 디자인심사기준, 109면.

(7) 특허청 국제지식재산연수원, 디자인보호법, 2007, 127면.

(8) 노태정 · 김병진, 디자인보호법, 세창출판사, 2009, 167면.

(9) 노태정 · 김병진, 위의 책, 167면.

(10) 등록번호 제123687호 디자인.

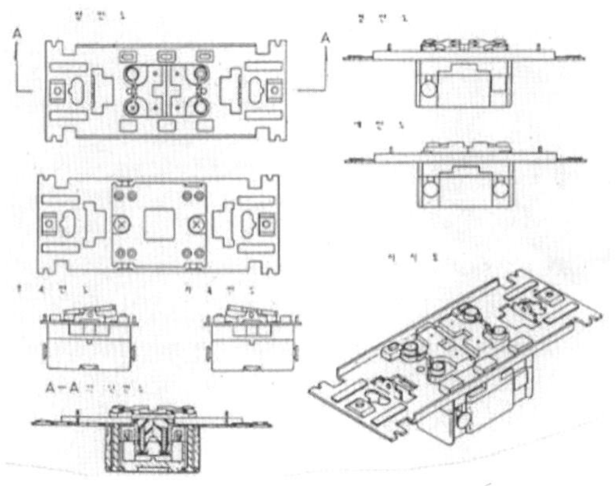

독립된 거래의 대상이 되어야 하고, 그것이 부품인 경우에는 다시 호환성을 가져야 하나, 이는 반드시 실제 거래사회에서 현실적으로 거래되고 다른 물품과 호환될 것을 요하는 것은 아니고, 그러한 독립된 거래의 대상 및 호환의 가능성만 있으면 디자인등록의 대상이 된다."라고 하여 디자인의 물품성을 엄격하게 해석하는 대신 보다 넓게 해석함으로써 디자인보호의 목적을 실질적으로 달성하고자 하였던 것으로 이해된다.(11)(12)

다음으로 부속품 역시 그것만으로는 독립된 경제적 용도를 달성할 수 없고, 완성품에 부가되어서 완성품의 용도를 확장하거나 기능을 보조 · 보충하는 역할을 하지만 그 자체가 독립거래의 대상이 될 수도 있다는 점에서 위 부품과 마찬가지의 기준에 따라 물품으로서의 독립성 요건을 갖추었는지 판단하면 될 것이다.

2. 물품의 유체성

디자인보호법상의 물품은 종래부터 형체를 가지는 유체물에 한하므로, 공간상의 위치, 양의 관계에 있어서 어떤 일정한 형상을 나타내는 것만을 의미한다.(13) 따라서 널리 법적 개념에 있어서는 유체물로 여겨지는 액체와 분상물 또는 입상물의 집합 등 그 자체가 공간상에 일정한 형상을 가지고 존재하지 않는 물은 물품성이 부정되고, 전기, 열, 빛 등과 같이 유형적으로 존재할 수 없는 무체물도 디자인보호법상의 물품이 되지 않는다.(14)

이러한 물품의 유체성과 관련하여서는 네온사인neon sign, 네온이나 아르곤 등의 저압가스를 유리관에 봉입시키고 고압전기를 방전시켜서 빛을 내는 방식의 사인물, 불꽃놀이에서의 불꽃, 홀로그램hologram을 보호할 수 있는지가 문제된다. 이에 대하여 네온사인, 불꽃, 홀로그램 모두 시각에 호소하며 여러 가지 심리작용을 불러오기는 하나 유체물이라고 할 수 없으므로 디자인보호법상 물품의 형상 · 모양 · 색채를 구성하지 못하게 되어 물품성

(11) 대법원 2001. 4. 27. 선고 98후2900 판결; 권택수, "구 의장법 제2조 제1호 소정의 '물품'의 의미 및 그 물품이 의장등록의 대상이 되기 위한 요건(대법원 2001. 4. 27. 선고 98후2900 판결)", 법원도서관, 대법원판례해설 제37호, 2001, 313면, 316면.

(12) 결과적으로 이 경우는 법원의 법률 해석에 의하여 실질적으로 디자인의 보호범위가 확대된 경우로 볼 수 있다.

(13) 노태정 · 김병진, 앞의 책, 170면.

(14) 노태정 · 김병진, 앞의 책, 170면.

의 요건을 결여한 것으로 본다.(15) 이 중 홀로그램은 실물과 똑같이 입체적으로 보이는 사진의 한 종류라고 볼 수 있고, 그 사진을 표시할 수 있는 표시부가 존재하는 것은 아니지만, 표시부를 특정할 수 있는 물품이 존재하지 않는다는 점에서만 화상 디자인과 차이가 있으므로 홀로그램에 대한 법적 보호를 디자인보호법에서 아예 부정하여야 하는 것인지에 대해서는 추가적인 논의가 필요하다고 본다.(16)

3. 물품의 동산성

디자인보호법에 있어서 물품은 유체물 중 동산에 한정된다는 것이 통설적인 견해이다.(17) 따라서 부동산은 원칙적으로 디자인보호법상의 물품에 포함되지 않으므로, 토지 그 자체에 의하여 형태를 가질 수 있는 정원이나, 도로, 그 토지의 위에서만 형태를 가질 수 있는 일반적 건축물과 건조물은 디자인보호법에서 말하는 물품에 해당하지 않는다.(18)

이러한 물품의 동산성과 관련하여서는 건축물, 건조물의 보호 가능성이 문제된다. 이미 오래 전부터 건축 공사의 현장 작업을 최소한으로 줄이고, 구조부재나 마루, 벽, 천정, 지붕 패널 등을 미리 공장에서 생산하여 현장에서 조립하는 프리패브리케이션prefabrication 공법이 출현하여 동일 또는 유사한 형태의 건축물, 건조물들이 양산되었기 때문이다. 이러한 프리패브리케이션 방식으로 만들어진 건축물, 건조물은 최종적으로 설치되면 토지의 정착물로서 부동산이 되므로 동산성이 결여된 것으로서 물품으로 볼 수 없는지가 문제되는 것이다.

위와 같은 문제에 대하여 현행 디자인보호법시행규칙 [별표 4]의 물품류 구분은 제25류에서 "가옥, 차고 및 그 밖의 건축물"이 디자인보호법상 디자인의 대상이 되는 물품이 될 수 있음을 밝히고 있다. 이것은 물건의 최종적인 사용 태양뿐만 아

(15) 정상조 외 3인 공편, 42면(박태일 집필부분); 노태정 · 김병진, 앞의 책, 170면.

(16) 참고로 우리 상표법시행규칙 별지 제3호 제10조 나.항 제4호는 "두 개의 레이저광이 서로 만나 일으키는 빛의 간섭효과를 이용하여 사진용 필름과 유사한 표면에 3차원적 이미지를 기록한 것으로 된 상표"를 "홀로그램상표"라고 정의하여 보호하고 있다.

(17) 정상조 외 3인 공편, 앞의 책, 42면(박태일 집필부분); 노태정 · 김병진, 앞의 책, 171면; 윤선희, 디자인보호법의 이해, 박영사, 2018, 18면; 송영식 외 6인 공저, 지적소유권법, 육법사, 2013, 939면.

(18) 정태호, "공업상 이용할 수 있는 디자인과 물품성의 판단에 관한 비판적 고찰 –특허법원 2007. 10. 4. 선고 2007허5260 판결을 중심으로–", 선진상사법률연구 통권 제79호, 2017, 186면.

니라 그 생산 · 유통과정에 있어서 동산성을 가짐에 주목하여 이러한 것들을 물품으로 본 것이라고 할 수 있다.(19) 즉, 동산성이 전혀 예상할 수 없는 공장, 아파트와 같은 건축물은 위 디자인보호법 시행규칙에도 불구하고 물품성이 결여되어 디자인으로 보호될 수 없다고 보아야 할 것이나,(20) 동산성을 예상할 수 있는 경우에는 디자인으로서의 보호를 인정해 주어야 할 것이다.(21)

III 물품성과 관련한 디자인보호법 개정 연혁

1961. 12. 31. 제정되어 같은 날부터 시행된 디자인보호법 제2조는 등록의 대상을 "물건의 형상, 모양이나 색채 또는 이들이 결합한 것이 산업에 이용할 수 있는 신규한 의장"이라고 하여 디자인은 물품에 구체적으로 표현 또는 화체되어야 비로소 디자인권의 대상이 된다는 점을 규정하였다. 이러한 물품성 요건은 미국, 일본과 같은 국가에서도 심사주의 원칙하에 엄격하게 적용되어 왔다.(22)

이후 디자인보호법은 2001. 2. 3. 법률 제6413호 개정으로 디자인보호법의

(19) 조국현, 의장법, 법경사, 2002, 192면.

(20) 건축물도 로카르노 분류 내에 포함되어 있어서 건축물 디자인을 보호하여 주는 국가도 존재한다는 점을 고려하여, 아파트, 공장 등에 관한 외관의 보호에 대한 많은 논의가 진행된 바 있으나 동산성을 전혀 예상할 수 없는 부동산은 보호범위 특정이 애매하고, 패소한 당사자는 시설물을 철거하여야 하는 등 산업발전에 역행할 우려가 있어 2014년 개정법에서는 보호대상에서 제외된 바 있다(김웅, 디자인보호법, 에듀비, 2015, 24면).

(21) 참고로, 디자인의 대상이 되는 물품을 건축물들 중 한 종류로 하여 최근 등록된 디자인들의 예는 아래와 같다. 아래의 디자인들이 전부 위에서 논의한 동산성을 갖추었는지는 의문이 있다.

등록번호 제977091호 디자인 물품명칭: 버스정류장	등록번호 제976881호 디자인 물품명칭: 조립식 주택	등록번호 제975464호 디자인 물품명칭: 조립식 정자	등록번호 제974622호 디자인 물품명칭: 전망대

(22) 전응준, "한국 디자인보호법의 쟁점", 디자인과 법, 2017, 143면.

정의에서 인정하는 1물품으로는 취급될 수 없으나 물품의 부분만으로 디자인의 창작으로 판단되는 부분디자인[23] 제도를 도입하여 물품성 요건을 완화함으로써 디자인 보호범위의 확대를 가져왔고,[24] 2004. 12. 31. 법률 제7289호 개정으로 개념상 물품이 존재하지 않는 글자체의 물품성을 의제하는 방법으로 정의 규정을 개정함으로써 다시 한 번 디자인의 보호범위 확대가 이루어졌다.[25]

한편, 디자인보호법 개정과는 무관하게 우리나라 특허청은 2003. 7. 1. 특허청 예규 제25호로 디자인심사기준을 개정함으로써 화상디자인이 물품의 표시부에 일시적으로 구현되는 경우에도 이를 디자인보호법상의 디자인으로 취급한다고 하여 화상디자인에 대한 보호를 시작한 바 있다.[26]

Ⅳ 디자인 보호영역 확대 관점에서의 물품성에 대한 현재의 논의[27]

1. 기존 디자인보호법 개정안들에 대한 검토

우리나라는 2009년 강한 디자인 창출과 시장변화의 신속한 대응을 위해 산업

(23) 이규호 · 오혜민, "디자인보호법상 부분디자인에 대한 연구", 문화 · 미디어 · 엔터테인먼트법, 2016, 23면.

(24) 당시 개정이유에는 "디자인의 보호범위를 확대하는 국제추세에 부응하여 부분디자인제도를 도입"한다고 명시되어 있다.

(25) 글자체 디자인의 유사 여부가 문제되어 대법원 단계까지 다투어진 사안: 대법원 2012. 6. 14. 선고 2012후597 판결. 이 사건에서 대법원은 출원디자인이 그 출원일보다 먼저 공개된 비교대상디자인과 유사하다고 보아 출원디자인이 등록될 수 없다는 특허법원의 판단을 그대로 유지하였다.

출원디자인	비교대상디자인
H a R e S g The quick brown fox jumped over the lazy dog	H a R e S g The quick brown fox jumped over the lazy dog

(26) 현재 특허청은 화상디자인 심사기준을 따로 두고 있다.

(27) 화상디자인과 관련된 논의는 제3세션 "4차 산업혁명 시대에 화상디자인(인터페이스)의 보호방안"에서 다뤄지므로 이 글에서는 제외하였다.

계의 의견을 모아 "디자인 법 · 제도 · 인프라 개선을 위한 3 STEP 전략"을 구상하고, 제1단계로 출원절차의 편의성을 위한 개선을, 제2단계로 강한 디자인권 창출을 위한 개선을, 그리고 제3단계로 선진국 수준의 심사품질을 위한 개선을 추진전략으로 삼은 바 있다.(28)

위와 같은 전략의 실행으로 제1단계로 도면작성방법 및 제출 개수 자유화, 3D 도면제출 허용, 무심사출원 품목 확대 등의 개선이 이루어졌다. 그러나 제2단계를 위해서 2010. 7. 7. 제출된 개정안(이하 '2010년 개정안') 및 2014. 9. 26. 제출된 개정안(이하 '2014년 개정안')은 모두 국회의 임기만료로 폐기되었고, 두 개정안 제출 사이인 2012년 입법예고되었던 안 역시 부처 간 협의 과정을 거치면서 제안되지 못한 바 있다. 2019년 현재 국회에는 제2단계, 즉 물품성 완화를 내용으로 하는 개정안은 계류되어 있지 않다.

우리나라가 산업디자인의 국제 분류 제정에 관한 로카르노 협정(이하 '로카르노 협정')에 가입한 2011년 직전 및 그 이후부터 물품성과 관련하여 디자인보호법의 개정 방향은 일반적으로 물품성이 결여한 것으로 해석되는 로카르노 분류 제32류의 겟업Get-up, 그래픽 디자인Graphic design, 그래픽 심벌Graphic symbol, 로고Logos, 장식Ornamentation 및 표면 문양Surface pattern을 물품성을 갖는 디자인으로 의제하고자 하는 것이었다(2012년 입법예고안은 로카르노 분류 제32류의 물품 중에 미국법상 트레이드드레스(29)라고 불리는 겟업Get-up은 제외하고자 했던 것으로 보인다). 로카르노 분류상의 제품product이란 개념은, 물품article의 개념처럼 종래의 유체물에 한정되지 않으며 그래픽

(28) 박주연, "2010년 디자인보호법 개정법률안 주요내용", 특허청, 지식재산 21 제113호, 2010, 162면, 163면.

2010년 개정안	2012년 입법예고안	2014년 개정안
제2조(정의) 1. … 물품[물품의 부분(제12조는 제외한다), 글자체 및 「산업디자인의 국제 분류 제정에 관한 로카르노 협정」에서 정하는 것을 포함한다. 이하 같다]의 형상 …	제2조(정의) 1. … 물품[물품의 부분, 글자체 및 그래픽 디자인을 포함한다]의 형상 … 3. 그래픽 디자인이란 모양 · 색채 또는 이들을 결합한 것으로서 그림기호나 도형으로 표현된 시각적 이미지를 말하며 그래픽 심벌, 로고, 장식, 표면문양 등을 포함한다.	제2조(정의) 1. … 물품[물품의 부분(제12조는 제외한다), 글자체 및 「산업디자인의 국제 분류 제정에 관한 로카르노 협정」에서 정하는 것을 포함한다. 이하 같다]의 형상 …

(29) 참고로 우리나라 부정경쟁방지 및 영업비밀보호에 관한 법률(이하 '부정경쟁방지법')은 최근인 2018. 4. 17.자 개정을 통해 같은 법에 의하여 보호되는 표지에 "상품 판매 · 서비스 제공방법 또는 간판 · 외관 · 실내장식 등 영업제공 장소의 전체적인 외관"이 포함됨을 명확히 함으로써 표지로서의 트레이드드레스 보호의 법적 근거를 마련한 바 있다.

심벌과 같이 그 물품성이 완화되었거나 결여된 2차원적 디자인까지 포괄하는 것이었기 때문이다.[(30)] 다만, 우리나라가 로카르노 협정에 가입하였다고 하더라도 로카르노 협정은 단순히 관리적인 성격을 지닌 조약일 뿐 디자인의 보호대상이나 보호성격을 구속하지는 않으므로[(31)] 우리나라가 로카르노 분류를 반드시 수용하여 물품성이 인정될 수 없는 디자인들을 디자인보호법에 의하여 보호해야 하는 것은 아니었다.[(32)]

결국, 로카르노 협정 가입에 기댄 물품성 확대(혹은 완화)를 위한 디자인보호법 개정은 우리나라 디자인보호법과 저작권법을 포함한 다른 법률들과의 저촉 문제,

(30) 박성호, "디자인보호법 개정안이 저작권법에 미치는 영향과 그 대책", 계간저작권, 2011, 73면.

(31) 로카르노 협정 제2조 제1항 참조.

(32) 참고로 로카르노 분류 제32류의 각 물품을 디자인의 대상이 되는 물품으로 하여 등록된 디자인들은 유럽공동체디자인들은 아래와 같다.

등록번호 1710690-0001 (물품명: 겟업)	등록번호 1986191-0001 (물품명: 겟업)	등록번호 1310270-0001 (물품명: 그래픽디자인)	등록번호 1822438-0001 (물품명: 그래픽디자인 등)

등록번호 1716077-0003 (물품명: 그래픽디자인)	등록번호 1270052-0001 (물품명: 그래픽 심벌)	등록번호 1270052-0004 (물품명: 그래픽 심벌)	등록번호 1960170-0003 (물품명: 그래픽 심벌)

등록번호 1251896-0001 (물품명: 그래픽 심벌)	등록번호 1290399-0004 (물품명: 로고)	등록번호 1277578-0001 (물품명: 로고)	등록번호 1301808-0004 (물품명: 옷감(용 장식))

등록번호 1298772-0001 (물품명: 화장지(용 장식))	등록번호 1887605-0001 (물품명: 표면문양)	등록번호 1899048-0012 (물품명: 표면문양 등)	
	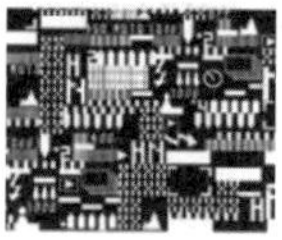		

해당 디자인 보호의 필요성 내지 시급성을 고려하여 이루어지면 되는 것이고, 로카르노 분류에 포함된, 즉 로카르노 분류에서 물품성이 있는 것으로 의제된 물품들을 우리나라도 전부 물품으로 의제하여 디자인보호법에서 보호해야 하는 것은 아니라고 할 것이다.

2. 장기간에 걸친 보호의 공백

앞서 1.항에서 살펴본 제32류가 새로이 포함된 로카르노 분류는 2009. 1. 1.부터 시행되었다. 따라서 2009. 1. 1.부터 현재까지 이미 약 10년 동안 상당 수의 디자인들이 유럽공동체디자인으로 출원 · 등록되었다고 할 수 있다.

그런데 우리나라의 경우에는 로카르노 분류 제32류에 해당하는 디자인들이 저작권법 등 다른 법률에 의하여 보호될 수도 있으므로 디자인보호법에서 이들을 보호대상으로 포섭하는 것은 법 체계성 등의 문제 때문에 적절하지 않다는 의견들이 존재하여 왔고, 그러한 이유로 위 디자인들에 대한 보호는 사실상 이루어지지 못하고 있다.

그러나 로카르노 분류 제32류에 해당하는 디자인들의 창작이 지난 10년 간 디자인보호법의 목적인 산업발전에 기여한 정도에 비추어 보면, 그에 대한 보호를 미루어두는 것이 과연 바람직하였는지 의문이다. 글자체, 화상디자인 등 이미 디자인보호법이 보호대상으로 포섭한 물품이 결여된 디자인들과 로카르노 분류 제32류에 해당하는 디자인들이 산업발전에 기여하는 가치에 있어 차이가 있다고는 보기는 어렵고, 여기서 말하는 산업발전이 반드시 물품으로의 대량생산을 전제로 하는 산업의 발전이라고 한정하기에도 무리가 있기 때문이다. 아울러, 로카르노 분류 제32류에 해당하는 디자인들이 화상디자인에 비하여 저작권법 등 다른 법률들에 의한 보호가능성이 더 큰 것도 아니다. 즉, 로카르노 분류 제32류에 해당하는 디자인들 대부분에 대한 법적 보호는 다른 법률과의 저촉 문제 등을 이유로 늦어지고 있으나 장기간에 걸친 보호의 공백보다는 중첩 보호가 디자인 창작자 및 산업계의 입장에서는 중요하다고 할 수밖에 없다.

3. 다른 법률들에 의한 실질적인 보호 여부

다른 법률들에 의하여 로카르노 분류 제32류에 해당하는 디자인들이 충분한 보호를 받고 있다면 디자인보호법의 물품성에 기초한 기존 체계를 무너뜨리면서까지 위 디자인들을 디자인보호법에 의해 보호할 필요는 없다. 그러나 아래와 같이 저작권법, 상표법 및 부정경쟁방지법 등은 위 디자인들에게 실질적인 법적 보호를 보장해 주지 못하고 있다.

우리나라 저작권법은 2000. 1. 12. 개정을 통해 처음으로 응용미술저작물에 대한 정의 규정을 두었으며, 그 이전까지 우리 법원은 응용미술저작물의 저작권법에 의한 보호를 극히 제한하여 온 것이 사실이다.(33) 그러나 위 정의 규정이 추가된 저작권법 시행 이후 대법원은 이른바 히딩크 넥타이 도안의 저작물성이 문제된 사안에서 "위 도안이 우리 민족 전래의 태극문양 및 팔괘문양을 상하 좌우 연속 반복한 넥타이 도안으로서 응용미술작품의 일종이라면 위 도안은 '물품에 동일한 형상으로 복제될 수 있는 미술저작물'에 해당한다고 할 것이며, 또한 그 이용된 물품(이 사건의 경우에는 넥타이)과 구분되어 독자성을 인정할 수 있는 것이라면 저작권법 제2조 제[15]호에서 정하는 응용미술저작물에 해당한다고 할 것이다"라고 판시하여 분리가능성을 요건으로 제한적이나마 응용미술저작물에 대한 저작권법에 의한 보호를 인정해 왔다.(34) 즉, 우리나라 법원은 여전히 응용미술저작물의 저작물성을 원칙적으로 부정하는 태도를 취하고 있고, 그나마 법원에서 보호가 인정된 사안도 표면 문양, 캐릭터 정도일 뿐 로카르노 분류 제32류에 해당하는 모든 디자인들에 대하여 우리 법원이 저작물성을 인정하여 응용미술저작물로서 보호하여 줄지는 알 수

(33) 즉, 소위 대한방직 사건에서 우리 대법원은 "저작권법에 의하여 보호되는 저작물이기 위해서는 어디까지나 문학, 학술 또는 예술의 범위에 속하는 창작물이어야 하고, 본래 산업상의 대량생산에의 이용을 목적으로 하여 창작되는 응용미술품 등에 대하여 의장법 외에 저작권법에 의한 중첩적 보호가 일반적으로 인정되게 되면 신규성 요건이나 등록요건, 단기의 존속기간 등 의장법의 여러 가지 제한 규정의 취지가 몰각되고 기본적으로 의장법에 의한 보호에 익숙한 산업계에 많은 혼란이 우려되는 점 등을 고려하면, 이러한 응용미술작품에 대하여는 원칙적으로 의장법에 의한 보호로써 충분하고 예외적으로 저작권법에 의한 보호가 중첩적으로 주어진다고 보는 것이 의장법 및 저작권법의 입법취지라 할 것이므로 산업상의 대량생산에의 이용을 목적 으로 하여 창작되는 모든 응용미술작품이 곧바로 저작권법상의 저작물로 보호된다고 할 수는 없고, 그 중에서도 그 자체가 하나의 독립적인 예술적 특성이나 가치를 가지고 있어 위에서 말하는 예술의 범위에 속하는 창작물에 해당하여야만 저작물로서 보호된다." 라고 판시하여 염직도안의 저작물성을 부정한 바 있다(대법원 1996. 2. 23. 선고 94도3266 판결). 여기서의 염직도안은 로카르노 분류 제32류 중 옷감(용 장식) 또는 표면문양과 같다고 할 수 있다.

(34) 대법원 2004. 7. 22. 선고 2003도7572 판결.

없는 상황이다.(35)(36)

한편, 바로 아래에서 살펴보는 디자인보호법과 상표법 및 부정경쟁방지법과의 관계와 마찬가지로 현행 디자인보호법상 디자인과 저작권법상 디자인은 같은 용어를 사용하고 있지만 별개의 개념이고, 오히려 저작권법상 음악저작물과 음반처럼 저작물과 저작인접물의 관계와 유사한 것으로 파악하여야 저작권법과 디자인보호법의 관계 정립이 가능하다는 견해도 있다. 즉, 이 견해는 저작물의 존재방식이 하나의 이용객체로서 특정된 경우 저작권과 별개로 저작인접물로서 보호될 수 있듯이 저작권법상 디자인이 물품과 화체되어 특정된 경우 저작권과 별개로 디자인보호법상 디자인으로서 보호될 수 있다는 것이다.(37)

또한 로카르노 분류 제32류에 해당하는 디자인들이 표지로서의 식별력이 인정되는 경우, 상표법 내지 부정경쟁방지법에 의하여 보호될 수 있다고 할 것이나, 그것은 상표 내지 표지로서 보호되는 것이고, 상표권자 내지 표지에 대한 권리자에게 인정되는 권리와 디자인권자에게 인정되는 권리는 상이한 것이므로, 디자인들이 상표법 내지 부정경쟁방지법에 의하여 보호된다고 하여 디자인보호법에 의한 보호를 부정하여야 할 이유는 없다고 할 것이다.

다만, 로카르노 분류 제32류에 해당하는 디자인들 중 '겟업'은 결국 부정경쟁방지법 제2조 제1호 가.목의 "상품의 용기 · 포장, 그 밖에 타인의 상품임을 표시한 표지", 같은 호 나.목의 "그 밖에 타인의 영업임을 표시하는 표지(상품 판매 · 서비스 제공방법 또는 간판 · 외관 · 실내장식 등 영업제공 장소의 전체적인 외관을 포함한다)", 같은 호 다.목의 "상품의 용기 · 포장, 그 밖에 타인의 상품 또는 영업임을 표시한 표지(타인의 영업임을 표시하는 표지에 관하여는 상품 판매 · 서비스 제공방법 또는 간판 · 외관 · 실내장식 등 영업제공 장소의 전체적인 외관을 포함한다)" 및 같은 호 자.목의 "상품의 형태"와 동일한 개념으로 보이고, 이에 대해 부정경쟁방지법에 의한 보호만을 부여하기로 정한 이상, 그리고 최근 부정경쟁방지법 개정으로 인하여 트레이드드레스가 명시적으로

(35) 이에 더하여 응용미술저작물에 다른 종류의 저작물들과 마찬가지의 보호기간을 안정하여 주는 것이 타당한지에 대해서도 다소 의문이 있다.

(36) 물론 저작물의 등록을 담당하는 한국저작권위원회의 경우 저작권 등록신청서 등에 대한 형식적 심사권한만을 가지고 있으므로 응용미술저작물의 '독자성' 혹은 '분리가능성'에 관한 실체적 판단 없이(명시적으로 부정되는 경우 제외) 그 등록을 받아줄 것으로 생각되나, 한국저작권위원회에 저작물로 등록되었다고 하여 법적 분쟁 발생 시에도 법원에서 의하여 저작물성을 인정받을 수 있는지는 다른 문제이다.

(37) 신재호, "디자인보호법 전부 개정(안)에 대한 검토", 경상대학교 법학연구소, 법학연구, 2012, 188면.

보호대상에 포함된 이상, 그것들에 대하여 또다시 물품성을 의제하여 디자인보호법의 보호대상으로 삼을 필요성은 낮다고 보인다(물론, 부정경쟁방지법에서 보호하는 대상 자체가 물품성을 갖춘 경우에는 이러한 논의도 필요 없을 것이다). 이러한 점 이외에도 '겟업'은 그 개념 및 대상이 불명하다는 점, 유사 여부 및 창작성 여부 판단에 어려움이 있다는 점, 그에 대한 관리가 이루어질 수 있을지 의문이라는 점 등의 이유로 역시 디자인보호법에서 물품으로 의제하기는 어려울 수 있다.

4. 로카르노 분류 제32류 수용에 따른 보호대상 확대 시 유의점

입법기술 측면에서 로카르노 분류 제32류의 수용은 글자체 물품성 의제의 경우와 마찬가지로 물품성을 의제할 범위에 대한 논의를 마친 뒤, 각 개념을 명확하게 정의하고,(38) 그 개념들의 물품성을 의제하는 방식을 취하는 것이 바람직하다. 이 때 각 개념들을 정의함에 있어서는 우리나라의 디자인 업계의 실무, 다른 법률에서의 용어 정의 및 기존 물품류에서의 용어 사용 현황, 기존 물품류의 구분상황 등을 종합적으로 고려해야 할 것이다.

그러나 이러한 입법 기술상의 문제들보다 디자인보호법에 의한 보호대상 확대에 있어 가장 큰 우려는 "물품이 다르면 디자인도 다르다"는 디자인보호법상의 기존 물품성 체계에 혼란을 가져온다는 점에 있다.(39) 그래픽 심벌과 같은 디자인이 물품성이 의제되어 그 디자인 자체로 보호되면 출원인은 이를 적용하는 물품에 따라 각각 디자인출원을 하지 않아도 되고, 이는 결국 2차원 디자인을 물품과 분리하여 보호하는 것과 같은 결과가 되어 물품성을 기초로 하는 기존 디자인보호법의 체계에 큰 혼란을 가져올 수밖에 없기 때문이다. 그렇다고 해서 로카르노 분류 제32류의 디자인들을 물품성의 테두리 안에 포섭하려고 하면 오히려 보호의 의미가 상실될 수밖에 없다. 따라서 보호대상 확대의 문제점과 보호의 실질화 문제를 모두 고려하여 물품성을 의제한 디자인들의 디자인권의 효력 범위를 필요한 범위 내에서

(38) 학계에서도 기존 2010년 개정안에 대하여 개정배경에서 말하는 한국 분류에 없는 로카르노 물품 분류가 구체적으로 어떤 물품인가에 대하여는 아무런 설명이 되어 있지 않음을 지적한 바 있다. 노태정, "2010년 디자인보호법 개정안에 대한 문제점과 개선방안", 창작과 권리, 2010. 6., 229면.

(39) 기존 2010년 개정안에 대하여도 해당 개정안이 물품을 떠난 디자인에 관한 보호대상범위의 확대를 상정한 결과 물품성을 전제로 하고 있는 기존 제도적 틀에 혼란을 초래할 우려가 있다는 점을 지적한 바 있다. 노태정, 앞의 글, 230면.

제한하는 것이 바람직하다. 또한 그러한 디자인들의 보호범위를 물품을 뛰어 넘어서까지 인정해주어야 하는지에 대한 논의가 필수적으로 이루어져야 할 것이다. 물론 특허청의 심사부담의 증가로 인한 심사처리기간 장기화 등의 문제도 반드시 고려하여야 할 것이다.

V 결론

새로운 형태를 가진 디자인의 출현 및 그 디자인들의 산업에의 기여를 고려하여 보았을 때 디자인보호법의 물품성을 엄격하게 적용하여 보호대상을 제한하는 것은 바람직하지 않은 것으로 보인다. 즉, 물품성 완화를 통한 디자인보호법에 의한 디자인 보호대상 확대는 이제는 필수적이라고 할 것이다.(40)

그러나 물품성은 디자인보호법에서 보호하는 디자인이 갖추어야 하는 요건 중 하나이므로, 물품성을 완화하거나 그것에 예외를 두는 것은 필연적으로 디자인 보호영역의 확대를 가져온다. 모든 지식재산이 그러하듯이 디자인 역시 보호영역을 확대하면 특정인이 독점할 수 있는 디자인의 영역이 확대되는 것이고, 그 디자인을 실시하려는 공중은 권리자의 허락을 받을 수밖에 없다. 즉, 공중의 자유이용의 대상 자체가 축소되는 결과를 가져온다. 디자인보호법은 디자인의 창작을 장려함을 목적으로 하지만 그와 동시에 디자인의 이용 도모도 목적으로 하므로 양자의 균형을 고려한 신중한 디자인 보호영역의 확대를 입법적으로 이루어 나가야 할 것이다.

(40) 불가피하게 사회통념상의 디자인 개념과 달리 물품불가분성 입장에서의 디자인을 보호객체로 정의한 이유는 '산업발전법'으로서의 디자인보호법이 대량 생산이 가능한 물품의 수요창출이라는 '공업성' 요건에서 산업발전과의 연결점을 찾고 있었기 때문이나, 오늘날에는 문화산업이라는 말이 일반화되면서 디자인의 보호가 산업발전에 이바지한다는 것에 특별한 연결고리가 필요하지 않게 되었고, 디자인의 보다 충실한 보호를 위해 물품가분설 입장에서의 디자인을 보호객체로 하고자 하는 시도가 있다는 입장도 같은 취지인 것으로 보인다(신재호, 앞의 글, 187면).

1-2

공업상 이용할 수 있는 디자인과 물품성

특허법원 2007. 10. 4. 선고 2007허5260 판결(41)

| **정태호** | 경기대학교 지식재산학과 교수

I 서론

디자인보호법상 디자인으로서 등록을 받기 위해서는 일단 디자인의 정의에 부합하는 성립요건을 만족하여야 한다. 그런데 디자인보호법상 디자인은 물품과 반드시 결합되어야 정의 요건에 부합하는 것으로 보고 있으므로, 디자인의 물품성의 요건은 디자인의 등록요건과 관련하여 반드시 충족되어야 하는 기본적인 요건이라고 볼 수 있다.

그런데 이와 같은 디자인의 물품성 충족 여부는 디자인보호법상 거절이유 및 무효사유 중 디자인보호법 제33조 제1항 본문의 공업상 이용가능성과 관련해서 판단되고 있으므로, 공업상 이용할 수 있는 디자인에 해당되는지의 여부는 디자인보호법상 물품성이라고 하는 성립요건과 관련지어 살펴보아야 하는 것이라고 볼 수 있다.

(41) 대법원 2007후4311 사건으로 상고되었으나, 2008. 2. 14.자로 심리불속행 기각됨.

한편, 이와 관련된 대표적인 사건으로 대상 물품을 '한증막'으로 하였던 특허법원 2007. 10. 4. 선고 2007허5260 판결(이하, '대상판결'이라 함)이 국내의 모든 문헌과 특허청의 디자인심사기준에서 대표적인 사례로서 언급되고 있는데, 대상판결에 대한 구체적인 분석은 없고 디자인의 물품으로서의 동산성 등이 인정되지 않은 대표적인 사례로서만 단순히 언급되고 있을 뿐이다.

따라서 이하에서는 대상판결에 대해서 구체적으로 분석하고 디자인의 물품성 여부를 쟁점으로 하였던 다른 관련 판결들도 아울러 검토하도록 하겠는데, 다만 디자인의 보호를 포함하고 있는 미국 특허법이나 유럽공동체디자인법에서는 디자인의 물품성의 인정에 관하여 동산과 부동산의 구분 없이 보호하고 있으므로,[42] 이 글에서는 현재 실무상 동산성을 물품성에 관한 필수적인 요건으로 적용하고 있는 우리나라에서의 이론상 논의를 중심으로 하여 일본 및 독일 등에서의 비판적인 논의를 추가해서 살펴보도록 하겠다.

한편, 독자의 이해의 편의상 구법상 용어인 '의장' 및 '의장법'이라는 용어를 모두 '디자인' 및 '디자인보호법'이라는 용어로 통일하여 표기하도록 하겠다.

II 대상판결의 개요

1. 이 사건 등록디자인

이 사건 등록디자인[43]은 디자인의 대상이 되는 물품이 '한증막'이고, 디자인

(42) 윤태식, 디자인보호법-디자인 소송 실무와 이론-, 진원사(2016), 56면.

(43) 1998. 3. 24. 출원되어 1998. 12. 8. 등록됨(등록번호 제233630호).

사시도	정면도	평면도	우측면도	좌측면도	A-A선 단면도
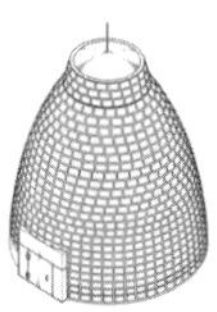	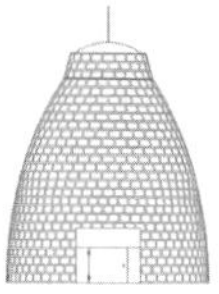	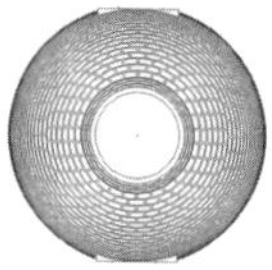	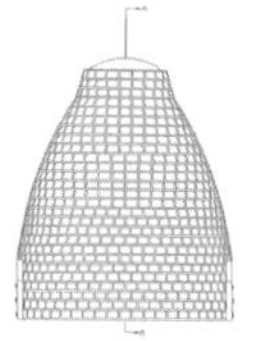	우측면도와 동일	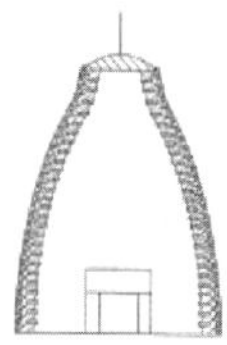

의 창작 내용의 요점은 '한증막의 형상과 모양의 결합'이다.

그리고 디자인의 설명에 따르면, 이 사건 등록디자인은 물품의 재질이 석재와 황토로서 내부층은 축열 및 원적외선 방사성이 우수한 석재와 황토를 적층하고, 외부층은 화강암으로 적층 구성하여, 내부공간이 장시간 일정한 온도로 유지되고, 원적외선으로 한증효과가 높다는 것을 특징으로 한다.

2. 심결의 판단[44]

(1) 청구인의 주장

청구인은 이 사건 등록디자인이 토지 위에 석재와 황토 등을 적층하여 현장에서 구축하는 건축물, 즉 부동산에 해당하는 것으로서 구 디자인보호법[45] 제5조 제1항 본문에서 규정하고 있는 공업상 이용할 수 있는 디자인, 즉 공업적 생산과정을 거쳐 양산되는 디자인에 해당된다고 볼 수 없는 것이므로 구 디자인보호법상의 물품성을 결여하고 있는 것이어서, 구 디자인보호법 제5조 제1항 본문의 규정에 위반하여 등록된 것인바, 그 등록이 무효로 되어야 한다고 주장하였다.

(2) 피청구인의 답변

이에 대하여 피청구인은 디자인의 물품성이란 "독립거래의 대상이 될 수 있는 것"이므로 '운반가능성'만 있으면 디자인의 물품성을 구비하는 것이라 할 것인데, 이 사건 등록디자인의 대상물품인 한증막은 설치되는 장소와 다른 장소인 공장에서 다량생산이 가능하며, 운반이 가능하여 독립거래의 가능성이 있으므로 물품성이 없다고 할 수 없고, 또한 이 사건 등록디자인과 동일한 물품인 '한증막'에 대하여 기왕에 특허청에 다수 등록되어 있는 사실을 볼 때에도 이 사건 등록디자인은 물품성이 없는 부동산이라 할 수 없으며, 결국 이 사건 등록디자인은 공업상 이용가능성이 있는 것이므로 이 사건 심판청구는 기각되어야 한다고 답변하였다.

(44) 특허심판원 2007. 5. 18.자 2006당69 심결.

(45) 이 사건은 '구 의장법'이 적용되는 사건이나, 심결문 및 특허법원의 판결문에 '이 사건 등록의장'이라는 용어 대신에 '이 사건 등록디자인'이라는 용어로 표기하고 있으므로, 이 글에서의 법명의 표기도 '구 디자인보호법'이라고 표기함.

(3) 판단

1) 관련규정 및 판단기준

구 디자인보호법 제5조 제1항 본문은 디자인등록의 요건으로 "공업상 이용할 수 있는 디자인으로서 다음 각 호의 1에 해당하는 것을 제외하고는 그 디자인에 대하여 디자인등록을 받을 수 있다."라고 규정하고 있어, 구 디자인보호법상 디자인으로 등록받기 위해서는 '공업상 이용할 수 있는 디자인'에 해당하여야 하고, 또한 위 규정을 담보하기 위한 전제로서 당해 디자인이 '물품'에 해당하여야 할 것인바, 위 '물품'과 관련하여서는 구 디자인보호법 제2조 제1호에서 "디자인이라 함은 물품(물품의 부분을 포함한다. 제12조를 제외하고 같다)의 형상 · 모양 · 색채 또는 이들을 결합한 것으로서 시각을 통하여 미감을 일으키게 하는 것을 말한다."라고 규정하고 있으며, 여기서 '물품'이라 함은 "독립성이 있는 구체적인 물품으로서 유체동산"을 원칙으로 하되, 최종적으로는 토지에 고착하여 부동산이 되는 것이라도 그 생산 및 유통과정에 있어서 다량생산이 될 수 있고 운반이 가능(구 디자인심사기준 제2조 제2항 제1호 참조)하여 동산과 마찬가지로 관념되는 경우에는, 예외적으로 그 동산성을 인정하여 구 디자인보호법상 물품으로 취급하고 있으며 그 동산성을 인정함에 있어서는 ① 양산성이 있는지, ② 조립된 상태에서 운반(유통)이 가능한지(현실적으로 유통되고 있는지는 상관하지 않는다) 등을 고려하여 판단하여야 할 것이다. 이와 같은 관점에서 이 사건 등록디자인의 대상물품인 '한증막'이 구 디자인보호법 제5조 제1항 본문의 전제로서 판단하는 '물품'에 해당하는지 여부를 살핀다.

2) 이 사건 등록디자인의 대상물품인 '한증막'이 물품에 해당하는지 여부

이 사건 등록디자인의 대상 물품인 한증막은 그 '디자인의 설명'의 기재에 의하면 "① 재질은 석재와 황토임. ② 내부층 축열 및 원적외선 방사성이 우수한 석재와 황토를 적층하고, 외부층은 화강암으로 적층 구성 …(중략)…"으로 설명하고 있으므로, 위 물품을 지면에 고착하여 사용할 경우에는 부동산에 해당한다고 할 것이나, 그 생산, 운반 및 유통과정을 살펴보면 ① 설치장소와 다른 장소에서 공업적 생산방법으로 위 디자인의 물품과 동일한 물품을 수요자의 요구수준에 맞추어 다양한 크기(2-3인용의 가정용 등) 및 두께로 양산이 가능하다고 보이는 점, ② 위 공업적 생산방법에는 기계에 의한 생산방법은 물론 수공업적 생산방법도 포함되고 동일한 물품은 물리적으로 완전히 동일한 물품이 아니라도 일견하여 동일하게 보이는 정도의 동일성이며, 양산이 가능하다는 것도 현실적으로 양산이 가능하여야 하는 것이 아니고 양산할 수 있는 가능성이 있는 것으로 충분하다는 점, ③ 위 물품이 내부는 황토와 석재로 적층하고 외부에는 화강암으로 적층하였다는 이유만으로 공업적 생산방법으로 다량생산이 불가능하다거나 운반하기 어렵다고 인정하기는 어렵고, 그 밖에 위 물품이 다량생산 및 운반이 어려운 이유를 객관적으로 증명할 수 있는 증거자료의 제출이 없는 점, ④ 비록 이 사건 등록디자인의 물품과 동일하지는 않으나 전체적인 형상과 모양이 이 사건 등록디자인과 유사한 '소형 한증막'을 트럭 등의 운반수단을 이용하여 이동할 수 있음을 보여 주는 증거자료가 제출된 점, ⑤ 독창적이고 창작성이 있는 디자인의 보호와 이용을 도모하여 궁극적으로 산업발전에 기여하고자 하는 디자인제도운영의 기본목적에 비추어, 이 사건 등록디자인의 등록이 위 제도 운영의 기본취지에 반한다고 보기는 어려운 점을 종합하여 보면, 비록 이 사건 등록디자인을 최종적으로 지면에 고착하여 사용할 경우에는 부동산이 되는 것이기는 하지만, 위에서 살펴본 바와 같이 그 생산 및 유통과정에 있어서는 다량생산이 될 수 있고 운반이 가능하여 동산성이 인정되는 것이므로, 결국 이 사건 등록디자인의 대상물품인 "한증막"은 구 디자인보호법 제2조 제1호 소정의 '물품'에 해당될 수 있다고 판단된다.

3) 이 사건 등록디자인이 구 디자인보호법 제5조 제1항 본문의 규정에 위배되는지 여부

위에서 살펴본 바와 같이 이 사건 등록디자인의 대상이 되는 물품인 '한증막'은 그 동산성이 인정되는 것이므로, 구 디자인보호법 제2조 제1호 소정의 "물품"에 해당된다 할 것이어서, 이 사건 등록디자인은 구 디자인보호법 제5조 제1항 본문 소정의 '공업상 이용할 수 있는 디자인' 규정에 위배되지 않는다 할 것이다.

4) 기타 청구인의 주장에 대한 판단

청구인은 이 사건 등록디자인이 토지 위에 석재와 황토 등을 적층하여 현장에서 구축하는 건축물, 즉 부동산에 해당하는 것으로서 다량생산이 될 수 없으며 운반성을 가지지 못한다고 주장하면서, 그 증거자료로 건외 특허 제293176호 한증막의 발명의 구성 및 작용에 기재된 내용(지중에 매설되는 공법 등)과 (주)첨성대의 인터넷 홈페이지 기재내용, 이 사건 등록디자인과 유사한 한증막의 공사과정 촬영사진, 한증막이 등재되어 있는 건축물 등록대장 및 현재 실시되고 있는 한증막에 관한 무게산출표를 제출하고 있으나, 특허와 디자인은 그 권리의 보호대상 및 등록요건을 서로 달리하는 별도의 권리로서 동일하게 취급할 수 없는 것이고, 홈페이지의 기재사항은 단지 참고자료에 불과한 뿐 증거력이 있는 법적자료가 아니며, 이 사건 등록디자인의 설명에 물품의 크기에 대하여 기재하거나 반드시 지중에 매설하여야 한다는 설명이 있는 것도 아니고, 또한 이 사건 등록디자인의 물품은 반드시 설치할 장소에서 제작하거나 그 크기와 관계없이 모두 건축물 등록대장에 등록된다고 볼 수도 없다 할 것이며(2~3인용으로 제작하여 가정에서 사용할 경우 건축물 등록대장에 등록된다고 보기 어렵다), 따라서 위 물품의 생산자는 수요자의 요구에 맞추어 다양한 크기 및 두께로 제작하여 트럭 등 운반수단을 이용해서 필요한 장소로 운반하여 설치할 수 있으므로, 결국 이 사건 등록디자인의 대상물품인 "한증막"은 독립거래의 대상으로서 다량생산 및 운반이 가능하며 예외적으로 그 동산성이 인정되어 그 물품성이 인정되는 것이므로, 이 사건 등록디자인은 구 디자인보호법 제5조 제1항 본문에서 규정하고 있는 '공업상 이용할 수 있는 디자인' 규정에 위배되지 않는다 할 것이어서, 이와 관련된 청구인의 주장은 받아들이지 않는다.

5) 결론

따라서 이 사건 등록디자인은 그 물품성이 인정되는 것이므로 구 디자인보호법 제5조 제1항 본문의 규정에 위배되지 않는다 할 것이어서, 이 사건 등록디자인이 구 디자인보호법 제68조 제1항의 규정에 의거 그 등록이 무효로 되어야 한다는 청구인의 주장은 그 이유가 없다 할 것이다. 그러므로 이 사건 심판청구를 기각한다(무효심판 청구기각).

3. 대상판결의 판단

구 디자인보호법 제5조 제1항(현행 디자인보호법 제33조 제1항)에서는 공업상 이용할 수 있는 디자인만이 디자인등록을 받을 수 있다고 규정하고 있고, 같은 법 제2조 제1호는 물품의 형상 · 모양 · 색채 또는 이들을 결합한 것으로서 시각을 통하여 미감을 일으키게 하는 것을 디자인으로 정의하고 있는바, 같은 법 제2조 제1호에서 말하는 '물품'이란 독립된 거래의 대상이 되는 구체적인 유체동산을 의미하는 것으로서, 이와 같이 독립성이 있는 구체적인 유체동산에 해당하지 않는 것의 형상 · 모양 · 색채 또는 이들을 결합한 것은 같은 법 제5조 제1항의 등록을 받을 수 있는 디자인에 해당하지 않는다(대법원 2004. 7. 9. 선고 2003후274 판결 참조).

살피건대, 갑호증의 각 기재에 변론 전체의 취지를 종합하면, 이 사건 등록디자인은 한증막의 형상과 모양을 결합한 것으로서, 디자인등록공보에 기재된 디자인의 설명에 의하면 그 재질은 석재와 황토이고, 내부층은 축열 및 원적외선 방사성이 우수한 석재와 황토를 적층하며, 외부층은 화강암으로 적층 구성하여, 내부공간이 장시간 일정한 온도로 유지되고, 원적외선으로 한증효과가 높다고 되어 있는 사실, 한증막은 일반적으로 담을 둘러막아 굴처럼 만들고 밑에서 불을 때어 한증을 하기 위하여 갖춘 시설을 일컫는 것인바, 도면에 표현된 이 사건 등록디자인의 대상물품인 한증막의 형상과 모양을 보면, 외부층에는 축대를 쌓는 돌과 유사한 화강암을 27단의 높이로 종鐘과 같이 적층하되 그 하부 양측의 대향된 위치에 화강암 4단의 높이로 2개의 출입문을 설치하며, 내부층에는 황토와 석판을 교대로 적층하되 전체적으로 상당한 두께의 벽체를 형성하는 것인 사실을 인정할 수 있고, 위 인정사실에 의하면, 이 사건 등록디자인의 대상 물품인 한증막은 그 재질과 구조 및 형상과 모양 등에 비추어 볼 때, 현장 시공을 통해 건축되는 부동산에 해당하는 것으로 판단되며, 공업적인 생산방법에 의하여 동일한 형태로 양산되고 운반될 수 있는 유체동산이라고는 보기 어렵다. 따라서 이 사건 등록디자인은 그 대상물품이 공업적인 생산방법에 의하여 동일한 형태로 양산되고 운반될 수 있는 유체동산에 해당한다고 할 수 없어 공업상 이용가능성이 인정되지 아니하므로 구 디자인보호법 제5조 제1항의 등록을 받을 수 있는 디자인에 해당하지 않는다.

그렇다면 이 사건 등록디자인은 그 등록이 무효로 되어야 할 것인바, 이와 결론을 달리한 이 사건 심결은 부적법하므로, 그 취소를 구하는 원고의 이 사건 청구는 이유 있어 이를 인용하기로 한다(심결취소, 무효심판 청구인용).(46)

(46) 앞서 언급한 바와 같이 대상판결에 대한 상고는 대법원 2008. 2. 14. 선고 2007후4311 판결로서 심리불속행 기각되었으므로, 대상판결에 관하여 대법원에서의 구체적인 판시는 없음.

평석

1. 디자인의 물품성과 공업상 이용가능성의 관계

(1) 관련 법규정의 검토

현행 디자인보호법 제2조 제1호에서는 "'디자인'이란 물품[물품의 부분(제42조[47]는 제외한다) 및 글자체를 포함한다. 이하 같다]의 형상 · 모양 · 색채 또는 이들을 결합한 것으로서 시각을 통하여 미감을 일으키게 하는 것을 말한다."고 규정하고 있다. 대상판결과 관련된 구 디자인보호법 제2조 제1호에서는 디자인[48]의 정의에 관하여 "물품의 형상 · 모양 · 색채 또는 이들을 결합한 것으로서 시각을 통하여 미감을 일으키게 하는 것을 말한다."고 규정하고 있어서 물품성의 인정대상으로서 물품의 부분과 글자체가 포함된 것을 제외하고는 현행 디자인보호법상 규정과 동일하다고 볼 수 있다.

한편, 디자인등록출원된 디자인이 디자인의 성립요건을 구비하지 못한 경우에는 디자인보호법 제2조 제1호의 규정에 의한 디자인의 정의에 저촉되는 것으로 보는데, 이 경우 디자인보호법 제33조 제1항 본문의 규정에 의하여 디자인등록을 받을 수 없는 것으로 한다. 이것은 디자인보호법 제2조에서의 디자인의 정의 규정 자체는 등록요건 규정으로 포함되지 않았기 때문에 디자인보호법 제33조 제1항 본문 규정의 '공업상 이용할 수 있는 디자인'이라는 문구를 적용하여 등록요건으로 하며,[49] 이에 따라 디자인의 물품성 등의 성립요건에 관해서는 거절이유(제62조)나 무효사유(제121조)로서 제2조 제1호가 아닌 제33조 제1항이 적용되는 것으로 규정되어 있다.

(2) 디자인의 물품성

1) 의의

일반적으로 디자인이라고 함은 물품에 표현되지 아니한 디자인까지도 포함하지만, 디자인보호법상의 디자인은 반드시 물품에 표현된 것을 말한다. 즉, 디자인보

(47) 한 벌의 물품의 디자인에 관한 규정임.

(48) 대상판결의 적용 법률상으로는 '의장'이라 표기하였으나 이 글에서는 '디자인'으로 표기함.

(49) 공경식 · 이승훈, 코어 디자인보호법, 한빛지적소유권센터(2014), 55면.

호법상 디자인은 창작된 형태 자체를 보호하는 것이 아니라, 그 형태가 구체적인 물품에 적용된 상태를 보호하는 것이다.(50) 이와 같이 디자인보호법상 물품성을 전제하는 이유는 디자인보호법의 목적이 물품의 수요증대를 통하여 산업발전에 이바지하는 데 있으므로, 이와 같은 디자인보호법의 목적을 원활하게 달성하기 위함이다. 또한 이와 관련하여 공업상 이용가능성을 디자인의 등록요건으로 하고 있다.(51)

물품성을 만족하기 위한 요건에는 독립성, 구체성, 유체성, 동산성을 모두 요한다. 여기서 구체성과 유체성은 그 해석상 일부 중복되기도 하는데, 물품의 구체성과 관련해서는 동산성을 구비한 유체물이라 하더라도 공간적으로 일정한 형태를 가진 구체적인 물품이 아니면 그 외관에 관한 미적 창작의 내용을 특정할 수 없으므로, 디자인의 대상이 될 수 없다는 것이다(예: 기체, 액체, 설탕 등).(52) 그리고 물품의 유체성과 관련해서는 디자인보호법상 보호대상이 되는 디자인은 구체적인 물품의 외관이므로, 물품은 공간상의 일정한 형태를 가지는 유체물이어야 하는데, 전기, 열, 빛 등과 같이 유형적으로 존재할 수 없는 무체물은 디자인보호법상 물품에 해당되지 않는다는 것이다.(53)

그런데 대상판결에서의 이 사건에서는 물품의 독립성 및 동산성 여부가 사건해결과 관련된 쟁점으로 되었으므로, 이하에서는 물품의 독립성과 동산성을 중심으로 구체적으로 살펴보도록 한다.

2) 물품의 독립성

디자인보호법상의 물품은 물리적인 성상性狀에 있어서 한 개의 독립된 존재이며 독립된 교환가치가 요구되기 때문에 경제적으로 한 개의 물품으로 독립하여 거래의 대상이 되는 것이어야 한다. 물품의 부분(병주둥이, 양말의 뒷굽)은 물품을 파괴하지 않으면 분리되지 않으므로 독립하여 거래되지 않으나, 독립된 교환가치를 갖는 부품은 호환성이 있고, 통상의 상태에서 독립거래의 대상이 되는 경우 디자인 보호법상의 물품이 된다.(54)

---

(50) 정태호, VISUAL 지식재산권강의, 진원사(2013), 129면.

(51) 노태정 · 김병진, 디자인보호법(3정판), 세창출판사(2009), 165면.

(52) 정상조 외 3인 공편, 디자인보호법 주해, 박영사(2015), 43면(박태일 집필부분).

(53) 김인철, 理智디자인보호법, 한빛지적소유권센터(2014), 34면.

(54) 한편, 2001년 개정법(2001. 2. 3. 법률 제6413호)에서는 '물품의 부분'도 디자인등록이 가능하도록 '부분디자인제도'를 도입하여 디자인의 보호범위를 확대하였다.

3) 물품의 동산성

디자인보호법에 있어서 물품은 유체물 중에서 동산에 한한다는 것이 통설이다.(55) 따라서 부동산은 원칙적으로 디자인보호법상의 물품에 포함되지 않는다. 예를 들면, 토지 그 자체에 의하여 형태를 가질 수 있는 정원이나, 도로, 그 토지의 위에서만 형태를 가질 수 있는 일반적 건축물과 건조물은 디자인보호법에서 말하는 물품에 해당하지 않는 것이다. 즉, 토지 그 자체에 의하여 성립하거나 또는 그 토지에 정착하고 그 토지의 위에서만 형태가 성립하는 것, 그 토지에 의하여 조건 지어져 1회성을 가지고 성립하는 것의 형태는 디자인보호법의 대상에서 제외된다.(56) 이것은 현장 시공을 통해 건축되는 부동산(전망대, 육교 등)은 공업적 생산의 확대를 기할 수 없으므로 디자인보호법상의 물품으로 성립되지 못한다는 것이다.(57)

그런데 근래에는 하나의 건축설계도면에 따라 그 단위 유니트, 부재 등을 미리 공장에서 생산하여 현지에서 조립하는 공법, 즉 프리패브prefabricated 건축이 출현하여 같은 형태의 건축물, 건조물을 양산하게 되었다.(58)

따라서 이러한 건축물, 건조물의 물품성이 문제가 될 수 있다. 설치되면 토지의 정착물로서 부동산이 되는 것이라도 공업적으로 양산量産되어 판매할 때에 동산으로 취급되는 것, 즉 조립가옥, 공중전화박스, 이동판매대, 이동화장실 등에 대해서는 디자인보호법상 동산성이 있다고 보아 물품성이 인정되고 있다.(59) 이것은 물건의 최종적인 사용 태양뿐만 아니라 그 생산 · 유통과정에 있어서 동산성을 가짐에 주목하여 이러한 것들을 물품이라고 본 것이다.(60) 그런데 주의하여야 할 점은 이때 동산성을 인정하는 것은 전체에서 관념되는 것을 말하며 이를 구성하는 부재로 분해한 상태까지 인정하는 것은 아니라는 것이다.(61)

이와 관련하여 이상과 같이 물품성이 인정되는 것으로 열거된 조립가옥 등은 성질상 어렵지 않게 운반할 수 있는 대상이므로 토지의 정착물이라고 볼 수 없어 그

(55) 노태정 · 김병진, 앞의 책, 171면; 황종환, 의장법, 한빛지적소유권센터(1991), 123면; 송영식 외 6인, 송영식지적소유권법(제2판) 육법사(2013), 939면; 윤종렴, 의장법 해설, 삼경당(1984), 50면.

(56) 齋藤瞭二, 意匠法概說, 有斐閣(1991), 57면.

(57) 정태호, 앞의 책, 129면.

(58) 노태정 · 김병진, 앞의 책, 173면.

(59) 특허법원 지적재산소송실무연구회, 지적재산소송실무(제3판), 박영사(2014), 427면.

(60) 조국현, 의장법, 법경사(2002), 192면.

(61) 공경식 · 이승훈, 앞의 책, 57−58면.

자체로 처음부터 민법상 부동산에 해당한다고 보기 어렵다고 보아야 한다는 견해도 있다.(62)

결국 물품의 사용 시에는 부동산으로 되는 것이었더라도 공업적으로 양산되고 판매 시에 동산으로서 취급되는 것은 물품으로 인정될 수 있는 것으로 본다.(63)(64)

(3) 공업상 이용가능성

공업상 이용가능성(구 문헌상으로는 '공업성'이라고도 함)이 있는 디자인이란, 공업적 생산방법에 의해서 동일물이 양산될 수 있는 디자인을 말한다. 공업적 생산방법이란, 원자재에 물리적, 화학적 변화를 가하여 유용한 물품을 제조하는 것을 말한다. 그 생산과정에서의 생산방법은 반드시 기계적인 생산임을 필요로 하는 것이 아니라 수공업적으로 생산되는 것이라도 공업성의 요건이 충족된다.

여기서 동일물은 물리적으로 전적으로 동일한 것을 의미하는 것이 아니라 일견하여 동일하게 보이는 정도의 동일성을 의미한다. 동일물이 양산가능하다는 것은 양산이 어려운 형상 또는 양산에 오히려 생산비용이 높아질 우려가 있는 것이라 하더라도 양산할 수 있는 가능성만 있으면 된다.(65)

디자인보호법이 등록요건으로서 공업상 이용가능성을 요구하는 이유는 디자인제도의 목적이 창작자의 보호와 함께 물품에 대한 수요증대 및 국가산업발전에 기여함에 있으므로 디자인으로서 물품의 양산가능성이 없는 것은 국가산업발전의 기여에 적격성이 결여된 것이기 때문이다.(66)

(62) 윤태식, 앞의 책, 54면.

(63) 小松純 · 小林一郎, 辨理士論文教室 意匠法, 法學書院(2007), 6-7면.

(64) 건축물 관련 디자인등록 사례(정태호, 앞의 책, 130면).

물품의 명칭	조립가옥	이동식주택	조립식 가옥	조립육교
등록번호 (등록일)	300249427 (1999.10.12)	300584522 (2011.01.07.)	300441362 (2007.02.16.)	300185744 (1996.09.09)
대표도면 (사시도)				

(65) 노태정 · 김병진, 앞의 책, 216면.

(66) 이상경, 지적재산권소송법, 육법사(1998), 325면.

(4) 관련 판결의 검토

1) 대법원 2001. 4. 27. 선고 98후2900 판결[67]

(67) 해당 판결의 원심인 특허법원 1998. 12. 4. 선고 98허3279 판결에서는 구 디자인보호법 제2조 제1호에서의 물품이라 함은, 완성품뿐만 아니라 완성품의 부품이 일정한 규격을 구비하고 있어서 일정범위의 완성품에 대하여 자유로이 교체가 가능할 정도로 호환성을 갖추고 있고 독립하여 거래의 대상이 되는 것도 이에 해당한다고 전제하고, ① 이 사건 등록디자인과 같은 벽면 매입형의 누름 버튼식 스위치는 벽면상에 매입되며 공통접속단자 등을 포함하는 스위치 대판, 스위치 대판에 회로 기판을 탑재한 스위치 기판, 스위치 기판 위에 조립되는 뚜껑체, 뚜껑체 상면에 긴밀하게 위치 고정되는 붙임쇠(일명 '고정판, 브라켓'이라고도 한다), 붙임쇠 위에 끼움 처리되는 작동체(일명 '노브'라고 한다), 벽면 외부에 위치하여 붙임쇠를 감싸는 플레이트, 플레이트의 내부에서 시이소오 작동이 가능할 수 있도록 작동체에 끼워지는 노브덮개로 구성되고 그 순서대로 조립되는데, 이 중 붙임쇠와 플레이트를 제외하고 노브덮개를 포함한 나머지 부분을 몸체라고 하는 사실, ② 몸체, 붙임쇠, 플레이트 중 옥내용 소형 스위치류에 대하여 한국공업규격상(KSC8309) 스위치 박스 내 부착부(붙임쇠를 의미하는 것으로 보인다)의 치수가 규정되어 있고, 프러쉬 플레이트(보통형 누름 버튼 스위치에 사용하는 플레이트를 포함한다)에 대하여 한국공업규격상(KSC8319) 플레이트의 치수가 규정되어 있는데, 이 사건 등록디자인과 같은 넓은 노브덮개의 스위치는 붙임쇠가 스위치 박스와 결합되는 부분만 규격화되어 있기 때문에 제조회사에 따라 여러 형태의 스위치 몸체와 붙임쇠 및 플레이트를 제조 결합하여 스위치 완성품을 만들고 있는 사실, ③ 피고가 대표이사로 있는 소외 진흥전기 주식회사는 1996. 7. 1. 다산전기건설을 경영하는 소외 노봉섭에게 N.F 1구1로 캡형S/W와 N.F 2구1로 캡형S/W를 제조 판매하였는데, 당시 위 스위치 등은 플레이트까지 포함된 완제품 스위치들이었고, 위 소외 회사에서 이 사건 등록의장의 등록대상물품과 같이 플레이트와 노브덮개를 제외한 채 나머지 조립된 부분만을 판매하고 있지는 않은 사실, ④ 이 사건 등록디자인의 도면만으로는 붙임쇠 위에 두 개의 노브가 장착되어 있어서 두 개의 노브덮개가 끼워질 수 있도록 쌍스위치를 완성품으로 조립할 수도 있고, 한 개의 노브덮개만 끼워질 수 있도록 하나의 기능만 하는 단독 스위치로 조립할 수도 있다는 사실을 인정한 다음, 이 사건 등록디자인의 대상물품은 완성품인 스위치의 조립과정에 있어 플레이트와 노브덮개를 제외한 나머지 부품을 조립한 상태로서 실제 플레이트와 노브덮개가 제외된 채 거래되고 있지 않고, 특히 붙임쇠가 스위치 박스와 결합되는 부분만 규격화되어 있기 때문에 제조회사에 따라 여러 형태의 스위치 몸체와 붙임쇠 및 플레이트를 제조 결합하여 스위치 완성품을 만들고 있는 실정이며, 스위치를 크게 몸체, 붙임쇠, 플레이트로 분류할 경우 작동체에 끼워지는 노브덮개는 몸체에 포함되는 점 등에 비추어, 이 사건 등록디자인의 대상물품은 호환성을 갖추고 독립하여 거래의 대상이 되는 구 디자인보호법 제2조 제1호 소정의 물품이라 할 수는 없으므로, 구 디자인보호법 제68조 제1항 제1호, 제5조 제1항에 의하여 그 등록의 무효를 면할 수 없다고 판단하였다.

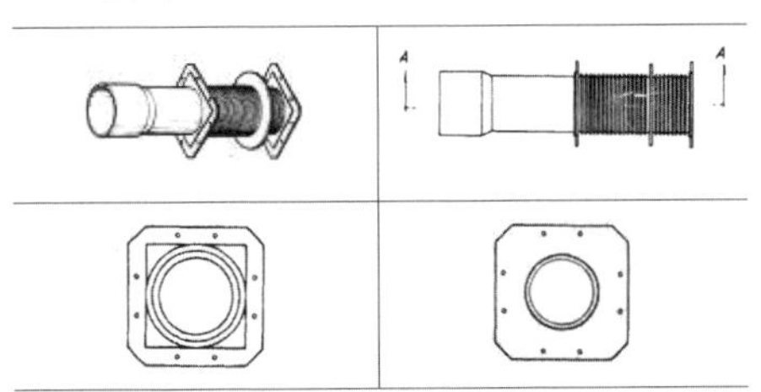

해당 판결은 "구 디자인보호법 제2조 제1호에서 말하는 '물품'이란 독립성이 있는 구체적인 유체동산을 의미하는 것으로서, 이러한 물품이 디자인등록의 대상이 되기 위해서는 통상의 상태에서 독립된 거래의 대상이 되어야 하고, 그것이 부품인 경우에는 다시 호환성을 가져야 하나, 이는 반드시 실제 거래사회에서 현실적으로 거래되고 다른 물품과 호환될 것을 요하는 것은 아니고, 그러한 독립된 거래의 대상 및 호환의 가능성만 있으면 의장등록의 대상이 된다고 할 것이다. 기록에 의하면, 먼저 이 사건 등록디자인(68)의 물품인 '스위치'는 원심이 판단한 바와 같이 스위치 대판, 스위치 기판, 뚜껑체, 붙임쇠 및 위 붙임쇠 위에 끼움 처리되는 작동체인 노브 등으로 구성되어 있고, 이는 완성품인 스위치의 조립과정에 있어 플레이트와 노브덮개를 제외한 나머지 부품을 조립한 상태로서, 거래관념상 또는 완성품인 스위치의 기능(전기회로를 개폐하는 기능과 안전성을 담보하는 기능)상으로 볼 때, 스위치의 안전성을 담보하는 기능과 밀접한 관련이 있는 플레이트 및 노브덮개가 결여된 이 사건 등록디자인의 대상물품은 스위치로서의 완성품이라고 보기 어렵고 완성품에 가까운 부품이라고 봄이 상당하다고 할 것이다. 다음, 이 사건 등록디자인의 대상물품의 물품성에 대하여 보건대, 을 제2호증의 1, 2의 월간 건설물가표(1997년 11월호)를 보면, 소외 아남(정확하게는 아남르그랑 주식회사)이 제조, 판매하는 스위치의 가격을 몸체, 붙임쇠 및 플레이트별로 각각 나누어 표시하고 있어 실제 거래사회에서 스위치는 그 이전부터 이미 부품별로 시장가격이 형성되어 있는 것으로 보인다는 점, 또 원심 증인 노봉섭의 증언에 의하면, 이 사건 등록디자인과 같은 매립형 스위치에 있어서 붙임쇠를 포함한 스위치 몸체(이 사건 등록디자인의 대상물품이 이에 해당한다. 이하 '스위치 몸체'라고 한다)와 플레이트, 노브덮개 등은 조립된 채 완성품으로서만 판매되고 부품별로 따로 판매되지 않는 것이 통상이나, 한편으로는 일부 회사의 제품은 스위치 몸체와 플레이트 등으로 분리하여 거래되기도 한다는 점, 나아가 스위치 몸체와 플레이트 등이 각각 다른 회사가 제조한 것이라고 하더라도, 서로 규격이 맞는다면 스위치 몸체만 시중에서 구입하여 교체 사용할 수도 있고 부품 제조업체에 주문거래하기도 할 수 있을 것이라는 점(실제로 피고가 만든 스위치 몸체에 원고가 만든 노브덮개를 사용할 수 있고 그 반대의 경우도 가능한 것으로 보인다) 등을 종합하여 보면, 이 사건

(68) 이 사건 등록디자인의 창작의 내용은 "1. 재질은 합성수지 및 금속임. 2. 벽면에 매립 장착된 전기 배선 함체와 전면 커버체를 씌워서 사용하는 것임. 3. 스위치 접속부 우측 중앙부에 발광소자를 형성한 것임."이다.

등록디자인의 대상물품이 일반 수요자에게 독립된 거래의 대상이 되는 경우는 극히 드물 것이나, 적어도 거래자에게는 독립된 거래의 대상이 되고 호환의 가능성이 있다고 보아야 할 것이다(원심에서 증인 한모 씨는 스위치 몸체와 플레이트 등이 각각 따로 거래되거나 판매되는 일은 없다고 증언하였으나, 이는 일반 수요자가 소매업자와 거래할 경우 그렇다는 것뿐이므로, 위 증인의 증언은 위와 같은 판단에 영향을 주지 못한다). 결국 이 사건 등록디자인의 대상물품인 '스위치'는 디자인보호법상의 물품으로서 디자인의 대상이 될 수 있다고 할 것이다.(69) 그럼에도 원심이 그 판시와 같은 이유만으로 이 사건 등록디자인의 대상물품인 스위치가 실제거래상 독립거래의 대상도 되지 아니하고 호환성도 없어 그 물품성을 인정할 수 없다고 판단한 것은 디자인보호법상의 물품성에 관한 법리를 오해하고 심리를 다하지 아니함으로써 판결 결과에 영향을 미친 잘못이 있다고 보아야 할 것이고, 이를 지적하는 상고는 그 이유가 있다. 그러므로 원심판결을 파기하고 사건을 다시 심리 · 판단하도록 원심법원에 환송하기로 한다."고 판시하였다.

결국, 해당 판결은 플레이트 및 노브덮개가 결여되어 있는 스위치는 완성품에 가까운 부품으로서 일반 수요자에게 독립된 거래의 대상이 되는 경우는 극히 드물 것이나, 적어도 거래자에게는 독립된 거래의 대상이 되고 호환의 가능성이 있다고 보아야 한다는 이유로 디자인보호법상의 물품이라고 본 사례이다.

(69) 이것은 해당 판결에 관한 심결인 특허심판원 1997. 11. 26.자 96당393 심결과 동일한 판단이라고 볼 수 있는데, 해당 심결에서는 "물품이라 함은 독립성이 있는 구체적인 물품으로서 유체동산을 말하는 것이며, 완성품의 일부를 구성하는 것이라 하더라도 그것이 특정한 용도를 위하여 일정한 기능을 다하는 것으로서 디자인 창작의 일단위를 구성하는 경우에는 디자인보호법상의 물품이라 하겠는 바 이건 디자인이 물품을 구성하는지 여부에 대하여 살펴보면, 이건 디자인이 표현된 '스위치'는 전기회로를 개폐하는 장치로서 전원 또는 부하에 접속되는 2개의 개별단자와 이들 단자를 이어주는 접지면을 구비한 기본구성만으로도 물품이 성립되기에 충분하고, 여기에 전면 커버체와 같은 별도의 물품이 반드시 결합되어야 만이 일정한 기능을 갖는 것이라고 보여지지 아니할 뿐만 아니라 '스위치'에 관한 표준규격을 정하고 있는 (을)제1호증의 한국 공업규격(KSC8309)에 의하면 전면 또는 부하에 접속되는 개별단자들을 내장하고 있는 스위치박스와 이러한 스위치박스를 건물벽면에 매립되어 있는 배선함체에 설치할 수 있도록 상부에 결합시킨 고정용 브라켓트로 이루어진 형태를 '스위치'의 기본모델로 표시하고 있으며 여기에 어떠한 부가적인 다른 물품의 결합을 반드시 요구하고 있지 아니함에 비추어 볼 때 이건 디자인은 그 자체만으로도 용도가 있는, 즉 일정한 기능을 갖는 것이라 아니할 수 없어 이건 디자인은 디자인 창작의 객체가 될 수 있는 것으로써 디자인보호법상 물품에 해당된다 하겠다. 따라서 이와 다른 견해에 서서 이건 디자인은 '스위치'의 한 부분으로서 디자인등록의 대상이 되지 못하는 것이 등록된 것이어서 그 등록이 무효되어야 한다는 청구인의 주장은 받아들일 수 없는 것이라고 판단된다."고 설시하고 있다.

2) 대법원 2004. 7. 9. 선고 2003후274 판결(70)

해당 판결은 "'물품'이란 독립성이 있는 구체적인 유체동산을 의미하는 것으로서, 이러한 물품이 디자인등록의 대상이 되기 위해서는 통상의 상태에서 독립된 거래의 대상이 되어야 하고, 그것이 부품인 경우에는 다시 호환성을 가져야 하나, 이는 반드시 실제 거래사회에서 현실적으로 거래되고 다른 물품과 호환될 것을 요하는 것은 아니고, 그러한 독립된 거래의 대상 및 호환의 가능성만 있으면 의장등록의 대상이 되는 것인바, 기록에 의하면, 이 사건 등록디자인(71)의 대상 물품이 통상의 상태에서 독립되어 거래되었다거나 그와 같은 거래의 가능성이 있음을 인정할 만한 증거가 없으므로, 원심이 이 사건 등록디자인의 대상 물품이 구 디자인보호법 제2조 제1호 소정의 물품에 해당하지 않는다"고 판단한 것은 정당하다. 디자인의 등록무효사유를 제한적으로 열거하고 있는 구 디자인보호법 제68조 제1항에는 구 디자인보호법 제2조가 열거되어 있지 않음에도 불구하고, 원심이 이 사건 등록디자인이 구 디자인보호법 제2조 제1호의 규정에 위배되어 그 등록이 무효로 되어야 한다는 취지로 판단한 것은 잘못이지만, 구 디자인보호법 제5조 제1항은 '공업상 이용할 수 있는 디자인'만이 디자인등록을 받을 수 있다고 규정하고 있고, 구 디자인보호법 제2조 제1호는 '물품의 형상 · 모양 · 색채 또는 이들을 결합한 것으로서 시각을 통하여 미감을 일으키게 하는 것'을 '디자인'으로 정의하고 있으므로, 독립성이 있는 구

(70) 해당 판결의 원심인 특허법원 2002. 12. 13. 선고 2002허4309 판결에서는 '온열치료기용 롤러'에 관한 이 사건 등록디자인(등록번호 제284108호)의 물품이 롤러형 온구기에만 사용되는 부품으로서 다른 용도로 사용되지 않는다는 점은 당사자 사이에 다툼이 없고, 나아가 독립성을 갖춘 물품으로서 독립된 거래의 대상 및 호환의 가능성을 갖춘 것인지에 대하여, 이에 부합하는 듯한 증거로는 원고 제출의 갑 제3호증의 1(구매발주서), 2(거래명세서)만이 있을 뿐인데 위 증거들은 모두 진정성립을 인정할 아무런 자료가 없고(더구나 위 서증들은 모두 이 사건 심판청구가 제기된 후에 작성된 것들로서 증거가치가 낮고, 거래된 물품도 부품들의 조합을 의미하는 영어 assembly의 약자 "ASS'Y"로 되어 있어서 이 사건 등록디자인의 물품만이 아니라 이 사건 등록디자인의 물품을 포함하는 부품의 조합이 거래의 대상이었던 것은 아닌가 하는 의심을 갖게 한다), 달리 원고의 전 입증으로도 이를 인정할 아무런 자료가 없으므로 이 사건 등록디자인의 물품은 그 물품성을 인정하기 어렵다고 한 다음, 이 사건 디자인은 물품성이 부정된다는 취지로 판단하였다.

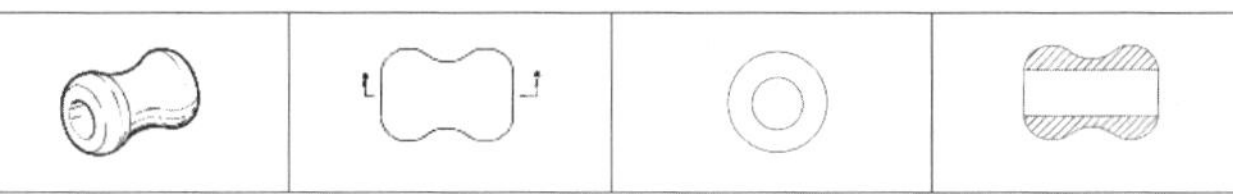

(71) 이 사건 등록디자인은 '온열치료기용 로울러'의 형상과 모양의 결합을 디자인 창작의 요점으로 하며, 창작 내용은 "1. 재질은 옥(玉)임. 2. 온열치료기의 온구기에 사용되는 것임."이다.

체적인 유체동산에 해당하지 않는 것의 형상 · 모양 · 색채 또는 이들을 결합한 것은 디자인보호법 제5조 제1항의 등록을 받을 수 있는 디자인에 해당하지 않는다고 봄이 상당하고, 이 사건 등록디자인의 대상물품이 독립성이 있는 물품에 해당함을 인정할 만한 증거가 없음은 앞서 본 바와 같으므로, 이 사건 등록디자인은 결국 구 디자인보호법 제5조 제1항의 등록을 받을 수 있는 디자인에 해당하지 아니하여 그 등록이 무효로 되어야 할 것이다."고 판시하였다.

결국, 해당 판결은 롤러형 온구기에만 사용되는 '온열치료기용 롤러'에 관한 디자인이 통상의 상태에서 독립되어 거래되었다거나 그와 같은 거래의 가능성이 있음을 인정할 만한 증거가 없으므로, 이 사건 등록디자인의 대상물품에 대한 물품성을 부정한 사례이다.

3) 대법원 1994. 9. 9. 선고 93후1247 판결(72)

해당 판결에서는 "구 디자인보호법 제5조 제1항은 공업상 이용할 수 있는 디자인에 대하여 디자인등록을 할 수 있도록 규정하고 있으므로 '공업상 이용가능성'은 디자인등록을 받기 위한 적극적 요건의 하나라 할 것인바, 공업상 이용가능성이란 공업적 방법에 의하여 양산될 수 있는 것을 의미하고, 공업적 방법이란 원자재에 물

(72) 해당 판결의 원심인 특허청 1993. 7. 31.자 91항당198 심결에서는 "구 디자인보호법 제5조 제1항에서는 디자인등록의 요건으로서 공업상 이용할 수 있는 디자인이어야 한다고 규정하고 있는바 이 규정은 디자인제도의 목적이 디자인의 고안자를 보호함과 동시에 물품의 수요증대를 통하여 산업발전에 이바지하고자 함에 있으므로 공업적 생산방법에 의하여 동일 물품의 반복 생산이 가능한 디자인이어야 하는 것을 요구한다고 보여지고 이러한 디자인등록의 대상이 되는 물품은 경제적으로 한 개의 물품으로 독립하여 거래의 대상이 되는 물품이어야 할 것이나 디자인심사기준에서 볼 수 있는 것처럼 '너트와 볼트'의 경우에는 각각의 독립하여 거래의 대상이 되지만 결국 결합하여 사용되는 것이므로 너트와 볼트를 일물품으로 인정하고 있는 것임을 알 수 있으므로 이건 등록디자인은 그 A-A선 단면도에서 보는 바와 같은 고정구와 핀부분이 각각 독립하여 반복 생산과 거래의 대상이 될 수 있는 것이고 '너트와 볼트'처럼 결합하여 사용되는 것이어서 그 일물품성도 인정된다고 보여진다. 따라서 이건 등록디자인은 공업상 이용이 가능한 것으로서 구 디자인보호법 제5조 제1항에서 규정하는 디자인등록요건에 합치되는 것이므로 이건 등록디자인의 사시도나 A-A선 단면도에서 볼 수 있는 바와 같이 그 고정구와 핀부분이 결합되어 도시되어 있고 청구인이 주장하는 바와 같이 그 결합부분이 나사식이 아닌 스냅식이라고 하더라도 그 공업상 이용 가능성을 부정할 수는 없다고 보여지므로 이와 상반된 청구인의 주장은 받아들일 수 없다." 라고 설시하여 해당 판결과 동일한 취지의 판단을 하였다.

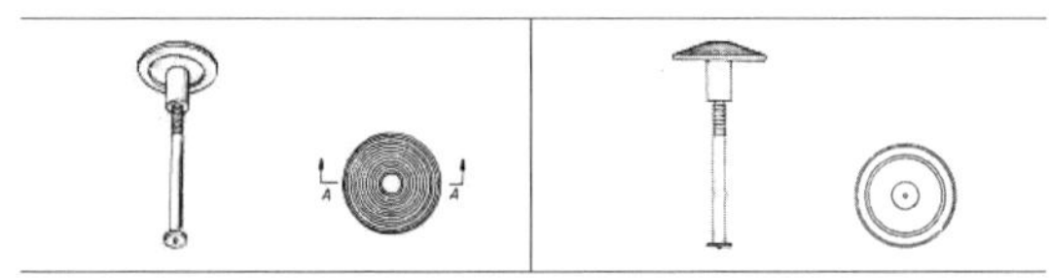

리적 · 화학적 변화를 가하여 유용한 물품을 제조하는 것을 말하며, 양산이라 함은 동일한 형태의 물품을 반복적으로 계속해서 생산함을 뜻하는 것이다. 2개의 부분품을 결합하여 1물품으로 보게 되는 이 사건 등록디자인의 물품인 용접볼트와 같은 경우,(73) 그 디자인을 공업적 방법으로 양산할 수 있는지 여부는 결합 이전의 상태에서 그 디자인의 내용에 비추어 판단하여야 하는 것으로서, 기록에 나타난 이 사건 용접볼트의 부분품인 연결핀과 고정구의 형상과 모양 등에 비추어 보면, 이들 디자인을 공업적 방법으로 양산하지 못할 이유가 없는 것으로 보여지므로 이 사건 등록디자인은 공업상 이용가능성이 있다 할 것인바, 같은 취지로 판단한 원심의 조치는 정당하다 하겠고, 거기에 소론과 같은 법리오해, 심리미진, 판단유탈의 위법이 있다고 할 수 없다. 논지는 이 사건 등록디자인은 그 부분품의 결합방식이 스냅식(74) 이어서 결합의 결과 분리가 어렵고, 분리되더라도 재사용이 어려우므로 공업상 이용가능성이 없는 실시불능의 디자인이라는 것이나, 역시 독자적인 견해에 불과하여 채용할 바 되지 못한다."라고 판시하였다.(75)

4) 특허법원 2013. 7. 11. 선고 2013허242 판결(확정)(76)

해당 판결은 "이 사건 출원디자인의 형상은(77) … 그 지배적인 특징은 1) 중앙

(73) 이 사건 디자인의 창작의 요점은 "용접볼트의 형상 및 모양의 결합"이고, 창작의 내용은 "1. 재질은 금속임. 2. 선박의 보온재를 접합하는데 연결핀으로 사용함."이다.

(74) 똑딱식으로 눌러 맞추는 방식임.

(75) 해당 무효심판청구의 요지는 이건 등록디자인이 그 용접핀과 하부 고정 보울트가 스냅식으로 결합되는 제품이므로 일단 결합되면 분리가 불가능한 것으로서 이러한 결합상태의 물품은 공업상 이용이 불가능하므로, 무효가 되어야 한다는 것이다(즉, 일반적인 "너트와 볼트"의 일물품과 같이 동일하게 볼 수 없다는 의미임).

(76) 특허청에서 상고하지 않아 해당 판결의 내용대로 확정됨.

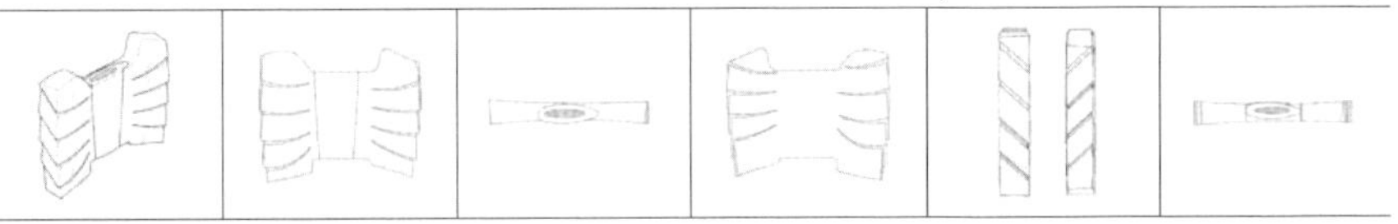

(77) 이 사건 출원디자인의 창작의 요점은 "'갈비'의 형상과 모양의 결합을 디자인 창작내용의 요점으로 함."이며, 창작 내용을 보면, "1. 재질은 뼈, 쇠고기 또는 돼지고기임. 2. 본 디자인은 갈빗살의 형상을 나타낸 것으로, 뼈와 살이 붙어 있던 절단면의 근막 및 지방층을 제거 후 뼈와 살이 붙어 있는 방향으로 4번 절단하여 5개의 꽃게 다리 모양으로 형성된 것임. 3. 갈비의 살은 고형물이 아니기 때문에 가공단계마다 약간의 변형이 있을 수 있으나, 본 디자인은 창작자가 염두에 둔 주요한 특징(일정한 형태)을 구비한 전형적인 하나의 상태를 나타낸 것임."이라고 기재되어 있다.

에 뼈대가 있고 그 좌우에 갈빗살이 부착되어 있는 점, 2) 좌우의 갈빗살은 각각 4번의 절단을 거쳐 5개의 부분으로 나누어져 있는 점, 3) 좌우의 형상이 비대칭으로, 상단의 형태에 있어 좌측보다 우측이 가파르게 돌출되어 있고, 하부의 형태에 있어 좌측이 우측보다 더 많이 돌출되어 있는 점 등에 있고, 그로 인해 보는 사람에게 꽃게 다리 형상을 연상시킨다고 할 것이다. 그런데 이 사건 출원디자인의 출원서에는 갈빗살의 구체적인 모양 내지 문양에 대해서는 아무런 설명이 없고 그 도면에도 갈빗살의 모양이나 문양이 도시되어 있지 않으므로 이 사건 출원디자인은 갈빗살의 마블링, 힘줄, 지방층 등이 형성하는 모양이나 문양은 그 보호범위로 청구하고 있지 않다고 할 것이다(따라서 자연물인 뼈, 마블링, 힘줄, 지방층 등의 특정한 형태에 의한 모양 내지 문양도 이 사건 출원디자인의 보호범위에 해당함을 전제로 뼈, 마블링, 힘줄, 지방층 등에 의해 형성되는 모양이나 문양은 동일한 형태로 양산할 수 없으므로 이 사건 출원디자인은 공업상 이용가능하지 않다는 취지의 피고 주장은 받아들이지 아니한다). 한편, 이 사건 출원디자인에 따라 갈비를 형성하는 공정에 대하여 살펴보면, 1) 먼저 냉동 갈비 원료육을 절단하는데, 이때 뼈대 뒷면에는 갈빗살이 두툼하게 붙어 있게 되고, 2) 다음으로 뼈대 뒷면에 붙어 있던 갈빗살을 뼈대를 중심으로 양쪽 방향으로 각각 포를 뜨듯이 절단하여 뼈대 양쪽으로 펼치고, 3) 마지막으로 위와 같이 뼈대 양쪽으로 펼쳐진 원료육을 뼈대와 직교하도록 4회 절단한 후 사선으로 누르거나 칼로 손질하여 5개의 꽃게 다리 형상을 구현하게 된다. 그리고 출원인인 원고는 이 사건 출원디자인의 형상을 한 갈비를 수작업으로 생산하고 있으며, 성형된 꽃게 다리 형상의 갈비를 다시 냉동하여 그 형상을 유지하고 있다고 주장한다. 살피건대, 1) 이 사건 출원디자인은 원료육을 절단하는 방법으로 원자재인 원료육에 물리적 변화를 가하여 형성하게 되는 점, 2) 이 사건 출원디자인을 적용한 갈비는 식자재로서 마트 등에서 또는 식당 운영자들을 상대로 판매될 수 있으므로 독립적인 거래의 대상이 되는 유용한 물품에 해당하는 점, 3) 항상 완벽하게 동일한 형태로 꽃게 다리 형상의 갈빗살을 생산할 수는 없다고 하더라도, 이 디자인 분야에서 통상의 지식을 가진 자가 이 사건 출원디자인에서 보호범위로 청구하고 있는 꽃게 다리 형상과 동일성이 있다고 인정할 수 있는 형태로는 반복 생산할 수 있다고 보이는 점, 4) 이 사건 출원디자인을 적용한 갈비가 가공된 이후에 다시 냉동하는 방법 등으로 최종 판매 단계까지 동일한 형상을 유지할 수 있다고 보이는 점, 5) 이 사건 출원디자인은 그 도면 등에 의하여 그 보호범위를 정확하게 파악할 수 있는 점 등에 비추어 보면 이 사건 출원디자인은 공업상 이용가능성이 있다고 할 것이다. 이에 대하여 피고는, 이 사건 출원디자인에서 뼈 부분을 제외한 갈빗살은 매우 유연한 재료여서 쉽게 변형되고, 이로 인해 비대칭적으로 돌출된 상단과 하단의 형상을 고정적으로 유지할 수 없으므로 이 사건 출원디자인은 공업상 이용할 수 있는 디자인에 해당하지 아니한다고 주장한다. 살피건대, 갈빗살이 유연한 재료이긴 하지만 일단 특정 형상으로 가공된 이후에는 냉동 등의 방법으로 그 형상을 유지할 수 있다고 할 것이고, 이 사건 출원디자인 중 비대칭적으로 돌출된 상단과 하단의 형상도 앞서 본 가공 공정에 비추어 보면 동일성이 인정되는 형태로 반복하여 가공한 후 그 형상을 유지할 수 있을 것으로 보이므로, 피고의 위 주장은 받아들이지 아니한다. 따라서 이 사건 출원디자인은 공업상 이용할 수 있는 디자인에 해당한다 할 것이다."라고 판시하였다(청구인용, 심결취소).[78]

결국 해당 판결은 냉동갈비원육을 수작업으로 절단하여 '꽃게 다리 형상'으로 생산한 후 냉동하여 유통하는 경우, 비록 완전히 동일한 형태의 꽃게 다리 형상의 갈빗살을 생산할 수는 없다고 하더라도 통상의 지식을 가진 자가 출원디자인에서 보호범위로 청구하고 있는 꽃게 다리 형상과 동일성이 있다고 인정할 수 있는 형태로는 반복생산할 수 있고 냉동된 상태에서 유통함으로써 그 형상을 판매단계까지 유지할 수 있으므로 공업상 이용가능성이 있다고 볼 수 있다고 판단하였다.[79]

(5) 특허청의 디자인심사기준에서의 관련 내용

대상판결에서의 이 사건의 적용 당시의 구 디자인심사기준 제2조 제2항 제1호에서는 디자인의 물품성이란 "디자인보호법상 '물품'이라 함은 독립성이 있는 구체

(78) 해당 판결의 심결인 특허심판원 2012. 12. 18.자 2011원9671 심결에서는 "그 지배적인 특징은 ① 중앙에 뼈대가 있고 그 좌우에 갈빗살이 부착되어 있는 점, ② 좌우의 갈빗살은 각각 4번의 절단을 거쳐 5개의 부분으로 나누어져 있는 점, ③ 좌우의 형상과 모양이 비대칭으로, 상단의 형태에 있어 좌측보다 우측이 가파른 형태로 돌출되어 있고, 하부의 형태에 있어 좌측이 우측보다 더 많이 돌출되어 있는 점에 있다. 이 사건 출원디자인은 자연물인 소나 돼지 따위의 가슴통을 이루는 좌우 열두 개의 굽은 뼈와 살을 식용으로 만든 것으로, 뼈 부분을 제외한 갈빗살은 이 사건 출원디자인의 디자인 설명 3항에 기재되어 있는 바와 같이 고형물이 아니고 매우 유연한 재료로 고정된 형태를 유지하기가 매우 어려우므로 청구인이 이 사건 출원디자인의 지배적 특징이라고 주장하는 꽃게의 형태는 갈빗살의 상태에 따라 쉽게 변형될 수밖에 없고, 특히 비대칭적으로 돌출된 상단과 하단의 형태는 매우 유연한 갈빗살로 인해 그 형상과 모양을 고정화할 수 없다고 보여진다. 따라서 이 사건 출원디자인은 동일한 형태로 양산할 수 없다 할 것이므로 이 사건 출원디자인은 구 디자인보호법 제5조 제1항 본문의 공업상 이용할 수 있는 디자인이라 할 수 없다."라고 공업상 이용가능성을 부정함으로써 해당 판결과 다른 판단을 한 바 있다.

(79) 특허법원 지적재산소송실무연구회, 앞의 책, 429면.

적인 물품으로서 유체동산을 원칙으로 한다. 따라서 '부동산'에 해당하는 것은 디자인등록의 대상이 되지 아니하나, 다만 부동산이라도 다량생산이 될 수 있고 운반이 가능한 경우에는 예외로 한다. (예) 방갈로, 공중전화박스, 이동판매대, 방범초소, 승차대, 이동화장실, 조립가옥 등"이라고 규정하고 있었다.

그런데 현행 디자인심사기준에서도 위의 구 디자인심사기준상의 내용과 거의 동일하게 규정하고 있는데, 우선 "디자인의 정의에 합치되지 않는 것은 법 제33조(디자인등록의 요건) 제1항 본문(공업상 이용가능성)에 위반되어 디자인등록을 받을 수 없는 것으로 한다."라고 규정하고 있으며,(80) 이와 관련하여 디자인이 물품성의 요건을 구비하지 못한 경우에는 디자인보호법 제2조(정의) 제1호에 따른 디자인의 정의에 합치되지 않는 것으로 본다.(81) 그리고 디자인의 물품성에 관하여 '물품'이란 독립성이 있는 구체적인 물품으로서 유체동산을 원칙으로 하며 '부동산'은 디자인등록의 대상이 되지 않는다고 언급하면서 대상판결에서의 '한증막'을 그 예로 들고 있는데, 다만 반복생산이 될 수 있고 운반이 가능한 경우에는 예외로 한다고 규정하고 있으며, 그 예로서 "방갈로, 공중전화박스, 이동판매대, 방범초소, 승차대, 교량, 이동화장실, 조립가옥 등"을 언급하고 있다.(82) 한편으로 공업상 이용가능성과 관련해서는 공업적 생산방법에 의하여 양산이 불가능하여 공업상 이용할 수 없는 디자인은 디자인보호법 제33조(디자인등록의 요건) 제1항 본문에 위반되어 디자인등록을 받을 수 없다고 현행 디자인심사기준에서 규정하고 있는데,(83) 여기서 '공업상 이용할 수 있는 디자인'이란 공업적 생산방법에 의하여 동일한 물품을 양산할 수 있는 디자인을 말하며, '공업적 생산방법'이란 원자재에 물리적 또는 화학적 변화를 가하여 유용한 물품을 제조하는 것을 말하며, 양산이란 동일한 형태의 물품을 반복으로 계속하여 생산하는 것을 뜻한다고 규정하고 있다.(84) 그리고 '공업적 생산방법'에는 기계에 의한 생산은 물론 수공업적 생산도 포함하며,(85) '동일한 물품을 양산할 수 있는 디자인'이란 물리적으로 완전히 같은 물품을 양산할 수 있는 디자인이

(80) 특허청 디자인심사기준(2017.1.1.) 제4부 제1장 1. 3).

(81) 특허청 디자인심사기준(2017.1.1.) 제4부 제1장 2. 1).

(82) 특허청 디자인심사기준(2017.1.1.) 제4부 제1장 2. 1) (1).

(83) 특허청 디자인심사기준(2017.1.1.) 제4부 제2장 1.

(84) 특허청 디자인심사기준(2017.1.1.) 제4부 제2장 1. 1) (1).

(85) 특허청 디자인심사기준(2017.1.1.) 제4부 제2장 1. 1) (2).

어야 하는 것은 아니고 그 디자인 분야에서 통상의 지식을 가진 사람이 그 지식을 기초로 합리적으로 해석하였을 때 같은 물품으로 보여질 수 있는 수준의 동일성을 가진 물품을 양산할 수 있는 디자인을 의미한다고 규정함과 아울러, '동일성이 인정되는 범위에서 반복 생산할 수 있다고 인정되는 경우'의 예로서 앞서 살펴본 특허법원 2013. 7. 11. 선고 2013허242 판결(갈비 사건)을 언급하고 있다.(86)

2. 대상판결에 대한 검토

이 사건 등록디자인의 물품은 한증하기 위해 갖춘 시설, 담을 둘러막아 굴처럼 만들어 밑에서 불을 때는 한증막이며, 등록디자인의 재질은 석재와 황토로 이를 내부층에 적층하고, 외부층은 화강암으로 적층하는 구조이다.

이 사건 등록디자인인 한증막의 내부층 재질인 석재와 황토는 시멘트 등의 경우와 달리 수년이 지나도 성석成石(석회石灰 따위가 굳어서 돌처럼 됨)이 되지 않는 성질을 가진다. 또한 구체적인 형상과 모양을 보면, 외부층의 화강암은 27단의 높이로 적층되고, 내부층은 석재와 황토를 적층한 것이다. 한증막 하부의 양측의 대향된 위치에는 화강암 4단 높이로 2개의 출입문이 설치되어 있다. 따라서 이 사건 등록디자인은 실제로 상당한 높이를 가지며, 외부층과 내부층으로 이루어진 두터운 벽체 및 황토와 석재로 인하여 상당한 무게를 가지는 구성일 수밖에 없다.

학설에서는 디자인보호법에서의 물품은 원칙적으로 동산이라고 보고 있고, 판례 역시 물품이란 독립성이 있는 구체적인 유체동산을 의미하는 것으로 보고 있다. 부동산 중에서도 예외적으로 물품으로 보는 것이 있으나, 그것은 최종적으로 토지에 정착되어 부동산이 되는 것(87)이라도 생산 · 유통과정에서 동산으로 거래되는 경우에는 디자인보호법상의 물품으로 볼 수 있다는 것이다. 그런데 대상판결에서는 이 사건 등록디자인의 한증막이 토지에서 분리된 상태로 생산 · 유통과정에서 별개의 동산으로 거래되고 있음을 인정할 만한 아무런 증거가 없다고 본 것이다.

또한 이 사건 등록디자인에서 한증막의 재질은 석재와 황토로 이루어져 있고 이를 쌓아올려 구성하는 것이므로, 상당한 중량을 가지는 것임에 반하여 그 견고한 정도는 운반에 견딜 만큼 높지 않을 것을 대상판결이 고려한 것으로 보인다. 그리고

(86) 특허청 디자인심사기준(2017.1.1.) 제4부 제2장 1. 1) (3).

(87) 민법 제99조는 "토지 및 그 정착물은 부동산이다. 부동산 이외의 물건은 동산이다."라고 규정한다.

한증막으로서 기능을 하기 위해서는 불을 땔 수 있는 바닥부와 일정 온도를 유지하기 위한 벽부분이 설치 목적 토지 위에서 일체로 시공되어야 하는 것이고, 종 모양의 벽 부분만 석재와 황토를 적층한 상태로 만들어 따로 보관하다가 필요한 곳으로 이동, 운반하여 설치할 수 있다고 보기 어렵다는 현실적인 상황도 고려한 것으로 보인다. 그리고 위와 같은 이 사건 등록디자인의 형상과 모양, 기능 등에 비추어 한증막은 지면과 결합되어 시공되어야 하는 그 기초가 튼튼한 구조물이 되어야 할 것이다. 즉, 위와 같은 대상판결에서의 한증막의 특성을 고려하면 이 사건 등록디자인을 이동하여 조립되는 유체동산이 아니라 현장시공으로 건축되는 부동산으로 본 대상판결의 판단은 정당한 것으로 보아 일응 수긍할 수 있을 것이다. 이러한 점에서는 예외적으로 물품성을 인정받는 공중전화박스, 방범초소, 조립가옥 등과 다른 점이라 볼 수 있을 것이다.

결국, 이상과 같은 근거들을 종합하여 대상판결은 이 사건 등록디자인이 동산으로서 거래될 가능성이 있다고 보이지 않으므로 유체동산이라고 볼 수 없어 공업상 이용할 수 있는 디자인에 해당하지 않는다고 본 것이다.

3. 대상판결의 의의 및 비판

대상판결은 디자인의 물품성과 관련해서 부동산과 동산의 구별, 즉 물품의 동산성의 판단에 관하여 최초로 구체적인 판시를 하여 그 이후 특허청의 디자인심사기준 및 국내의 각종 문헌에도 모두 영향을 미친 판결로서 중요한 의의가 있다고 하겠다.

물품이란 독립성이 있는 구체적인 유체동산을 원칙으로 하되, 현실적으로 독립된 거래의 대상이 되는 것만을 의미하는 것이 아니라, 그러한 가능성이 있는 것까지 포함하는 의미로 해석해야 한다는 것이 판례이다. 그런데 대상판결의 이 사건 등록디자인이 등록될 당시에는 특허청에 이 사건 등록디자인과 같이 황토 및 석재 등으로 적층된 '한증막' 디자인이 다수 등록되어 있었으며, 이 사건 등록디자인의 대상물품인 한증막은 철판 등과 같은 평평한 판 위에 사람이 석재와 황토를 쌓는 방법으로 수요자의 요구에 따른 적정한 크기로 양산할 수도 있다는 이유로 대상판결에 대해서 비판하는 견해가 있을 수 있다. 즉, 이상과 같은 비판적 견해와 관련하여, 이 사건 등록디자인이 설치와 시공이 반드시 동일한 장소에서 이루어져야 한다거나 유통이 불가능한 지면에 고착된 형태라고 단정할 만한 근거가 없다는 주장도 있을 수 있고, 기술의 발전에 따라 한증막의 생산 및 유통 등을 한증막의 생산전문공장 등에서 우선적으로 하고, 생산 및 유통된 한증막을 운반하여 설치와 시공만 분리해서 찜질방 등의 내부에 할 수 있는 여지도 있다는 점을 충분히 고려할 수 있는 것이라고 생각된다.

한편으로, 디자인보호법을 비롯한 특허법 등 산업재산권 제도는 창작의 보호범위를 넓혀가고 있다. 그 예로 디자인보호법에서 물품의 부분디자인을 비롯하여 글자체까지 도입하는 등 창작의 대상범위를 넓힌 바 있는데, 이에 따라 대상판결의 판단은 물품성의 인정요건을 엄격하게 적용한 것으로서 위와 같은 산업재산권 제도의 발전 추세에 역행하는 것이라는 견해도 있을 수 있다.

그런데 디자인의 성립성과 관련된 공업상 이용가능성은 그 거래 실정에 맞게 해석되어야 할 것이며, 디자인의 대상물품이 한증막이라고 하더라도 모든 한증막에 대해서 일률적으로 무조건 동산성을 부정하는 것은 타당하지 않다고 생각된다. 즉, 거래의 형태는 산업의 구조, 시대 및 장소에 따라 다르게 나타나는 것이므로, 현재까지는 독립거래의 대상이 되지 못하였던 물품도 산업과 기술의 발전 및 수요자의 요구 등에 따라 장차 대량생산에 의한 독립적인 물품거래가 얼마든지 이루어질 수 있는 것이다.[88] 특히 오늘날과 같이 산업과 기술의 발달로 인하여 다양한 물품이 생산, 판매되는 상황하에서는 타사가 생산, 판매하는 물품의 디자인을 모방하여 실시하는 사례가 더욱 많아지고 있으므로, 디자인의 물품성을 너무 엄격하게 해석하여 출원을 거절하거나 그 등록이 무효가 된다고 한다면 디자인의 보호 및 이용을 도모함으로써 디자인의 창작을 장려하여 산업발전에 이바지하는 것을 그 목적으로 하는 디자인제도의 취지에도 반하는 것이라고 하는 견해도 존재한다.[89]

게다가 디자인의 물품성의 범위는 현재 글자체와 물품의 부분까지 인정할 정도로 확대되어 가고 있으며, 디자인보호법의 보호대상의 확대에 관한 논의, 즉 물품성의 완화 문제는 여전히 현재 진행 중이다.[90] 그리고 인접한 지식재산권법인 저작권법에서도 순수 미술저작물만 인정하던 상황에서 응용 미술저작물을 인정하

(88) 권택수, “구 의장법 제2조 제1호 소정의 '물품'의 의미 및 그 물품이 의장등록의 대상이 되기 위한 요건(2001. 4. 27. 선고 98후2900 판결)”, 대법원판례해설(제37호), 법원도서관(2001. 4), 311면.

(89) 권택수, 앞의 논문, 317면.

(90) 김웅, 디자인보호법, 도서출판 에듀비(2014), 24면.

였고, 응용 미술저작물의 인정조건을 엄격하게 제한하던 시기에서 현대 산업화시대에 맞는 법해석에 의하여 최근에는 상표로 사용되는 것도 응용 미술저작물이나 순수 미술저작물로 인정하는 등 법원에서도 미술저작물의 인정범위를 확대하여 판단하고 있는 것도 현실이다.

따라서 디자인보호법에서만 구 시대에서의 산업현실에 맞는 물품성의 범위에 한정될 것이 아니라, 부동산이지만 동산으로도 얼마든지 제조되고 유통될 가능성이 있는 것들은 동산성을 인정해서 디자인으로서의 물품성을 인정하는 것이 진정으로 디자인권자의 권익을 보호하여 산업발전에 이바지하는 계기가 될 것이며, 산업재산권법 중 그 활용이 상대적으로 가장 위축되어 있는 디자인보호법을 살리는 계기가 될 수 있을 것으로 생각된다.

이와 관련하여 부동산이 디자인보호법의 물품에 해당하지 않는다고 단정하는 것은 부당하다고 보는 일본(91) 및 독일(92)에서의 견해가 있는데, 이러한 견해에 찬성하면서 저작권법상의 건축물 보호와는 별도로 오늘날 건축기술의 발달 및 3D 프린팅 기술의 광범위한 보급으로 동일 또는 유사한 디자인을 가진 건물 등을 공업적으로 대량 설계하고 건축하는 데 별다른 기술적인 어려움이 없으므로 건물의 성격에 따라 디자인보호법을 적용할 수 있도록 여지를 남겨놓을 필요가 있고, 이와 같은 건축기술의 수준 등에 비추어 볼 때에 건물 등에 관한 디자인의 물품성과 관련하여 공업상 이용가능성을 배제할 이유도 되지 못할 뿐만 아니라, 이것은 물품의 성립요건과는 직접적인 관계가 없다고 봄이 타당하다는 견해도 있다. 즉, 이러한 견해에 따르면 부동산을 배제하여야 한다는 특별한 법적인 근거도 없이 건물 등이 물품의 개념에서 당연히 배제된다고 해석할 수 없다는 것이다.(93)

(91) 즉, 부동산을 디자인보호법상의 물품에 해당하지 않는다고 하는 논거가 명확하지 않으므로, 해석에 의해 부동산을 물품의 개념에 포함시킬 수 있다는 견해이다[寒河江孝允 · 峯唯夫 · 金井重彦 編著, 意匠法コンメンタール (第2版), レクシスネクシス · ジャパン株式會社(2012), 24 (五味飛鳥 집필부분)].

(92) 독일에서도 디자인법상 물품으로 인정될 수 있는 것은 동산만이 해당된다는 것이 다수적인 견해이지만[안경희, "독일 개정 의장법상 의장보호의 대상", 중앙법학(제10집 제2호), 중앙법학회(2008.8), 511면], 이에 반하여 디자인의 보호는 더 이상 동산에 한정되지 아니하고, 특히 건물 또는 다리와 같은 건축도 디자인의 보호를 받을 수 있는 것이라는 견해가 강하게 대두되었다(Brückmann Ulrich · Günther Philipp Helmut · Beyerlein Thorsten, Kommentar zum Geschmacksmustergesetz, Frankfurt/M, 2007, § I Rn 40; Bulling Alexander · Langöhrig Angelika · Hellwig Tillmann, Geschmacksmuster Designschutz in Deutschland und Europa, 2. Aufl., Köln, 2006, Rn 25).

(93) 윤태식, 앞의 책, 55-56면.

한편으로 건축물도 산업디자인의 물품에 관한 국제 분류인 로카르노 분류 체계 내에 포함되어 있어서 보호 가능한 국가가 있다는 점을 고려하여 아파트, 공장 등에 관한 외관의 보호에 대한 많은 논의가 진행되고 있지만, 동산과는 달리 부동산은 보호범위 특정이 애매하고 디자인권 침해소송 등에서 패소한 당사자는 침해 부동산에 대한 철거를 해야 하는 등 산업발전에 역행할 우려가 있다는 견해도 다수 존재하여 이러한 논의가 디자인보호법의 개정 논의에서 제외될 수밖에 없었던 것이라는 견해도 존재한다.[94]

필자는 개인적으로 디자인의 물품성의 해석에 있어서 동산이냐 부동산이냐가 중요한 것이 아니라, 실제적으로 디자인의 물품성이 공업상 이용가능성과 연결되어 적용되고 있는 이상, 대량으로 동일한 물품의 반복생산이 가능하여 공업적으로 이용가능하다면 디자인의 물품성을 그대로 인정하는 방향으로서 판단기준을 정립해나가는 것이 최근의 디자인의 물품성 인정의 입법 동향에도 부합하는 것이라고 생각되며[이것은 일본의 일부 문헌(일본 지재권 학계의 권위자인 시부야 다츠키 교수)에서도 디자인의 성립요건으로 ① 유체물일 것, ② 독립하여 거래대상이 될 것, ③ 양산量産 가능할 것으로 언급하여, 동산성을 별도의 성립요건으로 언급하지 않으면서, 부동산이든 동산이든 '양산 가능' 여부에 의해 물품성의 인정을 정해야 한다는 취지로 언급하고 있기도 함[95]], 향후의 건축기술의 발달에 의하여 물품성에 관한 판단의 문제는 실제적으로 더욱 복잡해질 수 있을 것이므로 이와 같은 문제의 해결을 위해 이에 대한 심도있는 논의가 필요할 것이다.

(94) 따라서 이 견해에서는 건축물의 경우 그 건축물 외관을 구성하는 건축자재에 관한 디자인을 보호하는 방안을 고려할 필요가 있다는 절충적인 의견을 제시하고 있기도 하다(김웅, 앞의 책, 26면).

(95) 渋谷達紀, 知的財産法講義 II (第2版), 有斐閣(2007), 549-551면.

1-3

4차 산업혁명 시대에 화상디자인의 보호방안

| 김웅 | 해움특허법인 변리사

I 서론

1. 새로운 기술과 디자인의 융합 컨텐츠의 등장

4차 산업혁명 시대는 IT, NT, BT 등 다양한 분야의 기술과 디자인이 융합하여 지금까지 인류가 경험하지 못했던 새로운 개념의 제품과 서비스를 등장시키고 있다. 예를 들어, 인간의 학습, 추론, 지각, 언어능력을 컴퓨터 프로그램으로 모방구현하는 인공지능artificial intelligence, 현실의 사물에 대해 가상의 관련 정보를 제공해 주는 증강현실Augmented Reality, AR, 사용자와 환경을 현실이 아닌 가상으로 구현하는 가상현실Virtual Reality, VR, 3차원적인 영상으로 구현되는 입체적인 매체hologram 등에 관한 기술과 디자인은 이미 다양한 상품과 서비스 분야에서 개발되어 실용화 단계까지 이르게 되었고, 현 시대를 살아가는 사람들에게 이미 익숙해지고 있다.[96]

(96)

① 증강현실의 예 (출처: shutterstock)	② 가상현실의 예 (출처: shutterstock)	③ 홀로그램의 예 (출처: shutterstock)

2. 특허법과 디자인보호법에서의 보호

4차 산업혁명 시대의 도래와 함께 등장한 위와 같은 새로운 컨텐츠는 전통적인 개념의 기술과 디자인의 경계를 넘나들며 인간에게 새로운 경험을 제공하고 있다. 특허법은 "기술적 사상"이라는 광의의 단어로 보호대상인 '발명'을 정의하여 인공지능 등을 구현하기 위한 새로운 개념의 기술을 법의 테두리 안에서 보호하기 나름 수월하지만,(97) 디자인보호법은 '디자인'을 물품의 형상 · 모양 · 색채 또는 이들의 결합으로서 시각을 통해 미감을 일으키는 것으로 정의하고, 비록 명문 규정은 없지만 디자인보호법상 물품은 "독립거래의 대상이 되는 구체적인 유체동산"으로 확립되어 있어서, 증강현실, 가상현실, 홀로그램 등과 같은 것들은 디자인보호법상 디자인으로 인정되긴 어려운 실정이다. 다만, 디자인보호법은 전통적인 물품의 정의에 부합하지 않더라도 보호의 필요성이 있는 것에 대해서는 법 또는 심사기준을 개정하는 방식으로 보호를 도모하고 있다. 예를 들어, 전통적인 물품의 정의에 부합하지 않았던 '물품의 부분'이나 '글자체'는 2001년 및 2004년 개정을 통해 물품의 범주에 포함시켜 보호하고 있고,(98) 화상디자인은 2003년 7월 1일자 심사기준의 개정을 통해 보호되기 시작하였다.(99)

3. 화상디자인의 개념

화상디자인이란 일반적으로 "컴퓨터에 의해 출력되는 그래픽 디자인, 아이콘 등에 관한 디자인computer generated graphic design, icon and etc."으로 해석되지만, 명확한 사전적 정의는 없는 것으로 보인다. 다만, 디자인심사기준은 화상디자인을 "물품의 액정화면 등 표시부에 표시되는 모양 · 색채 또는 이들의 결합(움직이는 화상도 포함)"으로 정의하고,(100) 대표적인 예로 그래픽유저인터페이스Graphic User Interface; GUI,(101) 아

(97) 특허법 제1조 및 제2조.

(98) 디자인보호법 제2조 제1호 괄호.

(99) 출원일 기준이 아닌 심사착수 기준임.

(100) 디자인심사기준, 2017. 12. 19. 특허청 예규 제99호, 198면.

(101) 그래픽유저인터페이스란, 사용자가 아이콘이나 메뉴 등의 그래픽 화면을 통하여 컴퓨터 등과 정보를 교환할 수 있는 작업환경을 의미하며, 메뉴와 메뉴구조, 프로프트 등이 포함된다.

이콘Icon,(102) 그래픽 이미지Graphic image; GI 등이 있다.(103) 다만, 디자인보호법상 화상디자인은 GUI, Icon, GI 그 자체가 아니라 '문자 또는 이미지 등을 시각적으로 나타내기 위해 존재하는 물리적인 화면'에 해당하는 표시부를 구비하는 물품을 전제로 보호된다(즉, 화상디자인은 물품에 표시된 일종의 모양 · 색채이다).

4. 논의의 실익

상술한 바와 같은 증강현실 및 가상현실에 의한 이미지 화면, 홀로그램에 의한 3차원 이미지 등의 4차 산업혁명 시대의 산물들은 디자인보호법상 화상디자인에 가장 인접한 개념으로 보인다. 예를 들어, 증강현실이나 가상현실에 관한 영상, 홀로그램 등이 임의의 출력장치에 의해 구현될 경우 컴퓨터에 의해 출력되는 이미지로 볼 수 있고, 증강현실, 가상현실, 홀로그램 등은 사물과 사용자 간의 새로운 시각적인 인터페이스UI의 일종이므로, 화상디자인의 범주에 속할 수 있다. 따라서 이러한 것들이 현행 화상디자인의 보호제도에 의해 보호되는지 여부와 문제점, 더 나아가 개선 방안을 검토할 실익이 있다.

Ⅱ 현행 디자인보호법상의 화상디자인 제도 및 문제점

1. 연혁

2003년 7월 1일 심사착수 전에는 컴퓨터에 의해 출력되는 이미지는 유체물이 아닌 무체물에 해당하므로 디자인보호법상 물품으로 인정되지 않았다. 더 나아가 정보화기기 등의 표시부에 일시적으로 구현되는 것은 형상 · 모양이 고정적으로 장

(102) 아이콘이란, 컴퓨터 등의 조작이나 처리할 내용 등을 판단하기 쉽도록 그림으로 표시한 일종의 그림기호로서, 화면에 표시된 아이콘을 지시함으로써 소프트웨어의 기동이나 소정의 처리를 할 수 있는 전자적 버튼의 기능을 가진 것을 의미한다.

(103) 전승철, 화상디자인의 의장법적 보호방안, 지식재산21 (2003), 특허청, 123면.

착된 전통적인 물품과는 다르기 때문에 디자인을 구성하는 형상 · 모양으로 인정하기 어려웠다. 그러나 디자인의 창작 영역이 무체물 영역까지 확대되고, 보호의 필요성이 증가하면서, 2003년 7월 1일 시행 개정심사기준은 물품의 액정화면 등 표시부에 표시되는 도형 등이 물품에 일시적으로 구현되는 경우에도 그 물품은 화상디자인을 표시한 상태에서 공업상 이용할 수 있는 디자인으로 취급한다고 규정하여 화상디자인의 보호를 선언하였다. 그 후 증가하는 화상디자인에 관한 심사의 일원화와 통일화를 위해 2016년 1월부터 화상디자인 심사지침이 별도로 시행되기도 하였고, 2018년 1월 1일부터는 일반디자인심사기준에 통합하되 별도 장에서 "화상디자인의 심사"라는 목차로 별도로 관리하고 있다. 다만, 여전히 현행법상 화상디자인은 그 자체로 디자인보호법상 물품으로 인정되진 않고 있다.

2. 화상디자인의 범위

(1) 법적 근거

디자인보호법상 화상디자인을 직접적으로 정의하거나 언급하고 있는 규정은 없다. 따라서 화상디자인은 일반적인 디자인과 동일하게 디자인보호법 제2조 제1호(디자인의 정의)에 부합해야 한다. 디자인심사기준에 따르면, 화상디자인은 "물품의 액정화면 등 표시부에 표시되는 모양 · 색채 또는 이들의 결합(움직이는 화상도 포함)"인 것으로 정의되므로,(104) 표시부를 구비하는 물품을 전제로 하되 그 표시부에 표현되는 모양, 색채, 또는 이들의 결합인 것이다. 또한 디자인심사기준은 '표시부'를 "문자 또는 이미지 등을 시각적으로 나타내기 위해 존재하는 물리적인 화면"으로 정의하여, '표시부'도 유체물인 물품, 물품의 부분, 또는 부품이어야 한다고 보고 있다. 따라서 각종 상업적 · 비상업적 홈페이지의 웹사이트, 각종 프로그램 상의 소프트웨어, 앱 어플리케이션, 웹 또는 앱 상에 표현되는 캐릭터 이미지, 컴퓨터화면 보호기 등과 같은 그래픽유저인터페이스, 아이콘, 그래픽 이미지 등이 임의의 물품의 물리적인 표시부에 나타나면, 디자인보호법상의 디자인으로 인정되고, 그렇지 않으면 디자인으로 인정되지 않는 것이다.(105)

(104) 디자인심사기준, 2017. 12. 19. 특허청 예규 제99호, 198면.

(105) 전승철, 화상디자인의 의장법적 보호방안, 지식재산21(2003), 특허청, 123면

(2) 검토

우리나라는 물리적인 표시부만 명확하게 특정될 수 있다면 이에 표시되는 도형(모양 · 색채 등)이 해당 물품의 용도 · 기능과 아무런 관련이 없더라도 화상디자인으로 보호될 수 있다. 우리나라의 등록화상디자인들의 예시를 참조하면,[106] 휴대용 단말기와 같이 디스플레이부만 명확하게 특정될 수 있다면, GUI, Icon, GI를 불문하고 등록될 수 있다. 이는 주변국(일본이나 중국)[107]보다 화상디자인의 정의를 폭넓게 인정하는 것으로 볼 수 있다.

우리나라의 등록디자인 사례를 확인해 보면, 증강현실 또는 가상현실에 관한 기술 구현을 전제로 하는 화상디자인이 다수 발견되고 있다.[108] 각주의 사례에서, 좌측의 화상디자인은 휴대용 단말기의 표시부에 현실적인 섬의 모양이 등장하고,

(106) 우리나라의 등록화상디자인들의 예시:

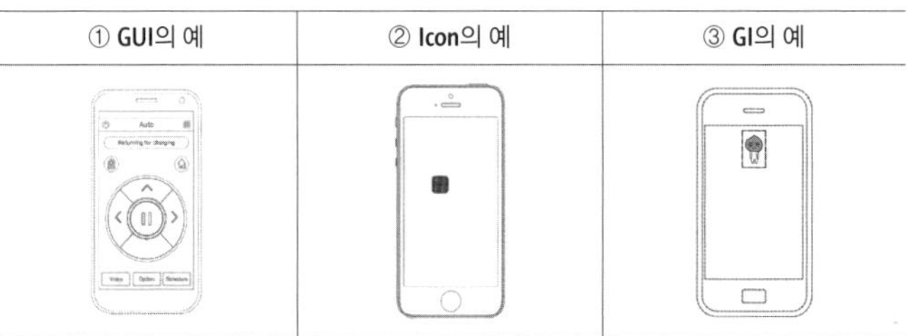

① GUI의 예	② Icon의 예	③ GI의 예

① 디자인등록 제30-0718607호, 화상디자인이 표시된 휴대통신단말기, 삼성전자.
② 디자인등록 제30-0762689호, 아이콘이 표시된 이동통신기기, 애플.
③ 디자인등록 제30-0698193호, 화상디자인이 표시된 이동통신기기, ㈜카카오.

(107) 일본과 중국은 실무상 약간의 차이는 있지만, 특정 용도의 물품에 기록되어 해당 물품의 기능에 부합하는 화상디자인만을 보호하고, 물품의 기능과 무관한 화상디자인, 예를 들어 캐릭터와 같은 그래픽 이미지는 보호하지 않는다.

(108) 우리나라의 등록디자인 사례:

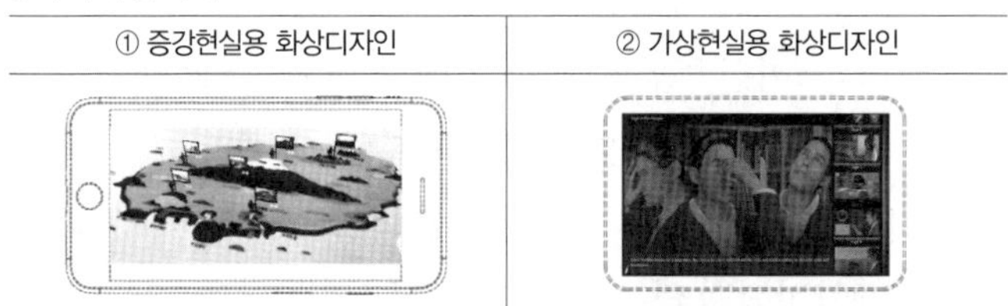

① 증강현실용 화상디자인	② 가상현실용 화상디자인

① 디자인등록 제30-0965747호, 화상디자인이 표시된 휴대용 단말기, 디자인의 설명 3. 본원 화상디자인에 대한 부분디자인은 디자인 대상인 휴대용 단말기에서 실행되는 애플리케이션에 관한 것으로서, 상기 애플리케이션은 증강현실 기능이 있으며 지도와 같은 인쇄물과 연동되어, 방문 지역에서 찍은 사진 등을 사람이 들고 있는 깃발 형상 내부에 표시하는 소프트웨어이다.
② 디자인등록 제30-0646406호, 화상디자인이 표시된 휴대용 단말기, 가상현실 화면에 가깝다.

섬의 특정 지표에 인공적인 깃발이 표시되는 증강현실에 관한 장면이고, 우측의 화상디자인은 사람 캐릭터가 임의의 상황을 가상으로 연출하는 가상현실의 화면으로 보인다. 즉, 증강현실이나 가상현실을 기초로 한 다양한 영상이나 화면 이미지는 현행 화상디자인 제도를 통해 보호될 수 있다.

3. 화상디자인과 물품성

(1) 법적 근거

화상디자인의 물품성 요건과 관련하여, 디자인심사기준은 디자인의 일반적인 성립요건을 따르되, 물품의 표시부에 일시적으로 구현되는 것이라도 화상을 표시한 상태로서 물품성을 갖춘 것으로 본다고 규정하고 있다. 이와 관련하여, 물품성을 갖춘 화상디자인과 물품성을 갖추지 못한 화상디자인에 관한 예시를 두고 있다.

1) 물품성을 갖춘 화상디자인

자동차 주행을 위한 정보를 나타내기 위해 전면 유리를 특정하여 헤드업 디스플레이head up display되는 '화상디자인이 표시된 자동차용 전면유리판'과 같이 투사되는 물품 및 물품의 표시부를 특정할 수 있는 경우에는 물품성을 갖춘 것으로 본다.(109) 이러한 예시를 기초로 하여, 디자인실무상 휴대전화기, 컴퓨터모니터, 디스플레이 패널 등과 같은 구체적인 물품(완성품 또는 부품)을 지정하여 다양한 화상디자인이 등록되고 있다.

2) 물품성을 갖추지 못한 화상디자인

① 구체적인 물품이 전제되지 않은 화상디자인: 화상디자인이 표시되는 물품의 형상이 도시되지 않고 모양 및 색채만으로 이루어진 '화상디자인이 표시된 휴대전화기'는 물품성을 갖추지 못한 것으로 본다.(110)

② 구체적인 물품은 특정되지만 표시부가 특정되지 않는 화상디자인: 물품 내

(109) 예: [그림 1]

(110) 예: [그림 2]

에 표시부가 없고, 표시되는 대상을 특정할 수 없는, 투사projection에 의해 구현되는 키보드나 물품 내에 표시부가 특정되지 않는 시계는 물품성을 갖추지 못한 것으로 본다.[111]

③ 구체적인 물품은 특정되지만 표시부가 정형화되지 않은 표시부가 아닌 화상디자인: 전원을 통해 표시되는 모양 · 색채에는 해당하지만 자전거 바퀴에 장착된 LED 램프를 통해 연출되는 것과 같이 전원이 없는 상태에서 물품의 표시부가 특정되지 않는 자전거용 바퀴는 정형화된 표시부가 특정되지 않아 물품성을 갖추지 못한 것으로 본다.[112]

(2) 검토

디자인심사기준은 화상디자인이 표시부를 구비하는 물품에 표현되지 않는 경우([그림 2]), 및 화상디자인이 물리적으로 특정되지 않는 표시부 또는 정형화된 물품의 표시부에 표현되지 않는 경우([그림 3] 및 [그림 4]),[113] 화상디자인의 물품성을 부정한다. 하지만, 정형화된 물품의 표시부를 구비하는 물품에 표현되는 경우([그림 1])에는 화상디자인의 물품성을 긍정한다. 현행 디자인보호법상의 디자인의 정의가 물품을 전제하고, 물품에 관한 확고한 정의가 '독립거래의 대상이 되는 구체적인 유체동산'인 점을 감안하면, [그림 2]의 화상디자인의 물품성을 부정하는 것은 어느 정도 이해된다. 그러나, [그림 1], [그림 3] 및 [그림 4]의 경우 화상디자인의 물품성을 긍정하거나 부정하는 기준이 다소 명확하지 않아서 의문이다. [그림 1]은 불과 몇해 전까지만 해도 자동차에 있어서 HUD 시스템은 생소한 기술이었고, 해당 기술의 발전에 의해 자동차의 전면유리판이 네비게이션 등 주행 정보를 투사로 제공하는 화면이 개발되었기 때문에 자동차의 전면유리판을 표시부로 인정하여 화상디

(111) 예: [그림 3]

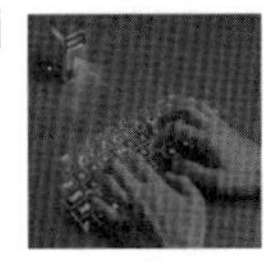

(112) 예: LED 램프가 장착된 자전거 바퀴(좌, 정지상태) 및 자전거 바퀴의 회전을 통해 연출되는 모양 · 색채(우, 동적상태). [그림 4]

(113) [그림 3]은 일종의 '홀로그램'이다.

자인의 물품성을 인정하는 것으로 보인다. 그렇다면, [그림 3]과 같이 투사에 의해 임의의 테이블에 키보드 자판이 나타나게 하거나, 투사에 의해 시계가 임의의 허공에 나타나게 하거나, 자동차 바퀴가 회전하면서 LED 램프에 의해 독특한 모양 · 색채가 나타나게 하는 것도 HUD 시스템에 관한 화상디자인의 물품성을 인정하는 것과 근본적인 관점에서 다를 바 없다. 비록 임의의 테이블과 임의의 허공이 물리적인 표시부는 아니지만, 표시부를 반드시 물리적인 형상을 구비하는 것으로 제한할 필요는 없는 것으로 판단되고, 더 나아가 자동차 바퀴를 물리적인 표시부가 아니라고 볼 명확한 근거를 찾아보기 힘들다. 왜냐하면, 위 3가지의 경우 모두 키보드, 시계 및 자동차 바퀴를 디자인의 대상이 되는 물품으로 명확하게 특정하였고, 위와 같은 표시 방식은 기술 발전에 의해 새롭게 인정된 표시부의 일 유형이기 때문이다. 디자인심사기준은 '표시부'를 "문자 또는 이미지 등을 시각적으로 나타내기 위해 존재하는 물리적인 화면"이라고 정의하지만, 디자인보호법상 물품의 정의 규정도 없는 상황에서 표시부의 정의를 너무 제한적으로 해석하는 것은 아닌가라는 의문이 든다.

4. 화상디자인과 시각성

(1) 법적 근거

디자인심사기준은 일반적인 물품의 표시부를 통해 육안으로 식별할 수 있어야 하므로 확대하여야만 화상이 파악되는 경우에는 시각성이 인정되지 않지만, 특수한 표시부를 통해 화상을 관찰하는 것이 통상적인 경우에는 시각성이 있는 것으로 보고 있다. 예를 들어, 신체 착용을 통해 표시부가 육안에 밀착되어 표시되는 '화상디자인이 표시된 신체착용형 멀티미디어단말기'의 경우 시각성을 인정한다.(114)

(2) 검토

화상디자인은 그 특성상 표시부 내에서 확대 또는 축소될 수 있다는 점, 다양한

(114) [그림 5]

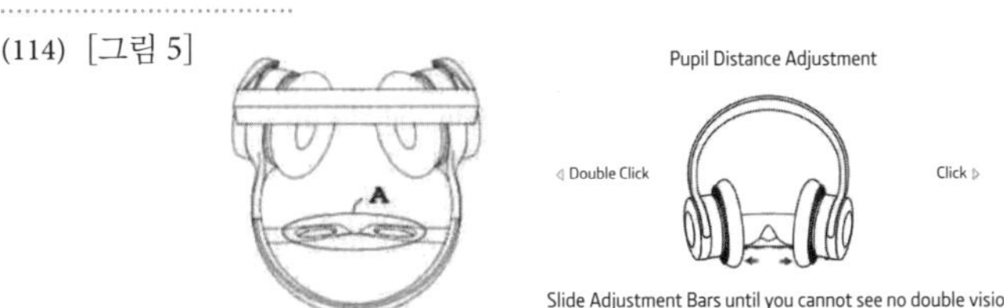

크기의 물품 또는 표시부에 표현될 수 있다는 점을 감안한 것으로 보인다.

5. 화상디자인의 물품류 및 물품명 기재

(1) 법적 근거

디자인심사기준은 화상디자인의 물품류를 기재함에 있어서, 화상이 표시되는 물품이 속하는 물품류 구분에 따라 심사 또는 일부심사대상 물품으로 구분하고, 화상이 표시되는 물품을 기재함에 있어서, 화상디자인이 표시된 휴대용단말기 등과 같이 화상이 표시되는 물품의 명칭을 기재하거나 화상디자인이 표시된 디스플레이 패널 등과 같이 화상이 표시되는 부품의 명칭을 기재해야 하고, 그래픽유저인터페이스 등과 같이 화상디자인이 표시되는 물품을 특정하지 않으면 적법하지 않은 물품의 기재라고 보고 있다.

(2) 검토

화상디자인은 다양한 표시부 또는 다양한 물품에 다양한 용도로 표시되어 여러 가지 용도로 활용될 수 있으므로, 그 본질은 화상디자인 자체이지, 화상디자인이 표시되는 물품은 아니다. 또한 디자인보호법상 일부심사등록제도를 두고 있는 이유는 유행성이 강한 물품에 대해 일부의 등록요건만을 심사하여 신속한 심사와 등록 여부 결정을 하기 위한 것인데, 화상디자인은 그래픽 디자인의 일종으로서, 패션 및 잡화용품(제2류), 직물시트류(제5류)에 해당하는 물품만큼 유행성이 강하고, 라이프사이클이 짧아 신속한 등록이 필요한 경우가 많다. 그럼에도 화상디자인이 표시된 물품을 기준으로 심사 또는 일부심사대상을 구분하는 것은 화상디자인의 본질을 외면한 것과 다를 바 없다. 예를 들어, 각주의 그림에서[115] 좌측의 화상디자

(115)

① 화상디자인이 표시된 휴대용 전화기 (제14류, 심사등록대상)	② 화상디자인이 표시된 점퍼 (제2류, 일부심사등록대상)

① 디자인등록 제30-0971441호, 화상디자인이 표시된 휴대용 전화기.
② 디자인심사기준, 2017.12.19. 특허청 예규 제99호, 206면.

인이 표시된 '휴대용 전화기'는 물품류 구분상 제14류에 속하므로 심사등록대상이고, 우측의 화상디자인이 표시된 '점퍼'는 물품류 구분상 제2류에 해당하므로 일부심사등록대상이라는 것은 납득이 가질 않는다. 참고로, 2014년 7월 1일 개정법 시행 전에는 화상디자인에 관한 물품은 표시부를 구비하는 물품의 종류를 막론하고 일부심사대상이었다는 점을 상기할 필요가 있다.

한편, 디자인의 대상이 되는 물품과 관련하여, 디자인의 정의 규정상 화상디자인은 물품이 아니므로 '화상디자인'과 같은 물품명 기재를 인정하지 않는 것은 이해되지만, 화상디자인에 관한 출원에 있어서 "화상디자인이 표시된 휴대용단말기 또는 화상디자인이 표시된 디스플레이패널"과 같이 '화상디자인이 표시된'을 포함하는 물품명을 기재하라고 권하는 것도 납득이 가질 않는다.

6. 화상디자인 도면의 구체성(법 제33조 제1항 본문)

(1) 법적 근거

화상디자인에 관한 도면 작성은 일반적인 물품에 관한 디자인과 상당한 차이가 있다. 예를 들어, 화상디자인에 관한 도면은 화상이 보이는 정면도를 제외한 나머지 도면을 모두 생략할 수 있고,(116) 화상이 구현되는 방법 또는 조작방법 등의 설명이 필요한 경우에는 그에 관한 설명을 기재해야 하며, 동적 화상디자인의 경우 참고도면으로 동영상 파일을 제출할 수도 있다.

(2) 검토

3차원 입체적 이미지에 해당하는 홀로그램의 경우 물리적인 표시부가 특정되지 아니하여 현행법상 화상디자인의 물품성을 인정받을 수 없다. 다만, 홀로그램이 GUI로서 물품성을 인정받는다면 어떻게 도면에 표현할 것인지 고민해 볼 필요는 있다. 홀로그램은 비록 유체물은 아니지만, 3차원적으로 표현되는 이미지이므로, 기존 사시도 및 정투상도법에 의한 6면도로 표시하는 것이 가장 바람직한 것으로 보이고, 더 나아가 동영상 파일이나 3D 파일의 제출을 적극적으로 권하여 명확

(116) 다만, 꺾어지거나 굽은 표시부를 나타내면서 꺾어지거나 굽은 부분의 화상이 드러나지 않은 경우 측면도 · 평면도 · 저면도를 도시해야 하는 경우도 있다(디자인심사기준).

하게 권리를 특정할 수 있어야 할 것이다.

7. 화상디자인의 유사 여부 판단(법 제33조 제1항 각 호 및 제92조)

(1) 법적 근거

화상디자인에 관한 신규성 또는 권리범위의 판단, 즉 화상디자인의 유사 여부의 판단은 일반적인 디자인과 큰 차이가 없다. 다만, 일반적으로 동일유사한 물품 간에서만 디자인의 유사 여부를 판단해야 하는데, '화상디자인이 표시된 디스플레이 패널'과 같은 부품에 관한 출원디자인에 대해서는 이를 포함하는 '화상디자인이 표시된 휴대용단말기'와 같은 완성품에 관한 공지디자인을 기초로 유사 여부를 판단할 수 있고, 화상디자인은 부분디자인임에도 화상디자인이 표시된 표시부에서 등록받고자 하는 부분의 위치 크기가 이동 또는 확대 · 축소가 가능한 경우에는 부분디자인으로서 디자인등록을 받으려는 부분이 차지하는 위치 · 크기 · 범위는 유사 여부 판단에 영향을 미치지 않는 것으로 본다.

(2) 검토

디자인심사기준은 디자인의 유사 여부 판단 시 화상디자인의 본질적인 특성(디스플레이 패널은 모든 정보화기기의 부품이라는 점, 화상디자인은 표시부 내에서 이동 · 확대 · 축소될 수 있다는 점 등)을 상당하게 고려한 것으로 보인다. 다만, 화상디자인은 표시부를 구비하는 물품을 전제로 하는바, 화상디자인이 표시된 휴대용단말기(완성품) 또는 디스플레이 패널(부품)에 관한 디자인권자가 휴대용단말기 또는 디스플레이 패널과 동일유사한 물품을 생산하거나 유통하는 자가 아닌 화상디자인만을 제작하여 유통하는 자(예를 들어, 전문 화상디자인 제작판매업자 등)에게 화상디자인에 관한 권리행사를 할 수 있는지는 의문이다. 예를 들어, 어떤 대기업이 "화상디자인이 표시된 디스플레이 패널"을 지정하여 화상디자인권을 등록받았을 때, 디스플레이 패널과는 무관하게 화상디자인만을 제작하는 업자에게 디자인권 침해를 주장할 수 있는지 여부이다. 디자인보호법상 디자인의 유사 여부는 동일유사한 물품을 전제로 하는데, 아무리 형상 · 모양이 동일유사하더라도 해당 물품을 생산, 사용 또는 유통하지 않는 자에게는 디자인권의 침해를 주장할 수 없는 것이기 때문이다. 전통적인 물품의 개념을 유지하는 한, 위와 같은 사례에서 화상디자인에 관한 디자인권은 무용지

물이 될 가능성이 높다.

8. 화상디자인의 창작 비용이성(법 제33조 제2항)

일반적으로 화상디자인은 간단하고 흔한 조형요소로 창작되는 경우가 많다. 특히 그래픽유저인터페이스의 경우 사용자에게 복잡한 미적 인상을 주는 것보다는 해당 물품의 용도 · 기능을 쉽게 이해하여 접근할 수 있는 직관적이고 단순한 도형으로 창작되는 것이 바람직하기 때문이다. 이에 디자인심사기준은 화상디자인에 관한 용이창작에 관한 적용 유형과 예시를 다양하게 제시하여 심사의 객관성을 고려하고 있지만, 심사실무상 일반적인 모양에 관한 디자인과 유사하게 엄격한 심사를 하고 있는 것으로 보인다.(117) 한편, 출원된 화상디자인에 관한 물품이 공지된 화상디자인에 관한 물품과 전혀 다른 경우에는 신규성 요건이 아닌 창작 비용이성 요건이 적용될 것으로 예상된다.

9. 화상디자인과 우선권 주장

(1) 법적 근거

파리조약에 따른 우선권 주장을 수반하는 디자인출원을 우리나라에 한 경우 어디까지 우선권을 인정할 것인지 여부가 문제된다. 디자인심사기준은 최초 출원디자인의 물품명칭과 우리나라 출원디자인의 물품명칭이 다르더라도 우선권증명서류의 기재내용을 종합적으로 고려하여 판단할 때, 출원디자인이 적용되는 물품의 용도 · 기능이 실질적으로 동일하면 물품의 동일성을 인정하고 있다. 크게 2가지 문제가 제기될 수 있다.

1) 디자인의 성립요건이 상이한 국가의 경우

예를 들어, 유럽연합EU에서 출원한 디자인이 물품의 명칭은 “Graphical user interfaces”이고, 물품류가 제14류이며, 도면에는 화상디자인만 실선으로 표시하

(117) 디자인심사기준, 2017.12.19. 특허청 예규 제99호, 218-227면.

여 우리나라에 우선권 주장을 수반하여 디자인출원을 진행한 경우,(118) 우리나라에서 1국출원의 동일성을 인정할 수 있는지 문제이다. 유럽연합은 화상디자인을 독자적인 디자인의 성립성을 인정하고, 디자인의 권리범위 행사 시 물품과의 관련성을 묻지 않으며, 도면에도 물품을 따로 도시할 필요가 없고, 물품명도 화상디자인, 즉 "Graphical user interfaces"라고 기재할 수 있다. 반면, 우리나라는 화상디자인을 독자적인 물품, 즉 디자인으로 인정하지 않고, 디자인의 권리범위 행사 시 물품간의 동일유사 여부를 전제하며, 도면 작성 시 반드시 물품 내부에 표현해야 하고, 물품명도 "화상디자인이 표시된 디스플레이 패널" 등과 같은 물품 또는 부품의 명칭을 기재해야 한다. 그럼에도, 디자인심사기준은 위와 같은 유럽연합EU의 1국출원디자인과 우리나라의 우선권수반의 출원디자인의 우선권을 인정하고 있다(우리나라 실무에 맞게 도면을 작성하고, 물품명을 기재한 경우에 한해).

2) 부분디자인을 인정하지 않는 국가의 경우

예를 들어, 부분디자인을 인정하지 않는 국가에서(119) 물품명을 "휴대전화기의 화상디자인"이라고 기재하고, 화상디자인이 포함된 상태로 전체디자인에 관한 출원을 기초로 우선권 주장을 수반하여 우리나라에 출원한 경우,(120) 우리나라에서 1국출원의 동일성을 인정할 수 있는지 문제이다. 원칙적으로 전체디자인과 부분디

---

(118) 예: [그림 6]

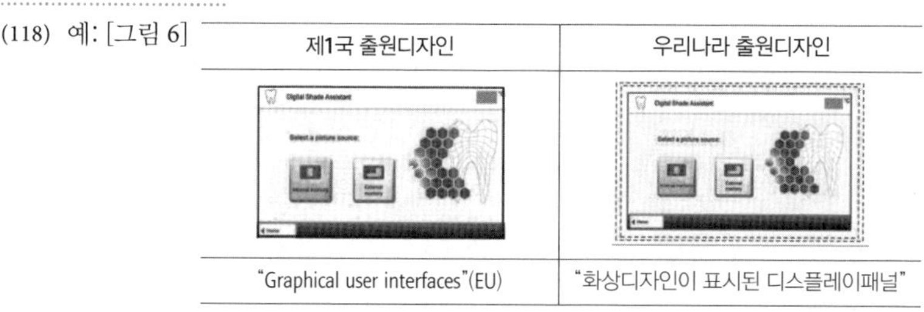

제1국 출원디자인	우리나라 출원디자인
"Graphical user interfaces"(EU)	"화상디자인이 표시된 디스플레이패널"

(119) 뉴질랜드, 대만, 중국, 루마니아, 말레이시아, 멕시코, 불가리아, 베트남, 브라질, 슬로베니아, 슬로바키아 등(2015. 12. 기준)

(120) 예: [그림 7]

제1국 출원디자인	우리나라 출원디자인
"휴대전화기의 화상디자인"(중국)	"화상디자인이 표시된 휴대전화기"

자인은 디자인의 권리범위가 다르기 때문에 우선권 주장을 인정할 수 없다.(121) 그러나 디자인심사기준은 1국출원 국가에서 부분디자인 출원제도가 인정되지 않는 경우 등록받고자 하는 부분의 실질적인 디자인의 동일성, 물품의 명칭, 디자인의 설명, 물품류 구분 등을 종합적으로 고려하여 디자인의 동일성 여부를 판단하여야 한다고 규정하여, 인정가능성을 배제하지 않고 있다.

(2) 검토

특허제도와는 달리, 디자인제도는 국가마다 절차상 다른 점이 많고, 특히 화상디자인은 국가마다 인정범위와 보호방식이 상당히 다르다. 이 경우 내외국민 보호의 형평성의 문제가 제기될 수 있다. 즉, 우리나라보다 화상디자인의 인정범위를 더 넓고 포괄적으로 보호해 주는 유럽과 미국과의 관계에서는 큰 문제가 생기지 않겠지만, 우리나라보다 화상디자인을 더 제한적으로 좁게 보호해 주는 일본과 중국과의 관계에서는 내국민이 상당한 손해를 볼 가능성을 배제할 수 없다. 예를 들어, 캐릭터와 같은 그래픽 이미지에 관한 화상디자인을 인정하지 않는 일본 또는 중국에서 출원을 한 일본 국민 또는 중국 국민이 이를 기초로 우리나라에 우선권 주장을 수반하여 출원한 경우 우리나라에서는 보호되지만, 우리나라 국민이 우리나라에서 출원을 한 것을 기초로 일본 또는 중국에 우선권 주장을 수반하여 출원하면 보호될 수 없기 때문이다. 이와 관련하여 명확한 기준이 제시될 필요가 있다.

10. 화상디자인권 침해에 대한 손해액 산정의 문제

디자인보호법 제115조(손해액의 추정 등) 제1항은 디자인권자 등은 고의나 과실로 인하여 자기의 디자인권 등을 침해한 자에 대하여 그 침해에 의하여 자기가 입은 손해의 배상을 청구하는 경우 그 권리를 침해한 자가 그 침해행위를 하게 한 물건을 양도하였을 때에는 그 물건의 양도수량에 디자인권자 등이 그 침해행위가 없었다면 판매할 수 있었던 물건의 단위수량당 이익액을 곱한 금액을 디자인권자 등이 입은 손해액으로 할 수 있고, 제6항은 법원은 디자인권 등의 침해에 관한 소송에서 손해

(121) 우선권증명서류에 표현되어 있는 디자인이 전체디자인에 관한 출원인데 우리나라에 부분디자인으로 출원한 경우에는 디자인의 동일성이 인정되지 않는다. 디자인심사기준, 2017. 12. 19. 특허청 예규 제99호, 164면 및 232면.

가 발생한 것은 인정되나 그 손해액을 증명하기 위하여 필요한 사실을 밝히는 것이 사실의 성질상 극히 곤란한 경우에는 변론전체의 취지와 증거조사의 결과에 기초하여 상당한 손해액을 인정할 수 있다고 규정하고 있다. 이와 관련하여, 화상디자인에 관한 디자인권을 침해한 경우 화상디자인이 표시된 물품을 기준으로 손해액을 산정할 것인지, 화상디자인 자체의 제작비, 유통비 등 거래실정상의 통상적인 거래액을 기준으로 손해액을 산정할 것인지 애매하다.

III 결론

2003년 7월 1일 개정 심사기준의 시행 이후 화상디자인은 표시부를 구비하는 물품을 전제로 보호되고, 최근 화상디자인을 휴대용단말기, TV 등과 같은 완성품이 아닌 디스플레이 패널과 같은 부품에 대해서도 등록받을 수 있게 된 것은 보호강도가 국제적으로도 상당한 수준에 도달한 것이라고 볼 수 있다.(122) 그러나 여전히 현행 화상디자인보호제도는 근본적인 문제를 가지고 있다. 기술의 발전에 의해 다양한 방식의 출력수단이 개발되고, 이는 2D에서 3D 기반으로 발전해 나갈 것이라는 것은 너무나 자명한 사실임에도 화상디자인을 출력하는 표시부를 통상적인 물품(물리적인 표시부)으로만 제한하는 것은 향후 미래를 선도할 만한 홀로그램에 관한 디자인의 보호를 억제하는 것이나 다를 바 없으므로 재고할 필요가 있다.(123) 더 나아가, 인터넷 기반의 지식정보 시대를 넘어 기술과 디자인의 융합 기반인 4차 산업혁명 시대에 전통적인 물품보다 시각적인 컨텐츠(그래픽유저인터페이스 등)가 더 중요한 가치를 가질 것이라는 점에서 인공지능, 증강현실, 가상현실, 홀로그램 등의 다양한 기술로부터 발휘될 수 있는 인터페이스 기반의 화상디자인을 '글자체'와 같은 독

(122) 현재 우리나라의 화상디자인에 대한 보호강도는 미국 및 유럽보다는 약하고 일본 및 중국보다는 강하다고 볼 수 있다.

(123) 디자인심사기준상 '표시부'의 정의에서 '물리적인'을 '유무형의 표시부'라고 규정하되, 디자인등록출원시 도면에 표시부에 나타나는 화상디자인(홀로그램)을 명확하게 특정할 수 있도록 규정하는 것이 바람직하다고 본다.

자적인 물품으로 인정하거나[124] 새로운 물품의 정의 규정을 신설하는 방법으로 개선할 필요가 있다.[125] 만약 화상디자인이 독자적인 물품으로 인정된다면, 상술한 화상디자인의 물품성 문제, 물품류 및 물품명 기재의 문제, 유사 여부 판단의 문제, 권리행사의 제한의 문제, 우선권 주장의 동일성 문제, 손해액 산정의 문제 등이 상당 부분 해소될 수 있을 것으로 예상된다.[126]

(124) 현재 '글자체'와 같이, 법 제2조 제1호 괄호에 화상디자인을 물품에 포함하되, '화상디자인'에 관한 정의 규정을 법 제2조에 신설하는 방법을 생각해 볼 수 있다. 이 경우 '화상디자인'에 관한 정의는 지금과 같이 그래픽유저인터페이스, 아이콘, 그래픽이미지를 모두 포함하는 개념이 될 수도 있지만, 물품의 용도 · 기능과의 관련성을 고려하여 좀 더 세분화하는 것도 고민해 볼 필요가 있다.

(125) 현재 법 제2조 제1호의 디자인의 정의는 그대로 두되, '물품'에 관한 정의 규정을 법 제2조에 신설하는 방법을 생각해 볼 수 있다. 이 경우, 현재 디자인보호법상 보호의 필요성이 대두되고 있는 부동산, 인테리어, 화상디자인 등을 모두 포괄하는 물품의 정의를 심도있게 논의해 볼 필요가 있다. 다만, 이 경우 기존 디자인보호법의 근간을 바꾸는 것과 다를 바 없기 때문에 제3자의 이용 측면에서 부작용이 없는지도 면밀히 검토해야 할 것이다.

(126) 본 발표문은 4차 산업혁명 시대에 화상디자인의 적극적인 보호가 필요하다는 관점에서 작성되었다. 그러나 화상디자인의 적극적인 보호에 따른 이용 측면의 부작용도 충분히 고민해야 하고, 보호에 따른 부작용을 최소화하기 위해 화상디자인권의 효력을 제한하는 규정을 두거나 권리범위가 과도하게 커지는 것을 방지하기 위한 개시의무를 보완하는 것도 고려해야 할 것이다.

1-4

[미국] 디자인의 물품성: 컴퓨터 아이콘

| 이해영 | 리앤목특허법인 변리사

I 서론

현대에 '컴퓨터'라는 독특한 장치가 출현하면서, 컴퓨터에 의하여 생성되어 화면에 표시되는 '아이콘'Computer-Generated Icon(이하에서 "CGI"라 부름)[127]이 디자인 특허로 보호받을 수 있는지의 문제가 대두되었다. 즉, CGI는 컴퓨터의 작동으로 생성되는 2차원 이미지인데, 그것이 디자인 특허를 받기 위해 요구되는 '물품성' 요건을 충족할 수 있는지의 문제이다.

(127) CGI는 컴퓨터에 쓰이는 조그마한 픽토그램(pictogram)을 말하며, 컴퓨터의 조작 · 처리하는 내용 등을 알기 쉽게 그림기호로 표현한 것이다.

미국 디자인의 물품성 요건

미국 특허법은 디자인 특허의 대상으로 '물품'an article of manufacture에 대한 새롭고 독창적이며 장식적인 디자인이라 규정한다.(128) 따라서 디자인 특허를 받으려면 '물품에 대한 장식적 디자인'이어야 한다.(129) 디자인 특허를 받을 수 있는 유형은 다음과 같다: ① 표면장식 디자인; ② 물품의 형상이나 구조 디자인; 및 ③ 위 두 유형의 조합 디자인.(130)

디자인은 그것이 구현되거나 적용된 물품과 분리될 수 없으며, 단지 표면장식 형태만으로 홀로 존재할 수 없다. 즉, '그림이나 장식' 그 자체로는 디자인 특허를 받을 수 없으며, 그것이 물품에 적용되거나 구현되어야 디자인 특허대상에 해당한다. 이것을 디자인의 '물품성' 요건이라 한다.(131)

(128) 35 U.S.C. §171 ("Patents for designs. (a) IN GENERAL.– Whoever invents any new, original, and ornamental design for an article of manufacture may obtain a patent therefor, subject to the conditions and requirements of this title.").

(129) MPEP §1502 [R–07.2015].

(130) 디자인 특허대상 세 유형의 예시:

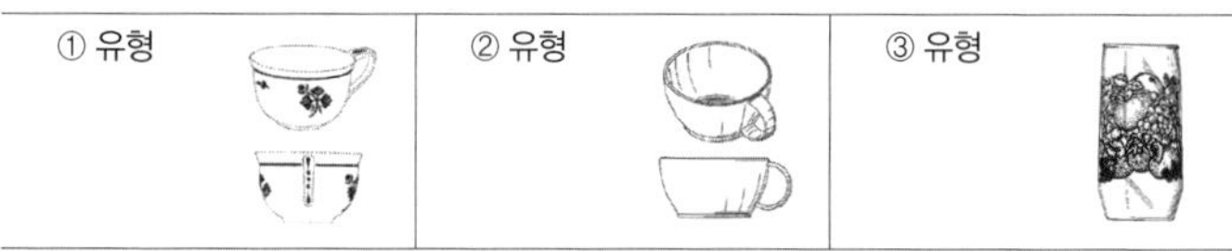

* 출처 Cathron Brooks, GUI(Graphical User Interface) and Icon Examination Practice, Design Day 2013, USPTO, p. 3.

(131) 디자인 특허의 물품성 요건은 1842년 제정법부터 있었다. 그 후 몇 번의 개정을 거쳐, 1902년 개정법에서 간단히 "any ... design for an article of manufacture"로 규정되었고, 그것이 현재에 이르고 있다. 그 개정 당시, 미국 특허청은 종전 규정에 비해 디자인 특허대상을 제한하려는 것이 아니라 단지 법률문구를 '단순화' 한 것이라 해석하였다. John R. Boule III, *Redefining Reality: Why Design Patent Protection Should Expand to the Virtual World*, 66 American University Law Review, 4, Article 5, 1132 (2017).

* Act of Aug. 29, 1842, ch. 263, §3, 5 Stat. 543, 544 ("[(1)] any ... design for a manufacture, whether of metal or other material or materials, ... [(2)] design for the printing of woollen, silk, cotton, or other fabrics,... [(3)] design for a bust, statute, or bas relief or composition in alto or basso relievo, or [(4)] any ... impression or ornament, or ... [(5)] any ... pattern, or print, or picture, to be either worked into or worked on, or printed or painted or cast or otherwise fixed on, any article of manufacture, or [(6)] any ... shape or configuration of any article of manufacture not known or used by others ...").

* Act of May 9, 1902, ch. 783, 32 Stat. 193, 193 ("§171. Patents for designs Whoever invents any new, original and ornamental design for an article of manufacture may obtain a patent therefor, subject to the conditions and requirements of this title.").

디자인의 물품성에 관한 초기 판결

초기에는 작고 유형적인 물품, 예컨대 조각상이나 산업적 디자인을 디자인 보호대상으로 하였지만, 20세기 초반, 법원은 물품성 요건을 보다 넓게 해석하기 시작하였다.[132] 특히 CCPA는 1967년 Hruby 판결을 통하여 디자인 특허대상의 범위를 보다 확장하였다.[133] 그런데 미국 법원에서 디자인의 물품성을 다룬 사건은 현재까지 그리 많지 않다.

1. Hadden 판결(1927년, 지방법원)[134]

Hadden 사건에서, 지방법원은 '실물 크기의 야외 경기장 관람석'grandstand이 디자인 특허대상에 드는지의 문제를 다루었다. 특허청은 "관람석은 그 크기와 부동성immobility으로 인하여 관찰자가 관람석의 장식적인 특징들을 알아차릴 수 없을 것이기 때문에 '물품'이 아니다."라고 결정하였다. 그러나 지방법원은 "디자인의 물품성을 판단하는데 '크기와 부동성'은 결정적인 것이 아니다."라고 전제하고, 관람석도 (피라미드와 마찬가지로) 디자인 특허대상인 '물품'에 해당한다고 판시하여, 물품의 의미를 확장하였다.[135]

2. Hruby 판결(1967년, CCPA)[136]

Hruby 사건은 '분수'의 구성에 관한 디자인의 물품성 문제를 다루었다. 특허심

(132) John R. Boule III, supra, at 1132.

(133) *In re Hruby*, 373 F.2d 997 (C.C.P.A. 1967).

(134) *In re Hadden*, 20 F.2d 275 (D.C. Cir. 1927).

(135) *Id.* at 276 ("We must not be misled by the factors of size and immobility. The pyramids, by reason of their bulk and solidity, are none the less a manufacture, as distinguished from a natural object."). See also, Crier v. Innes, 170 F. 324 (2d Cir. 1909) (석관건조물(sarcophagus monument)도 물품에 해당한다.).

(136) *In re Hruby*, 373 F.2d 997 (C.C.P.A. 1967). U.S. Patent No. D70,816 (filed June 16, 1926).

판원은 "분수의 패턴은 노즐 배열과 작동압력의 제어에 따른 '일시적인' 것이며, 그 패턴은 기계장치가 작동하는 동안에만 존재하는 것"이라는 이유로, 심사관의 거절 결정을 인용하였다.(137) 그러나 CCPA는 분수의 물방울들이 일시적인 것이라 하더라도 그 분수의 전반적인 디자인은 상대적으로 '영구적'이라는 논거를 들어 당해 심결을 취소하였다.(138) 그러면서, 몇 가지 중요한 기준을 제시하였다.

① '일시적인' 입자들로 구성된 것이 반드시 디자인 보호를 받을 수 없는 것은 아니다.(139) 이런 관점에서, CCPA는 분수의 물방울을 물체의 구성단위인 '소립자'에 비유하였다.(140) 물체는 하나인 것처럼 보일지라도 실제로는 작은 입자들이 모여 생긴 것이므로, 연속적인 물줄기로 보이는 '움직이는 물방울들'로 구성된 분수도 마찬가지라는 것이다.(141)

② '크기와 부동성'은 물품성과 무관하다는 점을 재확인하였다.(142)

③ '물 분무'가 그 자체로 존재할 수 없다는 이유로 물품성을 부정하는 논거를 배척하였다.(143) 디자인의 외관이 '외부요인'에 의존하는 것도 많이 있음을 강조하였다.(144) 즉, 물 분무 패턴이 분수장치가 작동되어야 나타날 수 있지만 그러한 의존성을 근거로 물품성을 부정할 수 없다는 것이다.

---

(137) *Hruby*, 373 F.2d at 999. 특허심판원은 당해 디자인을 다음과 같이 설명하였다: "Wholly a fleeting product of nozzel arrangements and control of operating pressure or pressures and that 'the pattern exists only as a product or effect of the mechanical organization during its continued operation."

(138) *Id* ("[T]he permanence of any design is a function of the materials in which it is embodied and the effects of the environment thereon. Considering the fact that the Romans and the French built now famous fountains hundreds of years ago which still produce the same water designs today, the notion that a fountain is 'fleeting' is not one which will 'hold water.'").

(139) *Id*. at 999.

(140) *Id*. at 999–1000.

(141) *Id*.

(142) *Id*. at 1000.

(143) *Id*. at 1001 ("[T]he dependence of the existence of a design on something outside itself is [not] a reason for holding it is not a design 'for an article of manufacture.'").

(144) *Id*. 물품의 최종적인 외관이 외부요인에 의존하는 디자인의 예시: (1) a lampshade dependent upon the lightbulb being turned on; (2) a woman's hosiery dependent upon a woman's legs; (3) inflated articles, such as balloons, air mattresses, and pool floats; and (4) wallpaper that requires being placed on the wall for a full understanding of the design.

Ⅳ 컴퓨터 아이콘의 물품성

1988년, Xerox가 출원한 컴퓨터 아이콘 디자인이 미국 특허청에 처음으로 등록되었다.(145) 그런데, 특허청은 1989년 '돌연히' 컴퓨터 아이콘이 '물품에 대한 디자인'에 해당하지 않는다는 이유로 디자인적격대상이 아니라고 발표하였다.(146) 즉, 커피 테이블 위에 일시적으로 놓인 '사진'이 그 테이블에 구현된 것이 아닌 것과 마찬가지로 화면에 투사된 '이미지'는 화면상에 구현된 것이 아니라는 것이다.(147) 그 후로 미국 특허청은 Xerox의 디자인 출원을 거절하기 시작하였다. 1992년에는 아이콘 디자인의 물품성 관련하여 4건의 심결이 이루어졌다.(148) 그런데 그 후로는 이 문제가 심판원과 법원에서 거의 다루어지지 않았다.

1. 1992년, 컴퓨터 아이콘의 물품성을 다룬 심결들

심판 대상의 디자인들은 '컴퓨터 아이콘'을 청구하면서 출원서의 도면에는 컴

(145) 컴퓨터 아이콘에 대한 최초의 디자인 특허 사례: 디자인 특허 제295,630호(등록일: 1988년 5월 10일). Claim: The ornamental design for an icon for user profile or the like, as shown and described.

(146) 이호흥 · 배상철, 「그래픽심볼 등 물품성을 결한 디자인의 보호방안 –아이콘 및 타이프페이스를 중심으로–」, 한국발명진흥회 · 지식재산권연구센터 연구보고서, 2002, 27면; William J. Seymour, supra, at 200.

(147) William J. Seymour and Andrew W. Torrance, *Revolution in Design Patentable Subject Matter: The Shifting Meaning of "Article of Manufacture"*, 17 Stan. Tech. L. Rev. 183, 200 (2013). See Mat D. Carlson, *Intellectual Property Protection for Computer Icons: The Trademark Alternative,* 31 U.S.F. L. Rev. 433, 439 (1997) ("[Embodiment] requires more than merely placing a picture temporarily on the surface of an article. [Embodiment] requires that the design be a concrete part of the article .... An image projected on a screen is no more embodied on the screen than is a photograph placed temporarily on a coffee table is embodied in the table.").

(148) *Ex parte Tayama*, 24 USPQ2d 1614 (1992); *Ex parte Donaldson*, 26 USPQ2d 1250 (1992); *Ex parte Strijland*, 26 USPQ2d 1259 (1992); *Ex parte Donoghue*, 26 USPQ2d 1271 (1992).

퓨터가 도시되지 않았다. 특허심판원은 아이콘 자체로는 물품을 구성하지 못하므로, "당해 아이콘 디자인은 그 기저의 물품에 구현된 것으로 청구되지 않았다."는 이유로 디자인적격성을 부정하였다. 그러면서, "디자인 출원서에 컴퓨터가 도시된다면 아이콘도 디자인 특허를 받을 수 있음"도 시사하였다.(149) 추후, 미국 특허청은 이러한 관점을 받아들여 컴퓨터 아이콘에 대한 디자인 특허를 허용하게 된다.(150)

(1) Ex parte Strijland(151)

Xerox의 '프로그램된 컴퓨터 시스템 등의 표시화면용 정보아이콘에 대한 장식적 디자인'에 대해, 심사관은 컴퓨터 아이콘은 §171 규정상 디자인 특허를 받을 수 있는 대상이 아니라고 거절하였다. 이에, Xerox는 "당해 아이콘은 컴퓨터 시스템의 화면에 대한 장식적 디자인이며, 컴퓨터는 물품에 해당하므로, 물품성 요건을 충족한다."고 주장하였다. 그러나 심사관은 "출원서에 '프로그램된 컴퓨터'가 도시되지 않았으므로 '물품에 적용된 디자인'이 아니라 단지 표면장식에 불과하다."는 이유로 결국 거절결정하였다. 특허심판원도 "프로그램된 컴퓨터가 물품으로서의 자격을 가진다고 하더라도 당해 출원의 도면에는 그러한 컴퓨터가 도시되지 않았기 때문에 디자인 특허대상에 해당하지 않는다."는 이유로 심사관의 거절결정에 동의하였다.(152)

이 심결에서 주목하여야 할 점은, 다수의견이 컴퓨터 아이콘도 디자인적격성을 인정받을 수 있는 경우가 존재할 수 있음을 표명하였다는 점이다. 즉, 화면상에 그림을 단순히 표시하는 것은 종이에 그림을 표시하는 것과 다르지 않지만, 당해 아이콘이 "이를 표시하는 프로그램된 컴퓨터의 동작에 '필수적인' 일부라면 컴퓨터라는 물품에 구현된 것으로 볼 수 있다."고 하여, 특허를 받을 수 있는 'CGI' 및 그렇지

(149) *See Stijland*, 26 USPQ2d at 1261; *Tayama*, 24 USPQ2d at 1616–17.

(150) John R. Boule III, supra, at 1138

(151) Ex parte Stijland, No. 92-0623, 26 USPQ2d (BNA) 1259 (BPAI 1992).

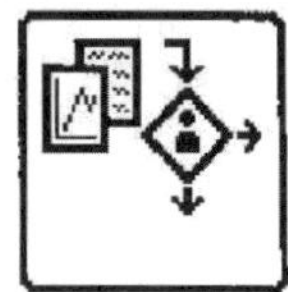

(152) *Id*. at 1261.

않은 '단순한 그림'을 구별하는 가이드를 제시하였다.(153)(154)

(2) Ex parte Donaldson(155)

특허심판원은 "'그림' 그 홀로는 디자인 특허대상이 아니며, 디자인 특허대상이

(153) *Id*. at 1263 ("[W]e do not think that merely illustrating a picture displayed on the screen of a computer or other display device, such as a television or movie screen, is sufficient, alone, to convert a picture into a design for an article of manufacture. Mere display of a picture on a screen is not significantly different, in our view, from the display of a picture on a piece of paper. Only the medium of display is different. However, appellants have expressly stated in the specification and claim, as amended, that the article of manufacture which embodies or to which the claimed design is applied is a programmed computer system, and they have provided declaration evidence demonstrating that the icon is an integral part of the operation of a programmed computer.").
* 출원인은 심사과정에서 도면을 보정하여 점선으로 컴퓨터를 추가하였다. 특허심판원은 가령 최초 출원에서 그와 같이 도시되었더라면 디자인적격성이 있었을 것임을 시사하였다.

(154) 한편, 컴퓨터가 CGI에 대한 물품으로 될 수 있다는 다수의견에 대해 강하게 이의를 제기하면서, "컴퓨터 화면도 단지 종이나 캔버스에 불과하다"는 의견도 있었다. See Id. at 1265 (Stahl, Examiner-in-Chief, concurring) ("It is my conclusion that the computer screen just like the articles of manufacture, such as a sheet of paper, an artist's canvas and a movie screen, are all articles of manufacture that are not normally ornamented by a design being placed thereon or more properly stated, in my opinion, displayed thereon. The computer display screen of the present claim is merely a different medium (article of manufacture) from a piece of paper, an artist's canvas or a movie screen for such design display and the computer screen. One must, to appreciate this distinction, understand the significant difference between the phrases a design displayed on and a design applied to an article of manufacture. Accordingly, in the case before us, since the computer display screen is only a medium for the display of the designed icon, the claim under review is merely directed to the designed icon and not an icon that is 'applied to' ... or 'embodied in' ... the article of manufacture as required by the decisions of our review courts. Where the article of manufacture functions as a mere display for a design of an icon and the article of manufacture is not ornamented by the displayed design, the claim is merely directed to the design per se and is not a design that is encompassed by 35 U.S.C. §171.").

(155) *Ex parte Donaldson*, No. 92-0546, 26 USPQ2d 1250 (BPAI 1992).

되기 위해서는 '물품'에 구현된 것이어야 하므로, 출원서에서 당해 디자인에 의하여 장식되는 어떤 '물품'을 명확히 개시하여야 한다."고 전제하고, "당해 출원서에는 아이콘의 그림만 도시되어 있을 뿐이므로 물품성 요건을 충족하지 않는다."고 판단하였다.

(3) Ex parte Tayama[156]

당해 출원의 디자인은 '셋업 동작용 아이콘'인데, 출원인은 당해 아이콘이 디스플레이 화면을 갖는 컴퓨터 시스템의 표면장식이라고 주장하였다. 특허심판원은, Strijland 심결의 논지와 마찬가지로, 출원서의 도면에 그 디자인이 구현된 '물품'을 명시하지 않았기 때문에 당해 디자인은 '물품에 구현된 디자인'을 청구한 것이 아니라 '그림이나 표면장식' 자체에 불과하다는 이유로 거절결정을 유지하였다.[157] 아울러, 그림 '그 자체'는 디자인 특허로 보호받을 수 없으며, 특정의 물품에 구현된 응용 디자인만이 보호대상으로 됨을 재확인하였다.[158] 그러면서, 디자인 출원서에 컴퓨터가 포함된다면 아이콘도 디자인 특허를 받을 수도 있다는 힌트를 주었다.[159]

(4) In Ex parte Donoghue[160]

출원인은 CCPA의 Hruby 판결에 기초하여 청구항의 아이콘이 Hruby 사건의 분수 디자인과 유사하다는 논거를 들었다. 그러나 특허심판원은 Hruby 사건의 디자인은 '물품' 자체를 구성하는 것임에 반하여 당해 아이콘은 '표면장식'에 해당하는데 그러한 장식이 디자인 특허를 받으려면 반드시 물품에 '적용'되어야 하는바, 당

(156) *Ex parte Tayama*, No. 1992–0624, 24 USPQ2d (BNA) 1614 (BPAI 1992).

(157) *Id*. at 1617 ("It requires disclosure of the ornamentation applied to or embodied in an article of manufacture. More than an applicant's generalized intent to ornament some article is required. It is the application of the design to an article which separates mere pictures from a design protectable by a patent. Without disclosure of an article, the design is not an applied design contemplated for protection under §171.").

(158) *Id*. at 1616.

(159) *See id*. at 1616 – 17.

(160) *In Ex parte Donoghue*, No. 92–0539, 26 USPQ2d (BNA) 1266 (BPAI 1992).

해 출원은 그렇지 않다고 하여 디자인 특허등록을 거절하였다.(161)

2. CGI의 물품성에 관한 특허청 실무

미국 특허청은 1996년, 심사기준을 개정하여 '컴퓨터에 적용된 아이콘 디자인'도 디자인 특허대상에 해당한다는 방침을 정했으며,(162) 이는 현재에 이르고 있다.(163) 특허대상의 디자인은 그것이 적용된 물체와 분리할 수 없으며 표면장식 형태만으로는 존재할 수 없다.(164) 컴퓨터 아이콘은 그 자체로는 2차원의 표면장식 이미지이지만, '컴퓨터 화면, 모니터, 기타 표시패널 또는 그 일부분'상에 도시된 CGI 형태로 청구하면 물품성 요건을 충족시킬 수 있다.(165) 한편, CGI가 존재하려

---

(161) *Id*. at 1269 ("We do not think Hruby helps appellant under the circumstances of this case. In *Hruby* the court held that water fountains were configuration of goods–type designs eligible for protection under §171. An illustration of a configuration type–design inherently discloses the article of manufacture defined by the shape of the design.... The designs here admittedly are surface ornamentation–type designs. ... As we indicated above in order to bring a surface ornamentation–type design within the scope of the statute, it must be disclosed and shown in the specification applied to some article of manufacture .... Appellant has failed to make such a disclosure or showing. Accordingly, we affirm the examiner's rejection under 35 U.S.C. § 171.").

(162) USPTO, *Guidelines for Examination of Design Patent Applications for Computer-Generated Icons*, 61 Fed. Reg. 11,380–381 (Mar. 20, 1996). 이는 1992년에 있었던 특허심판원의 심결들의 다수의견을 채용한 것이다.

(163) MPEP §1504.01(a). CGI에 대한 현재의 특허청 실무는 1996년 4월 19일 당시 계속 중인 CGI 디자인 출원부터 적용되었다.

(164) *See In re Zahn*, 617 F.2d 261, 268 (CCPA 1980) ("Section 171 authorizes patents on ornamental designs for articles of manufacture. While the design must be embodied in some article, the statute is not limited to designs for complete articles, or 'discrete' articles, and certainly not to articles separately sold, ... Here the design is embodied in the shank portion of a drill and a drill is unquestionably an article of manufacture. It is applied design as distinguished from abstract design.").

(165) CGI 디자인의 물품성이 인정되기 위해서는, ① 컴퓨터 화면, 모니터, 기타 표시패널 또는 그들의 일부분이 묘사되어 있을 것, 및 ② 그 물품이 실선 또는 점선으로 묘사되어 있을 것을 요한다. 대개 실무적으로는, 아이콘의 배경으로 컴퓨터 화면을 점선으로 표시하고, 그 점선 내에 아이콘을 실선으로 표시한다. 배경 화면은 그 일부분만을 기재해도 무방하다. 도면의 '점선' 부분은 디자인 청구항의 일부를 구성하지 않기 때문에 당해 아이콘이 컴퓨터 화면이나 표시패널에 구현되어 있는 한 그 화면이나 패널의 종류에 대한 제한 없이 디자인 특허권이 미친다.

면 'CPU 및 프로그램'에 의존하는데, 그 이유만으로는 CGI의 물품성을 부정하는 근거로 되지 않는다.(166)(167)

3. 애니메이션 아이콘

미국 특허청은 2006년 8월, MPEP를 개정하여 '애니메이션 아이콘', 즉 화면에 표시되는 동안 보이는 외관이 바뀌는 CGI(이하, "ACGI"라 부름)에 대해서도 디자인 특허를 인정하게 되었다.(168)(169) ACGI 디자인을 출원할 때에는 그 도면에 둘 이상의 이미지를 도시하여야 하며, 그 이미지들은 순차적으로 보았을 때 이해되어야 한다.

미국 특허청에서 ACGI에 대해 디자인적격성을 명시적으로 인정한 최초의 사건은 2004년에 출원된 '애니메이션형 전화통화 아이콘' 디자인에 대한 것이다.(170) 심사관은 "출원서의 세 도면이 각각 하나의 디자인을 구성하므로 단일의 디자인을 청구하지 않았다."는 이유로 거절(한정요구)하였다. 이에 대해, 출원인은 "당해 디자

(166) MPEP §1504.01(a)(I)(A) ("The dependence of a computer-generated icon on a central processing unit and computer program for its existence itself is not a reason for holding that the design is not for an article of manufacture."). *See Hruby*, 373 F.2d at 1001.

(167) CGI 디자인의 적격성을 인정하는 논거로 *Hruby* 판결이 주로 인용된다. 그것은 CGI 디자인 및 *Hurby* 사건의 분수 디자인 간의 유사점에 기인한다: 즉, (i) 디자인의 표시가 영속적이지 않고 일시적이라는 점; (ii) 디자인의 발현이 외부장치(즉, 컴퓨터장치 및 분수장치)의 작동에 의존적이라는 점. David Leason, *supra*, at 584.

(168) MPEP, §1504.01(a) ("Computer generated icons including images that change in appearance during viewing may be the subject of a design claim. Such a claim may be shown in two or more views. The images are understood as viewed sequentially, no ornamental aspects are attributed to the process or period in which one image changes into another.").

(169) *See* David Leason, *Design Patent Protection for Animated Computer-Generated Icons*, 91 J. Pat. & Trademark Off. Soc'y, 580, 584–85 (2009) (ACGI 디자인 특허는 '움직이는 부분을 갖는 물품'에 대해 이미 디자인 특허보호를 허용하고 있었던 점에서 정당화 될 수 있다.).

(170) U.S. Design Patent No. D530,339 (filed June 23, 2004). The ornamental design for an animated icon for a cellularly communicative electronic device.

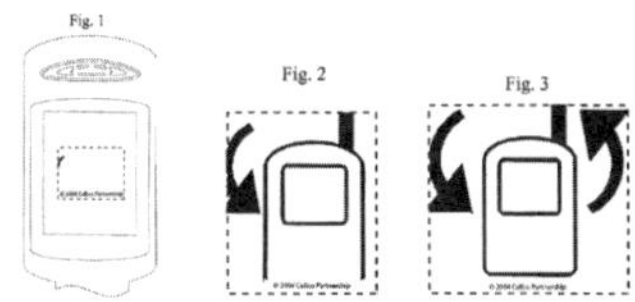

인은 애니메이션형 전화통화 아이콘에 관한 것으로, 각 도면은 각 시점별 전화통화 아이콘의 변화상태를 나타낸다."고 주장하였다. 이에 대해, 심사관은 아무런 설명도 없이, 종전의 한정요구 거절을 철회하였다.(171) 이로써, 미국 특허청은 ACGI 또한 디자인적격대상이라는 관점을 '명시적으로' 채택한 것이다.(172) 사실, 그 전에도 ACGI 디자인이 등록된 사례는 있었다.(173)

V 결론

특허대상의 디자인은 그것이 적용된 객체와 분리될 수 없으며 표면장식 그 자체만으로는 존재할 수 없기 때문에, CGI는 컴퓨터 화면 등에 구현된 것이어야만 물품성 요건을 충족할 수 있다.(174)(175) CGI가 컴퓨터 화면에 일시적인 것이라도 무방하다.(176) 아울러, CGI 디자인이 컴퓨터 장치의 작동에 의존한다고 하더라도 디

(171) See David Leason, supra, at 587–89.

(172) David Leason, supra, at 589.

(173) 예: U.S. Patent No. Des. 392,632 (Date of Patent: Mar. 24, 1998). 계시기 디스플레이를 위한 아이콘은 12개의 상태를 도시하며, 각 상태 도면에는 '시간'을 알리는 'hour hand'가 시간대별로 달리 표시된다.

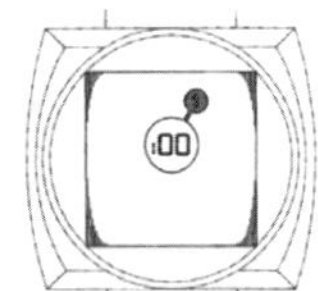
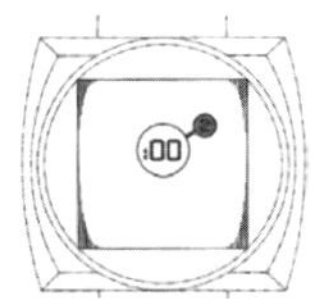

(174) MPEP §1504.01(a); David Leason, supra, at 580–81 ("The rationale is that the icon cannot exist separate from the computer that generates it, and so it is deemed an article of manufacture, with the computer hardware being the environment of the claimed design.").

(175) CGI는 전통적인 의미상 '물품'에 적용된 것으로 볼 수 없다는 이유로 그에 대한 법적 보호에 강한 의문을 제기하는 입장도 있다. William J. Seymour, supra, at 216–17. 그러면서, 삼성 · 애플 소송에서 CGI의 디자인적격성 문제가 다투어지지 않아 못내 법원에서 그 문제를 평가할 기회를 잃었다고 아쉬워하였다. Id. at 215.

(176) 한편, '실용특허'에 관한 사건에서, CAFC는 '신호'와 같은 '일시적인 구현'은 특허적격대상이 아니라고 판시한 적이 있다. 다만, CAFC는 당해 사건이 디자인 특허의 적격성 판단과는 무관하다고 적시하였다. In re Nuijten, 500 F.3d 1346, 1356 (Fed. Cir. 2007).

자인적격성에 문제는 없다. 우리 특허청의 실무도 미국과 별반 다르지 않다.(177)

미국에서 지난 20~30년 동안, CGI에 대한 디자인적격성 접근법은 판례로 확립되었다기 보다는 '특허청'의 행정조치를 통하여 정착되었다.(178) 그 과정에서, CGI, ACGI, GUI 등 디자인 특허보호의 범위가 점차 확대되어 왔다.

현행 실무상, 디자인 특허대상은 '물품에 대한 장식성'을 요하므로 CGI가 '컴퓨터 화면(디스플레이 패널)'이라는 물리적 · 유형적인 물품에 표시되는 것임을 전제로 물품성이 인정된다. 가령 컴퓨터로 생성된 '화상 이미지'가 디스플레이 패널이 아니라 '공중(空中)의 가상화면' 또는 임의의 표면에 표시되는 것으로 청구하면, 현재로는 물품성 요건을 통과할 수 없겠지만, 앞으로의 전망은 어떨까?(179)

---

(177) 김웅, 「디자인보호법 이론과 실제」, 제2판, 특허청, 2015, 46면; 특허청, 「디자인 심사기준」, 2015, 80면. 액정화면 등 표시부를 구비하는 정보화기기(예: 컴퓨터 모니터, 휴대전화기, PDA 등)에 적용된 상태로 CGI 디자인을 등록받을 수 있으며, 그 정보화기기를 전제로 하는 '부분디자인'으로 보호받을 수 있다. 아울러, 화상의 움직임에 형태적 관련성 및 변화의 일정성을 갖고 물품의 액정화면 등 표시부에 구현된 것은 '동적 화상디자인'으로 보호받을 수 있다.

(178) William J. Seymour, *supra*, at 216.

(179) 가령 이에 대해 디자인 특허를 허용하다면, 이는 곧 물품과 무관하게 컴퓨터로 생성된 '이미지' 자체에 디자인 특허를 허용하는 것과 마찬가지 결과로 된다. John R. Boule III, supra, at 1156–57 (현대 소프트웨어 기술의 발전으로 디지털 세계 및 물리적 세계의 경계가 점차 모호해지는 상황에서, §171 규정의 물품성 요건을 넓게 해석하여 반드시 물리적 · 유형적인 물품으로 한정할 것은 아니다); 이호흥 · 배상철, 앞의 연구보고서, 69면(화상 디자인은 본래 '화상' 자체에 본질적 가치가 있으므로, 이를 보호하기 위해서는 물품과의 연관성이라는 제약을 떠난 디자인 보호체계를 구축해야 한다).

제 2 장 디자인 등록요건

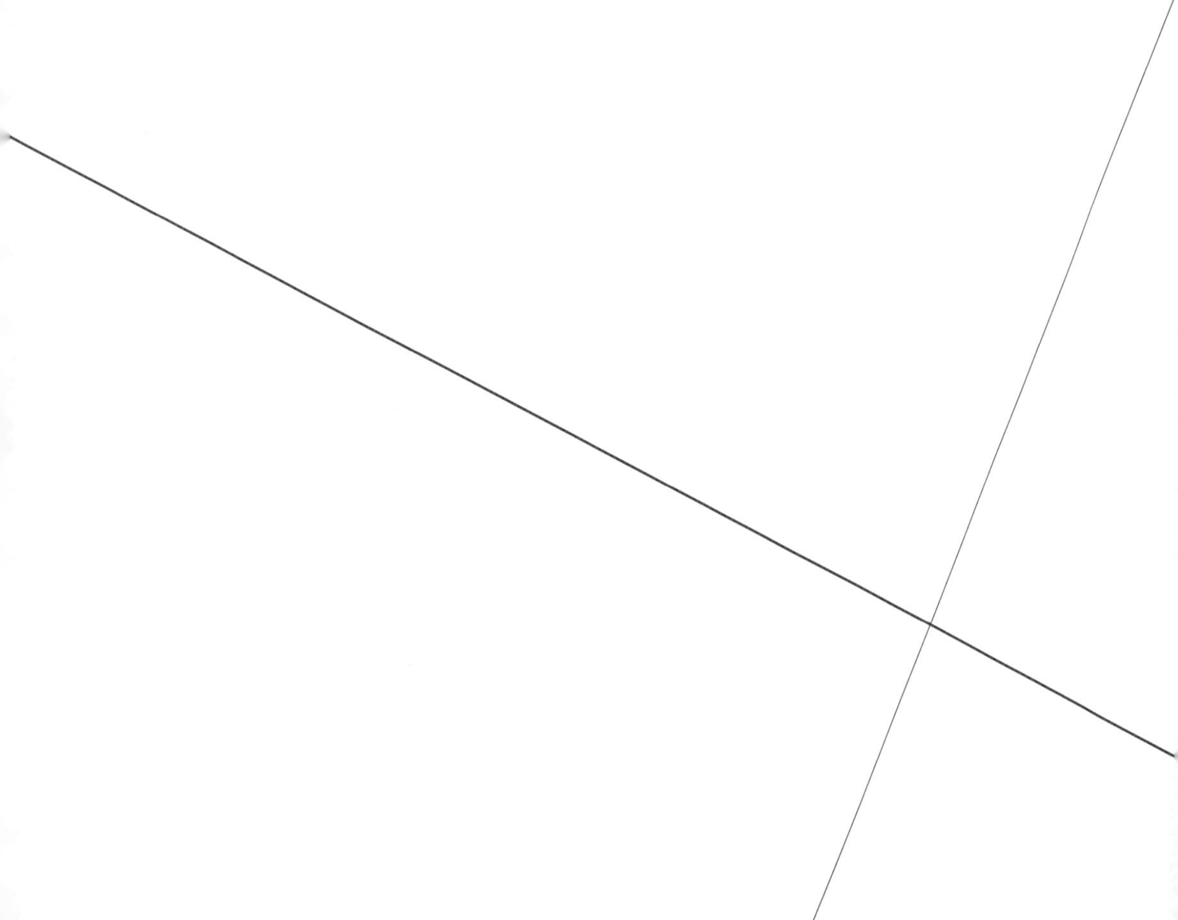

2-1

'신규성 상실 예외'의 적용을 받는 공지디자인의 범위

대법원 2017. 1. 12. 선고 2014후1341 판결(등록무효)

| 김웅 | 해움특허법인 변리사

I 사건 개요(1)

1. 이 사건 등록디자인

이 사건 등록디자인은 2012. 9. 28. 출원되어 2012. 11. 14. 제668925호로 등록된 '간이형 스프링클러'에 관한 것이다.(2)

(1) 본 사건은 2014. 7. 1. 시행 구 디자인보호법(2013. 5. 28. 법률 제11848호로 전부 개정되기 전)이 적용된 사안이다.

(2) 디자인의 설명: 1. 재질은 금속 및 합성수지임. 2. 본원디자인은 주로 건물 내부에 설치되며, 화재 발생시 저수된 소방수를 분사하여 화재진압을 할 수 있는 간이형 스프링클러임. 3. 참고도 1과 같이 정비 및 점검이 용이하게 상부가 개방 되어지는 구조임.

사시도	정면도	참고도
		 본원디자인

2. 비교대상디자인들

청구인은[3] 이 사건 등록디자인의 무효를 주장하기 위해 출원 전에 공지된 비교대상디자인 1 내지 11을 제시하였으나, 쟁점을 명확히 하기 위해, 이하 대상판결과 관련이 있는 비교대상디자인 1과 10만 언급한다.[4] 비교대상디자인 1은 이 사건 등록디자인의 출원 전인 2012. 6. 11. 이 사건 등록디자인의 디자인권자인 피청구인[5]에 의해 공지된 디자인이고, 비교대상디자인 10도 2010. 4. 3. 피청구인에 의해 공지된 디자인이다.

본 사안에서 피청구인은 2010. 4. 3. 비교대상디자인 10을 스스로 공지한 후, 그 날부터 6개월 이내인 2012. 9. 28. 디자인등록출원시 비교대상디자인 10에 대해 신규성 상실의 예외를 주장하였고, 심사 단계에서 문제없이 등록된 후, 디자인권 분쟁이 발생하자 청구인이 무효심판을 청구하면서 2012. 6. 11. 비교대상디자인 1을 발견하여 무효자료로 제출한 것이다.

3. 사건 경과

(1) 특허심판원

2013. 5. 8. 청구인은 이 사건 등록디자인이 그 출원시 i) 출원 전 피청구인에 의해 공지된 비교대상디자인 10에 관한 공개형태와 공개일자를 명확하게 증명하지 못하여 신규성 상실의 예외의 효과를 누릴 수 없고,[6] ii) 설령 신규성 상실의 예외

---

(3) 특허법원에서는 '원고', 대법원에서는 '피상고인'이다.

(4) 비교대상디자인 1 & 10:

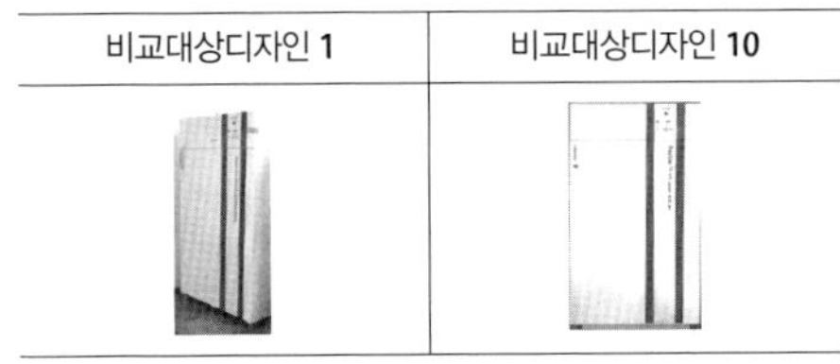

비교대상디자인 1	비교대상디자인 10

(5) 특허법원에서는 '피고', 대법원에서는 '상고인'이다.

(6) 이 사건 등록디자인의 출원 전에 이 사건 등록디자인과 유사한 비교대상디자인 10이 이미 공지되어 있었는데, 디자인등록출원서의 '신규성 상실의 예외 주장' 란에 공개형태와 관련하여, "KFI 기술인정"이라고 기재하고, 공개일자를 2012. 4. 3.로 기재하였음에도, 그 증명서류로 비교대상디자인 10이 게시된 카탈로그(발행일: 2012. 4. 6.), 거래명세표, 및 영수증만 제출하였고, KFI 기술인정을 통해 공개된 디자인을 증명하는 서류가 제출되지 않았다.

의 효과를 누리더라도 최초 공지된 비교대상디자인 10과 그 이후 공지된 비교대상디자인 1이 동일하지 않으므로, (신규성 상실의 예외의 효과를 누릴 수 없어서) 비교대상디자인 1에 의해 신규성을 상실하여 무효사유가 있다고 주장하였다. 그러나 특허심판원은 상기 i) 주장에 대해 비교대상디자인 10에 대한 출원 시 신규성 상실의 예외 주장 절차는 적법했고, 상기 ii) 주장에 대해 최초 공지된 디자인 이후에 공지된 비교대상디자인 1은 비교대상디자인 10과 실질적으로 동일한 디자인이므로 신규성 상실의 예외의 효과를 누릴 수 있어서, 청구인의 주장은 이유 없으므로 2014. 2. 28. 기각하였다. 이에 청구인은 불복하며 심결 취소의 소를 제기하였다.

(2) 특허법원

2014. 3. 27. 청구인(원고)은 상기 i) 및 ii)를 이유로 재차 이 사건 등록디자인의 무효를 주장하였고, 특허법원은 상기 i) 주장에 대해서는 판단하지 않았지만, 상기 ii) 주장을 수용하여 2014. 6. 20. 원심결을 취소하였다. 이에 불복하여 피청구인(피고)은 상고하였다.

(3) 대법원(무효 확정)

2014. 7. 16. 피청구인(피고, 상고인)은 이 사건 등록디자인의 출원 전 공지된 비교대상디자인 10과 비교대상디자인 1은 동일한 디자인이므로, 비교대상디자인 10에 대한 신규성 상실의 예외는 비교대상디자인 1에도 적용된다고 주장하였지만, 2017. 1. 12. 대법원은 비교대상디자인 10과 비교대상디자인 1이 동일한 디자인이 아니라는 이유로 상고를 기각하였다.

4. 쟁점

이 사건 등록디자인의 출원 시 비교대상디자인 10에 대해서만 신규성 상실의 예외를 주장한 상황에서, 청구인은 신규성 상실의 예외의 효과는 비교대상디자인 10에만 미치므로 이 사건 등록디자인은 비교대상디자인 1과 동일하여 신규성 위반의 무효사유가 있다고 주장하였고, 피청구인은 신규성 상실의 예외의 효과는 비교대상디자인 10뿐만 아니라 비교대상디자인 1에도 미치므로, 이 사건 등록디자인은

신규성 위반의 무효사유가 없다고 반박하였다.[7]

결국, 대상판결의 쟁점은 출원 전 여러 번 공지된 디자인들이 있는 경우 ① 최초 공지된 디자인에 대해 신규성 상실의 예외를 주장하면 그 효과가 최초 공지 후 여러 번 공지된 디자인들에 대해서도 미칠 수 있는지 여부, ② 여러 번 공지된 디자인들은 최초 공지된 디자인과 동일해야 하는지 여부, 아울러, ③ 비교대상디자인 1과 비교대상디자인 10을 통한 디자인의 동일성 여부의 판단기준이다.

Ⅱ 판시(대법원)

구 디자인보호법(2013. 5. 28. 법률 제11848호로 전부 개정되기 전의 것, 이하 같다) 제8조 제1항은 "디자인등록을 받을 수 있는 권리를 가진 자의 디자인이 제5조 제1항 제1호 또는 제2호에 해당하게 된 경우 그 디자인은 그 날부터 6개월 이내에 그 자가 디자인등록출원한 디자인에 대하여 동조 제1항 및 제2항의 규정을 적용함에 있어서는 동조 제1항 제1호 또는 제2호에 해당하지 아니한 것으로 본다."고 규정하고 있고, 같은 조 제2항은 "제1항의 규정을 적용받고자 하는 자는 디자인등록출원 시 디자인등록출원서에 그 취지를 기재하여 특허청장에게 제출하고 이를 증명할 수 있는 서류를 디자인등록출원일부터 30일 이내에 특허청장에게 제출하여야 한다. 다만, 자기의 의사에 반하여 그 디자인이 제5조 제1항 각 호의 1에 해당하게 된 경우에는 그러하지 아니하다."라고 규정하고 있다(이하 '신규성 상실의 예외 규정'이라고 한다). 디자인보호법은 출원 전에 공지된 디자인이나 이와 유사한 디자인, 공지된 디자인으로부터 쉽게 창작할 수 있는 디자인은 원칙적으로 디자인등록을 받을 수 없

(7)

비교대상디자인 10 2012. 4. 3. 공지	비교대상디자인 1 2012. 6. 11. 공지	이 사건 등록디자인 2012. 9. 28. 출원
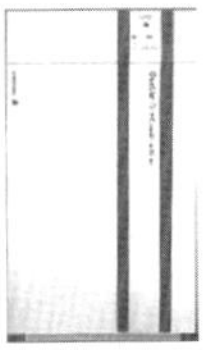	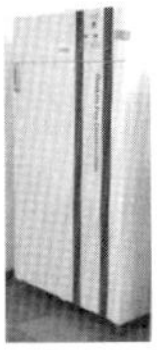	

도록 규정하고 있다(구 디자인보호법 제5조 제1항 및 제2항). 그러나 이러한 원칙을 너무 엄격하게 적용하면 디자인등록을 받을 수 있는 권리를 가진 자에게 지나치게 가혹하여 형평성을 잃게 되거나 산업의 발전을 도모하는 디자인보호법의 취지에 맞지 않는 경우가 생길 수 있으므로, 제3자의 권익을 해치지 않는 범위 내에서 예외적으로 디자인등록을 받을 수 있는 권리를 가진 자가 일정한 요건과 절차를 갖춘 경우에는 디자인이 출원 전에 공개되었다고 하더라도 그 디자인은 신규성을 상실하지 않는 것으로 취급하기 위하여 신규성 상실의 예외 규정을 둔 것이다. 이러한 신규성 상실의 예외 규정의 문언과 입법취지에 비추어 보면, 디자인등록을 받을 수 있는 권리를 가진 자가 구 디자인보호법 제8조 제1항의 6개월의 기간 중에 여러 번의 공개행위를 하고 그 중 가장 먼저 공지된 디자인에 대해서만 절차에 따라 신규성 상실의 예외 주장을 하였다고 하더라도 공지된 나머지 디자인들이 가장 먼저 공지된 디자인과 동일성이 인정되는 범위 내에 있다면 공지된 나머지 디자인들에까지 신규성 상실의 예외의 효과가 미친다고 봄이 타당하다. 여기서 동일성이 인정되는 범위 내에 있는 디자인이란 그 형상, 모양, 색채 또는 이들의 결합이 동일하거나 극히 미세한 차이만 있어 전체적 심미감이 동일한 디자인을 말하고, 전체적 심미감이 유사한 정도에 불과한 경우는 여기에 포함되지 아니한다고 판시하였다.

원심판결 이유에 의하면, 원심은, (1) 피고가 이 사건 등록디자인을 출원하면서 출원서의 '신규성 상실의 예외 주장'란에 원심 판시 비교대상디자인 10에 관한 사항만을 기재하고, 관련 자료를 제출한 사실을 인정한 다음, (2) 원심 판시 비교대상디자인 1과 비교대상디자인 10은 외관 또는 심미감에 영향을 주는 요소인 정면 상단부의 개폐손잡이의 유무에 차이가 있어서 전체적으로 그 형상, 모양, 색채 또는 이들의 결합이 시각을 통하여 동일한 미감을 일으키는 동일한 디자인으로 볼 수 없으므로, 비교대상디자인 1에 대해서는 신규성 상실의 예외 규정이 적용될 수 없다고 판단하고, (3) 이 사건등록디자인은 그 출원 전에 공지된 비교대상디자인 1과 동일 · 유사하므로, 디자인보호법 제5조 제1항 제1호에 해당한다고 판단하였다. 앞서 본 법리에 비추어 기록을 살펴보면 원심의 이러한 판단은 정당하고, 거기에 상고이유 주장과 같이 신규성 상실의 예외에 관한 법리를 오해하는 등의 잘못이 없다.

해설

1. 사안의 전제

이 사건 등록디자인은 2012. 9. 28. 출원된 것이므로, 구 디자인보호법(2014. 7. 1. 시행 전, 이하 '구법'이라고 한다)이 적용된 사안이고, 본 사안은 현행 디자인보호법(2014. 7. 1. 시행 후, 이하, '현행법'이라고 한다)에서는 전혀 다른 적용 양상을 띤다.

구법 및 현행법상 '신규성 상실의 예외' 규정에 따르면,[(8)] 출원 전에 공지된 디자인에 대해 신규성 상실의 예외의 효과를 받기 위해서는, 구법의 경우 디자인등록출원시 디자인등록출원서에 그 취지를 기재하여 특허청장에게 제출하고 이를 증명할 수 있는 서류를 디자인등록출원일부터 30일 이내에 특허청장에게 제출해야 했지만(구법 제8조 제2항), 현행법의 경우 그 취지 기재 및 증명서류 제출을 출원 시 뿐만 아니라 거절이유통지에 대한 의견서 제출 시, 이의신청이나 무효심판의 답변서 제출 시에도 가능하다(현행법 제36조 제2항). 출원 전에 여러 번의 공지 행위를 했을 때, 구법에 따르면 여러 번의 공지된 디자인에 대해 출원시 신규성 상실의 예외를 모두 주장해야 하는 반면, 현행법에 따르면 최초 공지일부터 6개월 이내에 출원

(8) 구법과 현행법상 '신규성 상실의 예외' 규정:

2014. 7. 1. 시행 전 디자인보호법 제8조(신규성 상실의 예외)	2014. 7. 1. 시행 후 디자인보호법 제36조(신규성 상실의 예외)
① 디자인등록을 받을 수 있는 권리를 가진 자의 디자인이 제5조 제1항 제1호 또는 제2호에 해당하게 된 경우 그 디자인은 그 날부터 6개월 이내에 그 자가 디자인등록출원한 디자인에 대하여 동조 제1항 및 제2항의 규정을 적용함에 있어서는 동조 제1항 제1호 또는 제2호에 해당하지 아니한 것으로 본다.	① 디자인등록을 받을 수 있는 권리를 가진 자의 디자인이 제33조 제1항 제1호 또는 제2호에 해당하게 된 경우 그 디자인은 그날부터 6개월 이내에 그 자가 디자인등록출원한 디자인에 대하여 같은 조 제1항 및 제2항을 적용할 때에는 같은 조 제1항 제1호 또는 제2호에 해당하지 아니한 것으로 본다. 다만, 그 디자인이 조약이나 법률에 따라 국내 또는 국외에서 출원공개 또는 등록공고된 경우에는 그러하지 아니하다.
② 제1항의 규정을 적용받고자 하는 자는 디자인등록출원시 디자인등록출원서에 그 취지를 기재하여 특허청장에게 제출하고 이를 증명할 수 있는 서류를 디자인등록출원일부터 30일 이내에 특허청장에게 제출하여야 한다. 다만, 자기의 의사에 반하여 그 디자인이 제5조 제1항 각 호의 1에 해당하게 된 경우에는 그러하지 아니하다.	② 제1항 본문을 적용받으려는 자는 다음 각 호의 어느 하나에 해당할 때에 그 취지를 적은 서면과 이를 증명할 수 있는 서류를 특허청장 또는 특허심판원장에게 제출하여야 한다. 1. 제37조에 따른 디자인등록출원서를 제출할 때. 이 경우 증명할 수 있는 서류는 디자인등록출원일부터 30일 이내에 제출하여야 한다. 2. 제63조 제1항에 따른 거절이유통지에 대한 의견서를 제출할 때 3. 제68조 제3항에 따른 디자인일부심사등록 이의신청에 대한 답변서를 제출할 때 4. 제134조 제1항에 따른 심판청구(디자인등록무효심판의 경우로 한정한다)에 대한 답변서를 제출할 때

을 한 것이라면, (출원 시 주장 및 증명 여부 불문) 여러 번의 공지된 디자인이 출원 이후에 발견되더라도 현행법 제33조 제2항 각 호의 어느 하나에 해당하는 시기에 신규성 상실의 예외를 주장 및 증명할 수 있다. 따라서 본 사안과 같은 쟁점이 현행법하에서는 디자인권자가 스스로 공지한 디자인에 대해 주장 및 증명을 할 수 없는 특별한 사정이 없는 한, 문제될 일이 없지만, 현행법이 적용되기 시작한 2014. 7. 1. 전에 출원하여 등록된 디자인들이 아직 수십만 건이 존재한다는 점을 감안하면, 구법의 신규성 상실의 예외의 법리를 검토하는 것은 분명 그 실익이 있다.

2. 디자인보호법의 신규성 상실의 예외의 법리

(1) 법적 근거 및 제도의 취지

디자인등록을 받을 수 있는 권리를 가진 자의 디자인이 공지된 경우 그 디자인은 그 날부터 6개월 이내에 그 자가 디자인등록출원한 디자인에 대하여 신규성 및 창작 비용이성을 적용할 때에는 공지되지 아니한 것으로 본다(현행법 제36조 제1항, 구법 제8조 제1항). 이를 '신규성 상실의 예외'라고 한다.

대상판결은 신규성 상실의 예외의 취지를 "디자인보호법은 출원 전에 공지된 디자인이나 이와 유사한 디자인, 공지된 디자인으로부터 쉽게 창작할 수 있는 디자인은 원칙적으로 디자인등록을 받을 수 없도록 규정하고 있는데, 이러한 원칙을 너무 엄격하게 적용하면 디자인등록을 받을 수 있는 권리를 가진 자에게 지나치게 가혹하여 형평성을 잃게 되거나 산업의 발전을 도모하는 디자인보호법의 취지에 맞지 않는 경우가 생길 수 있으므로, 제3자의 권익을 해치지 않는 범위 내에서 예외적으로 디자인등록을 받을 수 있는 권리를 가진 자가 일정한 요건과 절차를 갖춘 경우에는 디자인이 출원 전에 공개되었다고 하더라도 그 디자인은 신규성을 상실하지 않는 것으로 취급하기 위하여 신규성 상실의 예외 규정을 둔 것이다."라고 보고 있다. 즉, 대법원은 출원 전에 공지된 디자인에 의해 신규성 또는 창작 비용이성 흠결로 거절 또는 무효되는 것은 당연한 것이지만, 예외적으로 일정한 요건과 절차를 갖춘 경우에 한해 신규성 상실의 예외의 효과를 누릴 수 있다는 것이다.

(2) 적용 요건

ⅰ) 주체적으로, 출원 전에 공지된 디자인에 대한 디자인등록을 받을 수 있는

권리자(소위, 창작자 또는 정당한 승계인)의 출원이어야 하고, 공지 행위를 누가 했는지 여부는 신규성 상실의 예외와는 관련이 없으므로 설령 타인이 공지한 것이라도 권리자는 그 공지된 디자인에 대해 신규성 상실의 예외를 주장할 수 있다. ii) 객체적으로, 공지된 디자인에 대하여 신규성 상실의 예외를 주장할 수 있는 것일 뿐, 공지디자인과 출원디자인이 동일한지 또는 유사한지 또는 비유사한지 여부는 고려되지 않는다.(9) iii) 신규성이 상실된 날부터 6개월 이내(10)에 출원되어야 한다. 여러 번의 공지행위가 있는 경우 6개월의 기산일은 최초의 공개일이다.

즉, 주체적 · 객체적 · 시기적 요건은 구법과 현행법에 큰 차이가 없다. 다만, 현행법은 공지된 디자인이 조약이나 법률에 따라 국내외에서 출원공개 또는 등록공고된 경우 신규성 상실의 예외를 적용받을 수 없다는 점에 구법과 다르고(현행법 제36조 제1항 단서 신설), 절차적 요건 면에서는 위에서 상술한 '1. 사안의 전제'와 같이 구법과 상당한 차이가 있다.

(3) 적용 효과

출원 전 자기의 공지된 디자인은 출원디자인의 신규성 또는 창작 비용이성 판단 시 공지 등이 되지 아니한 것으로 간주되므로, 사실상 자기의 공지된 디자인에 의해 거절되거나 무효되진 않는다. 다만, 이러한 효과는 자기와의 관계에서만 발생하므로 제3자의 출원에 대해서는 자기의 공지된 디자인은 여전히 신규성 또는 창작 비용이성 판단의 자료가 된다.

3. 특허법의 '공지 등이 되지 아니한 발명으로 보는 경우'와의 비교

(1) 특허법 제30조

특허법은 특허를 받을 수 있는 권리를 가진 자에 의하여 그 발명이 공지된 경우 그 날부터 12개월 이내에 특허출원을 하면 그 특허출원된 발명에 대하여 신규성 또는 진보성을 적용할 때 그 발명은 공지되지 않은 것으로 본다(동조 제1항). 이를 소위

(9) 만약 출원디자인과 동일 또는 유사한 공지디자인에 대해서만 신규성 상실의 예외가 적용된다고 하면, 양 디자인이 유사하지 않은 경우에는 그 공지디자인에 대하여 신규성 상실의 예외가 인정되지 않아서 출원디자인이 그 공지디자인에 의한 용이창작으로 거절되는 경우가 생길 수 있기 때문이다.

(10) 2017. 9. 22. 시행 디자인보호법[법률 제14686호, 2017. 3. 21., 일부개정]은 신규성 상실의 예외의 인정 기간을 공지된 날부터 12개월 이내로 확대하는 것으로 규정하고 있다.

'공지예외주장'이라고 한다.[(11)(12)]

(2) 디자인보호법의 "신규성 상실의 예외"와의 비교

공지 예외를 인정하는 기간이 디자인보호법은 공지 후 6개월, 특허법은 12개월인 점 이외에도 중요한 차이가 있다. 특허법은 출원 전 공지된 발명에 대해 원칙적으로 출원 시 그 취지를 기재하고, 공지사실을 증명해야 하고(특허법 제30조 제2항), 이를 놓친 경우 보정기간 또는 적어도 특허결정의 등본을 송달받은 날부터 3개월 이내에 위 절차를 수행해야 하지만(특허법 제30조 제3항), 설정등록 후에도 이의신청이나 무효심판의 답변서 제출시 '신규성 상실의 예외'를 주장 · 증명할 수 있다는 점에서 디자인보호법과 다르다.

따라서 실무상 특허출원 시 이미 공지된 발명이 있는 경우 특허출원 후 장시간이 경과한 후 증명서류를 확보하기 어려운 점을 감안하여 가능한 특허출원 시에 그 공지된 발명에 대해 특허법 제30조 제2항의 절차를 밟는 것이 일반적이지만, 디자인등록출원 시 이미 공지된 디자인이 있는 경우에는 추후 그 공지된 디자인이 심사 · 심판 단계에서 문제되는 경우 주장 · 증명하면 족하므로 디자인등록출원 시에 별도로 디자인보호법 제36조 제2항의 절차를 밟지 않는 것이 일반적이다.

(3) 특허출원 전 여러 번 공지된 발명이 있는 경우[(13)]

특허 · 실용신안 심사기준에 따르면, 원칙적으로 특허를 받을 수 있는 권리를 가진 자가 특허출원 전에 해당 발명을 여러 번에 걸쳐 공개한 경우 모든 공개행위에 대해서 공지예외의 적용을 받기 위해서는 각 공개행위에 대하여 특허법 제30조 규정의 적용을 받기 위한 절차를 밟아야 한다. 다만, 특허법 제30조 제2항에서 말하는 '취지 기재'란 '공지예외의 적용을 받고자 한다라는 취지 자체의 기재를 의미하고 반드시 출원서에 해당 공지 사실을 특정해야만 취지 기재를 했다고 보는 것은 아니다.

(11) 임병웅, 인사이트 특허법(제14판), 한빛지적소유권센터, 378면.

(12) 같은 취지의 규정을 특허법 제30조는 '공지 등이 되지 아니한 발명의 경우'로, 디자인보호법 제36조는 '신규성 상실의 예외'라고 명명한다. 사견으로는, 본 규정은 출원발명 또는 출원디자인의 신규성 또는 진보성(창작 비용이성) 판단 시 자기의 공지된 디자인이 공지가 되지 않은 것으로 보는 것이므로, 그 의미상 특허법 제30조의 표제가 더 적절하다고 생각한다.

(13) 특허 · 실용신안 심사기준, 특허청, 2017. 3. 개정, 3233-3234면.

따라서 출원시 출원서에 (출원서 서식의 공지예외적용 박스에 체크해서) 공지예외주장의 취지를 표시한 경우에는 출원서에 공지사실을 구체적으로 기재하고 있지 않더라도 출원일로부터 30일 이내에 공지를 증명할 수 있는 서류를 제출하면 그 공지에 대하여 공지예외를 인정받을 수 있다. 한편, 특정한 하나의 공개행위와 밀접 불가분의 관계에 있는 복수 회에 걸친 공개일 경우에는 2번째 이후의 공개에 대해서는 증명서류의 제출을 생략할 수 있다. 이 경우 '밀접 불가분의 관계'에 해당하는 것은 예를 들어, 2일 이상 소요되는 시험, 시험과 시험당일 배포된 설명서, 간행물의 초판과 중판, 원고집과 그 원고의 학회(구두)발표, 학회발표와 그 강연집, 학회의 순회강연, 박람회 출품과 그 출품물에 대한 카탈로그 등이 있다. 즉, 특허출원 전 여러 번 공지된 발명이 있는 경우 각 공지된 발명에 대해 특허법 제30조 제2항의 절차를 수행하는 것을 원칙으로 하되, 각 공지행위 간에 밀접 불가분한 관계에 있는 경우에 한해 특허법 제30조 제2항의 절차(증명서류 제출)를 생략할 수 있도록 하고 있다.

실무상 '밀접 불가분한 관계'에 대한 의미가 애매하고, 특허출원 시 어떤 유형의 공지들끼리 밀접 불가분한 관계인지 단정하기 어려우므로, 특허출원 전에 여러 번 공지된 발명이 있는 경우 특별한 사정이 없는 한, 출원 전 또는 공지된 발명에 대해 특허법 제30조 제2항의 절차를 밟는 것이 일반적이다.

4. 대상판결의 검토

(1) 쟁점 ①

: 최초 공지디자인에 대한 신규성 상실의 예외의 효과가 그 후 여러 번 공지된 디자인들에 대해서도 미치는지 여부

대상판결은 디자인보호법의 '신규성 상실의 예외'는 출원 전 6개월의 기간 이내에 여러 번의 공지행위가 있을 때 가장 먼저 공지된 디자인에 대해서만 신규성 상실의 예외를 주장하였다고 하더라도 공지된 나머지 디자인들에까지 신규성 상실의 예외의 효과가 미칠 수 있다고 봄이 타당하다고 보았다. 그 취지에 대해서는 대상판결 전의 특허법원이 "구법 제8조 제1항의 6개월의 기간 이내에 여러 번의 공개를 하여도 각 공개에 대하여 신규성 상실의 예외 주장을 하여 신규성 상실의 예외 규정을 적용받을 수 있고, 출원인이 가장 먼저 공지된 디자인에 대해서만 위 기간 내 신규성 상실의 예외 주장을 하였다고 하더라도 여기에는 그 최초분 이후에 공지된 디자인들에 대해서도 신규성 상실의 예외 주장을 하고자 하는 의사가 당연히 포함되어 있는 것으로 해석함이 자연스럽고, 디자인의 공지에 있어서는 그 성질상 어떤 시점의 한정적 행위가 아니라 어느 정도 계속되는 상태를 예정하고 있는 것이어서 최초의 시점에 공지된 디자인에 대해서만 신규성 상실의 예외 주장을 하더라도 그 이후에 계속적으로 공지되는 디자인에 대해서도 그 효력을 미치도록 할 필요가 있으므로, 출원인이 최초에 공지된 디자인에 대해서만 신규성 상실의 예외 주장을 하더라도 나머지 공지된 디자인에 대해서도 신규성 상실의 예외 규정이 적용된다고 해석해야 할 것이다."라고 판시하였다.

이러한 해석은 특허법 제30조와는 다르다. 앞서 살펴본 바와 같이, 특허법은 출원 전 여러 번의 공지된 발명이 있을 경우 극히 예외적으로 공지 행위 간의 밀접 불가분한 관계성이 있는 경우에 한해서만 특허법 제30조 제2항의 절차(증명서류 제출)을 생략하고 있기 때문이다. 즉, 특허법은 공지행위들 간의 연관성을 기준으로 공지 예외의 적용범위를 판단하는 반면, 디자인보호법은 공지디자인들 간의 연관성을 기준으로 신규성 상실의 예외의 적용범위를 판단하는 것이다. 이러한 특허법과 디자인보호법의 적용상 차이는 '발명'과 '디자인'의 공지 성격이 다르기 때문인 것으로 보인다. 상술한 바와 같이, 특허법원은 "그 디자인의 공지에 있어서는"이라고 전제한 후 "그 성질상 어떤 시점의 한정적 행위가 아니라 어느 정도 계속되는 상태를 예정하고 있다"고 보면서, '발명'보다는 상대적으로 공지의 파급력이 큰 디자인의 속성을 감안하여 최초 공지된 디자인의 신규성 상실의 예외 범위에 후행 공지된 디자인들을 포함시키는 것이다.

(2) 쟁점②
: 여러 번 공지된 디자인들은 최초 공지된 디자인과 반드시 동일해야 하는지 여부

대상판결은 비록 최초 공지된 디자인에 대한 신규성 상실의 효과가 그 후 여러 번 공지된 디자인들에 대해서도 미칠 수 있음을 제도의 취지상 인정하면서도, 그 적용 범위는 최초 공지된 디자인과 동일성이 인정되는 범위 내에 있는 디자인들로 제한하였다. 디자인권은 등록디자인 또는 이와 유사한 디자인까지 효력이 미치는 점, 발명과는 달리 디자인은 한번 공지된 이후 전부 또는 일부 디자인이 변경되는 경향이 강한 점, 제작 과정에서 외형을 이루는 일부 부품이나 부속품의 부가, 삭제, 변형 등이 잦은 점 등을 고려하면, 최초 공지된 디자인에 대해 신규성 상실의 예외를 주장하면 그 후 여러 번의 공지된 디자인이 최초 공지된 디자인과 동일한 경우뿐만 아니라 유사한 경우까지 그 효과를 인정할 수도 있을 법하다. 그럼에도, 대상판결은 신규성 상실의 예외가 디자인등록을 받을 수 있는 자를 보호하기 위한 예외적인 규정이라는 점은 인정하되, 그 적용범위를 과하게 늘리는 것은 법적 안정성을 해칠 수 있기 때문에 경계하는 것으로 보인다.

(3) 쟁점 ③
: 디자인의 동일성 판단기준

디자인권의 효력은 동일 또는 유사한 디자인까지 그 사용배제효가 미치고(현행법 제92조), 신규성이나 선출원주의 규정 또한 동일 또는 유사한 디자인에까지 등록배제효를 부여하고 있어서(현행법 제33조 제1항 제3호, 제46조 제1항 제2항), 동일성은 사실상 유사성과 그 법적 효과 면에서 차이가 없다. 그럼에도, 디자인보호법은 보정에 있어서의 최초 출원디자인과 보정 이후의 동일성 여부를 판단하는 요지변경(현행법 제48조 제1항), 분할출원의 인정요건으로서 원출원디자인과 분할출원디자인의 동일성 여부(현행법 제50조), 조약우선권 주장의 인정요건으로서 1국출원디자인과 2국출원디자인의 동일성 여부(현행법 제51조), 무권리자의 무효된 디자인등록에 대한 정당권리자 출원에 있어서 소급효 인정 요건(현행법 제44조 및 제45조)에 있어서는, 각 규정의 취지상 유사성을 배제하고 동일성만을 문제삼고 있다.

디자인의 '유사'란 두 개의 디자인을 구성하는 형상 · 모양 · 색채 또는 이들의 결합이 공통적인 동질성을 가짐으로써 시각을 통하여 외관상 유사한 미감을 일으키는 것으로 정의되고,[14] 디자인의 '동일'이란 "두 개의 디자인을 구성하는 형상 · 모양 · 색채 또는 이들의 결합이 시각을 통하여 전체적인 심미감이 동일한 경우"를 말한다.[15][16] 한편, 대상판결에서는 "동일성이 인정되는 범위 내에 있는 디자인이란 그 형상 · 모양 · 색채 또는 이들의 결합이 동일하거나 극히 미세한 차이만 있어 전체적 심미감이 동일한 디자인을 말하고, 전체적인 심미감이 유사한 정도에 불과한 경우에는 여기에 포함되지 아니한다."고 판시하였다. 디자인의 동일과 유사는 법문상 별개이고, 그 법적 의미가 다르므로, 명확하게 구별해야 할 필요가 있지만, 그럼

(14) 노태정, 디자인보호법 개설(제2판), 세창출판사, 108면.

(15) 노태정, 앞의 책, 104면.

(16) 대법원, 2001. 7. 13. 선고, 2000후730 판결.

에도 전체적인 심미감이 동일한지 유사한지 여부는 판단하기 쉽지 않다. 결국, '미세한 차이'를 해당 물품에서 어디까지 볼 것인지가 관건이다.

본 사안에서는 비교대상디자인 1과 비교대상디자인 10의 동일성 여부가 문제되었다. 동일성이 인정되면 신규성 상실의 예외가 비교대상디자인 1과 10에 모두 적용되고, 동일성이 인정되지 않으면(유사하거나 비유사하면), 신규성 상실의 예외가 비교대상디자인 10에 대해서만 적용되기 때문이다. 구체적으로, 비교대상디자인 10은 정면 상단부 문에 별도의 손잡이가 없는데 반해, 비교대상디자인 1은 정면 상단부 문에 직사각형의 손잡이(아래 비교대상디자인 1의 원형 점선 내부)를 구비하고 있는 점에서 차이가 있고, 나머지 물품 부분은 동일하다. 결국, 직사각형의 손잡이의 유무有無가 양 디자인에서 발휘하는 전체적인 심미감을 동일 또는 유사하게 하는지 여부가 쟁점이 된 것이다. 이는 전체적으로 차지하는 면적이 매우 작다는 점에서 양 당사자 간에 동일과 유사의 경계선 상에서 상당한 다툼이 이루어진 것이고, 미세한 형상 · 모양의 차이도 디자인을 구성하는 주요 구성요소가 될 수 있는지 여부에 대한 매우 중요한 판단기준이 제시된 것으로 보인다.

특허법원은 "위 차이점과 관련하여 비교대상디자인 1은 위 손잡이에 손을 집어넣어 상단부의 전면의 문을 위로 개폐할 수 있는 구성인데 비하여, 비교대상디자인 10은 별도의 손잡이가 없어서 상단부 전면의 문을 양손으로 잡고 위로 개폐하는 구성인 사실에 근거하여, 이러한 차이는 비교대상디자인 1과 10에서 차지하는 면적이 작기는 하지만, 비교대상디자인 1의 정면 상단부에 위치하고 있어서 눈높이에서 바라볼 수 있고, 그 기능도 상단부의 문을 위로 개폐하는 것이어서 외관 또는 심미감에 영향을 주는 요소로 파악할 수 있어서, 양 디자인은 외관 또는 심미감에 영향을 주는 요소인 정면 상단의 개폐 손잡이의 유무에 차이가 있어서 전체적으로 그 형상 · 모양이 시각을 통하여 동일한 미감을 자아내는 동일한 디자인으로 볼 수 없다."고 하였고, 이를 대상판결은 수긍하였다.

위와 같이, 대상판결은 양 디자인의 동일성 여부를 판단할 때, 외형상 차이의 중요성을 그 형상 · 모양이 차지하는 면적뿐만 아니라 그 형상 · 모양의 용도, 기능, 위치, 사용자의 관점 등도 고려하여 판단하였다. 이 사건 등록디자인의 디자인권자 입장에서는 비교대상디자인 10 대비 비교대상디자인 1은 작은 손잡이를 부착한 정도라서 매우 사소한 변형만 가한 것이기에, 그로 인해 자신의 등록디자인이 무효로 될 것이라고는 상상하지 못했을 것이다.

Ⅳ 마치며

본 사안은 현행법 제36조가 적용되기 시작한 2014. 7. 1. 이후의 출원디자인과는 관련성이 높지 않다. 그러나 2014. 7. 1. 이전에 출원하여 등록된 디자인에 대해서는 여전히 유효하고, 특히 분쟁대상이 되는 디자인권에 대한 무효심판을 청구하고자 하는 자에게 매우 유력한 무효자료를 찾을 수 있는 하나의 지침이 될 수도 있다. 대상판결은 구법상 신규성 상실의 예외 규정의 취지를 명확히 설명해 주었지만, 출원 전 디자인의 공지행위가 여전히 디자인권의 무효가능성을 높일 수 있다는 일종의 경각심을 준 것이기도 하다.

현행법 제36조는 공지 후 12개월 이내에 출원된 디자인이라면, 사실상 신규성 상실의 예외를 모두 인정받을 수 있게끔 하였다. 그러나 신규성 상실의 예외 규정은 디자이너에게 양 날의 칼이 될 수 있다. 왜냐하면, 자유로운 공개 후에도 디자인권을 확보할 수 있다는 점에서는 매력이지만, 여전히 출원 전 공지행위는 권리의 안정성 측면에서 예측할 수 없는 많은 위험성을 내포하고 있기 때문이다.[17] 따라서 출원 전 디자인의 공지는 가급적 피하는 게 좋고, 피치 못할 사정이 있어서 공지해야 한다면, 공지 후 가능한 빨리 출원을 진행하는 것이 권리의 안정성 면에서 중요하다.

(17) 예를 들어, 甲이 디자인 A를 공지한 후 6개월 이내에 디자인등록출원을 하면, 신규성 상실의 예외가 적용될 수 있지만, 만약 乙이 디자인 A의 공지 후 출원 전에 디자인 A와 유사한 디자인 B를 스스로 개량 창작하여 공지할 경우 디자인 A는 거절될 수 있다.

2-2

애플 스마트시계 디자인의 용이창작성 사건

특허법원 2017. 9. 15. 선고 2017허2413 판결

| **정차호** | 성균관대학교 법학전문대학원 교수

I 서론

애플이 태블릿 컴퓨터의 테두리 디자인에 관한 권리로 삼성을 상대로 큰 재미를 보았고, 그래서 애플이 유사한 디자인 출원을 계속하는 것으로 보인다. 애플이 스마트 시계의 디자인을 출원하였고, 심사관 및 심판관이 그 디자인의 용이창작성을 부정한 두 사건에서 같은 날에 특허법원이 판결을 선고하였으며, 하나에서는 창작성을 인정하였고 다른 하나에서는 창작성을 부정하였다. 대상판결이 디자인의 창작성을 판단하는 실무 및 법리에 대한 이해도를 높이는 좋은 것이라고 생각되어 이에 소개한다.

애플 스마트 시계 전면 표시부 디자인 사건[18]

1. 사건 이력

대상 출원에 대하여 심사관이 거절결정을 하였고, 거절결정불복심판에서 심판관은 선행디자인 2로부터 또는 선행디자인 1, 2의 결합으로부터 용이하게 창작할 수 있다고 판단하였다.[19] 이에 출원인이 대상판결의 소(심결취소소송)를 제기하였다.

2. 디자인 부분의 청구항 용어 해석claim construction: 출원이력 참작의 원칙

법원은 출원이력에서 출원인의 주장 및 심사관, 심판관의 인식에 근거하여 사각형 표시의 '전면부'와 그를 둘러싼 곡면 처리된 더 큰 사각형은 동일하게 글래스 재질로 일체로 형성된 것임을 인정하였다. 출원이력을 참작하여 어떤 부분(용어)의 의미를 확정한 것이다. 다만, 통상은 출원이력을 통하여 '출원인'의 의도를 이해하게 되는데, 대상사건에서는 '심사관 · 심판관'의 인식을 파악한 점이 이채롭다. (당사자인) 출원인의 출원 중 발언에 대하여는 금반언의 원칙을 적용할 수 있으나, (당사자가 아닌) 심사관, 심판관의 발언에 대하여는 금반언의 원칙을 적용할 수 없는 것이 원칙인데, 대상 사안에서는 심사관, 심판관의 인식을 청구항 용어 해석에 활용하였다. 일응 타당하지 않은 법리적용이라고 보이는데, 향후 확인의 작업이 필요하다고 본다.

(18) 특허법원 2017. 9. 15. 선고 2017허2154 판결.

(19) 특허심판원 2017. 1. 23.자 2016원285 심결.

3. 선행디자인 1과의 비교[20]

(1) 공통점

법원은 대상 디자인과 선행디자인 1의 공통점을 다음으로 보았다. 첫째, 손목시계 디자인이라는 점, 둘째, 표시부가 중앙의 비교적 평평한 전면부와 그와 이어진 곡면으로 형성된 테두리부로 이루어진 점, 셋째, 테두리부의 네 모서리 부분이 곡면 처리된 점.

(2) 차이점

법원은 다음을 차이점으로 보았다: 첫째, 대상 디자인은 전면부 모서리가 90도 각을 형성하는데 반해 선행디자인 1은 곡면 처리되어 있다는 점(차이 1), 둘째, 대상 디자인은 테두리부가 상당한 폭을 가지는 반면 선행디자인 1은 폭을 거의 갖지 않는 점(차이 2), 셋째, 대상 디자인의 테두리의 곡면이 몸체부와 연속적으로 연결되는데 반해 선행디자인 1은 테두리부의 곡면이 몸체부의 곡면과 연속적으로 이어지지 않는 점(차이 3).

(3) 법원의 용이창작성 판단

법원은 통상의 디자이너가 선행기술 1로부터 대상 디자인을 도출하기 위해서는 위 3가지 차이점을 변형하여야 한다고 전제한 후, 그러한 변형을 시도할 아무런 디자인적 동기가 없으므로 용이도출을 인정할 수 없다고 판단하였다.

(20) 이 사건 출원디자인 및 선행디자인 1의 비교:

<전면부 디자인 창작성 판단>

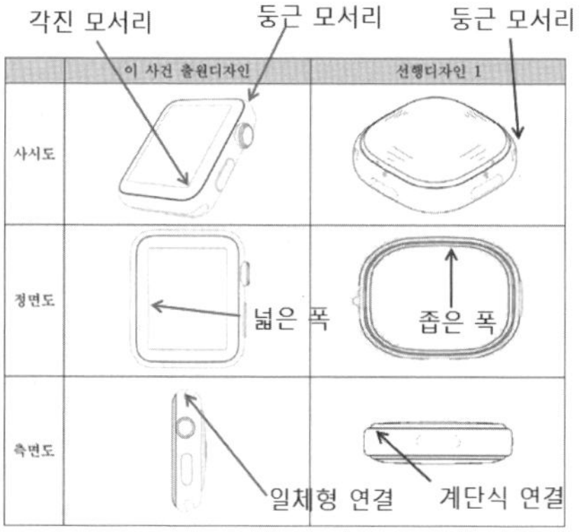

각진 모서리 / 둥근 모서리 / 둥근 모서리

	이 사건 출원디자인	선행디자인 1
사시도		
정면도	넓은 폭	좁은 폭
측면도	일체형 연결	계단식 연결

(4) 평가

차이 1과 관련하여, 전면부의 모서리가 각진 사각형 형상을 곡면 처리하는 것은 시계 디자인 분야에서 주지형상 또는 흔한 표현방법을 모방하거나 전용한 변형에 불과한 것이 아닌가?[21] 차이 2와 관련하여, 어떤 부분을 폭, 크기 등의 치수를 단순 변형하는 것은 용이한 것 아닌가?[22] 차이 3과 관련하여, (측면도가 잘 보여 주는 바와 같이) 대상 디자인은 전면부와 몸체부와 연속적으로 연결되고 선행디자인 1은 두 부분이 턱step진 연결형상을 가진다. 결국, 차이 1 및 2에 창작성의 측면에서 의미를 인정하기 어렵다고 보면, 대상 디자인과 선행기술 1의 디자인적 의미는 그러한 연속적 연결의 형상(디자인)의 차이에 있다고 보이며 통상의 디자이너가 그러한 변형을 용이하게 할 수 있었는지가 쟁점이 된다. 전면부와 몸체부의 연결이 매끄럽고 일체적이라는 점이 심미감(효과)에서 차이를 줄 것으로 예상이 되며, 그런 점에서 용이창작성을 부정하기가 어려웠을 것으로 생각된다.

애플 스마트시계 용두 디자인 사건[23]

1. 사건이력

애플은 물품의 명칭을 '멀티미디어 단말기'로 하는 스마트시계의 용두에 관한

(21) 특허법원 2017. 9. 15. 선고 2017허2413 판결("정면에서 보이는 " "과 같은 형상으로부터 모서리 부분을 라운드 처리하여 이 사건 출원디자인의 홈부 끝단과 같이 둥글게 처리된 길다란 " " 형상으로 변형하는 것 또한 앞서 본 바와 같이 시계 디자인 분야에서 주지형상 또는 흔한 표현방법을 모방하거나 전용한 변형에 불과하다.").

(22) 특허법원 2017. 9. 15. 선고 2017허2413 판결("그 부분의 상대적인 크기를 어느 정도로 할 것인지 여부는 통상의 디자이너가 … 특별한 어려움 없이 용이하게 창작할 수 있는 상업적 · 기능적 변형에 불과하다고 할 것이다.").

(23) 특허법원 2017. 9. 15. 선고 2017허2413 판결.

디자인을 출원하였다.(24)

심사관은 다음과 같은 이유로 거절결정을 하였다. "이 사건 출원디자인은 용두의 내측 부분이 모양이 없는 점은 선행디자인 1의 용두 내측 부분이 모양이 없는 점과 유사하고, 용두의 외측 부분이 'U'자 홈 형태의 돌기가 다수 형성되고 돌기가 외측면 일부로 넘어온 형태 및 좌 · 우측면이 라운딩된 형태는 선행디자인 2의 돌기, 돌기가 외측 면으로 넘어온 형태 및 좌 · 우측면 라운딩 형태와 서로 유사하다. 따라서 이 사건 출원디자인은 그 디자인이 속하는 분야에서 통상의 지식을 가진 사람(이하 '통상의 디자이너'라고 한다)이 선행디자인 1과 2의 결합에 의하여 용이하게 창작할 수 있는 디자인에 불과하므로, 디자인보호법 제33조 제2항에 따라 디자인등록을 받을 수 없다."

심판원은 위 심사관의 거절이유와 동일한 이유로 기각 심결을 하였다.(25)

2. 선행디자인과의 비교

(1) 공통점

법원은 대상 디자인과 선행기술 1의 공통점을 다음과 같이 보았다. 첫째, 용두가 전체적으로 원기둥 형상을 가지는 점, 둘째, 정면에서 볼 때 내측 부분에 아무런 모양이 없는 반면, 바깥을 향하는 용두 외측에 다수의 홈이 치밀하게 형성되어 있는 점.

(2) 차이점

한편, 법원은 다음의 4가지 차이점을 특정하였다.

차이 1: 출원디자인은 용두 몸체가 원기둥의 지름에 비해 높이가 낮고 모서리 부분이 라운드 처리되어 있는 반면, 선행디자인 1은 원기둥 형상을 띤 용두 몸체의

(24) 애플의 출원디자인:

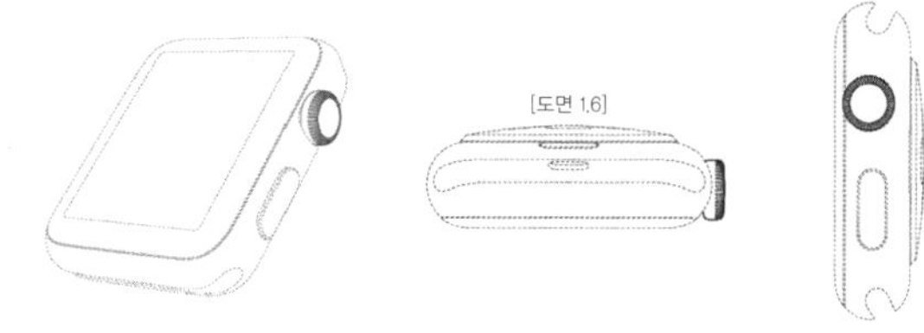

(25) 특허심판원 2017. 1. 31.자 2016원286 심결.

높이가 이 사건 출원디자인에 비해 상대적으로 높고 모서리 부분이 라운드 처리되어 있지 않은 점.

차이 2: 출원디자인의 홈부는 끝단이 둥글게 처리된 길다란 “ ”의 형상으로, 라운드 처리된 용두 모서리 부분을 감싸면서 일정한 간격을 두고 방사형으로 다수 배치되어 있는 반면, 선행디자인 1은 홈부의 끝단이 둥글게 처리되지 않아 정면에서 볼 때 “ ”과 같은 형상으로 보이고, 용두 모서리 부분이 라운드 처리되지 않아 용두의 우측면에까지 홈부가 이어져 있지 않는 것으로 보이는 점.

차이 3: 정면에서 볼 때 이 사건 출원디자인은 용두 몸체의 내측에 아무런 무늬가 새겨져 있지 않은 부분과 외측에 홈부가 새겨져 있는 부분이 경계선 없이 연결되어 있는 반면, 선행디자인 1은 위 각 부분이 선명하게 구별되는 점.

차이 4: 출원디자인은 우측에서 볼 때 용두 내측에 원형의 형상이 선명한 경계선이 그려져 있으며, 내측 원형의 지름이 전체 용두 지름의 약 2/3 가량 되고, 내측 원형 형상 내부에는 아무런 모양이 없으며, 우측면 내측의 원형 형상과 방사형으로 배열된 다수의 홈부가 미세한 간격을 두고 떨어져 있는 형상을 띠고 있는 반면, 선행디자인 1은 위 사진만으로는 우측에서 볼 때 어떠한 형상을 띠고 있는지 알 수 없다는 점.

(3) 차이점에 대한 법원의 판단

차이 1: 출원디자인과 선행기술 1이 원기둥이라는 점은 동일하고 높이만을 변형하는 것은 미감적 가치가 인정되지 않는 상업적 · 기능적 변형에 불과하다. 또 모서리의 라운드 처리도 여러 선행기술에서 허다히 사용되는 주지형상이므로 선행기술 1의 약간 각진 모서리를 출원디자인의 해당 부분으로 변형하는 것이 매우 용이하다.

차이 2: “정면에서 보이는 “ ”과 같은 형상으로부터 모서리 부분을 라운드 처리하여 이 사건 출원디자인의 홈부 끝단과 같이 둥글게 처리된 길다란 “ ”의 형상으로 변형하는 것 또한 앞서 본 바와 같이 시계 디자인 분야에서 주지형상 또는 흔한 표현방법을 모방하거나 전용한 변형에 불과하다.”

차이 3: 용두 바깥의 홈부와 용두 머리 부분이 미세한 간격을 두고 떨어져 있는 형상에 미감적 가치를 인정하기 어렵고 그 변형이 상업적 · 기능적인 것에 불과하다.

차이 4: 차이 4는 저명한 시계에서 채택하고 있는 형상의 상업적 · 기능적 변형에 불과하다.

Ⅳ 평석

1. 디자인의 용이창작성 판단의 실무: 개별 판단법 v. 전체 판단법

대상 2개 판결이 잘 보여 주는 바와 같이 법원은 디자인의 구성요소 중 선행디자인과 다른 부분을 특정한 후, 각각의 부분이 선행디자인의 대응 부분으로부터 용이하게 도출될 수 있는지 여부를 판단한 후, 판단된 모든 부분이 용이하게 도출될 수 있다며 해당 디자인의 창작성을 부정한다. 이러한 '개별 판단법'은 디자인을 전체적으로as a whole으로 보아야 한다는 명제에 반하는 것이 된다. 그러므로 그러한 개별 판단의 단계를 거친 후, 그 각각의 변형 모두가 전체적으로 용이하게 도출될 수 있는지 여부를 반드시 판단하여야 할 것이다. 이러한 '전체 판단법'이 실무에서 외면당하고 있다고 생각한다.

차이 1을 극복하는 것과 차이 2를 극복하는 것이 각각 용이하나, 차이 1 및 2를 한꺼번에 극복하는 것은 용이하지 않을 수 있는데, 우리 판례들은 개별 구성요소의 차이를 극복하는 것이 용이하다며 전체적으로 용이하다는 판단을 하는 경우가 많다. 차이 1의 정도가 20에 불과하고 차이 2의 정도가 30에 불과하더라도 차이 1 및 2를 한꺼번에 극복하는 것은 20, 30이 아닌 것은 물론이고 50보다 훨씬 클 수 있다고 생각된다. 그런 점에서 개별 구성요소의 차이를 극복하는 것이 용이하므로 전체적으로 용이하다는 판단은 자제되어야 한다.

발명의 진보성을 판단함에 있어서 선행기술 1과 선행기술 2를 결합하는 것이 용이하고 선행기술 2와 선행기술 3을 결합하는 것이 용이하므로 그래서 전체적으로 그 3개를 결합하는 것이 용이하다고 보는 판단방법이 만연히 행해지고 있는데, 첫 번째 결합(1+2)과 두 번째 결합(2+3)이 동시에 발생하는 것이 용이하다는 점이 별도로 증명되어야 할 것이다.

2. 대상판결의 비교

용두 디자인의 경우, 선행기술과의 차이점이 상업적 · 기능적 변형에 불과한 것이거나 주지형상으로의 변형에 불과하다고 판단되어 전체적으로 출원디자인의 창작성이 부정되었다. 한편, 전면부 디자인의 경우, 출원디자인은 전면부와 몸체부가 연속적으로 일체형으로 연결되고 선행디자인은 계단식으로 연결되는 점이 다르고 더욱이 그 일체형 디자인이 주는 추가적인 심미감이 인정되어 창작성이 인정되었다. 즉, 최소 하나의 부분에서 선행디자인과 달랐고 그 다른 점에 심미감이 인정되는 경우 창작성이 부정되기는 어려워 보인다.

3. 차이를 미세하게 설정하는 방식의 문제

대상사건에서 법원은 선행디자인과 출원디자인의 차이를 매우 미세하게 설정하고 있다. 예를 들어 용두 디자인 사건에서 법원은 "내측 원형의 지름이 전체 용두 지름의 약 2/3 가량 되고, 내측 원형 형상 내부에는 아무런 모양이 없으며, 우측면 내측의 원형 형상과 방사형으로 배열된 다수의 홈부가 미세한 간격을 두고 떨어져 있는 형상을 띠고 있는" 점을 선행디자인과 비교하였는데, 그러한 미세한 차이의 설정이 바람직한 것인가?

특허출원에서는 청구항이 구성요소를 특정하므로 그 구성요소를 기준으로 진보성을 판단하면 된다. 만약, 구성요소를 하위개념으로 좁히고 또 구성요소의 수도 늘리면 기술적 범위는 줄어든다. 기술적 범위가 줄어들면 진보성 판단에서는 유리하고 침해 판단에서는 불리해지므로 특허권자는 균형 잡힌 청구항을 작성하는 것이 바람직하고 청구항이 작성된 후에는 그 구성요소에 따라 진보성이 판단된다.

디자인의 경우 디자인이 문언으로 특정되는 것이 아니라 형상으로 특정되므로 그 형상을 문언으로 표현하는 과정에서 왜곡이 발생할 수 있을 것이다. 예를 들어, 창작성을 판단하는 장면에서는 출원인이 형상을 세밀하게 표현하고자 할 것이다. 다음은 용두 디자인의 차이 4와 관련하여 법원이 출원디자인의 해당 부분을 문언으로 표현한 것인데, 그 표현이 적절한 것인가? "출원디자인은 우측에서 볼 때 용두 내측에 원형의 형상이 선명한 경계선이 그려져 있으며, 내측 원형의 지름이 전체 용두 지름의 약 2/3 가량 되고, 내측 원형 형상 내부에는 아무런 모양이 없으며, 우측면 내측의 원형 형상과 방사형으로 배열된 다수의 홈부가 미세한 간격을 두고 떨어져 있는 형상을 띠고 있는 반면 …."

이러한 세밀한 표현은 창작성 판단을 왜곡하게 되고, 나아가 침해 판단도 왜곡하게 될 것이다. 즉, 발명에서 구성요소가 매우 많은 발명이 되는 효과를 초래하므로 기술적 범위가 과도하게 좁아져서 침해가 인정되기 어려워진다. 그런 견지에서 디자인 사건에서 디자인을 문언으로 표현하여 특정하는 작업이 매우 중요하다고 생각된다. 대상 용두 사건에서의 디자인의 구성요소 특정은 지나치게 세밀하였고 그래서 디자인의 실체가 왜곡되었다고 생각된다.

전면부 디자인 사건에서 법원이 특정한 다음의 차이가 적당한 정도였다고 생각된다. “첫째, 대상 디자인은 전면부 모서리가 90도 각을 형성하는데 반해 선행디자인 1은 곡면 처리되어 있다는 점(차이 1), 둘째, 대상 디자인은 테두리부가 상당한 폭을 가지는 반면 선행디자인 1은 폭을 거의 갖지 않는 점(차이 2), 셋째, 대상 디자인의 테두리의 곡면이 몸체부와 연속적으로 연결되는데 반해 선행디자인 1은 테두리부의 곡면이 몸체부의 곡면과 연속적으로 이어지지 않는 점(차이 3).”

한편, 용두 디자인 사건에서 심사관이 특정한 다음의 차이는 약간 지나친 단순화였다고 생각된다. 심사관은 창작성 부정의 설명을 쉽게 하기 위하여 구성요소를 큰 단위로 나누는 경향을 보이는 것이 예상된다. “이 사건 출원디자인은 용두의 내측 부분이 모양이 없는 점은 선행디자인 1의 용두 내측 부분이 모양이 없는 점과 유사하고, 용두의 외측 부분이 ‘U’자 홈 형태의 돌기가 다수 형성되고 돌기가 외측면 일부로 넘어온 형태 및 좌 · 우측면이 라운딩된 형태는 선행디자인 2의 돌기, 돌기가 외측 면으로 넘어온 형태 및 좌 · 우측면 라운딩 형태와 서로 유사하다.”

4. 상업적 · 기능적 변형에 불과

발명의 진보성 판단에서 선행기술로부터 대상 발명으로의 변형이 용이한지 여부에 대하여 논리적 설명을 부여할 수 있는지 여부가 관건이고, 그렇다면 디자인의 창작성 판단에서도 선행디자인으로부터 대상 디자인으로의 변형이 용이한지 여부에 대하여 논리적 설명을 부여할 수 있는지 여부가 관건이 되어야 할 것인데, 법원은 그러한 논리적 설명을 부여하려는 노력을 하지 않고 방만히 상업적 · 기능적 변형이라고 결론을 내리는 것은 아닐까?

V 결론

대상 2개 판결은 디자인을 문언으로 특정하는 작업의 중요성을 부각시킨다는 점, 법원의 디자인 창작성 판단실무를 잘 보여준다는 점에서 의의가 있다. 대상 디자인을 문언으로 특정하는 작업은 흡사 발명의 청구항을 작성하는 작업과 유사한 법적 효과를 야기한다고 생각되며, 그런 견지에서 그러한 '후발적' 청구항 작성 작업에 있어서 법원은 매우 신중하여야 하며, 지나친 세밀화와 지나친 단순화를 동시에 경계하여야 할 것이다.

2-3

'용이창작 디자인'의 판단방법

서울고등법원 2016. 8. 22.자 2015라20877 결정

| **유영선** | 김 · 장 법률사무소 변호사

I 사안의 개요

채권자의 등록디자인은 제527419호(2009. 4. 23. 등록)로 등록된 '실내화'이며, 채무자도 그와 같은 유형의 실내화를 제조, 판매하였다.(26) 채권자는 2015. 9. 1. 채무자 실시제품이 채권자의 등록디자인에 관한 디자인권을 침해한다는 이유로 그

(26) 채권자의 등록디자인 및 채무자 실시제품의 도면:

구 분	이 사건 등록디자인	채무자 실시제품
사시도	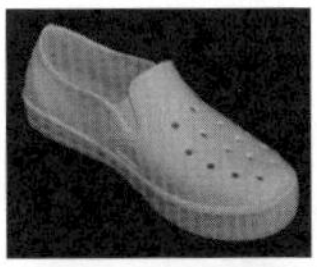	
좌측면도		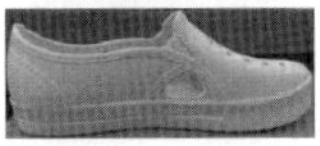
우측면도		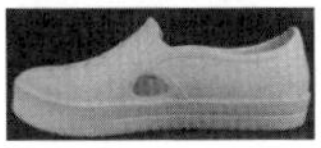

제조, 판매 등의 금지를 구하는 가처분을 신청하였으며, 수원지방법원 성남지원은 이를 기각하였다(제1심 결정).(27) 이에 채권자는 2015. 10. 21. 즉시항고를 청구하였고, 서울고등법원은 가처분을 인용하는 결정을 하였다(대상결정).(28)

Ⅱ 판시의 요지

1. 제1심 결정

이 사건 등록디자인과 채무자 실시제품의 디자인은 ① 신발등 부위에 다수의 구멍이 형성되어 있고, 그 구멍은 작은 원형의 형상인 점, ② 좌우 측면 부위에 세모 형태의 구멍이 형성되어 있는 점 등에 서로 공통점이 있으나, 이 공통점은 비교대상디자인들에 의하여(29) 이미 공지된 디자인이라고 볼 여지가 상당하므로, 이 사건 등록디자인과 채무자 실시제품의 디자인의 유사성을 판단함에 있어서 그 중요도를 낮게 평가할 여지가 있다.

이 사건 등록디자인과 채무자 실시제품의 디자인은 ① 신발등 부위에 형성된 구멍의 배열상태 및 개수가 상이한 점, ② 재봉선의 개수 및 형태 등에서 차이가 있다. 실내화는 이미 오래전부터 다수의 창작이 있어온 물품으로서 그 기능, 용도, 구조 등이 제한적이어서 디자인의 차별화가 용이하지 아니한 물품이므로 그 유사성의

(27) 수원지방법원 2015. 10. 19. 선고 2015카합600127 결정.

(28) 서울고등법원 2016. 8. 22. 선고 2015라20877 결정.

(29) 비교대상디자인들:

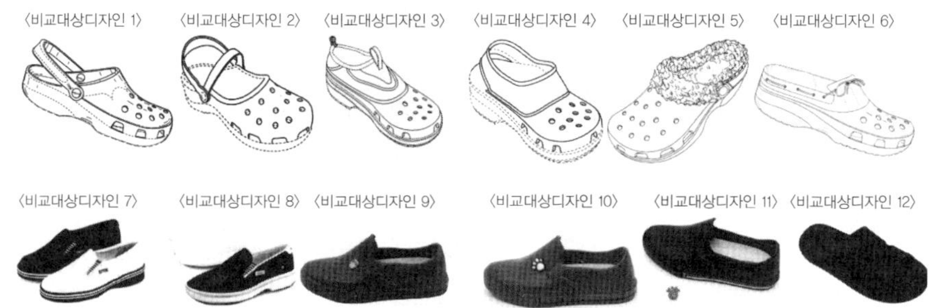

폭을 보다 좁게 볼 수 있고, 앞에서 본 공통점은 이미 공지된 것이라고 볼 여지가 큰 이상, 위 차이점들은 보는 사람의 주의를 끌기 쉬운 특징적인 부분으로 부각될 가능성이 상당하다.

이 사건 등록디자인은 기존에 판매되던 샌들, 슬리퍼 등 실외화 디자인의 일부 요소를 발췌하여 실내화에 이를 그대로 전용하였거나, 이를 부분적으로 응용 내지 변형하였다고 하더라도 그 디자인 분야에서 널리 알려진 창작수법 내지 표현방법에 의하여 이를 변경 · 조합 또는 전용한 것에 불과하다고 평가할 여지가 있어 디자인으로서 창작수준이 높다고 단정하기 어렵다.

2. 대상결정

(1) 채무자의 등록무효 주장(권리남용 주장)에 대한 판단[30](배척)

이 사건 등록디자인은, ① 일반적인 신발의 형태와 마찬가지로, 발등, 발바닥, 발뒤꿈치 및 발의 양쪽 측면은 폐쇄되어 있고, 신발을 신을 수 있도록 발등에서 발뒤꿈치로 연결되는 부분의 상부는 개방되어 있는 점(이하 '1특징'), ② 발등 부위는 전체적으로 완만한 곡면의 형태로서 그 위에 작은 원형의 통공이 균일한 간격으로 여러 개 형성되어 있는 점(이하 '2특징'), ③ 발등 부위와 발의 양쪽 측면이 만나는 부분에는 각각 U자 형과 V자 형의 재봉선 아래쪽에 부드러운 삼각형 모양의 큰 통공이 형성되어 있는 점(이하 '3특징')이 그 지배적인 특징들을 이루고, 이러한 특징들이 어우러져 그 전체적인 심미감을 형성하고 있다.[31]

---

(30) 대상결정은 "등록디자인에 대한 등록무효심결이 확정되기 전이라고 하더라도 그 디자인등록이 무효심판에 의하여 무효로 될 것임이 명백한 경우에는 그 디자인권에 기초한 침해금지 또는 손해배상 등의 청구는 특별한 사정이 없는 한 권리남용에 해당하여 허용되지 아니한다고 보아야 하고, 디자인권침해소송을 담당하는 법원으로서도 디자인권자의 그러한 청구가 권리남용에 해당한다는 항변이 있는 경우 그 당부를 살피기 위한 전제로서 디자인등록의 무효 여부에 대하여 심리 · 판단할 수 있다고 할 것이다."고 판시한 후 이 부분 판단을 하였다.

(31) '2특징' 및 '3특징':

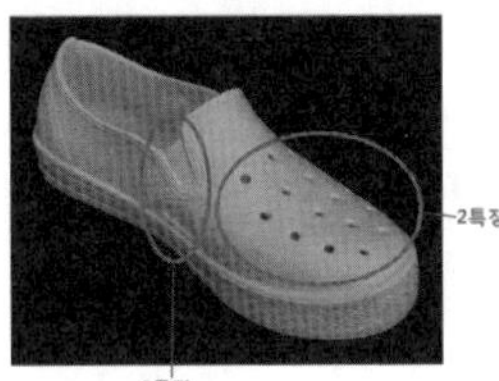

그런데 1특징은 비교대상디자인 7 내지 11에 그대로 나타나 있고, 2특징은 비교대상디자인 1 내지 6에 그대로 나타나 있으므로, 이 사건 등록디자인에서 위 특징 부분은 위 비교대상디자인들을 그대로 모방하여 단순히 결합한 것에 불과하여 그 창작수준이 낮다고 판단된다. 그러나 3특징의 경우는 그 창작수준이 낮다고 할 수가 없다. 그 이유는 아래에서 설시하는 것과 같다.

① 발등 부위와 발의 양쪽 측면이 만나는 부분에는 각각 U자 형과 V자 형의 재봉선이 형성되어 있는 것은 비교대상디자인 9, 10, 11 등에 그대로 나타나 있으나, 그 아래쪽에 '부드러운 삼각형 모양의 큰 통공'이 형성되어 있는 것은 비교대상디자인들 중에는 없다. 오히려 이 사건 등록디자인의 출원 전에는, 1특징이 그대로 나타나 있는 비교대상디자인 7 내지 11과 같은 신발의 형태에서 양쪽 측면에 '부드러운 삼각형 모양의 큰 통공'을 형성한다는 것은 그 디자인이 속하는 분야에서 통상의 지식을 가진 사람이 미처 생각하지 못하였던 이례적인 것으로 보인다.

② 3특징은 전체적으로 이 사건 등록디자인의 지배적인 특징을 이루어 그 심미감 형성에 기여하고 있으므로, 위와 같이 '부드러운 삼각형 모양의 큰 통공'을 이 사건 등록디자인에 도입한 것을 두고 비교대상디자인 9, 10, 11 등과는 다른 미감적 가치가 인정되지 않는 상업적 · 기능적 변형에 불과하다고 볼 수는 없다.

③ 비교대상디자인 12에는 신발의 양쪽 측면에 '부드러운 삼각형 모양의 큰 통공'이 형성되어 있기는 하다. 그러나 그 형성 위치나 전체 디자인에 결합되어 있는 구체적인 형상 · 모양 등에서 이 사건 등록디자인과는 차이가 있으므로, 이들 디자인을 비교대상디자인 1 내지 11과 단순히 조합하는 창작수법이나 표현방법만으로는 이 사건 등록디자인을 창작해 낼 수가 없고, 그 밖에 이 사건 등록디자인에서와 같은 형상과 모양으로 실내화 양쪽 측면에 '부드러운 삼각형 모양의 큰 통공'을 형성하는 것이 그 디자인 분야에서 흔한 창작수법이나 표현방법이라고 볼 만한 소명 자료도 없다.

결국, 이 사건 등록디자인은 통상의 창작자가 비교대상디자인들의 결합에 의하여 용이하게 창작할 수 있는 것이라고 보기 어렵다. 따라서 이를 전제로 한 채무자의 이 부분 권리남용 주장은 받아들일 수 없다.

(2) 채무자 실시제품의 디자인이 이 사건 등록디자인과 유사한지 여부(적극)

1특징과 2특징 및 3특징은 이 사건 등록디자인의 지배적인 특징들을 이루고,

이러한 특징들이 어우러져 그 전체적인 심미감을 형성하고 있는데, 채무자 실시제품의 디자인에도 마찬가지로 1특징과 2특징 및 3특징이 그 지배적인 특징들을 이루고, 이러한 특징들이 어우러져 그 전체적인 심미감을 형성하고 있어, 이들 디자인은 전체적으로 그 심미감이 유사하다고 판단된다.

1특징과 2특징이 이미 공지되었으므로 이 사건 등록디자인의 권리범위를 정함에 있어서 1특징과 2특징 부분의 중요도는 낮게 평가하여야 하나, 3특징은 비교대상디자인들에 공지되어 있지 아니하고, 통상의 창작자가 비교대상디자인들로부터 용이하게 창작해 낼 수 있는 부분이라고 볼 수도 없으므로, 3특징 부분의 중요도는 낮게 평가해서는 아니 된다.

그 외 이들 디자인은 ⅰ) 신발등 부위에 형성된 구멍의 배열상태 및 개수가 다르고, ⅱ) 발등 상부 테두리 부위에 한 줄이 아닌 두 줄의 재봉선이 형성되어 있으며, ⅲ) 앞굽 하부 테두리 부위에 마름모 유사한 무늬가 아니라 빗살무늬가 형성되어 있고, ⅳ) 앞굽 하부 테두리 부위를 제외한 나머지 하부 테두리 부위에는 한 줄이 아니라 두 줄이 형성되어 있으며, ⅴ) 발등과 측면이 만나는 'U'자 부위부터 앞굽 하부 테두리 부위까지 재봉선이 연장되어 형성되어 있고, ⅵ) 실내화 뒤꿈치 부위의 수직지지대 양 끝에 재봉선이 형성되어 있다는 점 등에 있어서 차이가 있으나, 이러한 차이점들은 일반 수요자가 자세히 관찰해야만 발견할 수 있는 것이거나 디자인의 전체적인 심미감에 영향이 없는 세부적인 부분들의 차이에 불과하다.

Ⅲ 검토

1. 용이창작성 판단기준

디자인보호법 제33조 제2항은 ⅰ) 공지디자인 또는 이들의 결합(이하 '공지형태'라고 한다), ⅱ) 국내 또는 국외에서 널리 알려진 형상 · 모양 · 색채 또는 이들의 결합(이하 '주지형태'라고 한다)의 어느 하나에 따라 쉽게 창작할 수 있는 디자인(이하 '용이창작 디자인'이라 한다)은 등록을 받을 수 없다고 규정하고 있다. 이 규정 해당 여부에 대한 대법원 판례의 판단기준을 요약하면 다음과 같다.

첫째, 용이창작 디자인의 유형으로 ① 공지형태 또는 주지형태를 거의 그대로 모방 또는 전용한 디자인, ② 이를 부분적으로 변형하였다고 하더라도 전체적으로 볼 때 다른 미감적 가치가 인정되지 않는 상업적 · 기능적 변형에 불과한 디자인, ③ 그 디자인 분야에서 흔한 창작수법이나 표현방법으로 이를 변경 · 조합하거나 전용하였음에 불과한 디자인의 세 경우를 예시적으로 들고 있다.(32)

둘째, 공지형태나 주지형태를 서로 결합하거나 그 결합된 형태를 위와 같이 변형 · 변경 또는 전용한 경우에도 용이창작 디자인에 해당할 수 있다고 하고 있다.(33)

셋째, 그 창작수준을 판단할 때는 그 공지디자인의 대상 물품이나 주지형태의 알려진 분야, 그 공지디자인이나 주지형태의 외관적 특징들의 관련성, 해당 디자인 분야의 일반적 경향 등에 비추어 통상의 디자이너가 용이하게 그와 같은 결합에 이를 수 있는지를 함께 살펴보아야 한다고 하고 있다.(34)

그 중 셋째 판단기준과 관련하여 보면, 앞서 세 유형 중 ③ 유형에 해당하는지, 특히 그 변경 · 조합 또는 전용이 '그 디자인 분야에서 흔한 창작수법이나 표현방법'인지 여부나 그 외 대법원 판례가 예시하지 아니한 유형의 용이창작 디자인을 판단할 때 주로 의미가 있을 것으로 생각된다. 다만, 그 판단요소로 열거된 것들도 결국 '그 디자인 분야에서 흔한 창작수법이나 표현방법'이라는 용어와 마찬가지로 추상적일 뿐만 아니라, 이것들을 꼼꼼히 살펴보면 결국 위 용어의 다른 표현 또는 동어반복일 뿐으로 보이는 면도 있어서 실제 사례의 해결에 얼마나 추가적인 도움이 될 것인지 회의적이다.(35)

2. 용이창작 디자인 유형의 검토

(1) 공지형태 또는 주지형태를 거의 그대로 모방 또는 전용한 디자인

공지형태 또는 주지형태를 거의 그대로 모방 또는 전용한 경우에는 별도의 고

(32) 대법원 2010. 5. 13. 선고 2008후2800 판결 등.

(33) 대법원 2016. 3. 10. 선고 2013후2613 판결 등.

(34) 대법원 2010. 5. 13. 선고 2008후2800 판결 등.

(35) 대법원이 명확한 진보성 판단기준을 설시하였으나, 그럼에도 실무상 진보성 판단은 매번 어려운 것과 마찬가지이다.

려요소 없이 바로 용이창작 디자인이라고 해도 무방할 것이다. 창작 비용이성은 물품과의 관련을 떠난 판단이므로 이종물품 사이의 '전용'도 포함된다.

(2) 다른 미감적 가치가 인정되지 않는 상업적 · 기능적 변형에 불과한 디자인

공지형태 또는 주지형태를 부분적으로 변형한 경우에는 그 변형된 부분의 창작수준에 따라 창작이 용이한 경우도 용이하지 않은 경우도 있을 수 있다. 그런데 그 부분적인 변형에도 불구하고 '전체적으로 볼 때 다른 미감적 가치가 인정되지 않는 상업적 · 기능적인 변형에 불과한 경우'에는 용이창작 디자인으로 판단할 수 있다. '미감'이 디자인의 본질이라고 할 수 있고, 따라서 디자인의 창작 비용이성을 판단하면서 창작으로 인한 '미감적 가치'를 고려해야 할 것이다.

그런데 여기서 고려되는 '미감적 가치'의 의미는 디자인 유사 판단에서 그 기준으로 삼는 '심미감'과는 구별하여야 한다. 디자인 유사 판단에서는 일반 수요자의 관점에서 심미감이 유사한지 여부를 고려하는 것이고, 창작 비용이성 판단에서는 과연 그 디자인이 속하는 분야에서 통상의 지식을 가진 사람이 해당 디자인을 용이하게 창작할 수 있다고 볼 수 있을 정도의 '미감적 가치'를 인정할 수 있는가의 문제이므로, 그 참작의 영역과 관점이 서로 다르기 때문이다.

(3) 흔한 창작수법이나 표현방법에 의한 변경 · 조합 · 전용

이 유형은 공지디자인 등을 변형한 정도의 관점이 아니라 그 창작행위와 관련된 창작수법이나 표현방법이 흔한 것인가 아니면 독특한 것인가의 관점에서 창작 용이성을 판단하고 있다는 점에서 앞서의 유형과 차이가 있다.(36)

특허청의 디자인 심사기준이 용이창작 디자인의 예로 들고 있는, ① 디자인 구성요소의 일부분을 다른 디자인으로 치환한 디자인(치환디자인), ② 복수의 디자인을 하나로 조합한 디자인(조합디자인), ③ 디자인 구성요소의 배치를 변경한 디자인(배치변경디자인), ④ 디자인의 구성요소 비율의 변경 또는 구성단위 수의 증감 디자인 등

(36) 즉, 공지디자인 등을 그대로 모방하였는지, 부분적으로 변형하였는지, 아니면 전체적으로 변형하였는지 여부는 문제 삼지 않고, 그 창작수법과 표현방법이 흔하거나 통상적인 수준을 넘는지 여부를 살피는 것이다(물론 이들 양자의 관점은 서로 영향을 줄 수는 있다).

은 모두 이 유형에 포섭된다고 할 수 있다.(37)

이론적으로만 보면, 공지디자인 등과 다소 다른 심미감이 있는 디자인이라도 그 디자인의 창작행위와 관련된 창작수법이나 표현방법이 그 디자인 분야에서 상식적으로 사용하는 흔한 것인 경우에는 용이창작 디자인에 해당할 수도 있다.(38) 그러나 이를 너무 확대하면 디자인의 창작 수준 향상이 아니라 도리어 디자인의 창작 의욕을 말살하게 될 수도 있으므로,(39) '단일의' 공지디자인과 심미감이 달라졌음에도 용이창작 디자인으로 보는 것은 예외적인 경우로 한정되어야 할 것이다.

(37) 특허청, 디자인 심사기준(2014. 7. 1.), 141-143면 참조[창작이 용이한 디자인의 예].

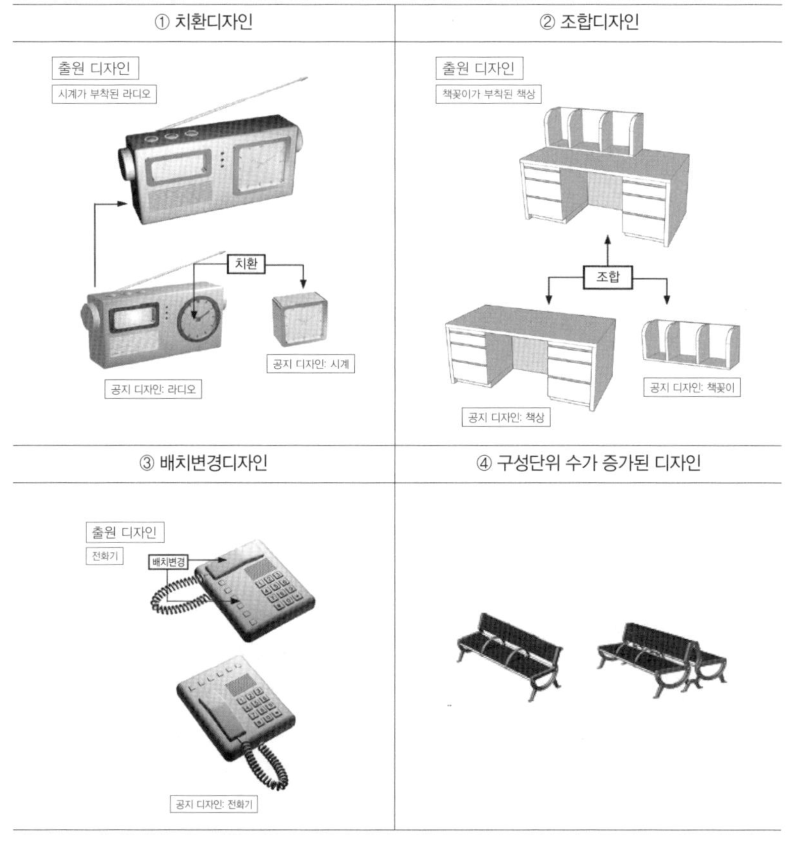

(38) 특허청, 디자인 심사기준(2014. 7. 1.), 141면도 같은 취지이다.

(39) 김용덕, "디자인의 창작 용이성", 특허소송연구 제5집, 특허법원(2010. 12.), 433면은 창작 비용이성 규정에 대하여 우려를 표하는 일본 학설들을 소개하면서, 이 규정에 의해 너무 쉽고 간단하게 디자인 등록을 허용하지 않는 현상이 나타나지 않도록 그 적용에 대해 세심한 주의를 기울일 필요가 있다고 주장하고 있다. 이 주장에 찬성한다.

3. 대상결정의 검토

대상결정의 사안에서는, 이 사건 등록디자인의 3특징(발등 부위와 발의 양쪽 측면이 만나는 부분에 각각 U자 형과 V자 형의 재봉선 아래쪽에 부드러운 삼각형 모양의 큰 통공이 형성되어 있는 점)을 어떻게 평가할 것인지가 핵심이라고 할 수 있다. 이에 대해 보호를 부여하고자 한다면, 이 사건 등록디자인은 용이하게 창작할 수 없는 디자인으로 판단하고, 채무자 실시제품은 이 사건 등록디자인과 유사한 디자인이라고 판단하여, 디자인침해를 인정해야 할 것이다.

제1심 결정은 단순히 비교대상디자인들에 통공이 형성된 실내화가 있다는 사정을 중시한 나머지 3특징에 대한 보호를 거부한 것으로 보인다. 이와 같은 평면적이고 단순한 접근 방식은 실무에서 종종 나타나는 현상인데,(40) 자칫 디자인 보호를 유명무실하게 할 우려가 있으므로 지양되어야 할 것이다.

대상결정에서는, 이 사건 등록디자인의 출원 전에는 1특징(슬리퍼가 아니라 일반적인 신발의 형태)이 그대로 나타나 있는 신발(비교대상디자인 7 내지 11)에서 양쪽 측면에 '부드러운 삼각형 모양의 큰 통공'을 형성한다는 것은 통상의 디자이너가 미처 생각하지 못하였던 이례적인 것으로 보인다고 판시하였다. 즉, 슬리퍼(비교대상디자인 12)에 있는 통공을 들어 3특징의 보호가치를 부정해서는 안 된다고 본 것이다. 더구나 비교대상디자인 12의 통공은 그 형성 위치나 전체 디자인에 결합되어 있는 구체적인 형상 · 모양 등에서 이 사건 등록디자인과 차이가 있다고도 하였다.

(40) 아래 등록디자인이 비교대상디자인에 의하여 용이하게 창작될 수 있다고 판단한 특허법원 2012. 5. 2. 선고 2012허238 판결을 들 수 있다.

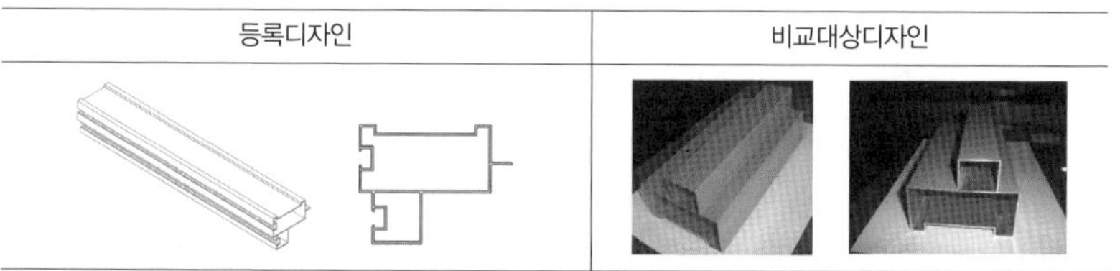

이에 대해 대법원은, 등록디자인은 비교대상디자인과 달리, 상 · 하부 사각통의 중앙에 같은 폭과 깊이의 요홈이 하나씩 형성되어 있고, 상부 사각통의 오른쪽 중앙에 수평의 빗물 차단판이 형성되어 있는 점, 비교대상디자인에 비하여 하부 사각통이 상부 사각통의 왼쪽 부분으로 더 치우쳐 형성되어 있는 점에서 차이가 있는데, 이는 전체적으로 서로 다른 미감적 가치를 가져올 정도라고 한 다음, '요홈'이 형성된 디자인과 '빗물 차단판'이 형성되어 있는 디자인이 각각 공지되어 있으나 그 형성 위치나 전체 디자인에 결합되어 있는 구체적인 형상 · 모양 등에서 등록디자인과는 차이가 있으므로 이를 비교대상디자인과 단순히 조합하는 창작수법이나 표현방법만으로는 등록디자인을 창작해 낼 수가 없다는 이유로, 특허법원 판결을 파기하였다(대법원 2014. 4. 10. 선고 2012후1798 판결).

대상결정이 든 것과 같은 요소들을 참작할 때, 다른 추가 증거가 없는 이상 등록디자인에 3특징을 도입하는 것을 두고 그 디자인 분야에서 흔한 창작수법이나 표현방법이라고 보기는 어려울 것이다.

Ⅳ 대상결정의 의의

대법원 2010. 5. 13. 선고 2008후2800 판결 이후 '디자인의 용이창작성 여부'는 발명의 진보성 여부처럼 디자인 소송에서 흔히 다투어지는 쟁점이 되었다. 이 쟁점을 판단할 때에는 위 판결이 판시한 것과 같이, 공지디자인 등의 변형에도 불구하고 '다른 미감적 가치'가 인정될 정도는 아닌지 여부, '그 디자인 분야에서 흔한 창작수법이나 표현방법'에 의해 창작된 것인지 여부 등에 대한 면밀한 심리가 필요하다. 그럼으로써 디자인 창작을 위한 노력의 정도를 포착해 낼 수 있을 것이고, 단순하고 평면적인 심리, 판단에서 초래되는 문제점을 없앨 수 있을 것이다. 대상결정은 이러한 모범적인 심리의 예를 보여 준다.

2-4

창작 용이성 판단기준

대법원 2016. 3. 10. 선고 2013후2613 판결

| **정택수** | 특허법원 고법판사

I 대상판결의 설시 법리

구 디자인보호법(2013. 5. 28. 법률 제11848호로 개정되기 전의 것) 제5조 제2항은 그 디자인이 속하는 분야에서 통상의 지식을 가진 자(이하 '통상의 디자이너'라고 한다)가 제1항 제1호(41) 또는 제2호(42)에 해당하는 디자인(이하 '공지디자인'이라고 한다)의 결합에 의하거나 국내에서 널리 알려진 형상 · 모양 · 색채 또는 이들의 결합에 의하여 용이하게 창작할 수 있는 것은 디자인등록을 받을 수 없다고 규정하고 있다.(43)

(41) 디자인등록출원전에 국내 또는 국외에서 공지되었거나 공연히 실시된 디자인.

(42) 디자인등록출원전에 국내 또는 국외에서 반포된 간행물에 게재되었거나 전기통신회선을 통하여 공중이 이용가능하게 된 디자인.

(43) 현행 디자인보호법 제33조 제2항은, 통상의 디자이너가 제1항 제1호 또는 제2호에 해당하는 디자인 또는 이들의 결합에 의하거나 국내 또는 국외에서 널리 알려진 형상 · 모양 · 색채 또는 이들의 결합에 의하여 쉽게 창작할 수 있는 것은 디자인등록을 받을 수 없다고 규정하고 있다. [참고] 대법원 2010. 5. 13. 선고 2008후2800 판결: 디자인보호법 제5조 제2항은 … 제1항 제1호 또는 제2호에 해당하는 디자인의 결합에 의하여 용이하게 창작할 수 있는 것은 디자인등록을 받을 수 없도록 규정하고 있는데, 여기에는 위 각 호에 해당하는 디자인의 결합뿐만 아니라 위 디자인 각각에 의하여 용이하게 창작할 수 있는 디자인도 포함된다고 ….

위 규정의 취지는, ❶ 공지디자인의 형상 · 모양 · 색채 또는 이들의 결합(이하 '공지형태'라고 한다)[44]이나 국내에서 널리 알려진 형상 · 모양 · 색채 또는 이들의 결합(이하 '주지형태'라고 한다)을 거의 그대로 모방 또는 전용하였거나, ❷ 이를 부분적으로 변형하였다고 하더라도 전체적으로 볼 때 다른 미감적 가치가 인정되지 않는 상업적 · 기능적 변형에 불과하거나, ❸ 또는 그 디자인 분야에서 흔한 창작수법이나 표현방법으로 변경 · 조합하거나 전용하였음에 불과한 디자인 등과 같이 창작수준이 낮은 디자인은 통상의 디자이너가 용이하게 창작할 수 있는 것이어서 디자인등록을 받을 수 없다는 데 있다(대법원 2010. 5. 13. 선고 2008후2800 판결, 대법원 2001. 4. 10. 선고 98후591 판결 등 참조).[45]

또한 ❹ 공지형태나 주지형태를 서로 결합하거나 그 결합된 형태를 위와 같이 변형 · 변경 또는 전용한 경우에도 창작수준이 낮은 디자인에 해당할 수 있는데, ❺ 그 창작수준을 판단할 때는 그 공지디자인의 대상 물품이나 주지형태의 알려진 분야, 그 공지디자인이나 주지형태의 외관적 특징들의 관련성, 해당 디자인 분야의 일반적 경향 등에 비추어 통상의 디자이너가 용이하게 그와 같은 결합에 이를 수 있는지를 함께 살펴보아야 한다.[46]

Ⅱ 해설

1. 디자인 창작 용이성의 판단기준에 관한 기존 법리

(1) 공지형태에 의한 용이창작(대법원 2010. 5. 13. 선고 2008후2800 판결)

디자인보호법[47] 제5조 제2항은 그 디자인이 속하는 분야에서 통상의 지식을 가진 자가 제1항 제1호 또는 제2호에 해당하는 디자인의 결합에 의하여 용이하

(44) 형상 · 모양 · 색채 또는 이들의 결합을 강학상 '형태'라고 한다[특허법원 지적재산소송실무연구회, 지적재산소송실무 제3판, 박영사(2014), 427면].

(45) 여기까지는, 공지형태를 판단기초로 한 대법원 2010. 5. 13. 선고 2008후2800 판결 및 주지형태를 판단기초로 한 대법원 2001. 4. 10. 선고 98후591 판결의 각 설시법리를 종합한 것으로 볼 수 있다.

(46) 대상판결에서 새롭게 설시한 법리 부분이다.

(47) 구 디자인보호법을 말한다.

게 창작할 수 있는 것은 디자인등록을 받을 수 없도록 규정하고 있는데, 여기에는 위 각 호에 해당하는 디자인의 결합뿐만 아니라 위 디자인 각각에 의하여 용이하게 창작할 수 있는 디자인도 포함된다고 봄이 타당하고, 그 규정의 취지는 ① 위 각 호에 해당하는 디자인의 형상·모양·색채 또는 이들의 결합을 거의 그대로 모방 또는 전용하였거나, ② 이를 부분적으로 변형하였다고 하더라도 그것이 전체적으로 볼 때 다른 미감적 가치가 인정되지 않는 상업적·기능적 변형에 불과하거나,(48) ③ 또는 그 디자인 분야에서 흔한 창작수법이나 표현방법에 의해 이를 변경·조합하거나 전용하였음에 불과한 디자인 등과 같이 창작수준이 낮은 디자인은 그 디자인이 속하는 분야에서 통상의 지식을 가진 자가 용이하게 창작할 수 있는 것이어서 디자인등록을 받을 수 없다는 데 있다.

(2) 주지형태에 의한 용이창작(대법원 2001. 4. 10. 선고 98후591 판결)

국내에서 널리 알려진 형상·모양·색채 또는 이들의 결합으로부터 당업자가 용이하게 창작할 수 있는 것은 의장등록을 받을 수 없도록 규정한 취지는 ㉮ 주지의 형상이나 모양을 거의 그대로 이용하거나 전용하여 물품에 표현하였거나, ㉯ 이들을 물품에 이용 또는 전용함에 있어서 당업자라면 누구나 그 의장이 그 물품에 맞도록 하기 위하여 가할 수 있을 정도의 변화에 지나지 아니하는 것은 의장등록을 받을 수 없다는 데에 있다 할 것이다.(49)

2. 대상판결에서 기존 법리를 종합한 부분

(1) 설시 ❶

대법원 2008후2800 판결의 설시 ①과 대법원 98후591 판결의 설시 ㉮를 종합

(48) 대법원 1996. 6. 25. 선고 95후2091 판결 : 부분적으로는 창작성이 인정된다고 하여도 전체적으로 보아서 과거 및 현재의 고안들과 다른 미감적 가치가 인정되지 아니한다면 그것은 단지 공지된 고안의 상업적, 기능적 변형에 불과하여 창작성을 인정할 수 없다(대법원 1991. 11. 8. 선고 91후288 판결, 대법원 1992. 4. 24. 선고 91후1144 판결, 대법원 1994. 6. 24. 선고 93후1315 판결 등도 같은 취지이다).

(49) 대법원 1991. 9. 24. 선고 91후28 판결: 주지의 형상이나 모양을 거의 그대로 이용하거나 전용하여 물품에 표현하였거나 이들을 물품에 이용 또는 전용함에 있어서 그 의장이 속하는 분야에서 통상의 지식을 가진 자라면 누구나 그 의장이 그 물품에 맞도록 하기 위하여 가할 수 있을 정도의 변화에 지나지 아니하는 것은 의장등록을 받을 수 없다는 취지라고 해석함이 타당하다(대법원 2001. 4. 10. 선고 98후591 판결도 같은 취지이다).

한 것이다. 구 디자인보호법은 공지디자인의 결합에 의하여 용이하게 창작할 수 있는 것은 디자인등록을 받을 수 없도록 규정하고 있는데, 여기에는 공지디자인의 결합뿐만 아니라 공지디자인 각각에 의하여 용이하게 창작할 수 있는 디자인도 포함된다.

(2) 설시 ❷

대법원 2008후2800 판결의 설시 ②와 대법원 98후591 판결의 설시 ㉯를 종합한 것이다. 여기서 '상업적 · 기능적 변형'이란 통상의 디자이너라면 누구나 해당 디자인이 그 물품 또는 기능에 맞도록 하기 위하여 가할 수 있다고 생각되는 정도의 변화를 말하는 것이다.(50) 또 '미감적 가치'는 디자인 유사 판단에서 그 기준으로 삼는 '심미감'과는 구별되는 것인데, 디자인 유사 판단에서는 일반 수요자의 관점에서 심미감이 유사한지를 고려하는 것이고, 창작 용이성 판단에서는 통상의 디자이너가 해당 디자인을 용이하게 창작할 수 있다고 볼 수 있을 정도의 '미감적 가치'를 인정할 수 있는지를 고려하는 것으로서, 그 창작의 영역과 관점이 서로 다르다고 할 수 있다.

디자인의 신규성 규정은 물품과 관련 있는 디자인의 동일 · 유사성에서 창작의 존부를 확인하는 것(결과물에 대한 가치평가)임에 비하여, 창작 용이성 규정은 물품과의 관련을 떠난 모티브로서의 형상 · 모양 · 색채 또는 이들의 결합을 기초로 하여 그 창작의 정도를 확인하는 것(창작행위에 대한 가치평가)이라고 할 수 있다.(51) 미국의 경우 신규성 여부는 통상의 관찰자ordinary observer를 기준으로 판단하고, 비자명성 여부는 관계 예술 및 공업 부문에서 평균적 숙련을 한 통상의 디자이너ordinary designer를 기준으로 하여 결정한다.(52)

---

(50) 특허청 디자인 심사기준(2014. 7. 1.), 140면; 진선태, "디자인의 유사성 및 창작성 판단에 관한 프레임워크연구", 지식재산연구 제8권 제1호, 한국지식재산연구원 · 한국지식재산학회(2013. 3), 57면.

(51) 齋藤瞭二 저(정태연 역), 意匠法, 세창출판사(1993), 276; 노태정 · 김병진 공저, 3정판 디자인보호법, 세창출판사(2009), 261~279면; 일본 最高裁 1974. 3. 19. 선고 昭和45 (行ツ) 45호 판결도 신규성과 창작 용이성 판단은 관점과 사고방식의 기초를 달리하는 것이므로 '신규성에서 디자인의 유사성 판단'과 '창작 용이성 판단'은 반드시 일치하는 것은 아니고, 유사한 디자인과 유사하지 아니한 디자인의 경우 모두 창작이 용이한 디자인에 해당할 수 있다고 판시하였다.

(52) 송영식 외 6인 공저, 지적소유권법(상), 육법사(2013), 967면.

(3) 설시 ❸

기본적으로 대법원 2008후2800 판결의 설시 ③을 계승하면서, 주지형태에 의한 용이창작도 함께 설시한 것이다. 설시 ③은 변형한 정도의 관점이 아니라 그 창작행위와 관련된 창작수법이나 표현방법이 흔한 것인가 아니면 독특한 것인가의 관점에서 창작 용이성을 판단하는 것인데,(53) 이러한 창작행위와 관련된 창작 용이성 판단은 주지형태에 의한 디자인에서도 문제될 수 있다. 특허청 디자인 심사기준도, 대법원 2008후2800 판결의 법리를 반영하여, 주지형태를 거의 그대로 모방하거나 그 가하여진 변화가 단순한 상업적 · 기능적 변형에 불과하거나 그 디자인 분야에서 흔한 창작수법이나 표현방법에 의해 이를 변경 · 조합하거나 전용하였음에 불과한 디자인 등과 같이 창작수준이 낮은 디자인은 용이하게 창작할 수 있는 정도라고 정하고 있고,(54) 이는 설시 ③이 주지형태에도 적용될 수 있다는 취지이다.

전용 과정에서 통상의 디자이너라면 누구나 전용하고자 하는 물품에 맞도록 하기 위하여 가할 수 있을 정도의 변형이 수반된 경우에도 용이창작 디자인에 해당한다.

3. 대상판결에서 새롭게 설시한 부분

(1) 설시 ❹: 복수의 공지형태나 주지형태의 결합에 의한 용이창작

1) 복수의 공지형태의 결합에 의한 용이창작

구 디자인보호법은 복수의 공지디자인의 결합에 의한 용이창작을 규정하고 있고, 위 '결합'에는 '전체로' 결합하는 경우뿐만 아니라 디자인들의 구성요소를 '일부씩' 채택하여 결합하는 경우도 포함한다.(55)

2) 공지형태와 주지형태의 결합에 의한 용이창작

명문 규정은 없지만 공지형태와 주지형태의 결합에 의해 쉽게 창작할 수 있는 디자인도 창작 비용이성 요건을 결하여 디자인등록을 받을 수 없다고 해석된다.(56)

---

(53) 유영선, "디자인보호법 제5조 제2항이 규정한 '용이하게 창작할 수 있는 디자인'의 의미", 대법원판례해설 84호(2010상), 법원도서관, 465–466면.

(54) 특허청 디자인 심사기준(2014. 7. 1.), 140면.

(55) 김병식, "디자인의 창작 비용이성 판단기준", 2015년 6월 대법원 특별소송실무연구회 발표자료, 37면.

(56) 김용덕, "디자인의 창작 용이성", 특허소송연구 제5집, 특허법원(2010. 12.), 415면.

특허청 디자인 심사기준도 공지형태와 주지형태가 결합한 경우에 용이창작에 해당할 수 있는 것으로 정하고 있다.[57]

3) 복수 형태의 결합에 의한 용이창작의 유형

복수의 공지형태나 주지형태의 결합에 의한 형태를 기초로 하여, (설시 ❶ ⇨) 이를 거의 그대로 모방 또는 전용하였거나, (설시 ❷ ⇨) 이를 부분적으로 변형하였다고 하더라도 그것이 전체적으로 볼 때 다른 미감적 가치가 인정되지 않는 상업적 · 기능적 변형에 불과하거나, (설시 ❸ ⇨) 또는 그 디자인 분야에서 흔한 창작수법이나 표현방법에 의해 이를 변경 · 조합하거나 전용하였음에 불과한 디자인도 창작수준이 낮은 디자인에 해당할 수 있다.

4) 복수 형태의 결합에 의한 용이창작에 관한 판단사례

A. 복수의 공지형태(또는 주지형태)의 결합에 의한 형태를 거의 그대로 모방한 것에 불과하고, 거기에 다른 미감적 가치가 인정되는 변형이 부가된 것으로 볼 수도 없다는 취지의 판결

① 대법원 1995. 5. 26. 선고 94후1510 판결:[58] 등록의장 물품인 볼펜의 몸체 부분 및 뚜껑 부분의 형상, 모양은 인용의장 1의 해당 부분과 극히 유사하고 그 나머지 부분인 볼펜심 부분의 형상 모양에 있어서는 인용의장 2, 3의 볼펜심 부분과 극히 유사하다. 따라서 등록의장은 근본적으로 2개의 공지의장 중 각 일부분씩을 모방하여 이를 단순 결합한 것에 불과하고 그것이 새로운 장식적 심미감을 불러일으키거나 용이하게 창작할 수 없는 정도의 지능적 고안이라고 보여지지는 아니하여 창작성을 인정하기 어렵다.

② 대법원 2004. 4. 27. 선고 2002후2037 판결:[59] 국내에 널리 알려진 사각

(57) 특허청 디자인 심사기준(2014. 7. 1), 148.

(58) 등록의장 및 인용의장 1, 2:

등록의장	인용의장 1	인용의장 2

(59) 피고의 실시의장:

통 형상의 강관과 사각기둥 형상의 목재를 서로 맞대어 통상적인 형태의 못으로 박아 일체화시킨 형상과 모양의 결합을 하고 있는 피고의 실시의장(건축용 거푸집 받침대)은 그러한 결합에 의하여 새로운 미감이 생겨나는 것도 아니어서 그 의장이 속하는 분야에서 통상의 지식을 가진 자가 주지의 형상과 모양의 결합에 의하여 용이하게 창작할 수 있는 것에 불과하다.

B. 복수의 공지형태의 결합에 의한 형태를 그대로 모방한 것이 아니라 거기에 변형이 부가된 디자인이고, 그 변형이 다른 미감적 가치가 인정되지 않는 상업적 · 기능적 변형이라거나 그 디자인 분야에서 흔한 창작수법이나 표현방법에 의한 변경이라고 보기 어렵다는 취지의 판결

① 대법원 2011. 4. 14. 선고 2010후2889 판결:[60] 등록디자인과 비교대상디자인 1, 2는 클램프 손잡이 부분의 전체적인 형상, 통공 유무 및 그 모양, 몸체와의 결합부위 양 측면에 형성된 삼각기둥 형상의 지지돌기 유무 등에서 비교적 큰 차이가 있고, 이로 인하여 양측 디자인은 전체적으로 볼 때 그 미감적 가치가 상이하여 위와 같은 차이가 상업적 · 기능적 변형에 불과하다고 볼 수 없을 뿐만 아니라, 이를 이 사건 디자인 분야에서 흔한 창작수법이나 표현방법이라고 볼만한 자료도 없으므로, 등록디자인을 비교대상디자인들의 결합에 의하여 용이하게 창작할 수 없다.

② 대법원 2014. 4. 10. 선고 2012후1798 판결:[61] '창틀용 프레임'에 관한 등록디자인은 비교대상디자인과 달리, 상 · 하부 사각통의 중앙에 같은 폭과 깊이의 요홈이 하나씩 형성되어 있고 상부 사각통의 오른쪽 중앙에 수평의 빗물 차단판이 형성되어 있는 점, 비교대상디자인에 비하여 하부 사각통이 상부 사각통의 왼쪽 부분으로 더

(60) 등록디자인 및 비교대상디자인들:

등록디자인	비교대상디자인 1	비교대상디자인 2

(61) 등록디자인 및 비교대상디자인:

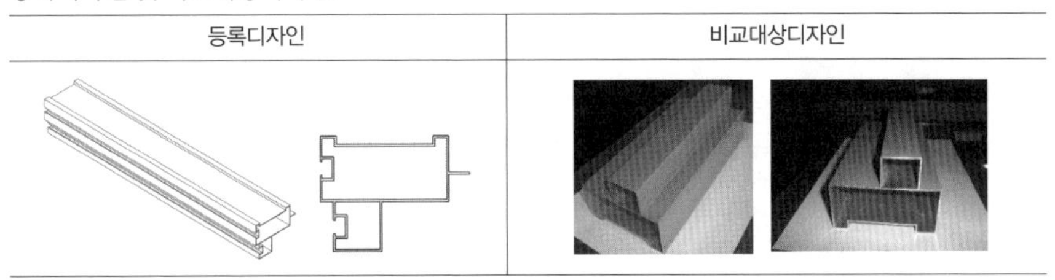

치우쳐 형성되어 있는 점에서 차이가 있는데, 이는 전체적으로 볼 때 이들 디자인 사이에 서로 다른 미감적 가치를 가져올 정도이고, 비교대상디자인을 등록디자인과 같이 변형하는 것을 두고 다른 미감적 가치가 인정되지 않는 상업적 · 기능적 변형에 불과하다고 볼 수 없다. 증거에 의하면 '요홈'이 형성된 디자인과 '빗물 차단판'이 형성되어 있는 디자인이 각각 공지되어 있기는 하나,(62) 이들 공지디자인의 요홈이나 빗물 차단판은 그 형성 위치나 전체 디자인에 결합되어 있는 구체적인 형 · 모양 등에서 등록디자인과는 차이가 있으므로 이를 비교대상디자인과 단순히 조합하는 창작수법이나 표현방법만으로는 등록디자인을 창작해 낼 수가 없다.

(2) 설시 ❺: 복수의 공지형태나 주지형태의 결합의 용이성 판단

1) 특허청 디자인 심사기준의 관련 내용

물품의 용도, 기능, 형태 등의 관련성으로 인하여 그 디자인의 결합이 당 업계의 상식으로 이루어질 수 없다고 판단되는 경우에는 용이창작으로 보지 아니한다고 정하여,(63) 결합의 용이성을 판단기준으로 삼고 있다.

2) 결합의 용이성에 관한 견해(64)

앞서 본 대법원 2008후2800 판결의 법리를 문언대로 형식적으로 적용하다 보면, 하나의 공지디자인이 아니라 복수의 공지디자인들의 결합을 모방, 전용하거나(설시 ❶), 그 결합을 부분적으로 변형하더라도 그것이 전체적으로 볼 때 그 결합과 비교하여 다른 미감적 가치가 인정되지 않는 경우(설시 ❷)에도 용이창작 디자인이라고 보게 된다. 그러나 공지디자인들을 결합하는 것 자체가 어려운 경우에는 그 결합을 그대로 모방 또는 전용하더라도 창작이 용이하지 않다고 보아야 하므로, 공지디자인의 결합에 의한 디자인을 무조건 창작이 용이하다고 보는 것은 잘못이다.

(62) 공지디자인:

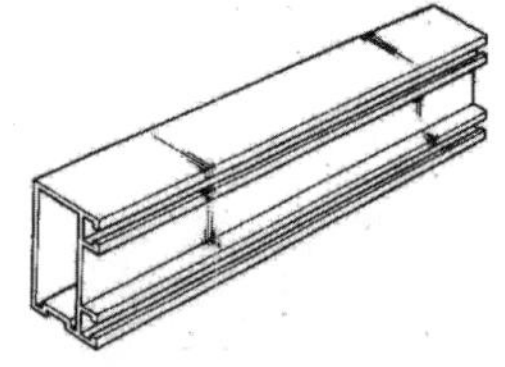

(63) 특허청 디자인 심사기준(2014. 7. 1), 141면.

(64) 김병식, 앞의 글, 3-4면, 44-45면.

3) 미국의 관련 심사기준과 판결례

A. 미국 특허청의 디자인특허 심사기준(MPEP)과 사건관리지침[65]

자명성을 보여주기 위한 결합대상으로 적절한 공지디자인들은 기계적 의미에서 유사한 디자인일 필요는 없고, 다만 하나의 공지디자인에서의 어떠한 장식적 특성을 가진 외관이 다른 공지디자인의 특성으로 응용되는 것을 암시할 정도로 공지디자인들이 서로 관련성을 가져야 한다.[66][67]

B. MRC INNOVATIONS v. HUNTER MFG., 747 F.3d 1326 (Fed. Cir. 2014)

보조자료가 되기 위한 관련성은 하나의 디자인이 다른 디자인에 어떤 특징의 적용을 암시하는 외관에 있어서 단순한 유사성이다. 이는 보조자료가 주된 자료와 외관에 있어서 현저한 유사성이 있으면, 디자이너가 그러한 보조자료를 참조하여 주된 자료를 수정하는 데 이용하는 동기를 부여(디자인 특징의 적용을 암시)할 수 있다는 것이다.[68]

4) 일본의 관련 판결례

A. 동경고재 1999. 9. 21. 판결[평성 10년(行ケ) 316호][69]

등록의장(잉크 리본 부착 카트리지)의 4개 모서리를 작은 경사로 모서리 처리하되

(65) Patent Case Management Judicial Guide [Second Edition (2012), Federal Judicial Center] 11.2.2.3.

(66) In re Glavas, 230 F.2d 447, 450 109 USPQ 50, 52 (CCPA 1956).

(67) 미국 디자인특허에서 비자명성 분석과 관련된 대부분의 케이스는 선행디자인의 결합과 관련된 것으로, 선행디자인의 결합이 일반적인 디자이너에게 자명한 것인지 여부의 판단을 위해 먼저 주된 자료(Primary Reference)를 찾아야 하고, 만일 주된 자료가 발견되지 않으면 자명성 분석은 거기에서 멈추고 청구디자인은 비자명한 것으로 판단된다. CAFC 판결[Durling v. Spectrum Furniture Co., 101 F.3d 100, 103 (Fed. Cir. 1996)]은 자명성 판단을 위한 primary reference 요건을 강조하였는데, 신규성 있는 출원디자인이 자명한 것으로 판단되기 위해서는, ① 주된 자료(primary reference)가 출원디자인과 기본적으로 동일한 외관을 가지고 있고(with basically the same appearance as the claimed design), ② 2차 자료(secondary reference)가 주된 자료를 변경하여 출원디자인을 창작할 수 있는 동기를 제공하여야 한다고 판시하였다.

(68) 안원모, "미국 디자인특허의 비자명성 판단에서 인용될 수 있는 선행자료의 자격", 한국지식재산학회, 산업재산권 12월호(2015. 12.), 10면.

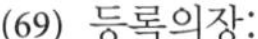
(69) 등록의장:

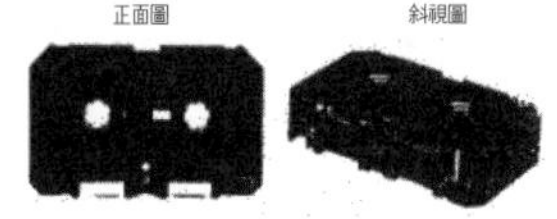

상단 측과 하단 측에 차이를 두고 있는 형상은 종래 케이스의 상면에서 양 모서리가 작은 경사 모양으로 처리되었을 뿐인 형태와 대비할 때 디자인적인 특징을 가지고 있음은 분명하고, 등록의장에 관한 물품인 잉크 리본 부착 카트리지를 이격하여 볼 때, 대략 직방체 형상의 물품의 모서리와 경사지게 직선으로 절단한 것은 꽃병이나 장식대置物台 등에서 보는 것처럼 널리 알려진 형상이기는 하나 이 형상을 리본 부착 카트리지에 적용하는 것이 곧바로 용이하였다고는 할 수 없다. 상기 형상은 잉크 리본 부착 카트리지의 의장을 창작하는 출발점이 될 수는 있으나, 현실적으로 이것을 리본 부착 카트리지에 적용함에 있어서는 장식대 등과 달리 의장적 요소와는 다른 그 기능에 대한 배려 등을 위해 의장에 관한 발상의 자유가 제한되는 측면이 있는 것은 피할 수 없고, 그 결과 사후적으로 생각하면 용이하였던 것이 그 시점에서는 현실적으로 용이하지 않았던 것도 흔히 발생할 수 있는 것이다.

B. 동경고재 2004. 4. 22. 판결[평성15(行ケ)538호]

의장은 물품의 미적 외관이고, 해당 물품에 관한 다양한 형상, 모양, 색채 중에서 당해 물품의 용도 · 기능 · 성질 등을 고려한 다음 적절한 구성요소를 적절히 선택하여 이러한 복수의 구성요소를 결합하여 하나의 형태를 창작하는 것이 통상적이라고 할 수 있다. 그리고 복수의 구성요소로 이루어진 의장에 있어서 각각의 구성요소가 당해 물품 분야에서 공연히 알려져 있고 이것들을 결합하는 것이 당업자에 용이하게 상도(想到)할 수 있는 경우는, 구성요소가 복수라고 하더라도 당업자가 당해 의장을 창작하는 데에 아무런 어려움도 인정되지 않으므로, 그 의장은 용이하게 창작할 수 있는 의장이라고 보아야 한다.

C. 지재고재 2008. 8. 28. 판결[평성 19년(行ケ)10069호][70]

의장의 창작 용이 여부는 출원의장의 전체 구성에 의해 발생하는 미감에 대해 공지의장의 내용, 출원의장과 공지의장이 속하는 분야의 관련성 등을 종합적으로 고려하여 판단해야 한다. 종전에 존재하는 의장(연마패드)의 상황, 같은 의장이 존재

(70) 출원의장:

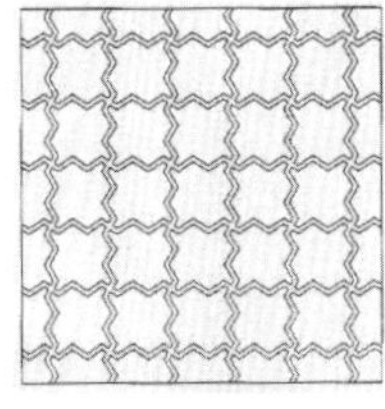

하는 분야와 출원의장이 속하는 분야와의 관계 등도 참작하여, 출원의장에 있어서 홈의 구성, 배열, 태양, 각 연마면의 형상 등 개별 구성요소 및 이들의 결합으로 의장 전체가 나타내는 미감을 고려하면, 출원의장은 의장등록을 인정하기에 충분한 정도의 창작성을 긍정할 수 있다.

5) 판단요소의 정리

A. 공지디자인의 대상 물품이나 주지형태의 알려진 분야

앞서 본 것처럼, 특허청 심사기준은 물품의 용도, 기능 등의 관련성을 판단요소로 정하고 있다. 또 일본 동경고재 1999년 판결은 기능에 대한 배려 등을 위해 의장에 관한 발상의 자유가 제한되어 결합이 용이하지 않을 수 있다고 판시하였고, 일본 동경고재 2004년 판결은 물품의 용도 · 기능 · 성질 등을 판단요소로 설시하였으며, 일본 지재고재 2008년 판결은 종전 디자인(주지형태를 포함하는 의미)(71)이 존재하는 분야와의 관련성을 판단요소로 설시하였다.

대상판결은 위와 같은 취지에서 '공지디자인의 대상 물품이나 주지형태의 알려진 분야'를 판단요소 중 하나로 설시하였다.

B. 공지디자인이나 주지형태의 외관적 특징들의 관련성

앞서 본 것처럼, 특허청 심사기준은 형태의 관련성을 판단요소로 정하고 있고, 미국 특허청 심사기준과 사건관리지침은 공지디자인들 간의 기계적 의미의 유사성은 필요하지 않으나 하나의 공지디자인에서의 어떠한 장식적 특성을 가진 외관이 다른 공지디자인의 특성으로 응용되는 것을 암시할 정도로 공지디자인들이 서로 관련성을 가져야 한다고 정하고 있다.(72) 또 일본 지재고재 2008년 판결은 공지의장의 내용이나 종전에 존재하는 의장의 상황 등을 판단요소로 설시하였다.

(71) 해당 사건의 심결단계에서, 삼각파 지그재그 모양의 교차에 의해 열십자 모양이 연속되게 나타낸 일본의 전통 문양도 비교대상디자인으로 제시되었다.

(72) 디자인의 용이창작의 판단자료와 관련하여, 한국은 "널리 알려진 형상 · 모양 · 색채 또는 이들의 결합"을, 일본은 "공연히 알려진 형상 · 모양 · 색채 또는 이들의 결합"을 기초로 판단할 수 있지만, 미국은 '널리 알려진 형상과 모양'을 자명성 판단의 자료로 규정하지 않고 '공지디자인'에 의해서만 자명성(용이창작) 여부를 판단한다. 한편, 유럽공동체디자인규정(2002. 3. 6. 시행)은 유럽공동체디자인으로 보호받기 위한 요건으로 신규성(Novelty)과 독특성(Individual Character)만을 요구하고, 미국의 비자명성(Nonobviousness)이나 일본이나 우리나라의 창작 비용이성을 요구하지 않는다. 위 독특성 유무를 판단함에 있어서 '공지디자인'에 의해 판단해야 하고 '널리 알려진 형상과 모양'에 의해 판단할 수 있다는 규정은 없다.

대상판결은 위와 같은 취지에서 '공지디자인이나 주지형태의 외관적 특징들의 관련성'을 판단요소로 설시하였다. 한편, 복수 형태의 결합 자체에 의하여 나타나는 미감은 결합 전과는 당연히 다를 수 있는 이상 결국 그 미감적 가치가 어느 정도인지가 창작수준에서 문제될 뿐이므로, 그와 같은 결합에 의한 미감은 복수의 공지디자인이나 주지형태의 외관적 특징들의 관련성 차원에서 고려되면 족하다고 볼 수 있다.

C. 해당 디자인 분야의 일반적 경향

디자인 분야의 경향에 따라서 디자인 선택의 폭이 달라질 수 있으므로, 이는 보충적 판단요소가 되어야 한다. 일본 동경고재 2004. 1. 29. 판결[평성 15년 (行ケ) 226호] 및 지재고재 2007. 12. 26. 판결[평성 19년 (行ケ) 10209호, 10210호] 등에서, 다양한 디자인 면에서의 선택지選擇肢로부터 실시된 창의연구創意工夫를 판단요소로 설시하였다.(73)

대상판결은 위와 같은 취지에서 '해당 디자인 분야의 일반적 경향'을 판단요소로 추가하였다.

(73) 위 일본 동경고재 2004. 1. 29. 판결[평성 15년 (行ケ) 226호]은, 미용 의자 다리의 의장에서 받침 부와 발 스위치 부의 결합 태양에는 조형상 다양한 연구(工夫)의 여지가 있고, 구성 각부의 태양을 구체적으로 결정하고 구성 각부를 어떻게 관련지어 구성하며 그들의 결합으로 전체 형태를 어떻게 구체화하는가의 선택은 다양하게 존재하는데, 등록의장은 그와 같은 창작의 과정을 거쳐 일련의 창의연구(創意工夫)의 결과 구성 각부의 구체적인 조합에 의해 일정한 결합물(まとまり)을 표출하기에 이른 것이라고 보아 창작 비용이성을 인정하였다.

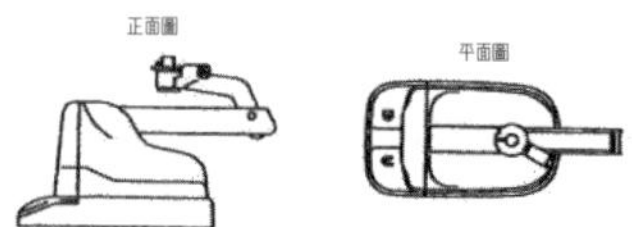

대상판결의 사안에 관한 구체적 판단(상고기각)[74]

대상 물품을 '메추리알 포장용기'로 하는 이 사건 등록디자인(디자인등록번호 제571603호)과 원심 판시 비교대상디자인 2를 대비하여 보면,[75] 다음과 같은 차이가 있다. 즉, ① 난좌 몸체의 형상에서 이 사건 등록디자인은 주름이 없이 매끈한 형상임에 비하여, 비교대상디자인 2는 난좌 입구부터 난좌의 하부까지 깊게 팬 두 줄의 주름이 둘레를 돌아가면서 네 군데 형성되어 있다. ② 난좌 바깥면 형상에서 이 사건 등록디자인은 덮개부의 난좌와 받침부의 난좌가 모두 반구형으로 같은 형상임에 비하여, 비교대상디자인 2는 덮개부의 난좌와 받침부의 난좌가 원뿔대와 화분 형상으로 서로 대칭하지 않는 다른 형상이다. ③ 손잡이부 형상에서 이 사건 등록디자인은 상단 끝이 약간 구부러진 형상임에 비하여, 비교대상디자인 2는 'ㄱ' 자로 구부러진 형상이다.

그런데 위와 같은 차이점 ①과 차이점 ②는 비교대상디자인 2의 덮개부 난좌와 받침부 난좌를 널리 알려진 입체적 형상으로서 주지형태에 해당하는 반구 형상으로 각 치환하여 결합함으로써 극복될 수 있고, 차이점 ③은 위와 같은 공지형태와 주지

(74) 사건의 개요: 원고, 피고를 상대로 등록무효 심판청구([주장사유] 비교대상디자인(= 비교대상디자인 2의 유사디자인)과 유사) → 특허심판원, 전부 기각 심결(2011당3268) → 원고, 심결취소의 소 제기 → 특허법원, 전부 인용(=심결취소) 판결(2012허4858, 비교대상디자인 2와 유사) → 피고, 상고 제기 → 대법원, 파기환송 판결(2012후3794, 이 사건 등록디자인은 난좌 측면의 주름 유무 등 차이로 비교대상디자인 2와 비유사) → 환송 후 특허법원, 전부 인용(= 심결취소) 판결(2013허3654, 비교대상디자인 2 등으로부터 용이창작) → 피고, 상고 제기.

(75) 이 사건 등록디자인 및 비교대상디자인 2:

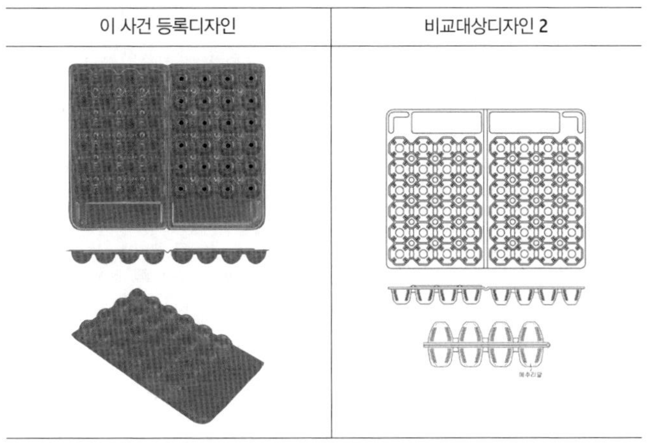

형태가 결합된 형태를 부분적으로 변형한 것으로서 전체적으로 볼 때 다른 미감적 가치가 인정되지 않는 상업적 · 기능적 변형에 불과하다.

또한 비교대상디자인 2의 대상 물품은 메추리알 포장용기이고 반구 형상은 그와 같은 포장용기 분야에도 주지된 일반적인 형상인 점(76)과 비교대상디자인 2는 덮개부의 난좌와 받침부의 난좌가 비대칭의 형상이고 난좌의 몸체에 주름이 형성되는 등의 차이가 있기는 하나, 전체적으로 보면 곡면의 내부 공간을 형성하는 것으로서 반구 형상과 공통되는 외관적 특징을 가진다는 점 등을 함께 고려하면, 통상의 디자이너가 그와 같은 결합에 이르는 데에 특별한 창작적 노력이 필요하다고 보이지 아니한다.(77)

따라서 이 사건 등록디자인은 통상의 디자이너가 비교대상디자인 2의 공지형태와 반구 형상의 주지형태를 결합하여 용이하게 창작할 수 있는 디자인에 해당한다.

Ⅳ 결론

대상판결은 디자인 창작 용이성에 관한 것으로서, 공지형태를 판단기초로 한 대법원 판결과 주지형태를 판단기초로 한 대법원 판결을 종합한 법리를 설시하면서, 복수의 공지형태나 주지형태의 결합에 의한 창작 용이성의 판단기준을 제시하였다는 점에 의의가 있다.

또한 대상판결은 결과적으로 등록디자인이 비교대상디자인과 유사하지 않지만 그로부터 용이하게 창작할 수 있는 디자인이라고 본 점에서, 디자인의 신규성과 창작 비용이성의 관계에 관하여 이원론의 입장에 선 것으로 평가할 수 있다.

(76) 주지형태 또는 주지 디자인을 용이창작 판단의 기초자료로 하는 경우에는 증거를 제시할 필요가 없다(특허청 디자인 심사기준(2014. 7. 1.), 148; 일본 특허청 디자인 심사기준, 2부 3장 23.6면).

(77) 대상판결은, 이 사건 등록디자인의 형상이 종전 디자인의 불필요한 장식적인 요소를 제거하여 편리성을 제공하거나 형태를 단순화한 심미감을 제공하는 디자인으로서의 높은 창작수준에 해당한다고도 볼 수 없다는 취지로 보인다.

2-5

미니멀 디자인의 용이창작 판단

특허법원 2013. 7. 12. 선고 2013허2774 판결(78)

| **김웅** | 해움특허법인 변리사

I 사건 개요

1. 이 사건 등록디자인

원고의 이 사건 등록디자인은 2010. 12. 31. 출원되어 2011. 4. 11. 제596025호로 등록된 '컴퓨터모니터 부착용 메모지 부착 보드'에 관한 디자인이다.(79)(80)

(78) 대법원 2013. 10. 24. 선고 2013후1917 판결에 의해 심리불속행 기각으로 확정됨.

(79) 이 사건 등록디자인은 국내 디자인등록출원을 기초로 우선권 주장을 수반하여 2011. 4. 29. 미국에 출원하여 2012. 9. 18. 등록번호 U.S. D667,413으로 등록되고, 2011. 4. 28. 일본에 출원하여 2013. 2. 22. 등록번호 제1465273호로 등록되었으며, 2011. 4. 28. 유럽에 출원하여 2011. 5. 12. 등록번호 제001273072-0001호로 등록되었다. 한편, 이 사건 등록디자인에 관한 물품은 2011년 초부터 판매되어 2012년까지 대략 20억 원의 매출액을 달성하고, '1300K.(천삼백케이)', '10X10.(텐바이텐)', '바보사랑' 등 온라인 쇼핑몰에서 구매자 평가 및 판매실적 등을 기초로 최고의 인기 상품으로 선정되는 등 사업적 성공을 거두었다.

(80) 이 사건 등록디자인은 전체적으로 네 모서리가 라운딩 처리된 직사각형 판재의 형상으로서, 컴퓨터 모니터의 가장자리에 부착되는 부분에 접착제가 도포되어 있고, 그 위에 접착제를 이물질로부터 보호하기 위해 이형지가 부착되어 있으며, 접착제가 도포되어 있는 부분과 그렇지 않은 부분이 가로 방향으로 약 1:4 비율을 이루고 있으면서 그 사이에 구획선이 형성되어 있다.

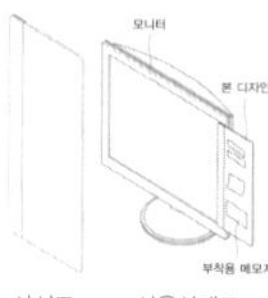

사시도 사용상태도

2. 비교대상디자인들

피고는 이 사건 등록디자인의 출원 전에 공지된 비교대상디자인들을 제시하였으나, 이 사건 판결은 이들을 판단의 근거로 삼진 않았다.(81)

3. 이 사건 심결의 경위

피고는 2012. 2. 21. 원고를 상대로 이 사건 등록디자인은 그 디자인이 속하는 분야에서 통상의 지식을 가진 자(이하, '당업자'라고 함)가 국내에서 널리 알려진 형상에 의해 용이하게 창작할 수 있는 디자인에 해당한다고 주장하면서, 이 사건 등록디자인에 대하여 등록무효심판을 청구하였고(2012당475호), 특허심판원은 2013. 3. 5. "이 사건 등록디자인은 주지의 형상과 모양에 의해 용이하게 창작할 수 있는 디자인으로서 디자인보호법 제5조 제2항에 해당하여 그 등록이 무효로 되어야 한다."는 이유로 피고의 위 심판청구를 받아들이는 이 사건 심결을 하였다.

4. 당사자의 주장 및 쟁점

피고는 "이 사건 등록디자인은 당업자가 국내에서 널리 알려진 형상(직사각형 판재) 등에 의해 용이하게 창작할 수 있는 디자인에 해당하므로 그 등록은 무효"라고 주장하였고, 원고는 "이 사건 등록디자인은 (ⅰ) 종래 존재하지 않던 용도와 기능을 갖는 새로운 물품에 관한 창작이고, (ⅱ) 구매자의 사용상 편리성을 극대화하기 위해 군더더기 없이 최대한 단순하게 구성해야 하는 디자인이며, (ⅲ) 그 디자인의 우수성으로 인해 제품의 사업적 성공을 이끌어 냈고, 미국, 일본, 유럽에서 등록이 된 디자인이므로 당업자가 국내에 널리 알려진 형상 등에 의해 용이하게 창작할 수 있는 디자인에 해당하지 않는다."라고 주장하였다.

결국 이 사건의 쟁점은 이 사건 등록디자인이 당업자가 국내에서 널리 알려진 형상 등(예를 들어, 직사각형의 판재)에 의해 용이하게 창작될 수 있는지 여부인데, 이에 관한 법리를 살펴본다.

(81) 피고가 제시한 비교대상디자인은 실용신안등록출원 제20-1998-0027901호, 특허등록 제10-0972314호, US D398,915, US D436,593이다.

판시(청구 기각)

특허법원은 "디자인보호법 제5조 제2항은 국내에서 널리 알려진 형상, 모양, 색채 또는 이들의 결합으로부터 당업자가 용이하게 창작할 수 있는 것은 디자인등록을 받을 수 없도록 규정한 취지는 주지의 형상이나 모양을 거의 그대로 이용하거나 전용하여 물품에 표현하였거나, 이들을 물품에 이용 또는 전용함에 있어서 그 당업자라면 누구나 그 디자인이 그 물품에 맞도록 하기 위하여 가할 수 있는 정도의 변화에 지나지 아니하는 것은 디자인등록을 받을 수 없다는 데에 있다 할 것(대법원 2001. 4. 10. 선고 98후591 판결 등)"이라고 하여 디자인의 용이창작 판단기준을 제시한 다음, 아래와 같은 이유로 "이 사건 등록디자인은 국내에서 널리 알려진 형상 등으로부터 당업자가 용이하게 창작할 수 있는 것이어서 디자인보호법 제5조 제2항에 해당한다."라고 판시하였다.

즉, (i) 설령 이 사건 등록디자인의 물품이 원고에 의해 컴퓨터 모니터 부착용 메모지 부착 보드용으로 최초 개발된 것이라고 하더라도 그와 같은 사정에 의해 이 사건 등록디자인이 창작하기 어려운 것이라고 단정할 수는 없고, (ii) 이 사건 등록디자인의 특징 중에서 네 모서리가 라운딩 처리된 직사각형 판재의 형상은 국내에서 널리 알려진 주지의 형상이라 할 것이고, 이 사건 등록디자인이 컴퓨터 모니터 부착용 메모지 부착 보드에 관한 디자인이라는 점에서 볼 때, 컴퓨터 모니터의 가장자리에 부착되는 부분에 일정한 폭으로 접착제를 도포하고, 그 위에 접착제를 이물질로부터 보호하기 위해 이형지를 부착하며, 접착제가 도포되어 있는 부분과 그렇지 않은 부분을 구분하거나 그 사이에 구획선을 형성하는 정도는 당업자라면 누구나 위와 같은 물품에 맞도록 하기 위하여 가할 수 있을 정도의 변화에 지나지 아니하므로, 결국 이 사건 등록디자인은 그 디자인이 속하는 분야에서 통상의 지식을 가진 자가 국내에서 널리 알려진 주지의 형상을 토대로 용이하게 창작할 수 있는 것에 불과하다고 할 것이며, (iii) 디자인의 등록적격성 유무는 각 디자인에 따라 개별적으로 판단되어야 하며, 더욱이 이 사건 등록디자인의 등록 가부는 우리나라 디자인보호법에 의해 독립적으로 판단할 것이지 법제나 심사기준 등이 다른 외국의 등록례에 구애받을 것이 아니고(대법원 2003. 5. 16. 선고 2002후1768 판결 등), 또한 어떠한 물품이 상업적으로 성공하는 데에는 디자인의 창작성 외에 다른 많은 요인들이 작용하는 것이어서, 이 사건 등록디자인에 관한 물품이 상업적으로 성공하였다고 하더라도 그 디자인의 창작 비용이성이 바로 인정된다고 볼 수는 없다는 이유로, 이 사건 등록디자인은 국내에서 널리 알려진 형상 등에 의해 당업자가 용이하게 창작할 수 있는 디자인이라고 판시하였다.

III 해설

1. 들어가며

최근 단순한 형태로 된 디자인, 소위 미니멀minimal 디자인의 용이창작 여부가 실무상 문제되고 있다. '미니멀 디자인'이란 디자인의 불필요한 장식적인 요소를 가능한 제거하여 심플한 디자인을 의미하고, 이는 그 디자인에 관한 물품을 사용하는 자에게 단순한 조작과 편리성을 제공함과 동시에 형태의 단순함으로부터 발휘되는 심미감을 제공하는 것을 목적으로 한다. 한편, 구 디자인보호법 제5조 제2항[82]은 디자인등록출원된 디자인이 공지디자인과 동일하거나 유사하지 않더라도, 디자인등록출원 전에 당업자가 공지디자인뿐만 아니라 널리 알려진 형상, 모양 등에 의하여 용이하게 창작할 수 있는 경우에는 디자인등록을 받을 수 없다고 규정하고 있다. 이는 디자인이 구비해야 할 적극적 요건으로 '창작 비용이성'이라고 하며, 특허법 제29조 제2항의 '진보성'과 대응되는 디자인의 등록요건이라고 할 수 있다. 미니멀 디자인과 관련하여, 공지된 디자인에 의한 용이창작 여부는 별론으로 하고, 원형, 사각형, 삼각형, 구형, 삼각기둥 등 평면적 또는 입체적 형상 등과 같은 널리 알려진 형상, 모양 등에 의한 용이창작 여부가 문제된다. 왜냐하면, 미니멀 디자인은 구성요소의 최소화를 목표로 하기에 대부분 널리 알려진 단순한 형상, 모양으로 창작되기 때문이다.

(82) 2013. 5. 28. 법률 제11848호로 전부개정되어 2014. 7. 1. 시행된 현행 디자인보호법은 구 디자인보호법 제5조 제2항을 제33조 제2항에 규정한다.

2. 미니멀 디자인의 경향

(1) 미니멀 디자인의 이해

디자인의 단순화 경향은 최근 다양한 물품에서 시도되고 있다. 디자인은 그 물품의 용도와 기능에 부합해야 하고, 새롭게 적용되는 기술을 수용할 수 있어야 하는데, 예를 들어, 휴대폰 분야에서는 터치 패널의 적용으로 더 이상 복잡한 컨트롤 요소가 필요 없게 되어, 각주 그림의(83) 좌측과 같은 복잡함은 지양되고, 오히려 우측과 같은 단순함이 요구된다. 물품을 '더 단순하게' 창작해야 하는 것은 디자이너에게 더 많은 노력을 요구하는 어려운 과제가 되고 있으므로, 미니멀 디자인은 그 단순한 형상만으로 평가되어서는 안 되고, 그 물품과의 관계에서 그러한 단순한 형상이 어떠한 배경과 목적으로 창작되었는지를 충분히 고려해야 할 것이다. 디자인적으로 가치가 있는 미니멀 디자인이라면, 적어도 물품의 형상과 모양 등이 단순하다는 이유만으로 당업자라면 누구나 쉽게 창작할 수 있다고 단정할 수는 없다.

(2) 이 사건 등록디자인의 경우(84)

이 사건 등록디자인이 국내에서 널리 알려진 직사각형 판재에 의해 용이하게 창작할 수 있다는 피고의 주장에 대해 원고는 컴퓨터 모니터의 테두리에 부착한 상

(83) 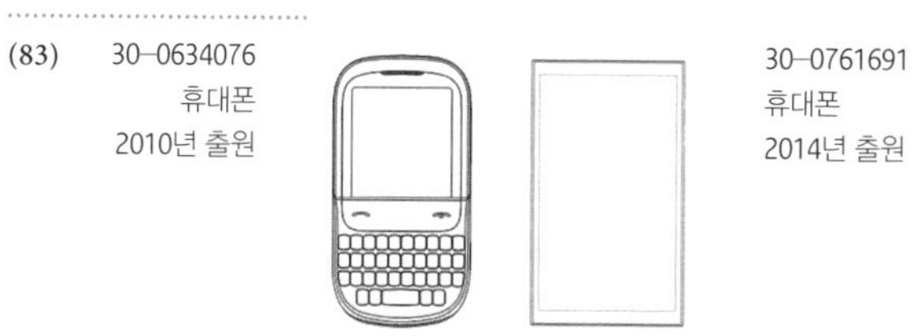

(84) 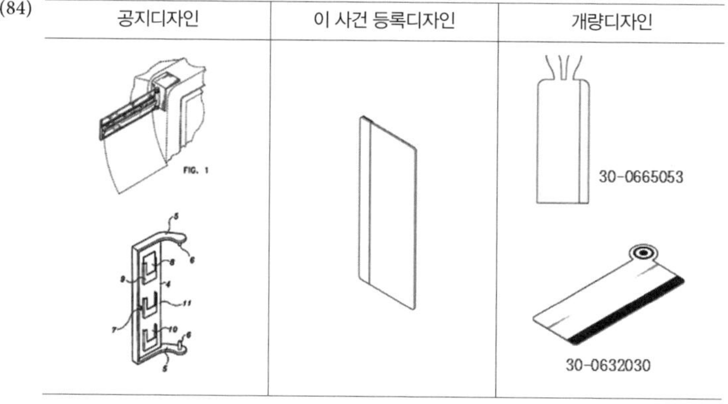

태에서 포스트잇Post-it과 같은 접착식 메모지를 탈부착할 수 있도록 하면서 컴퓨터 주변의 공간을 깔끔하게 정리하도록 하는 가장 단순한 얇은 판재 형상의 '컴퓨터모니터 부착용 메모지 부착 보드'를 최초로 창작하는 것은 당업자 누구나 쉽게 창작할 수 없으며, 오히려 이러한 단순한 형상에 불필요한 장식적 요소를 가미한 디자인(개량디자인들)보다 디자인적 가치를 훨씬 높이 평가받아야 한다고 주장했다.

3. 판결례

국내에서 널리 알려진 형상 등에 의한 용이창작 판단기준과 관련하여, 대상판결에서 인용된 대법원 2001. 4. 10. 선고 98후591 판결은 아래 특허법원 판결에서도 인용되고 있다.

(1) 특허법원 2009. 12. 23. 선고 2009허6304 판결 [등록무효(디)][85]

'스팽글'에 관한 등록디자인(등록번호: 제0466452호, 좌측 평면도, 우측 부분확대도)에 대하여 위 판결은 이 사건 등록디자인은 단순한 별 형상의 금속판의 한쪽 면에 다이아몬드 무늬를 크기나 모양의 변화가 전혀 없이 일정하게 단순 반복시켜 사각형을 가득 채운 모양을 하고 있다. 그 중에서 별 형상은 주지의 형상이라 할 것이고, 다이아몬드 무늬는 주지의 모양이라 할 것인바, 결국 이 사건 등록디자인은 주지의 형상인 별 형상 위에 주지의 모양인 다이아몬드 무늬를 단순 반복 배열시킨 것으로, 주지의 형상 및 주지의 모양을 그대로 이용하여 물품에 표현한 것에 지나지 아니하므로, 당업자가 위와 같은 주지의 형상 및 모양을 토대로 용이하게 창작할 수 있는 것에 불과하다고 판시하였다.

(85)
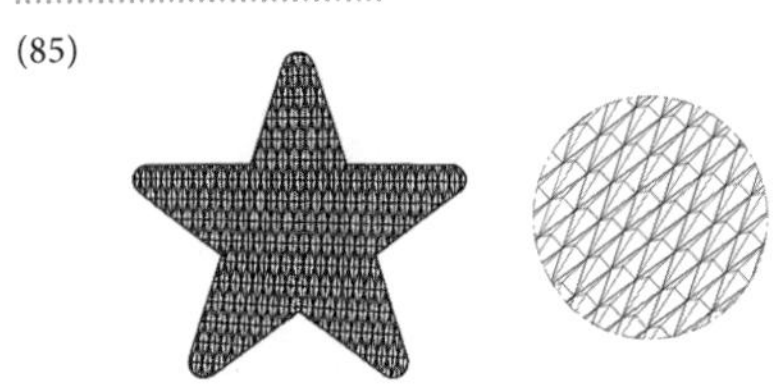

(2) 특허법원 2009. 6. 18. 선고 2009허1798 판결 [등록무효(디)][86]

'개폐식점검구용 문틀골재'에 관한 등록디자인(등록번호: 제0359897호, 좌측 사시도, 우측 좌측면도)에 대하여 위 판결은 이 사건 등록디자인은 단면부의 형상이 길게 연장되어 구성된 것으로서, 그 디자인의 요부인 위 단면부는 'ㄹ'자 형상의 몸체에 자 형상의 걸림부가 상하면에 형성되어 구성되어 있고, 몸체나 걸림부는 다소 가늘게 형성되어 있으며, 몸체 상면의 양측은 약간 돌출되어 있는바, 위와 같은 문틀의 단면부가 문틀 분야에서 주지의 형상이라고 볼 증거가 없고, 'ㄹ'자 형상의 몸체와 자 형상의 걸림부 또한 비교대상디자인들에 비슷한 형상이 나타나 있으나, 나아가 문틀 분야에서 주지의 형상이라고 볼 증거가 부족할 뿐만 아니라, 이 사건 등록디자인의 몸체와 걸림부의 형상과 그 배치 형태 등에 비추어 볼 때 이 사건 등록디자인이 문틀 분야에 있어서 주지의 형상 · 모양을 그대로 사용하였다거나 그 창작이 통상의 기술자가 누구나 가할 수 있는 정도의 변화에 지나지 않는다고 볼 수는 없다고 할 것이다고 판시하였다.

(3) 특허법원 2014. 4. 11. 선고 2014허447 판결 [등록무효(디)][87]

'문구제도용 합성수지발포판재'에 관한 등록디자인(등록번호: 제0310809호, 좌측 사시도, 우측 정면도)에 대하여 위 판결은 자연 상태의 화강암 무늬를 모티브로 한 것으로서, 자연 상태의 화강암 무늬와 극히 유사한 단위모양을 상하좌우로 연속하도록 하는 것은 주지디자인을 문구제도용 합성수지발포판재라는 물품에 이용 또는 전용하여 표현하였거나, 그 이용 또는 전용함에 있어서 통상의 디자이너라면 쉽게 생

(86)

(87)

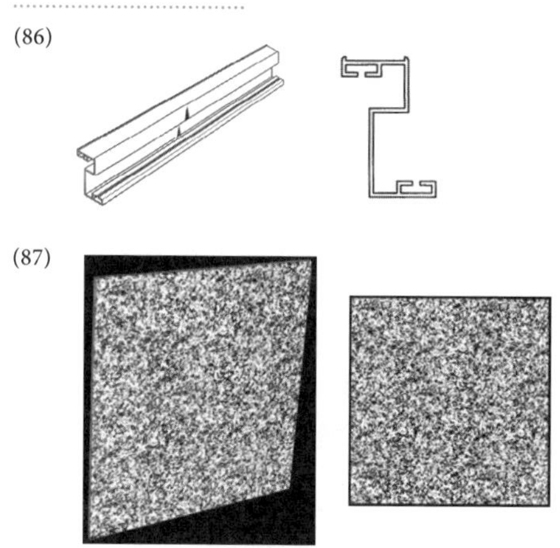

각할 수 있는 변화에 지나지 아니하고, 그로 인하여 자연 상태의 화강암 무늬와 다른 별개의 심미감이 창출된다고 보기도 어려우므로, 통상의 디자이너가 주지디자인인 자연물로서의 화강암 무늬 등에 의하여 용이하게 창작할 수 있는 디자인에 해당한다고 판시하였다.

4. 심사례

(1) 일회용 도시락 용기(등록번호: 제0798494호)[88]

본 디자인은 2014. 8. 14. 출원된 후 2014. 11. 18. 특허청으로부터 "본원디자인은 일회용 도시락 용기에 대한 부분디자인으로서, 그 범위는 우측의 소스를 짜는 부분에 해당하고, 해당 부분은 용기의 위/아래의 외곽선으로 이어진 부분으로 소스 등을 짜내기 위한 기능적 부분에 해당하고, 그 형상 역시 당업계에서 주로 사용하는 직사각형의 한쪽 면을 둥글게 라운드로 처리하는 등의 단순한 상업적 변형의 범위 내에 있으므로 당업자 수준에서 용이하게 창작할 수 있는 디자인에 해당한다."는 이유로 의견제출통지서가 발행되었으나, 동종 분야에서 본 디자인과 유사한 용도와 기능을 갖는 물품이 존재하지 않고, 부분디자인으로 등록받고자 하는 부분의 용도, 기능, 차지하는 위치, 크기, 범위 등을 종합적으로 고려할 때, 비록 부분디자인으로 등록받고자 하는 부분의 형상이 단순하더라도 용이하게 창작할 수 없다는 취지의 의견서를 제출하여, 2015. 2. 23. 등록결정되었다.

(2) 샤워기 헤드(출원번호: 2013-0015091호)[89]

본 디자인은 2013. 3. 25. 출원된 후 2014. 1. 16. 특허청으로부터 "본원디자

(88)

(89)

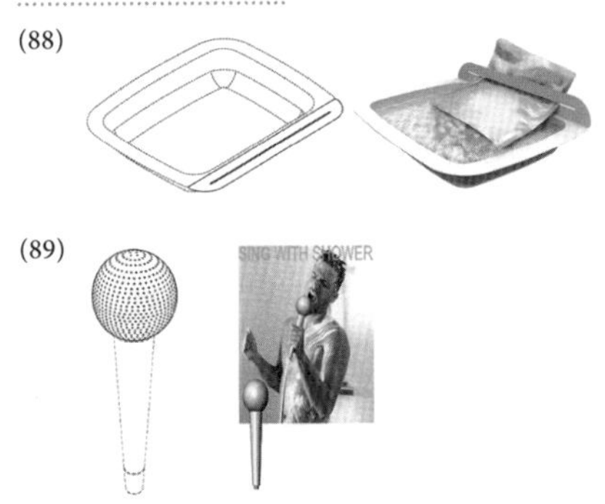

인은 국내에서 널리 알려진 원구의 형상을 이용하여 통상의 지식을 가진 자가 용이하게 변형하여 창작이 가능한 디자인에 불과하므로 디자인등록을 받을 수 없다."는 의견제출통지서가 발행되었으나, 본원디자인과 같은 형태의 샤워기 헤드를 구비하는 샤워기에 관한 선행디자인은 존재하지 않고, 일반적인 샤워기의 용도와 기능으로 보았을 때 본 디자인은 오히려 파격적이고 독특한 디자인이라는 취지의 의견서를 제출하여, 2014. 5. 14. 등록결정되었다.

(3) 결제수단 부착용 스티커(출원번호: 2012-0046891호)(90)

본 디자인은 체크카드 등과 같은 결제 수단의 뒷면에 부착된 상태에서 비용 결제 시 내부에 부착된 작은 스티커를 떼내어 금전 출납부에 부착하여 결제 현황을 수시로 체크하는 (이중) 스티커에 관한 것으로서, 2012. 9. 28. 출원된 후 2012. 12. 6. 특허청으로부터 "본원디자인은 국내에서 널리 알려진 건전지 모양 안에 여러 개의 사각형으로 분할된 형상과 모양을 거의 그대로 결합하여 나타낸 정도에 불과하므로 디자인등록을 받을 수 없다."라는 의견제출통지서가 발행되었고, 이에 그 물품의 용도상 사용자에게 직감될 수 있고, 쉽게 사용할 수 있는 형태로 디자인이 창작되어야 한다는 취지의 의견서가 제출되었으나, 결국 2013. 2. 27. 최종 거절결정되었다.

5. 주요국의 법리

디자인의 용이창작 판단기준과 관련하여, 한국과 일본은 "널리 알려진 형상과 모양"을 기초로 이를 판단할 수 있지만, 미국은 '널리 알려진 형상과 모양'을 자명성 판단의 자료로 규정하지 않고 '공지디자인'에 의해 자명성 여부를 판단한다.(91) 한

(90)

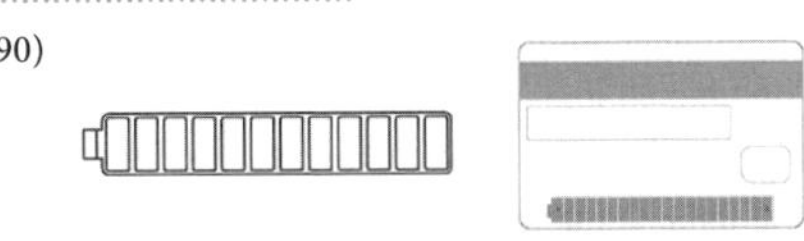

(91) 35 U.S.C. §103 Conditions for patentibility; non-obvious subject matter. A patent for a claimed invention may not be obtained, notwithstanding that the claimed invention is not identically disclosed as set forth in section 102, if the differences between the claimed invention and the prior art are such that the claimed invention as a whole would have been obvious before the effective filing date of the claimed invention to a person having ordinary skill in the art to which the claimed invention pertains. Patentability shall not be negated by the manner in which the invention was made.

편, 유럽공동체의 경우 산업디자인industrial design의 영역이 한국과 다르긴 하지만, 개성individual character 유무를 판단함에 있어서 '공지디자인'에 의해 판단해야 하고, '널리 알려진 형상과 모양'에 의해 판단할 수 있다는 규정은 없다.(92) 한편, 한국의 디자인심사기준은 원칙적으로 주지의 형상, 모양, 색채 또는 이들의 결합에 기초한 용이창작을 규정하되, 주지의 형상 등에 의한 것일지라도 그 디자인이 속하는 분야에서 통상의 지식을 가진 자가 쉽게 창작할 수 있는 것이 아니면 용이창작으로 보지 아니한다고 규정하고 있지만, 구체적인 판단기준 및 예시를 두고 있지는 않다.(93)

6. 대상판결의 검토

대법원 2001. 4. 10. 선고 98후591 판결은 미니멀 디자인의 용이창작 여부에 관해 (i) 주지의 형상이나 모양을 거의 그대로 이용하거나 전용하여 물품에 표현했는지 여부, 또는 (ii) 이들을 물품에 이용 또는 전용함에 있어서 누구나 그 디자인이 그 물품에 맞도록 하기 위하여 가할 수 있는 정도의 변화에 지나지 아니하는 것인지 여부로 판단하고 있다. 즉, 미니멀 디자인의 가치를 충분히 이해하기 위해서는 주지의 형상 자체로 판단할 것이 아니라, 주지의 형상과 적용된 물품과의 관계를 충분히 고려해야 한다.

미니멀 디자인은 새로운 물품을 창작하는 와중에 그 용도와 기능에 부합하기 위한 최소의 형상과 모양으로 창작되거나, 또는 기존의 물품이 가진 복잡한 형상과 모양을 단순하게 구현하는 방향으로 창작될 수 있다는 점을 고려하면, 주지의 형상과 그 적용된 물품과의 관계를 더욱 엄격히 판단해야 하고, 특히 주지의 형상이 왜 그 물품에 적용되었는지를 충분히 고려해야 한다. 그렇지 않으면, 새로운 물품 또는 기존 물품에 일부러 미니멀 디자인을 적용하고자 한 디자인 창작자의 노력이 그

(92) Article 6 Individual character. 1. A design shall be considered to have individual character if the overall impression it produces on the informed user differs from the overall impression produced on such a user by any design which has been made available to the public: (a) in the case of an unregistered Community design, before the date on which the design for which protection is claimed has first been made available to the public; (b) in the case of a registered Community design, before the date of filing the application for registration or, if a priority is claimed, the date of priority. 2. In assessing individual character, the degree of freedom of the designer in developing the design shall be taken into consideration.

(93) 특허청, 디자인심사기준, 제6장, 2. 용이창작 여부의 판단기준 참조.

물품의 형상이 단순하다는 이유만으로 저평가될 위험성이 있기 때문이다.(94)

대상판결은 이 사건 등록디자인의 물품이 원고에 의해 컴퓨터 모니터 부착용 메모지 부착 보드용으로 최초 개발된 것이라고 하더라도 그와 같은 사정에 의해 이 사건 등록디자인이 창작하기 어려운 것이라고 단정할 수는 없다고 판단하였는데, 이러한 판단이 충분한 설득력을 가리기 위해서는 적어도 동일하거나 유사한 용도와 기능을 가진 물품, 더 나아가 그러한 용도와 기능을 쉽게 유추되거나 동기를 제공할 수 있는 물품에 관한 비교대상디자인을 제시해야 할 필요가 있어 보인다. 왜냐하면, 최초로 새롭게 개발된 물품이라면 그 형상이 복잡하거나 또는 단순하더라도 당업자에 의해 쉽게 창작할 수 있다고 단정하긴 어렵기 때문이다. 또한 대상판결은 이 사건 등록디자인의 '네 모서리가 라운딩 처리된 직사각형 판재의 형상'을 국내에서 널리 알려진 주지의 형상으로 전제한 후, 그러한 단순한 형상이 당업자라면 누구나 '컴퓨터 모니터 부착용 메모지 부착 보드'에 맞도록 하기 위하여 가할 수 있을 정도의 변화라고 판단하는데, 이는 디자인의 완성 후 용이창작 여부를 사후적으로 판단한 것이라는 오해를 야기할 수 있다. 오히려 이 사건 등록디자인의 물품인 '컴퓨터 모니터 부착용 메모지 부착 보드'의 용도와 기능을 수행하기 위해서는 '네 모서리가 라운딩 처리된 직사각형 판재의 형상'이 사용자 관점에선 더 복잡한 형상을 구비하는 디자인보다 상대적으로 더욱 적합한 디자인일 수 있기 때문이다.(95)

따라서 주지의 형상 등에 의한 용이창작 여부는 그 형상 등이 적용되는 물품과의 관계에서 엄격하면서도 합리적인 해석이 필요하고, 특히 단순함을 추구하는 미니멀 디자인의 가치를 판단함에 있어서는 더욱 그러하다. 더 나아가, 주지의 형상 등에 의한 용이창작 여부는 출원 전 공지된 디자인을 인용자료로 제시하지 않는 이상 미니멀 디자인을 창작한 자를 충분히 납득할 만큼 근거를 제시하지 않는다면, 디자인에 관한 비전문가의 해석일 뿐이라는 비판에서 벗어나지 못할 것이다.

(94) 예를 들어, 얇은 직사각형 판재의 형상을 구비하는 휴대폰 디자인이 과거에는 창작될 수 없었지만, 초소형 부품의 제작이 가능한 시점에 얇은 직사각형 판재의 형상을 구비하는 휴대폰 디자인을 창작할 수 있다면, 그 디자인은 당업자 누구나 쉽게 창작할 수 있는 디자인이라고 단정할 순 없기 때문이다.

(95) 이 사건 등록디자인 이후 개량된 디자인들은 '네 모서리가 라운딩 처리된 직사각형 판재의 형상'을 기초로 용도와 기능 면에서 다소 불필요한 부가적인 형상과 모양이 추가되어 복잡한 형상을 띠며 등록되고 있는 실정이다.

Ⅳ 마치며

디자인의 용이창작 여부는 특허법상 기술의 진보성의 판단기준과는 다른 점이 있는 것으로 생각된다. 디자인은 진보적 가치라기 보다는 신규 또는 종래 물품으로부터 새로운 심미감이 발휘되는지 여부에 초점을 맞춰야 한다. 즉, 물품에 따라 복잡한 형상 등에 의해 새로운 미감이 발휘되는 디자인이 있는가 하면, 단순한 형상으로도 새로운 미감이 발휘되는 디자인이 존재할 수 있다. 이에 미니멀 디자인은 물품의 형상, 모양 등의 단순함을 목적으로 창작되는 것이므로, 그러한 디자인이 널리 알려진 단순한 형태를 기초로 했다는 이유만으로 디자인등록을 배척해서는 안 될 것이며, 디자인의 대상이 되는 물품과의 관계에서 충분히 납득할 수 있는 합리적인 해석기준이 마련되어야 할 것이라고 생각한다.

2-6

[미국] 디자인특허의 비자명성 분석

Apple v. Samsung (2012) & MRC v. Hunter (2014)

| **안원모** | 홍익대학교 법과대학 교수

I 서론

미국에서의 디자인 보호시스템은 디자인의 특성에 대한 진지한 고민 없이, 행정적 · 정치적 편의의 산물로서 실용특허 제도의 보호 시스템을 이용하게 되었다.[96] 이에 따라 디자인특허의 경우에도 실용특허에서와 같은 요건인 신규성과 비자명성 요건을 갖추어야 한다. 실용특허에서 이들 신규성과 비자명성 요건이 특허성의 절대적인 기준이 되고 있는 것처럼, 디자인특허에서도 이들 요건이 디자인으로서의 특허성 판단에 핵심적인 요건으로 되고 있다.[97]

미국의 연방순회항소법원(CAFC, 이하 '항소법원'이라고만 한다)에서는 최근 디자인특허의 비자명성 분석과 관련한 몇 개의 중요 케이스를 다룬 바 있다. 이 글에서는 최근 항소법원에서의 대비되는 두 가지 사례를 중심으로 미국 디자인특허의 비

(96) 이에 대한 상세한 고찰은 Mark D. Janis & Jason J. Du Mont, "The Origins of American Design Patent Protection," Indiana Law Journal, Vol. 88 (2013) 참고.

(97) Graeme B. Dinwoodie & Mark D. Janis, *Trade Dress and Design Law*, Wolters Kluwer, 2010, p. 335.

자명성 분석 구조를 살펴보고자 한다. 이들 사례들은 모두 선행 디자인의 결합 용이성(비자명성)을 분석하는 과정에서 인용 가능한 주된 자료Primary Reference와 보조자료Secondary Reference의 자격에 대해 다루고 있다. 이러한 자료들의 자격 요건에 대한 항소법원의 판단과 그에 대한 논의를 살펴봄으로써 미국 디자인특허에서의 비자명성 분석에서 인용될 수 있는 선행디자인의 자격 요건을 살펴보고자 한다.

미국 디자인특허에서의 비자명성 판단의 실무는 우리나라나 일본에서의 창작 용이성 판단의 실무, 유럽 공동체 디자인에서의 개성적 특징의 판단 실무와 커다란 흐름에서는 그 기본적인 철학을 같이하고 있는 것으로 보인다. 미국 디자인특허에서의 비자명성 판단의 실무를 살펴봄으로써 우리의 창작 용이성 판단의 실무에도 많은 참고가 될 수 있을 것으로 생각한다.

II 디자인특허 요건으로서의 신규성 및 비자명성

미국 특허제도에서 신규성과 비자명성 요건은 유용한 기술의 진보를 촉진한다는 헌법적 목적을 달성하기 위하여 필요한 요건으로 해석되고 있다.(98) 특허제도가 기술의 진보를 통한 산업의 발달에 기여하기 위해서는 특허성 요건으로서 과거의 것에 비해 새로울 것, 즉 신규성이 있어야 한다. 그러나 단지 새롭다는 것만 가지고는 기술의 진보에 기여했다고 보기에는 부족하므로 새로운 것 이상의 그 무엇이 필요한 것으로 인식하게 되었고, 그 요건이 초기에는 발명 요건으로,(99) 그 후에는 비

(98) Ibid. at 335.

(99) 1842년 최초 디자인특허제도가 만들어지고 한참 동안, 법원은 디자인특허의 유효성 요건으로 단순히 새로운 것 이상의 무엇이 더 필요함을 요구하였고, 이러한 추가적 요구는 때때로 발명(invention) 요건으로 언급되었다. 법원은 디자인특허 요건으로서의 '발명'을 위한 테스트를 만들어내기 위하여 노력하였지만, 이것이 어려웠기 때문에 많은 판례들에서 실질적인 분석이나 더 이상의 언급이 없이 특정 디자인이 발명 또는 비발명임을 인정하여 왔다. 따라서 청구디자인과 선행디자인 사이의 차이가 사소한 것인지 중요한 것인지가(발명 요건에 해당하는지) 판사의 주관적인 인상에 의하여 결정되었기 때문에 디자인특허에 대한 유효성의 결과를 사전에 예측하기 매우 어려웠다고 한다. 자세한 내용 및 초기 디자인특허 제도에서의 발명 요건의 입법적 변화에 대해서는 Janis M. Mueller & Daniel Harris Brean, "Overcoming the 'Impossible Issue' of Nonobviousness in Design Patents," *Kentucky Law Journal*, Vol.99 (2010-2011), pp. 453-460 참조.

자명성 요건으로 자리 잡게 되었다.(100)

1. 신규성 분석의 기본적인 구조

디자인특허의 신규성 판단에서는 출원 디자인특허의 청구항에 나타난 도면이 출원 전 선행디자인과 실질적으로 동일substantially the same하면 신규성이 없는 것으로 판단한다. 이때 실질적으로 동일하다는 것은 두 디자인이 서로 닮아 있어서, "일반적인 관찰자ordinary observer로 하여금 물품 구입자가 기울이는 일반적인 주의하에서, 하나의 물품 외관을 보고 다른 물품이라고 인식하면서 구입할 정도"로 유사하면 실질적으로 동일한 것으로 본다.(101) 신규성 판단자료로 인용될 수 있는 선행자료는 청구디자인의 디자인적 특징들이 모두 보여지는 단일의 자료여야 한다.(102)

디자인특허의 신규성 테스트에 사용되는 기준은 일반관찰자 테스트를 이용한다는 점에서 침해판단 테스트에서 사용되는 기준과 같은 것으로 해석되고 있다.(103) 한편, 침해판단과 관련한 항소법원의 2008년 Egyptian Goddess v. Swisa 사건에서,(104) 신규 포인트the point of novelty 테스트를 폐지하고 일반관찰자 테스트가

(100) 이와 관련된 자세한 정리는 안원모, "미국 디자인특허의 비자명성 분석에서 실용특허 법리의 적용 가능성에 관한 고찰,"『홍익법학』 제16권 제4호(2015), 홍익대학교 법학연구소, 37-41면 참조.

(101) Door-Master Corp. v. Yorktowne, Inc., 256 F.3d 1313-1314 (Fed. Cir. 2001) ("Two designs are substantially the same if their resemblance is deceptive to the extent that it would induce an ordinary observer, giving such attention as a purchaser usually gives, to purchase an article having one design supposing it to be the other.").

(102) Ibid. at 1312.

(103) 이에 대해 디자인특허의 신규성 판단은 '엄격한 동일성(strict identity)'으로 제한하고, 비자명성 판단에서 실질적 유사성(substantial similarity)의 테스트가 적용되어야 한다는 견해가 있다. 이에 의하면, 디자인특허의 신규성은 실용특허 발명에 부가된 엄격한 동일성 기준과 유사한 방법으로 평가되어야 하고, 엄격한 동일성 기준을 적용한다는 것은, "청구디자인에서 제시된 각자 그리고 모든 요소가 명시적으로 또는 본질적으로 하나의 단일 선행자료에서 묘사되고 발견된 경우에만 신규성을 부인할 수 있다"는 것이다. 나아가 "그 선행자료는 각각의 요소 또는 제한이 청구디자인과 같은 방법으로 배치되거나 결합되었음을 보여 주거나 묘사하고 있어야 한다"고 한다. 만일 선행디자인이 동일하지 않지만 유사한 형태로 존재한다면, 그 실질적 유사성의 정도는 비자명성 요건에서 평가되어야 한다고 한다(Janis M. Mueller & Daniel Harris Brean, op. cit., pp. 541-543).

(104) Egyptian Goddess, Inc. v. Swisa, Inc. 543 F.3d 665 (Fed. Cir. 2008) (en banc).

침해판단의 유일의 테스트임을 확인한 바 있다.[105] 이후 신규성 판단에서도 일반적 관찰자 테스트가 신규성 판단의 유일한 테스트인 것으로 해석되고 있다.

2001년 항소법원의 Door-Master[106] 사건에서, 신규성 판단을 위해서는 (ⅰ) 청구디자인이 일반적인 관찰자에 의해 관찰될 때 선행디자인과 기본적으로 유사한지, (ⅱ) 청구디자인이 선행디자인에서 공개된 신규 포인트를 포함하고 있는지 여부를 고려해야 할 것을 요구한 반면, 2009년의 International Seaway[107] 사건에서 위 두 번째 분석을 신규성 판단에서 제외함에 따라, 현재 항소법원의 신규성 판단 테스트는 위 (ⅰ)의 분석만 남아 있게 되었다.[108]

2. 비자명성 분석의 기본적인 구조

(1) 주된 자료Primary Reference 및 보조자료Secondary Reference의 탐색

디자인특허에서 비자명성 분석의 궁극적인 질문은, 해당분야의 평균적인 디자이너가 선행디자인에 나타나는 특징들을 결합하여 청구디자인과 같은 전체적 시각적 외관을 만들어 내는 것이 명백한가 여부이다.[109]

그러나 그 전에 먼저 청구디자인(또는 무효판단에서는 특허디자인)과 기본적으로 같은 특징을 가진 단일의 자료Primary Reference를 찾아야 한다. 일단 기본이 되는 선행의 자료Primary Reference가 찾아지면, 청구디자인과 같은 전체적 시각적 외관을 가진 디자인을 만들어 내기 위하여 주된 자료를 수정하는 데 사용될 수 있는 다른 보조자료Secondary Reference가 있는지 탐색하게 된다. 이러한 보조자료Secondary Reference는 만일 하나의 물품에 있는 어떤 장식적 특징의 외관이 다른 물품에 그러한 특징의 적용을

(105) 신규 포인트 테스트란 디자인특허 침해가 성립하기 위해서는 침해제품이 선행디자인과 구분되는 디자인특허의 신규한 특징적인 부분을 이용한 경우에 성립한다는 것이다. 그러나 이러한 침해판단 테스트는 디자인을 전체적으로 관찰하지 않고 부분적인 특징에만 몰입한다는 점 및 다수의 신규 포인트가 존재하는 디자인특허의 경우에 일부의 신규 포인트를 이용하지 않았으면 대부분의 신규한 특징을 이용하여 전체적으로 보았을 때 유사한 경우에도 비침해라고 판단해야 하는 모순이 있다는 이유로 폐기되고, 일반적 관찰자에 의한 실질적 유사성 테스트로 회귀하였다.

(106) Door-Master Corp. v. Yorktowne, Inc., 256 F.3d 1313-1314 (Fed. Cir. 2001).

(107) International Seaway Trading Corp. v. Walgreens Corp., 589 F.3d 1240 (Fed. Cir. 2009).

(108) Graeme B. Dinwoodie & Mark D. Janis, op. cit., p. 351.

(109) Durling v. Spectrum Furniture Co., Inc. 101 F.3d 103 (Fed. Cir. 1996).

암시할 수 있을 정도로 주된 자료와 관련되어 있으면so related to the primary reference that the appearance of certain ornamental features in one would suggest the application of those features to the other 보조자료로 인정될 수 있다.(110)

이와 같이 미국 디자인특허에서 비자명성 분석과 관련된 대부분의 사례는 선행디자인의 결합과 관련된 것으로, 선행디자인의 결합이 일반적인 디자이너에게 자명한 것인지 여부의 판단을 위해서는 먼저 주된 인용자료Primary Reference를 찾아야 한다. 만일 주된 인용자료가 발견되지 않으면 자명성 분석은 거기에서 멈추고 청구디자인은 비자명한 것으로 판단된다. 비자명성 분석의 첫 번째 과정인 주된 인용자료를 찾기 위해서 특허청(또는 법원)은 (i) 전체적으로 청구디자인에 의해 만들어진 정확한 시각적 인상을 구분하고, (ii) 기본적으로 같은 시각적 인상을 만들어내는 단일의 자료가 있는지를 결정해야 한다.(111)

주된 자료Primary Reference가 찾아지면, 두 번째 단계로 청구디자인과 전체적으로 같은 시각적 인상을 만들기 위하여 주된 자료를 수정하는 데 사용될 수 있는 보조자료Secondary Reference를 찾아야 한다. 이러한 보조자료는 모든 곳에서 찾을 수 있는 것이 아니라, 주된 자료와 관련되어 있어야 하는데, 그 관련된 정도는 어느 하나에 있는 장식적 특징의 외관이 다른 것에의 적용을 암시할 수 있을 정도가 되어야 한다so related to suggest.

(2) 비자명성 분석에서 주로 쟁점이 되는 것들

비자명성 판단에서 가장 중요하게 다투어지는 쟁점은 청구(특허)디자인과 비교의 대상이 되는 선행디자인의 선정과 관련하여 발생한다. 선행디자인의 결합으로 이루어진 디자인의 자명성 분석에 있어서 먼저 청구디자인과 가장 가까운 선행의 기본 디자인Primary Reference을 선정하고, 그 다음 이를 수정하여 청구 디자인에 이르게 할 수 있는 보조 선행디자인Secondary Reverence이 있는지 탐색하게 된다. 이러한 선행디자인(주된 자료 + 보조자료)의 선정과정에 대한 다툼이 비자명성 분석의 핵심 쟁점이 되는 경우가 많다.

이 중 주된 선행자료Primary Reference의 선정과 관련하여, 먼저 청구디자인을 언어적으로 어떻게 특정하느냐에 대한 논쟁이 자주 발생한다. 청구디자인의 특정 과

(110) Ibid., at 103.

(111) Ibid., at 103.

정에서 발생하는 언어적 표현과 관련하여 청구디자인을 추상적으로 표현하게 되면 '기본적으로 같은' 단일의 자료가 넓은 범위에서 찾아지게 된다. 반면, 청구디자인을 구체적인 표현으로 묘사하게 되면 '기본적으로 같은' 선행자료의 범위는 매우 좁아지게 된다. 따라서 청구 디자인의 주된 특징을 언어적으로 해석함에 있어 추상적으로 표현하느냐 또는 구체적으로 표현하느냐에 따라 주된 자료로 인용할 수 있는 선행디자인의 자격 여부가 결정되는 경우가 많다.

보조자료의 선정과 관련하여서도, 보조자료로 사용될 수 있는 선행디자인을 어느 범위에서 찾느냐가 문제가 되는데, 여기서는 소위 '관련된so related' 여부에 관한 다툼이 있게 된다. 보조자료로 사용되는 선행디자인의 범위를 전체 산업제품으로 확대하는 것은 부당하기 때문에 그 범위를 적절한 선에서 제어해야 할 필요가 있다. 이때 사용되는 기준이 일반 디자이너가 주된 자료를 수정하기 위하여 보조자료로부터 당해 디자인적 특징을 빌려오는 동기가 있을 정도로 보조자료가 주된 자료와 관련이 있어야 한다. 일반적으로 '관련'이라는 단어의 의미가 갖는 것처럼 그 기준의 설정이 매우 애매하기 때문에 주관적인 판단이 개입할 여지가 크고 그에 따라 다툼의 여지도 많게 되는 것이다.

주요 사례를 통해서 본 주된 자료와 보조자료에 대한 분석

비자명성 판단과 관련하여 항소법원에서의 서로 대비되는 두 가지 사례를 분석하여 비자명성 판단의 구조를 살펴보고자 한다. 하나는 선행디자인으로 제시된 주된 자료의 자격을 부정한 후, 주된 자료가 없는 이상 청구디자인의 자명성을 부정한 것이고, 다른 하나는 선행디자인으로 제시된 주된 자료와 보조자료 모두 비자명성 분석의 선행디자인으로서 자격이 있다고 한 후, 청구디자인의 자명성을 인정한 것이다. 대비되는 결론의 두 사례를 분석함으로써 미국 디자인특허에서의 비자명성 분석의 기본적인 틀을 살펴보고자 한다.

1. Apple v. Samsung[112]

(1) 원심법원의 판단[113]

원심법원은 애플의 디자인특허에 대한 시각적 인상과 관련, "네 개의 둥근 모서리, 아무런 장식이 없는 평평한 유리 같은 표면, 전면부를 둘러싼 테(베젤), 엣지 부분이 둥글게 처리된 평평한 뒷면, 얇은 형태적 요소를 만들어 내는 전체 디자인을 가진 사각형의 전체적 시각적 인상을 주는 넓고 단순한 디자인"이라고 언어적 해석을 하였다. 원심법원에 따르면, 애플의 위 디자인은 1994년 Roger Fidler에 의해 개발된 태블릿과 기본적으로 같은 시각적 인상을 만들어 낸다고 하면서, 자명성 분석에서 피들러 태블릿을 주된 자료로 사용하였다. 한편, 피들러의 태블릿에는 애플의 디자인특허에 존재하는 '평평한 유리 같은 표면'이 결여되어 있지만, 이러한 평평한 유리 스크린은 2002년의 Hewlett–Packard Compaq Tablet TC1000에서 제시되었다고 하면서 이를 보조자료로 인용하였다. 원심법원은 일반적인 디자이너가 위 피들러 태블릿(주된 자료)과 TC1000(보조자료)의 결합에 의하여 애플의 디자인특허의 시각적 인상을 만들어 내는 것은 자명한 것이라고 판단하였다.

(2) 항소법원의 판단

1) 주된 자료에 대한 판단

항소법원은, 원심법원이 "네 개의 고른 둥근 모서리와 네 개의 테두리(베젤)에

(112) Apple, Inc. v. Samsung Elec. Co., Ltd. 678 F.3d 1314 (Fed. Cir. 2012). 이 사건에서 등장하는 애플의 디자인특허(D504,889) 및 이의 특허성을 다투기 위하여 주된 자료로 제시된 1994 Fidler Tablet과 보조자료로 제시된 Hewlett–Packard Compaq Tablet TC1000을 시각적으로 비교하면 아래 표와 같다.

애플의 디자인특허 (D504,889)	1994 Fidler (Primary Reference)	TC1000 (Secondary Reference)

(113) Apple, Inc. v. Samsung Elec. Co., No. 11–cv–1846, 2011 WL 7036077 (N.D.Cal. Dec. 2, 2011).

의해 둘러싸인 전면부 스크린을 위한 평평하고 반사하는 표면을 가진 직사각형의 태블릿"이라는 이유로, 피들러 태블릿이 애플의 디자인특허와 기본적으로 같은 시각적 인상을 만들어 낸다고 분석한 것에 잘못이 있다고 판단하였다. 그러면서, 두 디자인을 옆에 놓고side by side 직접 비교하면, 두 개의 디자인 사이에 전체적 시각적 외관에서 다음과 같은 실질적 차이가 있다고 판단하였다.

"먼저 피들러의 디자인은 아래 측면 엣지가 다른 것에 비해 현저하게 넓어서, 대칭을 이루는 애플의 디자인특허와 다르다. 더 중요하게, 피들러 태블릿의 프레임은 프레임이 없는 애플의 디자인특허와 매우 다른 인상을 만들어 낸다. 피들러 제품 속의 스크린은 사진틀과 같이 프레임과 스크린 사이의 연속성을 깨면서, 프레임 속에 들어가 가라 앉아 있는 것으로 보인다는 점에서 애플의 그것과 극명하게 대비된다. 애플의 디자인특허는 투명한 유리 같은 전면부가 어떠한 단절이나 장애물 없이 특허된 디자인의 전체 전면부를 덮고 있다. 그 결과, 애플의 디자인특허는 태블릿 전면부의 모서리부터 모서리까지 연결된 단절되지 않은 유리판의 시각적 인상을 만들어 내는 것에 비해, 피들러 제품은 그러한 인상을 만들어 내지 않는다. 또 다른 차이로, 애플의 디자인특허와 달리, 피들러 제품은 전면부 엣지를 둘러싼 얇은 베젤이 없고, 프레임의 한쪽 코너에 복수의 구멍이 포함되어 있다. 또한 애플의 디자인특허와 대비적으로, 피들러 제품의 측면은 엣지의 끝에 연결된 두 개의 카드 프로젝션과 측면의 한쪽에 오목부를 가지고 있다는 점에서, 부드럽지 않고 대칭적이지도 않다. 피들러 제품의 뒷면 역시 애플의 디자인특허와 다른 시각적 인상을 가진다."

항소법원은 피들러 제품과 애플의 디자인특허 사이의 이러한 차이점에 근거하여, 피들러 제품이 애플의 디자인특허와 기본적으로 같은 시각적 인상을 주지 않으므로, 원심법원이 피들러 제품을 애플의 위 디자인특허의 자명성 분석에서 주된 자료로 사용한 것에 잘못이 있다고 판단하였다.

2) 보조자료에 대한 판단

항소법원은 더 나아가, 비록 피들러 제품이 주된 자료로서의 자격이 있다고 하더라도, TC1000 보조자료는 피들러 제품과 애플의 디자인특허 사이의 간극을 메꿀 수 없다고 판단하였다. TC1000은 스크린을 둘러싼 회색 지역을 갖고 있고, 그 경계부가 넓고 둥글게 처리된 금속 테두리로 둘러싸여 있으며, 스크린 지역에 몇 개의 지시등이 포함되어 있다는 점에서 최소 디자인을 특징으로 하는 애플의 디자인특허와 다르다. 선행 디자인의 가르침은 오로지 '하나의 디자인에 있는 어떤 장식적 특징의 외관이 다른 디자인에 그러한 특징의 적용을 암시할 수 있을 정도로 연관'되어 있을 때 결합될 수 있다. 그러나 TC1000은 피들러 제품과 시각적 외관이 달라서 그러한 기준 하에서 보조자료로서의 자격이 없다고 판단하였다.

3) 항소법원 결론의 요지

항소법원은 원심법원이 이 사건에 등장하는 여러 디자인을 너무 지나치게 추상적으로 본 점에 잘못이 있다고 지적하였다. 피들러 제품은 단지 완만한 둥근 모서리와 평평한 뒷면을 가진 사각형의 태블릿을 공개했다는 이유로 주된 자료로서 자격을 가지지 않는다. 태블릿 제품의 일반적 콘셉트concept에 집중하는 것보다 오히려, 인용된 자료와 특허디자인 사이의 특징적인 '시각적 외관'에 초점을 두어야 한다. 그러한 시각적 인상을 비교할 때, 피들러 제품은 TC1000이 있든 없든, 애플의 디자인특허를 자명성 요건에 의해 무효로 하는데 사용될 수 없음이 명백하다. 디자인특허의 자명성 분석에서 자격을 가진 주된 자료가 없음에도, 원심법원이 애플의 디자인특허의 유효성에 실질적 의문이 있다고 판단한 것에 잘못이 있다고 판단하였다.

2. MRC v. Hunter(114)

(1) 주된 자료와 관련한 판단

이 사건에서 MRC는 자신의 특허와 Eagles Jersey 사이에 다음과 같은 중요한

(114) MRC Innovations, Inc. v. Hunter Mfg., 747 F.3d 1326 (Fed. Cir. 2014). 이 사건에 등장하는 MRC의 디자인특허(D634,488S)와 이의 특허성을 다투기 위하여 인용 디자인으로 제시된 주된 자료(Eagles Jersey) 및 보조자료(V2 Jersey)를 시각적으로 비교하면 아래의 표와 같다.

MRC 디자인특허 (D634,488S)		Eagles Jersey (주된 자료)	V2 Jersey (보조자료)
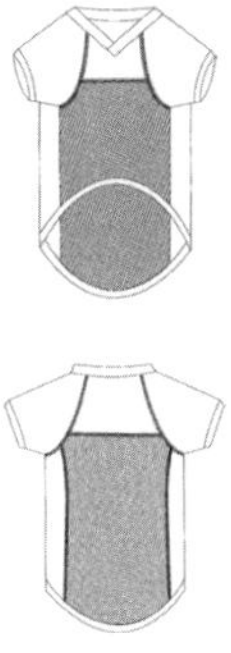	사용상태도: 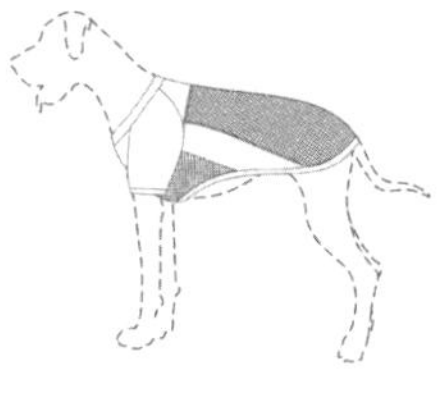	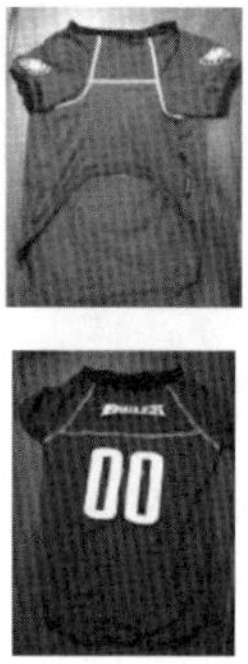	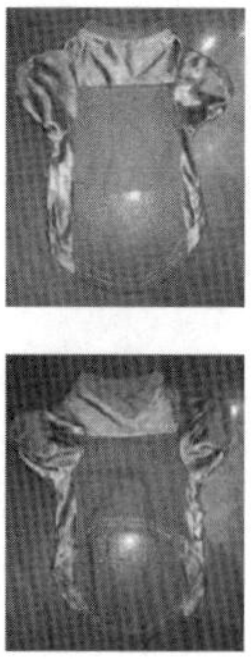

차이가 있음에도 지방법원이 Eagles Jersey를 주된 자료로 사용한 것은 잘못이라고 주장하였다. 즉, (i) MRC의 디자인특허는 V자형 목 테두리를 하고 있음에 비해, Eagles Jersey는 둥근 목 테두리를 하고 있는 점, (ii) 자신의 특허는 배와 등 부분에 부분적으로 이중의 직물 패널panel을 포함하고 있는 점, (iii) 또한 자신의 특허는 개 스웨터Jersey의 등 부분에 부가적 장식적인 바느질 박음 처리surge stitching가 되어 있는 점에서 Eagles Jersey와 기본적으로 다르다고 주장하였다. MRC는 지방법원이 지나치게 추상적으로 특허디자인에 접근함으로써 이러한 차이점을 간과하였다고 주장하였다.

그러나 항소법원은 머리 부분의 목 테두리, 팔 부분에 두 개의 소매, 다리 부분의 원통형 소매, 망사 구조 및 양면 횡편직interlock fabric의 사용, 일부에 장식적 바느질 박음 처리surge stitching가 되어 있는 점 등을 근거로, 두 개의 디자인은 '기본적으로 같은' 전체적 시각적 인상을 만들어 낸다고 판단하면서, Eagles Jersey를 자명성 분석의 주된 자료로서의 자격이 있다고 인정하였다.

(2) 보조자료와 관련한 판단

항소법원은 V자형 목 테두리와 측면부에 비망사 직물을 사용한 것(MRC 디자인특허와 주된 자료 사이의 차이 나는 부분)은 V2 Jersey에 의해 암시되어 있다고 하면서, 숙련된 기능공skilled artisan이라면 V2 Jersey를 갖고 Eagles Jersey를 수정하는 데 이용할 수 있을 정도로 두 디자인은 서로 관련되어 있다고 판단하였다. 즉, 보조자료가 되기 위한 관련성은 하나의 디자인이 다른 디자인에 어떤 특징의 적용을 암시하는 외관에 있어서 단순한 유사성이며, 여기서의 보조자료는 가구나 커튼, 옷, 또는 심지어 인간의 축구 스웨터가 아니라 개에게 입힐 목적으로 디자인된 축구 스웨터이고, 청구디자인, Eagles Jersey, V2 Jersey 3개의 디자인이 모두 전체적으로 '시각적 외관'이 유사하다. 따라서 이러한 세 디자인 사이에 공통하는 외관의 현저한 유사성이, 숙련된 디자이너가 V2 Jersey의 특징을 Eagles Jersey의 특징에 결합시키는 동기를 부여할 정도로, V2 Jersey는 Eagles Jersey와 관련되어 있다고 판시하였다.

Ⅳ 주된 자료의 선정: '기본적으로 같은' 시각적 인상을 가진 단일 자료의 존재

1. 디자인의 특정과 관련한 언어적 해석의 범위

디자인 관련 사건에서 당해 디자인을 언어적으로 표현하는 것은 항상 많은 어려움이 따른다. 디자인은 도면이나 사진이 당해 디자인을 가장 정확하게 설명하는 자료가 되기 때문에 언어적 설명은 불필요하거나 위험하기까지 한 것으로 생각되고 있다. 그러나 실제 대부분의 케이스에서는 디자인을 언어적으로 표현하는 것이 불가피한 경우가 많다.

비자명성 분석의 첫 출발점은 '전체적으로 청구디자인에 의해 만들어진 정확한 시각적 인상을 구분'하는 것이기 때문에 이 과정에서 청구디자인을 언어적인 표현으로 특정할 필요가 있다. 실용특허의 경우에는 청구범위에 그 특허의 기본적인 요소가 구체적인 언어로 표현되어 있지만(그럼에도 그 언어적 해석은 여전히 어렵다), 디자인특허의 경우에는 그러한 것조차 없기 때문에, 판사의 입장에서는 먼저 그 디자인적 특징을 언어로 처음 표현해야 하는 어려움을 가지게 된다.

디자인특허의 유효성을 공격하는 측은 디자인특허의 특정을 가급적 간결하고 추상적인 언어로 표현함으로써 디자인특허의 권리의 폭을 넓게 해석하고자 한다. 디자인특허의 권리의 폭이 넓게 해석되어야 인용할 수 있는 선행디자인이 많아지고 결과적으로 디자인특허의 유효성이 쉽게 부정될 수 있기 때문이다. 반면, 디자인특허권자는 청구디자인을 구체적으로 표현하여 그 권리의 폭을 좁게 해석하려고 한다. 디자인특허의 권리의 폭이 좁게 해석되어야 주된 자료로 인용된 선행디자인의 자격이 쉽게 부정될 수 있기 때문이다. 이에 따라 비자명성을 다투는 대부분의 케이스에서 디자인특허의 특정 및 주된 자료의 선정과정에서 등장하는 언어적 표현의 정도와 관련하여 당사자 사이에 다툼이 있게 된다.

2. 주된 자료의 선정에 있어서 언어적 표현의 구체성과 관련한 항소법원의 태도

항소법원은 1996년 Durling v. Spectrum Furniture 사건에서(115) 청구디자인의 언어적 해석의 문제를 다룬 바 있다. 여기서 항소법원은 지방법원이 청구디자

(115) Durling v. Spectrum Furniture Co., Inc. 101 F.3d 100 (Fed. Cir. 1996).

인을 언어적으로 해석함에 있어 지나치게 추상적으로 표현함으로써 제품의 일반적인 콘셉트에 집중한 잘못이 있다고 하면서, 자명성 분석에 있어서의 초점은 디자인의 콘셉트가 아니라 시각적 외관이 되어야 한다고 판단하였다. 지방법원이 일반적인 콘셉트만으로 청구디자인의 시각적 외관을 간단하게 설명하는 것만으로는 청구디자인의 시각적 인상을 불러일으키기에 부족하고, 그 디자인의 시각적 인상을 불러 올 만큼 충분히 구체적인 표현으로 청구디자인의 특징이 설명되어야 한다고 판단한 것이다. 그에 따라 항소법원에서는 청구디자인을 보다 구체적인 표현으로 묘사하고, 그 결과 주된 자료로 제시된 선행디자인이 청구디자인과 기본적으로 같은 시각적 인상을 불러일으키지 않는다고 하여, 주된 자료의 자격을 부정하였다.(116)

청구디자인을 구체적인 표현으로 특정할수록 제시된 인용디자인과의 차이가 많이 발견될 수밖에 없다. 항소법원은, 지방법원의 견해와 달리, 청구디자인을 보다 구체적인 표현으로 특정함으로써 선행디자인으로 제시된 주된 자료와의 차이점을 다수 발견해 내고, 이러한 차이점들에 기하여 청구디자인과 주된 자료가 '기본적으로 같은 시각적 인상'을 불러일으키기에 부족하다고 결론 내린 것이다.

항소법원의 이러한 태도는 앞서 본 2012년의 애플과 삼성 사건에서도 그대로 나타나고 있다. 여기서도 항소법원은 디자인특허의 자명성 분석에 있어서 지방법원이 여러 디자인을 너무 지나치게 추상적으로 본 것에 잘못이 있다고 하면서, 태블릿 제품의 일반적 콘셉트에 집중할 것이 아니라 인용자료와 청구디자인 사이의 특징적인 시각적 외관에 초점을 두어야 한다고 강조하였다. 이에 따라 항소법원에서는 청구디자인을 지방법원의 표현에 비해 보다 상세한 언어적인 표현으로 특정하고,(117) 청구디자인과 주된 자료를 서로 옆에 놓고side by side 직접 비교하면서 그 구체적인 차이점을 적시한 후,(118) 이에 근거하여 두 디자인이 기본적으로 같은 시각적 인상을 주지 않는다고 하고 있다.

(116) Ibid, at 104.

(117) 항소법원은 애플의 디자인특허를 다음과 같이 표현하고 있다. "기기의 전면부 테두리까지 이어져 있는 광택 있는 표면을 가진 사각형의 태블릿으로, 전면부 표면 안쪽의 점선을 통하여 테두리보다 약간 더 작은 사각형의 디스플레이 지역을 나타내고 있으며, 디자인특허의 전면부에 둥근 모서리가 있고, 전면부 경계선을 둘러싼 얇은 베젤(bezel)이 있으며, 그 외 아무런 장식이나 버튼, 스피커 슬롯(slots), 구멍, 돌출된 표면이 없다. 디자인의 뒷면과 측면은 둥글게 처리된 모서리를 따라 이어진 평평하고 장식 없는 뒷판을 가지고 있다."

(118) 앞의 Apple v. Samsung case, at 1330–1331.

위 애플과 삼성의 판결이 있은 다음 해인 2013년에 항소법원은 High Point Design, v. Buyers Direct 판결에서(119) 역시, 지방법원이 당해 디자인특허를 너무 높은 추상적인 표현으로 설명함으로써 언어적으로 해석하는 데 실패했다고 보았다. 그러면서 특허디자인과 일치하는 시각적 이미지를 불러일으키기 위하여 당해 디자인의 시각적 묘사를 충분히 상세하게 해야 할 것을 요구하고 있다.

위에서 본 바와 같이 자명성 분석의 첫 단계에서 디자인특허를 특정함에 있어, 항소법원은 디자인 콘셉트와 같은 추상적인 표현으로 디자인특허를 특정해서는 안 되고, 당해 디자인특허의 특징적인 시각적 외관을 충분히 구체적으로 표현할 것을 요구하고 있다. 위 세 판결의 공통점은 디자인특허의 특징을 원심에 비해 보다 구체적인 표현으로 설명함으로써 결과적으로 디자인특허를 좁게 해석한 후, 이에 따라 주된 자료가 디자인특허와 구체적인 비교의 결과 '기본적으로 같은 시각적 인상'을 만들어 내지 않는다고 하면서, 주된 자료로서의 자격을 부정한 것이다. 나아가 자명성 분석에서 주된 자료가 존재하지 않는다고 하여, 당해 디자인특허의 유효성을 긍정한 점에 공통점이 있다.

3. 주된 자료 요건의 완화 필요성에 대한 논의

주된 자료의 선정에 있어 특허디자인과 '기본적으로 같은' 단일의 자료를 지나치게 엄격하게 요구할 경우, 이는 자명성의 판단을 신규성의 판단과 실질적으로 같은 것으로 할 위험성이 있다. 즉, 결합 여부의 용이성 대신, 특허디자인과 기본적으로 같은 디자인 특징들을 가진 하나의 선행자료를 찾는 것에 집중하는 결과, 마치 자명성 판단에서의 주된 자료의 선정이 신규성 분석에 이용되는 하나의 선행디자인을 찾는 것과 같은 작업이 될 수 있다.

디자인특허의 비자명성 분석에서 주된 자료의 존재와 관련한 엄격한 기준을 완화하여야 한다는 주장이 제기되고 있는데, 경우에 따라서는 주된 자료가 발견되지 않는 경우에도 자명성을 인정해야 하는 경우가 있음을 인정해야 한다는 주장이 그것이다. 예컨대, 특정 기념관 형태의 기념품이 100주년을 기념하여 만들어진 경우, 주된 자료가 될 수 있는 선행디자인이 발견되지 않는다고 하더라도, 동시개발의 동기가 되는 특정 상황의 발생(100주년의 도래)이 일반적인 디자이너가 그러한 기

(119) 730 F.3d 1301 (Fed. Cir. 2013).

념품을 만드는 것을 자명한 것으로 만들 수 있다는 것이다. 또한 디자인적 구성요소를 예상 가능한 방법으로 혼합하거나 결합시키는 산업관습이 존재하는 경우에도 주된 자료의 유무에 불구하고 자명성을 인정해야 하는 경우가 있을 수 있다고 한다. 이러한 경우에는 주된 자료로서의 요건에 대한 예외를 인정해서 주된 자료가 없어도 자명성을 인정해야 한다고 주장한다.(120)

4. 소결

항소법원은 디자인특허의 비자명성 분석에서 주된 자료의 선정을 까다롭게 함으로써 디자인특허가 그 유효성이 쉽게 부정되지 않도록 하는 경향을 보이고 있다. 해당 디자인특허와 디자인 콘셉트가 같다는 이유로 주된 자료로서의 자격을 인정하지 않고, 구체적인 시각적 외관의 특징을 공유한 경우에만 주된 자료로서의 자격을 인정하고 있다. 이는 디자인특허의 비자명성 분석에 인용될 수 있는 선행자료의 범위를 매우 좁히는 것으로, 결과적으로 디자인특허가 비자명성으로 인해 쉽게 유효성이 부정되지 않도록 하고 있다.

V 보조자료의 존재: 소위 '관련성'so related 테스트

1. 보조자료로 인용될 수 있는 선행디자인의 범위

특허디자인과 주된 자료 사이의 차이를 메꾸어 주는 데 이용될 수 있는 보조자료는 산업제품 전체에서 찾아질 수 있는 것이 아니라, 디자이너가 당해 디자인 개발을 위해 합리적으로 찾아볼 수 있는 범위 내의 것으로 제한된다. 그 범위를 제한하기 위하여 고안된 이론이 관련성 테스트이다. 항소법원의 표현에 의하면, 보조자료는 "하나의 물품에 있는 어떤 장식적 특징의 외관이 다른 물품에 그러한 특징의 적용을 암시할 수 있을 정도로 주된 자료와 관련so related to suggest되어 있어야 한다."

(120) Sarah Burstein, "Visual Invention," Lewis & Clark Law Review, Vol. 16 (2012), pp. 201–202.

앞서 본 2014년의 MRC v. Hunter 사건에서는 이 의미를 더 구체화하여, 보조자료가 되기 위하여는 "하나의 디자인이 다른 디자인에 어떤 특징의 적용을 암시하는 외관에 있어서 현저한 유사성"이 있어야 한다. 즉, 보조자료가 주된 자료와 외관에 있어서 현저한 유사성이 있으면, 디자이너에게 그러한 보조자료를 참조하여 주된 자료를 수정하는 데 이용하는 동기를 부여(디자인 특징의 적용을 암시)할 수 있다는 것이다.

위 MRC v. Hunter 사건에서는 시각적 외관의 유사성 이외에, 같은 유형의 물품으로 보조자료의 범위를 제한하고 있다. 이 사건에서 보조자료로 사용된 V2 Jersey는 특허디자인 또는 주된 자료와 전혀 관련이 없는 분야(예컨대, 가구나 커튼, 옷 또는 인간의 축구 유니폼)에서 선택된 것이 아니라, 같은 유형의 물품(개에게 입힐 목적으로 제작된 축구 스웨터)에 속하는 것이었다. V2 Jersey(보조자료)는 주된 자료(Eagles Jersey)와 같은 분야에 속하는 물품이고 시각적 외관에 있어서도 유사하므로, 그 장식적 특징의 외관이 주된 자료의 장식적 특징의 외관에 적용이 암시될 수 있을 정도로 서로 관련되어 있다고 판단한 것이다.

2. 소위 '관련된so related' 테스트에 대한 비판

MRC v. Hunter 사건에서 관련성의 의미로 '시각적 외관의 유사성'을 구체적으로 특정하기 이전에, 관련성의 의미와 기준이 무엇인지에 대하여 많은 의문이 제기되고 있었다. 법원은, 어떤 선행자료가 다른 디자인에의 적용을 암시할 수 있는 것인지, 그것이 어떻게 암시할 수 있다는 것인지에 대한 분명한 설명을 하지 않고 있었다. 이에 대하여, 단지 어느 하나의 자료에 특정한 장식적 특징의 외관이 존재한다는 것은 그 결합의 가능성이 있다는 것이지, 그 결합이 명백하다는 것을 입증하는 것이 아님에도, 결합의 명백성을 설명하는 아무런 기준이나 설명이 생략된 채, 관련성을 쉽게 인정한다는 비판이 제기되었다.(121)

MRC v. Hunter 사건의 패소 당사자가 항소법원CAFC의 판결에 불복하면서 제출한 이송명령신청서Petition for Writ of Certiorari(122)에 이에 관한 불만이 상세하게 설명되

(121) Ibid., at 187.

(122) 〈http://www.designlawgroup.com/2015/03/u-s-supreme-court-considers-design-patent-case〉 (검색일: 2016. 1. 21.)에서 자료를 볼 수 있다.

어 있다. 즉, “선행자료의 결합으로 이루어진 특허의 자명성 분석에서 결합의 명백성을 이유로 당해 특허를 무효화하려면 결합이 명백한 이유를 자세히 설명해야 함에도 소위 ‘관련된’so related 테스트는 이 요건을 전적으로 무시한 것이다.”(123) “이 테스트는 청구 디자인에 존재하는 어떤 장식적 요소가 단지 관련된 선행디자인에서 찾아질 수 있다는 것을 이유로 명백성의 추정을 허용하고 있다. 이는 결과적으로 미국 특허법 제103조(비자명성)에서의 명백성을 관련성으로 대체하는 위험한 발상”이라고 비판하고 있다.(124)

다수의 선행디자인들에서 디자인 특징들의 일부를 선택하고 이들을 새롭게 재결합하는 방법으로, 전체적으로 새롭고 독창적인 디자인이 만들어질 수 있다. 이러한 재결합으로 만들어진 디자인을 자명성에 기하여 무효라고 하기 위해서는 이러한 특징들의 선택과 재결합이 왜 관련 분야의 평균적인 디자이너에게 명백한 것인지를 설명하여야 한다. 그러나 항소법원의 판결에서는 이러한 설명이 부족하다. 결국 위 ‘관련된’so related 테스트는 법원이 결합의 명백성에 대한 아무런 설명 없이, 선행디자인에 디자인 특징들이 존재한다는 사실만을 들어 등록 디자인특허를 무효화시킬 수 있는 위험성이 높다고 비판한다.(125)

이러한 논쟁은 실용특허의 비자명성 분석에서 제기되는 문제들이 그대로 디자인특허에서도 재현되고 있는 것이다. 실용특허에서도 복수의 선행기술을 결합한 발명의 자명성 판단에서 그러한 선행기술이 존재하는 것만으로 자명성이 추정되는지, 아니면 그 외에 결합의 용이성에 대한 구체적 입증과 설명이 별도로 필요한 것인지에 대한 논쟁이 이루어지고 있다. 이러한 논쟁이 디자인특허에서도 그대로 재현되고 있는 것이다.

3. 관련성의 기준으로 ‘시각적 외관의 유사성’ 제시

결합을 암시할 정도의 관련성이 무엇을 의미하는 것인지에 대하여 일응의 해

(123) 위 Petition for Writ of Certiorari, p. 5.

(124) Reply Brief of Petitioner, p. 9. 이 자료는 〈http://www.designlawgroup.com/2015/03/ mrc-files-reply-brief-in-u-s-supreme-court-design-patent-case〉 (검색일: 2016. 1. 21.)에서 볼 수 있다.

(125) 앞의 Petition for Writ of Certiorari, p. 19.

결책을 제시한 것이 MRC v. Hunter 사건이다. 이 사건에서는 보조자료가 주된 자료와 '시각적 외관'에서 유사하면 당해 분야의 디자이너가 그 디자인을 발견하고 그 디자인적 특징을 빌려 오는 것을 충분히 암시받을 수 있다고 하여, 관련성의 의미를 '시각적 외관'과 연결시키고 있다.

이에 대한 옹호론은 위 사건의 이송명령신청서에 대한 상대방의 반대 준비서면Brief in Opposition에 상세하게 나타나고 있다.(126) 이에 의하면, 상세한 언어적 설명이 뒤따르는 실용특허와 달리, 디자인특허는 도면으로써 그 모든 것을 갈음하는 것이므로 시각적 외관의 유사성이야말로 디자인의 관련성을 판단하는 가장 적합한 기준이라는 것이다.(127) 시각적 외관에 있어서의 현저한 유사성이야말로 평균적인 디자이너가 어느 하나에 있는 디자인 특징을 다른 것에 결합할 동기를 부여하는 가장 큰 이유가 된다. 평균적인 디자이너가 왜 선행디자인의 모든 특징이 아니라 일부 디자인 특징만을 빌려 왔는가에 대한 더 구체적인 설명을 요구하는 것은 연방대법원의 KSR 판결(128)에서의 유연한 접근법에 반한다. 여기서의 관련성은 디자인이 적용된 물품의 유형이 단순히 유사하다는 것이 아니라, 물품 외관의 유사성에 근거한 것이다. 이에 더 나아가 그 선택과 결합에 대한 더 상세한 설명을 요구하는 것은 디자인의 외관이 가장 좋은 상세한 설명을 제공한다는 디자인특허의 정신에 맞지 않는 것이라고 비판한다.(129)

생각건대, 관련성이라는 모호한 기준에 대하여 항소법원이 MRC v. Hunter 사건에서 '시각적 외관의 유사성'이라는 보다 구체적인 기준을 제시한 것은 디자인의 특징을 고려한 타당한 것으로 보인다. 관련성의 기준을 물품 분야 또는 물품의 기능적 측면에서가 아니라, 시각적 외관의 유사성에서 찾는 것은 디자인 창작의 실무에 비추어서도 합리적이다. 일반적인 디자이너라면 시각적 외관의 유사성에서

(126) 이 자료 역시 〈http://www.designlawgroup.com/2015/03/u-s-supreme-court-consi ders-design-patent-case/〉에서 볼 수 있다.

(127) 위 Brief in Opposition, p. 10.

(128) KSR Int'l Co. v. Teleflex, Inc., 550 U.S. 398 (2007). KSR 판결이 있기 전 비자명성 요건으로 특허의 유효성을 부정하기 위해서는 각 요소들을 수정하거나 조합할 가르침 · 암시 · 동기가 선행자료에 존재하는 점을 입증해야 했다(TSM 테스트). 그러나 KSR 판결에서는 이 요건을 완화하여 선행자료에서 가르침 · 암시 · 동기가 발견되지 않더라도 일반 기술상식이나 예측가능성 등을 통하여 자명 여부를 판단할 수 있도록 자명성 분석의 유연성을 허용하였다. 자명성 분석에 보다 유연한 접근법이 허용됨에 따라 자명성을 이유로 발명을 무효화하는 것이 이전보다 훨씬 용이하게 되었다.

(129) 위 Brief in Opposition, p. 19.

결합의 아이디어를 얻는 경우가 많을 것이기 때문이다.

4. 소결

실용특허와 마찬가지로, 디자인특허의 자명성 분석에서도 가장 어려운 점은, 단지 선행자료에서 청구디자인의 디자인요소들이 발견된 것만으로 결합의 용이성이 추정되는지, 아니면 나아가 그 결합의 용이성에 대한 별도의 주장과 입증이 필요한지 여부이다. 위 MRC v. Hunter 사건에서 패소 당사자가 항소법원의 판결에 불복하면서 주로 다투고자 했던 부분도 결합의 용이성 판단에 대한 추가적인 설명이 필요한지 여부였다. 즉, 디자인특허권자는, 항소법원의 판결에서 결합의 용이성 여부에 대한 별도의 판단이 없었다고 하면서, 주된 자료와 보조자료의 존재만으로 그 결합이 용이하다고 판단할 수 없고, 결합의 용이성 여부에 대한 추가적인 판단이 필요하다고 주장하였다. 이에 대하여 상대방은 시각적 외관의 유사성으로 결합은 암시되는 것이며, 그에 더 나아가 결합의 명백성에 대한 추가적인 판단을 요구하는 것은 KSR 판결의 취지인 유연한 접근법에 반한다고 주장하였다.

항소법원CAFC의 결론은 주된 자료와 보조자료의 발견만으로 자명성 분석은 충분하며 이로써 그 결합의 자명성이 추정되는 것으로 보고 있다. 항소법원의 자명성 분석은, 일단 주된 자료가 발견되는지 여부가 자명성 분석의 핵심이 되고, 주된 자료가 발견되면 이를 수정하여 특허디자인에 이르게 할 수 있는 보조자료가 있는지 여부를 탐색하게 된다. 그리하여 주된 자료와 보조자료가 모두 발견되는지 여부에 따라 자명성의 최종적인 판단을 하게 된다. 주된 자료 및 이와 시각적 외관이 유사한 보조자료가 찾아지면 그로써 결합은 충분히 암시되는 것이며, 그에 더 나아가 결합의 동기를 더 구체적으로 설명할 필요가 없다고 보고 있다. 항소법원의 이러한 태도가 현재 미국 디자인특허 자명성 분석의 기본적인 내용을 이루고 있다.

Ⅵ 결론

디자인특허의 비자명성 판단과 관련한 미국 항소법원CAFC의 판결들을 살펴보면, 비자명성을 이유로 디자인특허의 유효성이 쉽게 부정될 수 없도록, 비자명성 판단에 인용될 수 있는 선행디자인의 범위를 엄격한 기준하에 제한하고 있다. 주된 자료의 선정과 관련하여, 구체적인 시각적 외관의 비교에서 특허디자인과 '기본적으로 같은 시각적 인상'을 불러일으키는 선행 자료에 한하여 주된 자료로서의 자격을 인정하고 있다. 보조자료의 선정과 관련하여, 주된 자료를 수정하기 위하여 보조자료로부터 당해 디자인적 특징을 빌려 오는 동기가 발견될 수 있을 정도로 주된 자료와 관련성이 있어야 한다. 디자인특허의 비자명성은 이러한 엄격한 자격 요건을 가진 선행디자인들(주된 자료 + 보조자료)이 발견된 경우에만 부정될 수 있다. 이렇게 디자인특허의 유효성이 쉽게 부정되지 않도록 함으로써 디자인특허가 가지고 있는 권리로서의 취약성을 어느 정도 보완해 주고 있다.

이에 비해 우리의 실무는 디자인권의 창작 비용이성 판단에서 인용될 수 있는 선행디자인의 범위를 매우 넓은 범위에서 허용하는 경향이 있다. 물품 분야가 다르더라도 선행디자인으로 인용될 수 있으며, 미국 항소법원에서 요구하는 주된 자료 및 보조자료와 같은 정도의 엄격한 요건을 요구하지도 않으며, 인용될 수 있는 선행디자인의 수에도 제한이 없다. 디자인권은 다른 지식재산권과 비교하여 모방에 특히 취약하고 그 구제는 충분하지 않은 경우가 많다. 이러한 상황에서 디자인권의 유효성까지 쉽게 부정될 수 있게 되면 디자인권의 권리로서의 취약성은 더 깊어지게 된다. 또한 신규성에 비하여 창작 비용이성 규정에 의한 유효성 부정은 예외적인 경우에 한해 인정되어야 한다는 점에서도 창작 비용이성 판단에 인용될 수 있는 선행디자인에 적절한 제한을 가할 필요가 있다.

2-7

[미국] 비자명성 판단법리

High Point Design v. Buyer's Direct (Fed. Cir. 2015)

| 이해영 | 리앤목특허법인 변리사

I 서론

디자인특허의 비자명성 요건은, 통상의 기술자가 선행기술(들)의 교시teaching에 기초하여 특허디자인과 동일한 외관을 창작할 수 있었을 것인지의 여부를 판단하는 것이다.(130) 이를 위해, 다음의 두 단계로 이루어진 'Durling 테스트'를 거친다.(131)

단계 (i): 하나의 '기본 선행디자인'primary reference을 찾아야 하는데, 이는 특허디자인과 그 디자인 특징이 '기본적으로 동일한'basically the same 것을 말한다. 여기서, 단계 (i)은 다음의 두 과정으로 수행된다. 단계 (i) ① 특허디자인에 의해 창작된 시각적 인상을 '전체'로서 파악한 다음, 단계 (i) ② 그 특허디자인과 기본적으로 '동일한' 시각적 인상을 갖는 하나의 선행디자인이 있는지를 결정한다.

단계 (ii): 기본 선행디자인이 지정되면, 그 기본 선행디자인을 변형하여 특허

(130) Durling v. Spectrum Furniture Co., Inc., 101 F.3d 100 (Fed. Cir. 1996).

(131) Durling, 101 F.3d at 103.

디자인과 동일한 전체 외관을 갖는 디자인을 창작하는데 '보조 선행디자인'secondary references이 사용될 수 있다.

자명성 판단에서, 선행디자인들을 조합하여 특허디자인에 이르도록 하는 것이 '자명'한지의 여부는 '통상의 디자이너' 테스트를 적용하며, 특허침해 또는 신규성 판단에서, 두 디자인의 '동일성' 여부는 '일반 관찰자' 테스트를 적용한다는 것은 판례상 확립되었다.(132) '일반 관찰자' 테스트는 '혼동'의 관점에서 보는데, 전문가인 디자이너는 세밀한 것에도 주의를 기울이기 때문에 쉽게 속아 넘어가지 않는 반면, 일반 관찰자는 그럴 수 있다는 것이다.(133)

이 사건에서는, 자명성 판단의 Durling 테스트 단계 (ⅰ)과 관련하여 다음과 같은 쟁점들이 다루어졌다.

① 특허디자인과 실질적으로 '동일한' 기본 선행디자인을 선정하는 과정에서 어느 테스트가 적용되어야 하는가?

② 기본 선행디자인의 선정과정에서, 특허디자인을 선행디자인과 대비 · 판단함에 있어서 특허디자인의 시각적 외관을 어느 정도로 세밀하게 언어적으로 묘사하여야 하는가?

Ⅱ 사건의 개요

Buyers Direct Inc. (BDI)는 그 밑창이 매끈한 것 및 두 그룹의 돌기점들을 갖

(132) International Seaway Trading Corp. v. Walgreens Corp., 589 F.3d 1233 (Fed. Cir. 2009) (선행디자인들을 결합하거나 변형하여 어느 하나의 선행디자인을 완성할 수 있는지는 '통상의 디자이너'(기술자) 관점에서 판단하는 한편, 당해 디자인과 선행디자인를 비교하는 예견가능성은 통상의 디자이너가 아닌 '일반 관찰자'의 관점에서 판단한다.).

(133) 즉, '일반 관찰자'가 대상 제품이 특허디자인과 동일한 것으로 믿도록 속아 넘어갈 수 있었을 것이라면 디자인특허의 침해로 된다. Crocs, Inc. v. International Trade Comm'n, 598 F.3d 1294, 1303 (2010) ("To show infringement under the proper test, an ordinary observer, familiar with the prior art designs, would be deceived into believing that the accused product is the same as the patented design.").

는 것, 두 유형의 슬리퍼에 대해 디자인특허를 받았다.(134) High Point는 FUZZY BABBA®라는 슬리퍼 제조회사인데, 이 슬리퍼는 여러 소매업자를 통해 판매되었다.(135)

2011년 6월, BDI는 High Point를 상대로 디자인특허 침해경고장을 발송하였고, 이에 High Point는 연방지방법원으로 비침해 및 무효를 주장하는 확인소송을 제기하였고, BDI는 2011년 12월, 특허침해를 이유로 반소를 제기하였다.

결론적으로, CAFC는 High Point의 실시디자인이 디자인특허를 침해하는 것이 아니라는 지방법원의 결론에는 동의하였지만, 특허디자인의 자명성 판단에서 '기본 선행디자인'의 결정과 관련하여서는 지방법원과 다른 판결을 내린다.

III 판시사항

1. 2012년 지방법원(Ⅰ) 판결(136)

지방법원은 특허디자인이 "발이 들어갈 수 있는 공간이 있고 솜털이 있는 개구부 둘레 및 매끈한 외부 표면을 갖는 슬리퍼"라고 인식한 다음, Penta & Laurel Hill

(134) 특허 디자인 (U.S. Design Patent No. D598,183):

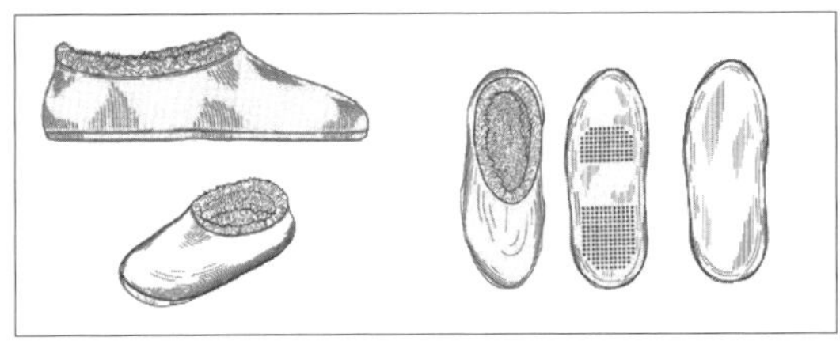

(135) High Point 실시디자인(FUZZY BABBA® 제품 사진):

(136) High Point Design LLC v. Buyer's Direct, Inc., No. 11-CV-4530, 2012 WL 1820565 (S.D.N.Y. 2012) ("Final Decision").

디자인(이하 "Woolrich 선행디자인"이라 함)을 '기본 선행디자인'이라 인정하였다.(137) 즉, '일반 관찰자' 관점에서 Woolrich 선행디자인 및 특허디자인은 전체적으로 동일한 시각적 외관을 가진다고 보았다.(138) 다만, 이 둘의 차이점은 밑창의 '돌기점들'인데, 이는 사소한 차이에 불과하여 보조 선행디자인으로부터 예견될 수 있고,(139) '통상의 디자이너'라면 이 '돌기점들'을 슬리퍼에 용이하게 조합할 수 있었을 것이며, 그렇게 조합된 슬리퍼는 특허디자인과 사실상 동일한 외관을 갖는바, 특허디자인은 선행디자인들에 비추어 '자명'하다고 판시한다.(140)

한편, BDI는 Woolrich 선행디자인 및 특허디자인 간에 충분히 차이가 있다는 주장을 뒷받침하기 위한 디자인계 전문가 의견서를 제출하였다. 그러나 지방법원은 '일반 관찰자' 테스트 관점에서는 전문가가 차이점을 찾을 수 있는지 여부가 아니라 일반 관찰자가 실질적 유사성을 찾을 수 있는지의 여부가 관건이라고 설시하면서, 이를 받아들이지 않았다.(141)

---

(137) 기본 선행디자인:

Laurel Hill 제품 사진	Penta 제품 사진

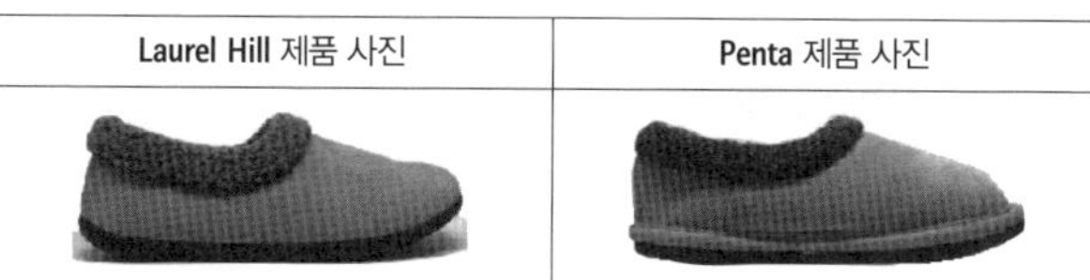

(138) High Point, 2012 WL 1820565, at *4 (일반 관찰자 테스트는 특허침해 판단에서와 같은 바, 선행기술에 친숙한 일반 관찰자가 대상 디자인이 특허 디자인과 동일하다고 생각할 정도로 속아 넘어갈 것인지의 여부를 묻는 것이다.).

(139) 보조 선행디자인:

Design Patent No. D566,934	Design Patent No. D540,517

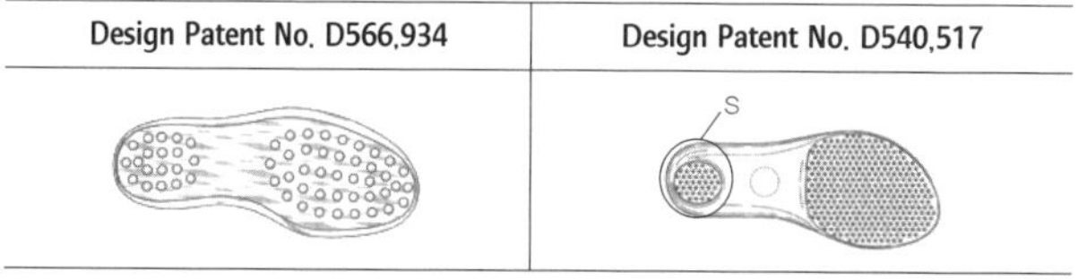

(140) High Point Design, 2012 WL 1820565, *4–5 (보조 선행디자인은 슬리퍼에 관한 것으로, 슬리퍼 '디자이너'가 이들을 이용할 수 있었을 것이며, 슬리퍼의 밑창에 '돌기점들'을 부가하는 것도 쉽게 유추할 수 있었을 것이다. 보조 선행디자인의 밑창에 있는 돌기점들을 Woolrich 선행디자인과 조합하는 것은 '디자이너'에게 자명하였을 것이며, 그렇게 조합된 슬리퍼는 특허디자인과 사실상 동일한 시각적 인상을 갖는다.).

(141) Id. at *5 (전문가가 구별할 수 없을 정도로 모든 세부사항들까지 정확하게 동일한 디자인을 요구한다면 특허디자인의 복제(piracy)는 결코 일어나지 않을 것이다.).

2. 2013년 CAFC 판결("High Point Ⅰ")(142)

CAFC는, 자명성 판단은 '통상의 디자이너' 관점에서 평가되어야 한다고 전제하고, 지방법원에서 '일반 관찰자' 기준을 적용한 것은 선례에 반하는 잘못된 것이라고 지적한다.(143) 아울러 자명성 판단에서 전문가 의견이 필수적이거나 절대적이지는 않지만 법적 결론을 이끌어내는데 영향을 미칠 수 있는데, 지방법원이 BDI측 전문가 의견을 단언적으로 무시한 것은 잘못이라 하였다.(144) 그러면서 CAFC는 Durling 단계 (ⅰ) 관련하여, 다음과 같은 이유로 지방법원의 자명성에 관한 원심판결을 파기 · 환송하였다.

Durling 단계 (ⅰ) ① 관련하여, 선행디자인이 특허디자인과 기본적으로 동일한 지를 판단하기 위해서는 '언어묘사'verbal description를 통하여야 하는데, 지방법원은 특허디자인에 대한 언어묘사를 너무 추상적 수준에 그쳐 선행디자인 및 특허디자인의 독특한 외관에 주목하지 못한 잘못이 있다고 지적한다.(145) 따라서 환송심에서 지방법원은 특허디자인에 관하여 이를 시각적으로 떠올릴 수 있을 정도로 '충분한' 언어묘사를 통하여 상세히 기술하여야 한다고 판시한다.(146)

Durling 단계 (ⅰ) ② 관련하여, 지방법원에서 Woolrich 선행디자인이 기본 선행디자인으로서 자격이 있는지를 파악할 수 있는 근거를 제시하지 못하였다고 지적한다.(147) 따라서 환송심에서 지방법원은 이들 두 디자인을 나란히 대조side-by-side 비교하여 동일한 시각적 인상을 주는지 여부를 결정하여야 한다고 판시한다.(148)

3. 2014년 지방법원(Ⅱ) 판결(149)

지방법원은 기본 선행디자인을 결정하는 과정에서 재차 '일반 관찰자' 테스

---

(142) High Point Design LLC v. Buyers Direct, Inc., 730 F.3d 1301 (Fed. Cir. 2013).

(143) High Point, 730 F.3d, slip op. at 14–15.

(144) Id. at 15–16.

(145) Id. at 16.

(146) Id. at 17.

(147) Id. at 17.

(148) Id. at 17.

(149) High Point Design LLC v. Buyer's Direct Inc., No. 11–CV–4530–KBF, 2014 WL 1244558 (S.D.N.Y. 2014) ("Remand Order").

트를 적용하면서, CAFC에서 요구한 상세한 언어묘사는 필요치 않다고 판시한다.(150) 일반 관찰자 테스트는 '전체' 디자인에 초점을 두며, 사소한 변형이 있더라도 예견성을 부정하기에 충분하지 않다고 하였다.(151) 다만, 두 디자인을 면밀히 살펴보면 BDI측 전문가 의견에서와 같은 차이가 있음을 인정하면서도, 이러한 면밀한 검토는 '전문가'의 시각이며, 일반 관찰자의 '주의'를 반영한 것은 아니라 설시한다.(152) 결론적으로, 특허디자인은 Woolrich 선행디자인에 의해 예견가능한바 '기본 선행디자인'으로서의 자격을 갖는다고, CAFC 판결과는 다른 취지로 판시하였다.(153)

4. 2015년 CAFC 판결 ("High Point II")(154)

2013년 CAFC는 (1) 자명성 판단에 '통상의 디자이너 테스트'를 적용하고, (2) 특허디자인에 관한 상세한 언어묘사를 추가하고, (3) 특허디자인 및 선행디자인이 동일한 시각적 인상을 주는지를 판단하기 위해 이들을 대조비교하라는 취지로, 사건을 지방법원으로 환송한 바 있었다. 그러나 지방법원(II)은 여전히 '일반 관찰자' 테스트를 적용하면서, 디자인들 간에 구체적인 대조비교는 필요치 않다고 하여, CAFC의 환송취지와는 다르게 판시하였다.

2015년 CAFC는, 특허디자인의 예견성은 하나의 선행디자인과 실질적으로 동일하다는 것을 '명확하고 설득력 있는'clear and convincing 증거로 입증되어야 한다고

(150) Id. at *11.

(151) Id. at *12–13 (디자인들 간의 '전체' 비교는 이들 간의 의미 있는 차이점을 고려하여 비교하는 것이며, 이들 간에 어쩔 수 없이 존재하는 사소한 차이점만으로는 서로 다르다고 말할 수 없다. 일반 관찰자 테스트에 따르면 특허디자인이 Woolrich 슬리퍼에 의하여 예견될 수 있다.).

(152) Id. at *14–15 (BDI측 전문가 의견에서와 같이, 측벽의 사이즈, 개구부와 발가락 부분의 만곡(굽음율), 신발 개구부 사이즈 등에 차이가 있지만, 이는 전문가에 의한 연구 결과이며, 일반 관찰자 테스트에서는 그러한 전문가 의견이 필요치 않을 뿐만 아니라 아무런 관련도 없다. 일반 관찰자는 그러한 세부적 차이를 대수롭지 않은(의미 없는) 변형으로 보고, 전반적인 시각효과가 다르다고 보지 않을 것이다. 더욱이, 예견성 판단에서는 완전 동일성(identicality) 레벨까지 요구하지 않으며, 오히려 사소한 차이들은 예견성에 장애가 되지 않는다.).

(153) Id. at *15.

(154) High Point Design LLC v. Buyer's Direct, Inc., No. 2014–1464 (Fed. Cir. 2015).

전제한다.(155) 아울러 두 디자인의 유사성으로 인해 '일반 관찰자'를 속일 수 있을 정도라면, 그래서 이들을 서로 혼동하여 구매할 수 있도록 유도한다면, 이들은 실질적으로 동일하다고 볼 수 있다고 설명한다.(156) 그러면서, 지방법원(Ⅱ) 판결은 Woolrich 선행디자인이 기본 선행디자인으로서 자격을 갖는지 여부, 즉 특허디자인이 선행디자인에 의하여 예견될 수 있는지를 '명확한 증거'로 입증하지 못하였다고 결론짓는다.(157)

CAFC는, 지방법원(Ⅱ)이 디자인들을 대조비교를 하지 않은 채 특허디자인의 주된 개념만을 언급하면서 너무 높은 레벨로 추상화하여 특허디자인과 선행디자인 간의 독특한 외관상 차이를 무시하고 결론을 내린 잘못이 있다고 판시한다.(158) 그러면서, 그들 디자인 간에, 슬리퍼 본체의 곡면 형상,(159) 돌출 솜털 형상,(160) 및 슬리퍼 밑창 장식(161)과 관련하여 상세히 차이점을 언급하면서, 지방법원은 이들을

(155) High Point, No. 2014-1464, slip op. at 9.

(156) Id. at 9.

(157) Id. at 13.

(158) Id. at 10.

(159) Id. at 11. 특허디자인의 본체는 옆면에서 보면 슬리퍼의 개구부에 앞쪽 부분으로 "S" 커브를 그리면서 앞쪽 부분을 향하여 아랫방향으로 경사져 있다. 반면, Laurel Hill 제품은 앞쪽 부분 근처에서 현저히 윗 방향 커브를 그리며, Penta 제품 또한 슬리퍼 개구부에서 앞쪽 부분으로 보다 평탄하면서 심한 경사를 보인다.

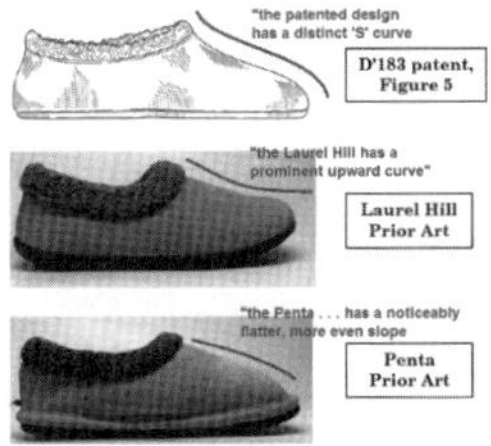

* 그림 출처: Bryan Wheelock, If the Slipper Fits ...., JD Supra Business Advisor (2015).

(160) Id. at 12 (Woolrich 선행디자인은 바깥방향으로 향하는 솜털 겹침을 갖고 슬리퍼 개구부의 윗 단면의 경계가 모호한 반면, 특허디자인에는 그러한 겹침부분을 볼 수 없다.).

(161) Id. at 12-13 (지방법원(Ⅱ)은 밑창의 차이는 전반적인 슬리퍼의 관점에서 사소한 것에 불과하다고 설시하였는데, CAFC는 밑창의 장식적 측면을 다루지 않은 것은 잘못이라 지적한다. 특허디자인은 밑창에 두 그룹의 돌기점들이 있는 것 및 편평한 밑창을 갖는 것인데, 밑창 디자인이 선행디자인과는 확실히 다르다. 즉, Lauerl Hill 밑창에는 네 그루의 나무와 두 마리 무스(moose)의 이미지가 그 안에 박혀 있으며, (특허디자인과는 달리) 경계부분의 홈(grooved border)을 갖고 있다. Penta 밑창에는 "WOOLRICH"라는 큰 글씨 이미지가 프린트되어 있고, 독특한 패턴으로 장식되어 있으며, Lauerl Hill과 마찬가지로 경계부분의 홈을 갖고 있다.).

간과하였다고 지적한다.(162)

Ⅳ 평석

자명성 판단에서, '기본 선행디자인'의 선정과정에 적용되는 테스트와 관련하여, CAFC는 특허디자인이 선행디자인에 의해 예견가능한지 여부는 명확한 증거로 입증되어야 하며, 이를 위해서는 각 디자인에 대한 언어묘사를 통해 '상세히' 대조비교하여야 한다고 판시하면서, 결국 지방법원 판결을 취소하였다.(163)

(1) 자명성 사건을 다룬 Durling 판결에서, 디자인특허는 시각적 묘사로 표시되지만, 그 시각적 이미지를 연상할 수 있을 정도로 언어적 묘사로 변환하여야 하며, 이는 선행디자인이 특허디자인과 기본적으로 동일한지 여부에 관한 판단에 이르게 된 논거를 확인할 수 있도록 하기 위함이라 설명하였다.(164) Durling 사건에서도, CAFC는 지방법원에서 보다 세밀한 언어묘사를 하지 않은 것은 잘못이라 판시하였다.(165)

(2) 특허침해사건을 다룬 Egyptian 판결에서, 디자인특허는 "도면에 도시된 바로 청구된 것"이므로 특허디자인의 해석도 그에 따라야 한다고 전제하고, 특허디자

(162) Id. at 11.

(163) 2015년 CAFC는 '기본 선행디자인' 결정과정에서, 특허디자인의 시각적 이미지를 연상할 수 있을 정도로 충분히 상세하게 언어로 묘사한 다음 이를 선행디자인과 대조비교하여 동일한 시각적 인상을 갖는지로 판단하여야 한다고 판시하면서, 지방법원에서 특허디자인의 주요 개념만으로 묘사한 채 Woolrich 선행디자인과 실질적으로 동일하다고 하여 기본 선행디자인으로 삼은 점에 잘못이 있다고 비판하였다.

(164) Durling, 101 F.3d at 103.

(165) Id (CAFC는 지방법원에서 특허디자인을 단지 디자인 개념 관점에서 넓게 해석한 다음 선행디자인과 거의 유사하다고 판단하고 이를 기본 선행디자인으로 삼은 것은 잘못이라 지적하였다. 그러면서, 디자인들의 외관에 대해 지방법원에 비해 보다 자세하게 언어로 묘사한 다음 세부 차이점에 근거하여 그들 시각적 인상이 실질적으로 동일하지 않다는 이유로 기본 선행디자인으로 되기에 충분하지 않다고 판시하였다.).

인에 관한 '상세한' 언어묘사는 필요치 않다고 설시하였다.(166) 다만, 침해사건과는 달리, 특허무효(자명성) 사건에는 Durling 판결과 같이 '보다 정교한' 언어묘사가 요구될 수 있음도 시사하였다.

(3) High Point 사건에서, 지방법원은 주로 Egyptian 판결을 인용하면서 특허디자인에 대한 언어묘사를 개괄적으로 하는 입장을 취한 반면, CAFC는 Durling 판결에 따라 보다 상세한 언어묘사에 기초하여 대조비교하는 입장을 취한 점에서, 기본적인 차이를 보인다.

자명성 판단을 목적으로 기본 선행디자인을 선정하는 과정에서, 특허디자인 및 선행디자인의 시각적 외관이 실질적으로 동일한지 여부를 판단함에 있어서, 이들을 언어로 묘사하여 비교하는 것은 (어느 정도로 상세하게 하여야 하는지는 별론으로 하고) 실무상 피할 수 없다. 가령 언어적 묘사가 상세하면 할수록 서로의 차이점을 보다 부각시킬 수 있는 반면, 개념적으로 넓게 해석할수록 서로 비슷하다고 볼 가능성이 커진다. 이 사건에서 지방법원은 특허디자인에 대해 두루뭉실하게 '넓게' 묘사한 반면, CAFC는 '지나치게' 자세하게 묘사한 것이 아닌가 사료된다.

V 결론

특허디자인의 자명성 판단은 특허디자인과 실질적으로 '동일한' 기본 선행디자인을 결정하는 과정을 요하는데, 특허침해 사건에서 특허디자인 및 실시디자인의 '동일성'을 판단할 때와 마찬가지로 '일반 관찰자' 테스트가 적용된다. 다만, 그러한 동일성 판단과정에서 특허디자인을 어느 정도 상세하게 언어묘사로 표현하여야 하는지에 대해, 자명성을 다룬 Durling 판결에서는 특허침해를 다룬 Egyptian 판결

(166) Egyptian Goddess, Inc. v. Swisa, Inc., 543 F.3d 665 (Fed. Cir. 2008) (en banc). 특허디자인에 대한 '상세한' 언어묘사로 인해 디자인을 그 전체로서가 아니라 언어로 묘사된 개별 특징에 초점을 맞추어 판단하게 될 위험성이 있음을 지적한 것이다.

에 비해 보다 정교한 언어묘사를 요구하였다.(167)

특허디자인의 자명성 여부는 기본 선행디자인에 보조 선행디자인을 '조합'하여 특허디자인과 동일한 외관을 갖는 디자인을 창작할 수 있는지를 판단하는 것이다. 이를 위해서는 먼저 기본 선행디자인을 선정하여야 하는데, 그 기준을 너무 엄격히 설정하는 것도 문제이다.(168) 두 디자인이 시각적 외관의 측면에서 일반 관찰자가 '혼동'할 정도로 전체적으로 유사하게 보이더라도 개별적으로 세밀하게 분석하면 서로의 차이점이 보다 많이 드러나기 마련이다.

사견으로, 자명성 판단은 '보조 선행디자인'의 추가적 사용을 예정하므로, '기본 선행디자인'을 선정함에 있어서 디자인의 전체적 외관이 일반 관찰자가 '혼동'을 일으킬 정도인지, 즉 너무 세밀한 부분까지 언어묘사하여 대비 · 판단할 것이 아니라 지방법원의 판결과 같이 디자인 개념을 중심으로 보다 넓게 보는 것이 타당하지 않을까?

이 사건 CAFC의 입장과 같이, '기본 선행디자인'을 선정하는 과정에서 특허디자인을 매우 상세하게 언어로 묘사하여 선행디자인과 구체적으로 대비 · 판단한 결과 동일성이 있을 것을 요구한다면, 기본 선행디자인으로 되기 위해서는 특허디자인과 모든 세세한 점에서도 실질적으로 동일한 것이어야 할 것이므로, 그렇다면 자명성 판단으로 나갈 필요도 없이 그 선행디자인을 기초로 '신규성' 요건으로도 특허디자인을 무효로 시킬만하다 할 것이다.

(167) 따라서 자명성 판단에서 특허디자인 및 기본 선행디자인 간의 동일성 판단기준이 특허침해 판단에서 특허디자인 및 실시디자인 간의 그것에 비해 보다 엄격하다고 볼 수 있다. 그렇다면 특허디자인이 자명성으로 무효로 될 가능성은 보다 낮고, 반대로 특허침해 판단에서는 실시디자인이 특허디자인과 동일할 가능성은 보다 높다. 결국, 양쪽 모두 디자인 특허권자에게 보다 유리한 결과라 할 수 있다.

(168) 자명성 판단에서 기본 선행디자인을 선정하는 과정은 특허침해 판단에서와 같이 두 디자인의 '동일성' 여부로 결정된다. 여기서, 기본 선행디자인의 선정은 자명성의 근거가 되는 어느 하나의 선행기술을 선정하는 것이고, 특허침해 여부는 특허디자인의 권리범위 해석 문제에 관한 것으로, 이들 과정에서 '동일성'을 판단하는 목적이 서로 다르다. 따라서 이들 각각에 적용되는 '동일성' 판단기준이 반드시 같아야 할 필연성은 없으며, 오히려 서로 달리 적용하는 것이 보다 합리적이라 사료된다.

2-8

[유럽] 현명한 사용자에 의한 독특성 요건의 판단

Senz v. OHIM (General Court of the E.U., 2015)

| 이혜라 | LG화학 변리사

I 서론

현행법상 디자인의 보호방안은 지식재산법에서는 디자인보호법, 실용신안법, 상표법, 부정경쟁방지 및 영업비밀보호에 관한 법률(이하, '부정경쟁방지법'이라 함) 및 저작권법을 들 수 있고, 그 외 민법의 일반불법행위법리와 계약법의 법리에 의하여 보호받을 수 있다.(169) 그중에서 우리나라 디자인보호법은 신규성(170) 및 창작 비

(169) 차상육, "미등록디자인의 보호(우리나라와 EU의 대비)", 디자인맵, 인터넷 자료, 2013. 〈http://www.designmap.or.kr/ipf/IpCaFrD.jsp?p=14〉.

(170) 대법원 2012. 6. 14. 선고 2012후597 판결 등("디자인의 등록요건 판단에 있어 그 유사 여부는 이를 구성하는 각 요소를 분리하여 개별적으로 대비할 것이 아니라 그 외관을 전체적으로 대비 관찰하여 보는 사람으로 하여금 상이한 심미감을 느끼게 하는지의 여부에 따라 판단하여야 하므로 그 지배적인 특징이 유사하다면 세부적인 점에 다소 차이가 있을지라도 유사하다고 보아야 하고(대법원 2007. 1. 25. 선고 2005후1097 판결 등 참조)").

용이성[171] 요건을 요구하는데 반해[172] 유럽디자인규칙은 신규성 및 독특성 요건을 두고 있다. 이하에서, 우리나라의 창작 비용이성 법리와는 다른 유럽연합의 '독특성' 법리에 대해 살펴보고자 한다.

Ⅱ 디자인권의 창작의 정도에 관한 유럽의 입법례

1. 유럽연합 디자인규칙

유럽연합에서는 1998년 디자인보호지침을,[173] 2001년에는 유럽연합 디자인 규칙CDR을[174] 각각 제정하여 디자인 보호에 관하여 두 가지 체제를 구축하였다. 디

(171) 디자인보호법 제5조 제2항에 명시된 바와 같이 창작 비용이성은 법 제5조 제1항 제1호 또는 제2호에 해당하는 디자인의 결합 또는 국내에서 널리 알려진 형상 · 모양 · 색채 또는 이들의 결합에 의하여 용이하게 창작할 수 있는가 아닌가를 기준으로 판단하게 된다(디자인 심사기준 중 제5조 제3항 제1호 다목 참조). 이러한 창작 비용이성의 판단기준에 비추어 실제 창작용이한 것으로 인정될 수 있는 유형을 살펴보면 크게 (ⅰ) 공지디자인의 결합에 의한 창작, (ⅱ) 널리 알려진 형상 등의 결합에 의한 창작으로 나누어 볼 수 있는바,

… (중략) (디자인 심사기준 중 제5조 제3항 2호 나.목 참조). 디자인보호법은 이러한 주지 형상 · 모양 · 색채 또는 이들의 결합을 그대로 이용한 것 혹은 그 이용에 있어서 가하여진 단순한 상업적 변형에 대하여 이를 창작이 용이한 것으로 인정하여 등록무효사유로 규정하고 있는바, 여기에서 상업적 변형이란 그 디자인이 속하는 분야에서 통상의 기술자라면 누구나 그 물품에 디자인이 맞도록 하기 위하여 가할 수 있는 정도의 변형을 의미한다(노태정, 위의 책, 269면 참조). "디자인의 창작 용이성 판단방법에 관한 小考", 대한변리사회,
〈http://kpaanews.or.kr/news/view.html?section=86&category=88&no=1700〉.

(172) 한국 디자인보호법 제33조(디자인등록의 요건) 제1항 및 제2항.

(173) EU, Directive on the legal protection of designs, 98/71/EC (1998. 10. 13.).
〈https://euipo.europa.eu/tunnel-web/secure/webdav/guest/document_library/contentPdfs/law_and_practice/cdr_legal_basis/EUR-Lex%20-%2031998L0071_en.htm〉.

(174) EU Community Design regulation(이하 "EU CDR"이라 한다): Council Regulation (EC) No 6/2002 of 12 December 2001 on Community designs, (OJ EC No L 3 of 5. 1. 2002); Amended Council Regulation No1891/2006(2006. 12. 18).
〈https://euipo.europa.eu/tunnel-web/secure/webdav/guest/document_library/contentPdfs/law_and_practice/cdr_legal_basis/62002_cv_en.pdf〉.

자인의 등록을 위해서는 신규성new과 독특성individual character의(175)(176) 요건을 구비해야 하며, 스페인의 OHIM에 설치된 사무국에서 등록을 하면 5년 동안 등록디자인으로서 보호된다. '신규성'을 만족하기 위해서는 디자인 등록출원 전에 동일한 디자인이 공개된 적이 없어야 하고, '독특성'을(177) 만족하기 위해서는 디자인 등록출원 전에 공개된 디자인에 대하여 현명한 사용자에게 전체적 인상과 다른 인상을 해당 디자인이 주어야 한다.(178)(179) 즉, 디자인은 현명한 사용자 내지 통상의 정보를 가진 사용자the informed user가(180) 그 디자인에 대하여 갖는 전체적인 인상the overall impression이 출원일(우선권 주장이 있는 경우 우선일) 전에 공지된 다른 디자인의 전체적

(175) EU CDR (14) ("The assessment as to whether a design has individual character should be based on whether the overall impression produced on an informed user viewing the design clearly differs from that produced on him by the existing design corpus, taking into consideration the nature of the product to which the design is applied or in which it is incorporated, and in particular the industrial sector to which it belongs and the degree of freedom of the designer in developing the design.").

(176) EU CDR (19) ("A Community design should not be upheld unless the design is new and unless it also possesses an individual character in comparison with other designs.").

(177) 차상육, 앞의 인터넷 자료, 2013("EU의 독특성(individual character) 요건은 디자인이 통상의 정보를 가진 사용자(informed user)의 관점에서 공지디자인과 식별될 수 있는 지 여부를 묻는 점에서 디자인의 창작의 정도는 문제로 되지 않는다. 통상의 정보를 가진 사용자(informed user)는 미등록공동체디자인권의 침해판단의 주체로서 작용한다. 이런 점에서 비추어 보면 우리 디자인보호법상 창작 비용이성 요건과는 차이가 있다."), 〈http://www.designmap.or.kr/ipf/IpCaFrD.jsp?p=14〉.

(178) EU CDR Article 5~6; 육소영, "패션디자인의 법적 보호", 「지식재산연구」 제5권 제2호, 2010. 6, 한국지식재산연구원, 93면 참조.

(179) Mewburn Ellis, 앞의 인터넷 자료: 디자인이 'individual character(독특성)'를 가지려면, 현명한 사용자(informed user), 즉 정보가 있는 사용자에게 이전의 디자인과 전체적으로 상이한 인상을 주어야 하고, '정보가 있는 사용자'는 제품의 최종 소비자(end user)인 경우가 많은데, 디자인 창작자에게 디자인 자유도가 적은 분야에서 등록 가능한 디자인과 이전 디자인 간의 차이는 디자인 창작자에게 완전한 디자인 자유도가 있는 분야만큼 크지 않을 수 있다는 의견.
〈https://mewburn.com/ko/resource/registered-community-designs-the-basics/〉.

(180) 문삼섭, "EU에서 의장을 보호받기 위한 제방안에 대한 고찰(1) – 특허권적 접근방법을 중심으로 –", 「지식재산 21」 통권 77호, 2003. 3("EU 의장법 통일화 지침과 EU 공동체의장규정에서 새로 만든 용어로서 'designs expert'를 기준으로 하지 않는다는 것을 표현하기 위하여 사용한 개념이다. 'informed user'는 일반적으로 최종수요자를 의미하겠지만 어떠한 기계의 수리에서 교체되는 기계의 내부 부품에 대해서는 최종수요자는 잘 알 수 없으므로 이러한 경우의 'informed user'는 그 부품을 수리하는 자가 된다.").
〈http://www.kipo.go.kr/home/portal/nHtml/Data/DataNews77-10.html〉.

인 인상과 다른 경우에는 독특성이 있는 것으로 본다.

디자인의 독특성을 평가할 때에는 당해 디자인을 개발할 때의 디자이너의 자유의 정도the degree of freedom of the designer를 고려하여야 한다.(181) 다만, 복합물품의 부품의 경우에는 그 부품이 복합물품으로 결합될 때 복합물품의 통상의 사용normal use(182) 과정에서 육안으로 확인되고 부품의 시각적인 특징이 자체적으로 신규성과 독특성을 갖출 것을 요하고 있다.

2. 영국

등록디자인Registered Community Design(이하 "RCD"라 한다)에 관한 사항은 과거에는 등록디자인보호법의 적용을 받았으나 현재는 CDPA로(183) 통합되어 적용을 받는다. 등록을 위해서는 독창성originality과 신규성novelty을 갖추어야 한다. 한편, 상거래에서 공통적으로 이용되는 중요하지 않은 세부사항이나 특징상의 차이점은 신규성을 만족시키지 못한다.(184) 디자인이 독창적이라 함은 해당 디자인분야에서 일반적이지 않을 것이 요구되지만, 시각에 호소되는 특징을 가질 것은 요구되지 않는다.

미등록디자인Unregistered Community Design(이하 "UDR"라 한다)도 CDPA의 적용을 받는다. CDPA에서는 이 법에 의해 보호되는 디자인을 물품의 전부 또는 일부의 외관이나 형태로 정의하고 있으며, 이때 디자인은 독창성originality을 갖추어야 한다.(185) 영국 UDR은 표면 장식과 같은 일부 예외를 제외하고 물품의 전부 또는 일부의 디

(181) 문삼섭, 앞의 논문(디자인을 개발할 때의 디자이너의 자유의 정도란 당해 디자인을 개발함에 있어 디자이너가 표준화, 기술적 또는 물리적 제약, 뿌리깊은 고객의 요구를 고려하여야할 필요성, 당시의 패션이 부과하는 특징 등에 의하여 제약을 받는지의 여부 및 정도를 말한다. 디자이너가 그러한 제약을 받지 않고 디자인을 개발하는 경우에는 자유의 정도가 높은 반면, 그러한 제약을 많이 받는 경우에는 자유의 정도가 낮다고 볼 수 있다.") (엄태민, "의장보호정책 방향에 관한 연구 -중복보호 문제에 대한 대안제시를 목적으로-", 서울대학교 행정대학원 석사학위 논문, 2001, 78면 재인용).

(182) 통상의 사용이란 최종사용자에 의한 사용을 의미하며, 보수, 수리, 수선작업 등은 제외한다. EU CDR Art. 4(3) ("'Normal use' within the meaning of paragraph (2)(a) shall mean use by the end user, excluding maintenance, servicing or repair work.").

(183) UK CDPA (Copyright, Designs and Patent Act): 영국의 저작권, 디자인 및 특허법으로서 1988년 제정되었다.

(184) UK CDPA Sec. 1(4); 육소영, 앞의 책, 93면.

(185) UK CDPA Sec. 213; 육소영, 앞의 책, 93면.

자인을 보호하고, 물품을 특정 디자인으로 만들거나, EU 또는 영국 디자이너를 상호 보호하는 EU 이외 국가의 국민이나 거주자인 '적격자'의 '디자인 문서' 작성을 통해서 자동적으로 인정된다.(186)(187)

이하에서는 유럽디자인규칙의 독특성 요건에 관해서 비대칭 우산 사건 등의 관련된 사례를 중심으로 상세히 살펴보기로 한다.(188)

(186) UK CDPA Sec. 217. 〈https://mewburn.com/ko/resource/withdrawal-of-the-uk-from-the-eu-brexit-implications-for-ip-rights/#_ftn15〉.

(187) '영국의 브렉시트 후 디자인권에 미치는 영향'에 관해서는 Mewburn Ellis(유럽 IP Law firm)의 인터넷 자료 참조: 1) 영국 등록 디자인: 영국의 EU 탈퇴로 인해 직접적인 영향을 받지는 않겠지만, 기존의 영국 법령이 일부 변경될 가능성이 있습니다. 이러한 변경 내용 중의 하나는 참신성(novelty) 공개에 대한 보호조항관 관련된 것이다(1949 등록 디자인 법 제 1B(6)(a)항). 2) 미등록 디자인 권리(UDR): 브렉시트 이후, 영국은 EU가 상호 보호를 하지 않는다는 이유를 들어서 EU국민과 거주자를 영국 UDR 범위에서 제외하기로 결정할 수도 있다. 3) 등록 유럽공동체 디자인 (RCD): 이것은 EU 단일 권리이므로, 유럽상표권(EUTM)과 마찬가지로, 기존 RCD와 신규 RCD는 브렉시트 후에는 영국에 적용되지 않을 것으로 예상되며, 이의 상업적 중요성을 감안할 때, 영국은 RCD의 영국 부분을 인정하기 위한 과도적 조항을 만들 가능성이 높다. 브렉시트(2019년 3월 28일) 이후에는, EU 법원에 제기된 RCD 집행 조치 및 그로 인한 결과적 집행명령은 영국에서는 효력이 없다. EU와 영국에서 침해가 일어날 경우, 별도의 집행 조치가 필요하다. 2016년 현재, EU 법률은 RCD 소유자의 동의를 얻어 이루어지는 유럽경제지역 내의 첫 판매에 대해 권리소진 원칙을 적용하고 있다(이사회 규정 EC 6/2002 제21조). 영국에서의 첫 판매는 RCD를 소진시키지 않을 것이고, RCD 소유자는 영국으로부터 유럽경제지역으로 들어오는 병행 수입을 막을 수 있다. 4) 미등록 유럽공동체 디자인 (UCD): UCD는 그 소유자에게 유럽연합 전역에 걸쳐서 디자인의 무단 복제를 막을 수 있는 권리를 부여한다. UCD는 디자인이 유럽 공동체(EU) 내에서 최초로 공개될 때부터 자동으로 보호를 받게 된다. 그러나, 브렉시트 이후에 UCD는 더 이상 영국에 적용되지 않는다.
〈https://mewburn.com/ko/resource/withdrawal-of-the-uk-from-the-eu-brexit-implications-for-ip-rights/#_ftn15〉.

(188) 참고로, 미국법에서 디자인의 등록요건인 비자명성 요건은 패션분야와 같이 유행이 빠르거나 복고풍이 유행이 되기도 하는 '유행성'이 강한 분야에서는 매우 만족시키기 어렵고, 보호기간도 지나치게 길다는 비판이 있을 수 있다.

유럽디자인규칙의 독특성 법리

1. 유럽연합 디자인규칙(제4조, 제6조)

유럽연합에서는 등록 디자인이 신규성 및 독특성을 가질 것을 요구한다.(189) 유럽디자인규칙 제5(1)조는 선행 디자인과의 동일성으로 신규성을 판단한다고 규정하며,(190) 제5(2)조는 중요하지 않은 상세 부분에서만 다른 경우 동일성의 범주에 포함된다고 규정한다.(191) 신규성 요건은 새롭지 않은 디자인에 특허를 부여하지 않는다는 것이며,(192) 상세 법리는 다르겠지만 큰 맥락에서 대부분의 국가가 동일한 법리를 운용하고 있다. 신규성 요건만으로는 약간의 변형에 대하여 디자인등록을 막을 수 없으므로 신규성 요건의 한계를 보완하기 위하여 독특성 요건이 추가되었다.(193)

---

(189) EU CDR Article 4 Requirements for protection ("1. design shall be protected by a Community design to the extent that it is new and has individual character. 2. A design applied to or incorporated in a product which constitutes a component part of a complex product shall only be considered to be new and to have individual character: (a) if the component part, once it has been incorporated into the complex product, remains visible during normal use of the latter; and (b) to the extent that those visible features of the component part fulfil in themselves the requirements as to novelty and individual character.").

(190) EU CDR Article 5 Novelty ("1. design shall be considered to be new, if no identical design has been made available to the public: (a) in the case of an unregistered Community design, before the date on which the design for which protection is claimed has first been made available to the public; (b) in the case of a registered Community design, before the date of filing of the application for registration of the design for which protection is claimed, or, if priority is claimed, the date of priority.").

(191) EU CDR Article 5 Novelty ("2. Designs shall be deemed to be identical if their features differ only in immaterial details.").

(192) Hans Henrik Lidgard, "Novelty and Individual Character in the Community Design Law", Master thesis, 2005, p. 17 ("A novelty test is tailored to exclude designs that are not new.").

(193) Hans Henrik Lidgard, supra, p. 18 ("However a novelty test alone would be deemed to face the difficulties pointed out above by Levin. Therefore in order to create a successful European design protection where creative and innovative designs are given sufficient protection an additional requirement is introduced under the name of individual character.").

2. 독특성 요건의 판단

유럽디자인규칙 제6(1)조에 따르면, 현명한 사용자informed user에게 선행 디자인이 주는 전체적 인상과 다른 전체적 인상을 주는 경우 그 디자인이 독특성을 가지는 것으로 간주된다.(194)(195) 아울러 동 규칙 제6(2)조에 의하면, 독특성을 판단함에 있어서 디자인의 창작 시의 디자이너의 자유도degree of freedom가 고려되어야 한다.(196) 독특성의 존재는 전체적 인상으로 판단되며, 심미적aesthetic 판단은 가해지지 않는다.(197) 독특성의 존재를 판단함에 있어서 선행디자인과 비교된 개선, 개악은 문제로 삼지 않으며 단지 전체적 인상만이 판단된다.(198) 유럽디자인규칙을 만드는 과정에서 애초에는 '구별적인 특성'distinctive character이라는 용어가 제시되기도 하였는데, 결과적으로 '독특성'이라는 용어가 채택이 되었지만 그 두 용어는 실질적인 차이가 있는 것은 아니다.(199)

유럽디자인규칙을 만드는 과정에서 애초에는 (미국의 'sufficiently distinct'와 같이) 전체적 인상이 '현저히'significantly 다를 것을 요구하는 방안도 검토되었으나, 그 '현저히'가 독특성 요건의 기준을 지나치게 높일 것이라는 우려로 인하여 그 용어는 삭제되었다. 한편, 그 용어의 삭제로 인하여 어떤 디자인이 독특성의 요건을 충족하기

(194) EU CDR Article 6 Individual character ("1. A design shall be considered to have individual character of the overall impression in produces on the informed user differs from overall impression produced on such a user by any design which has been made available to the public: (a) in the case of an unregistered Community design, before the date on which the design for which protection is claimed has first been made available to the public; (b) in the case of a registered Community design, before the date of filing the application for registration or, if a priority is claimed, the date of priority.").

(195) Hans Henrik Lidgard, supra, p. 1 ("According to the individual character test the design will have individual character when it produces an overall different impression on the informed user.").

(196) EU CDR Article 6 Individual character ("2. In assessing individual character the degree of freedom of the designer in developing the design shall be taken into consideration.").

(197) Green Paper on the Legal Protection of Industrial Designs - 111/F/5131/91–EN Brussels, June 1991, para. 5.4.5. p. 60.

(198) Hans Henrik Lidgard, supra, p. 21.

(199) M. Franzosi, "European Design Protection Commentary to Directive and Regulation Proposals", Kluwer Law International Hague, 1996, p. 68 ("the deviation from 'distinctive' to 'individual' represents no mental change; it has it real grounds in a translation problem.") (cited from Hans Henrik Lidgard, supra, p. 19).

는 쉬운 반면, 해당 디자인이 등록된 후에는 보호범위는 좁아진다.[200] 생각건대, 심사단계에서 독특성 요건의 문턱과 등록 이후 단계에서 보호범위의 문턱을 상응하게 하는 것이 타당하다.

3. 현명한 사용자 informed user

우리나라 및 미국에서는 일반수요자Ordinary Observer[201] 기준을 적용하나, 일본(의장법 제24조 제2항)[202] 및 유럽(디자인 규칙 제10(1)조)에서는 현명한 사용자informed

(200) Hans Henrik Lidgard, supra, p. 17 ("The logic is, the higher the threshold for individual character the broader protection for the design.").

(201) 일반수요자(Ordinary Observer)에 의한 2단계 테스트에 관련한 2가지 사례: 1) Egyptian Goddess, 543 F.3d at 678 ("The ordinary observer test proceeds in two stages. In some instances, the claimed design and the accused design will be sufficiently distinct that it will be clear without more that the patentee has not met its burden of proving the two designs would appear 'substantially the same' to the ordinary observer") 2) *Wallace v. Ideavillage Products Corp.*(Fed. Cir. March 3, 2016). *CAFC*는 지방법원의 reasonable ordinary observer 관점에서의 '990 디자인과 피고 Ideavillage 디자인의 전체 외관의 차이점을 구별하면서, 두 디자인 간의 현저한 차이(sufficiently distinct)를 인정하였고, 선행의 '826특허에 개시된 디자인과 '990 등록 디자인의 유사성을 인정한 판단을 지지하였다. *Wallace v. Ideavillage Products Corp.*, No. 06-CV-5673-JAD, 2014 WL 4637216, at 3-4 (D.N.J. Sept. 15, 2014).

등록 디자인 제D485,990호	선행 특허 제4,417,826호	피고 Ideavillage의 디자인

(202) 일본의장법(영문) Article 24 (1) ("The scope of a registered design shall be determined based upon the design stated in the application and depicted in the drawing or represented in the, photograph, model or specimen attached to the application. (2) Whether a registered design is identical with or similar to another design shall be determined based upon the aesthetic impression that the designs would create through the eye of their consumers."), 영문본 출처: WIPO Lex, 〈https://wipolex.wipo.int/en/text/480010〉.

user 기준을 적용한다.(203)(204) 현명한 사용자는 전문가가 아니며 통상의 고객 중 선행 디자인에 대하여 어느 정도 알고 있고 디자이너가 어느 정도의 자유도를 가졌는지를 이해할 수 있는 자이며,(205) 통상의 고객보다는 관찰력이 더 높은 자이다.(206)(207)

영국의 한 판례는 현명한 사용자를 다음과 같이 설명한다.(208) ① 특별히 관찰력이 좋은 자, ② 해당 분야의 디자인에 대한 어느 정도의 지식을 가진 자, ③ 해당 제품에 대하여 관심을 가지며, 그 제품을 사용함에 있어서 높은 정도의 관심을 보이는 자, ④ 두 디자인을 비교하는 자.

(203) 양대승, "디자인의 합리적 보호를 위한 신규성과 창작비(非)용이성의 인적(人的)판단기준 정립 방안", 「선진상사법률연구」 제73권, 법무부, 2016, 251-252면.

(204) 김시열, "국내외 지식재산 법제도 비교 분석(디자인법)",「법 · 제도 연구」, 2016, 230면("프랑스의 경우, '정통한 관찰자'를 판단주체로 하는데, 이는 '해당 분야에 대해 개인적 경험이나 폭넓은 지식을 갖춘 특별한 주의력을 가진 관찰자'로 해석되어야 한다고 법원은 보고 있다. 프랑스 판례 Cass. com., 3 avril 2013 / CA Paris, 2 décembre 2011"), 〈https://www.kiip.re.kr/tsearch/result.do〉.

(205) Hans Henrik Lidgard, supra, p. 23 ("'Informed user' is a flexible person who besides being ordinary consumer should be acquainted to a certain degree with the prior designs and be able to understand how much freedom the designer has to develop the new design.").

(206) PepsiCo Inc v Grupo Promer Mon Graphic SA Case C-281/10 P, 2011 ("lying somewhere between that of the average consumer, applicable in trademark matters, who need not have any specific knowledge and who, as a rule, makes no direct comparison between the trademarks at issue, and the sectorial expert, who is an expert with detailed technical expertise. Thus, the concept of the 'informed user' may be understood as referring not to a user of average attention, but to a particularly observant one, either because of his personal experience or his extensive knowledge of the sector in question.").

(207) informed user에 관해서는 후속의 상세한 연구의 가치가 있다. 이에 관한 상세한 내용은 다음 자료들을 참고로 할 수 있다. David Musker, "The Informed User Legalistic or Realistic? ", ECTA, Alicante, 2014, 〈http://www.ecta.org/uploads/events-documents/The_Informed_User_DCM_(2).pdf〉; Alistair Payne and Gerard Kelly, Matheson, "The Court Of Justice Defines The "Informed User" In Community Design Law", 2012, 〈http://www.mondaq.com/ireland/x/159612/The+Court+of+Justice+defines+the+informed+user+in+Community+design+law〉 등.

(208) Whitby Specialist Vehicles Ltd v Yorkshire Specialist Vehicles Ltd & Amer Rubani, Omar Rubani and Ghulam Rubani [2014] EWHC 4242.

독특성 판단 사례: Senz v. OHIM[209]

1. 사실관계

2006년 Senz가 출원한 대상 디자인은 비대칭 우산으로서 바람에 대한 저항력이 강한 것을 특징으로 한다. 2009년 Impriva가 대상 등록디자인이 선행 디자인(미국특허 제5505221호)과 동일 또는 유사하다는 이유로 유럽공동체상표디자인청OHIM에[210] 대상 등록 디자인의 무효심판을 청구하였다.[211]

2. OHIM의 판단

OHIM의 무효부서Cancellation Division 및 심판원Board of Appeal은 대상 등록디자인이 독특성individual character을 가지지 않는다는 이유로 무효라고 판단하였다. 특히 독특성과 관련하여 심판원은 다음과 같이 판단하였다. ① 우산에서 디자이너의 자유도는 제한적이라는 점, ② 우산을 구매하는 현명한 사용자informed user는 우산의 비대칭 구조에 세밀한 관심을 보였을 것이라는 점을 전제로 하고, 심판원은 선행디자인과 대상 등록디자인이 동일한 전체적 인상을 가진다고 판단하였다.

(209) *Senz Technologies BV v OHIM, Impliva B* (Parapluies), Joined cases T−22/13 and T−23/13, EU:T:2015:310, General Court of the European Union, 21 May 2015.

(210) 유럽공동체상표디자인청인 EUIPO의 전신으로서, OHIM(Office for Harmonization in the Internal Market) 또는 OHIM(프랑스어: OHMI 또는 Office de l'Harmonisation dans le Marché Intérieur)은 유럽 연합의 인터넷 시장을 위한 상표와 산업 디자인을 등록하는 기관이다. OHIM이 하는 일은 유럽 연합 안에서 CTM(커뮤니티 트레이드 마크)와 커뮤니티 디자인을 관리하고 진전시키는 것이다. 위키피디아.

(211)
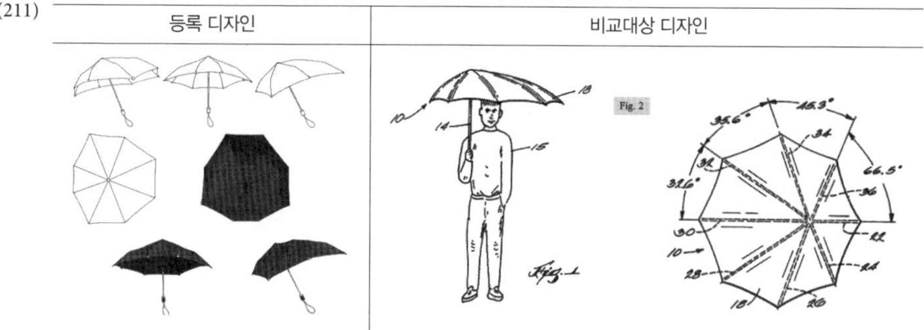

3. EU 일반법원General Court의 판단

EU 일반법원은 등록디자인과 선행디자인이 새의 부리 모양의 비대칭 우산에 관한 것이라는 점에서는 동일 또는 유사하나, ① 우산과 같은 단순한 물품에서는 디자인의 자유도가 제한적이라는 점, ② 등록디자인은 비정형 8각형인데 반해, 선행디자인은 정형 8각형이라는 점, ③ 등록디자인은 상부가 피라미드형인데 반해, 선행디자인은 상부 중앙에 편평한 면이 있다는 점에 근거하여 현명한 사용자가 두 디자인의 전체적 인상을 다르게 보았을 것이라고 판단하였다.

4. 평가

(1) 의미구성요소의 세분화

등록디자인의 구성요소를 얼마나 상세하게 세분화하여 검토하는지가 판단에 큰 영향을 미치는 것으로 생각된다. OHIM의 판단은 비대칭 8각형 우산이라는 점에서 전체적 인상이 동일하다고 쉽게 판단하였으나, EU 일반법원은 8각형의 모습, 상부의 모습 등을 좀 더 정밀하게 세분화하여 검토하였으며, 그러한 세분화 검토로 인하여 독특성의 인정이 더 용이하였다고 생각된다.

(2) 현명한 사용자의 눈

특허법에서 진보성을 판단함에 있어서 당업자, 즉 통상의 기술자의 눈을 통해서 판단하듯, 디자인보호법에서 독특성을 판단함에 있어서 현명한 사용자를 기준으로 하는데, 그 현명한 사용자가 어느 정도로 현명하고 치밀한 자인지가 판단의 결과에 영향을 미친다. 본 사건에서 ① 우산을 사은품으로 자주 받는다는 점, ② 우산의 가격이 비교적 저렴하다는 점, ③ 우산은 조만간 잊어버릴 수 있음을 염두에 두고 있다는 점 등을 감안하면 우산 분야에서의 현명한 사용자는 덜 조심스러울 것이고 그렇다면 선행디자인과 등록디자인을 주의 깊게 비교해 보지 않고도 전체적인 인상이 동일하다고 판단할 가능성이 높다.

독특성 관련 판결

1. Sachi v. Armchair 사건(2014)[212]

Gandia 의 주장에도 불구하고, 본 사건에서 OHIM 심판원과 EU 일반법원General Court은 Sachi 암체어의 등록 디자인의 독특성을 인정하였다. 특히 EU 일반법원General Court은 다음과 같은 점들을 판단 근거로 하였다.[213] ① 두 디자인의 팔걸이의 형태가 다르다는 점(정사각형 v. 직사각형), ② 선행디자인의 좌판의 높이가 낮다는 점, ③ 등록디자인의 좌판 및 등판이 기울어져 있다는 점, ④ 등록디자인은 쿠션으로 덮여있다는 점.

이 사건에서, 독특성을 판단하는 현명한 사용자는 상습적으로 암체어를 구입하여 의도한 용도대로 그 의자를 사용하며, 인터넷과 카탈로그를 통해 의자 제품의 특징에 관해서 정보를 습득해온 사람을 의미한다고 하였다. 법원은 암체어에 대한 디자이너의 자유도는 거의 무한정적이며, 유일한 한계는 의자, 등받이 및 두 개의 팔걸이로 구성되는 기능적인 부분뿐이라고 판단하였다.[214]

(212) Gandia Blasco SA v OHIM; Sachi Premium-Outdoor Furniture LDA (T-339/12, 2014)

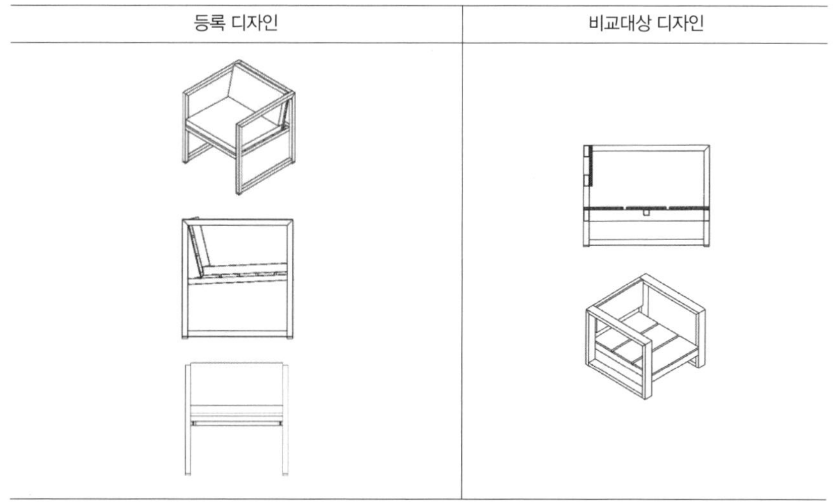

(213) 〈https://www.twobirds.com/en/news/articles/2014/global/design-writes/registered-community-design-for-armchairs-found-to-be-valid#_ftn1〉.

(214) 상동.

2. Antrax v. EUIPO(2017)[215]

등록디자인은 난방용 라디에이터의 구조에 관한 것이다. EUIPO의[216] 취소부Cancellation Division는 선행 디자인에 비하여 등록 디자인이 신규성을 결여한다고 판단하였다. 한편, EUIPO의 심판원Board of Appeal 본 디자인의 신규성은 인정하지만, 독특성을 결여한다고 판단하였다.[217][218]

EU 일반법원GC은 해당 품목에서 디자인이 '포화상태'에 이른 경우 현명한 사용자가[219] 두 디자인의 미묘한 차이도 포착할 수 있게 된다는 점에 근거하여 독특성은 쉽게 인정되는 반면, 비침해도 쉽게 인정된다고 설명하였다. 그렇다면 해당 분야의 디자인이 포화상태인지 여부를 판단하는 것이 매우 중요한데, 대상판결의 심판원은 다음과 같은 점을 포화상태를 판단하는 요소로 제시한 바 있다.[220][221] ① 많은 수의 경쟁제품에 관한 카타로그 및 서류 증거, ② 해당 분야 전문가의 증언, 발

(215) Antrax It Srl v EUIPO T-828/14 및 T-829/14 (2017. 3. 10.).

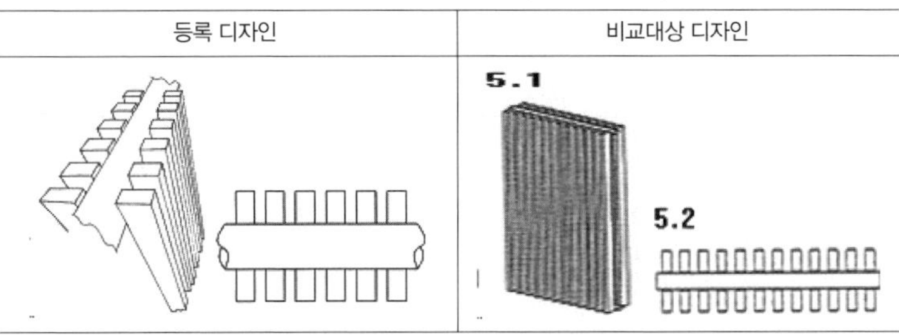

(216) European Union Intellectual Property Office(유럽공동체 상표청), EUIPO의 홈페이지 〈https://euipo.europa.eu/ohimportal/designs〉.

(217) 〈http://curia.europa.eu/juris/documents.jsf?oqp=&for=&mat=or&lgrec=en&jge=&td=%3BALL&jur=C%2CT%2CF&num=T-828%252F14&page=1&dates=&pcs=Oor&lg=&pro=&nat=or&cit=none%252CC%252CCJ%252CR%252C2008E%252C%252C%252C%252C%252C%252C%252C%252C%252C%252Ctrue%252Cfalse%252Cfalse&language=en&avg=&cid=14222225〉.

(218) Tom Brazier, "Antrax It Srl v EUIPO (T-828/14): The General Court Tackles the Notion of a Saturated Field of Prior Designs in the Assessment of Individual Character Associate", European Intellectual Property Review, (2017) 39 E.I.P.R., Issue 6, Thomson Reuters, 2017, p. 377.
〈http://www.allenovery.com/SiteCollectionDocuments/EIPR_article.PDF〉.

(219) 이 사건에서, 독특성을 판단하는 현명한 사용자(informed user)에 대한 상세한 내용은 다음에 잘 설명되어 있다: 〈https://www.bailii.org/eu/cases/EUECJ/2017/T82814.html〉.

(220) Tom Brazier, Supra, pp. 377-78.

(221) 〈https://eur-lex.europa.eu/legal-content/EN/TXT/?uri=CELEX%3A62014TA0828〉.

언, ③ 고객조합, 제조사 등의 언급, 발언, 발표, ④ 해당 분야에서의 대규모 도매업자의 카타로그 및 가격 리스트, ⑤ 제3자가 수행한 설문조사 또는 해당 분야 조사.

2-9

물품의 기능을 확보하는 데 불가결한 형상만으로 된 디자인

대법원 2006. 1. 13. 선고 2005후841 판결

| **정태호** | 경기대학교 지식재산학과 교수

I 서론

디자인보호법상 물품성 등 디자인의 성립요건을 충족하고, 공업상 이용가능성, 신규성 및 창작 용이성 등과 같은 디자인등록요건을 만족하는 디자인이더라도 디자인보호법 제34조 각 호에서(222) 규정하고 있는 디자인에 해당하는 경우에는 디자인등록을 받을 수 없다. 그런데 현행 디자인보호법(223) 제34조는 구법상 의장법 제6조에 해당되며, 조문의 내용은 동일하다고 할 수 있다. 이 중에 현행 디자인보호법 제34조 제4호의 "물품의 기능을 확보하는 데에 불가결한 형상만으로 된 디

(222) 제34조(디자인등록을 받을 수 없는 디자인) "다음 각 호의 어느 하나에 해당하는 디자인에 대하여는 제33조에도 불구하고 디자인등록을 받을 수 없다. 1. 국기, 국장(국장), 군기(군기), 훈장, 포장, 기장(기장), 그 밖의 공공기관 등의 표장과 외국의 국기, 국장 또는 국제기관 등의 문자나 표지와 동일하거나 유사한 디자인 2. 디자인이 주는 의미나 내용 등이 일반인의 통상적인 도덕관념이나 선량한 풍속에 어긋나거나 공공질서를 해칠 우려가 있는 디자인 3. 타인의 업무와 관련된 물품과 혼동을 가져올 우려가 있는 디자인 4. 물품의 기능을 확보하는 데에 불가결한 형상만으로 된 디자인."

(223) 디자인보호법 전부개정 2013. 5. 28., 법률 제11848호, 시행 2014. 7. 1.

자인”에 관한 규정은 구법상 의장법 제6조 제4호에 해당한다.(224)

구 의장법 제6조 제4호는 2001. 2. 3. 법률 제6413호(2001. 7. 1. 시행)로 개정된 의장법에 신설된 조항으로, 현재의 디자인보호법 제34조 제4호로서 그대로 이어져 오고 있다. 여기에서 ‘물품의 기능’이라고 함은 그 물품이 발휘하는 기술적인 작용, 효과, 즉 물품의 기술적 기능을 말하며, 형상 · 모양(225) · 색채 또는 이들의 결합이 발휘하는 미적美的 효과와 같이 심리적 · 시각적 기능은 포함하지 않는다.(226) 그리고 ‘물품의 기능을 확보하는 데에 불가결한 형상’이란 물품의 기술적 기능을 확보하기 위해 필연적으로 결정되어 버린 형상을 말한다.(227) 따라서 해당 규정은 디자인보호법의 보호대상이 아닌 기술적 사상에 대한 독점권 부여를 방지하고, 물품의 호환성 확보를 위한 디자인의 실시를 방해하여 산업발전을 저해할 우려를 방지하고자 하는 규정이다.(228)

해당 규정과 관련하여 이상과 같은 개념을 ‘기능성 개념’으로 칭하기도 하는데, 이러한 기능성 개념은 특허와 디자인에 의한 보호영역의 경계에서 문제되기도 하고, 디자인보호법상 디자인의 유사 판단 시 요부 파악을 위한 하나의 방법으로서 기능성의 개념이 주로 문제되고 있는 것이 현실이다.(229) 따라서 이와 관련된 사건들은 주로 디자인의 유사 판단에 있어서 요부 파악과 관련되어 나타났었고,(230)(231)

(224) 물품의 기능을 확보하는데 불가결한 형상만으로 된 의장.

(225) 물품의 형상(形狀, shape, form)이라 함은 물품이 공간을 점하고 있는 윤곽을 말하고, 물품의 모양(pattern, ornament)이라 함은 물품을 장식하기 위해서 물품의 외관에 나타나는 선도(線圖-선으로 그린 도형), 색구분(색채로서 구획), 색흐림(색채 간의 경계의 흐림으로 자연스럽게 옮아가게 하는 것) 등을 말한다(공경식 · 이승훈 공저, 코어 디자인보호법, 한빛지적소유권센터(2014), 53면).

(226) 노태정 · 김병진 공저, 디자인보호법, 세창출판사(2009), 444면.

(227) *Id.*.

(228) 김인배, 理智 디자인보호법, 한빛지적소유권센터(2014), 217면.

(229) 유영선, 기능성원리 연구 -특허와의 관계에서 상표에 의한 보호의 한계-, 경인문화사(2012), 25면.

(230) 디자인등록의 요건으로서 디자인의 동일 또는 유사 여부를 판단할 때 디자인의 구성요소 중 물품의 기능을 확보하는 데 필요한 형상 또는 공지의 형상 부분이 있다고 하여도 그것이 특별한 심미감을 불러일으키는 요소가 되지 못하는 것이 아닌 한 그것까지 포함하여 전체로서 관찰하여 느껴지는 장식적 심미감에 따라 판단해야 할 것이고, 보는 방향에 따라 느껴지는 미감이 같기도 하고 다르기도 할 경우에는 그 미감이 같게 느껴지는 방향으로 두고 이를 대비하여 유사 여부를 판단하여야 할 것이다(대법원 2012. 4. 26. 선고 2011후2787 판결, 대법원 2009. 1. 30. 선고 2007후4830 판결, 대법원 2005. 6. 10. 선고 2004후2987 판결, 대법원 1992. 11. 10. 선고 92후490 판결 등 다수 판결 참조).

(231) 의장의 구성 중 물품의 기능에 관련된 부분에 대하여 그 기능을 확보할 수 있는 선택가능한 대체적인 형상이 그 외에 존재하는 경우에는, 그 부분의 형상은 물품의 기능을 확보하는 데에 불가결한 형상이라고 할 수 없으므로, 그 부분이 공지의 형상에 해당된다는 등의 특별한 사정이 없는 한 의장의 유

순전히 해당 규정의 판단만을 하고 있는 사례는 거의 존재하지 않고 있다. 그런데 대법원 2006. 1. 13. 선고 2005후841 판결[등록무효(의)](이하, "대상판결"이라 함)에서는 드물게 등록요건으로서의 해당 규정의 적용 여부에 대해서만 사건의 쟁점으로써 판단하고 있다.

결국 이와 같은 대상판결에서의 쟁점은 첫째, 이 사건 등록의장이 그 물품이 장착되는 차체의 프레임에 의하여 그 형상이 결정되는 것인지 여부, 둘째, 그 프레임에 따른 형상을 변형하는 것(설령 프레임이 고정된 경우라도 유리의 높이, 휘어짐, 두께, 끝단의 형상 등에 따라 무수한 대체 형상의 창작)이 물품의 기능성과 관계가 있는지 여부, 셋째, 한국산업규격과 관련된 앞유리의 호환성 확보가 기능성과 관계가 있는지 여부, 넷째, 자동차 앞유리의 접합된 모양이 그 앞유리의 형상과 관계가 있는지 여부 등을 중심으로 살펴볼 필요가 있다.

Ⅱ 다른 법, 다른 국가에서의 상응 규정

1. 미국 특허법

미국 특허법은 "일반 특허(대부분의 문헌에서 주로 "실용 특허"라고 함)utility patent(232)"와 "디자인 특허design patent"를 함께 규율하는데, 미국 특허법 제171조(35 U.S.C. §171)에서는 '디자인에 대한 특허'에 관하여 "제조물에 대한 신규하고, 독창

사 여부 판단에 있어서 그 중요도를 낮게 평가하여야 한다고 단정할 수 없고, 또한 의장의 유사 여부는 이를 구성하는 각 요소를 분리하여 개별적으로 대비할 것이 아니라 그 외관을 전체적으로 대비 관찰하여 보는 사람으로 하여금 상이한 심미감을 느끼게 하는지 여부에 따라 판단하여야 하므로, 그 지배적인 특징이 유사하다면 세부적인 점에 다소 차이가 있을지라도 유사하다고 보아야 한다(대법원 2006. 9. 8. 선고 2005후2274 판결, 대법원 1984. 4. 24. 선고 82후29 판결, 대법원 1999. 10. 8. 선고 97후3586 판결 등 다수 판결 참조).

(232) 미국 특허법 제101조(35 U.S.C. 101)는 이와 같은 실용 특허에 대해 "35 U.S.C. 101 Inventions patentable. Whoever invents or discovers any new and useful process, machine, manufacture, or composition of matter, or any new and useful improvement thereof, may obtain a patent therefor, subject to the conditions and requirements of this title."와 같이 디자인 특허와는 별도로 규정하고 있다.

적이며, 장식적인 디자인을 발명한 자는 본법의 조건 및 요건에 따라 그에 대한 특허를 특허받을 수 있다. 발명에 대한 특허에 관한 본법의 규정은 특별한 규정이 있는 경우를 제외하고는 디자인에 대한 특허에 적용하는 것으로 한다."(233)고 규정한다. 따라서 '일반 특허(실용 특허)'는 '유용성'usefulness을, '디자인 특허'는 '장식성'ornamentality을 그 요건으로 함을 명백히 하고 있다.(234) 디자인 특허의 대상은 물품의 구성이나 형상, 표면과 관련되며, 미국 특허법 제101조 규정의 '실용utility 특허'가 제품에 사용되고 작동되는 방식을 보호한다면, 디자인 특허는 제품의 외형을 보호한다.(235)

그러나 우리나라나 일본, 유럽 등의 경우와 달리 디자인의 기능성의 부존재를 요구하는 부등록사유 등은 법규정 내에 별도로 존재하지 않고, 이상의 미국 특허법 제171조에 대한 판례의 해석을 통해 디자인 특허를 받기 위해서는 물품에 관한 기능성이 존재하지 않아야 할 것으로 해석되고 있다.(236) 즉, 디자인의 구성이 단지 기능적 고려의 결과라면 그 결과물인 디자인은 장식적이지 않다는 단순한 이유로 특허받을 수 없다는 것은 오래 전부터 확립된 법리이다.(237) 그리고 해당 물품에 대한 대체代替적인 디자인이 존재할 때, 그 디자인은 단지 기능에 의해 결정된 것이 아니라고 할 수 있다.(238)

이와 같이 기능적 디자인에 대해서는 장식성 흠결로 등록을 불허하는데, 미국

---

(233) 35 U.S.C. 171 Patents for designs. "Whoever invents any new, original, and ornamental design for an article of manufacture may obtain a patent therefor, subject to the conditions and requirements of this title. The provisions of this title relating to patents for inventions shall apply to patents for designs, except as otherwise provided."

(234) 유영선, 앞의 책, 27면.

(235) 특허청, 미국 특허법 · 제도 분석 및 시사점에 관한 연구(국내 특허법에의 도입 여부 검토를 중심으로), 2006, 88면.

(236) 미국의 판례들에 의하면, 특허법 제171조에 따라 디자인 특허는 "제조물에 대한 신규하고, 독창적이며, 장식적인 디자인"에게 허여되는 것이나, 디자인 특허로 주장된 디자인이 단지 물품의 기능에 따라 결정된 것이라면, 그 디자인은 장식적이지 않으므로 그 디자인에 대한 특허는 무효이다[Best Lock Corp. v. Ilco Unican Corp. 94 F.3d 1563 (Fed. Cir. 1996)]. 즉, 디자인 보호를 위해 디자인은 반드시 미적으로 즐거움을 줄 수 있는 외관을 가져야 하며, 그 외관은 기능에 의해서만 결정된 것(dictated by function alone)이 아니어야 하며, 다른 특허요건들을 만족하여야 한다[Bonito Boats, Inc. c. Thunder Craft Boats, Inc. 489 U.S. 141, 148 (1989)].

(237) In re Carletti, 328 F.2d 1020, 1022 (1964).

(238) L.A. Gear, Inc v. Thom McAn Shoe Co., 988 F.2d 1117, 1123 (Fed. Cir.), cert. denied, 510 U.S. 908 (1993).

법원이 디자인 특허의 기능성에 의해 등록을 불허하는 판단기준으로는 크게 'solely functional standard'유일기능기준 및 'primarily functional standard'주요기능기준의 두 가지 견해로 나눌 수 있다.(239) 'solely functional standard'에 의하면 디자인의 기능성에 대한 판단은 그 디자인이 '오직'solely 기능만을 고려하여(오직 기능만을 고려하여 디자인된 경우에 한하여) 디자인되었다면 그 디자인에 대하여는 디자인 특허가 인정될 수 없다는 기준인 반면, 'primarily functional standard'에 의하면 디자인의 기능적인 면이 '주로'primarily 고려되어 디자인되었는지 여부에 의하여 그 디자인의 특허가능성을 판단하게 된다.(240) 즉, 'primarily functional standard'에 따를 경우 디자인의 기능적인 면만이 오직 고려되어 디자인된 경우뿐만 아니라 디자인의 기능이 주로 고려되어 디자인된 경우에도 디자인특허가 인정될 수 없다고 한다.(241)

2. 일본 의장법 및 유럽공동체디자인법

일본 의장법 제5조 제3호에서는 우리나라의 디자인보호법상 규정과 동일하게 "물품의 기능을 확보하는 데에 불가결한 형상만으로 된 의장"은 등록받을 수 없는 것으로 규정하고 있다.(242)

(239) 유영선, 앞의 책, 28면.

(240) 특허청 · 한국지식재산보호협회, 2014 지재권 핵심판례 100선(상표/디자인) (2014), 461면.

(241) 따라서 'solely functional standard'(유일기능기준)의 견해를 취하는 경우, 기능성 여부의 판단은 결국, '같은 기능을 갖는 대체 가능한 다른 디자인이 존재하는지 여부'에 의해 결정되어, 이러한 대체 가능한 디자인이 존재하지 않는다면 그 디자인은 오직 기능만을 고려하여 디자인된 것으로 판단된다. 그러나 'primarily functional standard'(주요기능기준)의 견해를 취하는 경우에는 다른 대체 가능한 디자인의 존재에도 불구하고 그 디자인이 기능적인 측면만을 주로(primarily) 고려하여 디자인되었다면 그 디자인은 기능적이라고 할 수 있게 된다. 따라서 후자의 견해를 취하는 경우에 디자인이 기능적인 경우가 더 넓어져 디자인 특허를 받을 수 있는 가능성은 더욱 줄어들게 된다고 볼 수 있다(유영선, 앞의 책, 28면).

(242) 일본의장심사기준에 따르면, 물품의 기능을 확보하는데 불가결한 형상만으로 된 의장으로 인정되는 유형으로는 첫째, 물품의 기술적 기능을 확보하는데 필연적으로 정해지는 형상(필연적 형상)으로 된 의장, 둘째, 물품의 호환성 확보 등을 위해 표준화된 규격에 따라 정해지는 형상(준필연적 형상)으로 된 의장으로 분류하고 있다. 우선적으로 필연적 형상에 해당하는지 여부는 의장의 구성요소인 모양, 색채의 유무를 묻지 않고, 물품의 기술적 기능을 체현하고 있는 형상만에 주목하여 판단한다(이때에 그 기능을 확보할 수 있는 대체적인 형상이 달리 존재하는지 여부와 필연적 형상 이외의 의장 평가 시 고려해야 할 형상을 포함하는지 여부를 고려함). 다음으로 준필연적 형상에 해당하는지 여부도 위의

한편, 유럽공동체디자인법Community Design regulation에서는 동법 제8조 제1항에서 "공동체디자인권은 오직 기술적 기능에 의해서만 규정되는 물품 외관의 특징에는 존재하지 않는다."고 규정함과 아울러, 동법 동조 제2항에서는 "공동체디자인권은 디자인이 구체화되거나 적용된 물품이 다른 물품에 기계적으로 연결되거나 그 물품 내부나 주변에 또는 맞대어 배치되어 양 물품이 그 기능을 수행할 수 있도록 하게 하기 위하여 정확한 형태 및 차원으로 재생되어야 할 필요가 있는 경우에는 그 물품 외관의 특징에는 존재하지 않는다."고 규정하고 있다.(243)

3. 우리나라 상표법

우리나라 상표법 제7조 제1항 제13호에서는 "상표등록을 받으려는 상품 또는 그 상품의 포장의 기능을 확보하는 데 불가결한(서비스업의 경우에는 그 이용과 목적에 불가결한 경우를 말한다) 입체적 형상, 색채, 색채의 조합, 소리 또는 냄새만으로 된 상표"는 상표등록을 받을 수 없다고 규정하고 있다. 이와 같은 상표법상 기능성의 부존재를 요구하는 것은 경쟁의 보장이라는 공공의 정책목표가 상표사용자의 보호라는 상표법 고유의 목적보다 우선하기 때문이다.(244)

필연적 형상에 준하여 취급한다(일본의장심사기준 41.1.4.1). 여기서 물품의 호환성 확보 등을 위해 표준화된 규격으로서는 일본규격협회 등과 같은 공적인 표준화 기관이 정하는 '공적인 표준'과 공적인 규격으로는 되어 있지 않으나 그 규격이 당해 물품 분야에 있어서 업계 표준으로서 인지되고 있고, 당해 표준 규격에 기초한 제품이 그 물품의 시장을 사실상 지배하고 있는 '사실상의 표준'(규격으로서의 명칭, 번호 등에 따라 그 표준이 되어 있는 형상, 척도 등의 상세를 특정할 수 있는 것임)으로 구분된다(일본의장심사기준 41.1.4.1.1). 한편, 해당 규정의 적용은 형상에 기초한 기능의 발휘가 주된 사용 목적이 되는 물품에 한정하는 것으로 한다(일본의장심사기준 41.1.4.1).

(243) Article 8. Designs dictated by their technical function and designs of interconnections.
1. A Community design shall not subsist in features of appearance of a product which are solely dictated by its technical function.
2. A Community design shall not subsist in features of appearance of a product which must necessarily be reproduced in their exact form and dimensions in order to permit the product in which the design is incorporated or to which it is applied to be mechanically connected to or placed in, around or against another product so that either product may perform its function.

(244) 따라서 기능성 여부를 판단함에 있어서는 상품의 형상화나 디자인의 특성으로 인하여 상품 자체의 본래 기능을 넘어서 경쟁상 우월한 기능이 존재하는지의 여부를 판단하여야 하며, 구체적으로는 그 기능을 확보할 수 있는 대체적인 형상이 따로 존재하는지 여부와 대체적인 입체적 형상으로 한 경우에 동등한 또는 그 이하의 비용으로 생산할 수 있는지 여부를 고려하여야 한다(최성우 · 정태호, OVA상표법, 춘추문화사(2012), 28면).

한편, 상표권의 효력이 미치지 아니하는 범위로서 상표법 제51조 제1항 제4호에서는 "등록상표의 지정상품 또는 그 지정상품의 포장의 기능을 확보하는데 불가결한 형상, 색채, 색채의 조합, 소리 또는 냄새로 된 상표"라고 규정하고 있기도 하다.

대상판결의 개요

1. 대상디자인[245]

이 사건 등록의장(등록번호 제316010호)은[246] 의장의 대상이 되는 물품이 '자동차용 윈드 쉴드 글래스'이고,[247] 의장의 창작 내용의 요점은 "'자동차용 윈드 쉴드 유리창'의 형상과 모양의 결합"이며, 물품의 재질은 유리재와 합성수지재로서 자동차의 앞부분에 사용되는 유리창이다.[248]

(245) 해당 제목에서 이 사건 등록의장을 편의상 '대상디자인'이라 칭함.

(246) 2002. 1. 16. 출원되어 2003. 1. 6. 등록됨.

(247) "윈드 쉴드 글래스(windshield glass)"는 바람막이용 유리, 즉 자동차의 앞유리를 말한다.

(248) 등록디자인의 도면:

사시도	정면도	배면도
좌측면도	우측면도	평면도
저면도	참고도 1	실제 차량

2. 심결의 판단[249]

구 의장법[250] 제2조는 '의장이라 함은 형상 · 모양 · 색채 또는 이들을 결합한 것으로서 시각을 통하여 미감을 일으키는 것을 말한다'고 정의하고 있고, 또 제6조 제4호에서는 '물품의 기능을 확보하는데 불가결한 형상만으로 된 의장'은 등록을 받을 수 없도록 규정하고 있는데, 이를 구체적으로 보면, 물품의 기술적 기능을 확보하기 위하여 필연적으로 정하여진 형상으로 된 의장이나 물품의 호환성 확보 등을 위하여 표준화된 규격에 의하여 정하여진 형상으로 된 의장은 자연법칙을 이용한 기술적 창작에 해당될 수는 있어도 물품의 외관에 관한 심미감있는 창작을 보호대상으로 하는 의장법의 보호대상은 아니라 할 것이어서 이러한 것들은 의장으로서 등록될 수 없다는 것이다. 이러한 법 규정의 취지에 따라, 먼저 이 사건 등록의장이 필연적 형상에 해당되는지 여부를 보면 이 사건 등록의장의 물품인 윈드 쉴드 글래스는 차량의 내외부 환경을 유리로써 차단하는 기능을 하는 자동차의 주요 부품 중 하나로서, 차종별로 혹은 차량의 스타일에 따라 형상을 달리하며, 또 차량의 전체 디자인에 따라 윈드 쉴드 글래스의 외곽 라인이 고정된 경우에도 유리의 높이, 휘어짐, 두께, 끝단의 형상 등에 따라 무수한 대체 형상의 창작이 가능하다 할 것이므로, 이 사건 등록의장은 이 사건 등록의장 물품의 기술적 기능을 확보하는데 필연적으로 정하여진 형상만으로 이루어진 의장이라 할 수 없다. 나아가, 이 사건 등록의장이 표준화된 규격으로 정하여진 형상에 의한 의장인지 여부에 관하여는 제출된 자료만으로는 이를 인정하기 어렵고 달리 이를 입증할 만한 자료도 찾아 볼 수 없다. 이와 같이 이 사건 등록의장은 이 사건 등록의장의 분야에서 그 대상 물품의 기능을 확보할 수 있는 대체적인 의장 중의 하나이고 그 심미감 또한 부정될 근거가 없다 할 것이므로, 이 사건 등록의장이 의장법 제6조 제4호에서 정하는 의장의 부등록 사유에 해당된다는 청구인의 주장은 받아들여지지 아니한다(무효심판 청구기각).

---

(249) 특허심판원 2004. 7. 28.자 2004당23 심결.

(250) 2004. 12. 31. 법률 제7289호(2005. 7. 1. 시행)로 법명이 '디자인보호법'으로 변경되고, 일부 법조문도 개정되었는 바, 이 사건은 '의장법' 시행 당시에 출원, 등록된 것이므로 위 개정 전의 의장법(법률 제6413호, 2001. 7. 1. 시행)이 적용된다.

3. 원심의 판단[251]

(1) 원고들의 주장[252]

원고들은, "이 사건 등록디자인의 물품은 해당 차종의 프레임의 치수, 형상, 휘어짐, 두께, 높이, 넓이, 끝단의 형상 등이 그대로 복제되지 않으면 접속이 불가능하므로, 유리의 높이, 휘어짐, 두께, 끝단의 형상은 모두 차체에의 접속이라는 본질적 기능을 확보하기 위하여 필연적으로 정해진 형상이고, 변경이 가능한 부분은 위 물품에서 의장으로서의 의미가 없는 부분에 국한되므로, 이 사건 등록의장은 물품의 기능을 확보하는데 불가결한 형상만으로 된 의장이다."라는 이유로 이 사건 등록의장의 등록을 무효로 하여야 함에도 불구하고 이 사건 심결은 이와 결론을 달리 하였으므로 위법하여 취소되어야 한다고 주장하였다.

(2) 피고들의 주장

이 사건 등록의장의 물품은 차체가 고정되더라도 외곽 라인의 디자인 변형이 가능하여 다수의 대체의장이 존재할 수 있고, 동일한 외곽 라인에 대하여도 유리의 곡률 등을 변화시키는 방법으로 자유로운 디자인이 가능하므로, 이 사건 등록의장이 기능을 확보하기 위하여 필요 불가결한 형상만으로 이루어진 의장이 아니다.

(3) 판단

이 사건 등록의장의 물품인 "자동차용 윈드 쉴드 글래스"는 자동차의 앞 유리로서, 특정한 자동차의 내 · 외부 환경을 유리로 차단하고, 운전자의 시야 및 안전을 확보하는 등의 기능을 수행하는데 그 목적이 있는 사실, 통상적으로 자동차용 앞 유리는 자동차의 프레임에 장착할 때에 유리의 하단은 차체의 후드 패널부와 연결되고, 측면은 프론트 필러, 상단은 루프 패널부와 결합되는 사실을 인정할 수 있는 바, 위 인정사실에 의하면, 이 사건 등록의장의 물품을 디자인함에 있어서는 자동

(251) 특허법원 2005. 2. 24. 선고 2004허4976 판결.

(252) 물품의 기능을 확보하는데 불가결한 형상만으로 이루어진 의장이라는 주장 외에도 공업상 이용가능성이 없음, 신규성 및 창작성이 없음, 의장법의 목적에 위반 등과 같은 주장도 원고들에 의해 제기되었으나, 원심에서 물품의 기능을 확보하는 데 불가결한 형상만으로 이루어진 의장에 관한 판단만 하고, 나머지 주장들에 대해서는 판단하지 않았으므로, 이하에서는 본고의 주제에 대해서만 다루고 나머지 주장들에 대한 언급은 생략하기로 한다.

차의 프레임에 접속할 수 있도록, 해당 차종의 프레임 치수, 형상, 휘어짐, 두께, 높이, 넓이, 끝단의 형상 등 다른 물리적 특성까지도 그대로 복제되지 않으면 접속이 불가능하거나 접속이 가능하더라도 불량하게 되어 안전을 위협하는 등 그 본래의 기능을 수행할 수 없게 된다 할 것이어서, 결국 자동차 앞유리의 가장 중요한 디자인 요소가 자동차 앞유리의 창틀에 의하여 결정되므로, 이 사건 등록의장은 물품의 기능을 확보하는 데에 불가결한 형상만으로 된 의장이라 할 것이다.

이에 대하여 피고들은 이 사건 등록의장의 물품은 자동차 테두리의 접속부분도 그 유격 범위 내에서 형상의 변경이 가능하고, 크로스 커베이쳐cross curvature(차량의 정중앙부분의 단면에 나타나는 윈드 쉴드 글래스의 고면에 의하여 형성되는 최대 높이) 및 벤딩 뎁스bending depth(수평면에 윈드 쉴드 글래스를 놓았을 때 평면과 윈드 쉴드 글래스의 최고 높은 점과의 거리)의 크기,(253) 유리의 두께, 끝단의 형상 등이 변경 가능하므로 물품의 기능을 확보하는 데에 불가결한 형상만으로 된 의장이 아니라고 주장하는 바, 살피건대, 앞서 본 바와 같이 자동차 앞 유리의 가장 중요한 디자인 요소가 자동차 앞 유리의 창틀에 의하여 결정되기 때문에 나머지 부분이 변화 가능한지 여부에 관하여 보건대, 원고들이 제출한 증거의 기재에 변론 전체의 취지를 종합하면, 한국산업규격은 자동차용 안전유리의 품질 및 제조방법에 관하여 두께, 가시광선투과율, 2중상, 투시변형, 색의 식별, 내마모성, 내열성, 내광성, 내습성, 머리모형 충격, 내관통성, 내충격성 등이 일정 기준에 맞을 것을 요구하고 있으며, 특히 앞유리의 경우 더욱 엄격한 규정을 두어 여러 가지 시험을 행하도록 규정하고 있는 사실, 크로스 커베이쳐와 벤딩 뎁스는 곡률이 큰 소위 배불뚝이 유리를 만들게 될 경우 제조상 단가가 상승하고 불량률이 높아지고, 곡률 변화에 따른 각종 안전규격상의 문제가 발생하며, 곡률, 경사면, 입사각의 변화로 인하여 2중 상이나 투시변형, 와이퍼 작동 불량 등에 문제가 생길 수 있는 사실, 유리의 두께에 관하여 산업안전규격에 당사자 사이에 협의할 수 없는 사항으로 되어 있고 그 허용 오차까지 규제되고 있으며, 유

(253)

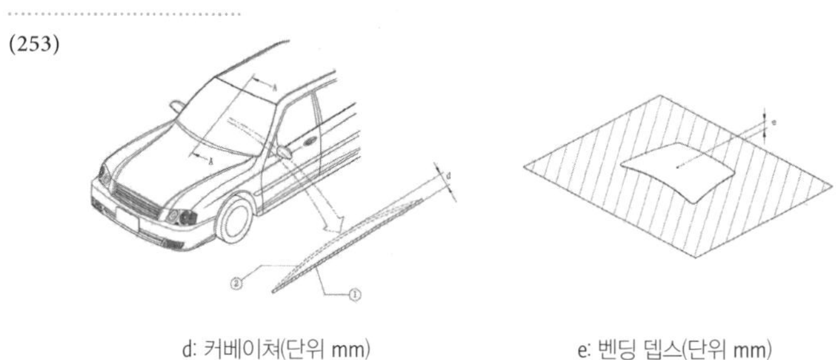

d: 커베이쳐(단위 mm)　　e: 벤딩 뎁스(단위 mm)

리를 너무 두껍게 하거나 얇게 할 경우 머리 충격 등에 영향을 미치게 되는 사실, 유리 끝단의 모양은 취급상 안전을 고려해야 하므로 날카로운 모서리를 연마하게 되며, 유리 장착시 클립이나 접속기능을 수행하도록 결정되는 사실을 인정할 수 있는바, 위 인정사실에 의하면, 자동차용 앞유리의 곡선은 해당 차량의 프레임에 원만히 접속될 수 있는 자연스러운 곡면이 가장 바람직하다 할 것이고, 크로스 커베이쳐나 벤딩 뎁스를 이 사건 등록의장과 차이를 둔다 하더라도 위에서 본 바와 같은 기능적인 요소를 감안하면 육안에 의하여 심미감을 느낄 수 있을 정도의 차이를 둘 수는 없다 할 것이고, 차량 테두리의 접속부분의 형상은 테두리에 안전하게 접속되는 한도 내에서의 변형은 가능하다 할 것이나, 접속부분의 변경은 그 물품의 심미감에 미치는 정도가 극히 미미하며, 두께는 각 프레임의 접속면에 형성된 유리 단면의 수용공간에 의해 제한된다 할 것이어서 유리의 제조비용, 취급 시 안정성 등이 고려되어 형태에 의하여 결정되는 것이지 미감을 위하여 창작적 변형을 꾀하는 부분이 아니라 할 것이므로 피고들의 위 주장은 이유 없다.

따라서 이 사건 등록의장은 물품의 기능을 확보하는데 불가결한 형상만으로 된 의장으로서 의장법 제6조 제4호에 해당한다 할 것이어서, 원고들의 나머지 주장을 더 판단할 필요 없이 의장법 제68조 제1항 제1호에 의하여 무효로 하여야 할 것이다(심결취소, 무효심판청구인용).

4. 대상판결의 판단

원심이 그 판결에서 들고 있는 증거들을 종합하여 그 판시와 같은 사실을 인정한 후, 이 사건 등록의장이 구 의장법(2004. 12. 31. 법률 제7289호로 '디자인보호법'으로 개정되기 전의 법) 제6조 제4호의 "물품의 기능을 확보하는데 불가결한 형상만으로 이루어진 의장"에 해당한다고 판단한 것은 정당하고 거기에 상고이유로 주장하는 바와 같은 심리미진 등의 위법이 없다.

한편, 여러 개의 유리를 몰딩에 의하여 결합하여 이 사건 등록의장의 대상물품인 윈드 쉴드 글래스를 제작하는 것이 가능하기는 하지만, 그와 같은 방식으로 제작된 윈드 쉴드 글래스를 한 장의 유리로만 만든 윈드 쉴드 글래스와 대비하면 모양에서 차이가 날 수 있으나 형상(물품이 공간에서 차지하는 윤곽)에 있어서 심미감의 차이를 가져올 정도에 이른다고는 보기 어려우므로, 위와 같은 제조방법의 차이를 들어 이 사건 등록의장의 형상이 위 법조항이 정한 형상에 해당하지 않는다는 피고의 주장은 어차피 배척되어야 할 주장이어서, 원심이 위 주장에 대하여 구체적으로 판단하지 아니하였다고 하더라도 이는 판결에 영향을 미칠 중요한 사항에 관하여 판단을 누락한 위법이 있다고는 할 수 없다(상고기각).

Ⅳ 평석

1. 법 규정의 해석

앞서 살펴본 일본의 의장심사기준의 내용과 같이, 우리나라의 학설 및 심사실무상으로도 해당 규정에 해당되는 디자인을 '필연적 형상으로 이루어진 디자인'과 '준필연적 형상으로 이루어진 디자인'으로 구별하여 언급하고 있다.(254)

여기에서 '필연적 형상으로 이루어진 디자인'에 해당하는지 여부는 '그 기능을 확보할 수 있는 대체적인 형상이 존재하는지 여부'를 고려하고, '준필연적 형상으로 이루어진 디자인'에 해당하는지 여부는 '그 형상이 표준화된 규격에 의해 정해진 것인지 여부'를 고려해서 판단한다.(255)

특허청의 현행 디자인심사기준 제9장의 '1. 등록을 받을 수 없는 디자인의 적용요건'에서도 이상과 같이 필연적 형상과 준필연적 형상으로 나누어서 구체적인 판단기준을 언급하고 있는데, 여기에서는 "4) 물품의 기능을 확보하는 데에 불가결한 형상만으로 된 디자인은 법 제34조(등록을 받을 수 없는 디자인) 제4호를 적용한다. (1) 물품의 기술적 기능을 확보하기 위하여 필연적으로 정해진 형상으로 된 디자인은 모양 · 색채 또는 이들의 결합의 유무에 불구하고 이를 적용한다. (2) 물품의 호환성 등을 확보하기 위하여 표준화된 규격으로 정해진 형상으로 된 디자인. 단, 규격을 정한 주목적이 기능의 발휘에 있지 않은 물품에 대해서는 적용하지 않는다. (예) 규격봉투 등"이라고 규정함과 아울러, 같은 장의 '2. 등록을 받을 수 없는 디자인의

(254) 노태정, 앞의 책, 445-447면 참조.

(255) 유영선, 앞의 책, 30-31면.

해당여부 판단대상'에서는 "2) 법 제34조(등록을 받을 없는 디자인) 제4호는 출원디자인의 전체 형상이 이에 해당하는 경우에만 적용된다."고 규정하고 있다. 즉, 특허청은 해당 규정을 적용함에 있어서 디자인 형상의 부분 관찰이 아닌 전체관찰의 입장을 취하고 있다.

이와 관련하여 우리 대법원은 "디자인의 구성 중 물품의 기능에 관련된 부분에 대하여 그 기능을 확보할 수 있는 선택가능한 대체적인 형상이 그 외에 존재하는 경우에는, 그 부분의 형상은 물품의 기능을 확보하는 데에 불가결한 형상이라고 할 수 없다."고 판시하여(256) '같은 기능을 갖는 대체 가능한 다른 디자인이 존재하는지 여부'에 의해 결정하는 미국에서의 '유일기능기준'solely functional standard의 기능성 판단 기준을 따르고 있는 것으로 해석되고 있다.(257)

한편, 해당 법규정에서 '형상만'이라는 것은 물품의 기술적 기능은 오로지 형상에 의하여 체현體現되는 것에서 의장의 구성요소인 모양, 색채의 유무를 불문하고 그 디자인의 형상에만 주목한다는 취지이다.(258) 따라서 그 디자인의 형상이 필연적 형상에 의해 구성되어 있는 경우에는 모양, 색채 또는 이들의 결합의 유무를 불문하고 이 규정이 적용된다.(259)

2. 대상판결의 주요 쟁점별 검토

(1) 윈드 쉴드 글래스와 차체의 결합구성과 관련된 문제의 검토(필연적 형상에 관한 검토)

일반적으로 자동차 앞유리의 외곽선은 그 자체가 자동차 차체의 프레임과 기능적으로 가장 안전하고 바람직하게 접속되면 충분한 것이지, 디자인적인 변경이 필요한 부분이 아니라고 볼 수 있다. 따라서 자동차 윈드 쉴드 글래스에 있어서 다양한 형태의 외곽선은 실제 자동차 앞유리 디자인에서는 여태껏 그렇게 시도되지도 않았고, 시도할 필요도 없는 의미없는 가정에 불과하다고 볼 수 있겠다.

(256) 대법원 2006. 9. 8. 선고 2005후2274 판결.

(257) 유영선, 앞의 책, 31면.

(258) 유영선, 앞의 책, 30면.

(259) 따라서 이러한 면에서 해당 규정의 취지는 상품 또는 그 상품의 포장의 기능을 확보하는 데 불가결한 형상만으로 된 상표라고 하더라도 식별력이 있는 문자, 도형 등(비기능적 요소)이 결합되어 있는 상표의 경우에는 상표등록이 가능한(문삼섭, 상표법, 세창출판사(2002), 398면) 상표법 제7조 제1항 제13호의 취지와는 다르다고 할 수 있다(노태정, 앞의 책, 445면).

오히려 별도의 형상으로 만들어진 앞유리는 앞유리 본래의 기능을 좋게 하는 것이 아니라 기능적으로 열악하거나 취급이 불편하게 되고 제작까지도 번거로운 것이므로, 자동차 제조 및 자동차 부품 제조업체인 피고들이 이 사건 등록의장을 독점하도록 하는 것은 동종업체들의 공정한 경쟁을 저해하는 결과를 가져올 것이다.

자동차 앞유리의 경우 그 외곽선은 사용시에 전혀 밖으로 드러나지 않는 부분(몰딩 부재 등에 의하여 가려짐)이고, 다른 외곽선을 가진 형상의 유리로 디자인할 경우 디자이너는 차체의 프레임과의 결합 등을 보완해야 하는 불필요한 작업을 더해야 하며, 그나마 그 같은 작업의 결과물은 프레임에 앞유리가 결합하게 하는 몰딩 부재 등에 의하여 가려지게 된다. 따라서 이처럼 소비자의 시각에 호소하지 않는 부분에 대하여 위와 같은 불리함을 감수하고 디자이너가 장식적 형상을 위해 디자인할 필요성이 없다고 할 수 있다. 이것은 숨겨지거나 보기 어려운 물품들은 디자인 특허의 대상으로 적합하지 않다는 것, 즉 관찰될 수 없을 때 장식성의 부재를 추정한다는 미국의 판례의 일반적인 판단법리와 합치되기도 한다.[260]

따라서 대상판결의 사안에서 피고들이 차체의 프레임의 형상과 독립된 외곽라인을 가진 유리창이 출시되거나 자동차 부품업체에서 그러한 유리창을 제조하여 판매하고 있다는 사실들을 입증하지 못하고 있고, 그러한 외곽라인이 디자인적인 것이 아닌 단순히 기능적인 것으로 보여지고 있으므로, 이는 윈드 쉴드 글래스에서의 이 사건 등록의장이 차체 프레임에 종속되어 특정한 형상으로 창작되는 것으로 보

(260) 이와 관련하여 미국의 판례에서는 통상적이고 의도적인 사용단계에서 인식될 수 없는 디자인 출원에 대한 거절결정을 지지하는 결정을 내려왔는데, 예를 들면, 관세특허항소법원(Court of Customs and Patent Appeals, 이하, 'CCPA'라 함)은 "디자인의 특허성은 디자인이 적용된 장치의 통상적인 사용에서 감춰진 요소들을 기반으로 할 수 없다는 점은 이미 확립된 사항이다."라고 하며, 주택의 벽체 내부에 위치하는 통풍관(vent tube)에 대한 디자인특허출원에 대한 거절결정을 지지한 바 있다[Cornwall, 230 F.2d 457, 459 (1956)]. 심지어 더 일찍이 이 법원은 "숨겨지거나 보기 어려운 물품들은 디자인 특허의 대상으로 적합하지 않다. 왜냐하면 그들의 외관은 고려의 대상이 될 수 없기 때문이다. 거의 모든 물품들이 제조되고 그것이 사용되기 위한 곳에 장착되는 동안 시각적으로 볼 수 있다. 그러나 이러한 특별한 사정은 통상적이고 의도된 사용 하에서 항상 감춰져 있는 물품에 대한 디자인 특허를 허여하는 것을 정당화하지 못한다."와 같은 내용에 주목하여 진공청소기에 대한 디자인특허출원을 거절한 바도 있다[Stevens, 173 F.2d 1015, 1016 (1949)]. 여기서 물품이 생산/조립되는 순간은 물품의 '통상적이고 의도된 사용'이 아니라는 점에 동의하고 있다(Graeme B. Dinwoodie · Mark D. Janis, *Trade Dress and Design Law*, Wolters Kluwer (2010), pp .314–315).

아야 할 것이다.[(261)]

결국 대상판결에 관하여 윈드 쉴드 글래스와 차체의 결합구성과 관련된 문제에 대해서는 윈드 쉴드 글래스의 이 사건 등록의장이 필연적 형상에 해당하여 같은 기능을 갖는 대체적인 형상이 존재한다고 볼 수 없는 것이므로, 앞서 살펴본 '유일기능기준'의 기능성 판단기준에 따라 해당 규정이 적용된다고 판단한 것으로 볼 수 있다.

(2) 자동차용 앞유리의 한국산업규격과 관련된 문제의 검토(준필연적 형상에 관한 검토)

차종이 달라져 차체 프레임이 달라지는 경우에 그에 장착되는 앞유리의 크로스 커베이쳐나 벤딩 뎁스는 당연히 달라질 수밖에 없는 것으로서(이것은 기능적인 것임), 그러한 사례를 들어 크로스 커베이쳐나 벤딩 뎁스를 변경함으로써 동일한 차종에 부착되는 윈드 쉴드 글래스의 디자인으로서의 '형상'을 달리 창작할 수 있다고 주장하는 것은 타당하지 않다.

앞에서도 언급했듯이, 자동차 앞유리의 형상은 차체 프레임의 형상에 종속되는 것이기 때문에 한국산업안전규격이 규제하는지 여부에 관계 없이, 앞유리 자체의 형상이 차체 프레임과 독립하여 변화할 수 없는 것임에는 의문이 없는 것이고, 스포츠카 등의 앞유리의 모양 등에 역동성을 부여하기 위해 차종별로 크로스 커베이쳐와 벤딩뎁스를 달리하는 디자인 역시 차체의 프레임과 연동되는 것이라고 볼 수 있다.

즉, 자동차 앞유리 디자인은 전체 자동차 디자인의 일부분으로서 등록되어 보호받게 되며, 디자인 과정에서 보더라도 부품이 먼저 디자인되는 것이 아니라 전체적인 형상을 디자인하면서 부품은 전체적인 형상 속에서 부수적으로 결정되고 그

(261) 이와 관련된 유사한 미국의 사례로서 열쇠 블레이드(자물쇠에 삽입되어 자물쇠를 여는 기능을 하는 부분임, 손잡이인 열쇠 헤드 부분과 구별됨)의 기능성 여부와 관련된 판결에서, 첫째, 문제가 된 Best Lock사의 자물쇠를 여는 본래의 기능을 수행하기 위해서는 키블레이드가 반드시 'D636 특허의 도면에 도시된 형태로 디자인되어야 한다는 사실, 둘째, 무한한 자물쇠와 열쇠 조합이 가능하다는 원고의 주장에 대해서는, 'D636 특허는 자물쇠와 열쇠의 조합에 관한 것이 아니라 열쇠 블레이드의 외관에 대한 디자인으로서, 그 기능을 수행하기 위해서는 'D636 특허에 도시된 바와 같이 디자인되어야만 한다고 판단한 것 등에 근거하여 연방항소법원은 청구된 디자인이 오직 기능적 요소에만 좌우된다고 판단하여 등록무효를 판결한 원심 판결을 인용하였다[Best Lock Corp. v. Ilco Unican Corp. 94 F.3d 1563 (Fed. Cir. 1996)].

형상에 따라 접속된다.

한편으로, 자동차 앞유리와 같은 부품은 자동차가 디자인되기 전에는 부품업체들의 디자인 자체가 불가능한 제품이다. 이에 따라 자동차 자체의 디자인 경쟁은 열려 있지만 자동차 앞유리와 같은 부품디자인은 특정 자동차의 프레임에 표준화된 규격에 적합해야 하므로 그 부품만으로는 원천적으로 경쟁이 봉쇄되어 있는 특성을 가진다.[262] 따라서 이 사건 등록의장을 특정인에게 독점시켰을 경우에는 공정한 경쟁을 방해하여 경제활동 및 산업발전을 저해할 요인이 될 수 있다.[263]

결국 대상판결과 관련하여 자동차용 안전유리의 한국산업규격과 관련된 문제에 대해서는 윈드 쉴드 글래스의 이 사건 등록의장이 특정 자동차의 표준화된 규격에 맞는 준필연적 형상에 해당한다고도 볼 수 있어 이러한 준필연적 형상도 앞서 언급한 바와 같이 역시 필연적 형상에 준하여 취급하는 일반적인 판단법리에 부합하는 것이라고 볼 수 있다.

(3) 기타 원심에서 구체적으로 판단하지 아니한 쟁점과 관련된 문제의 검토 (대상판결의 별도 판시 사항에 대한 검토)

자동차 유리 개수는 운전자의 시야 및 안전도에 악영향을 미칠 수 있기 때문에 자동차 유리의 디자인에서 이와 같은 요소 역시 기능으로부터 자유롭지 못한 것이고,[264] 자동차 앞유리를 여러 개의 유리로 접합한 디자인의 경우도 전체적인 형상은 차체 프레임에 맞추어야 하는 것이며(전체적인 형상은 차체 프레임과 동일함), 여러 개의 유리가 접합한 것은 디자인의 '형상'이 아니라 '모양'으로 나타날 것이므로, 여러 개의 유리가 접합함으로써 형상이 달라지는 것도 아니다. 결국 이것은 해당 법규정에서 "'형상만'이라는 것은 물품의 기술적 기능이 오로지 형상에 의하여 체현體現되는 것이므로, 의장의 구성요소인 모양, 색채의 유무를 불문하고 그 디자인의 형상

(262) 즉, 이 경우 완성품 업체들이 기술특허가 존재하지 않는 일반적 부품의 제품의 외관에 대해 디자인등록을 받고 해당 제품의 라이프 사이클이 다할 때까지 부품의 판매를 독점한다면 이는 부품시장의 경쟁을 없애는 결과를 초래하게 될 것이며, 그 피해는 결국 소비자에게 돌아갈 것이다(특허청 · 한국지식재산보호협회, 앞의 책, 462면).

(263) 특히 2001년 개정법 이후에 물품의 부분디자인을 보호대상으로 함으로써, 이 사건 등록의장의 물품과 같은 물품의 부품과 관련해서는 이러한 호환성 확보에 관한 공정한 경쟁을 방해하여 경제활동 및 산업발전을 위축시킬 우려가 있는 것이다.

(264) 고속버스와 같이 대형차인 경우에만 분리될 수 있을 것이다.

에만 주목한다는 취지"라는 일반적인 판단법리와 "출원디자인의 전체 형상이 이에 해당하는 경우에만 적용된다(디자인 형상의 전체관찰)"는 특허청의 디자인심사기준에 합치하는 것이라고 할 수 있다.

따라서 이에 대하여 원심이 구체적으로 판단하지 아니한 잘못이 있기는 하지만, 이 사건 등록의장이 의장법 제6조 제4호에 해당한다는 판단에는 피고의 이와 관련된 주장을 배척하는 취지가 포함되어 있다고 볼 수 있을 뿐 아니라, 이러한 판단누락이 판결의 결론에 영향을 미치는 것도 아니라고 할 수 있다.

V 대상판결의 의의

대상판결은 "물품의 기능을 확보하는 데에 불가결한 형상만으로 된 디자인"에 관한 규정을 디자인의 유사 판단 시 요부 파악을 위한 근거로서 판단하고 있는 것이 대부분인 기존의 대법원 판결들의 태양과는 달리, 순수하게 등록요건으로서만 해당 규정의 적용을 판단한 것으로서, 이상과 같이 필연적 형상 및 준필연적 형상에 관한 판단을 모두 포함하고 있음과 아울러, 기타 해당 규정에서의 '형상만'이라는 의미에 대해서 '모양'을 불문하고 전체적인 형상에만 주목한다는 해당 규정의 취지를 분명하게 해준 판결로서 그 의의가 있다고 하겠다.

2-10

[미국] 디자인 특허법상 기능성 원리[265]

| **이원복** | 이화여자대학교 법학전문대학원 교수

I 대상판결

1. 사실관계

Ethicon Endo – Surgery사(이하 '원고') 는 초음파를 이용하여 혈관을 결찰시킴으로써 조직 절단과 동시에 지혈을 할 수 있는 기능을 갖춘 조직 절제용 수술 가위의 제조업체이다. 원고의 조직 절제용 수술가위에는 (1) "U"자 모양으로 된 가위 손잡이trigger, (2) 돌아가면서 홈이 나 있는 토크 조절장치torque knob, (3) 타원모양의 혈관 결찰기능 가동 버튼activation button에 디자인 특허가 등록되어 있다.[266][267]

---

(265) 이 글은 산업재산권 제55호에 실린 논문을 정리한 것임.

(266) U.S. Patent Nos. D661,801, D661,802, D661,803 및 D661,804. 여기서의 '결찰'이란 지혈을 목적으로 혈관을 응고시켜 막는다는 의학 용어로서, ligation의 번역이다.

(267) 원고 디자인 특허의 대표 도면:

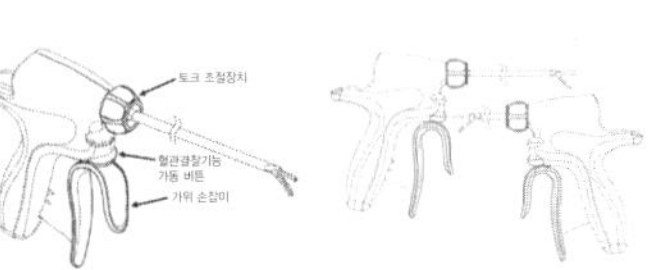

한편, Covidien, Inc.사(이하 '피고') 역시 유사한 기능의 조직 절제용 수술가위의 제조업체이고 원고와 경쟁관계에 있다. 원고는 피고가 제조하는 조직 절제용 수술가위가 자신의 디자인 특허를 침해하였음을 이유로 디자인 특허 침해소송을 제기하였다.(268)

2. 1심의 판단(269)

1심은 PHG Technologies 선례에서 상급 법원인 연방순회항소법원이 제시한 5가지 기능성 판단 요소들을 적용한 결과 원고의 디자인 특허가 기능성에 의하여 지배되므로 무효라고 보았다.(270)

1심은 또한 가사 디자인 특허가 무효가 아니라고 하더라도, 역시 연방순회항소법원이 Richardson 사건에서(271) 남긴 선례에 따라 피고 제품과의 유사성 판단 시 기능성을 갖고 있는 요소는 권리범위에서 제외시켜야 하는데, 앞에서 본 바와 같이 원고 디자인이 보호하려는 가위 손잡이, 토크 조절장치, 혈관결찰기능 버튼은 모두 기능이 지배하고 있으므로 원고 디자인의 권리범위에서 제외하여야 하고, 그렇게 되면 원고 디자인 특허의 권리범위에 결국 남는 부위가 하나도 없으므로 피고의 제품이 원고의 디자인 특허를 침해할 수 없다고 판단하였다.

1심은 끝으로, 가위 손잡이, 토크 조절장치, 혈관결찰기능 가동버튼을 권리범

(268) 피고 경쟁상품의 그림:

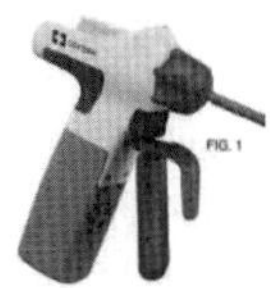

(269) Ethicon Endo-Surgery, Inc. v. Covidien, Inc., No. 1:11-CV-871, 2014 WL 10212172 (S.D. Ohio, 2014). 이 사건에서 원고는 디자인 특허(design patent) 뿐만 아니라 일반 실용특허(utility patent)의 침해에 대한 소를 제기하고 있지만, 이 글에서는 디자인 특허에 국한하여 살펴보기로 한다

(270) PHG Technologies 판결에서 연방순회항소법원은 "만약 등록된 디자인이 장식적이라기보다는 주로 기능적이라면, 그 디자인은 무효다."라고 하면서, 디자인이 주로 기능적인지의 여부를 판단할 때 고려할 5가지 요소로서 (1) 해당 디자인이 최선의 디자인인지, (2) 대체적인 디자인은 그 기능이 열등한지, (3) 동시에 등록된 실용특허가 있는지, (4) 광고에서 디자인이 특정한 기능을 갖고 있다고 홍보된 바 있는지, (5) 기능이 좌우하고 있지 않음이 분명한 디자인 요소나 전체적인 외형을 갖고 있는지를 제시한 바 있다. PHG Technologies v. St. John Companies, 469 F.3d 1361 (Fed. Cir. 2006).

(271) Richardson v. Stanley Works, Inc., 597 F.3d 1288 (Fed. Cir. 2010).

위에서 제외하지 않는다고 하더라도, 연방순회항소법원이 Egyptian Goddess 사건에서(272) 제시한 통상의 관찰자ordinary observer의 기준에서 보면 피고 제품은 원고의 디자인 특허를 침해하지 않는다고 판단했다. 1심은 여기서의 "통상의 관찰자"란 디자인이 적용된 제품을 구매하거나 제품에 관심이 있는 사람을 말하는데, 수술기구의 직접적인 구매자는 병원의 구매부서 아니면 수술기구 공급업체가 될 것이고, 그런 구매부서나 공급업체는 수술기구에 대한 전문성을 갖고 있으므로 섬세한 관찰을 통하여 세밀한 차이까지도 파악할 것이라고 보았다. 이처럼 고도의 전문성을 가진highly sophisticated 통상의 관찰자 관점에서 보았을 때, 원고의 디자인 특허와 피고의 제품은 명백히 유사하지 않다고 판단했다.

3. 항소심의 판단(273)

우선 결론부터 말하면 항소심인 연방순회항소법원은 원고 패소라는 1심의 결론 자체는 인용하였지만, 원고의 디자인 특허가 기능성으로 인하여 무효라거나 원고 디자인 특허의 권리범위는 기능성이 지배하므로 침해 여부 판단 시 제외되어야 한다는 판단은 배척하였고, 피고의 제품이 원고의 디자인 특허를 침해하지 않는다는 비침해 결론만 인용하였다.(274)

(1) 기능성 법리에 따른 유무효 판단

연방순회항소법원은 먼저 디자인 특허에 있어서 소극적 등록요건으로서의 기능성이란, 청구범위의 디자인을 해당 물품의 '기능이 지배'dictated by function하고 있다면 그러한 디자인은 디자인이 구현된 물품의 사용에 필수적이므로 디자인 특허를

(272) Egyptian Goddess, Inc. v. Swisa, Inc., 543 F.3d 665 (Fed. Cir. 2008).

(273) Ethicon Endo-Surgery, Inc. v. Covidien, Inc., 796 F.3d 1312 (Fed. Cir. 2015).

(274) 즉, 항소심은 원고의 디자인이 기능성 법리에 따라 무효라는 1심의 주위적 판단, 그렇지 않더라도 기능성을 가진 부분을 권리범위에서 제외시키면 남는 것이 없어서 특허침해가 아니라는 제1예비적 판단은 모두 배척하고, 대신 통상의 관찰자가 원고 디자인 특허와 피고 제품을 유사하다고 보지는 않을 것이라는 제2 예비적 판단을 받아들여 디자인 특허 침해가 아니라는 1심과 결론을 같이 한 셈이다. 다만, 앞에서도 기술했듯이 이 사건은 원고가 자신의 실용 특허 침해와 디자인 특허 침해를 병행하여 주장했던 사건으로서, 디자인 특허 부분은 이처럼 원고 패소로 결론이 내려졌지만 실용 특허 부분은 원고가 패소했던 1심의 결론을 항소심이 파기하면서, 사건 자체는 1심으로 환송이 되었다.

부정하는 원리라고 설명하였다.(275) 아울러 연방순회항소법원은 '기능이 지배'하는 것으로 보는 판단기준을 획일적으로 정한 바는 없지만, 대체 가능한 디자인alternative design의 존부가 절대적은 아니더라도 중요한 요소가 된다고 설명하였다.(276) 즉, 1심이 기능성 여부를 판단함에 있어서 적용한 PHG Technologies 선례의 다섯 가지 요소는 대체 가능한 디자인 기준이 기능성 판단을 결정짓기에 부족할 경우에나 참고할 수 있는 요소들인 것이지, 이 다섯 가지 요소가 동등한 비중을 갖는 것은 아니라고 설시하였다. 따라서 연방순회항소법원은 기능성 판단 시 무엇보다도 대체 가능한 디자인을 살피는 것에서 시작해야 한다고 하였다.

대체 가능한 디자인의 존재 여부란 원고 디자인 특허가 구현된 수술용 가위의 기능과 동일 또는 유사한 기능을 수행할 수 있는 다른 디자인이 있는지 여부를 말하는데,(277) 여기서 항소심은 1심과 반대의 결론을 내렸다.(278) 구체적으로는 디자인 특허가 구현된 원고 수술기구의 (1) 어떤 기능을 (2) 어느 정도로 수행해야 하는지에 관하여 1심과 다른 입장을 취했다.

우선 (1) 대체 가능한 디자인이 동등하게 구현할 수 있음을 보여야 하는 기능은 어떤 기능인가와 관련하여 연방순회항소법원은 1심이 너무 추상적인 기능을 대입하였다고 비판하였다.(279) 대체 가능한 디자인이 같거나 동등한 기능을 구현할 수 있는지의 여부는 원고의 디자인(양 말단이 약간 휘어지고 전체적으로 완만한 곡선 구조를 가진 'U'자형 가위 손잡이, 미식축구공 형상의 혈관결찰기능 가동 버튼, 비대칭형 배불뚝이 원통 모양이면서 홈이 나 있는 토크 조절장치)만이 갖는 기능을 기준으로 판단하여야 하는데, 1

(275) Ethicon Endo–Surgery, Inc. v. Covidien, Inc., 796 F.3d 1312, 1328 (Fed. Cir. 2015) ("If a particular design is essential to the use of an article, it cannot be the subject of a design patent. … We have found designs to be essential to the use of an article when the claimed design is "dictated by" the use or purpose of the article.").

(276) *Ibid.*, at 1329 – 1330 ("We have not mandated applying any particular test for determining whether a claimed design is dictated by its function and therefore impermissibly functional. We have often focused, however, on the availability of alternative designs as an important – if not dispositive – factor in evaluating the legal functionality of a claimed design.").

(277) *Ibid.*, at 1330 ("alternative ornamental designs that could provide the same or similar functionality of the underlying ultrasonic shears").

(278) *Ibid.*, at 1330–32.

(279) *Ibid.*, at 1331 ("[T]he district court's functionality inquiry used too high of a level of abstraction.").

심은 일반적인 개방형 손잡이, 일반적인 가동 버튼, 일반적인 토크 조절장치가 갖는 기능을 기준으로 판단하는 오류를 범하였다고 지적했다. 즉, 대체 가능한 디자인에서 요구되는 동일 또는 유사한 기능the same or similar functional capabilities이란, 원고 디자인 특허의 가위 손잡이, 토크 조절장치, 혈관결찰기능 버튼과는 모양이 다르거나 위치가 다른 수술용 가위가 원고의 디자인 특허가 구현된 제품과 비슷한 기능을 발휘할 수 있는지 여부만 따지면 된다고 하였다. 예를 들어 1심은 원고의 'U'자형 가위 손잡이가 "인체공학적으로 가장 좋은 디자인"이라는 증인들의 진술에 근거하여 이 사건의 디자인이 기능성이 있다고 결론지었는데, 증인의 그러한 인체공학적 평가는 한쪽이 열린 'U'자형 가위 손잡이끼리 비교해 보니 원고의 디자인이 가장 우수하더라는 평가가 아니라, 예를 들어 한쪽이 열린 'U'자형 가위 손잡이, 엄지만 넣어 사용하는 손잡이, 'O'자형으로 닫힌 손잡이 사이에서 비교하면 'U'자형으로 열린 가위 손잡이가 가장 우수하다는 평가에 해당하므로, 너무 추상적인 수준의 비교를 통하여 'U'자형 손잡이에 기능성을 부여한 것으로서 온당치 않다고 보았다.[280] 이와 같은 논리의 연장선상에서, 연방순회항소법원은 1심이 원고가 디자인 특허와 함께 수술기구에 대한 실용특허를 신청한 것이 기능성 인정의 한 요소가 되어야 한다는 판단에도 동의하지 않았다. 1심의 그러한 판단은 여전히 원고가 등록한 특정한 디자인의 수준이 아니라 그 보다 더 추상적인 수준에서 이루어진 것이라고 보았다. 마찬가지로 원고의 홍보물에서 기능을 언급한 것은 원고의 특정한 디자인에 관한 것이 아니라 손을 넣고 빼기가 쉬운 'U'자형 가위 손잡이라는 한 단계 높은 수준에서의 혜택을 설명한 것이므로, 이를 기능성 인정의 요소로 삼기에는 적절하지 않다고 보았다.

다음으로 (2) 대체 가능한 디자인이 디자인 특허가 등록된 디자인의 기능을 어느 정도로 구현하여야 하는가와 관련하여 1심은 아무리 대체 가능한 디자인을 만들더라도 원고의 디자인과 '동등한 정도'로 잘 작동하지는 않았다는did not work 'equally well' 피고 측 주장을 인정하였는데, 항소심은 이러한 1심의 판단이 의존한 진술은 대체 디자인의 기능에 관한 진술이 아니라 결국 사용자의 선호도를 측정한 것에 불과하므로 적절하지 않다고 보았다. 예컨대 1심은 혈관결찰기능 가동버튼이 기구의 뒤편에 있는 것보다는 앞편에 있는 것을 선호하고, 폐쇄형으로 생긴 가위 손잡이보다는 손을 넣고 빼기가 편한 개방형의 가위 손잡이를 선호했으며, 토크 조절장치도 기구

(280) *Ibid.*, at 1331 – 32.

의 앞쪽에 있는 것을 선호한다는 외과의사들의 진술을 토대로 원고의 디자인 특허와 다른 형상의 디자인은 동일한 기능을 발휘할 수 없다고 판단했으나, 이러한 외과의사들의 진술은 선호도에 관한 진술이지 기능에 관한 진술이 아니라는 지적이다.

(2) 권리범위 해석 시 기능적 요소의 처리

다음으로 연방순회항소법원은 가사 원고의 디자인은 전부 기능이 지배하므로 무효가 아니라고 하더라도 침해 여부를 판단하기 위하여 원고 디자인 특허의 권리범위를 해석하는 과정에서 기능이 지배하는 부분('U'자형 가위 손잡이, 토크 조절장치 및 혈관결찰기능 가동 버튼 모두)을 제거하면 결국 남는 것이 아무것도 없다는 1심의 결론 역시 배척하였다. 연방순회항소법원은 디자인 특허의 유무효를 따질 때는 전체적인 형상을 기능이 지배하고 있는지 판단해 보고,(281) 그 결과 무효가 아닌 것으로 판정될 경우 다음으로 디자인 특허의 권리범위를 해석할 때는 권리범위가 '더 넓은 일반적인 디자인 개념'으로까지 확대되는 것을 방지하고 디자인의 장식적인 부분으로 국한시켜야 한다고 밝혔다.(282) 이에 따라 이 사건에서도 연방순회항소법원은 "이 제품의 가위 손잡이, 토크 조절장치, 가동 버튼은 기능적 측면이 있다는 점에 법원은 동의한다. … 그러나 하급심은 권리범위 해석 목적상, 가위 손잡이는 독특한 곡선 디자인을 취한다는 점, 토크 조절장치는 정면이 납작한 평면이라는 점이 독특하다는 점, 가동버튼 역시 독특한 둥근 모양이라는 점을 무시하였다. … 따라서 비록 원고의 디자인 특허가 일정하게 배치된 개방형 가위 손잡이, 토크 조절장치, 가동버튼의 일반적인 디자인 개념을 보호할 수는 없으나, 이들 요소가 가진 독특한 장식적 디자인이라든가 각 요소가 놓인 구체적인 위치와 방향은 보호대상이 된다." 라면서,(283) 1심의 결론을 배척하였다.

(3) 침해 판단

다만, 연방순회항소법원은 침해 여부 판단에 있어서는 1심과 견해를 같이 하

(281) *Ibid.*, at 1333 ("[A] design patent is invalid if its overall appearance is dictated by function, and therefore primarily functional").

(282) *Ibid* ("The scope of that claim, however, must be limited to the ornamental aspects of the design, and does not extend to 'the broader general design concept.'").

(283) *Ibid.*, at 1334.

였다. 디자인 특허의 침해 판단은 우선 피고의 디자인과 디자인 특허권자의 디자인이 '충분히 구별이 되고 분명히 다른지'sufficiently distinct and plainly dissimilar 여부를 따져 보고 만약 그렇다면 바로 침해가 부정되는 것이고, 만약 분명히 다른 것으로 보이지는 않는다면 원고와 피고의 디자인을 선행 디자인과 대비하여 차이점을 더 부각시키는 비교로 나아간다는 기준을 제시하였다. 그런데 1심이 조목조목 제시한 차이점으로 비추어 보아 연방순회항소법원은 원고 디자인 특허와 피고의 디자인은 분명히 다르다고 결론을 내렸다.

II 미국 디자인 특허법상 기능성 요건의 고찰

1. 기능성 법리의 연혁 및 정책 목표

미국 디자인 특허법은 명시적으로 기능성이 디자인 특허의 소극적 요건임을 규정하고 있지는 않다. 다만, 법원은 디자인 특허 등록요건으로 명시된 장식성ornamentality을[284] 기능성의 부재로 해석함으로써, 장식성 요건이 실질적으로는 비非기능성 요건의 근거조항 역할을 하고 있다.[285] 이 장식성 요건은 디자인 특허법의 1902년 개정을 통해 추가되었다. 초반에는 이 장식성을 심미성aesthetic appeal과 동일시하여 해석함으로써 아름답지 못하다는 이유로 디자인 특허가 부정되는 판례도 있었고, 또 다른 사례들에서는 장식성을 가시성visibility으로 해석함으로써 소비자가 눈으로 볼 수 없는 디자인에 대하여는 디자인 특허를 부정한 판례도 생겼다.[286] 그러나 법원은 곧 이 장식성 요건

(284) 35 U.S.C. §171. (a) "In General.—Whoever invents any new, original and ornamental design for an article of manufacture may obtain a patent therefor, subject to the conditions and requirements of this title."

(285) 이에 반하여 미국 상표법은 상표 등록의 소극적 요건으로서의 기능성을 명시적으로 규정하고 있다. 15 U.S.C. §1052. No trademark by which the goods of the applicant may be distinguished from the goods of others shall be refused registration on the principal register on account of its nature unless it—(e) Consists of a mark which … (5) comprises any matter that, as a whole, is functional.

(286) Jason J. Du Mont and Mark D. Janis, "Functionality in Design Protection Systems," Journal of Intellectual Property Law (Vol. 19), 2012, p. 267.

을 비非기능성으로 해석하기 시작하여 오늘에 이르고 있다고 한다.(287)

이처럼 기능성 법리는 비록 외형적으로는 장식성이라는 미국 디자인 특허법 명문 규정에 근거를 두고 있으나 실질은 판례법에 해당한다. 그런데 이 기능성 법리를 통하여 달성하고자 하는 정책 목표가 무엇인지에 관하여 미국 학계에 컨센서스가 형성되지는 않은 것으로 보인다.(288) 학자들 가운데는 실용 기술은 특허로 보호를 받아야 마땅하나 실용 특허의 등록요건이 까다로우므로 대신 등록요건이 덜 까다로운 디자인 특허를 받으려는 시도를 막기 위한 것이 바로 디자인 특허법의 기능성 법리라고 설명하는 견해가 있다.(289) 즉, 디자인 특허가 '우회 실용특허'backdoor patent로 남용되는 것을 막는 장치가 기능성 법리인 것으로 본다. 그러나 다른 한편으로는 미국 판례를 통하여 형성된 현재의 기능성 법리의 취지를 알기 어렵다면서 의문을 표시하는 학자들도 있고,(290) 심지어는 디자인 특허의 소극적 요건으로 기능성은 필요하지 않다고 주장하는 견해도 있다.(291)

2. 기능성 판단기준

디자인 사건에서 기능성은 디자인권의 유무효와 디자인권의 권리범위 해석 두 가지 맥락에서 모두 제기가 될 수 있고, 대상판결도 이를 잘 보여 주고 있다.

(1) 소극적 등록요건으로서의 기능성

미국 판례가 디자인 특허의 소극적 등록요건으로서의 기능성을 판단하는 기준은 '유일기능기준'solely functional standard 및 '주요기능기준'primarily functional standard의 2

(287) *Ibid*., p. 271.

(288) Jason J. Du Mont and Mark D. Janis, "Functionality in U.S. Design Patent & Community Design Law," Social Science Research Network, 2016, p. 3.

(289) Christopher Buccafusco and Mark A. Lemley, "Functionality Screens," Virginia Law Review (Vol. 103), 2017, p. 1304.

(290) Jason J. Du Mont and Mark D. Janis, "Functionality in Design Protection Systems," Journal of Intellectual Property Law (Vol. 19), 2012, p. 300.

(291) Perry J. Saidman, "The Demise of the Functionality Doctrine in Design Patent Law," Notre Dame Law Review (Vol. 92), 2017, p. 1471.

가지로 양분된다고 국내 선행연구들은 설명한다.(292) 전자는 디자인에 기능 이외의 전혀 다른 장식적 요소가 없어야만 인정이 되는 기준이라면, 후자는 디자인에 기능적인 요소 이외의 다른 장식적인 요소가 있다고 하더라도 전체적으로 기능이 주된 역할을 한다면 여전히 기능성이 인정되는 기준이므로, 기능성 인정의 문턱은 후자가 더 낮은 셈이다. 국내 학자들의 이러한 이분법은 거슬러 올라가면 Saidman & Hintz 의 1989년 논문에 출처를 둔 것으로 보인다.(293)

그런데 미국의 판례가 여전히 이와 같은 두 가지 기준 가운데 어느 한쪽을 채택하고 있는지는 의문이다. 이번 대상판결도 "이 법원은 디자인이 물품의 사용이나 목적에 의하여 '지배되는' 경우 그 디자인은 물품의 사용에 필수적인 것으로 보아 왔다. … 그와 같이 장식적이라기보다는 주로 기능적인 디자인은 무효이다. We have found designs to be essential to the use of an article when the claimed design is "dictated by"(294) the use or purpose of the article. ... Design patents on such primarily functional rather than ornamental designs are invalid."라고 설시하고 있는데,(295) 이처럼 '기능이 지배하는'dictated by 및 '주로 기능적인'primarily functional 2개의 기준을 맞물린 두 문장에서 모두 제시하고 있다. 따라서 더 이상 미국 법원이 유일기능기준과 주요기능기준 가운데 하나를 채택하고 있는 것으로 양분하기는 어려워 보인다.

미국 학계 역시 판례의 입장을 더 이상 이분법으로 분석하고 있는 것 같지는 않다. 보다 최근의 미국 문헌은 미국 법원의 기능성 판단기준이 깔끔하게 두 가지 기준 중 어느 하나를 적용한 경우도 있지만 상이하다고 보이는 이 두 가지 기준을 동

(292) 미국 디자인 특허법상의 기능성에 관한 국내 선행연구는 드문데, 나종갑, "Design 특허와 디자인의 기능성 – 미국특허법을 중심으로 –," 연세법학연구(제7권 1호), 2000, 357 – 374면이 최초이고 그 이후로도 상당기간 동안 위 연구가 유일했던 것으로 보인다. 이 연구는 미국 판례법상 디자인 특허의 非기능성 판단기준을 위와 같이 2분하고 있다. 이러한 이분법은 위 연구를 인용하는 이후의 국내 연구들도 그대로 언급하고 있다. 유영선, 「기능성원리(Functionality doctrine) 연구」, 景仁文化社, 2012, 26 – 28면; 정태호, "디자인보호법상 물품의 기능을 확보하는 데에 불가결한 형상만으로 된 디자인에 관한 고찰," 법학논총(제35권), 2016, 331 – 354면.

(293) Perry J. Saidman and John M. Hintz, "The Doctrine of Functionality in Design Patent Cases," University of Baltimore Law Review (Vol. 19), 1989, pp. 352 – 361.

(294) "dictated by"는 "solely functional"과 마찬가지의 엄격한 기준으로 본다(Jason J. Du Mont and Mark D. Janis, "Functionality in Design Protection Systems," Journal of Intellectual Property Law (Vol. 19), 2012, p. 281).

(295) Ethicon Endo–Surgery, Inc. v. Covidien, Inc., 796 F.3d 1312, 1328 (Fed. Cir. 2015).

시에 언급하는 경우도 있다고 하고,(296) 심지어는 국내 선행연구가 많이 언급한 Saidman 조차도 자신의 더 근래 논문에서는 위와 같은 이분법에서 한 발 물러나 'primarily functional', 'solely functional', 'dictated by' 기준이 호환적으로 쓰이고 있다고 적고 있다.(297)

그러나 미국 판례법상 소극적 등록요건으로서의 기능성을 판단하는 기준이 유일기능기준과 주요기능기준 가운데 어느 하나인지 아닌지가 궁극적으로 중요한 것은 아니다. 유일기능기준과 주요기능기준 모두 경계가 분명한 '명확한 원칙'bright-line rule이 아니라 '기준'standard에 불과하므로, 결국은 어떤 경우가 그러한 기준에 부합하게 되는 것인지를 판단할 수 있는 다양한 징표들을 법원이 판례의 누적을 통하여 제시해 주어야 하기 때문이다. 그런 점에서 대상판결은 기능성의 기준을 충족하는 것으로 볼 수 있는 징표로서의 대체 가능한 디자인alternative design이 가장 우선함을 확인했다는 큰 의미가 있다. 즉, Berry Sterling 사건 이후,(298) 기능성 판단 시 Berry Sterling 법원이 처음 언급하였고 이 사건에서도 1심이 PHG Technologies 선례를 통해 재인용한 5가지 요소들을 골고루 판단해야 하는가에 관한 의문이 있었으나, 대상판결은 대체 가능한 디자인의 존부가 무엇보다 가장 우선시 되는 요소임을 분명히 하였다.

그런데 이 대체 가능한 디자인 기준은 치명적인 단점이 있음을 많은 미국 학자들이 지적하고 있다. 대체 가능한 디자인은 판사가 원하는 결론을 짜 맞추는데 이용하기 쉽다는 지적이다.(299) 즉, 대체 가능한 디자인이 달성해야 하는 기능을 매우 넓게 정의하면 대체 가능한 디자인의 존재 가능성이 높아지므로 기능성을 부정하기가 쉽고, 역으로 대체 가능한 디자인이 달성해야 하는 기능을 매우 좁게 정의하면 대체 가능한 디자인의 존재 가능성이 낮아지므로 기능성을 인정하기가 쉬워진다는 것이다. 실제 디자인 특허 침해소송에서 디자인 특허권자와 상대방은 바로 이러한

(296) Jason J. Du Mont and Mark D. Janis, "Functionality in Design Protection Systems," Journal of Intellectual Property Law (Vol. 19), 2012, p. 281.

(297) Saidman, P.J., "Functionality and Design Patent Validity and Infringement," Journal of the Patent and Trademark Office Society (Vol. 91), 2009, pp. 314 – 315.

(298) Berry Sterling Corp. v. Pescor Plastics, Inc., 122 F.3d 1452 (Fed. Cir. 1997).

(299) Jason J. Du Mont · Mark D. Janis, "Functionality in Design Protection Systems," Journal of Intellectual Property Law (Vol. 19), 2012, pp. 282 – 283; Saidman, P.J., "Functionality and Design Patent Validity and Infringement," Journal of the Patent and Trademark Office Society (Vol. 91), 2009, pp. 318 – 321.

이유에서 각각 대체 가능한 디자인에 요구되는 기능의 범위를 넓히거나 줄이는 시도를 한다고 한다.(300)

대상판결에서는 어떠한가? 바로 1심 판결에서 그런 경향의 논리 대립이 엿보인다. 대체 가능한 디자인이 충분히 있다고 주장하려는 입장에서는 예컨대 가위 손잡이는 다양한 모양을 취하더라도 가위 손잡이의 기능을 발휘할 수 있으므로 기능성 법리에 의하여 무효인 것은 아니라고 주장하겠으나, 대체 가능한 디자인이 없다고 주장하려는 입장에서는 손가락을 쉽게 넣고 뺄 수 있는 기능이 있는 가위 손잡이는 개방형 'U'자 가위 손잡이뿐이라고 주장할 것이다. 여기에 대하여 1심법원은 가위 손잡이가 'O'자 형처럼 폐쇄형인 것도 있고, 'U'자형처럼 개방형인 것도 있는데, 외과 의사가 손가락을 빨리 넣었다 뺐다 하려면 원고 디자인 특허처럼 'U'자 개방형인 가위 손잡이가 가장 우월하고, 이를 동등한 수준으로 대체할 수 있는 디자인이 없으므로 'U'자형 가위 손잡이는 기능이 지배한다고 판단한 것이다.

그런데 이 부분에서 필자는 흥미로운 점을 발견할 수 있었다. 항소심은 '손가락을 넣고 빼는 것이 용이한 수술용 가위 손잡이'보다 더 넓은 기능인 '수술용 가위 손잡이로서의 기능'을 기준으로 대체 가능한 디자인이 존재하는지를 파악함으로써 1심을 배척하는 논리를 취하지는 않았다. 오히려 연방순회항소법원은 1심의 기준이 너무 높은 단계의 추상적인 기능을 전제로 한 것이라 곤란하고, 같은 'U'자로 된 개방형 가위 손잡이 가운데에서도 왜 구체적으로 원고 디자인과 같은 곡선과 각도를 가진 'U'자형 가위 손잡이가 아니면 동일한 기능을 발휘할 수 없는지를 따져 보아 기능성을 판단해야 한다고 설시하였다. 대체 가능한 디자인이 가져야 하는 기능을 너무 협소하게 잡으면 디자인 특허권자의 디자인이 유일무이한 디자인이 되고 반대로 너무 넓게 잡으면 쉽게 다른 디자인으로 대체가 가능해지는 것이 문제라고 지적되는데, 대상판결에서는 역으로 1심이 대체 가능한 디자인이 가져야 하는 기능을 너무 추상적인 기능으로 정하였고 그것보다는 오히려 더 구체적인 기능으로 정해야 한다고 하면서 결론은 1심과 반대로 기능성을 부정하고 있는 것이다.

어떻게 이것이 가능한지는 마치 논리 문제 같아서 잠시 뜸을 들여서 생각을 해 볼 필요가 있는데, 일단 연방순회항소법원은 'U'자형 가위 손잡이에 손가락을 넣고 빼는 것이 용이하다는 기능이 있지만 그런 기능을 가질 수 있는 디자인은 원고 디자

(300) Saidman, P.J., "Functionality and Design Patent Validity and Infringement," Journal of the Patent and Trademark Office Society (Vol. 91), 2009, pp. 318 – 319.

인 특허 이외에도 가능하므로 대체 가능한 디자인의 존재를 긍정한 것이다. 즉, 이 사건에서 연방순회항소법원이 "1심이 너무 높은 단계의 추상적인 기능을 전제로 한 것"이라고 비판한 취지는 추상적인 기능이 될수록 기능성을 인정할 여지가 높아진다는 논리라기보다는 'U'자형 가위 손잡이에 손가락을 넣고 빼는 것이 쉬운 기능이 분명히 있지만, 그런 기능을 가진 'U'자형 가위 손잡이 가운데도 대체 가능한 디자인이 있다 라는 의미라고 이해하면 퍼즐 조각들이 제 자리를 찾게 된다. 그리고 (이 사건에서는 그에 이르지는 않았지만) 만약 여기서 한 단계 더 나아가 피고가 원고의 'U'자형 가위 손잡이의 고유한 곡선이라든가 각도 등에도 특별한 기능이 있고 그러한 기능은 원고 디자인 특허와는 세부적인 면에서 다른 'U'자형 가위 손잡이 디자인으로 구현할 수 없다고 주장했었다면, 미국 학계가 지적하는 '대체 가능한 디자인이 달성해야 하는 목표의 자의성' 문제가 떠오르는 상황이 되었을 것이다.

아무튼 요컨대 대상판결에 따르면 디자인 특허의 유무효를 판단함에 있어서의 기능성이란 대체 가능한 디자인 기준을 우선적으로 판단한다.(301) 다만, 다수의 학자들이 지적하듯이 이 기준은 대체 가능한 디자인이 구현하여야 하는 기능을 무엇으로 잡느냐에 따라 결과가 좌우될 수 있다는 자의성으로부터 완전히 자유롭지 못하다.

(2) 권리범위의 제한 사유로서의 기능성

디자인 특허의 소극적 등록요건, 즉 디자인 특허 무효 사유로서의 기능성에 비하면 미국 디자인 특허법상 권리범위 제한 사유로서의 기능성은 훨씬 난맥상에 가깝다. 권리범위 해석 단계에서 (1) 권리범위 제한 사유로서의 기능성의 기준은 무엇인가와 (2) 권리범위를 제한하는 방식은 무엇인가의 두 가지 문제가 모두 최근까지도 혼란을 보이면서 학계의 비판을 받아왔으며,(302) 대상판결이나 그 후속 판결을 통하여도 깔끔하게 정리가 되고 있지 않은 상황이기 때문이다.

---

(301) 연방순회항소법원의 이러한 태도는 대상판결 이후의 디자인 특허 기능성 판결에서도 그대로 유지된다. Sport Dimension, Inc. v. Coleman Co., Inc., 820 F.3d 1316 (Fed. Cir. 2016).

(302) Jason J. Du Mont · Mark D. Janis, "Functionality in Design Protection Systems," Journal of Intellectual Property Law (Vol. 19), 2012, pp. 301 – 302; Christopher V. Carani, "Design Patent Functionality: A Sensible Solution," Landslide (Vol. 7), 2014, p. 23; Perry J. Saidman, "The Demise of the Functionality Doctrine in Design Patent Law," Notre Dame Law Review (Vol. 92), 2017, pp. 1475 – 77.

우선 (2) 디자인 특허의 권리범위에서 기능성이 인정되는 부분을 어떻게 취급할 것인가와 관련하여, 기존의 연방순회항소법원은 그러한 부분은 권리범위에서 아예 제거해야 한다(소위, 'factor out')는 입장을 취한 바 있다.(303) 이는 전체적인 형상을 비교하여 판단하는 디자인 특허 침해 판단 방식과 부합하지 않는 점, 기능과 디자인이 결합되고 있는 현대 산업 디자인의 추세와 어긋난다는 점 때문에 많은 비판을 받았다. 실제로 이 'factor out' 방법을 기계적으로 적용할 경우 만약 디자인 특허의 일부 요소가 아닌 모든 요소들이 하나같이 기능성이 있는 경우에는 실질적으로 모든 권리범위가 제거가 되므로 디자인 특허권에 아무런 권리도 남지 않는 공허한 권리가 될 수 있는데, 바로 이 사건의 1심에서 그런 결론이 나온 바 있다.

이러한 비판에 직면해서인지는 몰라도, 대상판결은 완전히 다른 접근 방법을 취하였고 이 점은 충분히 주목할 만하다. 앞에서 소개한 대로 대상판결은 기능성이 있는 부분을 권리범위에서 제거하는 것이 아니라, 권리 보호의 정도를 낮춘 것이다. 예컨대 'U'자형 가위 손잡이는 손가락을 넣고 빼기가 용이하다는 기능성이 있으므로 일반적인 'U'자형 가위 손잡이보다는 훨씬 축소된, 즉 원고의 도면에 있는 그런 구체적인 형상의 'U'자형 가위 손잡이로 권리범위를 제한하는 방식을 취한 것이다. 앞에서 살펴본 바와 같이 권리범위가 '더 넓은 일반적인 디자인 개념'으로까지 확대되는 것을 방지하고 디자인의 장식적인 부분으로 국한시킨 것이다.(304) 이처럼 기능성이 있는 요소를 권리범위에서 제거하는 대신 보호의 정도를 낮춘 연방순회항소법원의 태도는 대상판결 이후에 나온 Sport Dimension 사건에서도 이어지고 있다.(305)

다음으로 (1) 권리범위 해석 단계에서 권리범위를 제한하는 사유가 되는 기능성의 기준과 관련하여, 학설은 그 기준이 디자인 특허 유무효 판단 시 고려해야 하는 기능성의 기준과 동일해야 하는가 아닌가를 문제 삼아 왔었다.(306) 그런데 안타깝게도 대상판결에서는 이 쟁점에 대한 충분한 답을 제공하고 있지 않다. 1심에서 'U'자형 가위 손잡이, 가동 버튼, 토크 조절장치가 권리범위 해석 차원에서 기능성을 갖고 있다고 본 것에 그대로 동의하면서, 그 효과로서 그러한 요소가 권리범위에서 제거되는 것이 아니라 보호의 정도가 낮아지는 것이라고 판시하고 있을 뿐이

(303) Richardson v. Stanley Works, Inc., 597 F.3d 1288 (Fed. Cir. 2010).

(304) 기능성이 있는 디자인 요소에 대하여 이러한 효과를 부여하는 접근 방법은 우리 판례와도 흡사하다.

(305) Sport Dimension, Inc. v. Coleman Co., Inc., 820 F.3d 1316 (Fed. Cir. 2016).

(306) Jason J. Du Mont · Mark D. Janis, "Functionality in Design Protection Systems," Journal of Intellectual Property Law (Vol. 19), 2012, p. 301.

다.[307] 다만, 대상판결 이후에 나온 연방순회항소법원의 다른 판결은 권리범위 제한 사유로서의 기능성 인정은 앞에서 나온 PHG Technologies 선례의 다양한 요소들을 고려해야 한다고 판시하였다.[308] 이처럼 내용이 완전히 일관성을 이루지 못하는 연방순회항소법원의 판례들이 등장하고 있어서, 이들 판결들을 어떻게 조화롭게 설명할 것인지는 향후 연방순회항소법원의 숙제로 보인다.

Ⅲ 결론

미국 디자인 특허법에서 기능성 요건은 장식성이라는 명문 규정이 판례에 의하여 탈바꿈되어 적용되어 온 법리로서, 디자인 특허의 유무효 판단과 권리범위 해석이라는 두 가지 맥락에서 작용을 한다. 먼저 디자인 특허의 유무효 판단 시에는 대상판결에서 보듯이 'dictated by function', 'primarily functional'이라는 용어들이 같은 판결에 혼재되어 등장하므로 미국 판례가 더 이상 유일기능기준solely

(307) 이 대목에서, 연방순회항소법원이 분명히 앞에서 이 3가지 요소가 기능성에 의하여 지배되지 않는다고 보아 1심의 결론을 배척하지 않았냐고 의아해 하는 독자가 있을 것이다. 그렇다, 연방순회항소법원은 디자인 특허의 유무효 판단과 관련하여서는 1심이 기능성에 의하여 지배되어 무효라고 한 결론을 배척하였지만, 권리범위 해석이라든가 침해 판단과 관련하여서는 1심이 이 3가지 요소에 기능성이 있다고 한 판단 자체는 존중하고 있다. 필자도 이를 조화롭게 해석하는데 어려움이 없지 않았는데, 디자인 특허를 무효로 만들기 위하여는 전체적인 형상을 기능이 지배하여야 하는 것인 반면, 권리범위 해석 시의 기능성은 디자인 요소 하나 하나 살펴 가면서 기능성이 있는 요소는 그 보호 정도를 낮추는 접근 방법을 채택한 것으로 이해하는 것이 한 가지 방법이다. 아무튼 이 부분은 연방순회항소법원의 논리에 일관성이 결여되었다고 보려면 충분히 그렇게 볼 수 있다고 생각한다.

(308) Sport Dimension, Inc. v. Coleman Co., Inc., 820 F.3d 1316, 1322 (Fed. Cir. 2016). 그런데 여기 대상판결에서는 디자인 특허의 유무효와 관련하여 PHG Technologies 선례의 다양한 요소들을 골고루 고려하여야 하는 것은 아니고 무엇보다 대체 가능한 디자인을 우선적으로 고려해야 한다고 판시한 바 있으므로, 이를 또 어떻게 조화롭게 해석해야 할지가 문제가 된다. 디자인 특허 유무효와 관련하여서는 대체 가능한 디자인이 최우선되는 것이고, 권리범위 해석과 관련하여서는 어느 한 요소가 최우선되는 것이 아니라 PHG Technologies 선례에 나온 다양한 요소들이 고려되는 것이라고 해석하는 것이 한 가지 방법이다. 앞에서와 마찬가지로 연방순회항소법원의 논리에 일관성이 결여되었다고 보려면 충분히 볼 수 있다.

functional standard과 주요기능기준primarily functional standard이라는 두 가지 기준 가운데 어느 한쪽을 적용한다고 보기는 어렵다. 그보다는 어떤 요소들을 기능성의 징표로 채택할 것인지가 더 중요한 쟁점이라고 할 텐데, 대상판결에서 보았듯이 대체 가능한 디자인의 존재가 기능성의 징표로 최우선되고 있고, 이러한 태도는 대상판결 이후의 다른 연방순회항소법원의 판결에서도 이어지고 있다. 법원이 발전시켜 온 이러한 기능성 법리에 대하여 미국 학계는 다양한 반응을 보이고 있다. 실용 특허와 디자인 특허를 구분하기 위하여 기능성 요건은 꼭 필요하다는 견해도 있지만,(309) 반대로 기능성을 디자인 특허의 소극적 등록요건으로 인정하는 것 자체에 부정적인 극단적인 견해도 있다.(310) 이러한 상반되는 견해는 최근 연방순회항소법원이 대체 가능한 디자인을 기준으로 기능성을 판단한 대상판결과 같은 판결에도 그대로 투영이 되는데, 최근 판례에서 법원이 기능성 인정에 너무 인색해지고 있으므로 이를 재고함으로써 기능성 법리의 역할을 회복해야 한다는 주장이 있는 반면,(311) 기능성 요건 판단에 적용하는 대체 가능한 디자인 기준은 너무나 자의적으로 운용될 수 있으므로 아예 기능성 요건을 폐기하고 디자인 특허법 조문에 나온 그대로 장식성에 기초하여 판단하자는 주장도 있다.(312) 디자인 특허의 소극적 등록요건으로서의 기

(309) Christopher Buccafusco · Mark A. Lemley, "Functionality Screens," Virginia Law Review (Vol. 103), 2017, pp. 1303 – 1306.

(310) Perry J. Saidman, "The Demise of the Functionality Doctrine in Design Patent Law," Notre Dame Law Review (Vol. 92), 2017, pp. 1490 – 1491.

(311) Christopher Buccafusco and Mark A. Lemley, "Functionality Screens," Virginia Law Review (Vol. 103), 2017, pp. 1374 – 75. 이 학자들은 연방순회항소법원이 기능성을 가진 디자인 요소를 권리범위에서 제외시키는 것이 아니라 그 보호범위만 축소시킨 것을 비난하고, 이 기조가 계속된다면 기능성 법리는 아무 역할도 못할 것임을 우려한다. 이들은 오히려 디자인 특허법의 기능성 법리에 미국 trade dress 기능성 법리처럼 비용이나 품질에 영향을 미치는 경우도 포함시켜야 한다고 주장한다.

(312) Perry J. Saidman, "The Demise of the Functionality Doctrine in Design Patent Law," Notre Dame Law Review (Vol. 92), 2017, pp. 1490 – 91. 원래 Saidman 변호사는 우리나라 연구에서도 많이 인용이 된 Perry J. Saidman · John M. Hintz, "The Doctrine of Functionality in Design Patent Cases," University of Baltimore Law Review (Vol. 19), 1989년 논문에서 기능성 법리 무용론을 주장했던 것은 아니고, 기능성 요건의 판단기준으로 법원이 solely functional standard 와 primarily functional standard을 혼용해서 사용하고 있지만, 대체 가능한 디자인의 존부 판단으로 충분하다고 결론을 내린바 있었다. 그러나 최근의 2017년 논문에서는 기능성 판단이 객관적으로 작동하기가 어려운 본질적인 약점이 있으므로, 디자인 특허에 있어서 기능성 판단 자체는 생략하고 법문에 충실하게 장식성 판단만 하면 족하다는 입장을 취하고 있다.

능성 요건을 아예 폐기하자는 주장이 극단적으로 들리기는 하지만, 한 연구에 따르면 공간된 판결 가운데 1982년에 개소한 연방순회항소법원이 기능성을 이유로 디자인 특허를 무효라고 판결한 사건은 단 하나에 불과하므로, 현실과 많이 동떨어진 주장도 아니라고 할 것이다.(313)

권리범위 해석과 관련하여서는 연방순회항소법원이 기능적인 측면을 가진 디자인 요소를 권리범위에서 제거하는 것이 아니라 그 권리범위를 일반화시키지 않고 좁게 해석해야 한다는 원칙을 제시한 것이 대상판결의 공로라고 할 것이나, 권리범위 제한 사유로서의 기능성의 기준은 무엇인지, 소극적 등록요건으로서의 기능성의 기준과 일원화해야 하는지 아니면 이원화해야 하는지는 대상판결은 물론이거니와 후속 연방순회항소법원 판결에서도 여전히 정리가 되지 않고 있다.

(313) Christopher V. Carani, "Design Patent Functionality: A Sensible Solution," Landslide (Vol. 7), 2014, p. 21. 그 유일한 판결은 Best Lock Corp. v. Ilco Unican Corp., 94 F.3d 1563 (Fed. Cir. 1996)이다. 동 사건은 열쇠와 자물쇠의 디자인에 관한 사건이었는데, 특정한 자물쇠를 열 수 있는 열쇠는 단 하나에 불과하여 대체 가능한 디자인이 없으므로 기능성을 인정해야 한다고 본 판결로서, 그 논리에 대하여는 미국 내에서도 제법 많은 비판이 있다.

2-11

[미국] 기능적 부분을 포함하는 디자인권의 청구항 해석

Sport Dimension v. Coleman (Fed. Cir. 2016)(314)

| 이혜라 | LG화학 변리사

I 서론

디자인의 창작 과정에서 현대사회에서 산업적 속성으로 인하여 디자인은 '심미적으로 호감이 가는'aesthetically pleasing 특성이나 장식성ornamentality 그리고 실용성utility이 서로 분리될 수 없는 결과로 나타나게 되고, 형태form와 기능function이 서로 불가피하게 얽혀 있을 수밖에 없다.(315) 원칙적으로, 물품이 갖는 기능성function은 특허권 또는 실용신안권으로 보호될 수 있고, 독특한 재질과 형상으로부터 독특한 형태가 기존 제품에 비해 더 강한 심미성을 발휘하는 것이라면, 그러한 외관은 디자인권

(314) *Sport Dimension, Inc. v. Coleman Co., Inc.* (Fed. Cir. April 19, 2016).

(315) 이강토, "산업디자인의 보호에 관한 비교법적 고찰 –미국법상의 트레이드 드레스를 중심으로", 2006 ("미국 저작권법상 응용미술저작물은 '회화, 그래픽 및 조각저작물'에 포함되는데, 산업디자인이라고 할 수 있는 실용품(useful article)18)의 디자인은 그 물품의 '기능적, 실용적인 측면'으로부터 분리되어 식별될 수 있으며 독립되어 존재할 수 있는 한도에서만, '회화, 그래픽 및 조각저작물'로 간주되어 미국 저작권법상 응용미술저작몰서 보호될 수 있다(분리성의 원칙(separability principle).").〈http://m.blog.daum.net/ilovepdp/9976386〉.

으로 보호될 수 있다.(316)(317) 디자인은 그 물품의 기능성과 함께 밀접 · 불가분하게 변하게 되며, 적어도 디자인의 가치는 그러한 물품의 기능성에 부합한 최대한의 심미감을 발휘하는 것이 특징이다.(318) 디자인권은 필수적으로 산업적 목적을 가지는 물품을 보호하고자 하는 것이므로 '기능적 요소가 주된 것이 아닌 한'not primarily functional 권리범위는 일정하게 인정되어야 하는 것이다.(319)

디자인보호법은 디자인의 장식성을 보호하기 위한 것이고 기능성은 보호하지 않는 것이 원칙이지만, 많은 디자인은 장식적인 부분과 기능적인 부분을 같이 가지고 있는 것이 현실이고, 장식성과 기능성을 절묘하게 같이 가지는 디자인이 훌륭한 디자인이 되기도 한다. 그래서 기능적인 부분을 가진 디자인의 권리범위를 어떻게 해석할 것인지에 대한 논의가 필요하다. 또한 특허와 달리 디자인권에는 글이 아닌 이미지로 구성된 한개의 청구항만이 있을 뿐이므로 청구항 해석이 특허에서와 다른 면이 있다.(320) 2016년 4월 21일 기준으로, 미국 내 디자인특허권수의 순위 중, 국내 기업이 1위(삼성전자)와 2위(LG전자)를 차지하고 있는 만큼, 미국에서 디자인 특허권의 청구항 해석에 대한 깊은 이해가 우리기업에 더욱 중요하다.(321) 이에 (기능적 부분을 포함한) 미국의 디자인권의 권리범위에 관해 판단한 CAFC의 Sport

(316) 김웅, 특허청, 디자인보호법 제2판, 디자인보호법 이론과 실제, 2012, 14면.

(317) 상동("장식적인 모양과 기능을 모두 갖추고 있는 디자인은 디자인보호법, 저작권법 및 특허법상의 보호요건을 모두 충족한다면 개별적으로 또는 동시에 보호될 수 있다. 특히 산업디자인은 저작물의 예인 응용미술의 한 형태가 된다.").

(318) 상동, 16면.

(319) *Sport Dimension, Inc. v. Coleman Co., Inc.* (Fed. Cir. 2016), p. 5–6 ("A]s long as the design is not primarily functional, "the design claim is not invalid, even if certain elements have functional purposes." Ethicon Endo–Surgery, 796 F.3d at 1333 (citing Richardson v. Stanley Works, Inc., 597 F.3d 1288, 1293 – 94 (Fed. Cir. 2010)). That is because a design patent's claim protects an article of manufacture, which "necessarily serves a utilitarian purpose." L.A. Gear, Inc. v. Thom McAn Shoe Co., 988 F.2d 1117, 1123 (Fed. Cir. 1993).").

(320) Sarah Burstein, "Design Patents: Samsung Electronics Co. v. Apple Inc., No 15–777 (design patent scope and damages calculation)", 1/4/2016 ("[U]tility patent claims are fundamentally different from design patent claims. Unlike utility patents, design patents can contain only one claim. The verbal portion of this claim must (in general) read as follows: "The ornamental design for [the article which embodies the design or to which it is applied] as shown." The phrase "as shown" refers to the drawings or photographs submitted by the applicant. Therefore, design patent claims consist mainly of images, not words.").

(321) 〈http://patentlyo.com/patent/2016/04/design–patentees.html〉.

Dimension v. Coleman 판결(2016)을[322] 살펴보고자 한다.[323][324][325]

Ⅱ 판결 개요

1. 대상 디자인[326]

Coleman(이하 '피고' 또는 '항소인')은 미국 디자인특허 제D623,714호(이하 '대상 디자인')의 권리자이며, 대상 디자인은 구명조끼Personal Flotation Device에 관한 것으로서 가운데 편평한 몸통torso 부분이 있고 그 부분의 상부 좌우에 팔 결착구arm band가 연결되며, 그 부분의 하부는 고리줄strap과 연결된다.

Sport Dimension(이하 '원고' 또는 '피항소인')은 [그림 2]의 제품Body Glove® Model 325을 판매하였는데, 가운데 몸통을 가진 점 및 좌우 팔 결착구를 가진 점은 대상 디자인과 동일하고, 몸통의 위쪽으로 조끼를 형성하는 점은 대상 디자인과 다르다.[327]

(322) 미국에서 디자인특허에서 Markman Hearing을 통해 비침해 가능성이 판단되면 summary judgment를 받을 가능성이 높으므로, 이러한 청구항 해석의 기준의 흐름을 관찰하는 것은 소송전략상 매우 중요하다.

(323) 최근 영국 대법원에서도 디자인권의 침해판단기준을 제시한 바 있다. *PMS International Group Plc v. Magmatic Limited* (2016). 〈http://www.marques.org/class99/default.asp?D_A=20160309#727〉.

(324) Apple v. Samsung 사건을 중심으로 주요 국가 법원에서의 청구항 해석의 논리와 결론의 차이를 비교법적으로 고찰하는 후속 연구도 의미가 있을 것이다.

(325) Zero Spill Systems Inc v Heide, 2015 FCA 115 ("functional features of designs may be protectable under the Act. Only those features whose form are dictated solely by function are not protected.").

(326)

등록 디자인 [그림 1]	비교대상 디자인 [그림 2]
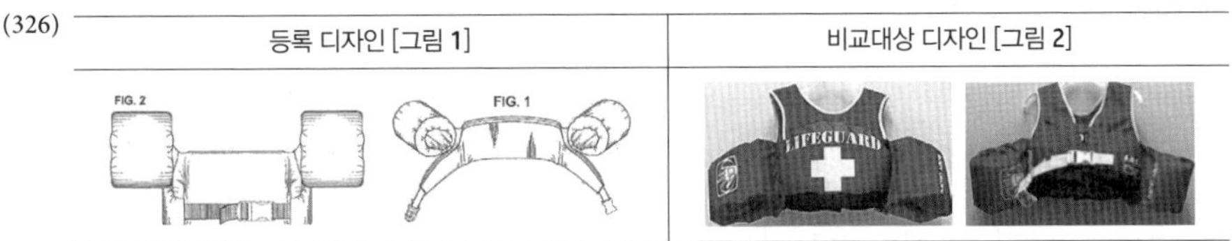	

(327) 대상판결문(Fed. Cir. April 19, 2016), 3면.

원고 Sport Dimension은 특허권 비침해 및 특허무효 확인소송을 캘리포니아주 중앙지방법원에 제기하였다.

2. 지방법원 판결

지방법원에서 해당 디자인의 청구항 해석이 쟁점이 되었는데, 지방법원은 이건 디자인(제D623, 714호)의 청구항이 개인부양기구의 장식적ornamental, aesthetic 디자인에 관한 것으로서 도면 제1도 내지 제8도에서 보여지는 것이며, 좌우 팔 결착구armband 및 몸통 양쪽의 (고리줄과 연결되기 위하여) 가늘어지는 부분side torso tapering은 기능적이라는 이유로 동 부분을 권리범위에서 제외시켰다.(328)

그러한 청구항 해석에 따르면 원고의 제품이 대상 디자인권에 대한 비침해 결론이 뻔히 예상된다는 이유로 피고(특허권자)는 그러한 청구항 해석을 파기시킬 실익이 있으므로 피고는 (항소를 위하여) 비침해 판결을 신청하였으며, 지방법원은 비침해 판결을 선고하고 피고는 항소하였다.

3. CAFC 판결의 요지

CAFC는 ① 대상 디자인이 완전히 또는 주요하게 기능적 부분을 가지는 경우 그 디자인의 특허는 무효라는 점, ② 기능적 부분이 포함되었다는 사실만으로 해당 디자인의 특허가 무효가 되지는 않는다는 점, 그래서 ③ 디자인이 기능적 부분과 장식적 부분을 같이 가질 수 있다는 점, ④ 디자인권의 권리범위는 장식적 부분으로 제한된다는 점을 먼저 제시한 후 ⑤ 팔 결착구 및 몸통 좌우 하단의 좁아지는 부분은 기능적 부분이라고 판단하고, ⑥ 판단자의 판단을 돕기 위하여 기능적 부분과 장식적 부분이 구별되어야 하지만, 기능적 부분을 권리범위에서 완전히 제외한 지방법원의 판결은 타당하지 않다고 판단한 후, 결론적으로 지방법원의 (비침해) 판결을

(328) 대상판결문(Fed. Cir. April 19, 2016), 4면("The ornamental design for a personal flotation device, as shown and described in Figures 1 – 8, except the left and right armband, and the side torso tapering, which are functional and not ornamental.").

파기하고 해당 사건을 환송하였다.(329)

III 평석

대상판결은 ① 침해 여부를 판단함에 있어서 해당 디자인의 어떤 부분이 기능적 부분인지를 판단하는 기준을 제시하였다는 점 및 ② 기능적 부분을 포함한 디자인의 권리범위를 획정하는 법리를 명확하게 하였다는 점에서 중요하다.

1. 기능적 부분을 판단하는 기준

금번 대상판결에서 해당 디자인의 어떤 부분이 기능적인 것인지 여부를 판단하는 기준으로 CAFC는 PHG Technologies, LLC v. St. John Cos(No. 06-1169)판례를 인용하였다. 동 PHG 판결은 해당 디자인 특허의 무효 여부를 판단하는 국면에 관한 것인데, CAFC는 동 법리를 침해 여부를 판단하는 장면에서의 청구항 해석 법리에도 적용한 의의가 있다.(330) 기능성 관련해서 PHG 판결은 다음의 사항을 고려하도록 설시한다. ① 보호되는 디자인이 최고의 디자인인지 여부, ② 대체 디자

(329) 대상판결문(Fed. Cir. April 19, 2016), 8-9면("As the district court correctly pointed out, Coleman's armbands and tapered side torso designs meet several of the factors we announced in PHG Technologies, LLC v. St. John Cos., for determining whether a design claim was dictated by function, including: whether the protected design represents the best design; whether alternative designs would adversely affect the utility of the specified article; whether there are any concomitant utility patents; whether the advertising touts particular features of the design as having specific utility; and whether there are any elements in the design or an overall appearance clearly not dictated by function. 469 F.3d 1361, 1366 (Fed. Cir. 2006) (quoting Berry Sterling Corp. v. Pescor Plastics, Inc., 122 F.3d 1452, 1455 (Fed. Cir. 1997)).").

(330) 대상판결문(Fed. Cir. April 19, 2016), 9면 ("Although we introduced these factors to assist courts in determining whether a claimed design was dictated by function and thus invalid, they may serve as a useful guide for claim construction functionality as well.").

인이 물품의 유용성에 나쁜 영향을 미치는지 여부, ③ 동일한 내용을 포함하는 특허가 존재하는지 여부,(331) ④ 광고가 대상 디자인의 어떤 특징이 특별한 유용성을 가진다고 광고하는지 여부, ⑤ 해당 디자인에서 기능과 관계없는 부분이 존재하는지 여부.(332)(333)

법원은 PHG 테스트를 대상 디자인에 적용하여 팔 결착구 및 몸통 하단 좌우부분이 기능적 부분이라고 판단하였다. 즉, 위 2번째 항목과 관련하여 다른 대체 디자인을 조사한 결과 피고의 팔 결착구 및 몸통 하단 좌우 부분이 최선의 디자인이라고 판단하였고, 또 위 3번째 항목과 관련하여 피고가 동일한 내용을 일반 특허로도 출원하였고 그 출원에서 팔 결착구와 몸통의 효과에 대하여 강조하고 있으며, 나아가 위 4번째 항목과 관련하여 피고가 해당 부분의 유용성에 대하여 광고하였음을 인정하고, 기능성 부분까지 전체적으로 권리범위 해석시에 포함시켰다.(334)(335) 다만, 기능성 요소가 주류이고 장식적 요소가 미미한 경우에는 전체적인 권리범위는 좁아

---

(331) 이와 달리 우리 대법원은 대체 디자인의 존재 여부로만 기능성 여부를 판단하고 있다. 대법원 2006. 9. 8. 선고 2005후2274 판결("디자인의 구성 중 물품의 기능에 관련된 부분에 대하여 그 기능을 확보할 수 있는 선택가능한 대체적인 형상이 그 외에 존재하는 경우에는, 그 부분의 형상은 물품의 기능을 확보하는 데에 불가결한 형상이라고 할 수 없다.").

(332) 469 F.3d at 1366 ("whether the protected design represents the best design; whether alternative designs would adversely affect the utility of the specified article; whether there are any concomitant utility patents; whether the advertising touts particular features of the design as having specific utility; and whether there are any elements in the design or an overall appearance clearly not dictated by function.").

(333) 상표법에서 '기능'을 판단하는 법리와 디자인보호법에서 '기능'을 판단하는 법리를 비교한 글: Sarah Brustein, Commentary: Faux Amis in Design Law (January 4, 2016). 105 Trademark Rep. 1455 (2015), 〈http://ssrn.com/abstract=2710661〉.

(334) 대상판결문 9면("Applied here, the *PHG* factors indicate that the design patent's armbands and side torso tapering serve a functional purpose. For example, the district court examined alternative personal flotation device designs and concluded that Coleman's armband and torso tapering represented the best available design for a personal flotation device.").

(335) 대상판결문 9–10면("[D]esign patents protect the overall ornamentation of a design, not an aggregation of separable elements. *Richardson*, 597 F.3d at 1295 (noting that "discounting of functional elements must not convert the overall infringement test to *an element-by-element comparison*"). By *eliminating* structural elements from the claim, the district court improperly converted the claim scope of the design patent from one that covers the overall ornamentation to one that covers individual elements. Here, the district court *erred* by completely *removing* the armbands and side torso tapering from its construction.").

지게 된다.(336)(337)

우리 디자인보호법 제34조 제4호는 "물품의 기능을 확보하는 데에 불가결한 형상만으로 된 디자인"을 보호하지 않는다고 규정하는데,(338) 대상판결은 그러한 엄격한 기준을 충족하지 않는 부분이라도 기능적 부분이라고 판단될 수 있음을 말하고 있다. 향후 우리나라에서도 해당 부분이 기능적인지 여부를 판단함에 있어서 위 5개 항목을 활용할 수 있을 것이다.

참고로, 해당 부분이 기능적인지 여부를 선행 디자인과 비교하여 결정할 수 있다는 의견을 피력한 논문이 존재하는데,(339) 선행 디자인과 모양이 다른 디자인이라면 그 디자인은 기능적이지 않은 것으로 판단될 수 있을 것이다.(340) 즉, 대체 디자인이 존재한다는 점이 선행 디자인에 의하여 증명되었으므로 기능성이 부정될 수 있는 것이다. 한편, 해당 부분이 기능적인지 여부를 그 분야 디자인의 시간적 흐름

(336) 대상판결문 10면("Because of the design's many functional elements and its minimal ornamentation, the overall claim scope of the claim is accordingly narrow. *See Ethicon Endo-Surgery*, 796 F.3d at 1334 (endorsing a "limited" claim scope for a design with functional elements).").

(337) 대상판결문 5–6면("[W]here the court helped the fact finder "distinguish[] between those features of the claimed design that are ornamental and those that are purely functional." Id. (citing *OddzOn Prods., Inc. v. Just Toys, Inc.*, 122 F.3d 1396, 1405 (Fed. Cir. 1997)). Of course, a design patent cannot claim a purely functional design—a design patent is invalid if its overall appearance is "dictated by" its function. Id. at 668. … So a design may contain both functional and ornamental elements, even though the scope of a design SPORT DIMENSION, INC. 6 v. THE COLEMAN COMPANY, INC. patent claim "must be limited to the ornamental aspects of the design." *Ethicon Endo-Surgery*, 796 F.3d at 1333. "Where a design contains both functional and nonfunctional elements, the scope of the claim must be construed in order to identify the non–functional aspects of the design as shown in the patent." OddzOn Prods., 122 F.3d at 1405.").

(338) 정태호, "디자인보호법상 물품의 기능을 확보하는 데에 불가결한 형상만으로 된 디자인에 관한 고찰", 「법학논총」 제35권, 숭실대학교 법학연구소, 2016, 333면("'물품의 기능을 확보하는 데에 불가결한 형상'이란 물품의 기술적 기능을 확보하기 위해 필연적으로 결정되어 버린 형상을 말하는데,7) 물품의 기능적 형상에는 ① 물품의 기능상 필연적으로 그런 형태를 띨 수밖에 없는 경우와, ② 종래부터 흔히 사용되어 온 경우로 구분될 수 있고, 특히 전자와 관련해서는 '물품의 기능에 관련된 형상'이라고 하더라도 그 기능을 확보할 수 있는 선택 가능한 대체적인 형상이 존재한다면 해당규정에서 말하는 물품의 기능적 형상에 해당한다고 할 수 없다.").

(339) 백인경 · 우광제, "디자인의 유사 판단에 관한 소고 –대법원 판례를 중심으로–", 「법학연구」 제49권 제1호, 부산대학교, 2008, 232면("해당 부분이 물품의 기본적 내지 기능적 형태인지 여부는 당해물품에 있어 선행디자인들을 살펴본 후에 결정될 수 있는 문제").

(340) 대법원 2006. 9. 8. 선고 2005후2274 판결("디자인의 구성 중 물품의 기능에 관련된 부분에 대하여 그 기능을 확보할 수 있는 선택가능한 대체적인 형상이 그 외에 존재하는 경우에는 그 부분의 형상은 물품의 기능을 확보하는데 불가결한 형상이라고 할 수 없다.").

에 근거하여 판단할 수 있다는 주장이 있다.(341) 추측컨대, 해당 부분의 디자인이 어떤 하나의 형태로 고착이 되어 있다면 그러한 고착이 그 부분이 기능적이기 때문인 것으로 이해하기 때문일 것이다. 기능적인 부분은 본질적으로 대체 디자인의 가능성이 없거나 또는 아주 낮다고 볼 수 있는 것이다. 또, PHG 판결이 제시한 5개의 항목 중 대체 디자인의 존재 여부가 가장 중요하다는 주장도 존재하였다.(342)(343) 제시된 5개 항목의 상대적 중요성을 따지는 것도 향후의 과제라고 할 것이다.(344)

2. 기능적 부분을 포함하는 디자인의 권리범위 해석

어떤 디자인의 전체적 형상이 기능적인 경우 그 디자인은 특허무효이거나 권리범위가 부정되어야 함은 당연할 것이다.(345) 우리의 디자인보호법 제34조 제4호가 "물품의 기능을 확보하는 데에 불가결한 형상만으로 된 디자인"을 보호하지 않

(341) 안원모, "디자인 유사 판단에서 기본적 · 기능적 형태가 가지는 의미 – 대법원 2013. 4. 11. 선고 2012후3794 판결을 중심으로–", 「홍익법학」 제15권 제1호, 홍익대학교 법학연구소, 2014, 870면 ("결국 물품의 구체적 형태가 그 물품이 가지는 기본적 · 기능적 형태인지의 여부를 판단하기 위해서는 그 분야의 디자인적 변화를 알 수 있는 복수 물품의 형태를 시간대에 따라 조사하여 디자인적 흐름을 파악할 필요가 있고, 또한 그 디자인이 채택된 주된 이유가 장식적인 것에 있는지 기능적인 것에 있는지를 함께 살펴볼 필요가 있다.").

(342) 대체 디자인은 동일 또는 유사한 기능적 효과를 가져야 한다. Ethicon Endo–Surgery, Inc. v. Covidien, Inc. (Fed. Cir. 2015).

(343) Ethicon Endo–Surgery, Inc. v. Covidien, Inc. (Fed. Cir. 2015) (Ethicon's brief) ("Before and after Berry Sterling, this Court has treated the presence or absence of alternative designs that work as well as the claimed design as a dispositive factor in analyzing functionality."). In Berry Sterling, the Federal Circuit stated that, in addition to the existence of alternative designs: Other appropriate considerations might include: whether the protected design represents the best design; whether alternative designs would adversely affect the utility of the specified article; whether there are any concomitant utility patents; whether the advertising touts particular features of the design as having specific utility; and whether there are any elements in the design or an overall appearance clearly not dictated by function. 〈http://patentlyo.com/patent/2015/08/burstein–ethicon–covidien.html〉.

(344) High Point Design LLC v. Buyers Direct, Inc., 730 F.3d 1301 (Fed. Cir. 2013) (these factors "may help").

(345) 정태호, 앞의 논문, 333면("외국의 여러 국가에서도 기능성만 있는 디자인에 대해서는 보호대상에서 제외하고 있고 …").

는다고 규정한 바도 같은 취지를 가진다.(346) 예를 들어, 대법원 2006. 1. 13. 선고 2005후841 판결이 판단한 디자인은 차량 전면 유리에 관한 것으로서 해당 디자인이 하나의 부분으로 이루어진 것이어서 그 하나가 전체적으로 기능적이라고 판단되면 해당 디자인 전부가 무효가 될 것이다.(347)(348)(349)

그런데 ① 기능적 부분을 일부 가지고 장식적 부분도 일부 가진 디자인(350)(351) 또는 ② 개개 요소는 모두 기능적이라도 그 개개 요소가 결합되어 새로운 심미감을 불러일으키는 디자인의 경우에(352)(353) 그 권리범위를 어떻게 획정할 것인지 또 침해제품과의 유사 판단을 어떻게 할 것인지에 대하여는 법리가 명확하지 않은 것으로 보인다.

대상 디자인의 경우 여러 부분으로 이루어진 것이어서 두 부분(팔 결착구 및 몸통 하단

(346) 정태호, "디자인보호법상 물품의 기능을 확보하는 데에 불가결한 형상만으로 된 디자인에 관한 고찰", 「법학논총」 제35권, 숭실대학교 법학연구소, 2016, 333면("'물품의 기능을 확보하는 데에 불가결한 형상'이란 물품의 기술적 기능을 확보하기 위해 필연적으로 결정되어 버린 형상을 말하는데, 물품의 기능적 형상에는 ① 물품의 기능상 필연적으로 그런 형태를 띨 수밖에 없는 경우와, ② 종래부터 흔히 사용되어 온 경우로 구분될 수 있고, 특히 전자와 관련해서는 '물품의 기능에 관련된 형상'이라고 하더라도 그 기능을 확보할 수 있는 선택 가능한 대체적인 형상이 존재한다면 해당규정에서 말하는 물품의 기능적 형상에 해당한다고 할 수 없다.").

(347) 대법원 2006. 1. 13. 선고 2005후841 판결("결국 자동차 앞유리의 가장 중요한 디자인 요소가 자동차 앞유리의 창틀에 의하여 결정되므로, 이 사건 등록의장은 물품의 기능을 확보하는 데에 불가결한 형상만으로 된 의장이라 할 것이다.").

(348) 상표법 제7조 제1항 제13호도 "상표등록을 받으려는 상품 또는 그 상품의 포장의 기능을 확보하는 데 불가결한" 상표는 상표등록을 받을 수 없다고 규정하고 있다.

(349) *Lee v. Dayton-Hudson Corp.*, 838 F.2d 1186, 1188(Fed. Cir. 1988).

(350) 안원모, 앞의 논문, 869면("실제 등록되는 디자인에는 기본적 · 기능적 형태가 포함된 채로 등록이 이루어지는 경우가 대부분이다. 이러한 기본적 · 기능적 형태가 존재하지 않으면 물품으로서 존재할 수가 없기 때문에 등록디자인에는 당연히 이러한 기본적 형태가 포함되게 되는 것이다.").

(351) 비기능적 부분의 존재에도 불구하고 어떤 디자인이 전체적으로 기능적으로 판단되면 그 디자인은 무효되어야 할 것이다. *Richardson v. Stanley Works, Inc.,* 597 F.3d 1288, 1293-94 (Fed. Cir. 2010) ("If the patented design is primarily functional rather than ornamental, the patent is invalid.").

(352) Christopher V. Carani, supra, p. 27 ("Indeed, the combination of two functional elements, even two purely functional elements, can yield an ornamental design.").

(353) Apple v. Samsung (NDCA, 2011) 사건에서 삼성은 애플의 디자인의 모든 요소가 각각 기능적이므로 그 디자인은 무효라도 주장하였으나, 법원에 받아들여지지 않았다. 개별 요소의 기능성이 중요한 것이 아니라 디자인 전체로서의 기능성이 중요한 것이다. Transcript of Hearing on Apple's Motion for Preliminary Injunction 44-45, Apple v. Samsung, No. 11-CV-01846 (N.D. Cal. Oct. 11, 2011).

좌우 부분)이 기능적이라고 하더라도 해당 디자인 전부가 무효가 되거나 권리범위 전부가 부정될 것은 아니라고 할 것이다. 이하에서는 기능적 부분을 일부 포함한 디자인의 권리범위의 해석과 획정에 관한 미국의 법리 및 최근의 동향을 살펴보고자 한다.

(1) 장식성 · 기능성 이분법Ornamental·Functional Dichotomy

대상판결의 지방법원은 대상 디자인의 기능적 부분(팔 결착구 및 몸통 하단의 좌우 부분)을 제외하고, 즉 해당 기능적 부분이 없는 것으로 보고, 대상 디자인의 권리범위를 획정하였다. 그러한 법리는 OddzOn 판결의[354] 법리와 맥을 같이 한다. 즉, 동 판결에서 CAFC는 어떤 디자인이 기능적 요소와 비기능적 요소를 같이 가진 경우 청구항의 범위는 그 비기능적 요소를 특정하기 위한 것으로 획정되어야 한다고 설시한 바 있다. 대상 CAFC 판결은 기능적 요소도 포함하여 해석하자고 하면서, OddzOn의 법리를 변경하고 있다.

(2) 기능적 부분을 포함하여 전체적으로 판단하는 법리

OddzOn 사건과 같이 기능적 부분을 제외하고 청구항을 해석하는 법리에 대한 비판이 있었다.[355] 그러한 비판은 디자인이 전체적으로 기능적인 경우에 기능성이 문제되는 것이고 일부 요소가 기능적인 경우에는 기능성이 문제되지 않는다는 관점을 가진다.[356] CAFC는 2010년 Richardson 판결에서[357] 기능적 부분을

(354) *OddzOn Prods., Inc*. v. Just Toys, Inc., 122 F.3d 1396, 1405 (Fed. Cir. 1997) ("Where a design contains both functional and non-functional elements, the scope of the claim must be construed in order to identify the non-functional aspects of the design as shown in the patent.").

(355) Shin Chang, The Proper Role of Functionality in Design Patent Infringement Analysis: A Criticism of the Federal Circuit Decision in Richardson v. Stanley Works, Inc., 19 Tex. Intell. Prop. L.J. 309, 324 (2011) ("Thus, the district court in Richardson erred by first determining that the jaw element was functional and then filtering it from the patented design when applying the ordinary observer test.").

(356) Id ("The critical issue with functionality in design patent infringement is whether the overall configuration is dictated by function, not whether individual elements of the claimed design are functional.").

(357) "[I]n its 2010 decision in Richardson, the Federal Circuit indicated that district courts should "factor out" functional elements in construing design patent claims. This "factoring out" approach proved to be both unworkable and unnecessary." 〈http://patentlyo.com/patent/2016/01/samsung-patent-construction.html〉.

제외factor out하고 청구항을 해석한 지방법원 판결을 지지한 바가 있었으나,(358)(359) 대상판결에서는 Richardson 판결의 의미를 달리 해석하면서 실질적으로는 동 판결을 변경하고 있다.(360) 결론적으로, 대상판결은 침해 여부를 판단함에 있어서 기능적 부분의 디자인에 초점을 두어서는 안 되고 기능적 부분이 전체 디자인의 심미감에 미치는 영향을 고려하여야 한다고 설시하였다.(361) 이러한 설시는 침해 여부를 판단함에 있어서 '개개 구성요소에 중점을 두는point-of-novelty 테스트'를 폐기하고 (디자인 전체에 중점을 두는) '일반 관찰자ordinary observer 테스트'를 정립한 Egyptian Goddess 법리와 궤를 같이 한다.(362)(363)

(3) 우리나라에서의 논의

대법원은 디자인의 구성요소 중 물품의 기능을 확보하는 데 필요한 형상 또는 공지의 형상부분이 있다고 하여도 그것이 '특별한 심미감'을 불러일으키는 요소가 되지 못하는 것이 아닌 한 그것까지 포함하여 전체로서 관찰하여 느껴지는 장식적

(358) Richardson v. Stanley Works, Inc., 597 F.3d 1288, 1295 (Fed. Cir. 2010).

(359) 장식적 요소만을 침해판단의 기준으로 삼는 Richardson 판결에서의 대상 디자인(제507167호)은 해머(hammer-head), 이빨(jaw), 손잡이(handle) 및 렌치(crowbar) 부분으로 구성되는 다목적 carpentry tool (a FUBAR)에 관한 것으로서, 한 논문은 기능적 부분인 이빨(jaw)을 제외하는 Richardson 판결의 청구항 해석을 아래와 같이 도시하고 있다. 기능적 부분을 제외하면 아무런 구성요소도 남게 되지 않아 결국 청구항은 'zero'가 되어 버리는 터무니없는 결과가 된다. Christopher V. Carani, Design Patent Functionality: A Sensible Solution, American Bar Association, Landslide® Magazine, Featured Article, Nov./Dec. 2014, p. 26. 〈http://www.mcandrews-ip.com/files/designpatentfunctionalityoptimized.pdf〉.

(360) Jason Rantanen, Design Patent Claim Construction: More from the Federal Circuit, April 25, 2016, ("The court, like many other courts and a number of commentators, interpreted the Federal Circuit's 2010 decision in Richardson v. Stanley Works as requiring courts to 'factor out' functional parts of claimed designs.").
〈http://patentlyo.com/patent/2016/01/samsung-patent-construction.html〉.

(361) 대상판결문, 10면("the fact finder should not focus on the particular designs of [functional] elements when determining infringement, but rather focus on what [functional] elements contribute to the design's overall ornamentation.").

(362) *Egyptian Goddess, Inc. v. Swisa, Inc.*, 543 F.3d 665 (Fed. Cir. 2008) (en banc).
〈http://patentlyo.com/patent/2016/01/samsung-patent-construction.html〉.

(363) *Crocs, Inc. v. Int'l Trade Comm'n*, 598 F.3d 1294, 1302 (Fed. Cir. 2010) ("In Egyptian Goddess, this court warned that misplaced reliance on a detailed verbal description of the claimed design risks undue emphasis on particular features of the design rather than examination of the design as a whole.").

심미감에 따라 판단해야 한다고 판결하고 있다.(364)(365) 이 판결은 기능적 부분까지 포함하여 전체로서 심미감을 판단해야 한다고 설시한 점에서는 타당한데, 그 기능적 부분이 '특별한 심미감을 불러일으키는 요소가 되지 못하는 것이 아닌 한'이라는 제한을 두어 논쟁의 여지가 있다.

국내의 권위 있는 학자 중에는 전체적 미감을 판단함에 있어서 기능적 부분을 완전히 제외할 수는 없다고 주장한다.(366) 그 주장이 대상판결의 취지와 동일하다. 다만, 어떤 디자인의 '요부'를 파악함에 있어서 기능적 부분이 요부가 아닌 것으로 판단하는 것은 타당할 것이므로, 기능적 부분을 요부에서 제외한다는 의미와 전체적 미감을 판단함에 있어서 기능적 부분을 없는 것으로 보고 판단한다는 의미를 구분할 필요는 있을 것이다.

3. 관련 판결(Samsung v. Apple, No 15-777)(367)

미국 디자인특허 제D618,677호, 제D593,087호, 및 제D604,305호 3건에 관

(364) 대법원 2009. 1. 30. 선고 2007후4830 판결.

(365) 대법원 1999. 10. 8. 선고 97후3586 판결; 2012후4186 등록무효(디), 대법원 2006. 7. 28. 선고 2005후2915 판결 등 참조(대상물품을 '구두용 장식구'로 하는 이 사건 등록디자인(등록번호 제581113호)과 원심 판시 비교대상디자인은 양쪽 끝부분에 있는 장식구, 그 중앙 연결부, 장식구와 중앙 연결부가 결합되는 접합부의 형상 및 그 각각이 전체에서 차지하는 크기, 면적 등 구성 비율이 서로 유사한데, 이는 '구두용 장식구' 디자인의 기본적 또는 기능적 형태가 아니라 그 지배적인 특징을 이루는 부분들로서 보는 사람의 주의를 가장 잘 끌고, 한편 이들 디자인 사이의 원심 판시와 같은 차이점들은 전체적인 심미감에 영향을 미치지 아니하는 미세한 것들에 불과하므로, 이 사건 등록디자인과 비교대상디자인은 전체적으로 볼 때 심미감이 유사하여 서로 유사한 디자인에 해당한다고 판단하였다.); (대법원 2010. 5. 13. 선고 2008후2800 판결 등 참조("설령 양 디자인이 차이점 ㉮, ㉯로 인하여 전체적으로 볼 때 그 심미감이 유사하지 않다고 인정된다 하더라도, 비교대상디자인에서 양쪽 끝단부의 장식구를 접합부와 함께 상하로 약간 줄여 원형에 가깝게 한다거나, 접합부에 인접한 중앙 연결부 부분의 구멍을 없애고 2개의 줄이 교차하여 감싸고 있는 볼록한 형상 부분을 별다른 모양 없이 단순하게 볼록한 형상으로 변형하는 정도는 전체 적으로 볼 때 별다른 미감적 가치가 인정되지 않는 단순한 상업적 · 기능적 변형에 불과하다 할 것이므로, 이 사건 등록디자인은 결국 통상의 기술자가 비교대상 디자인으로부터 용이하게 창작할 수 있다고 봄이 타당하다.")); 그 외 특허법원 판결로서, 2013후464 등록무효(디); 2012허11474 등록무효(디); 2013허792 등록무효(디); 2013허1085 등록무효(디) 등 참조.

(366) 안원모, 앞의 논문, 870면("디자인의 요부를 파악함에 있어서 기본적 · 기능적 형태를 완전히 제외하게 되면 잘못된 결과를 가져올 수 있다는 점에서 완전한 창작설의 입장을 고수하는 것은 바람직스럽지 않다고 할 것이다. 물품의 외관이란 기본적 · 기능적 형태와 새롭게 창작된 부분이 결합하여 전체적으로 미감을 발휘하는 경우가 대부분이므로 그 중 어느 요소를 미감의 판단에서 완전히 제외할 수는 없다."); 2012허9433 권리범위확인(디); 대법원 2005. 10. 14. 선고 2003 후1666 판결 참조).

(367) 〈http://law.justia.com/cases/federal/appellate-courts/cafc/14-1335/14-1335-2015-05-18.html〉.

한 침해소송인 본 사건은(368) 1842년 미국의 디자인특허법이 제정된 후 4개의 사건들(369) 이래 120년만에 대법원에 상고신청된 것으로서 손해배상액 산정 및 청구항 해석의 2가지의 쟁점들에 관한 것이다. 그 두 쟁점들 중 전자인 손해배상액 산정에 대해서만 상고가 받아들여졌고,(370) 후자인 청구항 해석에 대해서는 CAFC의 판단이 유지되었다.(371)

삼성은 둥근모서리와 직사각형은 기능적인 것으로서 침해분석 시 제외되어야 한다고 주장하였으나, CAFC는 삼성이 인용한 선례는 유효한 청구항의 범위에서 특정 요소를 제외해야 하는 규칙을 입증하기에 적절한 것이 아니라고 판단하였다. 즉, CAFC는 청구항 해석 이슈에 관하여 디자인 특허의 보호되는 장식적 영역 ornamental scope에서 개념적이거나 기능적인 특징들을 배제하고 해석할 필요가 없다고 판시하였으므로,(372)(373)(374) 본 대상판결과 같은 취지로 기능적 부분을 포함하여

---

(368) 이 사건, 세 특허의 도면들은 각각 다음과 같다. [그림 3]

(369) *Gorham Co. v. White*, 81 U.S. 511 (1871) ("It is argued that the merit of a design appeals solely to the eye, and that if the eye of an ordinary observer cannot distinguish between two designs, they must in law be substantially alike." Id. 522); Dobson v. Dornan, 118 U.S. 10 (1886); *Smith v. Whitman Saddle Co.*, 148 U.S. 674 (1893); and *Dunlap v. Schofield*, 152 U.S. 244 (1894).
〈https://supreme.justia.com/cases/federal/us/81/511/〉.

(370) 삼성전자사 Apple사에 5억 4천만 달러 배상 평결(2018. 5. 25.); Apple사, 삼성전자사와 디자인권 분쟁 7년 만에 모든 소송 철회(2018. 6. 28.), 「Global IP Trend 2017」, 한국지식재산연구원, 2018, 46면 참조.

(371) Dennis Crouch, "Samsung Electronics Co. v. Apple Inc., No 15–777 (design patent scope and damages calculation) (New Petition)", 12/14/2015.
〈http://patentlyo.com/patent/2015/12/electronics-calculationnew-petition.html〉.

(372) *Id*.

(373) Gary Griswold and Jason Rantanen, "Explosion of design patent assertions and lawsuits", 2015.

(374) 동 판결, slip op. 20면("Functionality and infringement: Samsung argued that "the district court erred in failing to exclude the functional aspects of the design patents either in the claim construction or elsewhere in the infringement jury instructions.").

전체관찰을 하여 청구범위를 확정해야 한다는 것이다.(375)

구체적으로, 삼성은 ① Richardson 선례를 인용하면서 지방법원이 structural and functional elements를 제외하고 침해판단을 하도록 배심원에게 안내하지 않은 오류가 있고, ② Richardson 판례 및 Bonito Boats 판례와 같이 기능적 특징은 특허utility의 보호 영역이므로 장식적 디자인의 권리범위 해석기준에서 배제해야 하며, ③ 더 나아가 특허의 성립성에 관해 Bilski 대법원 판례에서 추상적 아이디어나 물리적 현상을 적격성에서 배제한 것과 같은 논리로 디자인권에서는 개념, 형상 또는 색채를 권리범위에서 배제해야 하며, ④ 법원이 용이하게 개념적 또는 기능적 요소들을 분리해서 배심원들에게 권리범위에서 배제하도록 안내했어야 한다고 주장했지만,(376) 사실상 디자인에서 개념적 요소를 분별해 내는 것이 쉬운 것이 아니다. 청구범위를 좁게 해석하게 하는 선행기술은 1심에서 받아들여지지도 않았기에, 본 삼성 사건에서는 Egyptian Goddess, Inc. v. Swisa, Inc., 543 F.3d 665, 679 (Fed. Cir. 2008)(en banc)는(377) 실효성이 없었다.(378)(379) CAFC(2015년 4월)는 Richardson 판례가 권리범위에서 전체 구성 요소를 배제하도록 요구하는 룰을 만들지 않았다고 보고, 삼성의 상기 주장을 받아들이지 않았다.

보호범위의 분별은 다소 정책적인 문제로서, 언어로 표현하는 것을 특허의 범

(375) Sarah Burstein, "Design Patents: Samsung Electronics Co. v. Apple Inc., No 15-777 (design patent scope and damages calculation)", 1/4/2016. 〈http://patentlyo.com/patent/2016/01/samsung-patent-construction.html〉.

(376) *Apple v. Samsung*, Petition for a Writ of Certiorari (December 14, 2015), 21-24면.

(377) 본 사건에서, CAFC는 "point of novelty" test를 폐기하고, ordinary observer test로 복귀했고, 디자인의 보호범위 표현은 도면(illustration)에 의하고, 언어적 표현(description and a description)에 하지 말 것을 판시했다. ("The Federal Circuit lists three scenarios when a design patent claim construction might be helpful to a jury: 1) describing the role of particular conventions in design patent drafting, such as the role of broken lines; 2) assessing and describing the effect of any representations made in the course of the prosecution history; and 3) distinguishing between those features of the claimed design that are ornamental and those that are purely functional. Id. at 680 (citing *OddzOn Prods., Inc. v. Just Toys, Inc.*, 122 F.3d 1396, 1405 (Fed. Cir. 1997)."). 〈http://www.theordinaryobserver.com/2012/10/design-patent-claim-construction.html〉.

(378) Christopher Carani, Design patent lessons from *Apple v Samsung*, 2012, pp. 32-34. 〈WWW.MANAGINGIP.COM〉.

(379) Rantanen, Jason, Apple v. Samsung: Design Patents Win, Patently-O, 2015. 〈http://patentlyo.com/patent/2015/05/samsung-design-patents.html〉.

주로 보고, 디자인의 경우는 전체적인 외형을 보호하는 것으로 기준을 잡는 것이 명쾌하다는 의견도 있다.(380)

Ⅳ 결론

1. 기능적 요소 판단기준

대상판결은 해당 부분이 기능적인지 여부를 판단하는 5개의 항목을 제시하고 있고,(381) 그 항목에 따라 대상 디자인의 팔 결착구 및 몸통 하단 좌우 부분이 기능적이라고 판단하였다. 그런데, 실제 사례에서는 그 5개 항목으로 어떤 부분이 기능적인지 여부를 판단하기가 용이하지 않을 것으로 예상된다. 향후 그 5개 항목 외에 다른 항목을 발굴할 필요가 있어 보인다. 우리 실무에서는 어떤 부분이 기능적인 목적만을 가지는 경우 기능적이라고 판단하고 있다.(382)

생각건대, ① 기능적 목적과 장식적 목적을 같이 가지더라도 결과적으로 기능적인 것으로 판단될 가능성도 배제할 필요가 없고, ② 기능적 목적만을 가지지 않더라도 결과적으로 기능적으로 판단될 가능성도 배제하지 말고 구체적 사안에 따라 유연성 있게 판단해야 한다.

(380) Christopher Carani, supra.

(381) 469 F.3d at 1366 ("whether the protected design represents the best design; whether alternative designs would adversely affect the utility of the specified article; whether there are any concomitant utility patents; whether the advertising touts particular features of the design as having specific utility; and whether there are any elements in the design or an overall appearance clearly not dictated by function.").

(382) 안원모, 앞의 논문, 870면("물품의 기능적 형태라고 하기 위해서는 당해 형태가 채택된 이유가 장식적인 이유가 아니라 오로지 기능적인 목적만으로 채택된 경우이다.").

2. 기능적 요소가 침해 여부 판단에 미치는 영향

대상판결은 어떤 디자인의 구성요소가 기능적인지 여부를 판단하는 것이 침해 여부 판단에 도움을 준다고 설시하고, 나아가 기능적 요소를 중요하게 보지 않아야 한다고 설시한다. 그런데 해당 디자인과 침해제품의 유사성을 판단하는 장면에서 어떤 부분이 기능적인 경우와 기능적이지 않은 경우 통상의 관찰자가 그 두 경우를 어떻게 구분하여야 하는지에 대하여는 여전히 어떤 기준이 제시되지는 않고 있다. 즉, 대상 디자인의 팔 결착구가 기능적이라고 판단한 후 그 부분을 그대로 두고 침해 여부를 판단하는 경우와 그 팔 결착구의 기능성 여부에 대하여 판단하지 않고 침해 여부를 판단하는 경우의 두 경우에 있어서 판단이 어떻게 달라지는지에 대한 논의가 더 필요할 것이다. 한편, 한 논문은 어떤 부분이 기능적인지 여부는 전체적인 심미감을 판단함에 있어서 중요하지 않다고 설명하고 있는데,(383) 그 설명에 의하면 애초 어떤 부분이 기능적인지 여부를 판단조차 할 필요가 없게 된다.

예를 들어, 메추리알 포장용기 사건의 특허법원 2012. 11. 9. 선고 2012허4858 (2012후3794 등록무효) 판결은 등록디자인의 구성요소와 선행디자인의 구성요소를 하나씩 비교한 후 양 디자인이 전체적으로 유사하다고 판단하였지만,(384) 등록디자인의 구성요소 중 일부가 기능적인 것으로 판단된 경우 그러한 개별 비교 및

(383) Christopher V. Carani, supra, p. 27 ("Because it is the overall appearance that is protected, the traits and substance of any individual elements are irrelevant, the visual appearance of every functional element impacts, and interacts with the remainder of the design").

(384) 특허법원 2012. 11. 9. 선고 2012허4858("디자인의 유사 여부를 판단함에 있어서는 물품을 거래할 때의 외관에 의한 심미감 이외에 물품을 사용할 때의 외관에 의한 심미감도 함께 고려하여야 하고, 또한 '메추리알 포장용기' 디자인은 옛날부터 흔히 사용됐고 여러 가지로 다양하게 창작되었으며 구조적으로도 크게 변화시키기 어려운 디자인이므로 그 디자인의 유사 범위를 비교적 좁게 보아야 한다. …(중략)… 양 디자인은, ㉠ 손잡이부의 형상을 보면, 이 사건 등록 디자인은 상단끝이 약간 구부러진 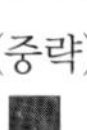 모양이나, 비교대상디자인 2는 모양 으로 형성된 점, ㉡ 각 난좌의 바깥면의 형상을 보면, 이 사건 등록디자인은 덮개부 및 받침부가 모두 반구형으로 형성되어 있으나, 비교대상디자인 2는 덮개부의 상부면과 받침부의 하부면이 모두 수평으로 절단된 형상이고, 받침부의 하부의 폭이 덮개부의 상부의 폭 보다 조금 넓게 형성된 점 등에 차이가 있기는 하다. 그러나 이러한 차이점들은 단순한 기능적 변형에 불과하거나 대상 물품에 근접하여 자세히 눈여겨 볼 때 인식할 수 있는 세부적인 구성의 차이에 불과하다. 그러므로 위와 같은 차이점들로 인하여 양 디자인의 전체적인 심미감이 달라진다고 보기는 어렵다. 따라서 이 사건 등록디자인은 그 출원 전에 공지된 비교대상디자인 2와 전체적인 심미감이 유사하므로 디자인보호법 제5조 제1항 제3호에 해당한다고 판단된다.").

전체적 판단에 어떤 영향을 미치게 되는지에 대하여는 논하지 않았다.(385)

디자인의 유사 여부를 판단함에 있어서는 물품을 거래할 때의 외관에 의한 심미감 이외에 물품을 사용할 때의 외관에 의한 심미감도 함께 고려하여야 하고, 또한 '메추리알 포장용기' 디자인은 옛날부터 흔히 사용됐고 여러 가지로 다양하게 창작되었으며 구조적으로도 크게 변화시키기 어려운 디자인이므로 그 디자인의 유사범위를 비교적 좁게 보아야 한다.

동 사건을 다룬 대법원은 양 디자인의 공통되는 부분이 그 물품으로서 당연히 있어야 할 부분 내지 디자인의 기본적 또는 기능적 형태인 경우에는 그 중요도를 낮게 평가하여야 한다고 설시하며,(386) 그러한 부분이 서로 비슷하더라도(387)(388) 다른 부분에서의 차이가 존재한다는 이유로 유사성을 부정하였다. 대상사건은 유사성에 근거한 등록무효에 관한 사건이었는데, 그 논리를 침해사건에 적용하면 다음과 같은 설명이 가능할 것이다. 등록디자인의 기능적 부분과 비기능적 부분으로 구성된 경우 피고제품이 그 기능적 부분과 동일한 부분을 가졌다는 점은 중요하지 않고 그 비기능적 부분과 다른 부분을 가졌다는 점이 중요한 것이다.

3. 기능적 부분의 중요도를 낮게 본다는 것의 의미

'기능적 부분'이라 함은 해당 부분에 대한 대체적 디자인의 가능성이 없거나 아주 낮다는 것을 의미한다. 그렇다면 해당 디자인의 기능적 부분과 대비되는 피고제품의 부분도 그 기능적 부분과 동일 또는 유사할 것이다. 그러나, 그러한 유사함은

(385)

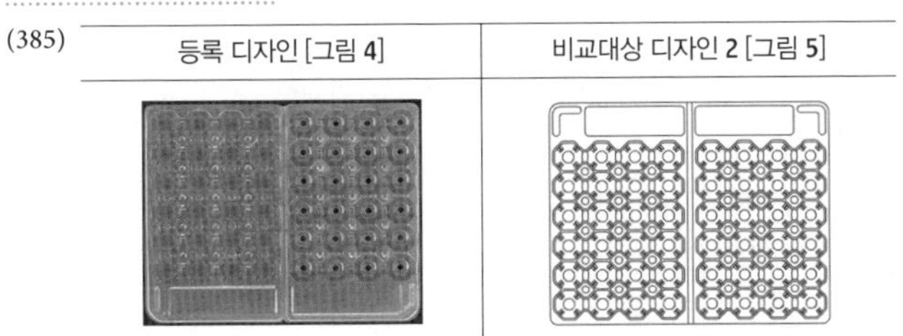

등록 디자인 [그림 4]	비교대상 디자인 2 [그림 5]

(386) 대법원 2013. 4. 11. 선고 2012후3794 판결.

(387) 사실 해당 부분이 기능적이라는 말은 양 디자인의 심미감이 유사할 것이라는 말과 크게 다르지 않을 것이다.

(388) 안원모, 앞의 논문, 868면("그 물품의 목적 · 기능을 달성하기 위해서는 어떠한 형태를 유지하는 것이 반드시 필요하다고 할 때, 그러한 형태를 기능적 형태라고 할 수 있다.").

침해 여부를 판단함에 있어서 중요하게 고려되지 않아야 하고, 다른 비기능적 부분의 유사성을 더 중요하게 보아야 한다는 의미이다.(389) 그렇다면 이러한 설명은 '요부' 이론과 연결된다.(390) 즉, 기능적 부분은 요부가 아닌 것이 되고 비기능적 부분이 요부가 되어 그 요부를 중심으로 유사성 판단이 이루어지게 되는 것이다. 다만, 비요부를 없는 것으로 보고 판단한다는 주장이 가능할 것이며,(391) 그러한 주장은 대상판결의 지방법원이 채택한 주장인데, 그러한 판단이 타당하지 않음은 위에서 살핀 바와 같다.

일반 소비자customer 또는 ordinary observer는(392) 등록디자인과 피고 제품의 유사성을 판단함에 있어서 기능적 부분의 유사성에 현혹될 우려가 있다. 그렇다면 유사성을 판단하는 상상의 인물은 그러한 점에 현혹되지 않는 관찰자observer이어야 할 것이며 그 관찰자는 어떤 부분이 기능적인지를 알고 그 부분을 중요하지 않은 것으로 보면서 유사 여부를 판단하는 자인 것으로 상정하여야 한다. 어떤 부분이 기능적인지를 안다는 점에서 그 관찰자는 관련 정보를 안다고 보아야 하고 그런 점에서 유럽에서 그 관찰자를 'informed user'라고(393)(394) 명명하는 것으로 보인다.(395)

(389) 이것은 특허에서 권리를 부여해 주려는 대상이 아닌 범위, 즉 공지부분을 제외하고 권리범위를 해석하는 '공지부분 제외설'과 일맥상통하는 원리이다.

(390) 안원모, "앞의 논문, 876면("디자인 심사과정에서 출원디자인의 신규성과 창작 비용이성 요건을 심사하기 위하여 가장 먼저 해야 하는 작업은 출원디자인의 요[부]를 파악(인정)하는 것이다. 여기에서 요[부]의 인정이란 디자인 전체로서 중심적 내용 및 특징적 내용이 무엇인지를 밝히는 것이다.").

(391) 안원모, "앞의 논문, 873면("창작자가 새롭게 창작한 부분에 디자인의 요부를 두게 되므로 물품의 기본적 · 기능적 형태는 디자인 유사 여부 판단에서 제외되어야 한다는 입장에 서게 된다.").

(392) 유럽에서는 현명한 사용자(informed user)를 판단주체로 한다.

(393) 필자는 '현명한 소비자'라고 번역한다. 차상육 교수는 '통상의 정보를 가진 사용자' 라고 번역하기도 한다.

(394) 차상육, "미등록디자인의 보호(우리나라와 EU의 대비)", 디자인맵, 2013("통상의 정보를 가진 사용자(informed user)는 미등록공동체디자인권의 침해판단의 주체로서 작용한다. 이런 점에서 비추어 보면 우리 디자인보호법상 창작 비용이성 요건과는 차이가 있다."), 〈http://www.designmap.or.kr/ipf/IpCaFrD.jsp?p=14〉.

(395) 유럽의 경우, 디자인 창작물은 유럽공동체디자인규칙(EC No. 6/2002 on Community Design) 하에서 규율된다. 유럽공동체 디자인규칙(EU CDR: Community Design regulation)은 디자인을 물품의 전체 또는 부분의 외형(appearance)으로 정의하고, 신규하고(new), 독특한(individual character) 디자인을 보호하지만(Title 2, Sec. 1, Art. 3), 기능성 디자인과 공서양속에 반하는 디자인은 보호하지 않는다.

4. 특허법에서의 공지기술 제외의 원칙과의 비교

특허법에서 어떤 발명의 구성요소 중 일부가 공지기술인 경우 그 요소를 제외하여 청구항을 해석하여야 한다는 주장이 있고, 그 주장을 공지기술 제외의 원칙이라고 칭한다. 공지기술을 권리범위에 포함시킬 수 없다는 논리와 기능적 요소를 권리범위에 포함시킬 수 없다는 논리는 연결고리를 가진다. 그렇다면 특허법에서의 공지기술 제외의 원칙과 디자인보호법에서의 기능적 요소 제외의 원칙을 비교하여 검토할 필요가 있을 것이다.

2-12

[유럽연합법원] 디자인의 기능성 판단

DECERAM v. CeramTec (Court of Justice, 2018)

| **안원모** | 홍익대학교 법과대학 교수

I 서론

물품 외관의 특징 중 기능과 관련된 부분을 디자인 보호 제도에서 어떻게 다루어야 할 것인지는 쉽게 풀 수 없는 고차원적인 방정식과 같은 것이다. 그 때문에 물품 외관의 특징이 기능적인 것 위주로 이루어진 경우에 이를 디자인 보호제도에서 어떻게 다루어야 하는지에 대하여 오랜 시간에 걸쳐 많은 논쟁이 이루어지고 있다. 특히 이러한 기능성 논쟁은 기능성 원리의 필요성(정책적 이유), 기능적인 것인지에 대한 판단의 기준 및 판단 요소, 유효성과 침해분쟁의 각각에 적용되는 기능성 원리의 내용 등 쉽게 해결하기 어려운 많은 논점들을 포함하고 있다. 기능성 이론은 디자인의 권리로서의 성립 여부와 그 보호범위를 결정하는 중요한 역할을 하는데다가, 거의 대부분의 산업디자인이 기능과 심미적인 것의 통합으로 이루어진 것이기 때문에, 산업디자인과 관련된 법적 분쟁에서 항상 문제의 소지를 제공하고 있다.

유럽연합의 등록디자인 보호제도에서도 보호요건(유효성)과 보호범위(침해판단)에서의 기능성 논의는 서로 구분되고 있다. 먼저 보호요건 관련, '공동체디자인에 관한 유럽 이사회 규정'(396) 제8조 제1항 및 '디자인의 법적 보호에 관한 지침'(397) 제7조 제1항에서는 "디자인권은 기술적 기능에 의해서만 결정된 물품 외관의 특징들에는 존재하지 않는다."는 규정을 두고 있다. 보호범위 관련하여서는 공동체디자인규정 제10조 제2항에서 "보호범위를 평가함에 있어, 디자이너의 자유도를 고려하여야 한다."고 규정하여, 디자이너의 자유도 개념으로 기능성 문제를 다루고 있다.(398)

이 중 공동체디자인규정 제8조 제1항의 해석과 관련하여, 그동안 유럽 내에서 위 조항의 적용 기준에 대하여 두 가지 대립하는 이론이 존재하고 있었다. 많은 학자와 실무가들은 이 문제에 대하여 유럽연합법원CJEU, Court of Justice of the European Union(399)의 해석을 기다려 왔는데, 마침내 2018. 3. 8. 유럽연합법원이 위 조항의 해석에 대한 통일적 기준을 제시하는 결정을 하였다.(400) 이 글에서는 유럽의 등록디자인 보호제도에서의 기능성 논의와 관련하여 중요한 방향타가 될 수 있는 이 결정의 내용을 분석하여 보고자 한다.(401)

Ⅱ 사안의 개요

1. 분쟁의 경과

원고(DOCERAM GmbH)는 독일법에 따라 설립된 법인으로 기술적 세라믹 부품

(396) Council Regulation (EC) No 6/2002 of December 2001 on Community designs, 이하 '공동체디자인규정' 또는 '디자인규정'이라 한다.

(397) Council Directive (EC) 98/71 of 13 October 1998 on the legal protection of designs.

(398) 공동체디자인규정 제6조 2항(개성적 특징)에서도 동일한 취지의 규정을 두고 있다.

(399) 유럽 사법재판소로도 많이 번역되고 있으나, 여기서는 '유럽연합법원'으로 번역한다.

(400) DOCERAM GmbH v CeramTec GmbH ECLI:EU:C:2018:172 (Court of Justice, 2018).

(401) 대상사건은 공동체디자인 침해소송에서 반소로 제기된 공동체디자인의 유효성 다툼과 관련하여 기능성 문제가 논의된 것이다. 공동체디자인법원의 역할, 공동체디자인의 유효성 및 침해판단의 기관 및 절차, 공동체디자인과 관련된 유럽연합법원의 역할, 법률자문관(Advocate General)의 역할 등에 대한 간단한 소개는 안원모, "유럽연합 등록공동체디자인 제도에서의 침해판단기준과 우리 실무에 주는 시사점", 산업재산권, 제53호, 한국지식재산학회, 2017.8, 326-327면 참조.

을 제조하는 업체이고, 특히 자동차, 섬유 기계 등에서 사용되는 용접용 센터링 핀 centering pins for welding의 제조 공급 업체이다. 원고는 2004. 10. 19. 물품의 표시를 '센터링 및 포지셔닝 핀Centering and positioning pins, Other tools and implements'으로 한 17개의 유럽 등록공동체디자인Registered Community Design, RCD, No. 000242730-0001|17을 등록하였다.(402)

피고(CeramTec GmbH) 역시 독일법에 따라 설립된 법인으로, 원고의 위 등록디자인과 기본적으로 같은 것이지만, 변형된 형태의 센터링 핀을 제조 및 판매하였다. 원고는 피고가 자신의 위 공동체디자인을 침해하였다고 주장하면서, 독일 뒤셀도르프 지방법원Landgeright Düsseldorf에 침해의 금지를 구하는 소송을 제기하였다. 이에 대하여 피고는, 원고의 위 공동체디자인이 기술적 기능에 의해서만 결정된 것으로, 공동체디자인규정 제8조 제1항에 의하여 보호에서 제외되어야 한다고 주장하면서, 무효의 확인a declaration of invalidity을 구하는 반소를 제기하였다.

위 독일 지방법원은 원고의 침해 주장을 기각하고, 위 공동체디자인은 공동체디자인규정 제8조 제1항에 의하여 무효라고 선언하였다. 이에 원고가 뒤셀도르프 고등법원Oberlandesgericht Düsseldorf에 항소하였고, 위 법원은 이 사건의 해결을 위하여 공동체디자인규정 제8조 제1항의 해석과 관련한 기존의 대립되는 두 논쟁(뒤에서 자세히 보게 되는 형태의 다양성 이론과 비심미적 고려 이론)이 먼저 선결적으로 정리될 필요가 있다고 판단하였다. 그리하여 2016. 7. 7. 뒤셀도르프 고등법원은 절차를 중단하고, 유럽연합법원에 위 조항의 해석과 관련한 사전적 판결을 구하기로 하였다.(403)

2. 질의 내용

뒤셀도르프 고등법원은 공동체디자인규정 제8조 제1항의 해석과 관련하여 유럽연합법원에 다음과 같은 내용을 질의하였다.

(402) 위 17개의 등록디자인 중 기본적인 형태 몇 개를 도시하면 다음과 같다.

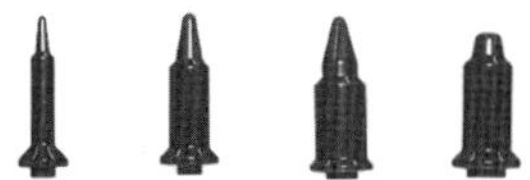

(403) 유럽연합법원은 공동체디자인규정 및 지침의 해석 문제와 관련하여 각 회원국 법원에서 질의한 문의서(references)를 심리하여 위 규정 및 지침에 대한 해석을 제공하는 역할을 한다(안원모, 앞의 논문, 327면 참조). 뒤셀도르프 고등법원은 이 사건의 해결을 위하여 공동체디자인규정 제8조 제1항의 해석이 선결되어야 한다고 보고, 이에 대한 해석을 유럽연합법원에 구하기로 한 것이다.

첫 번째 질문: 기술적 기능technical function이 디자인을 결정한 유일한 요소인 경우에, 당해 물품 외관의 특징들은 공동체디자인규정 제8조 제1항에서 정하고 있는 기술적 기능에 의해서만 정해진 것인가?

두 번째 질문: 만일 위 질문에 대한 답이 긍정적인 것이면, 물품 외관의 개별적 특징들이 기능적인 고려에 기초하여서만 선택된 것인지 여부의 평가는 누구의 관점에서 이루어져야 하는가? 객관적인 관찰자objective observer로 보아야 하는가? 만일 그렇다면, 객관적 관찰자는 어떻게 정의되는 것인가?

3. 유럽연합법원CJEU의 결정[404]

유럽연합법원은 2017. 6. 29. 구두변론을 진행하였고, 사건의 진행 과정에서 영국과 그리스 정부 및 유럽연합 위원회European Commission가 서면 의견서를 제출하였다. 유럽연합법원의 결정에 중요한 영향을 미친 것은 2017. 10. 19. 제출된 법률자문관Advocate General의 의견서였다.[405] 위 의견서의 내용을 거의 그대로 반영하여 유럽연합법원은 다음과 같은 내용의 결정을 하였다.

(1) 첫 번째 질문 관련

공동체디자인규정 제8조 제1항의 "기술적 기능에 의해서만 결정된 물품 외관의 특징들"의 의미에 관하여, 공동체디자인규정의 어디에도 그 의미가 무엇인지를 설명하고 있지 않으므로, 대체 디자인의 존재가 위 조항의 적용을 결정하기 위한 유일한 기준이라고 단정할 수 없다.[406]

공동체디자인규정 제3조(a)에서, 디자인을 "물품의 전부 또는 일부의 '외관'"으로 정의하고 있고, 제6조 제1항(보호요건으로 개성적 특징에 관한 규정) 및 제10조 제1항(보호범위에 관한 규정)에서 모두, 당해 디자인이 관련 지식을 가진 사용자informed user에

(404) DOCERAM GmbH v CeramTec GmbH ECLI:EU:C:2018:172 (Court of Justice, 2018).

(405) 유럽연합법원은 그 판단에 앞서 이 법원에 소속된 8명의 법률자문관(Advocate General) 중 한 사람으로부터 의견서를 제출받는다. 유럽연합법원은 이 의견서를 따라야 할 의무는 없지만, 대개의 경우, 의견서 내용을 그대로 따르며, 의견서에 담겨진 내용은 유럽연합법원의 판결문 보다 훨씬 더 상세한 이론적 근거를 제공하고 있는 경우가 많다(안원모, 앞의 논문, 327면).

(406) DOCERAM GmbH v CeramTec GmbH, paras 19–22.

게 주는 '전체적 인상'overall impression을 언급하고 있다. 이러한 규정에 의하면, 외관이 디자인에서 결정적 요소임을 알 수 있다.(407)

따라서 제8조 제1항의 배제조항은, 당해 물품의 기술적 기능을 수행하기 위한 필요가 디자이너로 하여금 당해 물품의 특징을 선택하게 결정한 유일한 요소이고, 시각적 측면과 관련하여 다른 고려가 당해 특징의 선택에 아무런 역할을 하지 않은 경우에, 이를 보호에서 제외하기 위한 것으로 해석되어야 한다.(408)

이러한 해석은 공동체디자인규정이 추구하고자 하는 목적에 의하여서도 뒷받침된다. 공동체디자인규정의 리사이틀recital(409) (5)와 (7)에 의하면, 공동체디자인규정의 목적은 산업디자인에 강화된 보호를 제공함으로써, 물품의 혁신과 개발을 장려하기 위한 것이다. 특히 제8조 제1항은 리사이틀 ⑽의 내용에 비추어, 물품의 기술적 기능에 의해서만 결정된 특징들에 디자인 보호를 제공함으로써 기술적 혁신이 방해받지 않도록 할 목적을 가지고 있는 것으로 이해된다. 만일 대체 디자인의 존재만으로 위 조항의 적용을 벗어날 수 있는 것으로 해석된다면, 단일의 주체가 대체 가능한 형태를 다수 등록하여 실질적으로 경쟁을 제한하는 결과를 가져오게 될 것이다.(410)

이러한 이유로, 제8조 제1항은, 특히 시각적 외관과 관련하여, 기술적 기능을 수행하기 위한 필요 이외에 다른 고려가 그 특징의 선택에 아무런 역할도 하지 못한 경우에, 그 특징을 보호에서 제외하기 위한 규정으로 해석되어야 한다. 그러므로 제8조 제1항에서의 '물품 외관의 특징들이 기술적 기능에 의해서만 결정된 것인지' 여부를 결정하기 위하여, 기술적 기능이 그와 같은 특징을 결정한 유일한 요소인지가 입증되어야 하고, 대체 디자인의 존재는 그와 관련하여 결정적인 것이 아니다.(411)

(2) 두 번째 질문 관련

공동체디자인규정 제6조 제1항 및 제10조 제1항은, 당해 조항의 적용을 위하여, 관련 지식을 가진 사용자에게 주는 전체적 인상에 기초하여 평가할 것을 명시적

(407) Ibid., paras 24–25.

(408) Ibid., para 26.

(409) 공동체디자인규정의 리사이틀(recital) 부분은 사안에 직접 적용할 수 있는 실체법의 내용을 구성하지 않고, 각 실체법 조항들이 달성하고자 하는 목적을 설명하고 있는 것이기 때문에, 실체 조항들의 의미를 파악하는데 도움을 주는 기능을 가진 것으로 본다.

(410) Ibid., paras 27–30.

(411) Ibid., paras 31–32.

으로 언급하고 있다. 그러나 제8조 제1항은 당해 조항의 적용과 관련하여 '객관적 관찰자'의 개념을 요구하지 않고 있다.(412)

이와 관련, 모든 회원국에서 직접적으로 적용되고 보호되는 공동체디자인을 창설하고자 하는 공동체디자인규정의 목적을 고려하면, 제8조 제1항의 해당 여부를 결정하기 위하여, 각 개별 사건에 관련된 모든 객관적 상황을 고려해야 하는 것은 각 개별국 법원이다. 그와 같은 평가에 있어서, 특히 당해 디자인, 당해 물품 외관의 특징들이 선택된 이유를 보여 주는 객관적인 상황, 그 사용에 관한 정보, 동일한 기능을 수행하는 대체 디자인의 존재에 대한 고려가 이루어져야 한다.(413)

따라서 제8조 제1항은, '물품 외관의 특징들이 기술적 기능에 의해서만 결정된 것인지' 여부를 결정하기 위하여, 개별국 법원이 각자 개별적인 사건에 관련된 모든 객관적인 상황을 고려하여야 함을 의미하는 것으로 해석되어야 한다. 그러한 판단에 있어서 '객관적 관찰자'의 개념에 기초하여야 할 필요는 없다.(414)

평석

1. 논의의 시작(무엇이 문제인가?)

산업디자인의 보호는 물품의 미적 외관을 보호하는 제도이다. 그러나 물품의 외관은 미적인 내용 뿐만 아니라 기능적인 내용이 통합되어 이루어지는 경우가 대부분이다. 기본적인 이치로 보면, 기능적인 내용의 보호는 특허법이 예정하고 있는 영역이므로 디자인권의 영역 밖에 있는 것이다.(415) 여기에서 특허의 영역과 디자

(412) Ibid., paras 34–35.

(413) Ibid., paras 36–37.

(414) Ibid., para 38.

(415) 그러나 디자인권을 특허권(기술적 사상, 즉 기술적 아이디어의 보호)과 저작권(표현의 보호)의 중간에 있는 영역으로 이해하게 되면, 물품 외관의 미적인 표현(저작권의 영역) 뿐만 아니라, 어느 정도의 창작 사상(특허권의 영역)을 디자인권을 통하여 보호할 수 있다고 관념하는 것도 가능할 것이다. 이러한 사고는 디자인 보호법 자체 내에서도 반영되어 있다고 볼 수 있는데, 유사 영역에서의 디자인 보호라든지, 관련디자인 제도 등은 외관의 표현 그 자체 뿐만 아니라, 그와 동일한 창작 사상에 대하여도 등록디자인권의 보호범위를 어느 정도 넓히는 작용을 하고 있기 때문이다.

인의 영역을 엄격히 구분하고자 하는 시도가 존재하게 되고 그러한 논의의 핵심이 바로 기능성 원리의 문제라고 할 수 있다. 심미적 성격과 기능이 서로 통합되어 있는 산업제품의 외관은 심미적 부분과 기능적 부분이 서로 불가분적으로 통합되어 있어 이들을 분리하여 파악하는 것이 불가능한 경우가 많다. 그럼에도 이들을 분리하여 파악하고자 하는 시도가 계속하여 존재하게 되고, 이것이 오랜 세월 동안 디자인권의 성립과 적용에 있어서 많은 혼동을 가져오고 있다. 유럽 내에서도 등록디자인의 보호요건으로서의 기능성 원리의 판단기준에 대한 혼란스러운 상황이 계속되고 있었고, 이에 대하여 유럽 사법 제도의 최고 해석기관이라고 할 수 있는 유럽연합법원의 판단이 필요하다는 요구가 계속되고 있었다. 뒤셀도르프 고등법원의 질의는 유럽 내 각 회원국별로 다르게 존재하는 두 개의 판단기준 중 어느 것이 적합한 판단기준인지를 묻고 있으므로, 유럽연합법원 결정 이전의 유럽 내 논의 상황을 먼저 정리하여 보는 것이 이 사건 결정의 배경을 이해하는 데에 도움이 될 것이다.

2. 유럽연합법원CJEU 결정 이전의 논의 상황

(1) 두 개의 대립하는 이론 존재

1) 대체 디자인 테스트alternative designs test

이 테스트에 의하면, '기술적 기능에 의해서만 결정'된 것인지 여부는 동일한 기술적 기능을 수행할 수 있는 대체 디자인이 존재하는지 여부에 의하여 결정된다고 하는 것이다. 형태의 다양성multiplicity of forms 테스트라고도 불린다. 만일 같은 기능을 충족시킬 수 있는 물품의 다른 형태가 존재하면, 디자이너는 다른 형태를 선택할 수 있어 기능에 의한 제한을 받지 않을 것이므로, 그러한 대체 가능한 형태는 디자인으로 보호받을 자격이 있다고 보는 것이다. 따라서 당해 형태가 기술적 결과를 달성할 수 있는 유일한 형태인 경우에만 '기술적 기능에 의해서만 결정된 것'으로 보기 때문에, 그 적용범위가 매우 좁고, 이 조항에 의하여 디자인이 무효로 되는 경우는 매우 드문 경우가 된다.

이 테스트의 가장 큰 문제점으로 지적되고 있는 것은, 대체 가능한 형태가 하나 또는 매우 소수인 경우에, 단일의 경제주체가 대체 가능한 소수의 대체 디자인을 모두 등록함으로써, 실질적으로 디자인 등록을 통하여 기능을 독점할 수 있다는 것이다. 또한 현실적으로 어떤 기능이 오직 하나의 형상으로만 달성될 수 있는 경우는 매우 드물기 때문에, 당해 조항(기능성 배제조항)을 의미 없는 것으로 만든다는 비판이 있다.

2) 비 심미적 고려 테스트no aesthetic consideration test

이 테스트에 의하면, '기술적 기능에 의해서만 결정'되었다고 하는 것은, 디자인의 선택에 심미적 고려가 전혀 영향을 미치지 못하고, 오직 기술적 해결을 위해서만 당해 디자인의 특징이 선택된 경우를 의미하는 것으로 본다. 디자이너가 당해 디자인을 선택한 이유(원인)에 기초하는 것이기 때문에 원인 접근법causative approach이라고도 불린다. 디자인의 결정에 심미적 고려가 전혀 영향을 미치지 못한 경우에, 디자인법에서 보호하여야 할 창작적 활동이 없다고 보는 것이다. 따라서 디자이너가 심미적 특성에 대한 어떠한 효과도 고려하지 않고, 특정의 기술적 기능을 충족시킬 필요만이 당해 디자인이 결정된 유일한 요소인 경우에, '기술적 기능에 의해서만 결정'된 것으로 본다.

이 테스트의 가장 큰 문제점은 디자인을 개발할 때의 디자이너의 주관적 의도를 파악하여야 한다는 점에서, 주관적 테스트로 흐를 위험성이 높다는 것이다. 그 외, 디자인의 등록요건으로 심미성 요건을 요구하는 것은 현재의 유럽 디자인 보호제도에 반하고, 이 사건의 두 번째 질의에서 보여지는 것처럼, 심미적 고려 여부의 판단은 누구를 기준으로 어떻게 결정하여야 하는지 등에 대한 후속적인 논란거리가 계속 발생한다는 문제점이 지적되고 있다.

(2) 유럽 내 주요 판단 기관에서의 다양한 입장

이와 관련된 논의에서 가장 많이 등장하는 사례는 영국의 판례들이고, 또한 대상사건은 독일 법원에서 제기된 사건이므로, 영국에서의 논의 내용 및 질의 법원의 당사국으로서 독일에서의 논의 내용을 살펴 볼 필요가 있다. 공동체디자인의 유효성에 대한 다툼은 기본적으로 EUIPOEuropean Union Intellectual Property Office, 과거의 OHIM의 무효심판부the Invalidity Division, 항고심판부Third Board of Appeal 및 일반법원General Court에서 다투어지므로 이들 판단기관에서의 입장도 살펴볼 필요가 있다.

1) 대체 디자인 접근법을 선택한 경우

대체 디자인 테스트는 대부분의 유럽 회원국들과 초기의 OHIM 무효심판부Invalidity Division가 채택한 접근법이다.(416) 유럽 회원국의 많은 국가가 대체 디자인 테스트를 채택한 것은 2001년 유럽연합법원의 상표 관련 사건인 Philips v. Remington 사건에서 법률자문관Advocate-General이 작성한 의견서의 영향이 컸다.(417)

이 사건은 3면 회전 면도기의 헤드 부분 형상에 대한 상표 등록과 관련된 것이지만, 법률자문관이 작성한 의견서 내용 중에 상표에서의 기능성과 디자인에서의 기능성을 구분하면서, 다음과 같이 언급하고 있다. "거절의 근거로 디자인지침에서 사용된 문구는 상표지침에서 사용된 문구와 완전히 일치하지 않는다.(418) 그 불일치는 우연이 아니다. 디자인에서 거절의 근거로 하기 위한 기능성의 정도는 더 큰 것이어야 한다. '형태는 기능을 따른다'고 할 정도로, 디자인의 특징이 특별한 기술적 결과를 달성하기 위하여 필요한 것이어야 할 뿐 아니라, 필수적인 것이어야 한다. 비록 기능적인 디자인이라고 하더라도, 동일한 기술적 기능이 다른 형태에 의하여 달성될 수 있으면 보호 받을 자격이 있다."(419)

이후 2006년 영국 항소법원은 Landor(420) 사건에서, 위 Philips 사건의 해석에 따라 공동체디자인규정 제8조 제1항에 의한 예외는 좁게 해석되어야 한다고 하면서, 대체 디자인 접근법을 채택하였다. 또한 2006년에 프랑스 법원은 디자인 사건인 프록토 갬블 사건에서, 페브리즈 제품에 사용된 캡의 형태는 동일한 기능을 수행하는 많은 다른 형태의 스프레이 캡이 존재하므로 기술적 기능만에 의하여 정해진 것이 아니라고 판단하였다.(421) 또한 2007년에 스페인 법원은, 장난감 헬리콥터 회전날개의 등록공동체디자인은, 동일한 기술적 기능을 수행할 수 있는 이용 가능한 대체 디자인이 존재하므로, 기술적 기능에 의해서만 결정된 것이 아니라고 판단

(416) David Stone, European Union Design Law – A Practitioner's Guide, Second Edition, Oxford, 2016, pp. 87–88.

(417) Koninklijke Philips Electronics NV v Remington Consumer Products Limited ECLI:EU:C:2001:52 (Advocate–General, 23 January 2001).

(418) 상표지침 제3조(1)(e) "기술적 결과를 얻기 위하여 필요한 상품의 형태만으로 구성된 표지는 상표등록에서 제외된다."; 디자인의 법적보호에 관한 지침 제7조 제1항 "디자인권은 기술적 기능에 의해서만 결정된 물품 외관의 특징들에는 존재하지 않는다."

(419) 위 Philips 사건 법률자문관 의견서, para 34.

(420) Landor & Hawa International Limited v Azure Designs Limited [2006] EWCA Civ 1285.

(421) Procter & Gamble Co v Reckitt Benckiser France SAS, Tribunal de Commerce d'Evry, April 5, 2006.

하였다.(422)(423) 일반법원General Court 역시 2011년의 한 사건에서 대체 디자인 테스트를 채택한 바 있다.(424)

대상사건을 질의한 독일의 경우에도 전통적으로 사용되어 오던 테스트는 대체 디자인 테스트였다. 지금까지 독일 법원의 사건 중, 대체 디자인 테스트의 법리에서 벗어난 것은 대상사건의 1심인 2015년 뒤셀도르프 지방법원 판결이 유일한 것이라고 한다.(425) 그러나 독일 내에서 위 뒤셀도르프 지방법원이 채택한 비 심미적 고려 테스트에 대하여 많은 비판이 있었다.(426)

한편, 이 사건에 대한 심리가 유럽연합법원에서 진행 중일 때, 국제지식재산보호협회AIPPI, Association Internationale pour la Protection de la Propriété Intellectuelle는 2016년 세계 총회에서 디자인 분야 각국의 전문가들이 모여 디자인에서의 기능성에 대한 쟁점을 집중적으로 논의한 후, 그 결과물을 책자로 발간한 바 있다.(427) 논의의 결과, 디자인에서의 기능성 쟁점과 관련한 4개의 중요한 선언을 하게 되었는데,(428) 그 중 디자인이 기술적 기능에 의해서만 결정된 것인지 여부를 결정하기 위한 테스트로 대체 디자인 테스트가, 엄격한 '기능에 의해서만 결정된' 기준 및 그 배경이 되는 정책

(422) Silverlit Toys manufactory Limited v Ditro Ocio 2000 SL and Others (Juzgado de lo Mercantil Número 1 de Alicante, 20 Nov. 2007).

(423) 위 두 개의 판결 내용은, Uma Suthersanen, Design Law: European Union and United States of America, 2nd Edition, Sweet & Maxwell, 2010, p. 104에서 재인용함.

(424) Industrials Francisco v. OHIM ECLI:EU:T:2011:578.

(425) Christopher V. Carani, Design Rights – Functionality and Scope of Protection, Wolters Kluwer, 2017, p. 298 (Jens Künzel 집필부분, 독일편).

(426) 비판의 상세한 내용은 Christopher V. Carani, op. cit., pp. 299–304에 상세히 기술되어 있다.

(427) Christopher V. Carani, op. cit. 이 책자에는 유럽, 미국, 아시아, 남미 등 27개국 디자인 분야 전문가들이 각 국가 별 디자인 기능성에 대한 현황을 정리하여 놓고 있다.

(428) 첫째, 디자인 보호는 등록에 의하여 물품의 전체적 시각적 외관을 보호하기 위하여 이용될 수 있어야 한다. 둘째, 등록디자인의 보호는 물품의 기능적 특성에 의해서만 결정된 물품 외관을 위하여 이용되어서는 안 된다. 그러나 비록 외관의 한 부분이 물품의 기술적 기능에 의해서만 결정된 경우라고 하더라도, 등록디자인의 보호는 이용될 수 있어야 한다. 셋째, 물품의 외관이 기술적 기능에 의해서만 결정된 것인지 여부의 평가는, 적어도 다음을 포함하여야 한다. (a) 실질적으로 동일한 기능을 얻을 수 있는 물품의 대체 외관이 존재하는지 여부, 선택적으로 (b) 물품의 기술적 기능을 달성하기 위한 필요가 물품 외관을 결정할 때 유일한 관련 요소였는지 여부. 넷째, 등록디자인의 보호범위를 평가함에 있어서, 물품 외관의 시각적 부분은, 비록 그 부분의 외관이 기능적 성격에 의해서만 결정된 경우라고 하더라도, 고려에서 제외되어서는 안 된다. 그러나 그러한 부분은 평가에서 덜 중요성을 갖게 될 것이다. 그러한 부분의 기능적 특성 또는 기여가 보호되어서는 안 되지만, 그러한 부분의 모든 시각적인 면은(물품 외관과 관련한 그 크기, 위치, 공간적인 관계를 포함하여), 등록디자인의 보호범위를 평가할 때 고려되어야 한다.

목적에 가장 부합하는 테스트로 결론 내렸다. 비 심미적 고려 테스트는 이를 대체할 수 있는 선택적 테스트가 될 수 있으나, 독립적인 테스트로는 거절되었다.(429)

2) 비 심미적 고려 접근법을 선택한 경우

비 심미적 고려 테스트는 1971년 영국의 AMP v. Utilux 사건에서 언급된 바 있고, 이후 2010년 EUIPO 항고심판부(제3항소부)의 Lindner 사건에서 이 접근법에 대한 이론적 기초를 완성하였으며, 그 이후 영국의 법원들과 EUIPO의 기본적인 실무로 자리 잡게 되었다. 이 테스트의 이론적 기초를 제공한 두 개의 중요한 사례로 위 AMP v. Utilux 사건과 Lindner 사건이 가장 많이 언급되고 있으므로 이들 사건의 내용을 간단하게 살펴본다.

A. AMP v. Utilux 사건(430)

이 사건은 영국의 1949년 등록디자인법Registered Design Act 1949(431)에서, "물품이 수행해야 하는 기능에 '의해서만'dictated solely by 정해진 물품 형태의 특징들은 보호에서 제외 한다."는 규정이 있었는데, 이의 해석과 관련된 사건이다. 이 사건에서 재판부는 위 'dictated by'의 의미를, '기능에 기인하고 원인이 되고 야기된'attributable to or caused or prompted by function 것을 의미하는 것으로 해석하였다. 그러면서 등록디자인인 세탁기에 사용된 전기 단자의 형태는 특정한 기능을 정확하게 수행하기 위해서만 고안된 것으로, 그 이외의 다른 고려는 없다(장식으로 간주될 만한 것이 없다)고 하면서, 보호를 구하는 형태의 모든 특징이 순수하게 기능적 고려에 의하여 결정된 것이라고 보았다. 따라서 위 단자 형태는 시각적인 호소가 아니라, 그 물품이 작동하기 위한 기능 요건을 충족하기 위한 노력의 결과물로서, 디자인법에서 보호할 대상이 없다고 판단하였다. 그러면서 다른 형태에 의해서 그 기능이 수행될 수 있다고 하더라도, 위 단자의 형태가 기능적 고려에 의해서만 정해진 사실을 바꾸지 못할 것이라고 하면서, 대체 디자인 테스트를 분명히 거절하였다.

B. EUIPO 제3항소부의 Lindner(432) 사건

이 사건은 대형 산업용 분쇄기에 설치된 V자 형태의 파쇄 커터기Chaff cutter와 관

(429) Christopher V. Carani, op. cit., p. 3.

(430) Amp v. Utilux [1971] FSR 572.

(431) 이 법에 대한 간단한 소개는 안원모, 앞의 논문, 333면 참조.

(432) Lindner Recyclingtech GmbH v. Franssons Verkstäder AB [2010] E.C.D.R 1 (R 690/2007-3).

련된 등록공동체디자인의 무효 여부를 다룬 사건이다. 이 사건에서 제3항소부는 영국의 위 AMP 사건을 언급하면서 다음과 같은 설시를 하고 있다.

"기능성이 유일한 관련된 요소가 아닌 한, 디자인은 원래 보호의 자격이 있다. 디자인의 특징이 기술적 해결책을 달성하기 위한 필요에서만 결정된 경우란, 심미적 가치가 전혀 고려되지 않은 경우이다. 아무도 그 물품이 어떻게 보이는지에 관심이 없어서 심미성이 전혀 고려되지 않았을 때, 그리고 모든 관심이 그 기능을 잘 발휘하도록 하는 것일 때, 디자인법을 통해서 보호하고자 하는 대상이 존재하지 않는 것이다. 따라서 공동체디자인규정 제8조 제1항은, 그 기능을 수행하기 위한 목적으로만 선택된 물품 외관의 특징을 보호에서 제외하고자 하는 것이다. 반대로, 적어도 어느 정도, 물품의 시각적 외관을 증진시키기 위한 목적으로 선택된 특징은 보호의 대상에 포함된다. 합리적인 관찰자reasonable observer의 관점에서, 어떠한 특징이 디자인 개발과정에서 선택될 때, 당해 디자이너가 순수하게 기능적인 고려 이외에 어떤 것이 더 관련될 수 있었는지를 살펴보아야 한다. 이러한 해석은 제8조 제1항의 문언 해석에 의하여도 지지된다. '기술적 기능에 의해서만 결정된'이라는 의미는 당해 특징이 물품의 기술적 기능을 달성할 수 있는 유일한 수단이어야 함을 의미하는 것이 아니다. 반대로, 그 물품의 기술적 기능을 달성하기 위한 필요가 당해 특징이 선택된 유일한 관련된 요소임을 의미한다."(433)

이러한 접근법은 심미적 고려 여부가 디자인의 기능성을 판단할 때 핵심적인 요소이므로, 이를 심미적 고려 테스트(또는 비 심미적 고려 테스트)로 부르기도 하고, 당해 특징이 선택된 원인 또는 이유를 파악하는 것이기 때문에 원인 접근법causative approach이라고 부르기도 한다.

C. Lindner 사건의 영향

위 Lindner 사건 이후, EUIPO의 실무는 대체 디자인 테스트에서 원인 접근법, 즉 디자이너가 당해 특징을 선택한 이유에 초점을 맞추는 방법으로 변경되었다.(434)

영국의 경우, 1971년 AMP 사건에서 심미적 고려 테스트를 채택하였다가, 2006년 영국 항소법원의 Landor 사건에서는 대체 디자인 접근법을 채택한 바 있

(433) Lindner Recyclingtech GmbH v. Franssons Verkstäder AB [2010] E.C.D.R 1 (R 690/2007-3), paras 32, 35-36.

(434) Christopher V. Carani, op. cit., p. 60. 대표적으로 TrekStor GmbH v ZAGG Inc [2015] E.C.D.R. 6 (R 1997/2012-3) 결정 및 Nintendo Co Ltd v Compatinet SLU [2015] E.C.D.R. 3 (R 1772/2012-3) 결정을 들고 있다.

다.[435] 그러나, 위 Lindner 사건 이후, 영국에서는 다시 심미적 고려 테스트를 채택한 판결들이 나오고 있다.

예컨대, 진공청소기와 관련한 영국 등록디자인 사건인 2010년 Dyson v. Vax[436] 사건에서, 진공청소기 디자인의 투명한 수집통은 기술적인 것과 심미적인 것의 혼합으로 선택된 것이라고 하면서, 기능에 의해서만 결정된 것이 아니라고 판단하였다.

또한 플라스틱 과일 바구니와 관련한 영국 등록디자인 및 등록공동체디자인 사건인 2013년 Sealed Air v. Sharp[437] 사건에서, 과일 바구니 디자인의 일부는 기능적 고려에 의하여 매우 크게 영향을 받은 것이 명확하지만, 그들은 또한 "어느 정도 심미성에 의한 영향을 받았다."고 판단하면서, 기능에 의해서만 결정된 것이 아니라고 판단하였다. 다만, 과일 바구니 외관의 대부분은 기능적 고려에 의한 것이거나 공지의 것들이므로 좁은 보호범위를 가진다고 판단하였다.

흥미로운 것은, 위 두 개의 영국 판결과 관련한 분석에서, 두 가지 접근법 중 어느 테스트를 적용하든지 그 결과는 동일하였을 것이라고 보는 점이다.[438] 이들 사건 모두에서, '어느 정도' 심미성이 고려되었다는 점이 인정되어 등록디자인이 유효로 판단되었다. 대체 디자인 테스트에 의하더라도 모두 다른 형태의 대체 디자인이 가능하였을 것이므로 결과는 동일하였을 것이다. 두 판결 모두 어느 정도의 심미성이 고려되었다는 이유로 등록디자인은 유효라고 판단하였는데, 이는 비 심미적 고려 테스트에 의하더라도 기능성을 원인으로 등록디자인을 무효시키기가 매우 어렵다는 것을 엿볼 수 있다. 따라서 비 심미적 고려 테스트 역시, 대체 디자인 테스트와 마찬가지로 엄격한 기준임에는 크게 다르지 않다고 볼 수 있다.

3) 법적인 혼란을 정리할 필요성 대두

위에서 본 바와 같이 유럽 내에서 물품의 외관이 '기술적 기능에 의해서만 결정된' 것인지 여부의 판단과 관련하여 두 개의 대립하는 이론과 실무가 존재하고 있었

(435) Landor & Hawa International Limited v. Azure Designs Limited [2006] EWCA Civ 1285. 이 사건에서, 기술적 기능의 배제 조항은 만일 동일한 기술적 기능이 대체 디자인에 의하여 달성될 수 있으면, 적용되지 않는다고 판시하였다.

(436) Dyson Ltd v. Vax Ltd [2010] EWHC 1923 (Pat).

(437) Sealed Air Ltd v. Sharp Interpack Ltd [2013] EWPCC 23.

(438) Christopher V. Carani, op. cit., p. 615 (Sara Ashby 외 2 집필 부분, 영국편).

으므로, 유럽연합법원이 이러한 혼란을 정리할 필요가 있다는 주장이 꾸준히 제기되어 왔다. 특히 독일 뒤셀도르프 고등법원으로서는, 1심법원에서 그동안 독일 내에서 확립된 법리인 대체 디자인 테스트와 반대되는 것으로 심미적 고려 테스트를 채택하였으므로, 두 가지 접근법 중 하나를 선택함에 있어 유럽연합법원에 관련 내용을 질의할 필요성이 더욱 컸을 것이다. 이번 결정으로, 유럽 내에 존재하던 혼란스러운 상황이 정리될 수 있을 것인지는 알 수 없지만, 유럽연합법원이 채택한 이유를 분석하여 봄으로써, 그 미래를 대충이나마 짐작해 볼 수 있을 것이다.

3. 비 심미적 고려 테스트를 채택한 이유 분석

유럽연합법원이 이 사건에서 비 심미적 고려 테스트를 채택한 것은 법률자문관이 작성한 의견서의 내용을 그대로 수용한 결과이다. 유럽연합법원 결정문에는 비 심미적 고려 테스트를 채택한 이유에 대하여 간단하게 설시되어 있지만, 법률자문관의 의견서에는 이에 대하여 매우 상세한 이유 분석이 포함되어 있다. 따라서 유럽연합법원의 결정문과 법률자문관의 의견서를 함께 살펴보면서 비 심미적 고려 테스트가 적절하다고 본 이유를 분석하여 보고자 한다.

(1) 디자인은 시각적 외관의 보호와 관련된 것

비 심미적 고려 테스트가 적절하다고 본 이유 중의 첫 번째는 이것이 시각적 외관을 보호하는 디자인 보호의 취지와 부합한다는 것이다. 즉, 시각적 외관이 디자인에서 결정적 요소이므로, 공동체디자인규정 제8조 제1항은 "당해 물품의 기술적 기능을 수행하기 위한 필요가 당해 특징을 선택하게 결정한 유일한 요소일 뿐, 시각적 측면과 관련하여 다른 고려가 당해 특징의 선택에 아무런 역할도 하지 못한 경우에, 이를 디자인의 보호에서 제외하고자 하는 것"이라고 해석하고 있다. 여기서 '시각적 측면과 관련한 다른 고려'라는 것은 결국 심미적 고려를 의미하는 것으로 해석된다.[439] 즉, 유럽연합법원 판결은 '시각적 측면에서의 심미적 고려가 어느 정도

(439) 문맥상의 '다른 고려'라는 표현에는 심미적 고려 외에 다른 것이 더 있을 수 있겠으나(예컨대 경제적 고려, 관련 시장에서의 소비자 반응 고려, 인체공학적 고려 등), 유럽 내에서 '심미적 고려' 외에 다른 고려요소로 논의되는 것이 거의 없으므로, 여기서도 '심미적 고려'를 의미하는 것으로 해석하고 논의를 전개한다.

역할을 한 경우'에만 디자인법에서 보호하는 대상이 존재한다고 하는 것이다.

법률자문관의 의견서 역시, 디자인 보호의 핵심은 물품의 시각적 외관에 있으므로 이러한 외관의 측면에서 디자이너의 기여(심미적 고려)가 있어야 디자인으로서 보호할 대상이 존재한다고 하고 있다.(440)

시각성과 기능성은 매우 밀접한 연결 고리가 있다고 해석하는 견해가 있고, 그리하여 시각성을 준 기능성의 문제로 파악하는 견해가 있다. 즉, 시각적으로 보이지 않는 물품의 부분은 기능적인 면이 최고의 영향력을 가질 수밖에 없고, 심미적 고려는 전혀 존재하지 않을 것이기 때문에, 보통의 사용 과정에서 보이지 않는 부분은 기능적 고려에 의하여 정해진 것이라고 보아야 한다는 것이다.(441) 유럽연합법원의 결정은 이러한 견해와 연결된 것으로 볼 수 있고, 시각적 외관의 보호는 결국 심미적 고려가 어느 정도 역할을 하여야 가능하다고 보는 것이다.

그러나 디자인으로 보호받기 위하여 심미적 고려가 어느 정도 역할을 하여야 한다고 보는 것은 공동체디자인규정의 일부 내용과 부합하지 않는 근본적인 문제점이 있다. 공동체디자인규정 리사이틀 ⑽에서는, "기술적 혁신은 기술적 기능에 의해서만 결정된 특징에 대하여 디자인 보호를 승인함으로써 방해받아서는 안 된다. 다만, 이것은 디자인이 심미적 가치를 가지고 있어야 함을 의미하는 것은 아니다."고 규정하고 있다. 이 리사이틀 규정의 단서 부분은 디자인 보호를 위하여 심미적 가치aesthetic merit가 필요하다는 과거 영국의 디자인 보호 법제를 배제하기 위하여 의도된 것이다.(442) 따라서 현재 공동체디자인규정의 해석상으로는 디자인의 보호요건으로 심미적 가치가 필요하지 않다고 해석되고 있다.(443) 이런 점에서 '시각적 측면에서의 심미적 고려가 어느 정도 역할을 한 경우'에만 디자인 보호가 가능하다고 하는 것은 공동체디자인규정의 취지에 반하는 것이다.

(440) DOCERAM GmbH v CeramTec GmbH ECLI:EU:C:2017:779 (Advocate-General, 19 October 2017), para 28.

(441) Jason J. Du Mont & Mark D. Janis, "Functionality in U.S. Design Patent & Community Design Law", Legal Studies Research Paper Series (Number 342), p. 40. 〈https://papers.ssrn.com/sol3/papers.cfm?abstract_id=2773070〉.

(442) David Musker, Community Design Law Principles and Practice, Sweet & Maxwell, 2002, p. 41.

(443) 디자인 보호 요건으로 심미적 가치를 배제한 것이 공동체디자인 제도가 이룬 가장 중요한 기여라는 평가도 있다. 심미적 가치는 조작의 가능성이 있으므로, 이러한 주관적 심미적 선호에 의존해서는 안 되고, 필요한 경우 기능성 원리라는 객관적 기준을 통하여 이를 대체하여야 한다고 한다(Jason J. Du Mont & Mark D. Janis, op. cit., pp. 286-287).

다만, 유럽연합법원 결정은 심미적 가치가 '존재'할 것을 요구하는 것이 아니라, 심미적 고려가 디자인의 개발 과정에서 '어떠한 역할'을 하여야 할 것을 요구하는 점에서 약간의 의미상 차이는 있지만, 두 가지 의미상에 어떠한 실제상의 차이가 있는지는 의문이다.(444)

(2) 입법 과정과 관련한 해석

법률자문관의 의견서 중에는 자신의 주장(원인 접근법)이 제8조 제1항의 기원을 분석함으로써도 지지된다고 밝히고 있다.(445) 그러나 법률자문관의 이러한 분석도 'dictated by'라는 문구의 기원과 공동체디자인 규정의 입법과정을 함께 살펴보면 쉽게 수긍하기 어려운 점이 있다.

공동체디자인규정에서, "기술적 기능에 의하여서만 결정된"solely dictated by its technical function이라는 문구의 선택은, 영국의 1949년 등록디자인법RDA 1949의 디자인 정의(446) 조문에 있던 "기능에 의해서만 정해진"dictated solely by the function이라는 문구의 영향을 받은 것으로 보고 있다.(447) 영국은, 1907년 특허와 디자인법Patents and Design Act 1907에서(448) '단순한 기계적 장치'mere mechanical device에는 디자인이 성립되지 않는다는 문구를 두고 있었다. 여기서 '단순한 기계적 장치'의 해석과 관련하여, 1936년의 한 판결(449)에서, "단순한 기계적 장치란 모든 특징들이 '기능들에 의해서만 정해진'dictated solely by the functions 형상이다. 디자인 등록을 받을 수 있는 특정한 형태는 그 물품이 특정 목적을 수행해야 할 필요성을 넘어서는 어떤 특징을 가지고 있어야 한다."고 언급한 바 있고, 여기서의 'dictated solely by'라는 표현이 그 이후의 판례에서 계속하여 등장하다가, 1949년 등록디자인법에서 법령상의 문구로 채택

(444) Uma Suthersanen, op. cit., p. 107 (Lindner 사건을 비판적으로 평가하면서 이러한 의견을 제시하고 있다).

(445) DOCERAM GmbH v CeramTec GmbH ECLI:EU:C:2017:779 (Advocate-General, 19 Oct. 2017), paras 31, 37.

(446) 1949년 영국등록디자인법(RDA 1949) 제1조 제1항. "디자인에서 다음의 것은 제외한다. (a) 제조방법, (b) 그 물품이 수행하는 기능에 의해서만 정해진 물품의 형태 또는 형상의 특징들."

(447) David Musker, op. cit., p. 45.

(448) 영국법의 변천과정은 안원모, 앞의 논문, 333면 참조.

(449) Kestos Ltd v Kempat Ltd and Kemp (1936) 53 R.P.C. 139.

되었다.(450)

영국 내에서 1949년 등록디자인법에서 사용된 'dictated solely by'라는 문구에 대하여 매우 모호한 표현이라는 비판이 많았고, 앞서 본 1971년의 AMP 판결이 나오기 전까지 그 의미와 관련하여 논란이 계속되었다. 두 개의 해석이 대립하였는데, 여기서의 'dictated by'라는 의미는 기술적 기능이 그 형태를 필수적으로 결정하는 필수적인 의미mandatory meaning를 가지는 것으로 해석하여, 만일 어느 특징이 그 기능을 수행하기 위한 다른 방법이 없는 경우에만 여기에 해당한다고 해석하는 견해가 있었다. 또 다른 해석으로, 위 'dictated by'의 의미는 원인이 되는 의미causative meaning를 가지는 것으로 해석하여, 만일 기능이 디자이너가 고려한 전부이면, 그 특징은 기능에 의해서만 결정된 것으로 보아야 한다는 해석이 있었다.(451) 1971년의 AMP 사건은 위 후자의 해석을 받아들임으로써, 원인 접근법이 영국 법원에서의 지배적인 해석이 된 것이다.

그러나 공동체디자인규정의 성립 과정에서 작성된 여러 가지 제안서나 해설서의 내용을 살펴보면, 오히려 전자의 해석에 입각하여 공동체디자인규정이 만들어진 것으로 보여진다. 공동체디자인규정의 최초 제안서에 의하면, 제8조 제1항은 "기술적 기능의 실현이 외관의 임의의 특징들에 대한 자유를 거의 남겨 놓지 않은 경우에 디자인 보호를 제한"하기 위하여 마련된 규정임을 밝히고 있고, 위 제안서에 대한 설명문과 조문 해설서에 의하면, "위 의미는 형태가 기능을 따르는 매우 드문 경우에 보호가 부인된다는 것으로, 디자인 과정에서 디자이너의 선택의 자유가 없는 경우"를 의미하는 것이라고 설명하고 있다.(452) 따라서 위 입법과정에서는 오히려 대체 가능한 형태가 남아 있지 않은 경우에 디자인 보호를 부인하기 위하여 이 조항이 만들어진 것으로 해석하는 것이 타당한 것으로 보인다.(453)

---

(450) Martin Howe et al., Russell–Clarke and Howe on Industrial Designs, Sweet & Maxwell, Ninth Edition, 2016, p. 150 참조. 'dictated by'라는 문구는 디자인의 기능성과 관련한 논의에서 유럽뿐 아니라, 미국에서도 사용하는 용어이고, WTO/TRIPs 협정 제25조 제1항에서도 'dictated essentially by'라는 문구를 사용하고 있다. 결국 이 용어의 해석에 대하여 유럽과 미국에서 많은 논란이 발생하고 있는 것이다.

(451) David Musker, op. cit., p. 45.

(452) DOCERAM GmbH v CeramTec GmbH ECLI:EU:C:2017:779 (Advocate–General, 19 October 2017), paras 34–36.

(453) Jason J. Du Mont & Mark D. Janis, op. cit. p. 33에 의하면, 공동체디자인규정의 입법적 역사는 'dictated by'의 의미에 대하여, 필수적인 의미(mandatory meaning)로서 해석할 것을 반복적으로 표

(3) 기능성 배제조항의 목적론적 해석 관련

'물품의 외관이 기술적 기능에 의해서만 정해진 것인지 여부'를 판단하기 위한 적절한 테스트는 공동체디자인규정 제8조 제1항이 의도하는 정책적 목적이 무엇인지를 규명하는 것에서 출발해야 한다. 정책적 목적이 규명되면 그러한 목적에 부합하는 적합한 테스트가 만들어질 수 있다. 유럽연합법원은 비 심미적 고려테스트가 위 규정이 추구하는 정책적 목적에 의하여도 지지된다고 언급하고 있다.

공동체디자인규정 리사이틀 ⑽에 의하면, 제8조 제1항의 목적은, 물품의 기술적 기능에 의해서만 결정된 특징들에 대하여 디자인 보호를 제공함으로써 기술적 혁신이 방해받지 않도록 하기 위한 것임을 밝히고 있다. 법률자문관은 제8조 제1항의 목적에 관하여 다음과 같이 구체적으로 언급하고 있다. "제8조 제1항의 목적은 특허와 디자인 룰 사이에 경계선을 정하기 위한 것이다. 기술적 혁신의 보호는 특허성 요건을 충족시킨 경우에 특허로 보호받아야 한다. 일반적으로 특허 등록은 엄격한 혁신의 요건이 존재해야 하므로 디자인 등록을 받는 것보다 더 어려울 것이다. 그러므로 기술적 해결책이 디자인으로 보호받는 것을 막음으로써, 특허를 우회할 수 있는 가능성을 차단할 필요가 있다."(454)

이를 종합하면, 제8조 제1항의 가장 기본적인 정책적 목적은 특허제도와의 충돌방지에 있다고 볼 수 있다. 그런데 이러한 정책적 목적에 비추어 볼 때, 대체 디자인 테스트는 특허제도와의 충돌방지라는 정책적 목적을 달성하기에 충분하지 않다는 것이다. 법률자문관은 이 부분 관련하여 다음과 같이 언급하고 있다. "형태의 다양성(대체 디자인 테스트) 기준은, 제8조 제1항의 적용 범위를 심각하게 제한하게 되어 이 조항의 효용성을 빼앗게 되고, 디자인권을 통하여 순전히 기술적 형태의 독점을 허용함으로써, 위 조항이 달성하고자 하는 목적에 반하는 결과가 된다. 만일 대체가능한 기술적 해결책이 소수 존재하는 경우, 단일의 주체가 그러한 해결책 모두를 디자인 등록함으로써 디자인 보호를 통하여 당해 기능을 독점할 수 있게 된다. 이 사건에서 원고는 세 가지 다른 기본적 모델을 바탕으로 17개 센터링 핀을 등록함으로써, 시장 참가자들로 하여금 다른 대체 형태를 선택할 여지를 남겨두지 않았다. 이

현하고 있었고, 기능적 디자인의 배제조항은 "매우 예외적인 상황에서만 적용되기 위하여 일부러 매우 좁게 정의한 것으로, 기술적 기능의 달성이 다른 변화의 여지를 남겨 놓지 않고 특정한 형태를 요구할 경우에만 디자인 보호가 부정되어야 한다."는 것이 규정 초안의 기본적인 취지라고 설명하고 있다.

(454) DOCERAM GmbH v CeramTec GmbH ECLI:EU:C:2017:779 (Advocate-General, 19 October 2017), para 39.

러한 경우에도 디자인 보호를 승인하는 것은 위 조항의 목적에 반하는 것이다."(455)

소수의 대체 디자인만이 존재하는 경우, 단일의 경체주체가 이들 소수의 대체 가능한 디자인을 등록함으로써 실질적으로 기술적 기능을 독점할 수 있다는 우려가, 아마도 유럽연합법원의 결정에 가장 중요한 영향을 끼친 것으로 보인다. 이러한 문제점은 Lindner 사건에서부터 꾸준히 제기되어 왔다.(456) 대상사건의 경우, 원고(디자인권자)는 용접용 센터링 핀의 대체 가능한 디자인 17개를 디자인 등록함으로써, 실질적으로 경쟁자들의 기술적 기능에 대한 접근을 제한하려고 하였기 때문에, 대상사건의 구체적 타당성 있는 결론을 도출하기 위하여 대체 디자인 접근법을 거절할 필요가 있었다. 따라서 대상사건은 대체 디자인 접근법이 비난받을 수 있는 상황을 가장 잘 보여 주는 사례에 해당하였기 때문에, 유럽연합법원으로서도 대체 디자인 접근법을 거부할 수밖에 없었을 것이다.

그러나 대체 디자인 접근법의 이러한 문제점과 관련하여, 위와 같은 사례는 매우 드문 경우에 해당할 뿐 아니라, 기술적 기능의 독점화는 전체디자인이 기술적 기능에 의해서만 결정된 특징들로 구성되어 있을 경우에만 가능하고, 만일 디자인이 완전히 기능적 특징들 뿐만 아니라 심미적인 것들로도 구성되어 있다면, 기능적 특징들이 독점화될 위험성은 없을 것이라고 하면서, 이러한 문제점만으로 대체 디자인 접근법을 부인하기에 충분하지 않다는 견해도 있다. 디자인은 대부분 장식적 특징과 기능적 특징들의 결합으로 존재하고, 이 경우 기능적인 특징만의 사용은 디자인권 침해가 아닌 것이 되므로, 그러한 디자인권은 기술적 기능에 관한 독점으로 간주될 수 없다는 것을 의미하는 것이라고 한다.(457) 결국 디자인에서의 기능성 문제는 유무효의 판단에서 보다는, 침해 판단에서 당해 디자인 특징의 요부(중요도)를 평가할 때 고려하는 방법으로 해결하는 것이 오히려 더 타당할 수 있다는 점에서, 경청할 만한 견해이다.

(455) Ibid., paras 40–42.

(456) Lindner 사건에서도 대체 디자인 접근법에 대하여 동일한 문제점을 지적하고 있다. "만일 기술적 해결책이 두 개의 대체적인 방법에 의하여 달성될 수 있는 경우, 대체 디자인 접근법에 따르면, 어느 해결책도 당해 물품의 기능에 의하여서만 결정된 것이 아니므로, 두 해결책 모두 디자인 등록이 가능하고, 동일한 주체가 두 해결책 모두를 소유할 수 있게 된다. 그렇게 되면, 다른 사람은 같은 기술적 기능을 수행할 수 있는 경쟁 물품을 제조할 수 없게 되는데, 이는 대체 가능성 이론이 옳지 않다는 것을 의미한다." (앞의 Lindner 결정문, para 30).

(457) Christopher V. Carani, op. cit., p. 297 (Jens Künzel 집필부분, 독일편).

(4) 상표 보호 제도에서의 기능성 이론 관련된 해석

상표 보호 제도에서도 특허 제도와의 충돌방지라는 점에서 기능성 원리가 논하여지고 있다. 그런데 상표 제도에서의 기능성 원리가 디자인 보호 제도에서도 그대로 적용될 수 있는 것인지 아니면, 다른 원리가 적용되어야 하는지에 대하여 논의되는 경우가 있다.

이 사건에서 법률자문관은 자신의 해석이 유럽연합법원이 상표 분야에서 개발한 판례법과 일치한다는 장점을 가지고 있다고 한다. 상표법 분야의 판례를 디자인 사건에 그대로 적용할 수는 없지만, 공동체디자인규정 제8조 제1항과 유사한 조항들이 공동체 상표 보호 제도에서도 존재하므로, 상표 분야에서의 기능성 원리에 기초하여 디자인 분야의 기능성 이론을 정립하는 데에 도움을 받을 수 있다고 한다. 법률자문관은 상표 관련 유럽연합법원의 판결로부터, 다음과 같은 상표 제도에서의 기능성 이론을 정리할 수 있다고 한다. "물품의 형태로만 구성된 상품 표지는, 만일 당해 형태의 본질적 기능적 특징들이 기술적 결과에만 기여하는 것이 입증되면, 상표로 등록될 수 없다. 이러한 등록 거절의 사유는, 동일한 기술적 결과를 얻을 수 있는 다른 형태가 존재한다는 것이 입증되어도 극복될 수 없다."(458)

그러나 상표 보호의 목적과 디자인 보호의 목적은 서로 다른 것이므로, 그 목적을 달성하기 위한 기능성 원리도 서로 달라야 한다. 기능성 원리의 제도적 목적으로 거론되는 특허제도와의 충돌방지 또는 자유경쟁의 부당한 제한방지라는 측면 모두에서 상표에서의 기능성은 특허에서의 기능성보다 더욱 엄격한 기준이 필요하다. 상표의 잠재적 보호기간은 영구적인 것으로 디자인권에 비하여 훨씬 더 길기 때문에, 상표에서의 기능성 극복 기준은 매우 높을 필요가 있다. 상표에서의 기능성 판단기준은 매우 다양한데,(459) 이러한 광범위한 고려요소는 디자인에서의 기능성 분석에 불확실성과 혼란을 가져 오고, 기능적 아이디어에 대한 독점의 우려를 불식시키는 필요한 정도를 넘어 디자인의 발전을 잠재적으로 좌절시킬 우려가 있

(458) DOCERAM GmbH v CeramTec GmbH ECLI:EU:C:2017:779 (Advocate−General, 19 October 2017), paras 43−46.

(459) 상표의 기능성 판단기준으로 제시되는 것은, 특허제도와의 충돌방지라는 측면에서, 상품의 사용 또는 목적에 필수불가결한지 여부, 특허의 존재 여부, 실용적 장점의 광고 여부 등이 있고, 자유경쟁의 부당한 제한방지라는 측면에서, 대체적 형상의 존부, 제조 비용의 저렴성, 유통과정상의 편의성 등이 거론되고 있다(유영선, 기능성원리 연구−특허와의 관계에서 상표에 의한 보호의 한계, 경인문화사, 2012, 399면 참조).

다.[460] 기능과 미적 가치의 통합이라는 본질적 운명을 가지고 있는 디자인 분야에서의 기능성 논의를, 경쟁법 분야에 해당하는 상표에서의 기능성 논의와 같은 수준에서 생각할 수 없다. 상표법은 경쟁법의 특성상 자유경쟁의 부당한 제한방지라는 측면이 매우 강조될 수밖에 없기 때문에, 그 기능성 극복 기준을 높게 설정할 필요가 있다. 반면, 물품 외관은 기능과 미적 가치의 통합으로 이루어지고 이 둘은 불가분적인 관계에 있는 경우가 많기 때문에, 디자인 보호 요건으로서의 기능성 극복 기준은 상표에 비해 더욱 완화하여 줄 필요가 있다.

따라서 디자인에서의 기능성 논의를 상표법 분야에서의 기능성 논의와 일치시킬 필요가 없다는 점에서,[461] 두 분야의 기능성 이론을 일치시키는 장점이 있다는 법률자문관의 이 부분 의견은 타당하지 않은 것으로 보인다.

(5) 소결론

위의 이유 분석에서 보는 바와 같이, 유럽연합법원이 비 심미적 고려 테스트를 선택한 이유는, 비 심미적 고려 테스트의 이론적 타당성 보다는, 대체 디자인 테스트가 가지고 있는 문제점이 더 부각되었기 때문이다. 대체 디자인 테스트의 가장 큰 문제점은 대체 가능한 소수의 형태를 단일의 경제 주체가 독점함으로써, 실질적으로 경쟁을 제한할 수 있게 된다는 점이다. 특히 대상사건이 그러한 예를 잘 보여 주는 사례에 해당한다. 법률자문관의 의견서도 비 심미적 고려 테스트의 장점을 설명하기 보다는, 주로 대체 디자인 테스트를 채택할 수 없는 이유를 설명하는 데 많은 지면을 할애하고 있다.

그러나 비 심미적 고려 테스트 또한 많은 문제점을 가지고 있다. 이 테스트는 물품 외관의 개발 과정에서 심미적 고려가 있었는지를 판단하는 것이기 때문에, 본질적으로 주관적 판단의 성향이 매우 강하게 나타날 수밖에 없고, 그리하여 판단의 불확실성이 매우 크게 된다. 판단의 예측가능성 측면에서 보면 대체 디자인 테스트가 더 객관적이라고 할 수 있다.[462] 또한 디자인의 보호요건으로 심미적 가치를 고

(460) Christopher V. Carani, "Design Patent Functionality – A Sensible Solution", 7 Landslide 19, 32 (2014), p. 21.

(461) 유영선, 앞의 책, 32면 참조.

(462) Christopher V. Carani, Design Rights – Functionality and Scope of Protection, p. 304 (Jens Künzel 집필부분, 독일편).

려하여야 한다는 것은 기본적으로 유럽공동체디자인 시스템에서 채택한 이념(심미적 가치에 대한 판단 배제)에도 반하는 것이다.

공동체디자인 제도의 탄생은 디자인 보호의 강화를 목적으로 한 것이므로 보호에서의 제외 조항은 가급적 좁게 해석하여야 한다.(463) 대체 디자인 테스트에 대한 비판 중의 하나는 너무 적은 디자인만을 무효로 하게 되어 해당 조항을 의미 없는 것으로 만들 우려가 있다는 것이다. 그러나 당해 조항을 좁게 해석하여 기능성을 이유로 한 등록디자인의 무효 가능성을 줄이는 것이 바람직하다는 점에서 이것에 문제가 있다고 보기 어렵다. 기능성의 고려는 유효성 판단에서가 아니라, 침해 판단에서 그 역할을 하는 것이 더 타당하다고 보기 때문이다.

만일 대체 디자인 테스트로 인하여 당해 조항의 적용범위가 너무 좁아질 우려가 있다면, 물품이 수행하는 기능을 더 구체적으로 설정함으로써, 동일한 기능을 수행할 수 있는 대체 가능한 디자인의 범위를 좁히는 방법도 생각해 볼 수 있다. 예컨대, Lindner 사건에서, 'V자 형태의 파쇄기 커터'의 역할과 기능을 더 구체적으로 정의함으로써, 대체 가능한 형태를 줄일 수 있다.(464) 일반적으로 물품이 수행하는 기능을 넓게 정의하면 대체 가능한 디자인의 범위가 넓어지고, 기능을 좁게 정의하면 그 반대가 된다. 대체 디자인 테스트를 채택하더라도 기능을 적절히 정의함으로써, 당해 조항이 사문화되는 것을 피할 수 있다.

4. 비 심미적 고려 테스트에서의 판단의 인적기준

(1) 판단의 인적기준과 관련된 질의 배경

뒤셀도르프 고등법원의 두 번째 질문은, 심미적 고려가 역할을 하였는지의 평가를 누구의 관점에서 하여야 하는지에 관한 것이다. 심미적 고려 여부는 디자이너의 주관적 의도를 조사하는 것으로 생각할 가능성이 높기 때문에, 판단의 인적기준으로 객관적 관찰자objective observer를 설정할 필요가 있다. 따라서 이러한 객관적 관찰자를 설정할 필요가 있는지, 만일 그렇다면 객관적 관찰자는 어떻게 정의되어야 하

(463) David Stone, op. cit., pp. 87, 93; Christopher V. Carani, Design Rights – Functionality and Scope of Protection, p. 622 (Sara Ashby 외 2 집필부분, 영국편).

(464) Christopher V. Carani, Design Rights – Functionality and Scope of Protection, pp. 304, 308 (Jens Künzel 집필부분, 독일편).

는지를 질의한 것이다.

위 법원이 이러한 질의를 한 배경은, 앞서 본 Lindner 사건에서 비 심미적 고려 테스트를 채택하면서 판단의 인적기준으로 합리적 관찰자reasonable observer를 제시한 때문이다.(465) 질의 법원은 Lindner 사건에서 제시된 합리적 관찰자의 기준을 채택하여야 하는지, 그렇다면 합리적 관찰자의 수준을 구체적으로 어떻게 설정해야 하는지를 질의한 것이다.(466)

(2) 가상의 판단기준인 설정이 필요한지 여부에 대한 분석

이 부분 질의에 대하여 유럽연합법원은, 공동체디자인규정 제6조 제1항(보호요건으로 개성적 특징에 관한 규정) 및 제10조 제1항(보호범위에 관한 규정)에서 판단의 기준인으로 '관련 지식을 가진 사용자informed user'를 언급하고 있지만, 제8조 제1항에서는 판단의 인적 기준을 구체적으로 언급하지 않고 있으므로, 가상의 판단기준인을 설정할 필요가 없다고 판단하였다. 대신에 제8조 제1항의 해당 여부는 각 개별국 법원이 개별 사건에 관련된 모든 객관적 상황을 고려하여 판단하여야 한다고 하였다.

이 부분 분석은 법률자문관의 의견서에 더 상세히 나와 있는데, 이를 구체적으로 요약하면 다음과 같다.

"디자인이 오로지 기술적 고려에서 선택된 것인지 여부를 결정함에 있어, 당해 디자인을 창작할 때의 디자이너의 주관적 의도는 핵심적인 요소가 될 수 없다. 만일 디자이너의 추정된 의도가 유일한 관련 기준이라면, 그의 진술은 당해 디자인이 보호될 수 있는지 여부를 결정함에 있어 결정적인 것이 될 것이고, 그는 배제조항의 적용을 피하기 위하여 그에게 유리한 주장을 할 것이다. 따라서 재판 기관들의 중립적이며 편견의 위험성 없는 결정이 중요하다."(467)

"피고는, 판단의 인적기준으로 '관련 지식을 가진 사용자informed user'와 유사한 개념을 사용하여야 한다고 주장한다. 그러나 공동체디자인 제도에서, 사실의 존재

(465) "디자인 개발 시, 실제 당해 디자이너의 의도를 파악할 필요는 없다. 심미적 고려가 있었는지 여부는 그 디자인을 바라보는 합리적인 관찰자의 관점에서 평가되어야 한다. 그의 관점에서 외관의 특징이 선택될 때, 순수하게 기능적인 고려 이외에 어떤 것이 관련될 수 있는지를 묻는 것이다."

(466) 1심법원(뒤셀도르프 지방법원)은, "평가는 객관적이어야 하고, 합리적 관찰자의 관점에서 이루어져야 한다."고 판단하였다. 지방법원이 합리적 관찰자의 관점을 언급했기 때문에, 뒤셀도르프 고등법원은 합리적 관찰자의 정의에 대해 질의할 필요가 있었다.

(467) Ibids., paras 52–53.

를 평가하는 기준인은 '항상' 관련 지식을 가진 사용자가 아니다. 특히 관련 지식을 가진 사용자는, 관련 물품을 사용함으로써 얻은 경험을 넘어, 물품의 기술적 기능에 의해서 정해진 부분과 임의적인 부분을 구분할 수 있는 능력을 반드시 가지고 있는 것이 아니다. 제8조 제1항을 적용함에 있어서 실제 기술적 평가를 필요로 하고, 그것은 관련 지식 사용자가 항상 가지고 있지 않은 특수한 능력을 요구한다. 따라서 관련 지식을 가진 사용자의 관점은 여기서 필요로 하는 객관적 평가 기준인이 될 수 없다. 또한 '평균적인 잠재적 소비자' 또는 '평균적 소비자'와 같은 가상의 인물도 여기서의 판단기준인이 될 수 없다."[468][469]

"공동체디자인규정 제6조 제2항 및 제10조 제2항은, 디자이너의 자유도를 평가함에 있어, 관련 지식을 가진 사용자의 개념을 언급하지 않고 있다. 같은 접근법이 제8조 제1항과 관련하여서도 채택되어야 한다. 분쟁을 심리하는 법원은, 무엇이 물품의 기술적 기능에 해당하는지, 어디에서 디자이너의 자유가 행사되었는지를 객관적으로 평가하여야 한다. 그러한 사건별 평가는 이미 개별국 법원에서 커다란 어려움 없이 행해져 왔다. 더구나, 만일 객관적 관찰자 기준이 채택된다면, 이러한 인위적으로 만들어진 카테고리를 정의함에 있어서 추가적인 어려움이 발생할 것이다. 그것을 어떻게 적용할 것이며, 그러한 사람이 가지고 있어야 할 지식의 유형과 정도를 설정함에 있어서 추가적인 어려움이 따르게 된다."[470]

위 법률자문관의 의견서를 살펴보면, 법적인 가상의 인물을 설정하는 작업의 어려움 때문에, 결국 판단의 인적기준을 구체적으로 제시하는 작업을 포기한 것으로 보인다. Lindner 사건에서, '합리적인 관찰자'라는 새로운 법적인 가상의 인물을 제시한 데 대하여, 많은 비판이 있었다. 이미 공동체디자인규정에서는 관련 지식을 가진 사용자 등 이전 유럽법에서 존재하지 않았던 새로운 유형의 법적인 가상 인물이 등장하고 있고, 이에 대한 정의와 관련하여 많은 혼란이 발생한 바 있는데,[471] 다시 새로운 가상의 인물을 제시하여 혼란을 가중시킨다는 것이었다.[472] 유럽연합법원

(468) Ibids., paras 55–59.

(469) 기술적 기능의 평가에 있어서 기술적 전문성의 수준은 '당해 분야의 전문가' 수준에 더 가깝고, 비록 '특별하게 신중한 사용자'라고 하더라도 그의 수준을 넘어서는 것이므로 'informed user'는 기술적 기능을 평가하기 위한 적절한 인적기준이 될 수 없다(David Stone, op. cit., p. 96).

(470) Ibids., paras 60–61.

(471) 'informed user'의 개념에 대한 논의와 정리는, 안원모, 앞의 논문, 336–340면 참조.

(472) David Stone, op. cit., p. 93; Jason J. Du Mont & Mark D. Janis, op. cit., p. 34.

은 새로운 법적인 가상 인물을 등장시키고 이에 대한 적절한 기준을 제시하는 작업의 어려움 때문에 이를 포기하고, 각 개별국 법원의 시각에서 판단하도록 한 것이다.

(3) 소결론

유럽연합법원의 이 부분 결정은 유럽연합 회원국 전역에 걸쳐 효력을 가지는 공동체디자인 제도의 통일적 법적용을 위한 해석 역할을 충실히 하지 않은 것으로 보인다. 유럽연합법원의 역할은 공동체디자인규정의 통일적 법적용을 위한 해석 기준을 정하여 주는 것인데, 판단의 구체적 인적기준을 제시하지 않고 각 개별국 법원의 기준에 따라 판단하도록 하고 있다. 각 개별 국가의 공동체디자인법원, EUIPO의 무효심판부 및 항소심판부, 일반법원General Court에서의 증거에 대한 접근법은 각기 다를 수 있는 것인데,(473) 각 개별 판단기관의 기준에 따르게 되면, 공동체디자인에 대한 유효성 판단이 각 기관마다 달라질 우려가 있게 된다.

결국 이번 결정으로 인하여, 물품의 외관이 기술적 기능 만에 의하여 결정된 것인지 여부는, 증인의 증언에 의존할 가능성이 매우 높아지게 되었다. 실제 비 심미적 고려 테스트를 적용한 대부분의 사건에서 이 부분 쟁점의 판단을 증인의 증언에 크게 의존하고 있다. 대상사건에서의 독일 뒤셀도르프 지방법원의 판단, Lindner 사건에서의 판단 모두에서, 증인의 증언이, 기술적 기능만에 의하여 정해진 것인지를 판단하는 핵심적인 역할을 하고 있다.(474) 유럽연합법원의 이번 결정은 이러한 경향을 더욱 가속화할 가능성이 높다. 결국 증인의 증언에 대한 증거판단에 따라 이 부분 쟁점이 결정될 가능성이 높아진 것이다.

5. 기능성 조사에 포함되어야 하는 요소

유럽연합법원은, "물품 외관의 특징들이 기능성과 관련된 고려에 의해서만 결정된 것인지 여부를 평가함에 있어, 당해 디자인, 당해 물품 외관의 특징들이 선택

(473) Christopher V. Carani, Design Rights – Functionality and Scope of Protection, p. 70 (Johan Løje 집필부분, 유럽연합 편) 참조.

(474) 앞의 사건은, Christopher V. Carani, Design Rights – Functionality and Scope of Protection, p. 304 (Jens Künzel 집필부분, 독일편) 참조. 뒤의 사건은, Jason J. Du Mont & Mark D. Janis, op. cit., p. 35 참조.

된 이유를 보여 주는 객관적인 상황, 그 사용에 관한 정보, 동일한 기능을 수행하는 대체 디자인의 존재에 대한 고려가 이루어져야 한다."고 판시하고 있다.(475)

이 부분 관련 법률자문관의 분석은 보다 구체적인 내용을 언급하고 있다: "물품 외관의 특징들이 기능적 고려에 의해서만 정해진 것인지의 평가는, 관련된 디자인 자체 뿐만 아니라, 외관 특징들의 선택을 둘러 싼 모든 상황들과 관련된 증거들을 고려하여, 사건을 심리하는 법원에 의하여 이루어져야 한다. 디자이너의 주관적인 의도 또는 대체 형태의 존재와 같은 것도 법원이 평가를 위하여 고려해야 하는 구체적 증거에 포함될 수 있다. 그러나 비록 열거적이라고 해도 관련된 기준 목록을 만드는 것은, 필요가 없다. 유럽의 법원들이 그러한 방법에 익숙하지 않고, 유럽연합법원이 그러한 목록을 제시하는 것이 적절하지 않기 때문이다. 사건을 심리하는 법원은, 만일 필요하다면, 법원이 지명한 독립의 전문가로부터 설명을 구하는 방법으로, 필요한 평가를 위한 도움을 얻을 수 있을 것이다."(476)

유럽연합법원의 판단을 요약하면, 물품 외관의 특징들이 기능성과 관련된 고려에 의해서만 결정된 것인지 여부를 판단하기 위하여, 각 개별국 법원은 디자이너의 주관적인 의도와 대체 디자인의 존재 등을 포함하여, 각 개별 사건에서 제출된 모든 증거들을 종합하여 판단하여야 하고, 필요하다면 외부 전문가의 도움을 받을 수 있다는 것이다.

유럽연합법원은 기능성을 판단하는 다양한 요소들이 존재할 수 있다고 언급하였지만, 이와 관련하여 많은 논란이 있다. 유럽연합법원은 특히 상표에서의 기능성 판단 요소들을 의식하고 있는 것으로 보이지만, 상표에서의 기능성 판단 요소를 디자인에서의 기능성 판단 요소로 그대로 사용할 수 있는지에 대하여 논쟁의 소지가 있다. 그러나 여기에서는 더 이상의 구체적 분석을 생략하고자 한다. 기능성 판단 요소는 질의 내용에 포함되지 않은 것이고, 유럽연합법원에서도 방론으로 간단하게 언급만 하고 있을 뿐이다. 유럽연합법원의 이 부분 언급은, 디자이너의 주관적 의도와 대체 디자인의 존재와 같은 것이 기능성을 판단하기 위한 다양한 판단 요소들에 포함될 수 있음을 지적하고자 한 의도인 것으로 보인다.

(475) DOCERAM GmbH v CeramTec GmbH ECLI:EU:C:2018:172 (Court of Justice, 8 March 2018), para 37.

(476) DOCERAM GmbH v CeramTec GmbH ECLI:EU:C:2017:779 (Advocate-General, 19 Oct. 2017), paras 62-69.

Ⅳ 결론

유럽연합법원의 결정은 대체 디자인 접근법과 비 심미적 고려 테스트 사이에서 후자의 입장을 지지한 것이지만, 그렇다고 하여 대체 디자인 접근법을 채택하고 있던 일부 국가의 실무에 커다란 변화가 있을 것으로 보기는 어렵다. 두 테스트 모두 기능성을 이유로 등록 디자인을 무효시키기에 매우 엄격한 기준임에는 큰 차이가 없기 때문이다. 유럽연합법원의 결정에 의하더라도 기술적 기능 이외에 '어느 정도'의 심미적 고려가 역할을 한 경우에는 등록디자인을 유효라고 판단하게 될 것이다. 따라서 시각적 외관과 관련하여 전혀 심미적 고려가 역할을 하지 않은 경우에 해당되어 등록디자인이 무효로 되는 사례는 매우 드물 것이다.

유럽연합법원의 결정에 의하면, "물품 외관의 모든 특징들이 기술적 기능에 의해서만 결정된 경우에 전체 디자인이 무효"로 될 것이다. 만일 물품 외관의 일부에 심미적 고려가 포함되어 있다면, '기술적 기능 이외에 다른 고려가 그 특징의 선택에 역할을 한 것'이므로, 당해 디자인은 유효한 것이 된다. 따라서 적어도 기능에 의해서만 결정되지 않은 하나의 요소가 물품 외관에 포함되어 있다면, 당해 등록디자인은 유효로 판단될 것이므로, 기능성 배제 조항의 적용으로 등록디자인이 무효로 되기는 여전히 어렵다.

그러나 산업용 기계 기구류 분야에서는 이러한 접근법이 등록디자인의 무효 판단에 어느 정도의 영향을 줄 수 있을 것이다. 우리 실무에서도 시각적 호소 또는 심미적 고려가 거의 없을 것 같은 다수의 산업용 기계 기구류에 대한 디자인 등록이 이루어지는 경우가 흔히 있다. 비 심미적 고려 테스트에 의하면, 이러한 산업용 기계류에 있어서 대체적인 형태가 존재한다고 하더라도, 시각적 호소 또는 심미적 고려가 전혀 역할을 하지 않은 경우에는, 당해 디자인 등록이 무효로 될 수 있을 것이다.

우리 디자인보호법 제34조 제4호에서, '물품의 기능을 확보하는 데에 불가결한 형상만으로 된 디자인'은 디자인 등록을 받을 수 없다고 규정하고 있는데, 이는 공동체디자인규정 제8조 제1항에 대응하는 규정이다. 이 조항의 해석과 관련하여, "'물품의 기능을 확보하는 데에 불가결한 형상'이란 물품의 기술적 기능을 확보하기 위해 필연적으로 결정되어 버린 형상을 말하는데, '물품의 기능에 관련된 형상'이라고 하더라도 그 기능을 확보할 수 있는 선택 가능한 대체적인 형상이 존재한다면 해당 규정에서 말하는 물품의 기능적 형상에 해당한다고 할 수 없다."고 해석하는 것이 일반적이다.(477) 이러한 해석은 대체 디자인 접근법을 채택한 것으로 볼 수 있다. 유럽연합법원의 결정은 대체 디자인 접근법의 문제점을 지적하면서 다른 관점에서의 접근법을 제시한 것이므로, 향후 우리법의 해석에 있어서도 어느 정도 시사점을 제공할 수 있으리라 생각된다.

그러나 비 심미적 고려 테스트를 지지한 유럽연합법원의 결정에 대한 비난도 존재한다. 먼저 이러한 접근법의 문제점 중 하나는, 기본적으로 디자인 개발 시의 디자이너의 주관적 의도에 많은 영향을 받을 수밖에 없게 되어 판단의 주관적 성향이 강해진다는 점이다. 그리하여 판단의 객관화를 위하여 Lindner 사건에서는 '합리적 관찰자'의 개념을 제시하였던 것인데, 유럽연합법원 결정에서는 이러한 가상의 기준인에 대한 필요성을 부인해 버렸다. 이로 인하여 앞으로 유럽 내에서 많은 후속적인 논란이 지속될 가능성이 높다.(478) 판단의 인적기준에 대한 필요성과 그러한 가상의 기준인이 알고 있어야 할 지식의 유형과 정도에 대한 논란은, 유럽 내에서의 판단기준의 통일성과 판단의 객관화라는 점에서, 계속하여 그 필요성이 제기될 것으로 보인다.

(477) 정태호, "디자인보호법상 물품의 기능을 확보하는 데에 불가결한 형상만으로 된 디자인에 관한 고찰 – 대법원 2006. 1. 13 .선고 2005후841 판결을 중심으로–", 법학논총, 제35집, 숭실대학교 법학연구소, 2016. 1., 331면.

(478) 실제 유럽연합법원의 결정(또는 법률자문관의 의견서 작성) 직후에 나온 유럽 내 평가는 부정적인 견해가 많다: William Palmer, "Advocate–General advices the CJEU on interpretation of the technical function exception to design protection", JIPLP, Vol. 13 No 4, 2018 (법률자문관의 의견은 명확한 안내를 제시하지 못함으로써, 더 많은 불확실성을 가져오게 될 것이다.); Alexander Haertel, "German design law on the brink of change following yesterdays CJEU decision in DOCERAM v CeramTec" (유럽연합법원의 결정은 상황을 더욱 복잡하게 만들어 앞으로 통일된 실무를 확립하기 위하여 많은 시간이 필요할 것이다.) 〈http://ipkitten.blogspot.kr/2018/03/german–design–law–on–brink–of–change.html〉 (2018. 5. 16. 방문) ; Jana Bogatz, "The CJEU DOCERAM case: when is a product feature solely dictated by its technical functionality and so not protected as a Community Design?" (유럽연합법원의 결정은 더 많은 논쟁 거리를 남겨 두어 앞으로 관련 질의가 다시 이어질 가능성이 높다.) 〈https://www.twobirds.com/en/news/articles/2018/uk/cjeu–doceram–case〉 (2018. 5. 16. 방문).

2-13

부분디자인에서의 단일성 판단기준

대법원 2013. 2. 15. 선고 2012후3343 판결[479]

| 김원오 | 인하대학교 법학전문대학원 교수

I 사안의 개요

1. 대상판결 디자인 출원의 개요

출원디자인 '  '은 대상물품(휴대폰 케이스)의 상부인 ' '과 하부 돌출 부분인 '  '만을 보호받고자 출원된 부분디자인으로서 하나의 물품 중에 물리적으로 분리된 2 이상의 부분에 대한 디자인을 대상으로 하여 출원된 디자인이며, 디자인의 설명란에 "1. 재질은 합성수지 및 섬유재임. 2. 본 디자인은 도면에 도시된 바와 같이, 휴대폰을 경사지게 지지하는 것임. 3. 본 디자인의 상부에 형성된 토끼의 귀 모양의 내부에는 전화 또는 메시지 수신 시 빛을 발광하도록 램프가 내장될 수도 있으며, 토끼의 귀 모양에는 이어폰의 와이어를 감을 수 있는 것임. 4. 본 물품의 도면

* 이 글은 디자인판례연구회에서 발표 후 수정되어 정보법판례연구 II (법문사 2017)에 게재된 논문임.

(479) [참조 및 관련 판례] 대법원 2005. 9. 29. 선고 2004후486 판결; 대법원 2009. 9. 10. 선고 2007후3356 판결 등. [관련 평석 및 문헌] 안원모, "디자인의 단일성 판단: 대법원 2013. 2. 15. 선고 2012후3343 판결을 중심으로", 산업재산권 통권 제41호, 2013년 8월, 217-251면.

중 회색으로 표현된 케이스 본체의 점선부분을 제외한 나머지 부분을 부분디자인으로서 디자인등록을 받고자 하는 부분임."이라고 기재하고, 디자인 창작 내용의 요점란에는 "본 디자인 휴대폰 케이스의 형상과 모양의 결합을 디자인창작내용의 요점으로 함."이라고 기재한 디자인등록출원서 및 도면을 제출하였다(라비또 사).(480)

2. 이 사건의 진행 경과

특허청은 원고의 위 출원디자인 ' '이 하나의 출원에 2 이상의 형상 · 모양 · 색채 또는 그 결합을 표현한 것이어서 디자인보호법 제11조 제1항에 위배된다는 이유로 등록거절결정을 하였다.

원고는 위 거절결정에 대한 불복심판을 청구하였으나, 특허심판원도 거절결정 불복심판에서 거절결정을 지지하였다.(481) 원고는 2012. 6. 5. 이 법원에 이 사건 심결의 취소소송을 제기하였으나(2012허4872), 특허법원은 2012. 9. 14. 같은 이유로 원고의 청구를 기각하는 환송 전 판결을 선고하였다.

이에 원고는 2012. 10. 2. 대법원에 상고하였고(2012후3343), 대법원은 2013. 2. 15. 위 환송 전 판결을 파기하여 이 법원으로 환송하는 취지의 환송판결을 선고하였으며 환송 후 특허법원은 대법원판결의 취지대로 선고(482)하여 확정되었다.

(480) 2010년 12월 25일 출시한 핸드폰 케이스 '라비또'는 토끼귀 모양의 디자인이 특징이다. 1년이 채 되지 않아 하루에 천 개 정도 팔리는 인기상품으로 떠올랐다. … 라비또가 인기 있는 이유는 귀여운 디자인과 함께 실용성이 손꼽힌다. 귀는 가방에서 휴대폰을 꺼낼 때 유용하게 쓰인다. 복실복실한 꼬리는 휴대폰의 뒷부분에 떼었다 붙였다 할 수 있다. 꼬리를 붙였을 경우 아이폰을 세울 수 있는 거치대로 활용이 가능하다(한경닷컴, 김계현 기자, kh@hankyung.com).

[그림 1] [그림 2] [그림 3]

(481) 특허심판원은 2012. 5. 4. 2011원5378호 심결로, 이 사건 출원디자인은 부분디자인으로서 형태적 일체성 또는 기능적 일체성이 없는 2개의 물리적으로 분리된 형태들을 출원한 것으로서 1디자인마다 1디자인등록출원을 할 수 있다고 규정한 구 디자인보호법 제11조 제1항에 위배된다는 이유로 원고의 심판청구를 기각하는 심결을 하였다.

(482) 특허법원 2013. 5. 9. 선고 2013허1979 판결(파기환송 후 판결).

판결의 요지

1. 원심판결의 요지

원심인 특허법원은 출원디자인은 물리적으로 분리된 부분들이 전체로서 일체적 심미감을 일으키지 아니하여 하나의 디자인이라 할 수 없으므로, 구 디자인보호법 제11조 제1항의[483] '1디자인'으로 등록을 받을 수 없다고 판시하였다.

구체적인 거절의 논거는 출원디자인 중 상부의 " " 부분은 토끼의 귀 모양임을 쉽게 알 수 있으나, 하부의 ' ' 부분은 단순히 털이 구球형태를 이루며 뭉쳐있는 털뭉치 정도로만 느껴질 뿐 위 상부 부분과 형태상 연관성을 찾아보기 어렵고, " " 부분은 내장된 램프를 통해 전화 또는 메시지 수신 시 빛을 발광하는 기능과 사용자가 이어폰의 와이어를 외부에 감을 수 있도록 하는 기능을 가지는 것인데 반하여, ' ' 부분은 구조와 형태상으로 볼 때 위 상부 부분과 함께 위와 같은 기능을 하는 것이 아니어서 기능적 일체성도 가지지 않으므로, 출원디자인은 물리적으로 분리된 부분들이 전체로서 일체적 심미감을 일으키지 아니하여 하나의 디자인이라 할 수 없다는 이유로, 구 디자인보호법 제11조 제1항에 위배되어 등록을 받을 수 없다고 판시하였다.

2. 대법원 판결의 요지

(1) 대법원은 특허법원의 판결은 '1디자인'의 판단에 관한 법리오해가 있다고 하면서 특허법원의 판결을 파기하고 사건을 원심법원에 환송하는 판결을 하였다. 그 이유의 요지는 다음과 같다.

(2) 하나의 물품 중에 물리적으로 떨어져 있는 둘 이상의 부분에 관한 부분디자인이더라도 그들 사이에 형태적으로나 기능적으로 일체성이 있어서 보는 사람으로 하여금 그 전체가 일체로서 시각을 통한 미감을 일으키게 한다면, 그 디자인은 구 디자인보호법 제11조 제1항에서 규정한 '1디자인'에 해당한다고 할 것이므로, 1디자인등록출원으로 디자인등록을 받을 수 있다.

(483) 현행 디자인보호법 제40조에 대응된다.

(3) 이 사건 출원디자인 중 '　' 부분이 휴대폰 케이스에서 차지하는 비율이 다소 크기는 하지만 실물을 디자인화 하는 과정에서 어느 정도의 변형이나 과장 또는 추상화가 수반되기 마련이고, '　' 부분은 휴대폰 케이스의 하단 뒷면에 위치하고 있는 반면 '토끼 귀' 형상의 "　" 부분은 휴대폰 케이스의 상부에 위치하고 있어서, 이 사건 출원디자인을 보는 사람으로서는 '　' 부분을 '토끼 꼬리' 형상으로 인식할 여지가 충분히 있으므로, 위 "　" 부분과 '　' 부분이 비록 물리적으로 떨어져 있다고 하더라도 그들 사이에 형태적으로 일체성이 인정되고, 그로 인하여 보는 사람으로 하여금 그 전체가 '토끼 형상'과 유사한 일체로서 시각을 통한 미감을 일으키게 하므로, 이 사건 출원디자인은 디자인보호법 제11조 제1항에서 규정한 '1디자인'에 해당한다고 판시하였다.

해설

1. 서설

2001년 법 개정에 의하여 시행된 부분디자인 제도는 독창적인 물품의 부분의 디자인에 대한 창작적 가치를 보호하고 부분디자인의 도용으로 인한 권리 간의 분쟁을 방지하여 디자인창작자가 효율적으로 디자인 보호가 가능하도록 한 제도이다. 물품성을 의제한 부분디자인은 그 특유한 성립요건의 문제도 있고, 또 전체디자인과의 관계를 고려하지 않을 수 없으므로 용이창작성 판단, 신규성 판단, 확대된 선원의 적용 등 등록요건 심사에 있어서도 특유한 쟁점을 안고 있다.(484) 나아가 디자인의 특정과 파선부분의 해석에 따라 등록 후 권리범위해석(유사 판단)(485)과 침해판단에 있어서도 고유한 문제를 야기할 수 있다. 이러한 부분디자인의 특수한 문

(484) 안원모, "부분디자인의 성립 및 등록에 있어서의 특유한 문제점 고찰", 창작과 권리(제61호), 세창출판사, 2010. 12., 36면 이하.

(485) 안원모, "부분디자인의 유사 판단에 관한 연구", 산업재산권(제29호), 한국산업재산권법학회, 2009. 8., 87면 이하.

제 중에 이 사건에서 문제된 것은 부분디자인의 단일성 판단(1디자인 1출원)과 관련된 것이라 할 수 있다.

2. 이 사건의 핵심쟁점

(1) 본 사건은 거절결정에 대한 심결취소소송 판결이 원심인 사건으로 물리적으로 떨어져 있는 둘 이상의 부분에 관한 부분디자인으로 출원된 디자인이 구 디자인보호법 제11조 제1항의 '1디자인'으로 등록을 받기 위한 요건을 구비한 것인지 여부가 핵심쟁점이다.(486) 기본적으로 디자인의 단일성 판단기준이 문제이지만 부분디자인 형태로 출원된 것이어서 부분디자인과 관련하여 제기될 수 있는 쟁점사항을 함께 고려하면서 판결의 당부를 검토할 필요가 있다.

(2) 디자인 출원의 단일성과 관련하여서 1디자인의 개념 중 '하나의 물품'에 해당 여부는 문제되지 아니한 사안이었고,(487) '하나의 형태'에 해당하는지 여부가 문제된 사안이다. 특히 물리적으로 떨어져 있는 둘 이상의 부분에 관한 부분디자인 출원의 단일성 판단에 있어 '형태적 일체성' 또는 '기능적 일체성'이 인정되는지 여부가 관건이었다.

원심과 대법원은 동일하게 '일체적 심미감'을 주는지 여부를 일응의 기준으로 삼으면서도 그 일체성을 파악하는 방법과 관점에서 차이를 보여 주고 있는데, 원심이 후미 부분은 구球, 털 뭉치 형태여서 형태적으로 토끼 꼬리로 볼 수 없을 뿐더러 기능적으로 토끼 귀 부분과 기능적 공통점이 없어서 일체성을 부인한 반면, 대법원은 후술하는 관점에서 '하나의 대상을 인식하게 하는 관련성'을 가진 경우도 형태적 일체성을 인정하는 판시를 한 것이다. 그러나 보다 구체적으로 논의되었어야 했던 (1) 부분디자인의 특정과 관련한 문제(전제적 쟁점)나 (2) 판단의 주체적 기준의 적용과 (3) 창작자의 주관적 창작 의도 고려 여부에 관한 논쟁적 쟁점에 대해서는 명쾌한

(486) 현행 디자인보호법 제40조(1디자인 1디자인등록출원) ① 디자인등록출원은 1디자인마다 1디자인등록출원으로 한다.
② 디자인등록출원을 하려는 자는 산업통상자원부령으로 정하는 물품류 구분에 따라야 한다.

(487) 대법원 1994. 9. 9. 선고 93후1247 판결(의장등록무효)에서, 구 의장법 제9조 소정의 1디자인 1출원 원칙에 따라 1디자인의 대상이 되는 1물품의 판정기준을 제시한 바 있다. 1물품이란 물리적으로 1개의 것을 의미하는 것이 아니라 물품의 용도, 구성, 거래실정 등에 따라 1물품으로 취급되고 있는 물품을 말하는 것이다.

기준을 제시하지 못한 측면이 있다.

3. 부분디자인 출원의 단일성 파악의 기초적 문제

(1) 부분디자인의 특정과 그 파악

1) 부분의 의의와 성립성

부분디자인에서 부분이란 다른 디자인과 대비할 때 대비의 대상이 될 수 있는 최소의 창작단위이므로 대비의 대상이 될 수 있는 창작단위가 나타나 있지 아니한 것은 부분디자인으로 성립하지 않는다.(488) 창작물임을 인정받을 수 있는 정도의 창작단위가 있어야 하고 창작물로서의 미적인 통합이 있어야 함을 강조하는 견해도 있다.(489) 또한 물품 형태를 그 측면만을 투영시킨 실루엣만 표현한 것(벽돌: 일본 사례)은 일정범위를 차지하는 부분의 구체적 형태를 표시하는 것이 아니므로 물품의 부분으로 인정되지 않는다.

대상판결은 부분디자인의 성립성을 문제 삼지 않았지만 디자인의 단일성을 판단하려면 먼저 부분디자인을 어떻게 파악하고 그 특정은 누가 어떤 방식으로 하도록 되어 있으며 특정의 책임은 누가 부담하는지의 문제와 직결된다.

2) 부분디자인의 특정과 파악

부분디자인을 출원할 때에는 도면에 부분디자인으로서 디자인등록을 받고자 하는 부분을 특정하여야 하고, 그 특정하는 방법에 대해서는 도면의 '디자인의 설명'란(별표2)에 기재하도록 되어 있다.(490) 통상 부분디자인 출원에 있어서는 도면에는 등록을 받고자 하는 부분을 실선으로, 그 이외 부분은 파선으로 도시하여 명확히 구분하는 것이 일반적이나 반드시 이에 한정하지 않고 있으므로 디자인등록을 받고자 하는 부분을 일점쇄선으로 둘러싸거나 디자인등록을 받고자 하는 부분 이외의 부분에 착색을 하거나 하는 등의 방법도 가능하다. 특히 경계가 불명확한 경우

(488) 노태정 김병진, 「디자인보호법(3정판)」 세창출판사, 2009. 7., 329면.

(489) 寒河江 孝允 外孝允 外 2, 「意匠法 コンメンタール(第2版)」, LexisNexis, 2012. 3., 70면.

(490) 디자인보호법 시행규칙 제35조 제4항으로 개정: 별표2의 기재사항을 적고 같은 도면의 창각내용의 요점란은 별표3의 기재방법에 따라 적도록 되어 있다. 명확하게 특정되지 아니하면 공업성 요건 위반으로 취급된다.

경계선을 1점쇄선으로 도시할 수 있다.(491) 다만, 그 특정의 방법을 '디자인의 설명'란에 기재하면 족하다. 부분디자인을 견본이나 사진으로 출원하는 경우에는 부분디자인으로 디자인등록을 받고자 하는 부분 이외의 부분에 대해서는 흑색이나 회색 등으로 칠하거나 칠한 부분을 사진 촬영하는 방법으로 등록받고자 하는 부분을 특정하고, 디자인의 설명란에 그 취지를 기재하여야 한다.

한편, 부분디자인의 창작은 디자인적 요소인 형태를 당해 물품의 어느 장소에 어떤 크기로 위치시키는지가 핵심이며, 위치와 크기에 따라 심미감이 달라질 수 있어 그 창작의 요지가 부분의 형태적 특이성에 있는 경우뿐만 아니라 부분의 위치, 크기, 범위의 의외성이 창작의 요지가 되는 경우가 많아 전체에서 차지하는 부분의 위치와 크기 등은 부분디자인의 심미성 판단, 창작성 판단과 권리의 유사범위 판단에 중요한 고려요소로 작용한다. 경우에 따라 부분의 기능과 용도도 중요한 참조가 될 수 있다.

(2) 이 사건에서 디자인 특정의 문제

이 사건 출원 디자인의 설명란에는 재질과 용도와 귀 부분의 기능과 역할에 대한 기재가 있고 부분디자인으로서의 신청취지와 특정방법도 명시하고 있으나 꼬리 부분에 관한 설명이 누락되어 있고 양자가 창작과정상 일체성을 띠는 토끼의 귀와 꼬리 부분에 해당한다는 설명도 누락되어 있어 양자가 형태적 일체성을 띠는 것인지가 불분명하여 야기된 사안이라 할 수 있다.

이 사건은 애초에 '디자인 설명란'의 기재가 미흡하여 디자인이 특정이 제대로 안 됨으로써 결과적으로 등록 후 권리범위가 명확하지 못할 경우 초래될 권리 분쟁의 문제를 우려한 측면도 있어 보인다. 우리 디자인보호법에는 1디자인의 파악을 용이하게 할 수 있도록 마련된 제도적 장치들이 마련되어 있는바, 그간 디자인의 실체는 도면에만 너무 치중하여 파악해 왔으나 부분디자인에 있어서는 디자인의 설명란과 '창작내용의 요점란'의 역할이 제고될 필요가 있으며, 부분디자인 특정의 의무와 책임부담 관계를 보다 명확히 할 필요도 있다.(492)

(491) 디자인 심사기준(특허청예규 제84호; 2015. 9. 16) 제4부 제2장 21.

(492) 同旨, 안원모, "디자인의 단일성 판단: 대법원 2013. 2. 15. 선고 2012후3343 판결을 중심으로", 산업재산권 통권 제41호, 2013년 8월, 244-245면.

4. 부분디자인의 단일성 판단기준과 이 사건 판결의 골자

(1) 단일성 판단 개요

통상 1물품에 관한 1형태의 디자인의 해석과 관련하여 그 물품의 용도와 기능을 고려한 전체적, 통일적 형태성으로부터 파악하여, (i) 기능적 · 형태적 일체성이 인정되는 물품, (ii) 형태적 일체성이 인정되는 물품, (iii) 기능적 일체성이 인정되는 물품은 물리적 일체성이 인정되지 않더라도 1물품으로 인정하고 있다.(493) 부분디자인과 관련한 디자인심사기준(494)도 원칙적으로 하나의 물품 중에 물리적으로 분리된 2 이상의 부분디자인이 표현된 경우에 원칙적으로 제40조 제1항 위반이지만(495) '형태적 일체성' 또는 '기능적 일체성'이 인정되어 전체로서 디자인 창작상의 일체성이 인정되는 경우에는 예외로 한다고 하여 부분디자인의 단일성을 판단하는 기준을 제시하고 있다.

(2) 형태적 일체성

1) 의의

통상 형태적 일체성이 인정되는 물품이란 막대가 달린 초콜릿이나 캔디, 막대가 달린 어묵 등과 같이 물품의 각각의 구성부분은 개성을 가지고 있으나 형태상 단일한 일체를 이루는 것을 이른다.(496)

2) 판단기준

이러한 형태의 단일성 파악에 있어 디자인은 물품의 형태이므로 물품과의 관련성을 고려하여야 한다. 물품과의 관련성을 고려한다는 것은 물품의 기능과 용도를 고려하여 형태의 단일성을 파악하여야 한다는 것이다.(497) 따라서 도면상에 물

(493) 齋藤瞭二 著, 정태련 譯, .意匠法., 세창출판사, 1993, 305-306면.

(494) 디자인심사기준 제2부 제3장 제1절 6)(특허청예규 제84호, 2015. 9. 16. 개정)

(495) 부분디자인인 경우에는 1물품의 1부분에 관한 형태인 경우에만 1디자인으로 인정되고, 디자인의 대상이 되는 물품은 1물품을 기재했더라도 도면 등에 2 이상의 전체형태 또는 2 이상의 부분의 형태를 도시한 경우는 1디자인 1출원 원칙에 위반된다고 보는 것이 원칙이다. (조국현, 「의장법」 법경사, 2002, 296면).

(496) 齋藤瞭二 著, 정태련 譯, .「意匠法.」, 세창출판사, 1993, 306면.

(497) 寒河江 孝允 外孝允 外 2, 「意匠法 コンメンタール(第2版)」, LexisNexis, 2012. 3., 237頁 참조.

리적으로 분리된 복수의 형태로 표현된 것이라고 하여도 복수의 형태부분이 통합되어 하나의 물품의 용도 · 기능을 수행하는 경우에는 형태의 단일성이 인정된다.

〈부분디자인의 형태적 일체성〉 판단에 있어서도 각각의 구성 부분은 개성을 가지고 있으나 형태상 단일한 일체를 이루는 것으로 일체적 심미감을 주면 형태적 단일성을 인정할 수 있다.

심사기준에서는 물리적으로 분리된 부분으로서 대칭이 되거나 한 쌍이 되는 등 관련성을 가지고 있는 것이면 인정되며 기저귀 디자인을 그 예로 들고 있다.(498) 최근 개정된 디자인심사기준(499)에서는 이사건 판결을 반영하여 '하나의 대상을 인식하게 하는 관련성'을 가진 경우도 단일성 인정의 예외에 포함시키고 있다.

(3) 하나의 대상을 인식하게 하는 관련성(이 사건 판결)

첫째, 대법원은 보호요청된 각 부분이 물품에서 차지하는 크기와 위치를 고려하여 판단하고 있다.

대법원은 출원디자인 중 '●' 부분이 휴대폰 케이스에서 차지하는 비율이 다소 크기는 하지만 실물을 디자인화 하는 과정에서 어느 정도의 변형이나 과장 또는 추상화가 수반되기 마련이어서 꼬리로 인식하지 못할 정도로 크기의 비율이 과대한 것은 아니라고 보았고, '●' 부분은 실제 토끼의 꼬리와 같이 휴대폰 케이스의 하단 뒷면에 위치하고 있는 반면, '토끼 귀' 형상의 "V" 부분은 휴대폰 케이스의 상부에 위치하고 있어서 실제 토끼의 귀와 꼬리의 위치에 부합된다는 사실을 하나의 대상 인식의 관련성의 논거로 삼은 것이라 할 수 있다. 부분디자인의 창작성과 유사 여부 판단 시 고려요소인 부분의 위치와 크기를 단일성 판단에도 확대 적용한 것으로 볼 수 있다.

둘째, 창작자의 주관적 창작성의 관점보다는 수요자의 객관적 인식을 기준으로 하여 일체성을 판단하고 있다.

---

(498) 위의 디자인심사기준 제2부 제3장 제1절 6) (1) : 물리적으로 분리된 부분으로서 대칭이 되거나 한 쌍이 되는 등 관련성을 가지고 있는 것.
(예) 기저귀:

(499) 2014. 5. 개정된 디자인심사기준을 이른다.

대법원은 부분디자인 단일성판단의 주체를 일반수요자를 기준으로 삼고 있다. 대법원은 출원디자인을 보는 사람(일반수요자)으로서는 “” 부분을 토끼의 머리 형상으로, ‘’ 부분을 ‘토끼 꼬리’ 형상으로 인식할 여지가 충분히 있으므로 ‘’ 부분이 비록 물리적으로 떨어져 있다고 하더라도 그들 사이에 형태적으로 일체성이 인정되고, 그로 인하여 보는 사람으로 하여금 그 전체가 ‘토끼 형상’과 유사한 일체로서 시각을 통한 미감을 일으키게 하므로 형태적 일체성이 있는 것으로 파악한 것이다.

셋째, 여기서 관련성은 도면을 통해 파악된 객관적 형태에 기초한 관련성이며 한 벌 물품에서의 ‘관념적 통일성’ 인정과 흡사한 것으로 보인다. 한 벌 물품 디자인의 경우 한 벌 전체로서 통일성이 없다면 1디자인으로 인정되기 어렵기 때문에 한 벌 전체로서의 통일성을 요구한다. 여기서 통일은 디자인상의 통일을 의미한다. 디자인상의 통일은 순수한 디자인상의 통일(500)뿐 아니라 특정관념에 기초를 둔 디자인상의 통일을 포함한다. 그리하여 각 구성 물품에 디자인이 따로따로 표현되어 있으나 한 벌의 물품 전체로서 볼 때 특정관념을 일으키는 등(501) 관념적으로 관련이 있는 인상을 주는 “관념적 통일성”을 인정하고 있는데 대상판결도 이러한 관념적 연관성을 도구로 사용하고 있는 것으로 보인다.

대상판결에서 대법원은 분리된 두 부분이 관념상 하나의 대상(토끼형상에서 각각 귀와 꼬리 부분)으로 인식될 수 있을 정도의 연관성이 있는지 여부로 단일성을 판단하고 있다. 다만, 이러한 연관성은 창작상 모티브의 일체성(관련성)에서 바로 찾았으면 토끼의 전체형상을 염두에 두고 창작한 것임을 보다 더 용이하게 판단할 수 있었음에도 수요자의 객관적 인식에 의존하여 판단하고 있다.

(4) 기능적 일체성

1) 의의

기능적 일체성이란 물리적으로 분리된 부분들이 전체로서 하나의 기능을 수행함으로써 일체적 관련성을 가지고 있는 것을 말한다.(502)

(500) (i) 각 구성물품의 형상, 모양, 색채 또는 이들의 결합이 동일한 표현방식으로 표현되거나, (ii) 각 구성물품이 상호 집합되어 하나의 통일된 형태를 표현하거나, (예) 한 벌의 흡연용구 세트에서 재떨이, 담배함, 탁상용 라이터 및 받침대가 상호 집합되어 하나의 거북이 형상을 표현한 것 등.

(501) 예컨대 “토끼와 거북이”의 동화를 그림으로 각 구성물품에 통일되게 표현한 것 등.

(502) 위의 디자인심사기준, 같은 절 6) (2) 기능적일체성이 인정되는 것.

2) 판단기준

기능적 일체성을 일체적 지배가능성이란 관점에서 파악하는 견해도 있다. 이에 의하면 비록 물품의 각각 구성부분이 완전히 독립한 형태로 존재하지만 그들이 일체로서 일정한 물품용도를 만족시키고 전체로서 형태상의 통일성을 가지며 이들 물품의 전체를 일체적으로 지배할 수 있는 것이면 기능적 일체성을 만족시키는 것으로 판단한다.

3) 구체적인 예

'일반 물품'에 있어서는, 양말, 장갑, 트럼프, 커피잔과 받침접시, 신사복(상, 하), 투피스 등 쌍으로 된 세트물품이 전형적으로 이에 해당한다.(503) 합단추 자웅 또는 결착구 자웅과 같이 도면상에 각기 다른 두 개의 형태가 표현되어 있어도 자웅이 한 조가 되어 기능이 성립하는 것도 하나의 형태로 파악하여야 하고, 뚜껑 있는 그릇, 뚜껑 있는 만년필 등도 전체적으로 형태적인 일체성이 인정될 뿐만 아니라 용기 본체와 뚜껑이 결합하여 단일 기능을 수행하는 것이므로 1형태로 파악되게 된다.(504)

'부분디자인'에 있어서는, 가위의 손잡이부분 또는 전화기의 버튼부분 등과 같이 전체로서 하나의 기능을 수행함으로써 일체적 관련성을 가지고 있는 경우를 들 수 있다.(505) 우리 심사기준에서는 "잉크젯프린터용 잉크스틱"(506)을 그 예로 들고 있다.

4) 이 사건 판결 과정에서 원심은 기능적 일체성 여부도 적극적으로 판단하여 분리된 두 부분이 같은 기능을 수행하지 않으므로 기능적 일체성도 없는 것으로 보

(503) 齊藤瞭二 著, 정태련 譯, 앞의 책, 306-308면; 조국현, 앞의 책, 292-293면.

(504) 滿田重昭 · 松尾和子, 「註解 意匠法」, 青林書院, 2010. 10., 204면.

(505) 일본의장심사기준 71.7.1.2 ; 김인배, 「理智 디자인보호법」, 한빛지적소유권센터, 2014, 253-254면.

(506) (예) "잉크젯프린터용 잉크스틱" [디자인의 설명] "정면에 있는 2개의 홈과 배면에 있는 한 개의 홈이 전체로서 프린터에 카트리지가 장착할 때 정확한 위치를 알 수 있도록 하는 기능을 수행하는 것임."

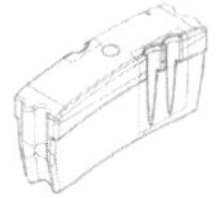

았으나 대법원은 기능적 일체성 여부에 대해서는 아무런 언급도 하지 아니하였다.

5. 부분디자인의 단일성 판단기준에 대한 검토

(1) 디자인의 제도적 보호이념에 따른 판단의 기본관점

물리적으로 분리된 2 이상의 부분이 하나의 디자인으로 인정받기 위해서는 그것이 단일의 디자인으로 보호받을 적격이 있어야 하는데 이는 디자인 보호이념에 따라 그 판단기준이 달라질 수 있다. 디자인의 제도적 보호이념으로는 디자인의 창작적 가치 보호가 우선이라는 창작설, 수요촉진 기능을 보호하고자 하는 수요설, 부정경쟁방지(혼동방지)에 초점을 두는 경업설 등의 다양한 이념이 존재한다.(507)

창작설의 관점에서는 각 부분이 하나의 창작단위로 인정될 수 있거나 창작의 일체성이 있으면 디자인의 단일성을 인정할 수 있을 것이고, 수요설의 입장에서는 2 이상의 부분이 통합하여 단일의 수요촉진 기능을 일으키는 것이라면 디자인의 단일성을 인정할 수 있을 것이다.(508)

대상판결에서 부분디자인에서의 단일성 판단기준으로 삼은 이념이 무엇인지 분명하지는 않지만 후술하는 바와 같이, 물리적으로 분리된 2 이상의 부분이 하나의 창작적 가치단위로 존재하느냐는 관점보다는 수요자의 대상적 인식 기준에 더 치중하여 판단한 결과 두 부분이 통합하여 하나의 수요촉진 기능을 수행하는지 여부가 기준이 된 판결로 여겨진다.

한편, 2 이상의 부분이 창작상의 일체성을 이루는 것이라면 그것이 곧 하나의 창작단위로 인정됨과 동시에 하나의 수요촉진기능을 담당하는 것으로 볼 수 있기 때문에 양설의 입장이 동시에 충족되고 '창작의 일체성'은 출원인의 주관적 창작의도를 충분히 고려하여 판단하여야 한다는 견해도 있다.(509)

(2) 창작자의 주관적 창작의도 고려 여부: 창작의 일체성 vs 객관적 대상 인식의 일체성

이 사건 대상판결의 원심인 특허법원 판결(510)에서는 "부분디자인에 있어 물

(507) 노태정외「디자인보호법」, 109-110면. ; 齊藤瞭二 著, 意匠法概説, 有悲閣, 1991, 35면 이하.

(508) 안원모, 앞의 글, 241면.

(509) 안원모, 앞의 글, 245면.

(510) 특허법원 2012. 9. 14. 선고 2012허4872 판결

리적으로 분리된 부분들이 일체적 심미감을 가졌는지 여부는 대상물품의 각 부분이 결합된 전체형상을 객관적으로 관찰하여 판단하여야 하며 디자인 창작자의 주관적인 창작 모티브를 기준으로 판단할 수 없다."고 밝히고 있다. 대법원은 이 쟁점에 관한 원심의 판단에 대해서 아무른 언급이나 판단을 하지 않았다.

반면, 부분디자인 제도의 도입에 의하여 객관적 관찰에 의하여 파악되는 물품의 부분적인 특징 외에도 출원인이 임의로 정한 물품의 부분까지도 보호의 대상에 포함되게 되었다는 점에서, 부분디자인의 단일성을 판단함에 있어서도 출원인의 주관적 창작의도를 우선 고려하여야 한다는 견해가 있다.(511) 부분디자인 제도는 종래 객관적 관찰을 통하여 요부로 파악할 수 없었던 물품의 부분에 대하여도 출원인의 주관적인 창작의도를 보호하고자 하는 취지를 포함하고 있으므로 단일성 판단에서도 출원인의 주관적인 창작의도를 고려하는 것이 필요하며, 특히 심사과정에서는 '창작내용의 요점란' 기재를 통하여 출원인의 주관적인 창작의도를 파악하기가 용이하다는 점에서 더욱 그렇다는 것이다.(512)

생각건대, 이 문제는 디자인 특정의 책임을 출원인이 아니라 심사관에게 전가함으로써 심사상의 과도한 부담을 줄 수 있으며, 앞서 살펴본 디자인 보호이념상의 균형적 관점과 판단기준의 통일성 유지와 부분디자인의 권리를 명확히 하고 권리행사 시의 침해판단을 용이하게 하여 법적 안정성을 유지하여야 한다는 차원에서 볼 때는 창작자의 주관적 의도를 우선기준으로 삼기 어려운 측면이 있다.

또한 디자인보호법에서 디자인을 독점하는 권리 성립의 기초는 어디까지나 객관적 창작성이며 등록 후 권리행사 시에도 객관적 유사성 여부만을 기준으로 판단한다는 점도 고려하여야 한다. 이 점에서 주관적인 창작성에 기초하여 권리 성립을 인정하고 모방사실을 추가적으로 입증해야 하는 저작권법적 어프로치와 명백히 차이가 있다. 대상판결이 이 점에 대해 원심의 판단을 터치하지 아니한 것은 원심이 객관적 인식대상의 일체성과 관련성 기준을 제시한 것을 대법원이 일응 수긍한 것으로 보아야 할 것이다.

다만, '창작내용의 요점란' 기재를 포함한 디자인 특정을 통해 디자이너의 창작의도가 객관적으로 드러난 경우에는 당연히 고려하여야 할 것이다.

(511) 안원모, 앞의 글, 238-239면 참조.

(512) 위의 글 238면.

(3) 판단의 주체적 기준

대상판결은 부분디자인에서의 형태적 일체성을 인정하기 위한 주체적 기준으로 '당해 출원디자인을 보는 사람'이라는 표현을 사용하고 있다. 여기서 '보는 사람'의 의미가 당업자인지 또는 수요자를 의미하는 것인지 명확하지 않으나 이러한 표현을 사용한 선례[513]에 비추어 볼 때 디자인의 유사 여부 판단의 경우와 마찬가지로 '일반 수요자'를 기준으로 판단하고 있는 것으로 여겨진다.

이러한 법원의 태도에 대하여 디자인은 창작성을 디자인등록의 중심이 되는 적용요건으로 하는 것이지 상표처럼 수요자의 인식만을 기준으로 판단하는 것이 아니므로, 디자인의 단일성 판단 시 단지 디자인을 보는 수요자만을 기준으로 하고 창작자의 창작의도 등을 고려할 필요가 없다는 듯이 판단한 대법원 판결의 판시 내용은 디자인의 근본적인 특성을 고려할 때 다소 비판의 소지가 있다는 견해가 있고,[514] 더욱 적극적으로 부분디자인의 출원에 있어서도 출원서 기재 전체에 의하여 창작자의 창작의도를 고려하여야 함에도 수요자 입장에서의 객관적인 관찰을 전제로, 출원인의 주관적인 창작의도를 의도적으로 고려대상에서 배제해 버린 것은 부분디자인 제도의 취지를 오해한 데서 비롯된 것으로 보인다고 비판하는 견해도 있다.[515]

생각건대, 부분디자인의 단일성 판단은 부분 간 창작의 관련성과 창작의 일체성을 파악하는 것이 관건이므로 (용이)창작성 판단과 마찬가지로 당업자의 관점에서 판단하는 것이 타당하다고 생각된다.

(513) 대법원 2010. 7. 22. 선고 2010 후913 판결에서는 "디자인의 유사 여부는 이를 구성하는 각 요소를 분리하여 개별적 으로 대비할 것이 아니라 그 외관을 전체적으로 대비 관찰하여 보는 사람으로 하여금 상이한 심미감을 느끼게 하는지의 여부에 따라 판단하여야 하고, 이 경우 디자인을 보는 사람의 주의를 가장 끌기 쉬운 부분을 요부로서 파악하고 이것을 관찰하여 심미감에 차이가 생기게 하는지 여부의 관점에서 그 유사 여부를 결정하여야 한다." 이 판결에서 '일반 수요자'를 단순히 그 디자인을 '보는 사람'으로 표현하여 온 점을 감안하여 본다면, '보는 사람'이라는 표현은 '일반 수요자'를 나타내는 것으로 해석될 수 있다. (정태호, 1디자인 1디자인등록출원의 법제 분석과 개선방안에 관한 고찰, 法學研究 제26권 제1호, 2015. 6., 각주 55 참고).

(514) 정태호, 앞의 글 323면.

(515) 안원모, 앞의 글, 240면.

IV 판결의 의의

대상판결은 물리적으로 분리된 2 이상의 부분이 표현된 경우 원칙적으로 1디자인 1출원의 원칙에 위반되는 것으로 취급하지만, 전체로서 형태적 일체성 또는 기능적 일체성이 인정되는 경우에는 예외로 인정해 온 기준 중 형태적 일체성 판단에 대해 새로운 구체적 판단기준을 제시하고 있다는 점에서 우선 그 의의가 있다.

형태적 일체성이 인정되는 것으로는 분리된 부분이 서로 대칭이 되거나 한 쌍이 되는 등 관련성을 가지고 있는 것뿐 아니라 토끼의 머리와 꼬리라는 전체적으로 하나의 대상을 관념시켜 인식하게 하는 등의 관련성을 가지고 있는 경우에도 단일성을 인정한 것으로 마치 한 벌 물품디자인에서 디자인의 통일성 판단에 있어 '관념적 통일성'을 인정한 경우와 흡사하다.

다만, 단일성 판단에서 주관적 창작의도의 고려 여부나 판단의 주체적 기준과 디자인의 특정 책임론 등과 관련하여 명확하게 판단하여 그 기준을 제시하지 못한 아쉬움이 있다. 한편, 이 판결은 외국에 비해 너무 과도하게 부분디자인 특정 의무를 부과하고 엄격하게 그 충족 여부를 심사하거나 해석해 온 관행(516)에 변화를 촉구한 의미도 있다.(517)

특히 디자인의 단일성 요건은 심사절차 편의를 도모하기 위한 형식적 요건이고 이미 단일성의 예외를 인정하는 여러 가지 제도적 장치(518)가 인정되고 있다는 점에서 엄격한 심사기준과 관행의 변화를 촉구하는 측면도 있다. 또한 부분디자인 제도는 제도 본질적으로 창작자가 창작가치가 있는 부분을 스스로 선택하여 권리로 요구하는 부분을 반영하기 위한 제도적 장치라는 측면에서 대상판결이 원심에서 주관적 창작의도 고려를 부인한 부분에 대해 적극적으로 판단하지 아니한 것에 대해 비판적인 입장을 취한 견해들도 이러한 맥락에서 일리가 있다. 그러나 대상판결이 객관적 관찰에만 의하고 출원인의 주관적인 창작의도를 의도적으로 고려대상에서 배제해 버린 것은 아니라고 여겨진다.

(516) 진선태, "부분디자인권리의 디자인 보호요건에 관한 외국 사례 비교연구", 한국디자인학회 학술발표 논문집, 2014, 82-83면.

(517) 대상판결 이후 최근(2015. 9. 16. 개정 심사기준) 특허청은 (부분)디자인의 단일성을 보다 명확히 판단할 수 있도록 구체적 예를 다수 첨가하고 이를 탄력적으로 인정할 수 있는 심사기준 개정을 단행한 바 있다.

(518) 한 벌 물품 디자인제도, 복수디자인등록출원제도, 동적디자인제도, 관련디자인제도 등.

나아가 이 사건 판결은 부분디자인 제도 자체는 출원인의 출원절차상의 편의를 도모하기 위한 제도가 아니라 효과적인 권리구제를 위해 도입된 제도이므로 '창작의 일체성' 내지 동일한 창작 콘셉트의 일괄적 보호라는 절차편의적 관점보다는 창작의도가 객관적으로 드러난 도면과 그 부속서류의 파악을 통해 '일체적 심미감'을 느낄 수 있는 관련성이 있는지 여부가 단일성 판단의 기준이 되어야 등록 후 권리구제의 원활을 기할 수 있음을 확인한 판결로 평가된다. 다만, 원심과 달리 대법원이 부분의 위치와 크기에 대한 평가를 통해 하나의 대상적 연관성을 찾은 것은 창작자의 창작의도를 어느 정도 고려한 것으로 평가될 수 있다.

한편, 앞서 논한 바와 같이 이 사건은 애초에 '디자인 설명란'의 기재가 미흡하여 디자인이 특정이 제대로 안 됨으로써 결과적으로 등록 후 권리범위가 명확하지 못할 경우 초래될 권리분쟁의 문제를 우려한 측면도 있어 보인다. 우리 디자인보호법에는 1디자인의 파악을 용이하게 할 수 있도록 마련된 제도적 장치들이 마련되어 있는바, 그간 디자인의 실체를 도면에만 너무 치중하여 파악해 왔으나 부분디자인에 있어서는 디자인의 설명란과 '창작내용의 요점란'의 역할이 제고될 필요가 있으며, 부분디자인 특정의 의무와 책임부담 관계를 보다 명확히 할 필요도 있어 보인다.

즉, 부분디자인의 특정의 책임은 출원인에게 있지만 창작의도를 포함한 명확한 특정을 위해 심사관과 출원인이 긴밀하게 협조하고 소통할 수 있는 제도적 기반이 마련된다면 더할 나위없을 것이다. 이러한 점에서 출원디자인에 대한 거절이유의 구체적 지적과 면담제도의 적극 활용, 창작의 요점란의 기재란의 적극적 활용(형식적 기재관행 탈피) 등이 요구된다고 하겠다.

2-14

[미국] 부분디자인 표현의 구체성 요건

In re Owens, No. 2012-1261 (Fed. Cir. 2013)

| **김지훈** | 특허청 교육기획과 사무관

I 배경

1. 미국의 부분디자인제도 및 활용

부분디자인제도는 기본적으로 물품의 전체whole article 외관 뿐만 아니라 일부분part of article도 보호할 수 있도록 한 일종의 보호강화수단이다. 미국의 디자인특허제도 역시 한국, 일본, EU 등과 마찬가지로 이러한 취지에서 부분디자인partial claiming of design(519)의 보호를 인정하고 있다. 부분디자인의 표현에 있어서도 점선, 착색 등을

(519) 흔히, 영어표현으로는 partial design, 또는 portion design 이라고도 하며, 우리나라의 경우 디자인보호법 제2조의 1에서 「디자인이란 물품의 부분(제42조는 제외한다) 및 글자체를 포함한다. 이하 같다]의 형상 · 모양 · 색채 또는 이들을 결합한 것으로서 시각을 통하여 미감을 일으키게 하는 것을 말한다.」라고 규정(2001년 개정)함으로써 물품의 전체뿐만 아니라 부분(part of article)도 보호의 대상으로 정의하였다. 참고로 일본은 1999년 부분디자인제도를 도입했으며, 중국은 아직 미도입 상태라 물품의 전체가 아닌 부분을 모방하는 악의적 행위에 대해서는 다소 보호가 미흡한 상태라고 볼 수 있다.

폭넓게 허용하는 등 우리와 크게 다르지 않다.[520] 실제로 최근 미국 내에서 벌어진 침해금지 가처분 소송사건[521]에서도 스마트폰의 키패드 부분의 독창적인 디자인을 부분디자인으로 권리화한 블랙베리사가 전체 물품의 디자인은 상이하나 키패드부분이 실질적으로 동일한 제품을 실시한 기업에 대항하여 성공적으로 권리를 주장한 사례([그림1-1] 참조)도 있는 만큼[522] 실무에서는 효과적인 권리주장enforcement 수단의 하나로 활발하게 사용되고 있다. 이러한 부분디자인의 장점은 비단 법률실무자들 뿐만 아니라 창작자인 업계의 디자이너들에게도 널리 공감되고 있는 것으로 보인다.[523] 이뿐만이 아니다. FTA와 같이 국가 간의 교역을 위한 지재권 협상에 있어서도 부분디자인제도의 유무는 해당 국가의 디자인의 보호수준을 가늠케 하는 척도로서 민감한 쟁점이 되기도 한다.[524]

(520) 진선태, 부분디자인 보호 요건에서의 도면에 관한 실무차이 비교(한국, 미국, 일본, EU를 중심으로), 지식재산연구 제10권 제3호, 2015.

(521) Blackberry LLC v. Typo Prods. LLC (N.D. Cal. 2014).

(522) [그림 1-1] 디자인특허 D685,775(좌) 및 가처분된 제품(우)

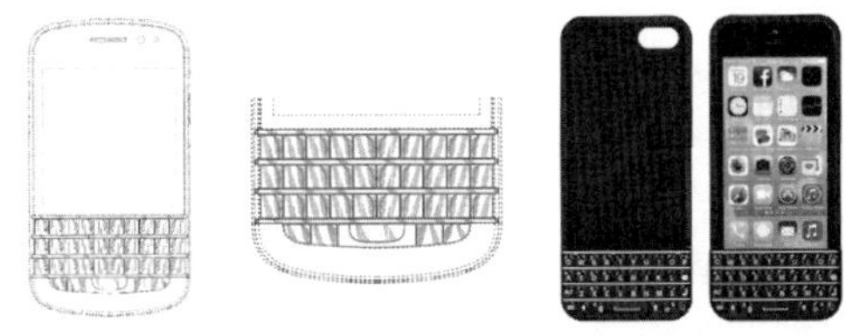

(523) 「Twenty years ago, design patents were considered unenforceable because applicants, at the behest of lawyers, were too specific in their sketches—they depicted all the gory details of an entire product. Copycats would then argue, "Our design is different. We changed the screws." Now companies only patent the parts of a product that represent its "heart and soul," like Apple's "flat, transparent, edge-to-edge front and rounded corners." That's new, and enforceable...」, 미국산업디자이너협회(IDSA) 前회장이자 USPTO 디자인특허 자문위원인 Woodring 과의 인터뷰, Fast Company, Nov. 2012.

(524) 「중국에서는 부분의장을 보호하지 않고 있어, 이로 인한 국내 기업의 피해가 심각한 수준(예컨대 한국 차의 앞부분을 중국 업체가 고스란히 모방하더라도 뒷부분 디자인을 조금만 달리하면 이는 의장등록 침해행위에 해당하지 않음)에 달하고 있는바, 중국에 대해 부분의장 보호 인정을 적극적으로 요구할 필요가 있음.」 조미진 외, 중국의 지식재산권 보호와 한중 FTA에 대한 시사점, 대외경제정책연구원, 2007.

2. 미국의 계속출원제도 및 부분디자인

미국의 디자인특허실무, 특히 출원prosecution전략에서 부분디자인을 가장 효과적으로 이용하는 방법 중에 하나는 다름 아닌 계속출원이다.(525) 예를 들면, 일단 물품의 전체디자인을 출원한 후 심사가 진행되는 중에 이어서 중요한 부분에 대하여 부분디자인을 통해 계속출원함으로써 전략적으로 권리범위를 조절해나갈 수 있다. 사실, 우리나라에서도 2014년 7월부터 디자인의 확대된 선출원 원칙이 동일출원인에게는 더 이상 적용되지 않아 선출원 후 공개 전이라면 얼마든지 권리범위를 전략적으로 확대하는 것이 가능해졌으나, 미국의 계속출원제도는 후출원되는 디자인의 출원일이 국내우선권처럼 선출원된 디자인의 출원일로 소급되는 효과가 있어 우리의 그것과는 차이가 있다. 이 외에도 미국에서는 선출원된 디자인이 등록된 이후라 할지라도 2년 이내라면 재등록broadening reissue 출원을 통해 청구범위를 확대하는 것도 제한적으로 가능하다. 참고로 애플사의 경우 2009년부터 2014년까지 미국 특허청에 출원한 디자인특허의 약 50%가 계속출원을 통한 것임을 볼 때 부분디자인과 계속출원을 결합하여 사용하는 접근방법은 미국의 디자인특허 실무자들에게 권리극대화를 위한 핵심전략임을 알 수 있다([그림 1-2] 참조).(526)(527)

(525) 계속출원제도(continuation application)는 미국 특허법 120조에서 규정된 것으로서 기술특허뿐만 아니라 디자인특허에도 전략적 목적으로 빈번하게 이용되는데, 이를 통해 디자인 청구항을 전략적으로 확대 · 유지하면서 최선출원일을 향유할 수 있다.

(526) Carani 미국변호사 특강「Overview and Update on U.S. Design Patents」, 특허청, 2015년 1월 7일.

(527) [그림 1-2] 디자인특허 D548,744 (애플사의 아이포드)의 다양한 계속출원 사례.

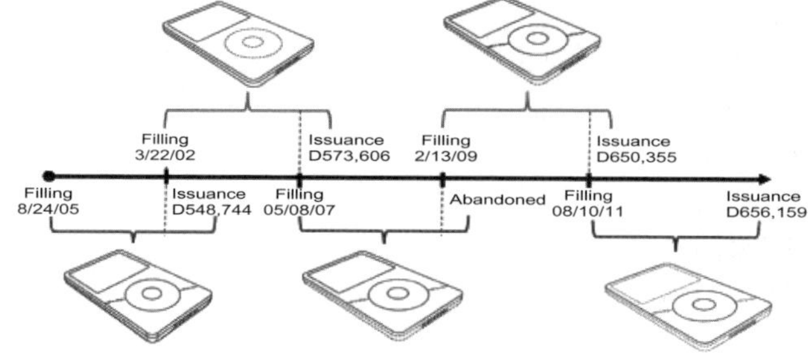

사건의 주요 내용 및 쟁점

1. Owens 사건의 개요

본 논문에서 다루고자 하는 Owen사건은 앞서 언급했듯이 부분디자인과 계속출원을 적절히 결합하여 출원하고 있었던 미국의 디자인실무에 적지 않게 보수적인 영향을 미친 사건인바, 사건의 세부적인 내용과 파급효과 등을 간략하게나마 살펴보고자 한다.(528) 사건의 개요는 다음과 같다. 다국적 생활건강용품 제조사인 P&G는 자사의 구강세척제 브랜드인 Crest의 제품용기 디자인을 [그림 2-1]에서 보는 바와 같이(529) 뚜껑을 제외한 하부용기 부분('709출원)만을 청구하여 2004년 12월 21일 출원한 후, 이를 기초로 2006년 용기의 양 측면과 상부의 (1) 초승달부분, (2) 양쪽 삼각형 어깨부분, 그리고 (3) 중앙의 사다리꼴 부분만을 다시 청구하여 계속출원을 시도하였다('172출원). 그러나 심사관은 '172출원 디자인에서 청구된 부분 중 중앙을 수평으로 가로지르는 일점 쇄선(— · — ·)(530)은 통상의 창작자가 용이하게 파악할 수 있을 정도로 구체적이지 않아 모母출원이 되는 '709출원을 통해서 충분하게 개시된 것으로 볼 수 없으므로, 이를 통해 형성되는 일종의 사다리꼴 부분([그림 2-2] 우측 그림의 “ ”)은 신규사항new matter의 추가로 등록을 받을 수 없다고 특허법 제112조written description requirement를 이유로 거절하였다.(531) 물론 P&G측은 여기에

---

(528) 항소법원의 Owens 판결 이후, 미국특허청은 연례행사인「2013 Design Day」에서 선출원에 대한 후출원의 적격성판단을 매우 보수적으로 판단하는 방향으로 심사메뉴얼(MPEP)을 개정한 바 있다(MPEP section 15.48 Necessity for Good Drawings편의 Ⅲ.Broken Liness 참조.

(529) [그림 2-1] 실제품(좌), 선출원(D29/219,709)(중), 계속출원(D29/253,172)(좌).

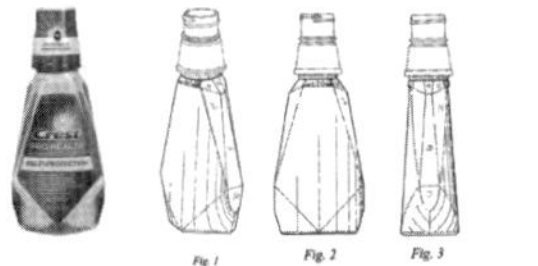

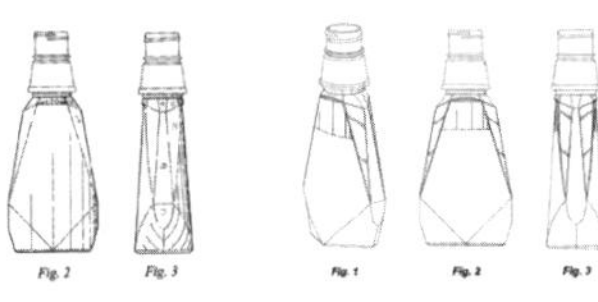

(530) 미국 디자인특허 심사지침(MPEP 1503.02)에 의하면 실선(solid line)은 클레이밍되는 요소를, 점선(broken line - - - -)은 클레이밍에서 제외되는 일종의 주변요소(environment)를, 일점쇄선(dash dot, — · — · — ·)은 그 사이의 경계선(unclaimed boundary line)을 의미한다고 규정되어 있다.

(531) [그림 2-2] 선출원(D29/219,709)(좌), 계속출원(D29/253,172)(중), 신규사항 붉은 부분(우):

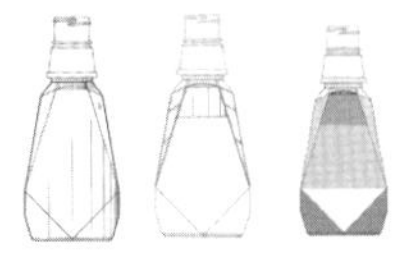

불복하였으나 심판원BPAI과 항소법원에서도 결론은 바뀌지 않았다.

2. 항소심판결의 주요 논지

항소심의 논리는 너무 단순하다 싶을 정도로 명확하다. 계속출원과 관련하여 빈번하게 언급되는 판례인 Daniels 사건을 인용하면서, 계속출원은 모출원에 표현되어 있었던 용기 표면의 꽃무늬를 삭제하였을 뿐 모출원을 통해 공개된 요소에 그 어떤 신규한 요소도 추가하지 않았다는 것이며, 이것은 해당업계의 통상의 수준을 가진 디자이너라면 누구나 인식할 수 있는 수준이라는 것이다([그림 2-3] 참조).[532] 그러나 Owens사건의 경우, 이와 달리 임의의arbitrary 위치에 용기의 중앙부를 가로지르는 경계선을 통해 신규로 사다리꼴 부분이 생성되었고 이것은 기재사항의 구체성을 요건으로 하는 112조의 위반이며, 이로 인해 출원일 소급은 허락되지 않고 나아가 신규한 요소를 포함하는 후출원은 진보성, 즉 103조를 충족하지 못하므로 거절되는 것이 마땅하다는 논리였다. 바꾸어 말하면 후출원인 '172 출원도면에서 표현된 중앙부를 수평으로 가로지르는 일점쇄선의 표시는 모출원인 '219 출원도면에 비추어 보았을 때 그 위치, 범위 등을 명확하게 특정할 수 있을 정도의 구체성을 갖추지 못했다는 것이다.

시사점

1. 부분디자인 표현의 구체성

이러한 Owens항소심 판결은 미국의 관련 업계에 적지 않은 파장을 불러 일으켰다. 그동안 실무상 도면에 표현된 실선과 점선은 계속출원 시 서로 얼마든지 상호

(532) [그림 2-3] Daniels (1998)사건(좌), 허용되는 계속출원 도식화(우):

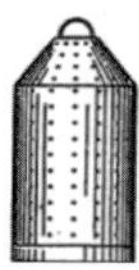
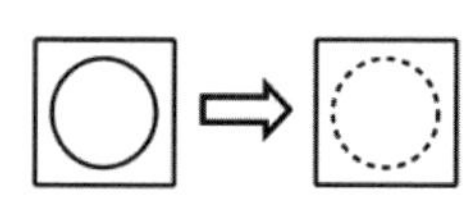

전환[533]이 가능한 영역으로 간주되어 왔고 여기에 대해서는 어느 정도 업계와 특허청간에 공감대가 형성되어온 지 오래된 상태였기 때문이다([그림 3-1] 참조).[534]

뿐만 아니라 모출원에 비록 실선 등으로 매우 명확하게 구분되어 있지는 않을지라도 형태적 특성을 종합적으로 고려하여 어느 정도 구분만 가능하다면 계속출원을 통해 클레임을 확대하는 것도 실무상 유연성이 있게 받아들여져 온 것이 사실이었다. 이러한 관점은 Owens사건에 대하여 제출된 법정조언서amicus brief들에 매우 잘 표현되어 있다. [그림 3-2]의 경우[535] 가습기(좌)의 상부 돌출부의 형상을 부분디자인으로 특정하여 계속출원한 것인데, 모출원 도면에는 이를 경계짓는 실선 등은 전혀 표현되어 있지 않았지만 그 구체성을 인정받아 등록된 바 있다. 음료수 용기(우)의 경우도 마찬가지다. 이러한 맥락에서 Owens판례를 기점으로 계속출원 시 부분디자인표현의 구체성을 매우 보수적으로 판단하려는 미국 특허청의 심사기준의 변화는 실무자들로서는 매우 당혹스러운 일이 아닐 수 없었을 것이다. 아울러 Owens판례 또한 그동안 축적된 수많은 계속출원 등록사례들과도 조화를 이루지 못하고 있다는 점에서 출원전략수립의 예측가능성을 떨어뜨리는 요소로 작용한 것이 사실이다. 현재로서는 권리자 입장에서는 부분디자인을 계속출원에 이용할 경우 최대한 모출원에서 표현된 명확한 요소들만을 기초로 보수적으로 클레이밍을 하는 방법 외에는 다른 대책이 없는 상태이며, 오히려 부분디자인을 통해 침해소송을 제기할 때 침해혐의자 측이 반소 논리로 Owens판례를 활용하여 권리를 무효화시키지는 않을까 걱정해야 할 정도이다.

(533) http://www.uspto.gov/patents/init_events/design_roundtable_2014.jsp (마지막 접속 2015. 1. 21.).

(534) [그림 3-1] 계속출원시 실선과 점선간 상호 전환을 통해 청구항을 조절한 사례:

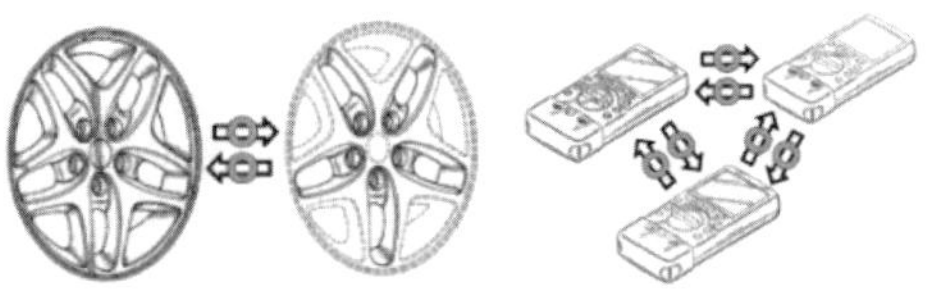

(535) [그림 3-2] 법정의견서들에서 예시된 계속출원 인정사례:

2. 우리의 입장 및 시사점

우리의 경우 부분디자인의 성립요건에 관해서는 심사기준에서 부분디자인 표현은 반드시 "공간을 점유하는 형상"이어야 하고 "다른 디자인과 대비의 대상"이 될 수 있어야 하며 "하나의 창작단위"로 인정되어야만 한다고 규정하고 있다. 여기서 창작의 단위가 무엇을 의미하는지는 심사기준에 구체적 설명이 없어 일본의 심사기준(536)을 통해 추정해보는 것이 가능한데, 일본은 [그림 3-3]에서 보는 바와 같이(537) 음료수 용기 형상의 일부분을 특정함에 있어서 명확하게 구분 가능한 경우만을 인정할 뿐 임의의 위치와 부분을 특정한 것은 인정하고 있지 않는다는 관점으로서 앞선 미국의 사례와 비교해 볼만하다. 아울러 표현방법 또한 미국과 마찬가지로 부분디자인으로 등록받고자 하는 부분의 경계(일점 쇄선 또는 이와 상응하는 방법)의 명확함에 대해서 강조하고 있다. 미국의 계속출원 사례와 비교할 만한 내용을 굳이 찾자면 확대된 선출원 관련 규정에서 "부분디자인등록출원으로서 파선으로 표현된 부분 등을 포함한 전체디자인 중에 후출원 디자인에 상당하는 부분이 대비할 수 있는 정도로 충분히 표현되어 있는 경우"라고 언급하고 있어서 현재로서는 기본적으로 다소 보수적인 Owens 판례의 입장과 크게 달라보이지는 않는다.

Owens판결은 부분디자인을 활용하여 계속출원하는 실무가 정착된 미국의 경우, 향후 큰 의미가 있을 것으로 보이며, 현재 계속출원제도가 마련되어 있지 않은 우리로서는 동일한 사안에 대한 그다지 시급한 제도적 검토가 필요하다고 생각되지 않을 수 도 있다. 그러나 한편으로는 우리도 출원인의 이익극대화를 위해 중국이 현재 추진 중에 있는 전리법의 디자인(외관설계)분야 개정안에 포함되어 있는 국내우선권제도의 도입을 검토하거나 미국출원인이 계속출원한 디자인만을 따로 떼어 우리나라에 우선권 주장하여 출원한 경우 디자인의 동일성을 인정해야할지 여부를 다루는 심사단계에서는 쟁점이 있을 수 있으므로 이에 대한 검토가 필요할 수도 있을 것이다.

(536) 일본심사기준(2011년 기준) 제7부 71.4 부분의장에 관한 등록요건.

(537) [그림 3-3] 하나의 창작단위로 인정(좌), 불인정(중), 바람직한 작도법 사례(우).

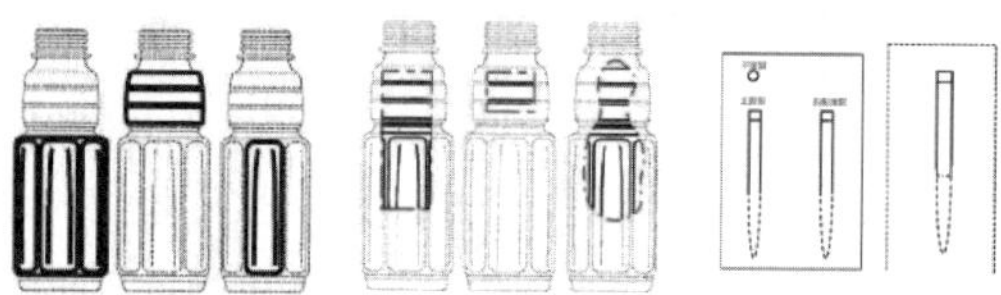

2-15

[일본] 부분디자인의 용이창작 판단

일본 오사카 지방법원 평성23년(와)제14336호 판결

| **김정현** | 한얼국제특허사무소 변리사

I 사건 개요

본건 판결은 부분디자인의 디자인권 침해가 인정된 일본 사례로서,[538] 부분디자인과 침해제품의 유사 여부 판단, 부분디자인의 창작 용이성 판단, 손해배상액 산정 시 부분디자인의 기여도 등의 주요 쟁점이 판단된 사안이다. 본건 판결은 확정되지 아니한 지방법원 판결 상태에서 다수의 문헌에 소개되었다. 본고에서는 그 중 부분디자인의 창작 용이성 판단 부분을 중점으로 고찰해 보고자 한다.

1. 원고의 등록디자인과 피고 제품

원고의 등록디자인 1375128호 및 1375129호는 모두 부분의장으로 등록된 것

(538) 오사카 지방법원 2013. 9. 26. 선고 평성23년(와)제14336호. 본건은 항소심 계속 중.

으로서, '파칭코 기기용 표시등'에 관한 디자인이다.(539) 피고는 그와 관련한 디자인의 제품을 제조, 판매하였다.(540)

2. 비교대상 디자인

피고는 이 사건 등록디자인의 출원 전에 공지된 디자인들을 제시하였고, 그 중 법원에서는 을7 디자인을 비교대상 디자인으로 판단하였다.(541)

3. 당사자의 주장 및 쟁점

일본 법원에서는 당사자의 주장 및 쟁점을 다음과 같이 정리하였다.

(i) 본건 디자인권 1의 침해 여부: ① 본건 디자인 1과 피고 제품의 디자인이 유사한지 여부; ② 본건 디자인 1이 창작 비용이성을 흠결한 무효사유가 있는지 여부

(ii) 본건 디자인권 2의 침해 여부: ① 본건 디자인 2와 피고 제품의 디자인이 유사한지 여부; ② 본건 디자인 2가 창작 비용이성을 흠결한 무효사유가 있는지 여부

(iii) 원고의 손해액

(539) 등록디자인 제1375128호는 무효심판 및 심결취소소송에서 무효로 판단됨, 등록디자인 제1375129호는 권리 유지

본건디자인 1의 사시도	본건디자인 2의 사시도

(540) 피고 제품의 도면:

정면도

사시도

(541) 비교대상 디자인(을7)의 도면:

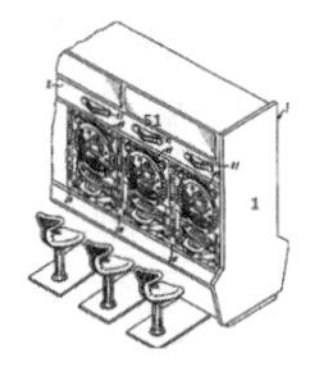

아날로그 표시부의 단면도

아날로그 표시부의 정면도

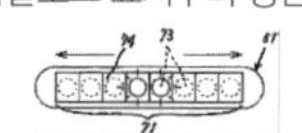

일본 법원의 판단

1. 쟁점 1에 관하여

일본 법원은 본건 디자인 1을 구성하는 특징이 을7 디자인에 의하여 공연히 알려져 있는 것이므로 창작성이 없고, 또한 본건 디자인 1(부분디자인)의 위치, 크기, 범위에도 창작성이 없다고 판단하였다. 뿐만 아니라, 본건 디자인 1의 형태는 공연히 알려져 있는 디자인인 을7 디자인에 기초하여 당업자가 용이하게 판단할 수 있는 것이므로, 그 등록이 무효가 되어야 할 것이라고 판단하였다.(542) 따라서 피고 제품은 본건 디자인권 1의 침해에 해당하지 않는다고 판단하였다.

2. 쟁점 2에 관하여

쟁점 2에 관하여 일본 법원은 본건 디자인 2의 구성 중, 전체적인 형상(전체적으로 가로로 된 직사각형으로서, 위쪽에서 바라보았을 때 좌측 부분이 뒤쪽으로 경사져 있고, 종횡 비율이 약 1:3인 점 등)은 공연히 알려져 있는 을7 디자인에 기초하여 용이하게 창작 가능한 것이지만, 8자와 같은 문자 표시부 세그먼트를 돌출시키는 것은 흔한 방법이라고 할 수 없고, 을7 디자인의 표시부에 배치된 표시등을 본건 디자인 2와 같이 치환하는 것이 용이하게 창작할 수 없는 것이라고 판단하였다. 또한 본건 디자인 2의 요부는 전체적인 형상과 세그먼트 들이 배치된 디자인을 조합한 형태가 수요자의 주의를 끄는 부분으로서, 본건 디자인 2의 요부에 해당하며, 피고 제품의 디자인 요소가 그와 같은 본건 디자인 2의 각 특징에 대응하는 구성으로 되어 있는 것으로 보아, 세부적인 부분에 있어서의 약간이 차이점에도 불구하고, 피고 제품이 본건 디자인 2와 유사하다고 판단하였다. 따라서 본건 디자인 2에는 무효사유가 없고, 피고 제품은 본건 디자인 2와 유사하므로, 그 제조 판매 등은 본건 디자인권 2의 침해에 해당한다고 판단하였다.

(542) 본건 디자인권 1의 경우, 무효심판(무효 2012-880004호 사건)이 제기되어, 무효로 할 것이라는 심결이 있었으며, 그 심결취소소송(평성 24년 행케 제10449호 사건에서도 같은 취지의 판결을 하였다.

3. 쟁점 3에 관하여

일본 법원은 본건 디자인 2의 구성 태양 중, (ⅰ) 전체적인 형태가 공연히 알려진 형태를 흔한 수법으로 약간 변경한 것에 불과한 점, (ⅱ) 전체 디자인에서 부분디자인이 차지하는 부분의 비율, (ⅲ) 원고 제품의 광고선전에 있어서 부분디자인권의 디자인만을 차별적인 요인으로 강조하고 있지는 않는 점, (ⅳ) 피고 제품과 원고 제품이 그 기능에 있어서 약간의 차이가 있는 점, (ⅴ) 피고 제품의 판매가 없었더라도 원고 제품이 피고가 판매한 제품 판매 수량에는 달하지 못하였으리라는 점 등을 감안하여 손해배상액에서 85%를 공제하였다.

부분디자인의 용이창작 판단

1. 부분디자인의 용이창작 판단의 기준

부분디자인 제도는 물품의 부분에 관한 디자인을 보호하는 것으로서, 부분디자인의 경우도 일반 디자인과 마찬가지로 디자인의 보호 요건으로서 신규성[543] 및 창작성이라는 요건이 요구된다. 부분디자인의 용이창작 판단은 일반 디자인과 마찬가지로 보호를 받고자 하는 부분의 형태 자체가 창작성이 있는 것인지 여부를 판단하는 관점에 더하여(독립관점), 부분 자체는 흔히 있는 형태이더라도, 물품 전체에서 보호를 받고자 하는 부분의 위치, 크기, 범위 등에 독창성이 있는 경우에는 창작적인 가치를 인정하여야 한다는 관점(요부관점)이 있다.[544]

(543) 부분디자인의 신규성 판단의 기초가 되는 유사 판단에는 권리보호를 받는 형상만을 기준으로 유사 판단을 하는 관점(독립설), 전체형상과 부분디자인간의 기능적, 형태적 관련성을 따져서 판단하는 관점(요부설), 파선부를 공지형상으로 보고, 이 부분의 변화 폭에 따라 유사 판단을 하는 관점(요동설) 등이 있다. 진선태, "부분디자인권리의 디자인 보호요건에 관한 외국 사례 비교연구", 한국디자인학회 학술발표대회 논문집, 한국디자인학회, 2014년, 83면.

(544) 노태정 · 김병진 공저, 『디자인보호법(3정판)』 세창출판사, 2009년, 330면, 안원모, "부분디자인의 성립 및 등록에 있어서의 특유한 문제점 고찰", 창작과 권리, 세창출판사, 2010년 겨울, 49-51면, 진선태, "부분디자인권리의 디자인 보호요건에 관한 외국 사례 비교연구", 한국디자인학회 학술발표대회 논문집, 한국디자인학회, 2014년, 83면.

디자인심사기준에서는 "부분디자인의 용이창작에 관한 판단기준은 전체디자인의 용이창작에 관한 판단기준에 따르되, 전체에서 부분디자인으로 등록받으려는 부분의 기능 및 용도, 위치, 크기, 범위 등을 종합적으로 고려하여 판단하여야 한다."고 그 기준을 정의하고 있으며, 특히 "부분디자인으로 출원된 화상디자인의 용이창작의 판단은 표시부 내에서 부분디자인으로 등록받고자 하는 부분(실선 부분)을 고려하되, 필요한 경우 파선 부분의 기능 및 용도 등을 종합적으로 고려하여 판단할 수 있다."는 지침을 마련하고 있다.[545] 이와 같은 디자인심사기준은 독립관점을 기준으로 하되, 요부관점도 병행할 수 있는 것으로 이해된다.

디자인심사기준에서는 한편, 부분디자인의 인정 요건으로서, "디자인등록을 받으려는 부분의 위치 · 크기 · 범위는 첨부된 도면 및 도면의 '디자인의 설명'란에 기재된 '디자인등록을 받으려고 하는 부분'의 특정방법 등으로부터 파악한다."는 지침을 마련하여,[546] 부분디자인의 성립 요건을 파악함에 있어서, 디자인등록을 받으려는 부분의 위치 · 크기 · 범위를 고려하여야 함을 시사하고 있다. 나아가, 부분디자인등록출원에 있어 '물리적으로 분리된 둘 이상의 부분이 표현된 경우'는 1디자인 1디자인등록출원에 위반되는 것으로 취급하되, 다만 형태적 일체성 또는 기능적 일체성이 인정되는 경우는 예외로 한다고 규정하여,[547] 디자인등록을 받으려는

(545) 디자인심사기준, 2015. 9. 30. 개정 특허청 예규 제84호.

(546) 디자인심사기준, 2015. 9. 30. 개정 특허청 예규 제84호.

(547) 디자인심사기준, 2015. 9. 30. 개정 특허청 예규 제84호, 55–59면.
[부분디자인등록출원에 있어 물리적으로 분리된 둘 이상의 부분이 표현된 경우] 1디자인 1디자인등록출원에 위반되는 것으로 취급한다. 다만, 다음과 같이 전체로서 디자인 창작상의 일체성이 인정되는 경우에는 예외로 한다.
(1) 형태적 일체성이 인정되는 것: ① 물리적으로 분리된 부분으로서 대칭이 되거나 한 쌍이 되는 등 관련성을 가지고 있는 것 [예: 기저귀], ② 물리적으로 분리된 부분으로서 하나의 대상을 인식하게 하는 등 관련성을 가지고 있는 것 [예: 휴대폰케이스].
(2) 기능적 일체성이 인정되는 것: 물리적으로 분리된 부분들이 전체로서 하나의 기능을 수행함으로써 일체적 관련성을 가지고 있는 것[예: 잉크젯프린터용 잉크스틱 "정면에 있는 2개의 홈과 배면에 있는 한 개의 홈이 전체로서 프린터에 카트리지가 장착할 때 정확한 위치를 알 수 있도록 하는 기능을 수행하는 것임"].

기저귀	휴대폰케이스(대법원 2012후3343)	잉크젯프린터용 잉크스틱
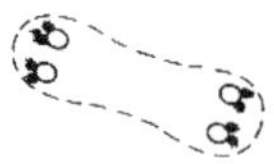		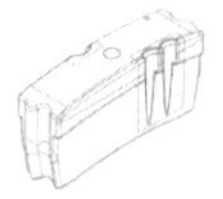

부분이 물리적으로 분리되어 있는 경우에도 디자인등록을 받으려는 부분의 위치 · 크기 · 범위에 있어서 특정요건을 충족하는 경우에는 단일성 요건을 흠결하지 않은 것으로 보고 있다. 디자인심사기준에서는 또한 부분디자인의 유사 여부 판단방법은 디자인이 속하는 분야의 통상의 지식을 기초로 (ⅰ) 디자인의 대상이 되는 물품, (ⅱ) 부분디자인으로서 디자인 등록을 받으려는 부분의 기능 · 용도, (ⅲ) 해당 물품 중에서 부분디자인으로서 디자인등록을 받으려는 부분이 차지하는 위치 · 크기 · 범위, (ⅳ) 부분디자인으로서 디자인 등록을 받으려는 부분의 형상 · 모양 · 색채 또는 이들의 결합을 고려하여 판단하며, 특히 화상디자인의 경우, 화상디자인이 표시된 표시부에서 등록받고자하는 부분의 위치 · 크기가 이동 또는 확대 · 축소가 가능한 경우에는 유사 여부 판단에 영향을 미치지 않는다. 다만, 등록받고자 하는 부분의 위치 · 크기가 고정된 경우에는 그러하지 아니하다고 규정하고 있다.

이와 같이, 디자인심사기준에서 부분디자인 특유의 성립요건(부분디자인의 특정방법), 단일성 인정의 예외사항, 유사 여부 판단 등에서 디자인등록을 받으려는 부분의 위치 · 크기 · 범위 등을 고려하고 있는 것과 마찬가지로, 용이창작 판단에 있어서도 보호를 받고자 하는 부분의 형태 자체의 창작성이 있는 것인지 여부를 판단하는 것에 더하여, 디자인등록을 받으려는 부분의 위치 · 크기 · 범위와 같은 요소를 고려하여 창작성이 있는 것인지 여부를 판단하는 것이 일관성 있는 관점이라고 할 것이다.

2. 판례 및 심사례

(1) 2011가합63647 특허권 침해금지 등 판결(548)

부분디자인의 용이창작 판단과 관련한 국내 법원의 판단은 애플과 삼성전자 간의 2011가합63647 특허권 침해금지 등 판결에서 찾아볼 수 있다. 서울중앙지방법원은 이 판결에서 애플의 부분디자인 등록 제507166호 및 제507164호의 전화 아이콘과 메모아이콘이 당시 피고인 삼성전자가 종전부터 사용하던 전화 아이콘 및

(548) 서울중앙지방법원 2012. 8. 24. 선고 2011가합63647 판결(확정).

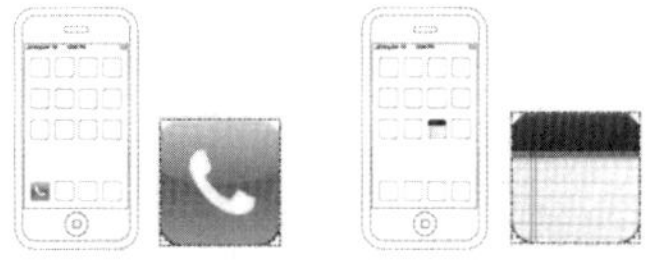

선행디자인인 리걸 패드 디자인 및 리걸 패드 아이콘 디자인으로부터 용이하게 창작할 수 있는 디자인이므로, 창작성 흠결의 무효사유가 있다고 판단하고, 이들 디자인권에 근거한 애플의 침해금지 또는 손해배상 청구가 이유 없다고 판단하였다.

(2) 2015허5265 거절결정(디) 판결(549)

특허법원에서는 이하와 같은 형상의 귀마개(부분디자인)의 외이도 삽입부에 '공동 부분'을 형성하고, 위 공동 부분의 바닥에 '반구 부분'을 형성하는 것이 그 디자인이 속하는 분야에서 통상의 지식을 가진 사람이라면 누구나 해당 디자인이 그 물품 또는 기능에 맞도록 하기 위하여 할 수 있을 것이라고 생각되는 정도의 변형인지에 관하여 보건대, 을 제1 내지 6호증의 각 기재 및 영상만으로는 이를 인정하기 부족하다며, 또한 종래의 귀마개 외이도 부분 등과는 그 심미감이 동일 · 유사하다고 보기 어려운바, 이러한 점에서도 이 사건 출원디자인에서 '공동 부분'과 '반구 부분'을 형성한 것이 상업적 · 기능적 변형에 불과하다고 보기 어려우므로, 이는 용이하게 창작할 수 있는 디자인에 해당하지 않는다고 판단하였다.

(3) 2013원5618 및 2014원2591 거절결정불복심판 심결(550)

특허심판원에서는 2013원5618 심결에서 이 사건 출원디자인은 비록 주지의

---

(549) 특허법원 2015. 12. 24. 선고 2015허5265 판결(미확정).

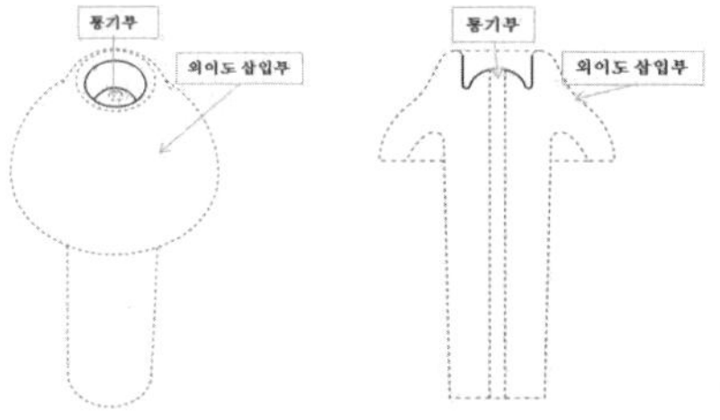

(550) 각기 특허심판원 2014. 3. 4. 2013원5618 심결 및 2015. 2. 27. 2014원2591 심결(확정).

2013원5618 심결	2014원2591 심결

형상인 사각형을 모티브로 하고 있다고는 하나, 직사각형의 틀 안에 7개의 사각형으로 구획하여 맨 위에 직사각형을 배치하고, 그 아래에 맨 위의 직사각형을 세로로 이분할한 정사각형 2개를 배치하고, 다시 그 아래에 그 정사각형을 각각 세로로 이분할한 정사각형 4개를 배치하여 가로의 비율이 4:2:1로 되어 있는바, 이러한 배치 조합 및 비율의 규칙적인 형상과 모양에 의하여 전체적으로 미감적 가치가 있다 할 것이다. 또한 이와 같은 디자인이 국내에서 일반적으로 사용되는 UIUser Interface(사용자 인터페이스) 상의 레이아웃이라고도 볼 수 없으므로, 이 사건 출원디자인은 주지의 사각형 형상을 기초로 하여 거기에 새로운 미감을 주는 미적 창작이 결합되어 그 전체에서 종전의 디자인과는 다른 미감적 가치가 인정된다 할 것이고, 기존의 주지의 사각형의 형상을 거의 그대로 표현한 것은 아니라고 판단하였다.

특허심판원에서는 또한 2014원2591 심결에서 이 사건 출원디자인에 배치된 아이콘 가운데 각 아이콘들의 모양은 육안으로 인식 가능할 정도로 그 표현이 구체적이고, 저마다 그 자체로 특유의 도형성이 있는 것으로서 기하학적 구성미가 감득되는 창작성 있는 디자인이라 할만하다. 반면에 이것들이 기왕에 알려진 아이콘과 대동소이하여 흔하다고 볼만한 뚜렷한 이유는 발견되지 아니한다. 그렇다면 이 사건 출원디자인에 표현된 테이블(표)은 일반적인 형태의 것과 크게 다르지 않다 하더라도 여기에 위와 같은 이 사건 출원디자인 고유의 아이콘들이 결합된 전체로서의 레이아웃(구성 요소들의 일련적 배치)은 보는 이로 하여금 일반적인 형태의 레이아웃과 다른 창작적 요소를 포함하고 있는 것임을 직감케 하기에 충분하다 할 것이어서 전체적으로 그 창작성을 부인하기 어렵다고 판단하였다.

3. 대상판결의 검토

대상판결 평성23년(와)제14336에서는 원고의 등록디자인 2건 중 제1375128호(본건 디자인 1)의 경우, 비교대상디자인(을7)에 의하여 용이하게 창작할 수 있는 디자인이라고 판단한 반면에, 제1375129호(본건 디자인 2)의 경우는 비교대상디자인으로부터 용이하게 창작할 수 없는 것이라고 판단하여 침해를 인정하였다. 특히 본건 디자인 2의 구성 중 전체적 형상은 공지 디자인에 의하여 용이하게 창작 가능한 것이지만, 8자와 같은 문자 표시부의 세그먼트를 돌출시키는 방법이 흔한 방법이라고 할 수 없으므로, 이와 같은 점에 창작성이 있다는 점을 인정하였다.

이와 같이, 대상판결은 부분디자인 자체의 용이창작성 여부를 판단한 것으로서, 위에서 본 독립관점에 입각한 판결이라고 볼 수 있으며, 보호를 받고자 하는 부분 자체에 창작성이 이미 인정되므로, 전체 물품에서 부분디자인이 차지하는 위치 · 크기 · 범위 등에 관한 창작성 여부는 별도로 판단하지 아니하였다.

또한 위에서 소개한 서울중앙지방법원 2011가합63647 판결은 화상디자인에 표시된 각 아이콘이 공지된 아이콘(전화기 아이콘) 및 공지형상(리걸패드)으로부터 용이하게 창작할 수 있는 것이라고 판결한 것이고, 특허법원 2015허5265 거절결정(디) 판결도 부분디자인 자체 형상(귀마개)의 용이창작 여부를 판단한 것으로서, 전체 디자인에서 부분디자인이 차지하는 위치 · 크기 · 범위 등의 창작성 여부에 관하여는 고려하지 아니하였으므로, 독립관점에 입각한 판결이라고 볼 수 있다.

특허심판원 2013원5618 심결의 경우, 이 사건 출원디자인(화상디자인)은 비록 주지의 형상인 사각형을 모티브로 하고 있다고는 하나, 배치조합 및 비율의 규칙적인 형상과 모양에 의하여 전체적으로 미감적 가치가 있다고 판단하였고, 2014원2591 심결의 경우에도, 이 사건 출원디자인(화상디자인)에 표현된 테이블(표)은 일반적인 형태의 것과 크게 다르지 않다 하더라도 여기에 위와 같은 이 사건 출원디자인 고유의 아이콘들이 결합된 전체로서의 레이아웃(구성 요소들의 일련적 배치)은 보는 이로 하여금 일반적인 형태의 레이아웃과 다른 창작적 요소를 포함하고 있는 것임을 직감케 하기에 충분하다 할 것이라고 판단하여 요부관점을 일부 도입한 것으로 보인다.

Ⅳ 결어

본건 판결은 물품 전체의 디자인으로 등록을 받았다면 보호를 받기 어려웠을 수도 있는 상황에서, 특징적인 부분에 대한 부분디자인을 보유하고 있었기에 권리행사가 가능했다는 평가를 받고 있는 판결이다.[551]

(551) 이쿠다 테츠오, 츄우쇼 마사시, “부분의장의 의장권 침해가 인정된 사례”, The Invention, 2014, No. 2, 43-45면.

부분디자인 제도는 그 제도의 취지상 물품의 '부분'에 관한 디자인을 보호하는 디자인이다. 따라서 부분디자인은 물리적으로 분리된 둘 이상의 부분이 표현된 경우에도 형태적 또는 기능적 일체성이 인정되는 경우, 예외적으로 1디자인 1출원에 위반되지 아니하는 것으로 취급하며, 유사 판단도 통상의 물품 디자인과 달리 판단하는 경우가 있다. 이와 같은 관점에서 볼 때, 부분디자인의 창작성 판단에 있어서도 등록을 받으려는 부분 자체에 창작성이 인정되는 경우는 물론, 등록을 받으려는 부분의 기능 및 용도, 위치, 크기, 범위 등을 종합적으로 판단하여 그와 같은 부분에 독창성이 있는 경우에도 창작성을 인정하는 것이 부분디자인 제도의 취지에 맞는 운영이라고 할 것이다.

2-16

'확대된 선출원주의' 제도 개선방안

특허법원 2008. 5. 29. 선고 2007허11913 판결

| **조국현** | 특허법인 다래 변리사

I 검토배경

2001년 2월 디자인보호법이 개정되면서 확대된 선출원주의가 도입되었다. 확대된 선출원주의는 출원된 디자인이 선출원된 디자인의 일부와 동일하거나 유사한 경우 선출원디자인이 공보에 게재된 이후에 거절하도록 하는 요건을 말한다.(552) 즉, 출원된 디자인이 당해 출원일 전에 선출원되어 당해 출원 시점 이후에 출원공개공보, 등록공보 또는 협의 불성립으로 거절된 출원의 디자인공보에 게재된 타출원 디자인의 일부와 동일하거나 유사한 경우에는 당해 디자인을 거절하도록 하는 요건이다.(553) 확대된 선출원주의 요건은 특허법과는 달리 출원인의 동일 여부를 불문하고 적용하도록 하고 있었다. 즉, 출원인이 완성품디자인을 먼저 출원하고 동일 출원인이 그 완성품의 부품디자인을 후출원하는 경우에도 특허제도와는 달리 거절하도록 규정되어 있었다. 그러나 특허법원이 2008. 5. 29. 선고한 2007허11913 판

(552) 논자에 따라서는『확대된 범위의 선원주의』,『신규성 범위의 확대』또는『준공지』라고 한다.

(553) 구 디자인보호법 제5조 제3항.

결을 계기로 동일인 간에는 확대된 선출원 규정이 적용되지 않아야 한다는 의견이 제기되었다. 특히 유사디자인등록출원에 대해서는 확대된 선출원 규정이 적용되지 않는 것이 타당하다고 검토하였고, 심사기준에 반영되기도 하였다.(554) 2007허11913 판결 사건은 확대된 선출원 요건 위반으로 거절결정된 유사디자인등록출원에 대하여 출원인이 거절결정불복심판을 청구하였고, 특허심판원은 심사관의 거절결정을 지지하는 심결을 하였으나 특허법원은 심결을 취소환송한 사건으로서 이 판결은 확대된 선출원주의의 동일인 간 적용문제를 재검토하는 계기가 되었다. 그 후 2013년 디자인보호법이 전면 개정되면서 동일인 간에는 확대된 선출원주의가 적용되지 않도록 개정하였으나 그래도 여전히 문제를 내포하고 있다. 특허제도에서는 발생하지 않는 존속기간의 연장문제가 발생하는 것이다. 특히 2013년 유사디자인제도가 관련디자인제도로 변경되면서 관련디자인권은 기본디자인권과 함께 소멸되는 합체관계가 아닌 독립적 생존 권리로 전환되면서 기본디자인권 또는 관련디자인권 하나만 유지하면 선출원디자인권의 존속기간을 연장할 수 있는 문제가 발생한다. 이로 인하여 디자인의 공정한 이용을 차단하고, 기업의 경제활동을 위축시키는 폐해가 우려되므로 확대된 선출원주의의 제도개선이 필요하다고 판단된다. 관련판례를 검토 분석해 보고 개선방안으로는 무엇이 있는지 검토해 보고자 한다.

II 관련판례 분석(2007허11913 거절결정: 난간 편)

1. 사건개요

원고는 2006. 1. 9. 이 사건 출원디자인에 관하여 이 사건 기본디자인의 유사디자인으로 등록출원을 하였으나, 특허청은 2006. 12. 15. 이 사건 출원디자인은 이 사건 선출원디자인의 일부와 유사한 디자인이어서 디자인보호법 제5조 제3항(현행법 제33조 제3항을 말한다. 이하 같다)에 의하여 디자인등록을 받을 수 없다는 이유로

(554) 구 디자인심사기준 제4부(디자인등록의 요건) 제8장(유사디자인) 1. (2) 유사디자인등록출원은 법 제5조(디자인등록의 요건) 제3항(확대된 선출원)을 이유로 거절결정이 되지 않는다.

거절결정을 하였다. 원고가 이에 불복하여 위 거절결정의 취소를 구하는 심판을 청구하였는데, 특허심판원은 이를 2007원1214호로 심리한 후, 2007. 10. 9. 같은 이유로 위 심판청구를 기각하는 심결을 하였다.

(1) 이 사건 출원디자인

이 사건 출원 디자인(유사디자인)은 디자인의 대상이 되는 물품이 '난간 편'으로서 2006. 1. 9. 출원되었으며, 2006. 12. 15.자로 거절결정 되었다.[555]

(2) 선출원디자인

원고의 선출원디자인은 디자인의 대상이 되는 물품이 '계단 난간'으로서 2005. 8. 3. 출원되었으며, 2006. 6. 15. 등록 제417707호로 등록되었다.[556]

(3) 이 사건 기본디자인

이 사건 기본디자인(이 사건 출원디자인의 기본디자인)은 디자인의 대상이 되는 물

---

(555) 디자인의 설명은 ① 베란다, 교량, 도로변, 공원, 층계, 화단, 담장, 에어컨 실외기 받침대 등의 난간에 사용하는 것으로서, 참고도 2와 같이 난간 설치 길이에 따라서 난간프레임의 내부에서 좌우 연속적으로 잇대어 조립하여 난간 편으로 사용하는 것임. ② 난간의 상, 하단 또는 중간에 설치되는 골조 파이프나 프레임들 내에서 난간 살과 함께 사용하거나, 또는 난간살 대용의 난간 편으로 사용하는 것임. ③ 재질은 금속재임.

[사시도]	[참고도 2] 테라스 난간 사용상태 일예도
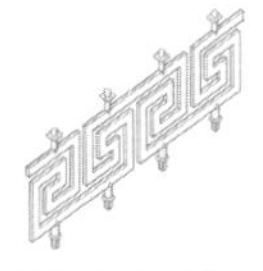	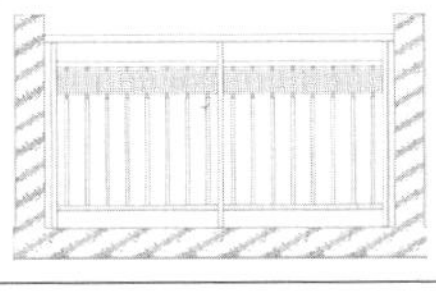

(556) 디자인의 설명은 ① 참고도 1과 같이 계단 난간 설치 길이에 따라서 좌우 연속하여 단위 구조로 조립시켜 사용하는 것임. ② 상하 좌우 하단 및 중간의 골조 파이프들 내에서 난간 살용 환봉과 난간편들이 조립식으로 설치된 구성임. ③ 재질은 금속재임.

[사시도]	[참고도 1] 사용상태 일예도
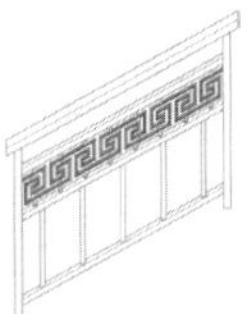	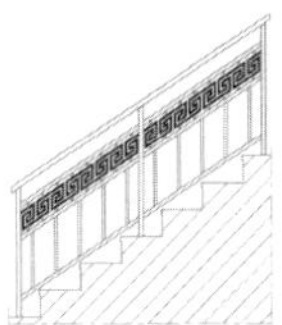

품이 ‘난간 편’으로서 2005. 8. 3. 출원되었으며, 2007. 5. 26. 등록 제451260호로 등록되었다.(557)

2. 이 사건의 심결 경위

원고는 이 사건 출원디자인을 2006. 1. 9. 출원하였으며, 심사관은 그 출원 전에 원고가 출원한 2005년 출원 제26164호 디자인(등록 제417707호 디자인으로 등록)(이하 “선출원디자인”이라 한다)의 일부와 동일 또는 유사하므로, 디자인보호법 제5조 제3항의 규정에 의하여 디자인등록을 받을 수 없다는 이유로 2006. 12. 15.자로 거절결정하였다. 원고는 이후 거절결정불복심판을 청구하였으며, 특허심판원은 2007. 10. 9. 심사관의 원 거절결정은 타당하고, 청구인의 주장은 이유 없으므로 이 사건 심판청구를 기각한다는 심결을 하였다.(558)

3. 당사자의 주장 및 쟁점

원고는 이 사건 출원디자인은 선출원디자인의 일부 구성인 ‘경사 난간편’ 구성과 동일 또는 유사하지 않은 비유사 디자인이고, 선출원한 이 사건 기본디자인(출원

---

(557) 디자인의 설명은 ① 베란다, 교량, 도로변, 공원, 층계, 화단, 담장, 에어컨 대 등에 사용하는 난간에서, 난간 설치 길이에 따라 좌우 연속적으로 잇대어 조립하여 난간 살 대용의 난간 편으로 사용하는 것임. ② 상하단 또는 중간의 골조 파이프들 내에서 난간 살 대용의 난간 편으로 사용하는 것임. ③ 재질은 금속재임.

(558)

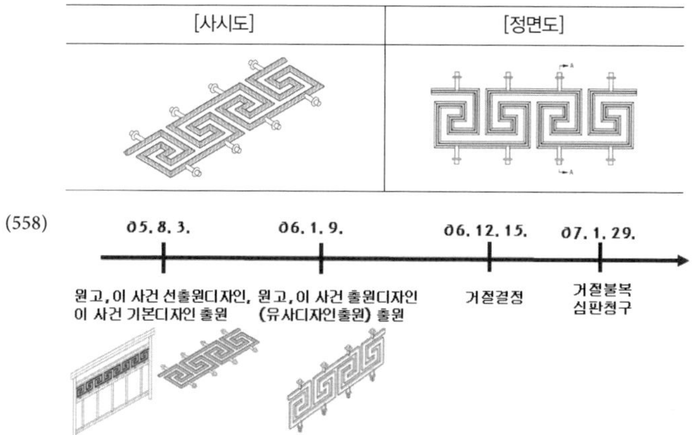

제30-2005-26144호 디자인)에 유사한 디자인이므로, 이 사건 출원디자인에 대한 거절 결정은 유사디자인에 관한 법리와 디자인의 유사 여부 판단기준을 오해한 것이며, 동일유형의 심사 선례에도 어긋나는 심사미진에서 비롯된 잘못된 것임이 명백하므로 등록되어야 한다고 주장하였다.

피고는 이 사건 출원디자인은 선출원디자인의 일부 구성인 ‘난간 편’과 유사한 디자인으로서 확대된 선출원 규정(구법 제5조 제3항)에 위반되며, 이 사건 기본디자인과 유사하고 기타 유사디자인 등록요건을 충족하고 있다고 하더라도 등록될 수 없다고 주장하였다.

쟁점은 ① 이 사건 출원디자인과 기본디자인이 유사한지 여부, ② 이 사건 출원디자인이 선출원디자인의 일부인 난간 편 디자인과 유사한지 여부, ③ 이 사건 출원디자인이 기본디자인의 유사디자인으로 등록될 수 있는지 여부, ④ 이 사건 출원디자인이 기본디자인의 유사디자인으로 등록될 수 있는 요건(법 제7조 제1항의 유사디자인 등록요건)을 갖춘 경우에는 법 제5조 제3항의 규정에도 불구하고 등록될 수 있는지 여부 등이다.

4. 특허법원 판결(심결취소)

(1) 이 사건 출원디자인과 이 사건 기본디자인의 유사 여부

이 사건 출원디자인과 이 사건 기본디자인의 특징적인 형상과 모양을 잘 나타내고 있는 정면도를 중심으로 살펴보면, 이 사건 출원디자인은 ‘’와 같고, 이 사건 기본디자인은 ‘’와 같다.

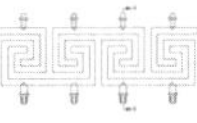

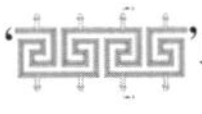

이 사건 출원디자인과 이 사건 기본디자인의 각 난간 편은, ① 긴 직사각형이 가로와 세로로 8개의 직각 굴곡부를 갖고 연결되며 그 형상은 정사각형에 가까우며, 전체적으로는 위와 같은 형상이 좌우 대칭형으로 4개가 연속적으로 연결되어 있는 점, ② 그 상하단에는 고정봉이 연결되어 있는 점에서 유사하다. 다만, 이 사건 출원디자인은 평판형인 반면, 이 사건 기본디자인은 중앙에 돌기가 형성되어 있는 점, 이 사건 출원디자인의 하단 고정봉은 이 사건 기본디자인의 하단 고정봉 보다 굵고 4개의 세로홈이 형성되어 있는 점에서 차이가 있으나, 위와 같은 차이는 전체적인 심미감에 미치는 영향이 많지 않은 이른바 상업적, 기능적 변형에 불과하다. 따라서 이 사건 출원디자인과 이 사건 기본디자인은 물품이 동일하고 전체적인 심미감이 유사하다.

(2) 이 사건 출원디자인과 이 사건 선출원디자인의 유사 여부

이 사건 출원디자인과 이 사건 선출원디자인의 특징적인 형상과 모양을 잘 나타내고 있는 정면도를 중심으로 살펴보면, 이 사건 출원디자인은 ' 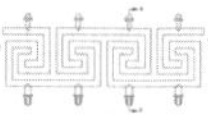 '와 같고, 이 사건 선출원디자인은 ' 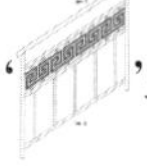 '와 같다.

이 사건 출원디자인과 이 사건 선출원디자인의 일부분(난간 편)은, ① 긴 직사각형이 가로와 세로로 8개의 직각 굴곡부를 갖고 연결되며 그 형상은 정사각형에 가까우며, 전체적으로는 위와 같은 형상이 좌우 대칭형으로 연속적으로(이 사건 출원디자인은 4개, 이 사건 선출원디자인은 8개) 연결되어 있는 점, ② 그 상하단에는 고정봉이 연결되어 있는 점에서 유사하다. 다만, 이 사건 출원디자인은 평판형인 반면, 이 사건 선출원디자인은 중앙에 돌기가 형성되어 있는 점, 이 사건 출원디자인의 하단 고정봉은 이 사건 기본디자인의 하단 고정봉보다 굵고 4개의 세로홈이 형성되어 있는 점에서 차이가 있으나, 위와 같은 차이는 전체적인 심미감에 미치는 영향이 많지 않은 이른바 상업적, 기능적 변형에 불과하다. 따라서 이 사건 출원디자인과 이 사건 선출원디자인의 일부분(난간 편)은 전체적인 심미감이 유사하다.

(3) 구 디자인보호법 제7조 제1항 및 제5조 제3항의 법리

1) 구 디자인보호법 제7조 제1항

디자인권자 또는 디자인등록출원인은 자기의 등록디자인 또는 디자인등록출원한 디자인(이하 '기본디자인'이라 한다)에만 유사한 디자인(이하 '유사디자인'이라 한다)에 대하여는 유사디자인만으로 디자인등록을 받을 수 있다(구 디자인보호법 제7조 제1항). 유사디자인제도는 자기의 기본디자인과의 관계에서 신규성(구 디자인보호법 제5조 제1항) 및 선출원(구 디자인보호법 제16조 제1항) 규정의 적용에 대한 예외를 인정하여 자기의 기본디자인과 동일하거나 유사한 디자인에 대하여 기본디자인의 유사디자인으로 디자인등록을 받을 수 있도록 한 것으로, 유사디자인의 디자인등록요건으로 '자기의 기본디자인에만 유사한 디자인'이어야 하므로 자기의 기본디자인에 유사하면서 동시에 타인의 디자인(선출원디자인, 등록디자인, 공지디자인)에도 유사한 디자인에 대하여는 유사디자인으로 디자인등록을 받을 수 없다.

한편, 유사디자인제도는 기본디자인과의 관계에서 신규성 및 선출원에 대한 예외를 인정한 것이므로, 다른 일반적인 등록요건을 구비하여야 하고, 따라서 구 디자인보호법 제5조 제3항(확대된 선출원 규정)과 같은 등록장애사유가 있는 경우에는 등록될 수 없다.

2) 구 디자인보호법 제5조 제3항

디자인등록출원한 디자인이 당해 디자인등록출원을 한 날 전에 디자인등록출원을 하여 당해 디자인등록출원을 한 후에 출원공개 · 등록공고 또는 제23조의6의 규정에 따라 디자인공보에 게재된 타디자인(이하 '선출원디자인'이라 한다) 등록출원의 출원서의 기재사항 및 출원서에 첨부된 도면 · 사진 또는 견본에 표현된 디자인의 일부와 동일하거나 유사한 경우에 그 디자인에 대하여는 제1항의 규정에 불구하고 디자인등록을 받을 수 없다(구 디자인보호법 제5조 제3항). 구 디자인보호법 제16조의 규정은 디자인의 품목이 동일한 경우에만 적용되는 반면, 구 디자인보호법 제5조 제3항은 선출원디자인이 전체디자인(이 사건의 경우 '계단 난간'이 이에 해당함)이고, 후출원디자인이 일부디자인(이 사건의 경우 '난간 편'이 이에 해당함)인 경우에 한하여 적용된다는 점에서 차이가 있다.

구 디자인보호법 제5조 제3항의 선출원디자인은 시간적으로 후출원디자인의 출원 전에 출원되고, 후출원디자인의 출원 후에 등록 · 공개된 경우에 한하여 적용된다. 따라서 2개의 디자인이 동시에 출원된 경우나 일부에 대한 디자인이 선출원되고 전체에 대한 디자인이 후출원된 경우에는 적용되지 않는다. 또한 이러한 선출원디자인에는 타인의 디자인은 물론 자기의 디자인도 포함되는 것으로 해석되고 있는데, 이는 자기의 선출원디자인의 일부와 동일 또는 유사한 디자인에 대하여 동일인이 다시 출원하여 권리화하는 것은 후출원에 의하여 권리기간의 존속기간을 부당하게 연장시키는 결과를 초래하기 때문이다.

(4) 구체적인 판단

1) 이 사건 출원디자인의 구 디자인보호법 제5조 제3항 해당 여부

이 사건 출원디자인이 이 사건 선출원디자인의 출원 후 등록 전에 출원된 사실과, 품목이 난간 편인 이 사건 출원디자인이 품목이 계단 난간인 이 사건 선출원디자인의 일부와 유사함은 앞서 본 바와 같고, 구 디자인보호법 제7조 제1항의 유사

디자인으로 출원된 디자인에 대하여도 구 디자인보호법 제5조 제3항이 적용되고, 구 디자인보호법 제5조 제3항의 선출원디자인에는 타인의 디자인만이 아니라 자기의 디자인도 포함된다는 법리에 비추어 볼 때, 이 사건 출원디자인은 구 디자인보호법 제5조 제3항에 해당할 여지가 있어 보인다.

그러나 이 사건의 경우, 이 사건 기본디자인과 이 사건 선출원디자인은 비록 그 품목이 난간 편과 계단 난간으로 부분디자인과 전체디자인의 관계에 있지만, 그 출원일이 모두 2005. 8. 3.로 동일하여 이 사건 선출원디자인이 이 사건 기본디자인과의 관계에서 구 디자인보호법 제5조 제3항의 선출원에 해당한다고 할 수 없고, 한편 구 디자인보호법 제7조 제1항의 유사디자인의 디자인권은 기본디자인의 디자인권과 합체하고(디자인보호법 제42조), 유사디자인의 디자인권은 기본디자인이 소멸하면 같이 소멸하며(디자인보호법 제68조 제4항), 유사디자인의 디자인권의 존속기간은 기본디자인의 존속기간의 잔존기간이므로(디자인보호법 제40조 제1항 단서) 유사디자인의 등록으로 인해 기본디자인의 존속기간이 연장되지 않는데, 유사디자인으로 출원된 이 사건 출원디자인이 등록되더라도 그 존속기간은 이 사건 기본디자인의 출원일인 2005. 8. 3.로부터 15년으로 변동이 없고,(559) 이 사건 선출원디자인의 존속기간도 그 출원일인 2005. 8. 3.로부터 15년으로 동일하게 되어 이 사건 출원디자인의 등록으로 인하여 이 사건 선출원디자인의 존속기간이 연장되는 효과는 없으므로, 이 사건 선출원디자인과 같은 날에 출원되어 후출원관계에 있지 않은 이 사건 기본디자인의 유사디자인으로 출원된 이 사건 출원디자인에 대하여는 구 디자인보호법 제5조 제3항을 적용할 수 없다고 해석함이 상당하다.

이러한 해석론은 이 사건 디자인의 출원경과를 살펴보아도 합당한 것으로 생각된다. 원고로서는 '품목'(560)이 다른 이 사건 선출원디자인과 이 사건 기본디자인에 대하여 그 중 하나를 기본디자인, 나머지 하나를 유사디자인으로 등록출원할 수 없고, 각각 별개의 독립한 디자인으로 출원할 수밖에 없으며(이러한 경우 품목이 다르므로 디자인보호법 제16조의 규정은 적용될 여지가 없다), 그 후 이 사건 기본디자인과 이 사건 선출원디자인에(561) 유사한 이 사건 출원디자인에 대하여는 품목이 동일한 이 사건 기본디자인에 대한 유사디자인으로 출원할 수밖에 없는데, 이러한 경우 이 사

(559) 출원일부터 15년이 아니고 설정등록일부터 15년이다.

(560) 디자인보호법상의 용어인 '물품'이 타당하다.

(561) '이 사건 선출원디자인의 일부' 라고 하는 것이 타당하다.

건 선출원디자인을 이유로 이 사건 출원디자인에 대하여 구 디자인보호법 제5조 제3항을 적용하는 것은 합당하지 않기 때문이다.

2) 이 사건 출원디자인의 구 디자인보호법 제7조 제1항 해당 여부

이 사건 출원디자인이 이 사건 기본디자인과 유사함은 앞서 본 바와 같고, 달리 타인의 디자인(선출원디자인, 등록디자인, 공지디자인)에도 유사한 디자인임을 인정할 증거가 없으므로, 이 사건 출원디자인은 구 디자인보호법 제7조 제1항의 유사디자인 등록요건을 충족한다.

(5) 소결론

따라서 이 사건 출원디자인은 구 디자인보호법 제5조 제3항에 해당하지 않고, 이 사건 기본디자인의 유사디자인으로서의 요건을 충족하고 있으므로 이 사건 기본디자인의 유사디자인으로 등록되어야 하는바, 이와 결론을 달리한 이 사건 심결은 위법하여 취소를 면할 수 없다.

5. 판례분석 및 검토

이 사건을 쟁점별로 검토해보면 쟁점 ①은 이 사건 출원디자인과 이 사건 기본디자인의 유사 여부이다. 특허법원은 유사하다고 판단하였으며 이러한 판단은 적절하다고 생각된다. 디자인의 유사 여부 판단을 위한 관찰방법은 육안관찰, 간접대비관찰, 외관관찰, 전체관찰이다. 이러한 관찰방법을 이용하여 우선 물품혼동설에 입각하여[562] 관찰해 보면 이 사건 출원디자인과 기본디자인은 구성요소 ‘ ’이 대칭적으로, 반복적으로 이어지고 있다는 점에서 공통된다. 반면, ‘ㄱ’, ‘ㄹ’ 형태로 절곡된 금속재 프레임의 표면이 이 사건 출원디자인은 평판형인데 반해 이 사건 기본디자인은 중앙에 사각뿔대 돌기가 형성되어 있다는 점, 양 디자인의 하단 고정봉의 굵기 등에 차이가 있다는 점에서 서로 차이가 있으나 양 디자인 제품에 관한 정보가

(562) 디자인 보호제도의 목적을 부정경쟁방지에 초점을 맞추고 당업계의 경업질서를 형성하기 위해서는 당해 물품이 다른 물품과 혼동을 초래할 염려가 있으면 유사한 디자인으로 보아야 한다는 견해이다. 그 판단의 주체는 일반수요자이다(미국 판례의 판단주체인 ‘Ordinary observer’와 거의 같은 개념이다).

많지 않은 일반수요자가 시간과 공간을 달리한 간접대비 관찰을 하는 경우 전통문양으로 익숙한 구성요소의 시각적 자극에 의하여 양 디자인의 공통점에 시선이 집중된다 할 것이고, 표면부의 차이는 구성요소의 기본형태의 변화가 아닌 표면부 장식의 차이이고 간접대비관찰을 하는 경우 큰 차이를 느낄 수 없는 미미한 변화로써 일반수요자는 강한 공통적인 특징에 의하여 양 디자인 제품 자체의 혼동을 초래한다 할 것이다. 따라서 양 디자인은 유사하다 할 것이다. 또한 창작동일설에 입각하여[563] 관찰하더라도 양 디자인은 동일한 한국의 전통문양을 창작모티브로 하고 있어 물품의 혼동 여부를 불문하고 유사하다 할 것이다.

따라서 특허법원 판결은 유사 판단의 법리를 정확히 적용한 타당한 판결이라 생각된다. 다만, 이 사건과 관련된 디자인들은 모두 한국의 전통문양을 기초로 한 것이고, 한국의 전통문양은 국내에 널리 알려진 주지의 모양에 해당되어 심사단계에서 용이창작 여부도 검토가 필요했던 것으로 보인다. 전통문양을 기초로 한 용이창작에 해당되는지에 대한 검토사항으로 첫째, 전통문양을 거의 그대로 모방하여 난간 편에 화체시켰는지, 둘째, 상하단의 고정봉의 형태가 공지디자인이나 주지의 형태인지, 셋째, 가해진 변화가 있다면 그 변화가 상업적 · 기능적 변형에 불과한지 여부이다.[564]

쟁점 ②인 이 사건 출원디자인과 선출원디자인의 일부인 난간 편 디자인과의 유사 여부를 살펴보면, 선출원디자인의 일부인 난간 편 디자인은 정면에서 보면 우측상향의 모습이나 기본 형태는 이 사건 기본디자인과 동일한 것으로 쟁점 ①에 대한 검토에서 살펴본 바와 같이 양 디자인은 유사하다.

(563) 디자인보호법의 목적이 창작적 가치의 보호에 있으므로 디자인의 유사 여부 판단은 창작적 가치, 즉 창작내용의 공통성을 기준으로 판단하여야 한다는 견해이다. 그 판단의 주체는 창작자 또는 당업자를 기준으로 한다(유럽판례의 판단주체인 'Informed user'와 거의 같은 개념이다).

(564) [한국 전통문양 기하문]

*문화체육관광부 산하 한국문화정보원이 운영하는 문화포털(culture.go.kr)에 게재된 문양으로 한국전통문양(조선시대)의 분류중 기하문(원시문양 2D)에 해당하고, 경기도 이천시 백사면 내촌리 소일마을에 있는 안동 김씨 '김좌근 고택 안채 벽에 벽돌로 표현되어 있다. 김좌근(金左根, 1797~1869)은 조선 후기의 문신으로 3차례나 영의정을 지냈고, 안동 김씨 세도정치의 중추적 역할을 한 인물이다. 이 고택은 김좌근의 묘지를 관리하는 한편, 별장으로도 사용하기 위해 김좌근의 아들 김병기(金炳冀)가 지은 것으로 알려져 있다. 원래는 99칸이나 되는 대규모 전통한옥이었으나 현재는 솟을대문, 담장, 행랑채가 모두 없어지고 안채와 별채만 남아 있다.

쟁점 ③인 이 사건 출원디자인이 기본디자인의 유사디자인으로 등록될 수 있는지 여부를 살펴보면, 유사디자인의 등록요건은 ㉮ 기본디자인이 존재할 것,[565] ㉯ 자기의 기본디자인에만 유사할 것,[566] ㉰ 주체가 동일할 것,[567] ㉱ 유사디자인에만 유사한 디자인이 아닐 것이다.[568] 이 사건에서 이 사건 출원디자인은 위의 4가지 요건을 모두 충족하고 있으며, 특허법원에서도 이 사건 출원디자인이 유사디자인등록요건을 충족하고 있는 것으로 판단하고 있다.

쟁점 ④는 이 사건 출원디자인이 기본디자인의 유사디자인으로 등록될 수 있는 요건(법 제7조 제1항의 유사디자인 등록요건)을 갖춘 경우에는 구법 제5조 제3항의 규정에 해당되어 거절이유가 있더라도 등록될 수 있는지 여부인데 특허법원에서는 출원디자인이 유사디자인으로 등록될 수 있는 것이라면 확대된 선출원 규정에 위반되어 거절이유가 있더라도 등록되어야 한다는 입장을 분명히 하였다. 이는 다음과 같은 측면에서도 그 타당성을 담보하고 있다. 유사디자인제도는 출원한 디자인이 출원인 자신이 선등록한 디자인과 유사한 디자인임에도 불구하고 신규성 규정이나 선출원 규정이 적용되지 않고 선등록된 디자인의 유사디자인으로 등록 받을 수 있는 제도를 말하는데, 구법 제7조의 유사디자인등록요건에 관한 규정에서는 신규성요건이나, 선출원주의의 예외로서 등록될 수 있다는 명문규정이 없이 해석으로 신규성 요건이나 선출원주의 예외를 인정하고 있다.[569] 따라서 구법 제7조에서 확대된 선출원주의의 예외로서 유사디자인으로 등록될 수 있다는 규정이 없더라도 유사디자인등록제도의 취지상 확대된 선출원 규정을 위반하는 디자인이라 할지라도 유사디자인으로 등록될 수 있다는 해석이 가능하다 할 것이다. 결론적으로 입법당국이 확대된 선출원주의를 도입할 때 동 사건 사례와 같은 경우를 고려하지 못한 것으로 사료되고 특허법원의 이 사건에 대한 판결은 입법미비를 보완하는 대표적인 판결이

(565) 기본디자인은 자기의 등록디자인 또는 디자인등록출원한 디자인이 된다.

(566) 자기의 기본디자인에 유사하고 그 출원일에 선행하는 타인의 출원디자인 · 등록디자인 · 공지디자인('타인의 선행디자인'이라 한다)과는 유사하지 않는 디자인을 말한다.

(567) 출원시가 아니고 등록 여부 결정 시 주체가 동일하면 된다.

(568) 유사디자인으로 등록 받기 위해서는 기본디자인에만 유사한 디자인이어야 하며 기본디자인에는 유사하지 않고 기본디자인에 속하는 등록유사디자인에만 또는 기 출원된 유사디자인에만 유사한 디자인은 유사디자인으로 등록 받을 수 없다(구법 §7②).

(569) 유사디자인에도 신규성 요건이나 선출원주의 요건을 적용하는 경우 유사디자인은 등록될 수 없게 되고 유사디자인등록제도는 존재할 수 없게 된다.

라 생각된다. 또한 동일인 간에는 확대된 선출원주의가 적용되지 않도록 하는 법률 개정의 계기를 마련한 판결로서 의미가 크다 할 것이다.

확대된 선출원주의제도 개선

1. 개선 필요성

이 사건 판결에서 살펴본 바와 같이 구법에서는 완성품디자인 또는 전체디자인(이하 'A 디자인'이라 한다)과 그것의 부품디자인 또는 부분디자인과 동일 · 유사한 디자인(이하 'a 디자인'이라 한다)은 출원인이 동일인이든 타인이든 동일자에 출원하거나, 또는 a 디자인을 먼저 출원한 경우에만 등록이 가능하고, 등록된 유사디자인의 존속기간은 등록된 기본디자인의 존속기간과 일치하므로 a 디자인의 유사디자인이 확대된 선출원 규정을 위반하여 등록되더라도 A 디자인이나 기본디자인의 존속기간이 연장되는 효과는 없었다. 그러나 2013. 5. 28. 법률 제11848호로 디자인보호법을 전부개정하면서 확대된 선출원주의는 동일인 간에는 적용하지 않도록 하였고,(570) 유사디자인제도를 관련디자인제도로 변경하여 기본디자인과 관련디자인의 존속기간이 서로 다를 수 있도록 함으로써 a 디자인이 등록됨으로서 A 디자인권의 존속기간이 연장되는 문제가 발생하게 되었다.(571)

위의 예에서 A 디자인은 권리존속기간인 2036. 2. 1.이 경과되면, 그 이후는

(570) 동일 출원인 간에도 확대된 선출원주의가 적용될 경우 전체적인 디자인과 부분적인 디자인의 출원순서에 따라 등록 여부가 달라지는 불합리를 초래하고, 2007허11913 판결에서 살펴본 바와 같이 유사디자인의 등록을 차단하고 있으며, 특허법과 상이하여 제도의 혼란을 초래한다는 이유로 동일인 간에는 적용되지 않도록 개정되었다.

(571) A 디자인의 존속기간 연장 효과

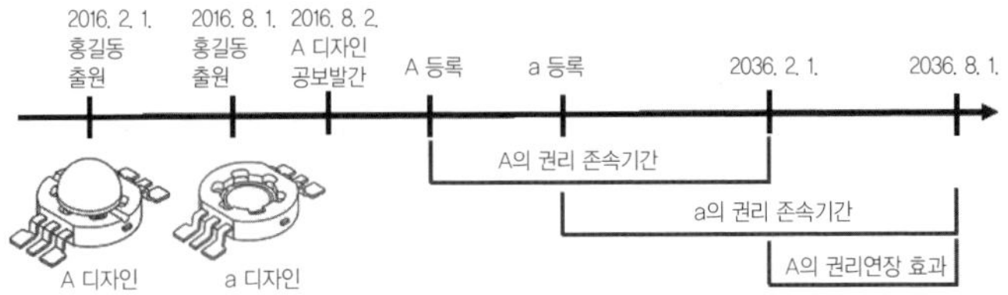

누구나 이용할 수 있는 디자인이 되지만, a 디자인의 권리존속기간이 만료되지 않아 타인이 A 디자인을 이용(실시)하는 경우 a 디자인권의 침해가 되어 a 디자인권의 존속기간이 만료되는 2036. 8. 1.까지는 타인이 이용할 수 없게 된다.(572) 또한 A 디자인권이 존속기간 만료일인 2036. 2. 1. 이전에 등록무효 또는 연차등록포기 등으로 소멸되더라도 a 디자인권의 존속으로 2036. 8. 1.까지는 타인에 의한 A 디자인의 자유로운 이용이 불가능하다.(573) 더구나 출원인 홍길동이 A 디자인권을 설정등록한 후 타인 '을'에게 이전하고 '을'이 A 디자인을 사업화하는 경우 2036. 2. 1. 이후부터는 홍길동의 동의 없이 A 디자인제품을 판매할 수 없는 문제가 발생하고, 이용저촉관계도 발생하지 않아 사업을 중단해야 할지도 모른다.

디자인등록제도는 창작자가 향유하는 경제적 이익과 일반 공중의 경제적 이용을 적절히 조화시키기 위하여 존속기간을 일정기간으로 제한하고 있다. 그러나 위의 예에서와 같이 현행의 확대된 선출원주의는 디자인권의 존속기간이 만료된 후에도 일반 공중의 자유로운 이용을 불가능하게 하는 것으로 디자인등록제도의 근본취지에 어긋난다.

현행법의 관련디자인제도 도입과 관련하여 구법의 유사디자인제도는 기본디자인권과 유사디자인권은 합체되어, 권리의 존속과 소멸은 일체로서 함께하며, 기본디자인권과 유사디자인권의 권리범위는 확인설의 입장에서(574) 유사디자인의 권리범위가 기본디자인의 권리범위를 벗어나지 않는다는 것이 법원의 입장이었다.(575)

(572) 권리자가 a 디자인권을 타인에게 이전한 경우 A 디자인권이 소멸된 이후에는 권리를 이전받은 a 디자인권자가 a 디자인권의 존속기간까지 A 디자인을 독점한다.

(573) 위의 예에서는 A 디자인권의 존속기간 만료일과 a 디자인권의 존속기간 만료일의 기간차이가 6개월이지만 A 디자인에 대한 거절결정에 불복하여 다툼이 있었고 대법원 상고를 거쳐 등록결정이 되고 디자인공보가 발간되는 경우에는 a 디자인을 출원할 수 있는 기간이 약 2년 정도 될 수 있어 A 디자인권의 존속기간 연장효과는 2년 정도로 늘어날 수 있다.

(574) 확인설의 입장에서는 유사디자인의 등록청구(출원)는 기본디자인의 창작에 의해 발생하는『디자인등록을 받을 수 있는 권리』에 기초를 두고 있으므로 자기의 기본디자인에 유사하기만 하면 타인의 선행디자인과의 관계를 무시하고 유사디자인으로 등록 받을 수 있다는 것이다. 또한 기본디자인의 창작에 의해 발생한 권리범위를 확인하기 위하여 기본디자인의 유사범위에 속하는 디자인을 유사디자인으로 출원하여 등록을 받는 것이 유사디자인제도라고 본다.

(575) 유사디자인의 디자인권은 기본디자인의 디자인권과 합체하고 유사디자인의 권리범위는 기본디자인의 권리범위를 초과하지 않는 것이므로 (가)호 디자인(현행은 '확인대상디자인'이라 한다)이 등록디자인의 유사3호 디자인과 동일한 디자인이라고는 보기 어려운 이 사건에 있어서는 (가)호 디자인이 등록디자인의 유사3호 디자인과 유사한 디자인이라는 점만으로는 등록디자인의 권리범위에 속한다고 할 수는 없다(대법원 1993. 9. 28. 선고 93후213 판결).

그러나 확인설을 따를 경우 기본디자인의 권리범위를 벗어난 유사디자인의 유사범위에 대해서는 실질적인 보호가 이루어지지 않으므로 유사디자인제도의 무용론이 제기되었고, 이를 개선하고자 도입한 제도가 관련디자인제도이다. 관련디자인제도는 특허청의 입장이기도 한 결과확장설의[576] 입장을 반영한 제도로서 관련디자인은 기본디자인의 권리범위를 벗어난 독자적인 권리범위를 가지고 있으며 독자적인 권리범위는 기본디자인의 권리소멸과는 별개로 존속되어야 하는 권리범위임을 인정하는 제도이다.[577] 즉, 기본디자인이 등록무효, 연차등록포기 등으로 소멸되더라도 관련디자인의 독자적인 권리범위는 등록무효사유가 있거나 연차등록포기대상이 아니므로 독립적으로 존속할 필요가 있음을 인정한다. 따라서 기본디자인의 권리범위를 침해하지 않지만 관련디자인의 권리범위를 침해하는 타인의 실시 디자인이 있을 수 있음을 인정한다.[578][579]

(576) 결과확장설은 기본디자인과 유사한 디자인을 유사디자인(현행법은 '관련디자인'이라고 한다)으로 등록을 받으면 그 유사디자인권(관련디자인권)의 권리범위는 동일 또는 유사한 디자인에까지 넓어지는 것을 인정한다(현행 디자인보호법 제92조의 규정(구법과 동일)은 "디자인권자는 업으로서 등록디자인 또는 이와 유사한 디자인을 실시할 권리를 독점한다."라고 규정되어 있고 여기서의 등록디자인은 단독디자인 뿐만 아니라 유사디자인 또는 관련디자인도 포함하는 것으로 해석한다). 또한 기본디자인권의 권리범위(기본디자인의 유사범위)를 벗어나는 유사디자인(관련디자인)만의 독자적인 권리범위가 있고, 따라서 유사디자인(관련디자인)등록을 하게 되면 디자인권자는 기본디자인의 권리범위를 넘어서는 유사디자인(관련디자인)만의 독자적인 권리범위를 확보할 수 있다는 견해이다.

(577) [확인설] [결과확장설]

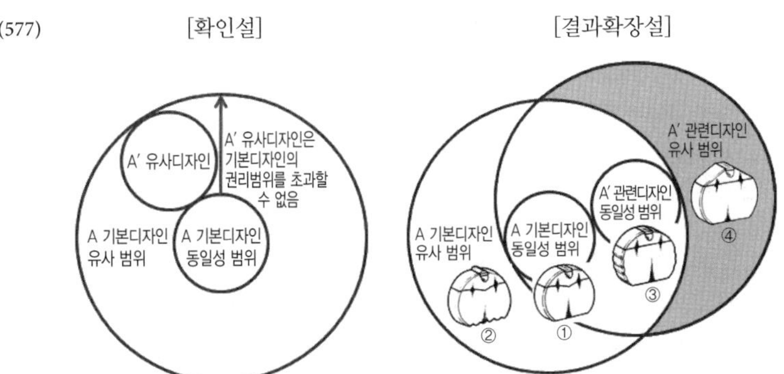

(578) 그 동안 법원에서는 기본디자인의 권리를 침해하지 않고 유사디자인의 권리만을 침해하는 디자인의 존재를 인정하지 않아왔다. 즉, 기본디자인의 권리범위에 속하지 않으면, 유사디자인과 유사하다 하더라도 권리침해가 되지 않는다고 판단하였다.

(579) [결과확장설] 그림에서 ①은 기본디자인이고 ②는 기본디자인의 유사범위에 있는 디자인이며, ③은 관련디자인이고, ④는 관련디자인의 유사범위에 있는 디자인이다. ①,②,③은 모두 기본디자인의 권리범위에 속하는 것으로 기본디자인권이 소멸되면 모두 소멸되어야 하는 디자인이지만 ④는 독자적으로 유지되어야 하는 디자인이다.

다만, 기본디자인권의 권리범위와 관련디자인권의 권리범위가 중첩되는 영역이 있으므로 중첩되는 영역의 존속기간의 연장을 방지하기 위하여 입법정책상 기본디자인권이 존속기간과 관련디자인권의 존속기간을 일치시키고 있다.

관련디자인제도와 관련하여 확대된 선출원주의의 존속기간 연장문제를 살펴보면 위의 설명사례에서 홍길동은 2016. 2. 1. '한 벌의 책상과 책꽂이 세트 디자인(이하 A 디자인이라고 한다)'을 출원하고 A 디자인이 디자인공보에 게재되기 전인 2016. 8. 1. 그 구성물품인 '옷장 디자인(이하 a 디자인이라고 한다)'을 출원하였으며 a 디자인의 관련디자인 a' 디자인을 2017. 7. 31. 출원하였다.(580) 확대된 선출원주의의 개정으로 동일인 간에는 확대된 선출원규정이 적용되지 않아 a 디자인은 등록될 수 있으며 a 디자인을 기본디자인으로 하는 a' 관련디자인도 등록될 수 있다. A 디자인이 등록되면 2036. 2. 1. 존속기간이 만료되고, 만료된 이후에는 누구나 A 디자인을 실시할 수 있어야 하나, 2036. 2. 1. 이후에도 a, a' 디자인권이 유지되고 있어 A 디자인의 실시는 a, a' 디자인권의 침해를 구성하게 된다. 또한 관련디자인제도에서 기본디자인권이 존속기간 만료일 전에 소멸되더라도 관련디자인권은 소멸되지 않으므로 A 디자인권과 a 디자인권이 A 디자인권의 존속기간 만료일인 2036. 2. 1. 이전에 등록료불납으로 소멸되더라도 a' 디자인권이 존속되고 있어 A와 a 디자인의 자유로운 공중이용을 차단한다.(581) 따라서 권리자 홍길동은 A와 a 디자인권의 연차등록료를 지불하지 않고 a' 디자인권의 유지만으로도 2036. 8. 1.까지 A와 a 디자인을 독점할 수 있는 문제가 있다. 즉, 개정된 확대된 선출원주의

(580) 관련디자인은 현행법 제35조 제1항의 규정에 의하여 기본디자인의 출원일부터 1년 이내에 출원할 수 있다.

(581)

A 디자인권의 존속기간 연장 효과

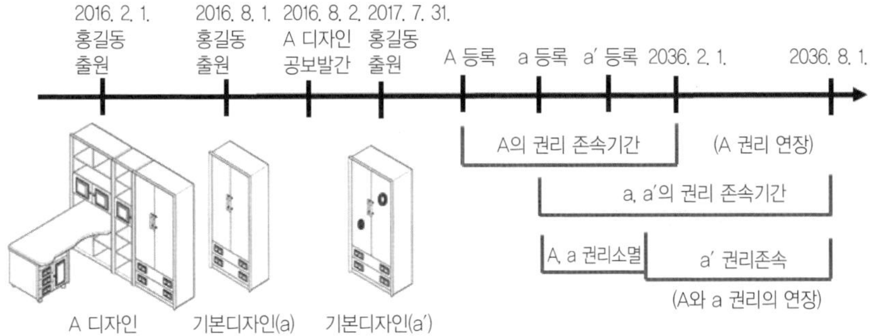

제도를 악용하여 등록료불납으로 권리가 소멸된 디자인을 계속하여 독점할 수 있는 문제가 있는 것이다.

2. 개선방안

(1) 후출원디자인의 권리 효력제한 방안

후출원디자인권(a 또는 a' 디자인권)의 효력은 선출원디자인(A 디자인)에는 효력이 미치지 않도록 제한하는 방안이 있다. 현행법 제94조(디자인권의 효력이 미치지 아니하는 범위)에 제3항을 신설하여 후출원디자인권(a 또는 a' 디자인권)의 효력은 후출원 디자인과 동일하거나 유사한 디자인을 포함하고 있는 선출원디자인(A 디자인)과 동일한 디자인의 실시에는 효력이 미치지 않도록 하는 방안이다. 현행법 제94조에 다음과 같이 제3항을 신설한다.

"법 제33조 제3항 단서규정에 의하여 등록된 디자인권은 동조동항 본문의 규정에서 정한 동법 제52조, 제56조 또는 제90조 제3항에 따라 디자인공보에 게재된 다른 디자인등록출원(그 디자인등록출원일 전에 출원된 것으로 한정한다)의 출원서의 기재사항 및 출원서에 첨부된 도면 · 사진 또는 견본에 표현된 디자인 또는 이와 유사한 디자인에는 그 효력이 미치지 아니한다."

(2) 선출원디자인권과 후출원디자인권의 존속기간을 일치시키는 방안

현행법 제91조(디자인권의 존속기간)에 제3항을 신설하여 선출원디자인권(A 디자인권)의 존속기간과 후출원디자인권(a 또는 a' 디자인권)의 존속기간을 일치시키는 방안이다. 제3항을 다음과 같이 신설한다.

"법 제33조 제3항 단서규정에 의하여 등록된 디자인권의 존속기간 만료일은 동조동항 본문의 규정에서 정한 동법 제52조, 제56조 또는 제90조제3항에 따라 디자인공보에 게재된 다른 디자인등록출원(그 디자인등록출원일 전에 출원된 것으로 한정한다)에 의하여 등록된 디자인권의 존속기간 만료일로 한다."

(3) 선출원디자인권이 등록포기로 소멸되는 경우 후출원디자인권도 함께 소멸시키는 방안

선출원디자인권(A 디자인권)이 존속기간 만료일전에 등록포기로 소멸되는 경우 후출원디자인권(a 또는 a' 디자인권)도 함께 소멸하도록 하는 방안이다. 이는 후출원디자인권만 등록을 유지하고 선출원디자인권의 등록료를 납부하지 않는 악의적인 사례를 방지할 수 있는 방안이다. 현행법 제91조(디자인권의 존속기간)에 제3항을 신설하여 선출원디자인권(A 디자인권)이 등록료불납으로 소멸되는 경우 후출원디자인권(a 또는 a' 디자인권)도 함께 소멸되도록 하는 방안이다. 제3항을 다음과 같이 신설한다.

"법 제33조 제3항 단서규정에 의하여 등록된 디자인권은 동조동항 본문의 규정에서 정한 동법 제52조, 제56조 또는 제90조 제3항에 따라 디자인공보에 게재된 다른 디자인등록출원(그 디자인등록출원일 전에 출원된 것으로 한정한다)에 의하여 등록된 디자인권이 동법 제79조(디자인등록료)에서 정한 등록료의 불납으로 소멸될 때 함께 소멸된다."

3. 개선방안별 장단점

⑴안은 선출원디자인권의 권리존속 여부를 불문하고 후출원디자인권의 효력이 선출원디자인에 미치지 않으므로 권리자가 선출원디자인을 이용하기 위해서는 등록료 납부를 통해서 권리를 유지하여야 하며 선출원디자인권의 소멸 후에 후출원디자인권자에 의한 선출원디자인의 독점이나 선출원디자인권의 존속기간연장 문제도 발생하지 않는다. 세 개선안 중 가장 합리적인 방안으로 생각된다.

⑵안은 선출원디자인권의 존속기간 만료일 이후의 존속기간 연장문제는 해결되나 선출원디자인권이 존속기간 만료일 전에 소멸되는 경우에는 후출원디자인의 권리자가 선출원디자인을 후출원디자인권의 존속기간 만료일까지 독점할 수 있다는 단점이 있다.

⑶안은 선출원디자인권의 존속기간 만료로 인한 소멸과 존속기간 만료일 전의 소멸의 경우에도 후출원디자인권에 의한 선출원디자인의 독점이나 존속기간의 연장문제는 발생하지 않으나 후출원디자인권만을 유지하고자 하는 권리자에게는 가혹한 방안이다.

결론적으로, ⑴안이 악의적인 선출원디자인권의 연차등록포기를 방지하고 선출원디자인권이 존속기간 만료일 전에 소멸되는 경우 후출원권리자에 의한 선출원디자인의 독점문제 뿐만 아니라 선출원디자인권의 존속기간 만료일 이후의 존속기간 연장문제도 해결할 수 있는 가장 적절한 방안이라 사료된다.

Ⅳ 결론

2013년 디자인보호법이 전부 개정되면서 확대된 선출원주의제도도 변경되었다. 구법에서는 동일인 간에도 확대된 선출원 규정이 적용되어 선출원인과 후출원인이 동일인이라 할지라도 후출원디자인이 선출원디자인의 일부와 동일 · 유사하면 등록받을 수 없었다. 또한 기본디자인과 동일 · 유사한 디자인을 일부 구성요소로 포함하고 있는 선출원이 있는 경우에는 유사디자인을 등록받을 수 없는 문제가 있었다. 그러나 위에서 살펴본 관련판례에서는 유사디자인등록을 원천적으로 차단하는 것으로 유사디자인제도의 취지에 어긋나므로 동일인 간에도 등록되어야 한다고 판단하였고 이 판결은 입법 미비를 보완하는 대표적인 판결이라 생각된다. 또한 동일인 간에는 확대된 선출원주의가 적용되지 않도록 하는 법률개정의 계기를 마련한 판결로서 의미가 크다 할 것이다.

이 판결을 계기로 확대된 선출원주의를 개선하여 동일인 간에는 거절규정을 적용하지 않도록 개정하였고, 유사디자인제도도 개선하여 관련디자인제도로 변경하였으나 이에 따른 문제점, 즉 선출원디자인권의 존속기간 연장의 문제가 발생하였다. 또한 이를 악용하여 선출원등록디자인 또는 등록기본디자인의 연차등록료를 불납하는 등의 문제가 발생할 수 있다. 이를 개선할 수 있는 3개의 방안에 대하여 검토해 보았고, 이중 (1)안인 후출원디자인권의 효력제한 방안이 가장 적절하다고 판단하였다. 선출원디자인권의 권리존속 여부를 불문하고 후출원디자인권의 효력이 선출원디자인에 미치지 않으므로 권리자가 선출원디자인을 이용하기 위해서는 등록료 납부를 통해서 권리를 유지하여야 하며 선출원디자인권의 소멸 후에 후출원디자인권자에 의한 선출원디자인의 독점이나 선출원디자인권의 존속기간연장 문제도 발생하지 않기 때문이다. 본 검토가 디자인제도 개선방안을 고민해 보는 계기가 되었으면 한다.

2-17 디자인보호법상 무권리자 출원

특허법원 2014. 7. 24. 선고 2013허8468 판결

| 김정현 | 한얼국제특허사무소 변리사

I 들어가며

구 디자인보호법(582) 제3조에 의하면 "디자인등록을 받을 수 있는 자는 디자인을 창작한 사람 또는 그 승계인"이며, "2인 이상이 공동으로 디자인을 창작한 때에는 디자인 등록을 받을 수 있는 권리를 공유로 한다."고 규정되어 있다. 이에 위반하여 출원이 된 경우를 무권리자(583) 출원이라 하며, 이는 디자인등록 거절사유가 되고, 등록이 되더라도 무효사유가 된다.

대상판결은 원고가 단독으로 이 사건 등록디자인을 창작하였는지 여부와 디자인의 창작에 실질적으로 기여하였는지 여부를 중점적으로 판단하여, 원고가 단독 또는 공동 창작자에 해당하지 않는다고 판단하였다.

(582) 2014. 7. 1. 법률 제11848호로 전면 개정되기 이전의 디자인보호법.

(583) 디자인 창작자가 아닌 자로서 디자인 등록을 받을 수 있는 권리의 승계인이 아닌 자를 말함(구 디자인보호법 제14조).

대상판결

1. 사안의 개요

이 사건 등록디자인은 피고가 2009. 8. 10. 출원하여, 2011. 3. 29. 제594833호로 등록된 '자세보정용 좌판'에 관한 디자인이다.(584) 원고는 피고를 상대로 '이 사건 등록디자인은 원고가 단독 또는 공동으로 창작한 것임에도 주식회사 휴먼팩토리(이하 '소외 회사'라 함. 피고는 2012. 11. 23.경 소외 회사로부터 이 사건 등록디자인에 대한 권리를 양수함)가 단독으로 디자인등록을 마친 것이므로, 이 사건 등록디자인에는 구 디자인보호법 제3조 제1항, 제10조, 제68조 제1항 제1호 및 제2호의 무효사유가 있다'며 무효심판을 청구하였다.

특허심판원은 2013. 9. 13. '원고가 이 사건 등록디자인을 단독으로 창작하였다거나 그 창작에 실질적으로 기여하였다고 인정할 수 없다'는 이유로 이 사건 등록디자인은 디자인은 구 디자인보호법 제3조 제1항 본문 및 제10조에 위배되어 등록된 것이라고 할 수 없다고 판단하고, 원고의 심판청구를 기각하는 심결을 하였다. 이에 원고가 심결취소의 소를 제기하였다.

2. 판결의 요지: 원고청구 기각

(1) 원고가 단독으로 이 사건 등록디자인을 창작하였는지 여부

인정사실에 의하면 소외 회사는 제품 개발을 위하여 원고와는 '연구개발 용역

(584) 이 사건 등록디자인의 설명은 다음과 같다. ① 재질은 금속, 직물지, 합성수지재임, ② 본원 디자인은 사용자의 골반 및 엉덩이를 교정해주며 하중을 분산시키므로 장시간 앉아 있어도 편안함을 느낄 수 있도록 사용되는 것이며, 외부에서 전원을 공급받아 진동 및 히터기능이 부가될 수 있는 것임.

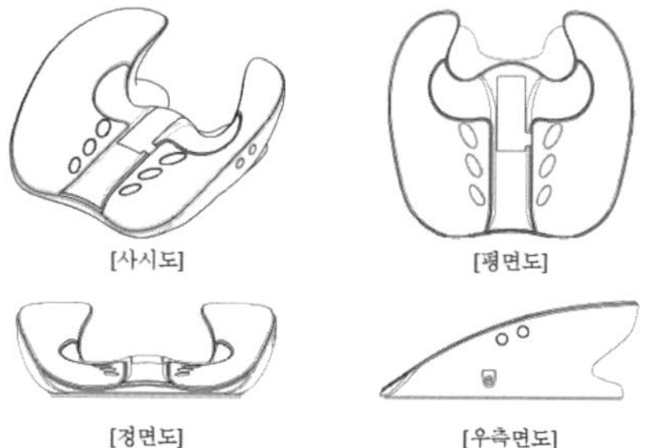

계약'을 체결하고, 소외 주식회사 디자인비엔알('BNR'이라 함)과는 '디자인 개발업무 위탁계약'을 체결하였는바, BNR은 위 계약에 따라 제품에 관한 디자인을 개발하여 소외 회사 휴먼팩토리에 제공하였고, 소외 회사는 위 디자인을 이용하여 이 사건 등록디자인을 출원하여 등록을 받은 후 피고에게 그 권리를 이전하였으며, 이 사건 등록디자인의 등록공보에도 디자인의 창작자로 소외 회사의 대표이사인 '황○○'이 기재되어 있는 사실 등을 종합하면, 이 사건 등록디자인은 소외 회사의 의뢰를 받은 BNR의 디자인 개발자들에 의해 창작된 것이므로, 원고가 이 사건 등록디자인을 단독으로 창작하였다고 할 수 없고, 그 밖에 이를 인정할 증거가 없다.

(2) 원고가 이 사건 등록디자인의 창작에 실질적으로 기여하였는지 여부

원고가 사업제안서를 통해 제품 개발에 관한 아이디어를 제안하면서, 제품에 관한 다양한 형태를 소개하였고, 개발 과정에서도 제품의 스케치를 제시하였으며, 제품에 관한 의견을 제시함으로써 제품의 디자인 개발에 다소 도움을 주었다고 할 수 있다. 그러나 원고의 위 사업제안서 자체에도 '개발 및 R&D'는 원고가 담당하나, '디자인 수정 및 제조'는 디자인 전문회사와 금형사출 제조회사에 맡길 것을 제안하는 등 역할 분담이 예정되어 있었고, 소외 회사가 제품의 디자인 개발을 위하여 원고와 별도로 BNR에게 디자인 개발을 위탁하고, BNR은 위탁계약에 따라 제품의 2D 및 3D 렌더링 작업을 포함한 목업mock-up 작업까지 하였으며, 그 후 원고의 수정안이 제시되었으나, 수정의견의 전반적인 내용은 제품의 디자인에 관한 의견이라기보다는 제품의 기능에 관한 의견이었고, BNR의 대표자는 위 수정의견에 대하여 재질의 변경은 가능하나 전체적인 형태의 변경은 곤란하다는 내용의 답변을 한 점 등에 비추어 볼 때, 위 인정사실만으로 이 사건 등록디자인의 창작에 원고가 실질적으로 기여하였다고 하기 어렵고, 달리 이를 인정할 증거가 없다.

(3) 소결

그렇다면 원고는 이 사건 등록디자인의 단독 또는 공동 창작자에 해당하지 않으므로, 이와 결론을 같이 한 이 사건 심결은 적법하다.

검토

1. 들어가며

디자인은 단순히 개인에 의하여 창작되는 경우도 있겠지만, 오늘날 제품 개발은 사업기획 단계에서부터 기술 개발, 디자인 개발, 샘플 제작 등 여러 단계를 거쳐 개발되어 생산되며, 그 과정에서 여러 관계자가 서로 협력하여 진행하는 경우가 보다 일반적이다. 이러한 과정에서 디자인의 창작에 실질적으로 관여한 주체가 누구인지, 창작의 행위가 직무상 창작인지 여부, 창작된 디자인에 대한 권리를 누가 보유하기로 하였는지에 대한 문제가 무권리자 출원 여부에 대한 논점이 될 수 있다.

이하에서는 디자인보호법상 무권리자 출원에 관한 규정 및 무권리자 출원 여부에 관한 판단기준을 개략적으로 살펴보고, 대상판결에서 어떻게 적용하였는지를 검토하기로 한다.

2. 디자인보호법상 무권리자 출원에 관한 규정

디자인을 창작한 자 또는 그 승계인은 디자인 등록을 받을 수 있는 권리를 가진다(구 디자인보호법 제3조 제1항). 저작권법에서 법인이 저작자로 인정되는 것과 달리,[585] 디자인보호법에서는 디자인등록 출원시 창작자는 '사람', 즉 자연인만이 창작자가 될 수 있고, 법인이 창작의 주체가 될 수 없다.[586] 창작자는 디자인의 창작행위를 한 자만을 말하고, 단순한 관리자, 보조자, 조언자, 후원자는 이에 해당하지 않는다.[587] 공동창작이란 여러 명이 디자인의 완성을 위하여 실질적으로 기여하여 완성한 디자인을 말하고, 2인 이상이 공동으로 디자인을 창작한 때에는 디자인등록을 받을 수 있는 권리를 공유하고(구 디자인보호법 제3조 제2항), 공유자 전원이 공동으로 디자인등록출원을 하여야 한다(구 디자인보호법 제10조). 직무디자인이란 종업

(585) 법인등의 명의로 공표되는 업무상저작물의 저작자는 계약 또는 근무규칙 등에 다른 정함이 없는 때에는 그 법인등이 된다(저작권법 제9조).

(586) 2014. 7. 1. 법률 제11848호 개정법부터는 디자인보호법 제3조 제1항의 규정을 '디자인을 창작한 자'에서 '디자인을 창작한 사람'으로 개정하여, 사람, 즉 자연인만이 창작자가 될 수 있음을 분명히 하였다.

(587) 정상조 · 설범식 · 김기영 · 백강진, 『디자인보호법 주해』 박영사, 2015, 88면.

원, 법인의 임원 또는 공무원('종업원 등')이 그 직무에 관하여 창작한 것이 성질상 사용자 · 법인 또는 국가나 지방자치단체('사용자 등')의 업무범위에 속하고 그 창작을 하게 된 행위가 종업원 등의 현재 또는 과거의 직무에 속하는 디자인을 말한다(발명진흥법 제2조 제1, 2호). 직무디자인의 경우, 디자인등록을 받을 권리는 종업원 등에게 있고, 이를 사용자 등이 승계할 수 있다.

디자인을 창작한 자 또는 그 승계인이 아닌 자가 출원한 디자인은 무권리자 출원이 되어 등록을 받을 수 없고, 등록이 되었다고 하더라도 무효사유에 해당한다(구 디자인보호법 제26조 제1항 제3호, 제68조 제1항 제2호). 무권리자출원은 또한 선출원의 지위를 가질 수 없다.

무권리자의 디자인등록출원이 무권리자 출원임을 이유로 거절결정 또는 거절 취지의 심결이 확정되어 디자인등록을 받지 못하게 될 경우, 그러한 날로부터 30일 내에 이루어진 정당한 권리자의 출원은 무권리자가 출원한 때에 출원한 것으로 보게 된다(구 디자인보호법 제14조). 무권리자의 디자인출원이 등록된 후, 무권리자라는 이유로 디자인등록에 대한 취소결정 또는 무효심결이 확정된 경우, 그러한 날로부터 30일 내에 이루어진 정당한 권리자의 출원은 무권리자가 출원한 때에 출원한 것으로 보게 된다(구 디자인보호법 제15조).

다만, 구 디자인보호법 제3조 제1항 본문 규정 위반의 무권리자 출원이 아니라, 동법 제10조의 공동출원 규정 위반으로 거절 또는 무효가 될 경우, 공유자 전원이 구 디자인보호법 제14조 및 제15조의 규정에 의하여 정당한 권리자 출원을 할 수 있을지 여부에 대한 기준은 명확하지 않다.

특허청장 또는 특허심판원장은 무권리자가 한 디자인등록출원이라는 이유로 디자인등록거절결정, 디자인등록취소결정, 디자인등록거절결정 또는 디자인등록취소결정의 심판청구에 대한 기각심결 또는 디자인등록무효심결의 확정이 있는 때에는 이를 그 정당한 권리자에게 서면으로 통지한다(구 디자인보호법 시행규칙 제14조).

무권리자 출원 또는 등록에 대한 정당한 권리자가 출원을 할 경우, 디자인등록출원서에 정당한 권리자임을 증명하는 서류를 제출하여야 한다(구 디자인보호법 시행규칙 제13조). 다만, 정당한 권리자가 구 디자인보호법 제14조 및 제15조에 의한 출원을 하지 않고, 통상의 출원을 하더라도 무권리자 출원은 선출원의 지위를 가지지 못하므로, 이러한 무권리자 출원이 선출원으로 인용되어 거절되지 않는다. 그러나 모인출원이라고 하더라도 정당한 권리자의 출원 후에 무권리자의 신청에 의하여 출원공개[588] 등이 있다면 확대된 선출원주의가 적용되어 정당권리자 출원이 거절될 가능성이 있다. 정당한 권리자의 출원 전에 해당 디자인이 무권리자에 의하여 국내 또는 국외에서 공지된 경우, 이는 정당한 권리자의 의사에 반하여 공지된 것으로, 구 디자인보호법 제8조 제2항 단서의 신규성 상실의 예외 규정이 적용될 수 있다.

3. 무권리자 출원 여부 판단기준

(1) 무권리자 출원의 유형

'무권리자'란 디자인 창작자가 아닌 자로서 디자인등록을 받을 수 있는 권리의 승계인이 아닌 자를 의미하는데, 무권리자에 의한 출원을 '모인출원'이라고 지칭하기도 한다. 이와 같은 모인출원의 예로는 정당한 권리자 모르게 제3자가 무단으로 출원한 경우, 정당한 권리자의 출원 이후에 제3자가 무단으로 출원인 명의변경을 하는 경우, 정당한 권리자와 승계인 사이의 출원인 명의변경 약정에 하자가 있어 결과적으로 무권리자에 의한 출원으로 되는 경우, 공동창작에 있어서 공동창작자 중의 일부가 출원하는 경우 등을 들 수 있다.[589]

(2) 판단기준

디자인보호법 제2조 제1호는 '디자인'이란 물품의 형상 · 모양 · 색채 또는 이들을 결합한 것으로서 시각을 통하여 미감을 일으키게 하는 것을 말한다고 규정하고 있으므로, 구 디자인보호법 제3조 제1항에서 정한 '디자인을 창작한 자'는 디자인의 전체적인 심미감에 영향을 미치는 요부 내지 지배적인 특징 부분을 창작하거나 그 착상을 구체화한 사람을 의미하고, 비록 디자인의 창작 과정에서 아이디어를 제공하고 조언을 하는 등 일부 기여를 하였더라도 디자인의 심미감에 영향을 미치는 요부 내지 지배적인 특징 부분에 실질적인 기여를 하지 않았다면 창작자로 볼 수 없다.[590]

공동창작에서 '디자인을 창작한 때'라 함은 디자인의 전체적인 심미감에 영향

(588) 디자인등록출원인은 산업통상자원부령이 정하는 바에 따라 자기의 디자인등록출원에 대한 공개를 신청할 수 있다(구 디자인보호법 제23조의2 제1항).

(589) 정상조 등, 앞의 책, 423면.

(590) 특허법원 2017. 10. 12. 선고 2017허806 판결.

을 미치는 요부 내지 지배적인 특징 부분을 착상하거나 그 디자인이 속하는 기술분야에서 통상의 지식을 가진 자가 용이하게 창작할 수 없을 정도로 착상을 구체화한 경우와 같이 2인 이상이 실질적으로 협력하여 디자인을 성립시킨 때를 말하고, 이러한 공동창작자에는 단순한 관리자, 보조자, 후원자 또는 위탁자 등과 같이 디자인의 성립 자체에 관여하지 않고 단순히 협력한 사람들은 제외된다고 할 것이다.

대법원에서는 "갑이 의장에 관한 최초의 개괄적인 형상, 모양과 색채를 제공한 후 을의 상담과 기술적 자문을 받아 의장을 확정한 경우 구 의장법(1990. 1. 13. 법률 제4208호로 개정되기 전의 것) 제35조 제1항 제3호 소정의 의장등록을 받을 수 있는 권리를 승계할 수 없는 자 또는 그 권리를 모인한 자에 해당한다고 할 수 없다."고 판시하여(대법원 1992. 3. 3.1. 선고 91다24113 판결), 디자인 개발에 있어서 '최초의 형상, 모양, 색채의 개관을 정하고 (착상을 구체화하고)' 타인의 자문을 받아 '디자인을 확정한 자'가 창작자이고, 개발과정에서 '상담' 및 '기술적 자문'을 제공한 자는 디자인 창작자에 해당하지 않는다는 점을 밝혔다.

특허법원에서는 "실질적으로 창작에 기여하였는지 여부는 개발단계에서의 스케치, 도면, 사업제안서의 작성주체, 개발회의의 참석 여부, 시범모델의 제조자 등을 살펴보아야 하고, 특히 등록디자인의 지배적 특징이 나타나는 부분, 등록디자인을 구현하는 기능을 확보하는데 불가결한 형상을 누가 창작하였는지 여부를 중점적으로 살펴보아야 한다."고 판시하여(특허법원 2013. 7. 11. 선고 2012허10471 판결), 디자인의 전체적인 심미감에 영향을 미치는 요부 내지 지배적인 특징 부분을 창작한 자가 창작자에 해당한다는 점을 보다 상세하게 밝혔다.

Ⅳ 대상판결의 검토 및 의의

대상판결에서는 원고가 사업제안서를 통해 제품 개발에 관한 아이디어를 제안하면서, 제품에 관한 다양한 형태를 소개하였고, 개발 과정에서도 제품의 스케치를 제시하였으며, 제품에 관한 의견을 제시함으로써 제품의 디자인 개발에 다소 도움을 주었다는 점은 인정하였으나, 이와 같은 사실에도 불구하고 원고가 창작자에 해당하지 않는 것으로 판단하였다. 대상판결에서는 또한 '개발 및 R&D'는 원고가 담당하나, '디자인 수정 및 제조'는 디자인 전문회사와 금형사출 제조회사에 맡길 것을 제안하는 등 역할 분담이 예정되어 있었고, 소외 회사가 제품의 디자인 개발을 위하여 원고와 별도로 BNR에게 디자인 개발을 위탁하고, BNR은 위탁계약에 따라 제품의 2D 및 3D 렌더링 작업을 포함한 목업mock-up 작업까지 한 점, 원고의 수정의견에 대하여 전체적인 형태의 변경은 곤란하다는 내용의 답변을 한 점 등에 비추어 볼 때, 원고가 디자인의 창작에 실질적으로 기여하였다고 하기 어렵다고 판단하였다. 대상판결에서는 나아가 원고가 이 사건 등록디자인의 단독 또는 공동창작자에 해당하지 않는다고 판단하였다.

이와 같은 판단은 '아이디어의 제공', '자료의 소개', '의견의 제시' 정도로는 창작자라고 볼 수 없고, 실제로 착상을 구체화하고 디자인의 지배적인 특징이 나타나는 부분을 창작한 자만이 창작자라는 종전의 판결들과 같은 맥락에 해당한다. 또한 창작에 실질적으로 기여하였다고 보기 어려운 이유로 제품개발과정에서 '개발 및 R&D'의 역할과 '디자인 개발' 업무를 분리하여 역할 분담을 하였던 점, 제품의 렌더링 및 목업 작업을 디자인 개발 위탁 업체가 담당하고, '형태'의 변경이 가능한지 여부도 디자인 개발 위탁 업체가 판단하였던 점 등을 나열하여, 창작에 실질적으로 기여한 자를 판단하는 구체적인 기준을 제시한 판결로서 그 의의가 있다.

한편, 대상판결에서는 원고가 이 사건 등록디자인의 단독창작자는 물론 공동창작자에도 해당하지 않는다고 판단하고, 구 디자인보호법 제3조 제1항 본문 및 제10조에 위배되어 등록된 것이라고 할 수 없으므로 원고의 심판청구를 기각한 원 심결을 유지하였다.

그런데 만약 원고 또는 심판청구인이 구 디자인보호법 제3조 제1항 본문 규정 위반의 무권리자 출원만을 주장하였는데, 법원의 심리 결과 실제로는 공동창작으로 인정될 경우, 이를 원고가 주장하지 아니한 구 디자인보호법 제10조에 위배된 것이므로 무효라는 취지의 판결 또는 심결을 할 수 있는지가 문제가 될 수 있다.

이와 관련하여 최근 특허법원에서 "공동으로 창작한 경우 디자인등록을 받을 권리를 공유하는바(구 디자인보호법 제3조 제2항), 이 사건 등록디자인은 원고가 공동창작자들로부터 동의를 받지 않고 출원 · 등록한 것이어서 구 디자인보호법 제68조 제1항 제2호에 의해 그 등록이 무효로 되어야 한다."고 판단함으로써(특허법원 2017. 10. 12. 선고 2017허806 판결), 공동창작자들의 동의 없이 단독으로 출원한 디자인이 무권리자 출원의 일종인 점을 명확히 한 것으로 볼 수 있다.

다만, 공동창작자 중 일부가 출원 또는 등록받은 디자인이 구 디자인보호법 제3조 제1항 본문의 무권리자 출원 위반이 아니라, 구 디자인보호법 제10조의 공동출원 규정 위반으로 거절 또는 무효가 될 경우, 공유자 전원이 구 디자인보호법 제14조 및 제15조의 규정에 의하여 정당한 권리자 출원을 할 수 있을지 여부에 대한 기준은 명확하지 않다.

관련 문제로서, 무권리자의 출원 및 등록이 거절 또는 무효가 확정된 후 일정기간 내에 출원된 정당한 권리자의 출원에 관하여 출원일이 소급되는 보호규정이 있기는 하지만, 무권리자 출원으로 밝혀질 경우, 이를 정당한 권리자가 이전청구 할 수 있을지가 문제가 된다. 최근 시행된 개정 특허법(2017. 3. 1.시행 법률 제14035호)에서 도입된 이전청구 제도가 디자인보호법에 아직 반영되지 아니하여, 산업재산권간의 권리 보호에 불균형이 우려되므로, 디자인보호법에도 그와 같은 개정의 필요성을 검토해 보아야 할 것이다.

2-18

디자인 출원의 Appendix에 근거한 우선권 주장 인정 여부

| **정차호** | 성균관대학교 법학전문대학원 교수

I 사건 개요

1. 애플의 미국 선출원

애플은 2011. 6. 4.자로 미국특허상표청에 제29/393,470호 디자인을 출원하였다. 그 선출원에서 애플은 특정 디자인을 Figures 항목에 표현하였고 다른 디자인을 Appendix 항목에 표현하였다.

2. 애플의 대한민국 출원

애플은 대한민국 특허청에 출원(출원일 2011. 12. 2.; 출원번호 제30-2011-0051296호)하면서 상기 미국 선출원을 근거로 우선권을 주장하였다. 특히 애플은 미국 선출원의 Appendix에 포함된 디자인에 대하여도 우선권을 주장하였다.

3. 특허청장의 결정

2012. 8. 1. 특허청장은 대상 출원 디자인의 도면이 선출원의 본문이 아닌 Appendix에 나타나 있을 뿐이어서 선출원에 포함된 것이라 보기 어렵다는 이유로 대상 출원에 대하여 우선권 주장 불인정처분을 하였다. 그 처분에 불복하여 애플이 행정심판을 청구한 것이 대상사건이다.

4. 애플의 주장

애플은 미국 디자인 출원(선출원)에 포함된 Appendix도 정규출원서류의 일부이므로 파리협약 제4조 H항 규정에 따라 우선권 주장의 기초가 될 수 있다고 주장하였다. 애플은 그 주장의 근거로 미국 실무에서 Appendix에 있는 도면을 (권리보호범위가 되는) 일반 도면Figure으로 변경할 수 있다는 점을 제시하였다. 그런 견지에서는 애플의 주장은 우선권 주장에 있어서는 Appendix의 도면과 일반 도면을 달리 취급할 것이 아니라는 취지이다.

5. 특허청장의 주장

특허청장은 미국 디자인 출원(선출원)에서의 Appendix 도면은 권리범위claim로 인정될 수 없다는 점을 근거로 관련 우선권 주장을 인정하지 않았다.(591) 특히 특허청장은 "명확한 권리대상인 Fig.로 표시된 도면에 대해서만 국내출원된 디자인과의 실질적 동일성 여부를 판단"하는 것이라고 주장하였다.(592) Appendix의 내용이 Fig.와 동일범위에 있어야 한다는 주장은 결국, Fig. 범위 내의 것에만 우선권을 인정하고 Fig. 범위에 속하지 않는 Appendix 내용에 대하여는 우선권을 인정하지 않아야 한다는 주장이었다.(593) 다른 한편, 특허청장은 우리나라 디자인 출원실무에

---

(591) 특허청장, 보충서면답변서, 14면("위와 같이 이 사건 미국디자인우선권에 기초한 Appendix의 도면(M02)출원은 「디자인보호법」 제23조에 의거한 심사지침에 따라 권리범위(Claim)로 인정될 수 없는 것이므로 이와 관련한 디자인우선권 주장은 불인정된다고 하겠습니다.").

(592) 상동, 8면.

(593) 상동, 8면("Appendix의 도면은 우선 도면(Fig.)과 동일범위에 있는지를 먼저 판단하고, 동일범위가 아닐 경우 우선권 불인정예고통지서를 통하여 이 부분이 해소된 이후 다음 절차를 진행하도록 하고 있습니다.").

서 사용되는 '참고도'와 미국 제도에서의 Appendix를 비교하며, 참고도가 권리보호범위claim에 포함되지 않듯이 Appendix도 권리보호범위에 포함되지 않아야 한다고 주장하였다.

II 파리협약 우선권 주장의 법리

파리협약에 따른 우선권 주장이 인정되기 위해서는 선출원이 정규출원이어야 하고 선출원의 내용과 후출원의 내용이 동일성 요건을 충족하여야 하는 등의 여러 요건을 충족하여야 한다. 이하, 그러한 요건에 대해 각각 살펴본다.

1. 정규출원 여부 판단

파리협약 제4조 A(2)항은 동맹국 '해당 국가의 국내법'에 따라 정규출원regular national filing에 상응하는 어떠한 출원도 우선권의 근거가 된다는 점을 명확하게 하고 있다.(594) 그러므로, 본 사안에서 미국 디자인 출원(선출원)이 정규출원인지 여부는 미국의 국내법에 따라 판단되어야 할 것이다. 본 사안에서 선출원이 미국의 정규출원인 점은 명확해 보이고 그에 대하여 양 당사자 사이에 다툼도 없었다. 선출원이 정규출원이면 그 출원이 우선권 주장의 근거가 된다는 것은 그 출원에 포함된 내용이 우선권 주장의 근거가 된다는 것을 의미할 것이다.

2. 동일성 판단

선출원에 포함된 내용과 후출원에 포함된 내용이 실질적으로 동일하여야 우선

(594) Paris Convention Art. 4A(2) ("Any filing that is equivalent to a regular national filing under the domestic legislation of any country of the Union or under bilateral or multilateral treaties concluded between countries of the Union shall be recognized as giving rise to the right of priority.")

권 주장이 인정된다. 선출원은 선출원 국가 특허청이 발행하는 우선권증명서류로 후출원 국가 특허청에 제출되므로, '선출원에 포함된 내용'은 '우선권증명서류에 표현된 내용'이라는 말과 다름이 아니다. 특허청장이 제출한 보충서면답변서가 인용하는 특허청 심사지침서도 그렇게 말하고 있다.(595) 특허청장이 제출한 보충서면답변서가 일본사례를 인용하고 있는데, 그 사례에서도 제1국 출원의 출원서류에 기재된 범위 내의 사항에 대하여는 우선권이 인정되는 것으로 설시하고 있다.(596)

3. 미국 선출원에서의 Appendix의 성격

미국 디자인 출원에서 Appendix가 출원에 포함되어 있다는 사실은 부인하기 어려워 보인다. 그러나 미국 디자인 출원(선출원)에 물리적으로 포함된 Appendix가 우선권 주장 법리의 측면에서 내용적으로 선출원에 포함된 것인지 여부를 미국 법에 따라 해석하여야 하는지, 아니면 우리 법에 따라 해석하여야 하는지에 대하여 양 당사자 사이에 이견이 있다고 생각한다.

특허청장은 속지주의 원칙을 제시하면서 그 해석은 우리 법에 따라야 한다고 주장하였다. 그러나 선출원이 파리협약이 규정하는 정규출원인지 여부는 (위에서 살펴본 바와 같이) 선출원 국가의 국내법에 따라 판단된다. 이 장면에서는 속지주의 원칙이 적용되지 않는 것이다. 해당 선출원이 정규출원인지 여부를 선출원 국가의 국내법에 따라 판단하듯이, Appendix가 선출원에 (단순히 물리적으로가 아니라) 내용적으로 포함되는 것인지 여부도 선출원 국가의 국내법에 따라 판단하여야 한다.

국가별로 출원서 기재양식이 매우 다양할 수 있는데, 어떤 양식에 기재된 어떤 내용이 출원의 내용에 포함되는 것인지 여부가 후출원 국가에서 각각 다르게 해석된다면 곤란한 일이다. 그래서 특허청장 보충서면답변서가 인용하는 우리 심사지침서도 '최초 출원한 국가의 제도'를 고려하도록 설명하고 있다.

미국 디자인 출원에서 Appendix라는 용어가 사용되었다고 하여 그 용어를 우리 제도에서의 참고도와 같은 것으로 이해하는 것이 특허청장의 오해의 시작점이

(595) 특허청장, 보충서면답변서 6면("우리나라에 출원된 디자인이 우선권증명서류에 표현되어 있는지 여부는 해당 디자인이 속하는 분야에 있어서 통상의 지식에 기초하여 우선권증명서류의 전체 기재내용 및 최초에 출원한 국가의 제도 등을 종합적으로 고려하여 판단한다.").

(596) 피청구인, 보충서면답변서, 8면("제1국 출원의 출원서류에 기재된 사항의 범위 내가 아니므로 우선권 주장의 효과는 인정되지 않는다.").

라고 생각된다. 예를 들어, 미국에서 Appendix라는 용어 대신 'Additional Figure'라는 용어를 사용한다고 가정하면 사안은 더 명확해진다. 즉, 출원 당시 권리범위로 책정하는 사항은 Figure에 포함시키고 출원 후 권리범위로 옮겨질 수 있는 사항을 당분간 Additional Figure에 포함시키는 것이 미국 제도라고 한다면 그러한 Additional Figure에 포함된 사항은 우선권 주장의 근거가 되어야 할 것이다.

대상사건은 미국 제도는 Appendix를 (위에서 설명한) Additional Figure와 같은 의미로 사용하고 있는데, 우리 특허청이 남의 제도에 대하여 다르게 주장하여 촉발된 것으로 보인다. 대상 사안에서 미국 제도에서의 Appendix와 우리 제도에서의 참고도가 우연히 비슷한 용어에 해당하여 특허청이 Appendix와 참고도를 결부시키고 있는데 그러한 결부는 합당하지 않는 것으로 보이며, 특허청장은 미국에서 사용되는 Appendix의 의미를 미국 법리에 따라 해석하여야 할 것이다.

4. 디자인등록출원과 특허출원의 차별

특허청장은 디자인출원이 특허출원과 매우 달라야 하는 본질적 이유가 있는 것으로 주장하나,(597) 파리협약 우선권제도의 측면에서는 두 출원을 특별히 달리 볼 이유가 없다. 첫째, 파리협약 우선권제도를 규정하는 제4조 A항이 특허, 실용신안, 디자인, 상표에 대하여 총괄하여 규율하고 있다. 둘째, 파리협약 제4조 E항에 따르면 실용신안 선출원을 근거로 디자인 후출원을 할 수도 있고 디자인 선출원을 근거로 실용신안 후출원을 할 수도 있다. 즉, 디자인과 특허의 사촌인 실용신안은 서로 교류가 가능한 것이므로 두 출원 사이에 특별한 차별을 두지 않아야 한다. 디자인과 실용신안의 연결고리가 인정된다면 디자인과 특허의 연결고리도 가급적 인정되어야 한다.

(597) 상동, 10-11면("청구인은 파리협약 제4조 H항 규정을 해석함에 있어서 출원서류 전체로 인정해야 한다는 특허절차적 접근을 하고 있어서 디자인의 본질적 특성을 반영하지 못하는 인식의 오류를 범하고 있습니다. 즉, 물품의 외관적 특성을 보호하는 디자인에서 '출원서류 전체에 기재된 도면'이라는 것으로 일반화하여 기술적 사상을 보호하는 특허의 구성요소와의 차이와 디자인 보호에서 도면이 권리범위(Claim)에 미치는 영향을 간과하고 있습니다. 만약 Appendix 전체가 우선권 주장의 근거로 인정될 경우에 출원되지 않은 디자인에 의해 후출원된 유사한 디자인이 신규성을 상실하는 결과를 가져올 수 있습니다.").

5. 파리협약 제4조 H항

파리협약 제4조 H항은 우선권 주장의 근거를 출원서류 전체as a whole에서 찾아야 한다고 규정하고 있다.(598) 동 규정이 비록 발명invention에 대하여 말하고 있지만, 미국 국내법에서 디자인도 발명의 일종이므로 동 제4조 H항이 미국 디자인 출원에 적용될 수 있고, 그렇다면 출원 전체의 일부인 Appendix도 우선권 주장의 근거가 되는 것으로 보인다.

참고로, 특허청장은 미국 디자인 출원제도가 디자인을 발명으로 취급한다는 점에서 독특하고 유일한 것으로 설명하고 있는데,(599) 사실, 중국도 특허(전리)를 발명특허, 외형설계(디자인)특허 등으로 나누고 있어서 디자인을 특허제도 아래에서 발명과 더불어 보호하고 있다.(600) 즉, 파리협약 제4조 H항이 특허, 실용신안은 물론 디자인에도 적용될 수 있는 점은 미국만의 독특한 것이 아니다.

결론

미국 디자인 출원(선출원)에 '물리적으로' 포함된 Appendix가 미국 국내법의 적용에 따라 선출원에 '내용적으로도' 포함되는 것이라고 해석된다면, 그러한 Appendix에 나타난 도면을 우선권 주장의 근거로 삼아 이를 그대로 동일하게 출원

(598) Paris Convention Art. 4H ("Priority may not be refused on the ground that certain elements of the invention for which priority is claimed do not appear among the claims formulated in the application in the country of origin, provided that the application documents as a whole specifically disclose such elements.")(우선권이 주장되는 발명의 어떤 구성요소가 원국가에서의 (최초) 출원의 청구범위에 포함되지 않음을 이유로 우선권이 부인되지 않는다. 다만, 동 출원서류가 전체로서 그러한 구성요소를 명시하고 있는 경우에 한한다.).

(599) 피청구인, 보충서면답변서, 14면("미국의 경우에만 특허제도에 의한 디자인 보호가 이루어지고 있습니다.").

(600) Patent Law of the People's Republic of China (as amended by the Decision of December 27, 2008) Art. 2 ("For the purposes of this Law, invention–creations mean inventions, utility models and designs."). 〈www.wipo.int/wipolex/en/〉.

한 후출원(국내출원)에서 그 우선권 주장이 인정되어야 할 것이다. 여기서 미국 디자인 출원에 포함된 Appendix가 선출원에 '내용적으로' 포함되어 우선권 주장의 근거가 되는지 여부는 파리협약 제4조 A(2)항에 따라 미국 국내법과 실무에 따라 해석하는 것이 타당하다.

결과적으로 행정심판에서 선출원의 Appendix가 선출원의 내용이라고 인정되지 않았다. 필자는 그러한 심결이 파리협약의 규정을 제대로 이해하지 못한 것이라고 생각한다. 한편, Appendix라는 영어단어의 의미가 우리 말의 '별첨'의 의미로 이해되어서 그것이 명세서 내용이라고 보기 어렵게 하는 측면도 이해된다. 참고로, 필자는 위 내용을 디자인법연구회에서 발표하였고, 그 후 미국 디자인출원에서 Appendix를 근거로 우선권을 주장할 수 있는지 여부에 대하여 회원들에게 문의하였는데, 응답회원이 정확히 반반이 나누어서 다른 답변을 하였다. 그 응답이 대상 쟁점이 쉬운 것이 아니라고 말한다.

디자인의 유사 판단

3-1

물품의 동일 · 유사 판단

대법원 2004. 6. 10. 선고 2002후2570 판결

| **조국현** | 특허법인 다래 변리사

I 검토 배경

디자인은 물품의 외관에 관한 미적 · 형태적 창작을 말하는 것이므로 디자인은 물품과 분리되어 독자적으로 존재할 수 없는 물품과의 불가분성을 가지고 있다.(1) 따라서 디자인이란 어떤 특정 물품의 특정 형태를 일컫는 것이고 독립된 창작 단위인 '1디자인'이란 1 물품에 관한 1 형태를 말한다. 또한 디자인의 동일 · 유사 여부는 물품의 동일 · 유사와 형태의 동일 · 유사를 바탕으로 판단하고, 디자인의 대상이 되는 물품이 유사하지 않다면 그 형태가 동일하더라도 별개의 창작디자인으로 인정되고 디자인등록이 되는 경우 독자적인 권리범위를 갖는다. 이와 같이 물품의 동일 · 유사 여부는 디자인의 등록과 권리범위에 큰 영향을 미치고 있다.

디자인의 등록요건 및 등록무효사유 중에 물품의 동일 · 유사 여부를 전제로

(1) 유럽에서는 디자인의 물품과의 가분성을 인정하여 물품과는 별도로 독립적으로 존재하는 그래픽 심벌 등을 디자인의 보호대상으로 하고 있고, 디자인의 국제 분류에 관한 협정인 로카르노 협정에 의한 디자인 분류에도 그래픽 심벌이 포함되어 있다.

하는 것으로는 ① 신규성, ② 창작 비용이성, ③ 선출원 요건, ④ 관련디자인 요건 등이 있다. 신규성 요건은 선행·선공지디자인의 물품과 판단대상 디자인의 물품이 동일·유사하고 그 형태도 동일·유사하여야 한다는 요건이다. 창작 비용이성 요건은 크게 2가지로 나누어지는데, 하나는 선행 공지디자인 또는 선행 공지디자인의 결합에 의한 용이창작 여부이고, 또 다른 하나는 선행 주지디자인으로 부터의 용이창작 여부이다. 선행 공지디자인 또는 선행 공지디자인의 결합에 의한 용이창작 여부를 판단함에 있어서는 명문규정은 없지만 선행 공지디자인의 물품이 판단대상 디자인의 물품과 동일·유사하여야 함을 전제로 한다고 해석되어지고, 선행 주지디자인으로부터 용이창작 여부를 판단하는 경우에는 양 디자인의 물품의 동일·유사 여부를 전제로 하지 않는다. 즉, 주지디자인으로 부터의 용이창작은 이종물품인 경우에도 인정될 수 있다. 선출원 요건을 판단함에 있어서도 선출원디자인의 물품과 판단대상 디자인의 물품은 동일·유사하여야 하고, 이종 물품인 경우에는 디자인이 동일하더라도 선출원 요건 위반이 아니다. 관련디자인 요건에서도 기본디자인과 관련디자인은 그 물품이 동일·유사하여야 한다.

이와 같이 물품의 동일·유사 여부 판단은 디자인제도에서 중요한 핵심 판단요소이고, 물품의 동일·유사 여부의 판단에 따라 디자인등록 여부나 분쟁사건에서의 침해 여부에 큰 영향을 미치게 된다.

그러나 이에 관한 명확하고 구체적인 법리가 아직 확립되었다고 보기 어렵고 동일 사건에 대한 각 심급의 판결이 다르게 나오는 경우가 있어 쟁점이 물품의 동일·유사 여부인 사건을 중심으로 관련 판례를 검토 분석해보고 판례의 시사점은 무엇이고, 제도적으로 개선할 방안은 무엇인지 검토해 보고자 한다.

Ⅱ 대상판결(2002후2570 사건) 개요 및 판시

1. 사건 개요

주식회사 甲은 2001. 12. 13.자로 이 사건 등록디자인(등록 제278044호, 빨래 삶는 용기의 세제거품 넘침 방지구)은 비교대상디자인 1, 2와 유사하고, 용이하게 창작할 수 있으므로 그 등록은 무효가 되어야 한다는 등록무효심판을 청구하였고, 특허심판원은 2001당2313 사건으로 심리하여 비교대상디자인 1은 비유사 물품이므로 유사 여부를 판단할 필요가 없고, 비교대상디자인 2는 동일물품이나 그 형태가 유사하지 않다고 판단하여 청구를 기각하였다.

甲은 심결에 불복하여 특허법원에 심결취소소송을 제기하였고 특허법원은 2002허3085 사건으로 심리하여 심결은 정당하다고 판단(비교대상디자인 1은 비유사 물품이므로 유사 여부를 판단할 필요가 없고, 비교대상디자인 2는 동일물품이나 그 형태가 유사하지 않다)하여 원고 甲의 청구를 기각하였다

원고 甲은 이에 불복하여 대법원에 상고하였고, 대법원에서는 2002후2570 사건으로 심리하여 특허법원의 판결과는 달리, 비교대상디자인 1의 물품은 이 사건 등록디자인의 물품과 동일 또는 유사하다고 보기에 충분하다고 판시하면서 원심판결을 파기 환송하였다. 특허법원은 파기환송 사건을 2004허3775 사건으로 심리하여 비교대상디자인 1은 이 사건 등록디자인의 물품과 동일 또는 유사하고, 디자인도 유사하다고 판단하여 원 심결을 취소환송하였고, 특허심판원은 취소환송사건을 2004당(취소판결)103 사건으로 심리하여 취소환송한 특허법원의 판단과 동일한 내용으로 이 사건 등록디자인을 무효로 한다고 심결하였다. 한편, 피고 乙은 특허법원의 취소환송 판결에 불복하여 상고(2004재후87)하였으나 대법원은 상고를 각하하였다. 따라서 이 사건 등록디자인에 대한 등록무효심결은 확정되었다.

(1) 이 사건 등록디자인

이 사건 등록디자인은 디자인의 대상이 되는 물품이 '빨래 삶는 용기의 세제거품 넘침 방지구'로, 2000. 7. 28.자 출원되었고, 2001. 5. 23.자로 등록되었다.(2)

(2) 디자인의 설명 2. 본원디자인은 용기본체의 걸림턱에 안착되는 스커트부와 이 스커트부로부터 상측으로 연장되는 원통부를 가지며 이 원통부의 상측 둘레에 다수의 배출공이 형성된 것으로 빨래를 삶을 때 빨래가 타거나 눌지 않고 세제거품이 용기 외부로 넘치는 것을 방지하며 열손실을 방지하여 살균 및 세척이 효과적으로 이루어진다.

[사시도]	[단면도]	[참고도] 사용상태도
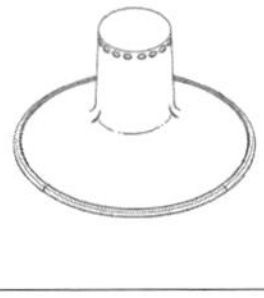	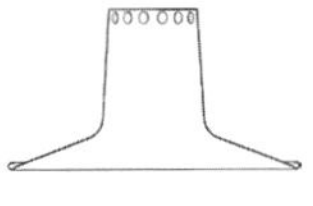	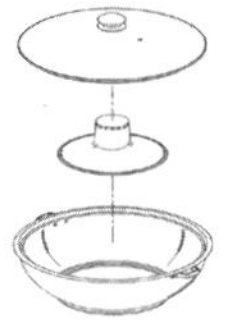

(2) 비교대상디자인 1 및 2

비교대상디자인 1은 일본 공개실용신안공보(소63-199712)에 게재된 것으로서 고안의 명칭은 '취반구 순환통(밥솥 보조구)'이고 1987. 6. 11.자로 실용신안등록 출원되어 1988. 12. 22.자 발행된 공개공보에 게재되었다.(3) 그리고 비교대상디자인 2는 1985. 10. 21.자로 출원되어 1987. 5. 8.자 발행된 공개실용신안공보에 게재된 것으로써 고안의 명칭은 '빨래 찜통'이다.(4)

2. 이 사건의 심결 및 판결

(1) 심결

이 사건 등록디자인은 '빨래 삶는 용기의 세제거품 넘침 방지구'로, 그 용도와 기능은 빨래를 삶을 때 빨래가 타거나 눌지 않고 세제거품이 용기 외부로 넘치는 것을 방지하며 열 손실을 방지하여 살균 및 세척이 효과적으로 이루어지게 하는 것이

(3) 비교대상디자인 1:

[취반구 단면도] [취반구 순환통 단면도]

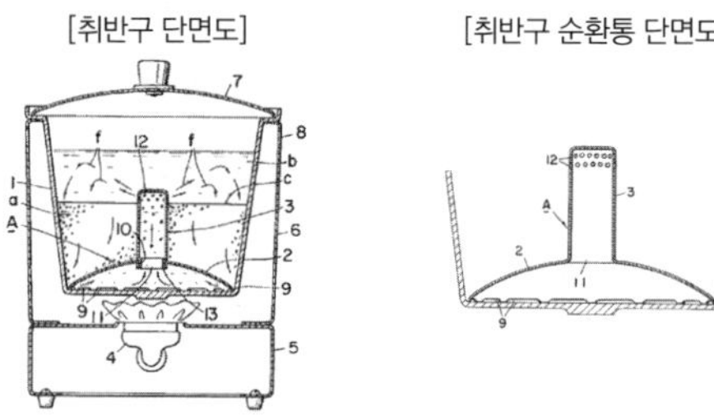

(4) 비교대상디자인 2:

[사시도] [정면도]

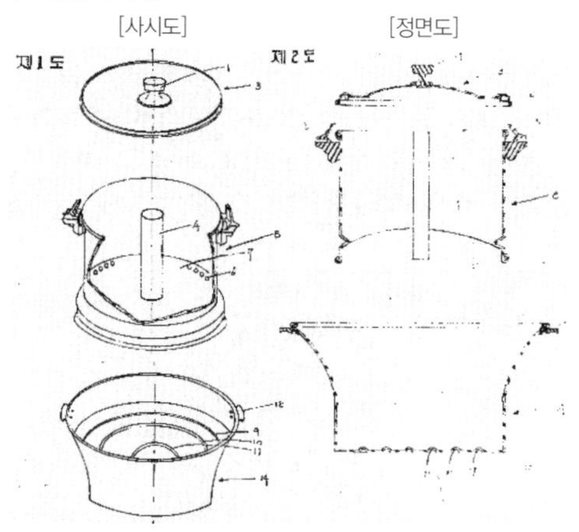

며, 이와 대비되는 비교대상디자인 1은 취반부炊飯釜, 즉 밥을 짓는 가마로써 그 용도와 기능은 가마 속에 순환통을 넣어 밥을 지을 때 순환류를 부여하는 하는 것을 특징으로 하고 있는바, 양 디자인은 그 용도, 기능 등이 각기 다른 비유사 물품임이 명백하며, 양 디자인은 서로 혼용될 수 있는 것도 아니므로, 결국 이 사건 등록디자인과 비교대상디자인 1은 그 물품에 동일성이 없는 비유사 물품이므로 그 물품의 외관에 표현된 디자인 또한 유사성이 없다.

이 사건 등록디자인과 비교대상디자인 2은 그 물품의 명칭이 각각 '빨래 삶는 용기의 세제거품 넘침 방지구'와 '빨래 찜통'으로서 명칭은 상이하나 용도와 기능이 동일한 동일 물품임이 인정된다(그러나 유사하지 않다).

(2) 특허법원 판결

디자인이 동일 · 유사하다고 하려면 디자인이 표현된 물품과 디자인의 형태가 동일 · 유사하여야 하고, 물품의 동일 · 유사성 여부는 물품의 용도, 기능 등에 비추어 거래통념상 동일 · 유사한 종류의 물품으로 인정할 수 있는지 여부에 따라 결정하여야 한다. 이 사건 등록디자인의 빨래 삶는 용기의 세제거품 넘침 방지구는 빨래를 삶을 때 빨래가 타거나 눌지 않게 하고 세제거품이 용기 외부로 넘치는 것을 방지하여 열손실을 방지하고 살균 및 세척이 효과적으로 이루어지게 하는 세탁보조기구인데 반하여, 비교대상디자인 1의 취반부는 가마 속에 순환통을 넣어 밥을 지을 때 순환류를 부여하는 취사보조기구인바, 양 디자인의 물품은 그 기능 및 용도가 다를 뿐만 아니라, 서로 혼용될 수 없는 것이므로, 거래통념상 동일유사 물품이라고 할 수 없다. 따라서 이와 결론이 같은 이 사건 심결은 정당하고, 원고의 청구는 이유 없어 기각한다.

(3) 대법원 판결

이 사건 등록디자인의 대상 물품인 위 거품 넘침 방지구와 이에 대응하는 위 일본국 공보 게재의 순환통이 동일 · 유사한 물품인지에 관하여 살펴보면, 위 거품 넘침 방지구를 설치하는 용기는 '빨래를 삶는' 용도로 쓰이고, 위 일본국 공보에 게재된 '순환통'을 설치하는 용기는 '밥을 짓는' 용도로 쓰이는 점에서 차이가 있기는 하지만, 위 거품 넘침 방지구와 순환통은 그 형상과 모양에서 각 단면도가 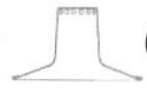 (위 거품 넘침 방지구) 및 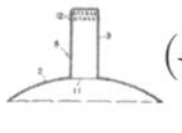 (순환통)으로 서로 유사하며, 그 기능에 있어서는 위 두 물품

모두 설치된 용기를 가열하는 장치가 위 각 물품 하단과 용기 사이의 공간을 차지하고 있는 물 등을 직접 가열함에 따라 그 내부에 차 있는 물 등의 온도가 바깥 부분보다 높은 온도로 상승하면서 생긴 거품 등이 위 물품 윗부분에 있는 방출공으로 나오면서 냉각되었다가 다시 위 물품 아래쪽 밑 부분으로 들어가는 등의 방법으로 용기 내부에 차 있는 물 등을 순환시킴으로써 그 용기의 내부에 채워진 빨래나 쌀 등을 일정한 온도로 삶거나 익히고, 위 용기 내부에서 생기는 세제거품이나 밥물이 밖으로 넘침을 방지함과 아울러 열손실을 방지하는 효과를 가져오는 점에서 그 기능이 실질적으로 동일할 뿐 아니라, 위 거품 넘침 방지구를 빨래 삶는 용기에 사용하지 않고 가마솥에만 그대로 사용하거나, 그 반대로 위 순환통을 빨래 삶는 용기에서 사용하는 것도 얼마든지 가능하다고 보이므로, 양 디자인의 대상 물품이 동일 또는 유사한 물품에 해당한다고 보기에 충분하다. 그러므로 원심판결을 파기하고, 사건을 다시 심리 · 판단하게 하기 위하여 원심법원에 환송하였다.

(4) 파기환송 사건의 특허법원 판결

디자인이 동일 · 유사하다고 하려면 우선 디자인이 표현된 물품이 동일 · 유사하여야 할 것이고 물품의 동일 · 유사성 여부는 물품의 용도 기능 등에 비추어 거래통념상 동일 · 유사한 물품으로 인정할 수 있는지 여부에 따라 결정하여야 할 것이며, 비록 용도와 기능이 상이하더라도 양 물품의 형상 · 모양 · 색채 또는 그 결합이 유사하고 서로 섞어서 사용할 수 있는 것은 유사물품으로 보아야 할 것이다.

이 사건 등록디자인의 대상물품인 거품 넘침 방지구 및 이에 대응하는 비교대상디자인 1의 대상물품인 1 순환통을 대조하면 거품 넘침 방지구를 설치하는 용기는 '빨래를 삶는 용도'로 쓰이고 위 순환통을 설치하는 용기는 '밥을 짓는 용도'로 쓰이는 점에서 차이가 있기는 하지만, 우선 양자는 그 형상과 모양에서 각 단면도가 그림(거품넘침 방지구 순환통)에서 보는 바와 같이 서로 유사하다.

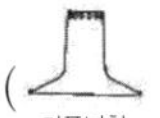

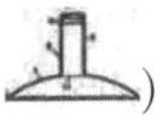

또한 기능을 보아도 두 물품 모두 설치된 용기를 가열하는 장치가 각 물품 하단과 용기 사이의 공간을 차지하고 있는 물을 직접 가열함에 따라 그 내부에 차 있는 물의 온도가 바깥부분보다 높이 올라가면서 생긴 거품이 각 물품 윗부분에 있는 방출공으로 나오면서 냉각된 다음 다시 그 아랫부분으로 들어가는 방법에 의해 용기 내부에 차있는 물을 순환시킴으로써 용기의 내부에 채워진 빨래나 쌀을 일정한 온

도로 삶거나 익히고 용기 내부에서 생기는 세제거품이나 밥물이 밖으로 넘침을 방지함과 아울러 열손실을 방지하는 효과를 거두는 점에서 실질적으로 동일한 기능이다. 뿐만 아니라, 위 거품 넘침 방지구를 빨래 삶는 용기에 사용하지 않고 가마솥에만 그대로 사용하거나, 그 반대로 위 순환통을 빨래 삶는 용기에서 사용하는 것도 얼마든지 가능하다고 보인다. 양자의 이와 같은 유사성을 위에서 본 법리에 비추어보면, 결국 양 디자인의 대상물품은 서로 동일 또는 유사한 물품에 해당한다고 할 것이므로 나아가 양 디자인의 유사 여부에 관하여 본다(양 디자인은 유사하다).

3. 물품의 동일 · 유사 판단의 참고 판례

(1) 2015허1522 권리범위확인(디) 판결[5]

확인대상디자인의 물품은 고무경계블록이고, 이 사건 등록디자인의 물품은 조립식 계단용 디딤단이다. 고무경계블록은 어린이 놀이터나 운동장에서 경계를 표시하기 위하여 사용되는 것이고, 조립식 계단용 디딤단은 사람이 오르내리기 위하여 건물이나 비탈에 설치한 층층대로 사용되는 것이라는 점에서, 양 디자인의 물품은 세부적인 용도와 기능까지 일치하는 것은 아니다. 그러나 용도와 기능에 차이가 있다고 하더라도 양 물품의 형상, 모양, 색채 또는 그 결합이 유사하고 서로 섞어서 사용할 수 있는 것은 유사물품으로 보아야 한다(대법원 2004. 6. 10. 선고 2002후2570 판결 등 참조).

이 사건 등록디자인의 물품인 조립식 계단용 디딤단은 확인대상디자인의 물품인 고무경계블록의 구성 중 결합 돌기와 홈, 하부의 격벽이 없다는 점에서 구조적 차이가 있으나, 나머지 구조에서는 차이가 없고, 더욱이 양 디자인의 물품은 모두 내

(5)

이 사건 등록디자인		확인대상디자인	
물품 : 조립식 계단용 디딤단 (폐타이어 칩을 원자재로 하여 디딤단을 몰딩하는 것임)		물품 : 고무경계블록 (확인대상디자인은 폐타이어를 분쇄한 후 접착제와 함께 혼합한 후 열을 가하면서 압축 성형한 것임)	
[사시도]	[사용상태도]	[사시도]	[실물사진] [사용상태도]

부가 비어있는 것으로서 상면에는 한 쌍의 구멍이 형성되어 있어, 시공할 때 한 쌍의 구멍을 통해 핀을 박아 바닥에 고정시킨다는 점에서 공통점이 있다. 또한 증거에 의하면, 원고의 홈페이지에서 고무경계블록 제품을 소개하면서 그 용도로 '경계석 대용 고무마감블록' 뿐만 아니라 계단, 디딤단 등을 함께 표시하고 있고, 원고를 비롯한 고무경계블록 판매업체들은 결합 돌기나 홈이 없는 고무경계블록도 함께 소개하고 있는 사실을 인정할 수 있다. 따라서 확인대상디자인과 이 사건 등록디자인의 각 물품은 서로 '섞어서 사용'(이하 '전용'이라 한다)할 수 있는 것으로서 유사하다.

(2) 대법원 84후110 판결(거절결정)(6)

[항고심판소 심결] 본원 디자인이 접시덮개이며 비교대상디자인이 접시라는 명칭의 차이는 있으나, 양자가 공히 주방용품류에 속한다고 볼 수 있으며, 또한 접시덮개는 접시가 있으므로 그 덮개가 있어야 한다는 점으로 미루어보아 동 종류에 속한다고 볼 수 있다. 또한 양자를 구성상에서 살펴보면, 본원디자인은 단지 비교대상디자인의 접시를 뒤집어 엎어놓은 상태의 것에서 중앙부의 원형부분이 4등분되어 있다는 미차가 있으나 이정도의 미차는 비교대상디자인의 접시 밑 부분의 원형부분에서 보다 특별한 창작성을 가진다고 볼 수 없다. 그러므로 본원 디자인은 비교대상디자인과 전체적인 구성 상태를 대비하여 본 바 특별한 창작성이나 심미감이 있다고 보이지 아니한다(거절결정 타당).

[대법원 판결] 이 사건 출원디자인이 표현된 접시덮개를 비교대상디자인이 표현된 접시와 비교해 보면, 양자 모두 식품용기류에 속하기는 하나 접시는 식품을 담아 받쳐주는 용도와 기능을 가진 반면, 접시덮개는 위와 같은 접시 위에 덮어 식품에 이물의 부착을 막고 식품의 보온, 보습 및 방취를 하는 용도와 기능을 가진 것이므로 위와 같은 용도와 기능의 차이에 비추어 볼 때 거래통념상 동일 종류의 물품이라고 볼 수 없다. 결국, 접시와 접시덮개가 동일 종류의 물품임을 전제로 한 원심결의 판단은 디자인이 표현된 물품의 동일성에 관한 법리를 오해하여 결론에 영향을 미친 위법을 범한 것으로서 이 점에 관한 논지는 이유 있다.

(6) 이 사건 등록디자인의 물품: 접시덮개, 디자인의 설명: 재질은 플라스틱제임.

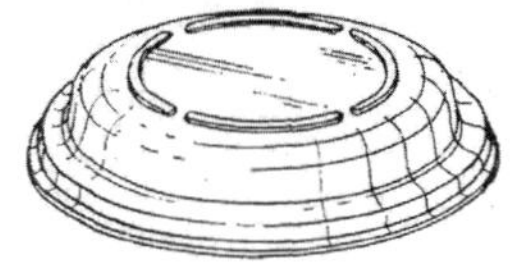

물품의 분류 체계

1. 한국의 물품 분류 체계

우리나라에는 1961. 12. 31. 독립적인 디자인법이 제정된 이후 1966년에 30개 대분류로 구성된 물품 분류제도가 도입되었고, 1989년 12월에 73개 대분류로 구성된 현재와 같은 분류 체계가 확립되었다. 그 이후 수차례의 개정을 거쳐 현재의 분류 체계를 이루고 있다. 한국 분류는 물품의 용도를 주 분류기준으로 하는 분류 체계(물품류 구분)이다.(7)

한편, 2013. 5. 28. 디자인보호법이 전부 개정(법률 제11848호)되면서 시행규칙도 개정(시행 2014. 7. 1. 산업통상자원부령 제58호, 2014. 4. 21. 전부개정)되어 「산업디자인의 국제 분류 제정을 위한 로카르노 협정」에 따른 물품 분류 체계가 도입되었고, 디자인등록공보에는 한국 분류 기호와 로카르노 분류 기호가 함께 기재되고 있다. 로카르노 분류제도의 도입으로 출원인은 2014. 7. 1.부터 디자인등록출원서에 로카르노 분류의 물품 류를 기재하여야 한다.

그러나 특허청은 출원디자인의 등록요건을 심사함에 있어 로카르노 분류 체계에 따라 심사를 하지 않고, 한국의 고유 분류 체계(용도를 주 기준, 기능을 부 기준으로 하는 분류 체계)에 따라 물품의 동일 · 유사 여부를 심사하고 있다.

한국 특허청 심사관은 물품의 동일 · 유사 여부 판단함에 있어 한국 분류를 참고하며, 물품 분류 체계는 13개 군, 78개 대분류, 477개 중분류, 2,597개 소분류, 626개 형태분류로 구성되어 있다.(8)

---

(7) 특허청, 로카르노 협정 가입에 따른 디자인물품의 특성 및 유사범위에 관한 연구, 2010년.

(8)

A B C D E F G H J K L M N

← 소비재 물품 →

[F4-510A 분류 예시]	[F4-510A]
美 미오	F : 군 4 : 대분류 5 : 중분류 10 : 소분류 A : 형태분류

① 군: 물품의 범위를 기준(소비재, 생산재 등) 13개 군[(9)]

② 대분류: 물품의 용도별 구분, 78개 대분류

③ 중분류: 물품의 포괄 명칭별 구분, 477개 중분류

④ 소분류: 최소단위 물품별 구분, 2,597개 소분류

⑤ 형태분류: 형태의 특징별 구분, 626개 분류

2. 로카르노 분류 체계

로카르노 분류는 「디자인의 국제 분류에 관한 로카르노 협정」Locarno Agreement Establishing an International Classification for Industrial Designs에서 정한 물품 분류 체계이고, 로카르노 협정은 물품 분류 체계의 국제적 통일화를 도모하기 위하여 1968. 10. 8. 스위스 로카르노에서 채결되어 1971. 4. 27. 효력이 발효된 다자간 조약으로써 2017년 현재 54개국이 가입하고 있다. 한국은 2011. 1. 17. 동 협정에 가입하였고 2014. 7. 1.부터 로카르노 분류를 채택하여 한국 분류와 함께 사용하고 있으며, 2017. 1.부터는 제11판이 사용되고 있다. 제11판은 32개 Classes, 219개 Subclasses, 5,167개 물품 목록으로 구성되어 있다.[(10)] 예를 들어 '포장용 병'은 Class 09에 Subclass 01

(9)

A	제조식품 및 기호품	H	전기전자기계기구 및 통신기계기구
B	의복 및 신변용품 등	J	일반기계기구
C	생활용품	K	산업용기계기구
D	주택설비용품	L	토목건축용품
E	취미오락용품 및 운동경기용품	M	기초제품
F	사무용품 및 판매용품	N	다른 군에 속하지 않는 그 밖의 물품
G	운수 또는 운반기계		

(10) 로카르노 분류표:

제1류	식품	**제12류**	운송 및 승강수단	**제23류**	유체공급기, 위생, 난방, 환절 및 공기조절기, 고체연료
제2류	의류 및 패션잡화용품	**제13류**	전기의 발전, 공급 또는 변전을 위한 장치	**제24류**	의료 및 실험실용 기구
제3류	다른 류에 명기되지 않은 여행용품, 케이스, 파라솔 및 신변용품	**제14류**	저장, 통신 또는 정보검색 장비	**제25류**	건축유닛 및 건설자재
제4류	브러시 제품	**제15류**	다른 류에 명기되지 않은 기계	**제26류**	조명기기
제5류	섬유제품, 인조 및 천연시트직물류	**제16류**	사진촬영기, 영상 촬영기 및 광학기기	**제27류**	담배 및 흡연용품
제6류	가구 및 침구류	**제17류**	악기	**제28류**	의약품 및 화장품, 욕실 · 미용용품 및 기기
제7류	다른 류에 명기되지 않은 가정용품	**제18류**	인쇄 및 사무용 기계	**제29류**	소방, 사고방지 및 구조용 장치 및 장비
제8류	공구 및 철물류	**제19류**	문방구, 사무용품, 미술재료, 교재	**제30류**	동물관리 및 사육용품
제9류	물품운송 · 처리용 포장 및 용기	**제20류**	판매 및 광고용 장비, 표지판	**제31류**	다른 류에 명기되지 않은 음식 또는 음료조리용 기계 및 기구
제10류	시계, 휴대용 시계, 그 밖의 계측기구, 검사기구 및 신호기구	**제21류**	게임용품, 완구, 텐트 및 스포츠용품	**제32류**	그래픽 심벌, 로고, 표면문양 및 장식
제11류	장식용품	**제22류**	무기, 화학제품, 사냥 · 낚시 및 살충용품		

에 해당되어 분류기호는 '09-01'이다. 로카르노 분류 2류(의류 및 패션잡화용품), 5류(섬유제품, 인조 및 천연 시트직물류), 19류(문방구, 사무용품, 미술재료, 교재)에 해당하는 물품은 일부심사등록출원 대상이다.

3. 한국 분류 및 로카르노 분류의 비교

한국 분류는 물품의 용도와 기능을 바탕으로 세분화 되어 있어 심사에 적합한 분류 체계인 반면에, 로카르노 분류는 기능 중심으로 포괄적으로 분류하고 있어 디자인 콘셉트를 보호하고 관리하는 데 적합하다. 예를 들어 로카르노 분류 '02-06'은 02류 '의류 및 패션잡화용품'과 06군 '장갑'이 여기에 해당된다. 따라서 아래 그림에서 보는 바와 같이 기능적으로 손에 끼는 물품은 모두 여기에 해당된다. 즉, 골프 장갑, 검도용 장갑, 고무장갑, 주방용 장갑 등이 모두 여기에 해당된다. 그러나 한국 분류에서는 용도를 주 기준으로 하고 있어 골프 장갑은 복식품으로 [B2-51AB]로 분류되고, 검도용 장갑은 운동경기용품으로 [E3-02]로 분류되며, 고무장갑도 복식품으로 [B2-51AA]로 분류되고, 주방용 장갑은 조리용 기구로 [C6-222]로 분류된다.(11)

---

(11) 한국 분류와 로카르노 분류 비교표:

로카르노 분류 제21류(게임용구, 완구, 텐트 및 스포츠용품) 2군(운동 · 스포츠 용구 및 기구)		
롤러스케이트	배드민턴 공	등산용 아이젠
[E2-523] E: 취미오락용품 및 운동경기용품 2: 유희오락용품	[E3-320] E: 취미오락용품 및 운동경기용품 3: 운동경기용품	[B5-920] B: 의복 및 신변품 5: 신발

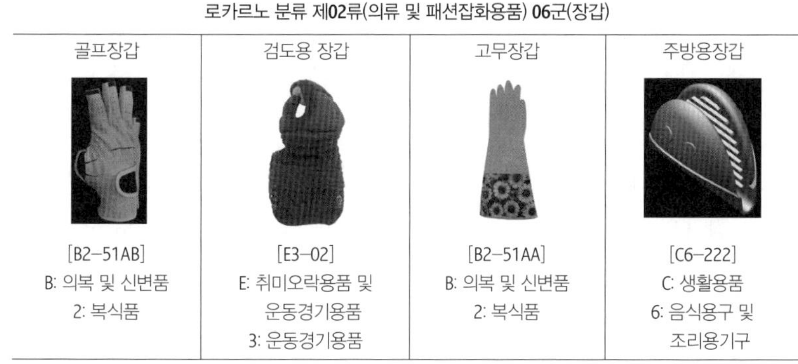

로카르노 분류 제02류(의류 및 패션잡화용품) 06군(장갑)			
골프장갑	검도용 장갑	고무장갑	주방용장갑
[B2-51AB] B: 의복 및 신변품 2: 복식품	[E3-02] E: 취미오락용품 및 운동경기용품 3: 운동경기용품	[B2-51AA] B: 의복 및 신변품 2: 복식품	[C6-222] C: 생활용품 6: 음식용구 및 조리용기구

대상판례(2002후2570 사건) 분석

1. 심결 및 특허법원 판결

대상판례의 심결 및 특허법원 판결을 보면 "이 사건 등록디자인의 물품 '빨래 삶는 용기의 세제거품 넘침 방지구'는 빨래를 삶을 때 빨래가 타거나 눌지 않게 하고 세제거품이 용기 외부로 넘치는 것을 방지하여 열손실을 방지하고 살균 및 세척이 효과적으로 이루어지게 하는 '세탁보조기구'인데 반하여, 비교대상디자인 1의 '취반부'는 가마 속에 순환통을 넣어 밥을 지을 때 순환류를 부여하는 '취사보조기구'인 바, 양 디자인의 물품은 그 기능 및 용도가 다를 뿐만 아니라, 서로 혼용될 수 없는 것이므로, 거래통념상 동일 · 유사 물품이라고 할 수 없다."라고 판시하고 있다. 디자인등록공보에도 이 사건 등록디자인의 한국 분류가 [C3-510]으로 분류[C: 생활용품, 3: 청소용구 · 세탁용구, 510: 빨래용구]되어 있다. 반면에 비교대상디자인 1의 "취반부 순환통"은 한국 분류상 [C5-4190]에 해당[C: 생활용품, 5: 음식용 · 조리용 용기, 41: 냄비, 솥 등, 90; 부속품]된다. 따라서 물품의 용도를 나타내는 대분류가 서로 다르다[C3 vs C5]. 따라서 특허법원의 판결은 특허청의 물품 분류 체계에 따른 판결로써 특허청의 물품 동일 · 유사 판단기준을 존중한 면이 있다고 할 것이다.

그렇다면 이와 같은 판결의 의미는 무엇일까? 디자인제도의 등록요건과 관련하여 분석해 보면 특허법원의 판결은 디자인제도의 형식적, 이론적 법리에 충실한 판결이라고 할 것이다. 왜냐하면 디자인제도의 등록요건인 신규성 요건과 선출원주의 요건에서 비유사 물품의 디자인은 서로 비교대상이 아니고, 설령 동일한 디자인의 비유사 물품이 선공지, 선등록, 선출원되어 있더라도 후출원디자인은 신규성과 선출원주의를 위반하지 않는 것이 되어 등록을 허여하고 있기 때문이다. 즉, 특허법원 판결은, 서로 다른 업종에서 판매되고 그 소비자도 서로 다른 제품에 대하여 동일한 디자인이 창작되었다고 하더라도 그 디자인은 모두 객관적인 창작성이 인정되는 것으로써 독점적인 권리를 누릴 수 있다는 신규성 요건에 충실한 판결이라고 할 수 있다.

이와 같은 이론적 배경은 디자인 제도의 궁극적인 목적이 산업발전에 이바지함에 있고 동종 업계에서의 디자인 분쟁 방지를 통해서 경업질서를 유지해 준다면 산업발전에 이바지 할 수 있다고 판단한 산업정책에 기인한다고 할 것이다. 즉, 한국의 디자인제도는 이종 업계에서의 디자인의 모방은 산업발전에 저해요소가 아니고 산업발전의 기여요소로 인식하는 산업정책이 반영되었다고 할 수 있다. 디자인의 창조는 모방으로부터 시작된다고 보는 시각은 여전하다. 디자인의 신규성에 관한 판단법리를 보면 "디자인의 객관적 창작성(신규성)이란 과거 또는 현존의 모든 것과 유사하지 아니한 독특함만을 말하는 것은 아니므로 과거 및 현존의 것을 기초로 하여 거기에 새로운 미감을 주는 미적 창작이 결합되어 그 전체에서 종전의 디자인과는 다른 미감적 가치가 인정되는 정도면 디자인등록을 받을 수 있으나, 부분적으로는 창작성이 인정된다고 하여도 전체적으로 보아서 종전의 디자인과 다른 미감적 가치가 인정되지 않는다면 디자인등록을 받을 수 없다(대법원 2001. 6. 29. 선고 2000후3388 판결, 2006. 7. 28. 선고 2005후2915 판결 등 참조)."라고 판시하고 있다. 즉, 제품 형태의 일부를 모방하였더라도 새로운 미감의 미적 창작을 결합하면 신규성을 인정한다는 것이다.

이와 같이 동종 물품에서의 형태의 일부 모방은 신규성 요건에서도 용인되고 있는 것이므로 이종 물품에서의 모방은 신규성과 관련하여 더욱 문제가 없고, 오히려 산업발전에 이바지 한다고 생각하는 산업 정책적 시각이 깔려 있다고 보아야 할 것이다. 예를 들어 국내에 유명 자동차 제조회사가 독창적인 디자인의 신개발 자동차를 출시하자마자 완구업계에서 이를 그대로 모방한 자동차 완구를 판매한다고 가정할 경우 자동차 제조회사에는 영업상의 손해가 발생한다고 볼 수 있느냐 하는 것이다. 오히려 신개발 자동차의 홍보와 어린이를 상대로 한 회사 이미지 개선에 도움이 된다고 할 것이다. 다시 말하면 이종 업계에서의 디자인 모방은 장려되어야 하고 이러한 사상(창조는 모방으로부터 시작된다)이 디자인제도에도 반영되었다고 할 수 있다.

그렇다면 특허법원의 판결은 디자인제도의 기본적 이론과 디자인제도의 정책적 배경에 충실한 판결이고, 특허청의 심사 제도를 존중한 판결이라고 할 것이다.

2. 대법원 판결

대법원 판결을 보면 "거품 넘침 방지구를 설치하는 용기는 '빨래를 삶는' 용도로 쓰이고, '순환통'을 설치하는 용기는 '밥을 짓는' 용도로 쓰이는 점에서 차이가 있기는 하지만, 거품 넘침 방지구와 순환통은 그 형상과 모양에서 서로 유사하며, 그 기능에 있어서는 용기 내부에 차 있는 물 등을 순환시킴으로써 그 용기의 내부에 채워진 빨래나 쌀 등을 일정한 온도로 삶거나 익히고, 용기 내부에서 생기는 세제거품이나 밥물이 밖으로 넘침을 방지함과 아울러 열손실을 방지하는 효과를 가져 오는 점에서 실질적으로 동일할 뿐 아니라, 서로 혼용하여 사용하는 것이 가능하다고 보이므로 양 물품이 동일 또는 유사한 물품에 해당한다고 보기에 충분하다."고 판단하였다. 즉, 대법원 판결은 이 사건 등록디자인의 물품 '빨래 삶는 용기의 세제거품 넘침 방지구' 및 비교대상디자인 1의 물품 '순환통'은 용도가 다름을 인정하면서도 형태가 유사하고 기능면에서도 서로 동일하여 양 물품은 서로 혼용하여 사용할 수 있다고 판단한 것이다.

이와 같은 판단은 디자인제도의 이론에 충실하기 보다는 현실적인 사회 실상을 반영한 측면이 있다고 할 것이다. 이 판결에서는 양 물품의 용도가 다름을 인정하였기 때문에 이종물품임을 인정한 것이지만 서로 섞어 사용할 수 있다(혼용)고 보아 이종 물품 간의 전용이 가능한 물품으로 판단하였다. 이는 엄격한 이론적 법리보다는 현실적으로 사회에서 발생할 수 있는 이종 업종(세탁용품 업계와 조리용품 업계) 간의 권리분쟁 및 이종 업종 간의 물품혼동에 따른 일반 소비자의 피해를 최소화하기 위한 현실적인 요청을 우선시 한 판결이라고 할 것이다.

V 결론

2008년 한국디자인진흥원의 보고서에 따르면, 한국의 디자인 경쟁력은 세계 17개국 중에서 8위라고 한다. 그러나 2012년에는 세계 주요 23개국 중 14위로 하락하였고 중국이 15위를 차지하였다고 한다.[12] 한국의 디자인 경쟁력은 좀처럼 상승하지 않고 있는 것이다. 원인으로는 다양한 분석이 나오고 있지만 디자인심사제도의 개선과 심판결의 입장 변화 및 법리 변화를 통해서도 우리나라의 디자인 경쟁력을 높이는데 일조할 수 있을 것이다. 현시대는 다양한 기술과 디자인들이 융합되고 통합되는 경향을 보이고 있다. 어떤 한 업종의 기술이나 디자인이 다른 업종의

(12) dongA.com, 2014. 5. 12. 인터넷 기사 참조.

제품 개발에 이용되거나 융합되는 사례가 많다. 특히 IoT는 업종 간의 벽을 허물고, 다양한 업종의 제품에 스며들고 있다. 즉, 기존의 업종 분류나 용도를 기준으로 한 동종 이종 물품의 기준은 그 의미가 많이 사라지게 되었다. 복합 용도의 제품들이 다수 출시되고 있기 때문이다. 이와 같은 사회 현실을 반영하고 한국 디자인 국제 경쟁력을 강화하기 위해서는 현재의 물품 분류 체계에도 변화가 있어야 하고, 디자인 물품의 동일 · 유사 판단에 관한 기준과 법리의 변화도 필요한 때라고 생각된다. 즉, 부분류 코드(13)의 추가 확대, 제품시장의 현실을 반영한 물품 분류 체제 수정(물품 용도의 통합 등), 로카르노 분류 체계의 흡수 등 물품 분류 체계의 변화를 통해서 심사단계에서의 등록심사를 강화하고, 사법부에서도 디자인 유사 판단 및 물품의 동일 · 유사 판단에 관한 법리의 변화와 수정을 통해서 강한 디자인만이 살아남을 수 있도록 하는 사회적 변화가 필요하다고 본다.

(13) 특허청은 출원된 디자인의 물품이 다른 업종에서 혼용될 수 있는 경우 또는 출원인이 다른 용도의 물품을 전용하여 출원하였을 가능성이 있는 경우 다른 용도의 물품 분류코드를 부분류 코드로 추가 부여하여 심사관이 주 분류 이외에 부분류 코드와 관련된 선행디자인도 검색하도록 하고 있다.

3-2

휴대용 단말기 거치대 디자인의 유사 여부 판단

특허법원 2018. 5. 24. 선고 2018허1837 판결

| **이용민** | 법무법인 율촌 변호사

I 서론

우리 대법원은 디자인의 유사 여부를 판단함에 있어 공지부분 및 기능적·기본적 형태의 중요도를 낮게 보는 태도를 취하고 있다. 이에 대한 비판적인 견해가 없는 것은 아니나, 우리 법원은 특히 적극적 권리범위확인심판 사건이나 침해소송 등 디자인권 행사의 측면이 문제되는 사안들에서 구체적 타당성을 유지하기 위해 위와 같은 공지부분 및 기능적·기본적 형태에 대한 취급을 유지 및 활용하고 있는 것으로 보인다.

이하에서는 공지부분 및 기능적·기본적 형태에 대한 대법원의 태도가 그대로 유지되고 있는지를 중심으로 최근 특허법원에서 선고된 판결을 비판적으로 살펴보고자 한다.

Ⅱ 사안의 개요[14]

이 사건 등록디자인은 주식회사 슈피겐코리아(특허법원 사건 피고)의 '휴대 단말기용 거치대'에 관한 디자인이다.[15] 디자인의 설명 중 2항에서, "본 디자인은 차량, 사무실, 집 등에서 사용 가능한 휴대 단말기용 거치대에 대한 것으로, 멀티미디어 단말기 등의 거치가 가능한 물품에도 적용될 수 있음."이라 설명하고 있다.

확인대상디자인은 주식회사 폰폼(특허법원 사건 원고)이 실시하고 있는 '휴대 단말기용 거치대'에 관한 디자인이다.

Ⅲ 특허심판원 심결

이 사건 등록디자인의 디자인권자인 주식회사 슈피겐코리아(이하 '피고')는

(14) 이 사건 등록디자인 및 확인대상디자인:

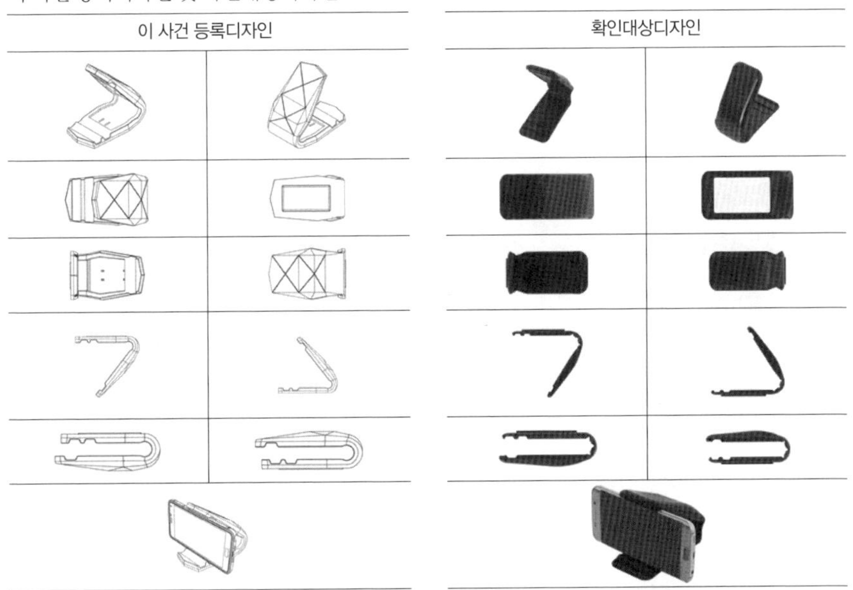

(15) 출원일/등록일/등록번호: 2015. 7. 27. / 2016. 3. 3. / 디자인등록 제843622호.

2017. 4. 4. 특허심판원에 주식회사 폰폼(이하 '원고')이 실시하고 있는 확인대상디자인이 이 사건 등록디자인의 권리범위에 속한다는 이유로 적극적 권리범위확인심판(2017당1294)을 청구하였고, 이에 특허심판원은 2018. 1. 8. 확인대상디자인은 이 사건 등록디자인과 전체적인 심미감이 유사하고, 자유실시디자인에도 해당하지 않으므로, 이 사건 등록디자인의 권리범위에 속한다는 이유로 위 심판청구를 인용하는 이 사건 심결을 하였다.

Ⅳ 특허법원 판결

1. 원고 주장의 심결 취소사유의 요지

① 확인대상디자인은 이 사건 등록디자인의 출원 전에 공지된 선행디자인들과[16] 유사하거나 선행디자인들로부터 쉽게 창작할 수 있는 자유실시디자인에 해당한다.

② 확인대상디자인은 이 사건 등록디자인과 유사하지 않아 다른 심미감을 주므로 이 사건 등록디자인의 권리범위에 속하지 않는다.

(16) 선행디자인들:

1	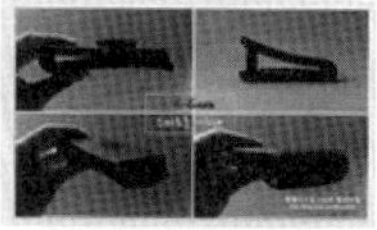	4	
2		5	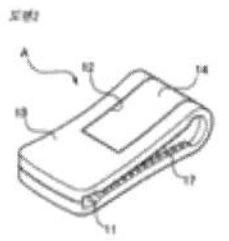
3		6	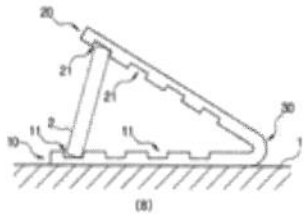

2. 특허법원의 판단

(1) 확인대상디자인이 자유실시디자인에 해당하는지에 대한 판단

특허법원은 확인대상디자인을 선행디자인과 각각 대비한 뒤, (i) 확인대상디자인은 안정되고 견고하며 부드러운 심미감을 주는 반면, 선행디자인 1은 다소 날렵하고 산뜻한 심미감을 준다는 이유로, (ii) 확인대상디자인은 안정되고 견고하면서도 부드러운 심미감을 주는 반면, 선행디자인 2는 가볍고 단순한 느낌을 준다는 이유로, (iii) 확인대상디자인은 안정되고 견고하면서도 세련되고 부드러운 심미감을 주는 반면, 선행디자인 3은 다소 둔중하고 투박하나 귀엽고, 재미있는 느낌을 준다는 이유로, (iv) 확인대상디자인은 안정되고 견고하면서도 세련되고 부드러운 심미감을 주고 전체적인 모양이 '폴더형 휴대전화'를 연상시키는 반면, 선행디자인 4는 날렵하고, 가벼운 심미감을 주고, 좁은 폭과 상하판부 및 이음부의 구조상 '스테이플러'를 연상시킨다는 이유로, (v) 확인대상디자인은 안정되고 견고하면서도 부드러운 심미감을 주는 반면, 선행디자인 5는 단순하면서도 날렵한 심미감을 준다는 이유로, (vi) 확인대상디자인은 안정되고 견고하면서도 부드러운 심미감을 주는 반면, 선행디자인 6은 단순하고 다소 날카로우면서 날렵한 심미감을 준다는 이유로 확인대상디자인은 선행디자인 각각과 모두 유사하지 않아 자유실시디자인이라고 볼 수 없다고 판단하였다.

위와 같은 확인대상디자인의 자유실시디자인 해당 여부에 대한 판단을 위해 특허법원이 판단의 전제로 삼았다고 볼 수 있는 부분 중 유의미하다고 보이는 부분을 정리하면 아래와 같다(특허법원이 확인대상디자인과 선행디자인들 각각을 대비하면서 항상 이러한 전제를 명시적으로 설시한 것은 아니다).

첫째, 특허법원은 휴대 단말기용 거치대는 상판, 하판을 벌려 휴대전화를 끼워 차량 등 특정한 공간에 고정시켜 사용하는 물품이므로, 상판, 하판, 이음부를 기본 구성요소로 하므로 이 부분이 공통된다 하더라도 디자인이 동일 또는 유사하다고 보기 어렵다고 하였다. 이와 유사한 취지로, 특허법원은 확인대상디자인이 전체적으로 직사각형인 점, 각 모서리가 둥글게 형성되어 있는 점, 상판부와 하판부에 전화기 등의 거치를 위한 홈이 있는 점, 이음부를 중심으로 휴대 단말기를 거치할 경우 '∠' 모양으로 벌어지는 점은 휴대 단말기용 거치대의 기본적기능적 형태에 해당하므로 그 중요도를 낮게 평가하여야 한다고 하였다.

둘째, 특허법원은 구조적으로 그 디자인을 크게 변화시킬 수 없는 물품의 경우에는 디자인의 유사 범위를 비교적 좁게 보아야 하고, 휴대 단말기용 거치대는 기본 구성요소(상판, 하판, 이음부)를 제외하면 변화가 가능한 부분이 상판위, 측면, 이음부 안쪽에 불과하므로 디자인을 크게 변화시킬 수 없는 물품에 해당한다고 하였다.

(2) 확인대상디자인이 이 사건 등록디자인과 유사하여 이 사건 등록디자인의 권리범위에 속하는지 여부에 대한 판단

특허법원이 이 사건 등록디자인과 확인대상디자인의 공통점으로 나열한 것들은 아래와 같다.

㉠ 전체적으로 직사각형의 폴더형 휴대전화기와 유사한 형상인 점( ,)

㉡ 상판과 하판 및 이음부가 하나로 연결되어 'ㄷ' 모양을 하고 있는 점(, )

㉢ 하판은 같은 두께인데 비하여 상판은 중심으로 갈수록 두꺼워져 밖으로 돌출된 형상을 이루다가 이음부쪽으로 갈수록 얇아지고, 사용하지 않는 상태에서는 이음부의 곡률에 따라 상판과 하판이 평행하게 배치되어 상판과 하판 사이에 상당한 공간이 형성되는 점(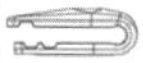 , )

㉣ 상판이 하판보다 길어, 닫혔을 때 상판이 튀어 나오는 점

㉤ 휴대전화를 거치하는 경우 이음부를 중심으로 '∠' 모양으로 벌어지는 점

㉥ 상판홈은 1개, 하판홈은 2개이고, 모두 육각형을 반으로 잘라 놓은 모양으로, 휴대전화 등을 거치할 때 각도를 조절할 수 있는 점

㉦ 사시도 중 휴대용 단말기가 거치되지 않는 상판과 하판부의 안쪽에는 직사각형 모양의 크고 얕은 홈이 파여져 있는 점

반대로, 특허법원이 이 사건 등록디자인과 확인대상디자인의 차이점으로 나열한 것들은 아래와 같다.

① 이 사건 등록디자인은 7각형 구조에 모서리가 돌출된 형상이나(), 확인대상디자인은 단순한 직사각형에 각 모서리를 둥글게 처리한 형상인 점()

② 정면에서 볼 때 이 사건 등록디자인의 앞부분은 완만한 각도의 V자 형상이나( , ), 확인대상디자인은 둥근 모서리를 포함한 일자 형상인 점( )

③ 이 사건 등록디자인은 상판 윗부분의 각도를 달리하여 외관상 두 부분으로 나뉜 것처럼 보이고, 나뉜 것으로 보이는 상판 위에는 X 모양의 음각이 새겨져 있으나(), 확인대상디자인의 상판에는 아무런 무늬가 없는 점

④ 이 사건 등록디자인의 이음부에는 도면상 아무런 모양이 없으나(), 확

인대상디자인의 이음부에는 안쪽으로 삼각형 모양의 3개의 홈이 형성되어 있는 점 ()

위와 같은 공통점과 차이점을 추출한 후 특허법원은 이 사건 등록디자인과 확인대상디자인이 유사하여 확인대상디자인이 이 사건 등록디자인의 권리범위에 속한다고 판단하였다.(17)

V 이 사건 특허법원 판결에 대한 비판적 검토

이 사건 특허법원 판결이 관련 법리로 제시한 바와 같이 우리 대법원은 디자인권은 물품의 신규성이 있는 형상, 모양, 색채의 결합에 부여되는 것으로서 공지의 형상과 모양을 포함한 출원에 의하여 디자인등록이 되었다 하더라도 공지부분에까지 독점적이고 배타적인 권리를 인정할 수 없으므로 디자인권의 권리범위를 정함에 있어 공지부분의 중요도를 낮게 평가하여야 하고, 따라서 등록디자인과 그에 대비되는 디자인이 서로 공지부분에서 동일 또는 유사하다고 하더라도 등록디자인에서 공지부분을 제외한 나머지 특징적인 부분과 이에 대비되는 디자인의 해당 부분이 서로 유사하지 않다면, 대비되는 디자인은 등록디자인의 권리범위에 속한다고 할 수 없다고 판시해 왔다(대법원 2004. 8. 30. 선고 2003후762 판결 등 참조).

또한 우리 대법원은 양 디자인의 공통되는 부분이 그 물품으로서 당연히 있어야 할 부분 내지 디자인의 기본적 또는 기능적인 형태인 경우에는 그 중요도를 낮게

(17) 특허법원의 판시내용: "이 사건 등록디자인과 확인대상디자인은 앞서 공통점 ㉠ 내지 ㉤에서 본 바와 같이, 전체적으로 폴더형 휴대전화기 모양을 기본구조로 하고 있고, 'ㄷ'자를 연상시키는 이음부 모양이나, 사용하는 경우('∠' 모양) 및 사용하지 않는 경우의 전체적인 구조나 연상되는 형상이 유사하고, 나머지 세부적인 구성요소인 ㉥과 ㉦도 상당히 유사하다. 반면, 차이점 ①, ③은 이 사건 등록디자인의 상판 외부면을 단순 변경한 정도에 불과하여 지배적 특징에 해당한다고 보기 어렵고, 차이점 ②의 경우 이 사건 등록디자인의 정면부는 완만한 V자 형상인 반면, 확인대상디자인은 일자형이기는 하나, 이 사건 등록디자인의 정면부 V의 각도가 매우 완만하여 정면에서 바라볼 경우 일직선으로 보일 수 있어 큰 차이가 없어 보이며, 차이점 ④의 이음부는 휴대전화를 거치한 경우 보이지 않으므로 전체적인 심미감에 미치는 영향이 크지 않은 것으로 보인다. 확인대상디자인은 전체적으로 이 사건 등록디자인의 주된 창작적 모티브를 같이 하거나 이를 단순화시킨 것으로 볼 여지가 있다."

평가하여야 하므로, 이러한 부분들이 동일 또는 유사하다는 사정만으로는 곧바로 양 디자인이 서로 동일 또는 유사하다고 할 수는 없다고 하여 해당 물품의 기본적 내지 기능적 모양 또는 형태의 경우에는 유사 판단 시 그 중요도를 낮게 보아야 한다는 점을 명확히 하고 있다(대법원 2005. 10. 14. 선고 2003후1666 판결 등 참조).

이 사건에서도 특허법원은 위 대법원 2003후1666 판결 등에 따라 확인대상디자인이 자유실시디자인에 해당하는지 여부를 판단함에 있어서는 휴대 단말기용 거치대의 기본적 내지 기능적 형태에 해당하는 모양형태, 즉 (i) 상판, 하판 및 이음부를 기본 구성요소로 한다는 점, (ii) 전체적으로 직사각형인 점, (iii) 상판부와 하판부에 전화기 등의 거치를 위한 홈이 있다는 점, (iv) 이음부를 중심으로 휴대 단말기를 거치할 경우 '∠' 모양으로 벌어지는 점의 중요도를 낮게 보고 나머지 차이점들을 중심으로 확인대상디자인과 각 선행디자인을 대비하여 확인대상디자인이 자유실시디자인에 해당하지 않는다고 판단하였다.

그런데 특허법원은 이 사건 등록디자인과 확인대상디자인의 유사 여부를 판단함에 있어서는 자유실시디자인 해당 여부 판단에서 중요도를 낮게 보아야 한다고 보았던 부분들의 중요도를 낮게 보아야 한다고 판단하지 않았다. 뿐만 아니라 특허법원은 공지 부분의 경우 유사 여부 판단 시 중요도를 낮게 보아야 한다는 위 대법원 2003후762 판결에도 불구하고 이 사건 등록디자인과 확인대상디자인의 공통점 중 선행디자인들에 의하여 공지된 부분(이론이 있을 수 있겠으나 이 사건 등록디자인과 확인대상디자인의 공통점 중에서 폴더형 휴대전화기와 유사한 형상이라는 점은 선행디자인 1 또는 5에 의하여 공지되었다고 볼 수 있고, 상판이 하판보다 길어 닫혔을 때 상판이 튀어 나오는 점은 선행디자인 4에 의하여 공지되었다고도 볼 수 있다)의 중요도를 낮게 보아야 한다는 점에 대해서도 명시적으로 판단하지 않았다.

이에 더하여 이 사건에서 특허법원은 공통점 중 세부적인 구성요소라고 하고 있는 ㉥ 및 ㉦과 차이점 중 ④가 휴대전화를 거치한 경우 잘 보이지 않는다는 점에서 차이가 없음에도 불구하고 ㉥ 및 ㉦은 전체적인 심미감에 미치는 영향이 큰데 반하여, ④는 전체적인 심미감에 미치는 영향이 작다는 판단을 하고 있기도 하다.

결국, 이 사건에서 디자인 유사 여부 판단 시 공지부분의 중요도 및 기능적 · 기본적 형태의 중요도를 각각 낮게 보아야 한다는 기존 대법원 판결들이 충실히 적용되었다면 이 사건 등록디자인에서 주요부는 오히려 차이점으로 제시된 ①, ②, ③으로 보아야 하고, 그 각각의 주요부에 대응하는 확인대상디자인이 모양 내지 형태가 이 사건 등록디자인과는 다른 이상, 이 사건 등록디자인과 확인대상디자인은 유사하지 않는다는 결론에 이르렀어야 하는 것이 아닌가 판단된다.

아울러, 위와 같은 판단은 이 사건에서 특허법원이 자유실시디자인 해당 여부를 판단하면서 구조적으로 그 디자인을 크게 변화시킬 수 없는 물품의 경우에는 디자인의 유사 범위를 비교적 좁게 보아야 하고, 휴대 단말기용 거치대는 기본 구성요소(상판, 하판, 이음부)를 제외하면 변화가 가능한 부분이 상판위, 측면, 이음부 안쪽에 불과하므로 디자인을 크게 변화시킬 수 없는 물품에 해당한다고 하였다는 점에서도 지지될 수 있다고 생각된다.

Ⅵ 결론

디자인의 유사 여부 판단은 디자인권 침해 여부를 판단하는 경우, 확인대상디자인의 자유실시디자인 해당 여부를 판단하는 경우, 선행디자인에 대한 관계에서 등록디자인의 무효여부를 판단하는 경우 등 여러 국면에서 이루어질 수 있다. 각각의 국면에서 공지 부분, 기능적 내지 기본적 형태에 해당하는 부분에 대한 취급의 정도가 어느 정도 달라질 수 있고, 구체적인 사실관계에 따라서도 어느 정도 유동적으로 취급될 수 있다고 생각된다.

그러나 공지 부분 및 기능적 내지 기본적 형태에 해당하는 부분의 중요도를 디자인의 유사 여부 판단 시 낮게 보아야 한다는 원칙 자체는 지켜져야 하므로, 공지부분이 제시되었거나, 다른 쟁점에 대한 판단 부분에서 기능적 내지 기본적 형태에 해당하는 부분이라고 판단되었던 부분이 있다면 그에 대하여 별다른 설시 없이 유사 여부 판단에 나아가는 것은 바람직하지 않은 것으로 보인다.

3-3

디자인의 유사 판단: 디자인의 참신성

대법원 2013. 12. 26. 선고 2013다202939 판결

| **한상욱** | 김 · 장법률사무소 변호사

I 서론

현대는 디자인의 시대라고 할 정도로 디자인의 가치는 날로 그 중요성을 더해 가고 있으며 디자인에 관련된 분쟁도 급증하고 있다. 그러나 다음과 같은 점에서 실무상 디자인의 유사 여부에 대한 판단기준이 완벽하게 정립되어 있다고 보기 어려운 것이 현실이다.

우선, 디자인권은 원래 시각적 요소를 보고 수요자가 느끼는 심미감을 보호의 객체로 하는 권리(이른바, '물건의 형태에 관한 권리')라는 점에서, 눈에 보이지 않는 추상화된 기술사상을 보호의 객체로 하는 특허권(이른바, '아이디어에 관한 권리')과는 근본적인 차이가 있다. 따라서 디자인권의 보호범위를 평가함에 있어서는 특허권과는 서로 다른 평가기준이 정립되어야 하지만, 우리 실무는 아직까지도 특허권에 관

한 판단기준을 디자인권 분야에도 적용하는 듯한 모습을 보이고 있다.[18]

다음으로, 디자인권에 있어서 심미감은 디자인을 이루는 개개의 구성부분을 쪼개어 개별적으로 평가할 것이 아니라, 디자인 전체를 보았을 때 느껴지는 심미감을 기초로 평가하여야 한다는 것이 대법원이 밝히는 대원칙이지만, 일선 실무에서 과연 이러한 대원칙이 충실히 지켜지고 있는가는 매우 의심스러운 상황이다. 때로는 전체적 관찰이라는 대원칙을 무시하고 지배적 특징이 무엇인가를 따진다는 미명하에(이른바 '요부관찰') 디자인을 개별적 특징으로 정의하여 그 특징들 각각의 공지 여부를 따져 중요도를 평가함으로써 전체가 주는 심미감을 놓치는 우를 범하거나 그 중 공지되지 않은 일부 요소에 지나치게 무게를 두어 이 부분만이 참신한 것이라는 식의 논의가 진행되고 있다. 요부나 참신성이라는 개념은 '디자인이 전체로서 가지는 미감'을 어떤 수단으로 표현하는가의 문제에 불과할 뿐, 디자인은 그 디자인 전체로 관찰하는 것이라는 대원칙을 무시해도 좋다는 취지에서 사용되는 개념이 아님에도 불구하고 부정확한 요부관찰의 결과에 의존하여 보호가치 있는 디자인에 대한 유효적절한 보호를 외면하는 사례가 비일비재하다. 전체관찰과 요부관찰의 관계, 참신성 개념의 위치관계 등에 관해서도 대법원이 좀 더 명확한 판단기준을 설정하여 줄 필요가 있다.

(18) 이와 같은 혼동의 대표적 사례가 디자인을 말로 표현하려 하는 잘못된 관행이다. 디자인권은 물건의 형태를 보호의 대상으로 하는 것이므로 눈으로 보기만 하면 그 심미감을 확인할 수 있다. 그 미감을 느끼는 데 말이나 글은 본질상 필요하지 않다. 이것이 바로 보이지 않는 아이디어를 누구나 일의적으로 이해할 수 있는 적확한 언어로 표현하지 않으면 안 되는 특허권(특허는 언어로 표현된 청구범위만이 보호되는 권리의 범위를 결정한다)과 크게 대비되는 디자인권의 핵심적인 특징인 것이다 그렇다면 디자인권의 유사 판단에 있어서도 제품의 형태 비교를 통한 판단이 전제되어야 하는데, 실무에서는 여전히 디자인의 특징을 부정확한 말로 표현하고, 그 말끼리 비교하여 유사성을 판단하는 오류가 성행하고 있는 것 아닌가 하는 우려가 있다. 디자인권 보호의 핵심이 무엇이며 이 핵심적인 특징을 잘 나타내도록 하기 위하여 어떤 판단기준을 세워야 하는지에 관해서 대법원이 명확한 기준을 마련할 필요가 있다.

대상판결 요지 및 고등법원 판결 요지

1. 대상판결 요지

(1) 등록디자인의 보호범위는 디자인등록출원서의 기재사항 및 그 출원서에 첨부한 도면 · 사진 또는 견본과 도면에 기재된 디자인의 설명에 표현된 디자인에 의하여 정하여지고(디자인보호법 제43조), 디자인권자는 업으로서 등록디자인 또는 이와 유사한 디자인을 실시할 권리를 독점한다(디자인보호법 제41조). 여기서 디자인의 유사 여부는, 디자인을 구성하는 요소들을 각 부분으로 분리하여 대비할 것이 아니라 전체와 전체를 대비 · 관찰하여, 보는 사람의 마음에 환기될 미적 느낌과 인상이 유사한지 여부에 따라 판단하되, 그 물품의 성질, 용도, 사용형태 등에 비추어 보는 사람의 시선과 주의를 가장 끌기 쉬운 부분을 중심으로 대비 · 관찰하여 일반 수요자의 심미감에 차이가 생기게 하는지 여부의 관점에서 판단하여야 한다(대법원 2011. 3. 24. 선고 2010도 12633 판결 등 참조). 그리고 등록디자인이 신규성이 있는 부분과 함께 공지의 형상과 모양을 포함하고 있는 경우 그 공지 부분에까지 독점적이고 배타적인 권리를 인정할 수는 없으므로 디자인권의 권리범위를 정함에 있어서는 공지 부분의 중요도를 낮게 평가하여야 한다. 따라서 등록디자인과 그에 대비되는 디자인이 공지 부분에서는 동일 · 유사하다고 하더라도 나머지 특징적인 부분에서 서로 유사하지 않다면 대비되는 디자인은 등록디자인의 권리범위에 속한다고 할 수 없다(대법원 2004. 8. 30. 선고 2003후762 판결 등 참조).

(2) 원심판결 이유에 의하면, 원심은 콤바인의 수확기커버에 대한 부분디자인인 고등법원 판시 제2 등록디자인(등록번호 제384494호)에서 정면에서 보았을 때 작업등이 비교적 폭이 넓은 사이드커버 상부 속에 좌우 대칭으로 내장된 형상은 그 출원 전에 공개된 고등법원 판시 미쓰비시 디자인 등에 공지되어 있으므로 그 중요도를 높게 평가하여 유사범위를 넓게 보기는 어렵다고 판단하였다.

나아가 원심은, 그 도면 및 디자인 설명 등으로부터 파악되는 제2 등록디자인과 원심 판시 피고 디자인2를 전체적으로 대비 · 관찰하여, 작업등의 형상과 모양이 제2 등록디자인은 세로로 긴 형태의 유리 덮개가 씌워진 하나의 작업등이 사이드커버의 전면과 측면을 비추도록 내장된 형상임에 비하여 피고 디자인 2는 2개의 개별 작업등이 각각 금속제 원형 홈에 삽입되어 사이드커버의 전면만을 비추도록 내장된 형상인 점에 차이가 있고 그 사이드커버의 형상과 모양도 상당한 차이가 있으므로, 전체적으로 수요자에게 느껴지는 심미감이 달라 두 디자인이 유사하지 않다고 판단하였다.

(3) 앞서 본 법리를 기록에 비추어 살펴보면, 원심의 위와 같은 판단은 정당하고, 거기에 상고이유의 주장과 같이 등록디자인의 보호범위나 디자인 유사 판단에 관한 법리를 오해하는 등의 위법이 있다고 할 수 없다.

2. 고등법원 판결[19] 요지

원심 판결은, 이 사건 등록디자인1(등록디자인 제500433호)[20] 및 실시디자인1(피고의 'DXM85G' 콤바인의 전체 디자인)을 대비함에 있어, '물탱크커버 및 그와 자연스럽게 일체를 형성한 원동기 커버'는 옛날부터 여러 디자인이 다양하게 고안되어 왔으므로 이 부분의 유사범위를 비교적 좁게 보아야 할 것이라고 전제한 다음, 피고의 실시디자인의 '곡물탱크커버 및 원동기 커버의 윤곽선'은 부드러운 곡선의 느낌이 부족하다는 점에서 이 사건 디자인1의 그것과 차이가 있고 조종부의 엠블럼을 둘러싼 음영부와 계기판의 형상에도 양 디자인은 상당한 차이가 있으며, 한편 이 사건 디자인1 중 '디자인의 설명'란에 '곡커버가 짚 처리장치 후단까지 연장된 점' 및 '곡물저장탱크의 상부커버가 바깥쪽으로 돌출되는 호 형상으로 만곡 형성되어 있는 점'이 기재되어 있어 이 부분은 이 사건 디자인1의 지배적인 특징이라 할 것인데 이 두 가지 특징에서도 이 사건 디자인 1과 피고의 실시디자인1은 서로 상이하므로, 결국 전체적으로 보아 양 디자인은 서로 비유사하다고 판단하였다.

(19) 고등법원 2013. 2. 7. 선고, 2012나74931 판결.

(20) 이 사건 등록디자인1:

다음으로 원심판결은, 이 사건 등록디자인2(등록디자인 제384494호)[21] 및 실시디자인2(피고의 'DXM85G' 및 'DXM85G-C' 콤바인의 예취부 디자인)를 대비하면서, 이 사건 디자인2의 지배적인 특징으로서 원고가 주장하는 세 가지 특징, ① 콤바인 수확기커버 부분의 정면에서 바라보았을 때 광폭의 사이드커버의 형상, ② 작업등이 사이드커버 상부에 상부커버의 하부로부터 사이드커버의 약 5분의 2 지점까지 세로로 길게 위치하는 형상, ③ 작업등이 좌우대칭으로 내장된 형상에 대하여, ①번 특징과 ③번 특징은 일본 미쯔비시노키三菱農機사가 일본에서 1995. 10. 6. 등록번호 제942030호의1로 등록을 받은 디자인에 나타나 있으므로 이를 선행디자인에서 전혀 찾아볼 수 없는 참신한 디자인 특징이라고 단정할 수 없어 이 부분 특징들에 대하여 중요도를 높게 평가할 수 없고, ②번 특징에 관하여는 이 사건 디자인2에 관한 '디자인의 설명'란에 '좌우측면에 이르는 세로로 긴' 형태의 작업등의 형상강조되어 있다고 하면서 이에 비해 피고의 실시디자인2는 세로로 긴 형태의 유리 덮개가 씌워진 작업등이 아니라 두 개의 분리된 금속제 홈에 별개의 작업등이 정면에서 삽입되는 형태로서 작업등 전체의 일체감이나 작업등이 측면까지 이르면서 세로로 길다는 느낌이 없어 이 사건 디자인2와 분명한 차이가 있고 측면에서 작업등이 보이지 않는다는 점에서 사이드커버의 형상에도 차이가 있고, 이러한 차이들은 전체적인 심미감에 차이를 가져올 정도라고 보이므로, 결국 이 사건 디자인2와 피고 실시디자인2는 전체적으로 대비 관찰할 때 서로 유사하다고 볼 수 없다고 판단하였다.

(21) 이 사건 등록디자인2:

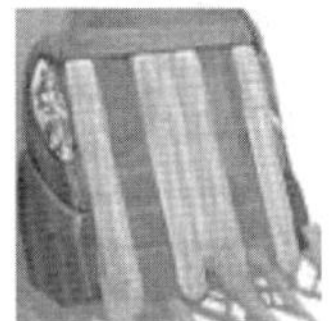

검토

1. 언어의 추상화 · 구체화의 한계: 언어화verbalization는 필요한가?

아래 각주의 그림은 고등법원이 이 사건 디자인2의 참신성을 부정하는 데 사용한 미쓰비시 디자인과 이 사건 디자인2 및 피고의 실시디자인2를 동시에 비교한 것이다.(22) 이렇게 놓고 미쓰비시 디자인과 이 사건 디자인2 사이의 유사성 및 이 사건 디자인2와 피고의 실시디자인2 사이의 유사성 중에 어느 쪽이 유사성의 강도가 높을지를 묻는다면 거의 모든 사람이 후자가 더 유사하다고 볼 것이다.

사정이 이러함에도 불구하고 고등법원은 이 사건 디자인2가 미쓰비시 디자인과 유사하여 참신성이 없다고 하는 한편, 피고의 실시디자인2는 이 사건 디자인2와 차별화된 특징이 있어 유사하지 않다는, 정 반대의 결론에 이르고 있다. 고등법원의 논리에 따르면 미쓰비시 디자인과 이 사건 디자인2는 유사한 디자인에 해당하고, 이 사건 디자인2와 피고의 실시디자인2는 비유사한 디자인에 해당하게 된다는 결론에 다름 아니다.

그리고 고등법원 판결의 논리에 따르면 아래와 같은 선행디자인의 경우에도 ① 예취부를 정면에서 바라보았을 때 사이드커버가 광폭인 점 및 ③ 작업등이 사이드커버에 좌우대칭으로 내장된 형상을 동일하게 갖고 있으므로 이 사건 디자인2의 참신성을 부정할 수 있다는 결론이 되는바, 이러한 결론이 부당하다는 점은 다언을 요하지 않는다. 고등법원과 같이 판단한다면(23) ① 예취부를 정면에서 바라보았을 때 사이드커버가 광폭이고 ③ 작업등이 사이드커버에 좌우대칭으로 내장된 형상이

(22)

미쓰비시 디자인	이 사건 등록디자인2	피고의 실시디자인2

(23) 아래 그림 참조:

라는 이유만으로 전혀 상이한 심미감을 가지는 두 개의 물품이 유사하다고 판단되는 모순이 발생하는 것을 피할 방법이 없다.

그렇다면 왜 이러한 결론에 이르게 되었는가? '언어의 추상화'의 함정이다.

우리나라의 디자인 법제와 마찬가지로 심사등록주의를 취하고 있는 미국에서도 같은 쟁점에 관한 논의가 있었으나, 미국 연방순회항소법원CAFC 역시 추상화된 언어적 표현에 의한 디자인의 유사성 판단은 부적절하다는 점을 명확히 밝힌 바 있다. 즉, Egyptian Goddess 판결에서는 언어적 묘사의 한계와 위치에 대하여 다음과 같이 판시한 바 있다.(24)

① 미국 연방대법원에서 인정한 바와 같이, 디자인은 어떠한 언어적 묘사보다도 도면을 통하여 잘 표현될 수 있으며, 언어적 묘사는 대체로 도면 없이는 이해할 수 없다.

② 만약 디자인을 언어로써 묘사하는 것에 어려움이 있다면, 일반적으로 바람직한 방법은 법원이 상세한 언어적 묘사detailed verbal description를 통하여 디자인권의 청구범위claim를 구성하려고 시도하지 않는 것이다.

③ 디자인을 묘사할 때 사용되는 상술의 정도에 관하여는 법원의 재량에 달려 있으며, 어느 쪽에 불리하다고 보이지 않는 한 상대적으로 자세한 청구항의 구성은 파기사유라고 할 수 없다.

④ 만약 언어적 묘사가 필요하거나 도움이 된다고 보이지 않을 경우에는 법원은 디자인의 상세한 언어적 묘사를 할 의무가 없다.

⑤ 법원이 언어적 묘사를 시도할 경우, 법원은 언어적 묘사가 (ⅰ) 디자인의 일부 특징을 불필요하게 강조하거나 (ⅱ) 사실판단자a finder of fact로 하여금 디자인을 전체로서가 아니라 언어로 묘사된 개별적 특징에 집중하도록 할 위험이 생길 수 있음을 인식해야 한다.

⑥ 등록디자인의 언어적 묘사에 관한 문제는 법원의 재량으로 남겨두지만, 법원은 주장의 정리과정에서 등록 디자인에 대한 상세한 언어적 묘사를 요구해서는 안 된다.

(24) Egyptian Goddes, Inc. v. Swisa Inc., 543 F.3d 665 (Fed. Cir. 2008) (en banc). 이 판결은 미국 연방순회항소법원 판사 전원이 심리하여 판단한 전원합의체 판결(en banc)로, 미국의 디자인 보호 법리에 있어 매우 중요한 의의를 가지는 판결이다.

또한 미국의 Crocs 판결은 디자인을 전체로서 판단할 경우 침해가 성립함에도 불구하고 언어적 묘사verbal description를 기준으로 비침해라고 판단한 미국무역위원회ITC의 결정을 파기한 바 있다.(25)

ITC는 원고의 등록디자인에 대하여,(26) ① 개방구의 스트랩의 폭이 일정한 점, ② 스트랩이 발뒷굼치까지 연장된 점, ③ 신발천장면에 둥그런 구멍이 있고, ④ 구멍이 체계적으로 배치된 점 등과 같은 언어적 청구범위를 구성verbal claim construction한 다음, 이를 기준으로 아래 그림과 같은 피고들의 제품이 ① 개방구의 스트랩의 폭이 일정하지 않은 점, ② 스트랩이 발뒷굼치까지 연장되어 있지 않은 점, ③ 신발천장면의 구멍이 둥그런 형상이 아닌 점, ④ 구멍이 그물모양 등으로 배치된 점 등의 전부 또는 일부에 해당한다는 이유로 모두 원고 디자인과 유사하지 않다고 판단하였다.

피고들 제품의 디자인에 대하여,(27) CAFC는 이 사건이 상세한 언어적 묘사에 의존할 경우의 위험성을 보여준다고 설시하면서, 일부 특징에 초점을 맞춘 언어적 청구범위는 ITC로 하여금 디자인권을 전체로서 보지 못하게 하였다고 판시하였다.(28) CAFC는 원고 디자인권과 각 제품 디자인의 3면을 비교할 경우 선행디자인에 친숙한 일반관찰자는 피고 제품과 원고의 디자인권 간에 혼동을 일으킬 것으로 보이고, 만약 위와 같은 제품들의 디자인과 원고의 디자인을 섞어둔다면 일반 관찰자가 매우 신중하게 오랜 시간을 들이지 않고 원래 순서대로 맞출 수 있다고 확신하

(25) Crocs, Inc. v. ITC 598 F.3d 1294 (Fed. Cir. 2010).

(26) 원고의 등록디자인:

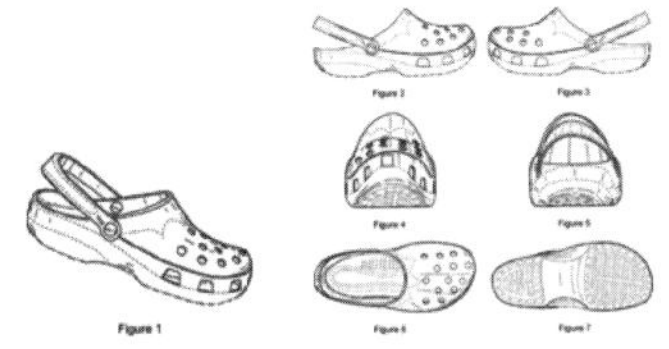

(27) 피고들 제품의 디자인:

(28) 또한 본 사안에서는 언어적 묘사에 의존한 문제점을 지적하면서, 언어적 묘사가 실제 도면과 다르게 이루어진 점도 문제로 지적되었다.

기 어렵다는 이유로 침해를 인정하였다.

또한 영국 대법원은 등록디자인의 유효성 및 등록디자인권의 침해 여부가 문제된 P&G 및 Reckitt Benckiser 간의 소송에서, '언어' 그 자체로는 디자인이 갖고 있는 고유의 특징을 정확히 묘사하기에는 불충분하며, 가장 중요한 것은 디자인이 어떻게 '보이느냐'는 것이라고 설시하였다.(29)

영국 항소법원Court of Appeal은 삼성전자와 애플 간 디자인권 침해소송에서 '법관 자신의 눈으로 보는 것이 중요하다'는 점, '중요한 것은 (눈으로 확인할 수 있는) 디자인의 전체적인 인상이지, 각 디자인의 특징을 분해하고 언어화하는 것이 결코 아니라'는 점을 분명히 하였다. 나아가 이 판결에서 영국 항소법원은 디자인을 섣불리 언어화할 경우, 디자인 유사 판단 시 경계해야 하는 '디자인의 일반화' 문제를 초래할 수 있다는 점, 즉 디자인의 언어화는 해당 디자인을 지나치게 일반화할 수 있다는 점을 지적하였다.(30) 또한 영국 항소법원은 다이슨과 백스 간 디자인권 침해소송에서, 디자인의 특징을 파악하고, 이들 각각을 일반적인 언어로 바꾼 후, 그 각각을 마치 특허 청구항의 구성요소들처럼 취급해서는 안 된다는 점도 분명히 설시하였다.(31)

영국 1심법원High Court은 등록디자인의 유효성 및 등록디자인권의 침해 여부가 문제된 로론 등과 터프메크 간 소송에서, 각 디자인의 특징을 언어로 표시하는 것이 가능하기는 하나, 이는 매우 무의미한 것인바, 언어적으로 표현한 특징이 유사하다고 하여, 양 디자인의 전체 인상이 유사하다는 의미는 아니기 때문이라고 지적하였다.(32)

독일 연방대법원Federal Court of Justice도 디자인의 유사성을 판단하기 위해서는 단지 디자인의 특징을 언어적으로 묘사하는 것으로는 안 되고, 디자인의 전체적인 인상을 비교해야 한다고 지적하면서, 디자인의 특징 묘사에만 기초하여 디자인의 유

(29) Rolawn Limited & Rolawn (Turf Growers) Limited v Turfmech Machinery Limited [2008] EWHC 989, para. 3.

(30) Samsung Electronics (UK) Limited v Apple Inc [2012] EWCA Civ 1339, para. 28.

(31) Dyson Limited v Vas Limited (2011) EWCA Civ 1206, para. 30.

(32) Rolawn Limited & Rolawn (Turf Growers) Limited v Turfmech Machinery Limited [2008] EWHC 989, para. 126.

사성을 평가한 원심을 파기한 바 있다.(33)

이와 같이, 영국 및 독일 법원들은 '눈'에 보이는 전체적인 인상을 기준으로 디자인의 유사성을 판단하여야 하고, 양 디자인을 추상화된 언어로 변환한 후 비교해서는 안 된다는 법리를 이미 명확히 정립하고 있다.

2. 전체관찰의 원칙 및 요부판단의 관계: 요부 판단은 필요한가?

(1) 전체관찰의 원칙

대법원은 디자인의 유사 여부는, 이를 구성하는 각 요소를 분리하여 개별적으로 대비할 것이 아니라 그 외관을 전체적으로 대비 관찰하여 보는 사람으로 하여금 상이한 심미감을 느끼게 하는지의 여부에 따라 판단하여야 하므로 그 지배적인 특징이 유사하다면 세부적인 점에 다소 차이가 있을지라도 유사하다고 보아야 한다고 하여(대법원 2007. 1. 25. 선고 2005후1097 판결, 대법원 2001. 6. 29. 선고 2000후3388 판결 등 참조), 이른바 '전체관찰의 원칙'을 취하고 있다.

그리고 이러한 전체관찰의 주체는 '일반수요자'로서, 일반수요자의 입장에서 심미감에 차이를 생기게 하는지 여부를 기준으로 판단되어야 한다(대법원 1986. 2. 25. 선고 85후85 판결, 대법원 1994. 10. 14. 선고 94후1206 판결 등).

디자인권이 시각적 형태에 관한 권리라는 점을 고려할 때 전체관찰의 원칙은 디자인의 유사 판단의 유일한 원칙으로 보아야 하며, 지배적 특징(요부)을 추출하여 이를 중심으로 판단하는 이른바 요부관찰의 원칙은 전체관찰 원칙을 보완하기 위한 여러 가지 부수적인 기준에 불과하다고 보아야 할 것이다. 또한 유사의 폭을 넓게 인정하는 참신한 디자인에 해당하는지 여부에 대한 판단기준도 전체관찰의 원칙을 보완하는 하나의 기준에 불과한 것으로 보아야 할 것이다.

(2) 미국의 Egyptian Goddess 판결

CAFC의 Egyptian Goddess 판결은 그때까지 디자인 유사 판단의 법리로 인

(33) German Federal Court of Justice (Bundesgerichtshof (BGH)), judgment of 15 February 2001 file number I ZR 333/98 Seating–Lying–furniture Rolawn, p. 6; German Federal Court of Justice (Bundesgerichtshof (BGH)), judgment of 13 July 2000 file number I ZR 219/98 3–spokes–rimwheel, p. 5.

정되어 온 일반 관찰자 테스트ordinary observer test 및 신규사항 테스트point of novelty test 중에서 일반 관찰자 테스트만이 유일하고 적절한 판단방법이라고 인정하면서 신규사항 테스트를 폐기하였다. 여기서, 일반 관찰자 테스트란 선행디자인을 인식하고 있는 일반 관찰자가 양 디자인을 전체로서 관찰하며, 이때 양 디자인을 혼동할 가능성이 있는지를 판단하는 방법이며, 신규사항 테스트란 선행디자인에서 공지되지 않은 등록디자인만의 신규사항(34)을 추출한 다음, 침해품의 디자인이 그러한 신규사항에 해당하는지를 판단하는 방법이다. 일반 관찰자 테스트는 전체관찰 원칙, 신규사항 테스트는 요부관찰 원칙과 사실상 동일하다.

Egyptian Goddess 판결에서 신규사항 테스트를 폐기하고 일반 관찰자 테스트를 유일한 방법으로 채택한 이유는 아래와 같은바, 이는 많은 시사점을 준다.

① 일반 관찰자 테스트가 과거 판례와도 부합하며 논리적으로도 타당하다. 즉, 일반 관찰자 테스트는 선행디자인을 고려한 맥락 위에서 양 디자인을 비교한다는 점에서 참조기준frame of reference를 제공한다.

② 신규사항이라고 주장되는 특징이 여러 개일 경우 신규사항 테스트를 적용하는 것이 어렵다.

③ 디자인이 신규할수록 신규사항이 많은데, 오히려 이러한 경우 등록 디자인으로부터 다수의 신규사항을 모방하고, 등록 디자인과 전체적으로 동일한 외관을 가짐에도 침해자(피고)가 모든 신규사항을 모방하지 않았다는 이유로 비침해라고 주장하게 되는 경우가 있을 수 있다. 이러한 사안에 있어서는 선행디자인을 아는 일반관찰자가 어떻게 등록 및 침해 주장 디자인의 차이를 보는가로 판단하는 것이 디자인권 보호의 목적에 합당하다.

④ 선행디자인과 다른 디자인으로 보이게 만드는 특징에 집중하자는 신규사항 테스트의 목적은 일반 관찰자 테스트로도 동등하게 제공된다.

⑤ 신규사항이라는 이유로 중요하지 않은 차이에 과도하게 의미를 부여하게 되는 리스크를 줄일 수 있다.

⑥ 신규한 특징들을 조합combination한 경우, 이러한 조합이 신규사항에 해당하는지에 관한 논란을 피할 수 있다.

(34) 신규사항(point of novelty)은 특정한 구성요소일 수도 있고, 공지된 구성요소의 조합(combination) 그 자체에 해당할 수도 있다. 단, 후자일 경우에는 조합 자체가 사소하지 않은 진보성(non-trivial advance)이 있어야 한다.

고등법원 판결의 논리는 이 사건 디자인2의 특징 ①, ②, ③을 개별적으로 비교하여 미쓰비시 디자인에는 나타나지 않는 특징 ②만을 분리해 낸 다음 침해제품과 비교하는 방법을 취하였는바, 바로 미국에서 폐기된 위 신규사항 테스트의 논리에 입각해 있다. 그러나 Egyptian Goddess 판결에서 지적한 바와 같이 신규사항 테스트는 전체관찰의 원칙의 취지에 부합하지 않고 오히려 왜곡된 결과를 초래할 수 있다는 점에서 타당하지 않으며, 고등법원 판결이 바로 그러한 예를 단적으로 보여 주고 있다.

이와 관련하여, 영국 항소법원U.K. Court of Appeal은 삼성과 애플 간 디자인권 침해소송에서 명확히 '전체관찰'의 원칙을 취하고 있으며, 디자인을 특징 별로 나누어 판단하는 것을 매우 경계하고 있다.(35) 특히 위 판결에서 영국 항소법원은 선행디자인의 특징들을 골라내어, '저 제품은 저런 특징이 있군, 이 제품은 이런 특징이 있군, 저 제품은 또 저런 특징도 있군, 그러니까 저런 특징들은 중요하지 않은 것들이군'과 같은 식의 판단방법은 법관으로서 절대 채용하지 않아야 한다고 지적한 바 있다. 그런데 이러한 판단 방법은 바로 고등법원판결이 이 사건 심리에서 채택한 방법이고, 이는 다시 미국 Egyptian Goddes 판결에서 폐지된 신규사항 테스트에 해당한다고 할 것이다.

이와 관련하여, 유럽은 통상적 정보를 가진 사용자informed user 기준에 의하여 이 문제를 해결하고 있다. 유럽과 같이 디자인 판단주체로서 '통상적 정보를 가진 사용자'라는 기준을 명확히 할 경우, '전체관찰의 원칙'에 위배되는 방향으로 오남용될 수 있는 요부관찰이라는 원칙은 굳이 도입할 필요가 없다. 통상적 정보를 가진 사용자는 이미 자신의 머릿속에 있는 '기존 디자인의 총체'와 대비하여 해당 디자인의 개성이 특히 발현되어 있는 부분에 주목하면서 양 디자인을 '전체적'으로 관찰하여 디자인의 유사 여부를 판단할 것이기 때문이다.

3. 요부 참신성 판단과 특허법상 신규성 판단과의 차이점

신규성 판단은 선행문헌에 한번이라도 공지되었는지 여부를 기준으로 하는 데에 반해, 디자인의 참신성은 여러 선행디자인과 사실관계를 고려하여 종합적으로 판단해야 하는 사항에 해당한다. 따라서 만약 등록디자인과 유사한 디자인이 100

(35) Samsung Electronics (UK) Limited v Apple Inc [2012] EWCA Civ 1339, para. 27 참조.

년 전에 존재하였다고 하더라도 그 후 100년 동안 전혀 다른 형태의 디자인만 존재하였다고 한다면 그 등록디자인은 참신성이 있다고 보아야 할 것이다. 이는 참신성 여부의 판단이 단순히 기존에 동일한 것이 존재하였는지의 문제가 아니라 당해 디자인을 보았을 때 수요자가 어떻게 인식하는지 및 수요자가 느끼는 심미감의 문제이기 때문이다.

따라서 미쓰비시 디자인이 이 사건 디자인2의 참신성을 부정할 수 있는 선행디자인이라고 보기도 어렵지만, 만약 고등법원에서 이 사건 디자인2의 참신성을 부정하려면 고등법원에서 제출된 다른 디자인들의 특징도 종합적으로 고려하여 판단하였어야 한다.

참신성의 판단과 관련하여 일본 도쿄고등재판소 2000. 9. 27.자 평성12년(행케) 제124호 판결에 주목할 필요가 있다. 본 사건은 원고C의 수로관 덮개그레이팅, 溝蓋용 격자에 관한 등록의장X에 대하여 피고D(무효심판청구인)의 등록의장Y를 인용의장으로 하여 양자가 유사하다는 점을 이유로 등록의장X를 무효로 한 특허청 심결의 취소를 구한 심결취소소송사건의 판결이다.(36)(37)

일본 특허청 심결에서는 수로관 덮개용 격자가 지금까지 I형 또는 T형으로만 존재하였다고 하면서 Y자형의 형태는 등록의장Y(인용의장)의 출원 전에 존재하지 않았던 새로운 형태로서 등록의장Y(인용의장)에서만 볼 수 있는 각별한 특징으로서 형태 전체의 기조를 결정짓는 것이라고 인정한 다음 이러한 기본적 구성태양이 양 의장의 유사 판단을 좌우하는 지배적 요소가 된다고 보았다. 그리고 이러한 지배적 요소의 공통점은 그 외 구체적인 공통점과 어우러져 유사한 인상을 야기한다고 하

(36) 본 소송의 취소대상이 된 무효심판은 피고D(권리자)가 원고C(침해자)에 대하여 등록의장Y에 기초하여 의장권 침해소송을 제기하였고, 그 소송의 계속 중에 침해대상물건에 사용된 의장X가 등록되었기 때문에 침해자C의 등록의장X에 대하여 피고D(권리자)의 등록의장을 인용의장으로 주장하면서 무효심판을 제기한 심판사건이다. 즉, 본건은 형식상으로는 무효심결의 취소소송이지만, 등록의장Y와 등록의장X의 유사 여부가 문제가 되었으므로(등록의장Y가 등록의장X와 유사하다면 등록의장Y를 인용의장으로서 등록의장X가 무효로 됨) 그 본질은 권리자가 침해자에 대하여 제기한 침해소송이라고 할 것이다.

(37)

원고C(침해자)의 등록의장X	피고D(권리자)의 등록의장Y(인용의장)

여 양 의장을 유사한 것으로 판단하고 피고가 신청한 무효심판 청구를 인용하였다.

원고C는 위와 같은 무효심결에 대하여 취소소송을 제기하였고, 미국 특허공보 2건을 제시하면서(38) 등록의장Y(인용의장)의 Y자 형태가 그 출원 전에 존재하지 않은 새로운 태양이 아니라고 하면서, Y형의 기본적 구성태양이 양 의장의 유사 판단을 좌우하는 지배적 요소로서 양 의장을 유사한 것으로 판단한 심결에는 취소사유가 있다고 주장하였다.

도쿄고등재판소는 원고C의 주장에 대하여 '피고의 Y형 인용의장이 그 출원 전에 존재하지 않았던 새로운 형태'라고 설시한 심결문의 사실인정은 잘못된 것이라고 하면서도, Y형 태양이 등록의장Y(인용의장)과 등록의장X에 공통하는 기본적 구성태양이라는 점에는 당사자 간에 다툼이 없고 등록의장X 이전에 출원 전에 있었던 수로관 덮개용 격자 의장의 대부분은 그 기본적 전체 형상이 I자 또는 T자형이었던 점이 인정되므로,(39) 등록의장Y(인용의장)의 Y자형 태양은 그 자체가 신규한 것이 아니라고 하더라도 양 의장에 있어서 여전히 특징적인 태양이라고 할 수가 있고 각각 의장의 전체적인 기조를 결정짓는 것이라고 인정된다고 하면서 그 외 구체적인 공통점과 어우러져 등록의장X와 등록의장Y(인용의장)가 유사하다는 인상을 준다고 판단한 다음 원고C의 청구를 기각하였다.

나아가 영국 1심법원High Court은, 참신성은 신규성과 명확히 구별되는 개념이고, 그 판단에 고려해야 하는 선행기술도 각각 '기존 디자인의 총체' 및 '선행디자인'으로 명백히 구별된다는 법리를 이미 명확히 정립하고 있다.

유럽공동체디자인보호법은 디자인의 법적 보호에 관한 유럽연합 지침의 규정을 서두에 인용하고 있는데, 그 전문 제14항은 디자인의 개성을 평가함에 있어 다

(38) 원고C가 제시한 미국의 특허공보 도면들:

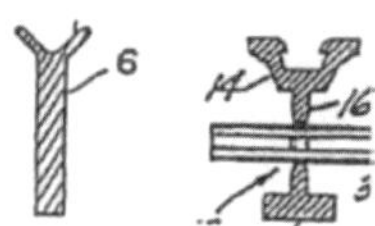

(39) 원고의 등록의장 출원 전에 존재한 수로관 덮개용 자재 의장:

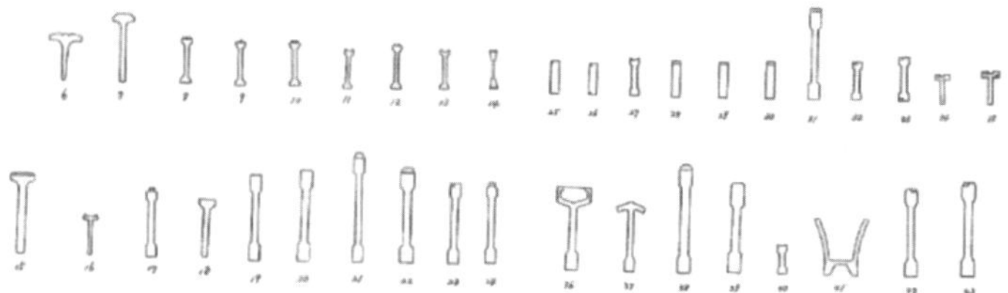

음과 같이 규정한다: "디자인이 개성을 가지는가에 대한 평가는 그 디자인이 적용되거나 그 디자인이 화체된 제품의 성질 및 그 제품이 속하는 구체적인 산업 분야, 그리고 그 디자인을 개발한 디자이너의 자유도를 고려하여, 그 디자인을 보는 통상의 지식을 가진 사용자에게 기존 디자인의 총체에 의해 느껴지는 인상과 전체적으로 다른 인상을 주는가를 기초로 하여야 한다."(40) 또한 유럽공동체디자인보호법 제10조는 다음과 같다: "제10조 1. 공동체 디자인의 보호범위는 통상적 정보를 가진 사용자에게 그 디자인과 전체적으로 다른 인상을 주지 않는 범위에서 권리가 미친다."(41)

이에 따르면, 해당 디자인의 개성individual character은 '기존 디자인의 총체'existing design corpus와 비교하여 통상의 지식을 가진 사용자에게 전체적으로 다른 인상을 주는지에 따라 결정되고, 이는 결국 등록디자인의 권리범위 판단으로 이어지는 바, 이때 디자인의 개성은 우리 판례상 디자인 유사범위의 폭을 결정짓는 '참신성'과도 유사한 개념으로 생각해 볼 수 있다.

이와 관련하여, 영국 1심법원High Court은 마그마틱과 PMS 간 디자인 침해소송에서 '디자인의 총체'가 구체적으로 어떤 의미를 갖는지를 다루었다.(42) 이 사건에서는 '단 하나의 선행디자인'이 과연 디자인의 참신성 판단 시 고려되는 '기존 디자인의 총체'에 포함될 수 있는지가 문제되었다. '기존 디자인의 총체'가 구체적으로 문제된 국면은 다음과 같다: 각주의 사진에서(43) [A]는 마그마틱의 등록디자인,

(40) Recital 14 ("The assessment as to whether a design has individual character should be based on whether the overall impression produced on an informed user viewing the design clearly differs from that produced on him by the existing design corpus, taking into consideration the nature of the product to which the design is applied or in which it is incorporated, and in particular the industrial sector to which it belongs and the degree of freedom of the designer in developing the design.").

(41) Article 10 ("1. The scope of the protection conferred by a Community design shall include any design which does not produce on the informed user a different overall impression.").

(42) Magmatic Limited v PMS International Limited [2013] EWHC 1925, 2013. 7. 11.

(43) [A] [B] [C] [D]

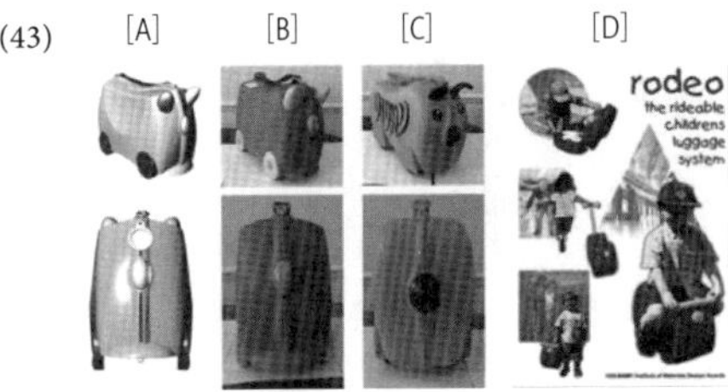

[B]는 등록디자인에 따라 마그마틱이 생산한 실제 여행가방, [C]는 PMS가 생산한 여행가방(침해품), 그리고 [D]가 문제된 선행 디자인이다. 관련 제품은 여행용 가방으로, 3~6세의 아이들이 장난감 말처럼 타고 다닐 수 있도록 디자인되어 있다.

본 사안에서 [D]와 같은 선행디자인은 이 사건 등록디자인 출원 전 단 1건만이 발견되었다. 그런데 만약 등록디자인 [A]의 참신성을 판단함에 있어, 선행디자인 [D]가 '디자인의 총체' 에 포함된다고 해석될 경우 등록디자인 [A]의 참신성은 약해질 것인 반면, 선행디자인 [D]가 '디자인의 총체' 에 포함되지 않는다고 해석될 경우 마그마틱의 등록 디자인의 특징이나 참신성은 뚜렷해진다.

이와 관련하여 침해자로 지목된 PMS는, 공지된 선행 디자인은 모두 '디자인의 총체'에 포함되기 때문에, 희귀한 디자인인지, 비밀로 유지된 디자인인지를 불문하고 선행디자인 [D]는 '디자인의 총체'에 포함된다고 주장하였다. 반면, 권리자인 마그마틱은 '디자인의 총체'는 일반 수요자에게 친숙한 디자인으로 이루어진 것으로, 매우 희귀한 디자인들은 '디자인 총체'에서 제외된다고 주장하였다. 마그마틱의 주장은 수요자들에게 친숙하지 않은 희귀한 디자인은 신규성 판단 시 선행디자인으로는 고려될 수 있다고 하더라도, 그 디자인의 참신성을 평가함에 있어 고려되는 '디자인의 총체'에는 포함되지 않는다는 취지였다.

이에 대하여 영국 1심법원High Court은 "선행디자인 [D]는 이미 공지된 디자인이나, 상대적으로 거의 알려지지 않았기 때문에 통상적 정보를 가진 사용자informed user가 알고 있는 '디자인의 총체'를 구성하지는 않는다."라고 판시하였다. 영국 1심법원은 마그마틱의 등록디자인 [A]의 참신성을 인정하고, 이에 따라 그 권리범위 역시 넓게 인정하여 PMS의 실시디자인 [C]가 마그마틱의 등록디자인 [A]의 권리범위에 포함된다고 보았다.

한편, 영국 1심법원High Court이 삼성과 애플 간 디자인권 침해소송에서 '디자인의 총체'에 근거하여 디자인의 특징을 파악함에 있어 선행디자인들을, ① 완전히 새로운 것인지, ② 완전히 새롭지는 않으나 상당히 희귀한 것인지, ③ 상당히 찾아볼 수 있는 디자인이나 동종 제품에서 항상 발견되는 것은 아닌지, ④ 해당 제품에 항상 포함되는 것인지 등 수요자의 친숙도에 따라 나누어 고려해야 한다고 판시했다는 점도 주목할 필요가 있다.(44)

이와 같이, 영국 1심법원은 참신성은 신규성과 명확히 구별되는 개념이고, 그

(44) Samsung Electronics (UK) Limited v Apple Inc [2012] EWHC 1882 (Pat), para. 52.

판단에 고려해야 하는 선행기술도 각각 '기존 디자인의 총체'와 '선행디자인'으로 명백히 구별된다는 법리를 선언하고 있다.

나아가 유럽연합법원Court of Justice of the European Union은 '통상의 정보를 가진 사용자'를 평균적인 소비자와 해당 분야의 전문가 사이에 있는 자로 상정하고 있다. 유럽연합법원은 등록디자인의 유효성 여부가 문제된 펩시와 그루포 프로머 몽 그래픽 간 소송에서, 통상의 정보를 가진 사용자란 평균적인 소비자와 해당 분야의 전문가 사이에 있는 자로, 해당 디자인 분야에 존재하는 다양한 디자인을 알고 있고, 해당 디자인들에 통상적으로 포함되는 특징들에 대해 어느 정도의 지식을 갖고 있는 자라고 설시한 바 있다.[45]

이에 따르면, 해당 분야의 전문가 수준에 이르지 못한, 통상의 정보를 가진 사용자가 '기존 디자인의 총체'에 포함되지 않는 매우 희귀한 디자인까지 모두 알고 있을 것까지는 기대할 수는 없다 할 것이다.

Ⅳ 결론

디자인은 시각을 통하여 미감을 일으키는 '유형물'에 대한 것이라는 점에서 눈으로 보이지 않는 '무형의 기술'을 대상으로 하는 '발명'과는 근본적으로 구별된다. 현재 세계 각국의 법원에서는 '기술'과는 다른 '디자인' 특유의 법리를 연구하고, 이에 대한 많은 선례들을 내어놓고 있고, 학계에서도 진지한 토론과 논의가 뜨겁게 이어지고 있다. 대한민국에서의 디자인의 중요도에 걸맞게, 디자인 특유의 쟁점에 대한 법리나 선례가 보다 더 명확하게 확립되어야 할 것이다.

(45) PepsiCo v Grupo Promer Mon Graphic (Intellectual Property) [2012] FSR 5, para. 53 참조.

3-4

디자인 유사 판단에서 기능을 확보하는 데 필요한 부분의 평가

대법원 2010. 7. 22. 선고 2010후913 판결*

| **박태일** | 서울중앙지방법원 부장판사

I 사건의 개요

1. 판단대상이 된 디자인들

대법원 2010. 7. 22. 선고 2010후913 판결(이하 '대상판결'이라 한다)에서는 젓가락 사용법 교육용 젓가락의 형상과 모양에 관한 디자인의 유사 여부가 다루어졌다.(46) 이 사건 등록디자인은 원고가 2002. 1. 14. 출원하여 2002. 12. 24. 등록받은 것으로서 젓가락의 형상과 모양을 디자인 창작의 내용으로 한다. 확인대상디자인은 원고가 피고의 실시품을 특정한 것이고, 비교대상디자인 1, 2, 3은 모두 이 사

* 이 평석은 2015. 9. 19. 디자인법연구회에서 발표하고 논문 형식으로 다듬어 Law&Technology(제13권 제1호), 서울대학교 기술과법센터(2017), 61면 이하에 게재한 글을 축약하여 재작성한 것임을 밝힌다.

(46) 대상판결이 아주 최근의 판결은 아니지만, 디자인 유사 판단에서 기능을 확보하는 데 필요한 부분을 어떻게 평가할 것인가라는 매우 중요한 문제를 안고 있는 사안에 관한 판결이고, 대법원 판결로 선고된 디자인 사건이 많지 않은 우리 현실에서 쉽게 발견하기 어려운 사례이므로 평석 대상으로 선택하였다.

건 등록디자인의 출원 전에 공지된 젓가락의 형상과 모양에 관한 디자인이다.(47)

2. 사건의 진행경과

(1) 특허심판원의 심결

이 사건 등록디자인 권리자의 적극적 권리범위확인심판 청구에 대하여 특허심판원은 아래와 같은 이유로 기각하는 심결을 하였다(특허심판원 2009. 8. 17.자 2008당3118 심결).

① 이 사건 등록디자인과 확인대상디자인을 대비하여 서로 유사한 부분인 손가락 삽입부는 젓가락질 교정용 젓가락으로서 당연히 있어야 할 부분으로 기본적이고 기능적인 부분이고, 전체적인 심미감에 크게 영향을 미치는 부분이 아니며, 이 사건 등록디자인의 출원 전에 비교대상디자인 1, 2에 의하여 공지된 부분이므로 디자인 유사 여부를 판단함에 있어 그 중요도를 낮게 평가하여야 한다.

② 일반 수요자의 주의를 가장 끌기 쉬운 부분인 캡 부분의 차이점과 몸체 끝의 형상과 모양의 차이점으로 인하여 확인대상디자인은 이 사건 등록디자인과 유사하지 않다.

(2) 원심의 판단

이에 권리자가 원고로서 심결취소의 소를 제기하였는데, 특허법원은 아래와 같은 이유로 심결을 취소하였다(특허법원 2010. 2. 12. 선고 2009허6670 판결).

① 이 사건 등록디자인과 확인대상디자인은 각 손가락 삽입부의 상대적인 배치와 각도 및 형태가 동일하거나 극히 유사하고, 이러한 유사 부분이 비교대상디자인 1, 2에 의하여 공지되었다거나 물품의 기능 확보를 위하여 선택가능한 대체적인 형상이 없는 불가결한 형상에 해당되지 않는다.

(47)

이 사건 등록디자인	확인대상디자인	비교대상디자인 1	비교대상디자인 2	비교대상디자인 3
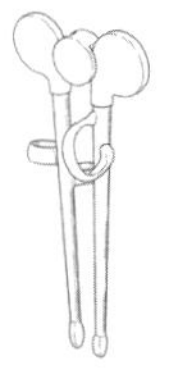		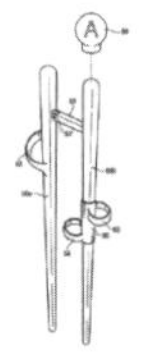	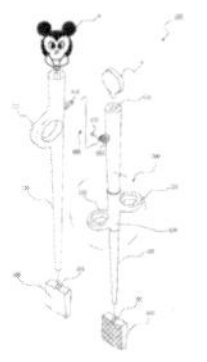	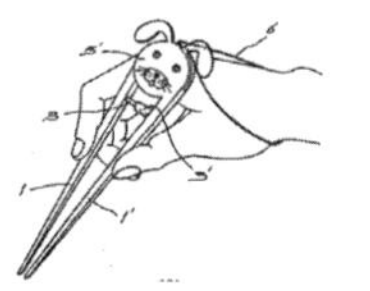

② 이 사건 등록디자인과 확인대상디자인에서 차이가 나는 부분은 손가락 삽입부가 부착된 젓가락을 제조하는 분야에서 통상의 지식을 가진 자가 용이하게 변경하여 적용할 수 있는 상업적, 기능적 변형에 불과하여 전체적인 심미감에 차이가 없으므로,(48) 결국 확인대상디자인은 이 사건 등록디자인과 유사하다.

Ⅱ 판시(파기 환송)

양 디자인은 젓가락 몸체에 형성된 손가락 삽입부의 배치 위치와 방향 및 형상, 평면에서 본 각도 등에서 유사하고, 위와 같은 손가락 삽입부의 유사점은 그것이 비교대상디자인들에 그대로 나타나 있다거나 물품의 기능 확보를 위하여 필요한 부분에 불과하다고 볼 수 없어 그 중요도를 낮게 평가할 수는 없다. 그러나 이 사건 등록디자인과 확인대상디자인의 캡 부분은 젓가락에서 흔히 있는 형상이 아니고 수요자에게도 잘 보이는 부분이어서 보는 사람의 주의를 가장 끌기 쉬운 부분으로 양 디자인의 요부 중 하나에 해당한다 할 것인데, 캡 부분의 형상에서 현저한 차이가 있고, 그 밖에 몸체 끝부분에서도 차이가 있으며, 이러한 형상의 차이는 전체적인 심미감에 큰 차이를 가져올 정도이다. 따라서 양 디자인은 위와 같은 손가락 삽입부의 유사점에도 불구하고 전체적으로 대비 · 관찰하면 보는 사람으로 하여금 상이한 심미감을 느끼게 하므로, 확인대상디자인은 이 사건 등록디자인과 동일 · 유사하지 아니하여 이 사건 등록디자인의 권리범위에 속하지 아니한다.(49)

(48) 원심판결은 이 부분 판단과 관련하여 "등록디자인과 확인대상디자인이 부분적으로 차이가 있으나 그 차이점들이 당해 분야에서 통상의 지식을 가진 자라면 용이하게 창작할 수 있는 이른바 상업적, 기능적 변형에 불과한 것이라면 전체적인 심미감에 차이가 없어 유사한 것이다."라는 대법원 1999. 10. 8. 선고 97후3586 판결의 법리를 참조하고 있다.

(49) 환송 후 특허법원 2010. 9. 9. 선고 2010허5680 판결이 같은 취지로 선고하여 확정되었다.

평석

1. 문제의 소재

대상판결의 사안에서 확인대상디자인이 이 사건 등록디자인의 '손가락 삽입부'를 모방한 것이라는 점은 부인하기 어렵다.[50] 다만, 확인대상디자인은 캡 부분에 공지된 캐릭터를 부가하고, 젓가락 몸체 하단 부분에 미세한 변화를 준 것으로 파악된다.

그런데 손가락 삽입부에 의하여 양 디자인의 대상 물품이 특히 어린이에게 젓가락 사용법을 교육시키거나 젓가락질이 미숙한 사람이 젓가락 사용법을 교정하는 용도 등으로 사용될 수 있다고 할 것이므로, 손가락 삽입부는 디자인 대상 물품의 기능을 확보하는 데 필요한 부분이라고 볼 수 있다. 이에 대하여 원고는 이 사건 등록디자인의 손가락 삽입부의 구체적인 형태는 젓가락 사용법 교정에 가장 적합한 형태를 오랜 연구개발 끝에 찾아내어 이를 미감을 가진 형태로 구현한 것이어서 기능미가 매우 뛰어난 부분으로 그 중요도를 높게 평가하여야 한다는 취지로 주장한다. 반면, 피고는 이 사건 등록디자인과 확인대상디자인의 서로 유사한 부분인 손가락 삽입부는 기능상 필요한 부분에 불과하여 디자인 유사 판단에서 그 중요도를 낮게 평가하여야 한다고 주장한다.

그리고 이 사건 등록디자인의 캡 부분은 공지된 '미키마우스 캐릭터'의 귀 부분을 연상시키는 점, 이 사건 등록디자인의 등록의장공보 중 의장의 설명란에는 "상단에 형성된 넓은 부분에 만화 캐릭터 등을 부착하여 어린이들에게 젓가락 사용에 대한 친근감을 갖도록 하는 것"이라고 기재되어 있는 사정이 있다.

여기서, 이 사건 등록디자인의 전체적인 형상과 모양 가운데 가장 특징적인 부분은 손가락 삽입부이고, 나머지 부분은 공지된 캐릭터를 부가하거나 미세한 변화를 주는 정도여서 중요도가 낮다고 본다면, 양 디자인은 유사하다고 할 것이다. 반대로 손가락 삽입부는 대상 물품이 기능을 확보하는 데 필요한 부분이어서 디자인으로서의 중요도가 낮다고 본다면, 비록 이 부분을 모방하더라도 다른 부분에서 변경이 이루어지는 이상 전체적으로 비유사한 디자인이라고 보게 될 것이다.

만일 이 사건 등록디자인이 손가락 삽입부에 대해서만 권리범위로 요구하는

(50) 원심은 이 사건 등록디자인의 손가락 삽입부가 비교대상디자인 1, 2에 의하여 공지된 것이 아니고, 물품의 기능을 확보하는 데에 불가결한 형상도 아니며, 이 사건 등록디자인과 확인대상디자인의 손가락 삽입부는 동일하거나 극히 유사하다고 판단하였고, 이 부분은 상고심에서도 유지되었다.

부분디자인 등록을 받았다면,(51) 부분디자인으로 등록받지 않은 캡 부분과 젓가락 몸체 하단 부분의 형태에 대해서는 고려하지 않고 등록받은 손가락 삽입부와 동일하거나 유사한 부분디자인을 포함하고 있으면 부분디자인의 디자인권의 효력이 미친다고 해석할 수 있을 것이다. 그러나 부분디자인으로 등록받지 않았다고 하더라도 손가락 삽입부의 중요도 평가에 의하여 전체디자인의 권리범위 판단을 탄력적으로 할 수는 없는 것인지가 문제된다. 이러한 요구는 이 사건 등록디자인의 요체가 결국 손가락 삽입부에 있음에도 캡 부분에 공지된 다른 캐릭터를 부가하는 등의 변형만 가하면 얼마든지 이 사건 등록디자인의 권리범위를 벗어날 수 있다고 보는 것이 타당한가라는 의문으로부터 제기된다.

원심판결은 이러한 요구를 고려하여 양 디자인이 유사하다고 판단한 반면, 대상판결은 공지의 캐릭터 부분도 요부에서 제외할 수 없고 이 부분이 디자인 전체적인 심미감에 적지 않은 영향을 미칠 것이므로 비유사로 보아야 한다는 결론으로 이해된다.

이에, 이하에서 우리 디자인보호법상 디자인의 성립요건인 '심미성'의 의미와 디자인 유사 판단의 기준에 관한 우리 대법원 판례의 태도를 살펴보고, 이러한 판례의 흐름 속에서 대상판결 사안의 바람직한 결론을 고민해 보고자 한다.

2. 디자인 성립요건으로서의 심미성의 의미

(1) 규정의 연혁과 취지

디자인보호법은 디자인의 성립요건의 한 가지로 '미감을 일으키게 하는 것'이라는 요건을 정하고 있다. 이를 일반적으로 심미성 또는 미감성 요건으로 부른다. 1961. 12. 31. 법률 제951호로 제정된 구 의장법 제2조는 '등록의 대상'에 관하여 "물건의 형상, 모양이나 색채 또는 이들이 결합한 것이 산업에 이용할 수 있는 신규

(51) 부분디자인제도는 독립거래가 가능한 물품의 전체에 관한 디자인 중 일부분에 대해서만 디자인권의 권리범위로 요구하는 것을 허용한 제도, 즉 독립거래가 가능한 물품의 전체디자인 중 일부디자인에 대해서는 권리로 요구하지 않는 권리불요구(Disclaimer) 제도로서의 성격을 가진다[조국현, 의장법, 법경사(2002), 340면]. 2001. 2. 3. 법률 제6413호 개정(2001. 7. 1. 시행) 전까지는 디자인보호법(당시 법 명칭으로는 의장법) 제2조 제1호에서 물품의 부분에 관한 규정을 두지 않았으므로 위 규정의 물품은 그 자체로 독립거래의 대상이 되는 것만으로 이해되었으나, 위 개정으로 제2조 제1호의 디자인을 구성하는 물품의 정의에 물품의 부분이 포함된다고 규정함으로써 부분디자인제도를 도입하였다.

한 의장을 고안한 자는 그 고안에 대하여 의장등록을 받을 수 있다."고 하여 심미성에 관한 규정을 두고 있지 않았다. 이후 1973. 2. 8. 법률 제2507호로 전부개정된 구 의장법 제4조가 '의장의 정의'에 관하여 "이 법에서 의장이라 함은 물품의 형상 · 모양이나 색채 또는 이들을 결합한 것으로서 시각을 통하여 미감을 일으키게 하는 것을 말한다."고 하여 비로소 심미성에 관하여 규정하였고, 이후 이러한 규정이 이어져 오고 있다.

디자인보호제도는 물품의 상품가치를 높여 당해 물품에 대한 수요의 증대를 통해 산업발전에 이바지함을 목적으로 하므로, 디자인 성립요건으로서의 심미성의 요구는 이러한 디자인보호제도의 목적을 달성하기 위한 것이라고 이해되고 있다. 만약 디자인의 성립에 심미성을 요하지 않는다면, 물품의 외관을 구성하는 형태 모두가 디자인보호법상의 디자인으로 성립할 수 있게 되고, 결국 하등의 미적 가치가 없거나 그 형태로 인한 수요의 창출 기여가 전혀 없는 것에까지 디자인권을 인정하는 결과로 되어 디자인보호법의 입법목적과 맞지 않게 될 뿐만 아니라 특허법 · 실용신안법 등 다른 법역의 보호객체와 준별할 수도 없게 된다.(52) 이에 디자인의 성립요건으로서 심미성을 요구하는 것이다.

(2) 미감의 의미

미감의 의미에 관하여는 명문으로 정의 규정을 두지 않았던 1961년 제정 의장법 시절부터 현행법에 이르기까지 ① 미학상의 미적Aesthetic 개념에 근거하여 디자인은 미를 느끼는 것이어야 하므로, 디자인으로 성립하기 위해서는 심미적 가치가 있어야 한다는 심미성審美性설, ② 미의 관념은 주관적인 것이고 누구나 공통된 미의 가치를 느끼는 것이 아니므로 디자인은 미학상의 미적 가치가 있어야 하는 것은 아니고 일반 수요자의 주의를 환기시킬 수 있도록 자극적이면 된다는 주의환기성注意喚起性설 또는 자극刺戟설, ③ 17세기말의 프랑스의 취미론이나 18세기 영국의 경험주의 미학에서 미적 경험의 주체가 취미Taste라고 인식한 데서 비롯되어, 디자인은 시각을 통하여 외관을 지각할 때 취미감(심미성설과 주의환기설의 중간적 입장으로서 단순히 주의를 환기시킬 정도의 것보다는 좀 더 높은 미감을 의미한다), 즉 물품의 외관으로부터 느끼는 특수한 감정(좋아하는 감정)이 있어야 한다는 취미성趣味性설, ④ 물품의 외관이 번잡감이 없고 일정한 통합과 질서가 있으며 통일되도록 처리되어 있어 미의 느낌을

(52) 노태정 · 김병진, 디자인보호법(3정판), 세창출판사(2009), 195–196면.

가질 수 있으면 디자인이 될 수 있다는 미적처리美的處理설 등이 제시되었다.(53)

또한 이와 관련하여 대법원 1966. 5. 3. 선고 63후30 판결은 "디자인의 유사 여부를 결정함에 있어서는 전체 대 전체의 관계에 있어서 보는 사람의 마음에 환기될 미감과 인상의 유사성 여부에 따를 것이며 그 심사에 있어서는 이른바 대비적 관찰에 의할 것이다."라고 판시하였고,(54) 대법원 1982. 6. 8. 선고 81후7 판결은 위 법리를 보다 발전시켜 "디자인의 본체는 이를 보는 사람의 마음에 어떤 미적 취미감을 환기시키는 것에 있는 것이므로 디자인의 유사 여부를 판단함에 있어서는 전체 대 전체의 관계에 있어서 보는 사람의 마음에 환기될 미감과 인상의 유사성 여부에 따라야 할 것"이라고 하여 취미성설의 입장으로 볼 수 있는 판시를 한 바 있다. 이후 대법원 1983. 6. 28. 선고 82후76 판결, 대법원 1984. 9. 11. 선고 83후56 판결, 대법원 1985. 10. 22. 선고 85후29 판결, 대법원 1985. 11. 26. 선고 85후38 판결,(55) 대법원 1986. 2. 11. 선고 85후56 판결, 대법원 1987. 11. 10. 선고 86후101 판결, 대법원 1991. 6. 11. 선고 90후1024 판결, 대법원 1995. 11. 21. 선고 94후920 판결, 대법원 1996. 6. 28. 선고 95후1449 판결, 대법원 1997. 3. 14. 선고 96후1019 판결 등도 같은 취지로 설시하고 있다. 그러나 위 96후1019 판결을 마지막으로 더 이상은 대법원이 이와 같은 설시를 하고 있지는 않고, 달리 디자인보호법상 미감의 의미에 관하여 설시한 판결을 찾아보기도 어렵다.

한편, 디자인심사기준은 '디자인의 심미성'이라는 표제 아래 "「미감을 일으키게 하는 것」이란 미적 처리가 되어 있는 것. 즉 해당 물품으로부터 미를 느낄 수 있도록 처리되어 있는 것을 말한다."라고 규정하면서, ① 기능 · 작용 · 효과를 주목적으로 한 것으로서 미감을 거의 일으키게 하지 않는 것, ② 디자인으로서 짜임새가

(53) 위 각 견해의 내용은 노태정 · 김병진, 앞의 책 196–198면; 송영식 · 이상정 · 황종환 · 이대희 · 김병일 · 박영규 · 신재호, 송영식 지적소유권법(상)(제2판), 육법사(2013), 953–954면; 특허청 국제지식재산연수원, 디자인보호법(2007), 154–155면에 소개된 내용을 종합하여 정리한 것이다. 아울러 위 각 견해는 일본에서의 논의가 우리나라에 영향을 주어 논의되고 있는 것이므로, 齊藤瞭二 저 · 정태련 역, 의장법, 세창출판사(1993), 162–166면도 함께 참고하였다.

(54) 위 판결을 나종갑, "Design 특허와 디자인의 기능성 : 미국특허법을 중심으로", 연세법학연구, 연세법학연구회, 제7집 제1권(2000), 372면 각주 77은 『우리 의장법상 "미감을 일으키게 하는 것"에 대하여 통설과 판례는 보는 사람에게 미적 인상을 주어 심미적 가치를 의미한다는 심미감(대법원 1966. 5. 3. 선고, 63후30 판결 참조)으로 해석된다고 한다.』고 평가하는 근거로 삼고 있다.

(55) 다만, 이 판결은 "디자인의 본체는 이를 보는 사람의 마음에 어떤 미적 심미감을 환기시키는 것에 있는 것"이라고 하여 '취미감' 대신 '심미감'이라는 용어를 사용하고 있다. 그러나 위 82후76 판결을 참조판결로 제시하고 있고, 그 법리의 내용도 취미감이라는 용어를 사용하고 있는 전후의 다른 판결들과 같은 취지이다.

없고 조잡감만 주는 것으로서 미감을 거의 일으키게 하지 않는 것은 미감을 일으키게 하지 아니한 것으로 본다고 정하고 있어,[56] 미적처리설에 따른 것으로 보인다.

살피건대, 인간은 미적인 것에 대해 쾌감을 느끼지만 그렇다고 해서 단지 아름답기만 하면 어떤 것이라도 디자인의 대상이 된다고 볼 수는 없고 더욱이 그것이 바로 산업입법의 보호대상이 될 수 있는 것도 아니므로, 디자인의 심미성과 미학적 평가가 반드시 일치될 필요는 없다고 할 것이다.[57] 디자인보호법상 미감의 의미에 관한 위와 같은 논의와 종전 판례의 태도, 디자인심사기준의 내용 등을 종합하여 볼 때, 디자인보호법상의 디자인은 그 디자인이 표현된 물품을 보는 사람으로 하여금 지금까지 볼 수 없었던 특수한 취미감, 유행감, 안전감 또는 편리감 등을 줄 수 있으면 족하고 반드시 미학적으로 높은 수준의 우아하고 고상한 것을 요구하는 것은 아니라는 정도로 이해하면 충분하다고 생각된다.[58][59] 특허법원도 미감을 이와 같이 이해하는 전제에서 실무를 운용하고 있는 것으로 보인다.[60] 다만, 디자인보호법상 미감은 위에서 본 시각성을 전제로 한 개념이므로, 청각이나 촉각 등 다른 감각이 아닌 시각을 통해서 얻을 수 있는 것이어야 한다.[61]

(56) 특허청예규 제99호(2017. 12. 19. 개정), 82면.

(57) 앞의 송영식 지적소유권법, 954면.

(58) 앞의 송영식 지적소유권법, 953-954면; 특허청 국제지식재산연수원, 앞의 책, 154-155면의 각 결론도 결국 이러한 취지로 이해된다. 다만 노태정 · 김병진, 앞의 책 198면은 심미성설이 가장 합리적이라는 입장을 취하고 있다.

(59) 한편, 미감의 의미에 관하여 우리나라와 마찬가지 논의가 이루어졌던 일본에서도 현재는 일본 의장법상의 '미'는 반드시 높은 수준의 우아한 아름다움을 요하지 않고, 위 법상 '미감'은 '아름다움'을 중심으로 하는 가치의식을 가리는 것이지만 여기에 한정되는 것은 아니며, 보다 널리 미적인 것 전체를 포함하여 이해되고 있다고 한다[滿田重昭 · 松尾和子 공편, 注解 意匠法, 青林書院, 2010, 123-124면(齊藤瞭二 집필부분)]. 일본 의장심사기준도 의장구성요건으로서의 미감에 관하여 '미술품과 같이 고상한 아름다움을 요구하는 것은 아니고, 어떠한 미감이든 일으키는 것이라면 족하다'는 취지로 규정하고 있어(일본 의장심사기준 1.1.1.4), 이와 같은 취지라고 한다(위의 책, 124면).

(60) 특허법원 지적재산소송실무연구회, 지적재산소송실무(제3판), 박영사(2014), 428면.

(61) 이에 대하여 안원모, "디자인보호법상의 디자인의 성립성 : 시각성 요건을 중심으로", 법학연구(제18권 제2호), 연세대학교(2008), 122-126면은 디자인보호법상 심미성이 반드시 시각성만을 전제로 한 것으로 볼 필요는 없고 최소한 촉각에 의하여 물품의 형태를 파악함으로써 얻어질 수 있는 미감도 포함하는 개념으로 이해함이 타당하다는 견해를 제시하고 있다. 이 견해는 나아가 형태성 요건에도 수정을 가하여 형상 · 모양 · 색채 또는 그 결합 외에 '질감'을 추가하는 것이 바람직하다고 주장한다. 경청할 만한 견해라고 생각된다. 다만 현재 우리 법률 규정 문언과 이에 기초한 실무가 시각성을 전제로 하여 전개되어 있으므로, 평석의 성격상 이 글에서 더 이상의 상세한 논의는 생략한다.

(3) 디자인의 본질에서 본 심미성의 범위

디자인의 본질을 어떻게 이해하느냐에 따라 디자인의 심미성의 범위가 달라질 수 있는데, 여기에는 크게 ① 실용품의 미적 창작은 사상 · 감정의 표현이 아니고 그 물품이 지닌 고유한 용도, 즉 기능을 해치지 않는 범위에서 하는 단순한 장식에 불과하므로, 물품에 복잡한 모양이나 장식을 붙여서 아름답게 보이도록 꾸미는 것을 디자인이라고 생각하는 장식주의, ② 수공업에 의한 제품의 생산시기를 넘어 기계에 의한 대량생산이 가능해짐에 따라 제품은 기능적으로 우수해야 좋은 제품이고 이를 위해서는 제품의 외형이 그 물품의 용도나 기능에 일치하여야 하므로, 제품의 기능에 부합되도록 외형을 디자인한 것이 좋은 디자인이고 무용한 장식은 가능한 한 제거하여야 한다고 보는 기능주의의 사상이 논의되어왔다.(62)

극단적인 장식주의를 따른다면 디자인보호법상 디자인의 대상물품으로 '산업기계, 건축재료, 나사, 못, 철사, 너트, 볼트' 등은 배제하게 될 것이고, 반면 기능미만을 디자인의 본질로 이해한다면 '직물지, 벽지, 포장지'와 같이 장식이 디자인의 요점을 이루는 물품은 디자인보호법의 보호대상이 아니라고 보게 될 것이다. 그러나 디자인보호법령은 디자인의 대상물품을 시행규칙에서 구체적으로 정하고 있었던 2009. 12. 30. 지식경제부령 제108호로 개정되기 전까지의 구 디자인보호법 시행규칙 별표4의 '물품의 구분'에서나, 위 2009. 12. 30. 시행규칙 개정으로 구체적인 물품의 구분표 내용을 특허청 고시로 정하게 된 2009. 12. 14. 특허청고시 제2009-39호 '디자인 물품 분류 구분' 이후에서나 일관되게 장식미가 가미될 여지가 없는 물품과 기능미가 가미될 가능성이 희박한 물품을 모두 포괄하여 디자인의 대상으로 정하고 있으므로, 디자인보호법의 태도는 장식미와 기능미를 모두 디자인의 본질로 파악하는 입장이라고 이해해야 한다. 따라서 디자인의 성립요건으로 요구되는 심미성에는 장식미와 기능미가 모두 포함된다고 할 것이다.

다만, 여기서 기능미란 어디까지나 외관에 변화가 있고, 그 변화에 따라 물품의 기능을 좋게 하는 경우를 말하는 것이지 아무리 기능을 좋게 하는 것이라도 외관상의 변화가 없는 것이거나 그 변화가 극히 미미하여 인식하기 어려운 경우에는 미감을 일으키게 하는 것이라고 할 수 없다.(63) 한편, 디자인의 형태가 기능은 물론

(62) 장식주의와 기능주의의 내용은 노태정 · 김병진, 앞의 책 202-203면; 앞의 송영식 지적소유권법, 955면; 특허청 국제지식재산연수원, 앞의 책, 155-156면에 소개된 내용을 종합하여 정리한 것이다.

(63) 노태정 · 김병진, 앞의 책, 204면.

심미감을 불러일으킨다고 하더라도 그것이 물품의 기능을 확보하는 데에 불가결한 형상만으로 된 것인 때에는 디자인등록을 받을 수 없다(디자인보호법 제34조 제4호).

(4) 심미성의 범위에 관한 대법원 판례의 태도

디자인보호법상 미감의 의미를 명시적으로 설시하고 있는 판결들은 위에서 살펴보았으나, 그 외에 대법원이 심미성의 범위를 어디까지로 보고 있는지 명시적으로 밝힌 판결은 발견하기 어렵다. 그런데 이와 관련하여 대법원 1984. 4. 10. 선고 83후59 판결은 디자인 유사 여부의 판단기준에 대하여 "디자인이라 함은 물품의 형상, 모양, 색채 또는 그 결합으로서 시각을 통하여 장식적 심미감을 불러일으키는 것을 말하므로, 디자인의 동일 또는 유사 여부는 디자인을 구성하는 각 요소를 부분적으로 분리하여 대비할 것이 아니라 전체와 전체를 대비 관찰하여 보는 사람이 느끼는 심미감 여하에 따라 판단하여야 하고, 그 구성요소 중 공지공용된 부분이 있다고 하여도 그것이 특별한 심미감을 불러일으키는 요소가 되지 못하는 것이 아닌 한 이것까지 포함하여 전체로서 관찰하여 느껴지는 장식적 심미감에 따라 동일 또는 유사 여부를 판단하여야 할 것이다."라는 법리를, 디자인의 신규성과 창작성에 대하여 "디자인을 구성하는 개개의 형상 · 모양이 공지공용에 속한 것이라 하여도 이것들이 결합하여 새로운 장식적 심미감을 불러일으키고 그것이 용이하게 창작될 수 없는 정도의 지능적 고안이라고 보일 때에는 그 디자인은 신규성과 창작성이 있는 고안이라고 보아야 하는 것이지만, 이와 달리 개개의 형상 · 모양을 결합한 것이 새로운 장식적 심미감을 불러일으키지 아니하거나 기술적 창작으로서의 가치도 없을 때에는 신규성과 창작성을 결여하여 디자인등록의 대상이 될 수 없다."라는 법리를 각 설시하여 '장식적 심미감'이라는 표현을 사용한 바 있다.(64) 또한 이후 위 판결을 참조하여 선고된 수많은 대법원 판결들에도 같은 용어가 나타나고 있다.(65)

---

(64) 이 가운데 디자인의 유사 여부의 판단기준에 관한 법리는 대법원 1983. 7. 26. 선고 81후46 판결을 참조하고 있으나, 위 81후46 판결에는 '장식적 효과'라는 용어만 나올 뿐 '장식적 심미감'이라는 용어는 사용되고 있지 않다. 한편, 1993. 12. 10. 법률 제4595호로 개정되기 전까지 구 의장법에서는 '고안'과 '창작'이라는 용어가 혼용되고 있었으므로, 당시 판결들에는 디자인 사건임에도 '고안'이라는 용어가 종종 사용되고 있음을 발견할 수 있다. 1993. 12. 10. 법률 제4595호 개정법은 종전까지의 법률용어 혼용을 바로잡기 위하여 '창작'이라는 용어로 통일하였다[이러한 입법취지의 상세한 내용은 의장법 중 개정법률안심사보고서(1993. 11. 국회 상공자원위원회) 참조].

(65) 대법원 1986. 12. 23. 선고 85후27 판결, 대법원 1989. 11. 14. 선고 88후479 판결, 대법원 1991. 6. 14. 선고 90후663 판결 등을 비롯하여 비교적 최근까지도 다수의 판결들에서 참조법리로서 인용되고 있다.

위 판결들의 '장식적 심미감'이라는 표현이 마치 심미성의 범위에 장식미만을 포함시키고 기능미는 배제하는 태도를 설시한 것으로 볼 여지도 있겠으나, 위 판결들에서 다루어진 대상물품들이 특별히 장식미만이 문제되는 성격의 것들은 아니었고, 위 판결들이 특별히 기능미를 제외하는 취지를 설시하고 있지도 않으므로, 여기의 '장식적 심미감'이라는 표현은 그저 디자인보호법상의 심미감이 물품의 '외형미'를 통해 느껴지는 개념임을 강조하는 의미로 사용된 것으로 이해함이 타당하다. 즉, '장식적 심미감'이라는 표현을 사용하였다는 이유만으로 대법원이 심미성의 범위에 장식미만을 포함시키고 기능미는 배제하였다고 해석할 수는 없다고 생각된다.

오히려 대법원 1989. 7. 11. 선고 86후3 판결이 "디자인이라 함은 물품의 형상, 모양이나 색채 또는 이들을 결합한 것으로서 시각을 통하여 미감을 일으키는 것을 말하므로, 디자인이 유사한 것인지의 여부는 디자인을 구성하는 각 요소를 분리하여 개별적으로 대비할 것이 아니라 외관을 전체적으로 대비 관찰하여 보는 사람의 시각을 통하여 일으키는 심미감과 보는 사람에게 주는 시각적 인상이 유사한 것인지의 여부에 따라 판단하여야 한다."고 판시한 이래 수많은 판결들이 특별한 수식어 없이 '심미감'이라는 용어에 의하여 디자인 유사 여부의 판단기준을 설시해 오고 있으므로,(66) 대법원은 장식미와 기능미 모두를 고려하여 디자인 유사 여부를 판단하는 태도를 유지해왔다고 봄이 타당하다. 나아가 디자인 용이창작 여부에 관한 대법원 1990. 7. 24. 선고 89후728 판결, 대법원 1991. 11. 8. 선고 91후288 판결, 대법원 1996. 6. 28. 선고 95후1449 판결, 대법원 2001. 4. 10. 선고 98후591 판결, 대법원 2005. 10. 13. 선고 2003후2980 판결 등을 비롯한 다수의 판결들과 용이창작 디자인의 의미에 대한 법리를 설시한 대법원 2010. 5. 13. 선고 2008후2800 판결 역시 미감이 장식적인 것에 한정됨을 보여 주는 취지의 표현은 사용하고 있지 않다.

한편, 대법원 1999. 10. 8. 선고 97후3586 판결, 대법원 2010. 8. 26. 선고 2009후4148 판결, 대법원 2010. 9. 30. 선고 2010다23739 판결 등은 "대비되는 디자인의 대상 물품들이 다 같이 그 기능 내지 속성상 사용에 의하여 당연히 형태의 변화가 일어나는 경우에 그 디자인의 유사 여부는 형태의 변화 전후에 따라 서로 같

(66) 대법원 1991. 3. 22. 선고 90후1628 판결, 대법원 1994. 5. 27. 선고 93후1759 판결, 대법원 1994. 6. 24. 선고 93후1315 판결, 대법원 1996. 11. 12. 선고 96후443 판결, 대법원 2001. 6. 29. 선고 2000후3388 판결, 대법원 2006. 7. 28. 선고 2005후2915 판결, 대법원 2008. 9. 25. 선고 2008도3797 판결 등 무수히 많은 판결이 있다.

은 상태에서 각각 대비한 다음 이를 전체적으로 판단하여야 한다."는 법리를 설시하고 있는데, 이는 물품의 기능 내지 속성상 사용에 의하여 당연히 형태의 변화가 일어나고, 그와 같은 형태의 변화에 대해서 도면에 별다른 기재가 없는 경우에, 위와 같은 변화된 형태를 등록디자인의 보호범위에 포함하는 것이 "등록디자인의 보호범위는 디자인등록출원서의 기재사항 및 그 출원서에 첨부된 도면 · 사진 또는 견본과 도면에 적힌 디자인의 설명에 따라 표현된 디자인에 의하여 정하여진다."고 하는 디자인보호법 제93조에 위배되지 않는다는 취지를 담고 있는 것이어서,(67) 심미성 범위의 문제에서 말하는 기능미에 관한 판결은 아니라고 보인다.(68)

3. 디자인 유사 판단의 기준에 관한 대법원 판례의 태도

(1) 일반 원칙

대법원 판례에 의하면, 디자인 유사 여부 판단의 일반 원칙은 "디자인의 유사 여부는, 이를 구성하는 각 요소를 분리하여 개별적으로 대비할 것이 아니라 그 외관을 전체적으로 대비 관찰하여 보는 사람으로 하여금 상이한 심미감을 느끼게 하는지의 여부에 따라 판단하여야 하므로 그 지배적인 특징이 유사하다면 세부적인 점에 다소 차이가 있을지라도 유사하다고 보아야 한다."고 확립되어 있다.(69)

(2) 공지된 부분의 평가

디자인의 유사 여부를 판단할 때 디자인의 구성요소 중 공지된 형상 부분이 포함되어 있는 경우 그 부분의 중요도를 낮게 보아야 하는지 여부와 관련하여, 대법원은 일관되게 디자인등록의 요건을 판단할 때와 권리범위를 판단할 때를 구별하여,

(67) 박병민, "대비되는 디자인의 대상물품이 다 같이 그 기능 내지 속성상 사용에 의하여 당연히 형태의 변화가 일어나는 경우 디자인의 유사 여부 판단방법(대법원 2010. 9. 30. 선고 2010다23739 판결)", 대법원판례해설(제86호), 법원도서관(2011), 328−329면.

(68) 위에서 살펴본 '심미성의 의미'는 정상조 · 설범식 · 김기영 · 백강진 공편, 디자인보호법 주해, 박영사(2015), 59−66면(박태일 집필부분)의 내용을 토대로 한 것이다.

(69) 대법원 2001. 6. 29. 선고 2000후3388 판결, 대법원 2004. 6. 10. 선고 2002후2570 판결, 대법원 2007. 1. 25. 선고 2005후1097 판결, 대법원 2010. 11. 11. 선고 2010후2209 판결(이상 등록무효 사건), 대법원 2008. 9. 25. 선고 2008도3797 판결, 대법원 2011. 3. 24. 선고 2010도12633 판결, 대법원 2013. 12. 26. 선고 2013다202939 판결(이상 디자인권 침해 사건) 등 다수.

디자인등록의 요건의 판단 시 공지부분의 중요도를 낮게 볼 수 없고, 권리범위를 판단할 경우에만 공지부분의 중요도를 낮게 보아야 한다고 판시하고 있다.

먼저 등록요건 판단 시에 관한 사례에서는 "의장의 동일 또는 유사 여부를 판단함에 있어서는 의장을 구성하는 각 요소를 부분적으로 분리하여 대비할 것이 아니라 전체와 전체를 대비 관찰하여 보는 사람이 느끼는 심미감 여하에 따라 판단하여야 하고 그 구성요소 중 공지형상 부분이 있다고 하여도 그것이 특별한 심미감을 불러일으키는 요소가 되지 못하는 것이 아닌 한 이것까지 포함하여 전체로서 관찰하여 느껴지는 장식적 심미감에 따라 판단해야 한다."고 법리를 밝히고 있다.(70)

다음, 권리범위(침해) 판단 시에 관한 사례에서는 "의장권은 물품의 신규성이 있는 형상, 모양, 색채의 결합에 부여되는 것으로서 공지의 형상과 모양을 포함한 출원에 의하여 의장등록이 되었다 하더라도 공지부분에까지 독점적이고 배타적인 권리를 인정할 수는 없으므로 의장권의 권리범위를 정함에 있어 공지부분의 중요도를 낮게 평가하여야 하고, 따라서 등록의장과 그에 대비되는 의장이 서로 공지부분에서 동일 · 유사하다고 하더라도 등록의장에서 공지부분을 제외한 나머지 특징적인 부분과 이에 대비되는 의장의 해당 부분이 서로 유사하지 않다면 대비되는 의장은 등록의장의 권리범위에 속한다고 할 수 없다."고 법리를 밝히고 있다.(71)

권리범위(침해) 판단 시에는 당해 등록디자인의 구성요소 가운데 특징적인 부분, 즉 독점배타권을 부여할 수 있는 실질적 근거가 되는 창작적인 부분으로 권리범위를 제한할 필요가 있다고 할 것이다. 반면, 등록요건 판단 시에 만일 출원디자인(또는 등록디자인)과 선행 비교대상디자인에 공통된 공지부분의 중요도를 낮게 보아 이를 요부에서 제외하면 비교대상디자인의 권리범위가 좁아지게 되어 공지부분을 포함하고 있는 출원디자인이 오히려 신규성을 쉽게 인정받아 등록되는 모순이 생기

(70) 디자인 등록요건 판단 시 공지의 형상 부분을 요부에서 제외할 수 없다(즉, 중요도를 낮게 볼 수 없다)는 점은 대법원의 확립된 태도이다(대법원 1991. 6. 14. 선고 90후663 판결, 대법원 1991. 8. 13. 선고 90후1611 판결, 대법원 1994. 6. 24. 선고 93후1315 판결, 대법원 1995. 5. 12. 선고 94후1343 판결, 대법원 1995. 11. 21. 선고 95후965 판결, 대법원 1995. 11. 24. 선고 93후114 판결, 대법원 2005. 6. 10. 선고 2004후2987 판결, 대법원 2009. 3. 12. 선고 2008후5090 판결, 대법원 2009. 1. 30. 선고 2007후4830 판결, 대법원 2012. 4. 26. 선고 2011후2787 판결 등 다수).

(71) 대법원 1969. 2. 18. 선고 68후40 판결, 대법원 1970. 3. 31. 선고 70후6 판결, 대법원 1987. 9. 8. 선고 85후114 판결, 대법원 1995. 6. 30. 선고 94후1732 판결, 대법원 1997. 5. 16. 선고 96후1613 판결, 대법원 1998. 7. 24. 선고 97후1900 판결, 대법원 2004. 8. 30. 선고 2003후762 판결, 대법원 2013. 12. 26. 선고 2013다202939 판결 등 다수.

기 때문에, 공지된 형상 부분까지 포함하여 판단할 필요가 있다.(72)(73) 대법원판례는 이러한 견지에서 등록요건 판단 시와 권리범위(침해) 판단 시에 각각 다른 판단기준을 내세우고 있는 것으로 이해된다.(74)

(3) 물품의 기능을 확보하는 데 필요한 부분의 평가

한편, 대법원은 공지된 부분과는 달리 물품의 기능을 확보하는 데 필요한 부분에 대해서는 그것이 물품의 기능을 확보하는 데 불가결한 형상이 아닌 한 디자인등록의 요건을 판단할 때와 권리범위를 판단할 때 특별한 차이 없이 요부가 될 수 있다고 보고 있다.

먼저, 권리범위확인 사건에서 대법원 2006. 9. 8. 선고 2005후2274 판결은 "의장의 구성 중 물품의 기능에 관련된 부분에 대하여 그 기능을 확보할 수 있는 선택가능한 대체적인 형상이 그 외에 존재하는 경우에는, 그 부분의 형상은 물품의 기능을 확보하는 데에 불가결한 형상이라고 할 수 없으므로, 그 부분이 공지의 형상에 해당된다는 등의 특별한 사정이 없는 한 의장의 유사 여부 판단에 있어서 그 중요도를 낮게 평가하여야 한다고 단정할 수 없다."고 판시하였다.(75)

나아가 등록무효 사건에서 대법원 2009. 1. 30. 선고 2007후4830 판결은 종전부터 유지된 공지된 부분에 관한 법리와 아울러 "물품의 기능을 확보하는 데 필요한 형상 부분과 관련하여서도, 그것이 특별한 심미감을 불러일으키는 요소가 되지 못하는 것이 아닌 한 그것까지 포함하여 전체로서 관찰하여 느껴지는 장식적 심미감에 따라 판단해야 한다."는 법리를 최초로 판시하였고,(76) 대법원 2009. 3. 12. 선고 2008후

(72) 성기문, "공지부분이 포함된 특허 및 의장을 둘러싼 실무상의 제문제", 특허소송연구(제2집), 특허법원(2001), 265면 참조.

(73) 또한 "출원디자인(또는 등록디자인)의 신규성 판단 시 판단의 중심은 출원의장(또는 등록디자인)임에도 '선행 공지디자인(비교대상디자인)은 주지 · 공지부분에 의해 구성되어 창작의 정도가 낮으므로 유사범위는 좁다'라는 논리를 적용하는 것은 판단의 중심이 아닌 선행 공지디자인의 창작정도를 따지는 것이어서 잘못이라는 지적도 있다(齊藤瞭二 저 · 정태련 역, 앞의 책, 241면 각주 74).

(74) 박태일, "디자인등록의 요건 판단 시 물품의 기능을 확보하는 데 필요한 형상 또는 공지의 형상 부분이 포함된 디자인의 유사 여부 판단(대법원 2012. 4. 26. 선고 2011후2787 판결)", 대법원판례해설(제92호), 법원도서관(2012), 341–342면.

(75) 대법원 2011. 2. 24. 선고 2010후3240 판결도 같은 취지를 판시하였다.

(76) 한동수, "디자인의 등록요건 판단 시 물품의 기능을 확보하는 데 필요한 형상 부분이 있는 디자인의 유사 여부 판단 방법(대법원 2009. 1. 30. 선고 2007후4830 판결)", 대법원판례해설(제80호), 법원도서관(2009), 491면 참조.

5090 판결 역시 "양 디자인을 대비 · 판단하면서, 유사점이 물품의 기능을 확보하는 데 필요하거나 공지된 형상이라는 등의 이유로 이 부분의 중요도를 낮게 평가하여야 한다고 단정한 나머지, 세부적인 차이점을 들어 등록디자인이 비교대상디자인과 유사하지 않다고 판단한 원심판결에는 디자인의 유사 여부에 관한 법리를 오해하여 판결에 영향을 미친 위법이 있다."고 판시하여 같은 법리를 공고히 하였다.(77)

(4) 물품의 기본적 · 기능적 형태의 평가

물품의 기능을 확보하는 데 필요한 부분과 구별하여야 할 개념으로 물품의 기본적 · 기능적 형태가 있다. 물품의 기본적인 형태란 물품의 기능 등 속성에 의해 저절로 형성되어 그 물품이라고 인식되기 위하여 갖출 수밖에 없는 형태를 말하고, 물품의 기능적 형태는 그 물품의 기능적 필연에 의해 생기는 형태로서 그 물품의 특정된 목적, 기능을 달성하기 위해 있을 수밖에 없는 형태를 의미한다.(78) 물품의 기본적 · 기능적 형태는 사람들의 끊임없는 노동과 경험에 의하여 집적된 결과로서 그 사회의 공유재산이라고 할 수 있다.(79) 따라서 이러한 부분은 해당 디자인을 다른 디자인과 구별하는 특징을 이루는 요부가 될 수 없다고 보아야 한다. 대법원 2005. 10. 14. 선고 2003후1666 판결은 "의장의 동일 · 유사 여부는 의장을 구성하는 각 요소를 부분적으로 분리하여 대비할 것이 아니라 전체와 전체를 대비 관찰하여 보는 사람이 느끼는 심미감 여하에 따라 판단하여야 할 것이지만, 양 의장의 공통되는 부분이 그 물품으로서 당연히 있어야 할 부분 내지 의장의 기본적 또는 기능적 형태인 경우에는 그 중요도를 낮게 평가하여야 하므로, 이러한 부분들이 동일 · 유사하다는 사정만으로는 곧바로 양 의장이 서로 동일 · 유사하다고 할 수는 없다."고 함으로써 이러한 법리를 밝히고 있다.

(77) 대법원 2010. 11. 11. 선고 2010후2209 판결도 같은 취지를 판시하였다.

(78) 노태정 · 김병진, 앞의 책, 416면.

(79) 한규현, "의장의 유사 여부 판단방법(대법원 2006. 7. 28. 선고 2005후2922 판결)", 대법원판례해설(제65호), 법원도서관(2007), 604면; 齊藤瞭二 저 · 정태련 역, 앞의 책, 247면 참조.

4. 대상판결 사안에 대한 검토

(1) 이 사건 등록디자인과 확인대상디자인의 유사점과 차이점

양 디자인의 대상 물품은 '젓가락'으로서 서로 동일하다. 양 디자인의 도면을 대비하면, ① 젓가락 몸체에 엄지, 검지, 중지의 삽입부가 형성되어 있고, 특히 한쪽 몸체에는 엄지 삽입부가, 다른 한쪽 몸체에는 검지 · 중지의 삽입부가 각각 부착되어 있는 점, ② 엄지 삽입부의 형상은 'D'자와 유사한 형태의 고리이고, 검지 · 중지 삽입부의 형상은 원형의 고리인 점, ③ 엄지 삽입부는 정면에서 볼 때 우측 몸체에 세로 방향으로 배치되어 있고, 검지 · 중지 삽입부는 정면에서 볼 때 좌측 몸체에 가로 방향으로 배치되어 있어, 평면 및 저면에서 볼 때 검지 · 중지 삽입부가 엄지 삽입부와 약 90°의 각을 이루고 있는 점, ④ 검지 삽입부는 정면에서 볼 때 좌측 몸체에 좌측을 향하여 배치되어 있고, 중지 삽입부는 정면에서 볼 때 좌측 몸체에 뒤쪽을 향하여 배치되어 있어, 평면 및 저면에서 볼 때 검지 삽입부가 중지 삽입부와 약 90°의 각을 이루고 있는 점 등에서는 서로 동일하거나 극히 유사하다.

반면, ⑤ 검지 · 중지의 삽입부가 이 사건 등록디자인에서는 몸체에 직접 부착되어 있는 데 비해, 확인대상디자인에서는 직접 부착되지 않고 별도의 결합부재에 부착되어 끼워져 있는 점, ⑥ 몸체 하단 부분이 이 사건 등록디자인에서는 끝단에 집게편 형태의 볼록부가 구비된 형태인데 비해, 확인대상디자인에서는 몸체 아랫부분 끝이 숟가락 형상으로 그 볼록면에 꽃문양이 형성된 형태인 점, ⑦ 캡 부분이 이 사건 등록디자인에서는 콩나물 머리모양의 캡이 대칭을 이루고 그 사이에 원형의 회동부가 결합된 형상이 젓가락의 양측 상단에 끼워진 형태인데 비해, 확인대상디자인에서는 '방귀대장 뿡뿡이 캐릭터' 형상의 얼굴과 몸체를 감아쥔 손이 결합된 형태인 점 등에서는 차이가 있다.

(2) 손가락 삽입부가 비교대상디자인 1, 2에 의하여 공지되었는지 여부

이 사건 등록디자인과 비교대상디자인 1, 2의 대상 물품은 '젓가락'으로서 서로 동일하다. 이들 디자인의 도면에 나타나는 손가락 삽입부를 서로 대비하면, ① 젓가락 몸체에 엄지, 검지, 중지의 삽입부가 형성되어 있고, 특히 한쪽 몸체에는 엄지 삽입부가, 다른 한쪽 몸체에는 검지와 중지의 삽입부가 각각 부착되어 있는 점, ② 검지 · 중지 삽입부의 형상이 원형의 고리인 점 등에서는 서로 공통되는 반면, ③ 엄지 삽입부의 형상이 이 사건 등록디자인에서는 'D'자와 유사한 형태의 고리인데 비해, 비교대상디자인 1에서는 몸체에서 약 45°로 꼬이듯이 틀어진 형태이고, 비교대상디자인 2에서는 원형의 고리인 점, ④ 엄지 삽입부 및 검지 · 중지 삽입부의 평면상 각도와 검지 · 중지 삽입부 상호 간의 평면상 각도가 각각 이 사건 등록디자인에서는 약 90°를 이루고 있는 데 비해, 비교대상디자인 1, 2에서는 검지 · 중지 삽입부의 평면상 각도가 약 180°를 이루어 정반대 방향으로 배치되어 있고, 나아가 비교대상디자인 2에서는 세 손가락 삽입부의 평면상 각도가 약 180°를 이루고 있는 점 등에서는 차이가 있다.

먼저, 비교대상디자인 1, 2에 의하여 이 사건 등록디자인과 비교대상디자인 1, 2의 공통된 부분, 즉 젓가락 몸체에 엄지, 검지, 중지의 삽입부가 형성되고, 특히 한쪽 몸체에는 엄지 삽입부가, 다른 한쪽 몸체에는 검지와 중지의 삽입부가 각각 부착되어 있으며, 검지 · 중지 삽입부의 형상이 원형의 고리인 점은 공지되었다고 할 것이다.

그러나 한편, 손가락 삽입부는 일상생활에서 흔하고 자주 볼 수 있는 젓가락에 독특하게 부가된 부분이라는 점에 비추어 보면, 각 손가락 삽입부의 상대적인 배치와 각도 및 형태는 전체적인 심미감에 중요한 영향을 미치는 부분이라고 할 것인데, 위에서 본 이 사건 등록디자인과 비교대상디자인 1, 2의 각 엄지 삽입부 형상의 차이, 엄지 삽입부 및 검지 · 중지 삽입부의 배치 방향과 평면상 각도의 차이는 디자인의 심미감에 중요한 영향을 줄 수 있는 정도라고 할 것이어서, 이 사건 등록디자인은 위와 같은 차이점으로 인하여 비교대상디자인 1, 2에 비하여 새로운 심미감을 갖는다고 할 것이다.

따라서 이 사건 등록디자인의 손가락 삽입부가 비교대상디자인 1, 2에 의하여 공지되었다고 볼 수는 없다.

(3) 손가락 삽입부의 중요도를 낮게 평가하여야 하는지 여부

손가락 삽입부에 의하여 이 사건 등록디자인과 확인대상디자인의 대상 물품이 특히 어린이에게 젓가락 사용법을 교육시키거나 젓가락질이 미숙한 사람이 젓가락 사용법을 교정하는 용도 등으로 사용될 수 있다고 할 것이므로 손가락 삽입부가 이 사건 등록디자인과 확인대상디자인의 대상 물품의 기능 확보를 위해 필요한 부분이라고 볼 수는 있다.

그러나 나아가 이 사건 등록디자인의 손가락 삽입부가 그 기능을 확보할 수 있는 선택가능한 대체적인 형상이 존재하지 않는지에 관하여 보건대, 젓가락 사용법 교육용 혹은 교정용으로 손가락 삽입부가 부착된 젓가락은 일반적으로 젓가락을 사용하는 데 사용되는 엄지와 검지 및 중지가 각각 삽입될 수 있는 삽입부가 젓가락 몸체에 부착되고, 특히 한쪽 몸체에는 엄지 삽입부가, 다른 한쪽 몸체에는 검지와 중지의 삽입부가 각각 부착되며, 각 삽입부의 형상과 크기가 각 손가락이 삽입될 수 있을 정도의 형상과 크기를 구비하면 그 기능을 다하는 것이므로, 이러한 기능을 다하기 위해서 반드시 엄지 삽입부의 형상이 'D'자와 유사한 형태의 고리이어야 하고, 엄지 삽입부 및 검지 · 중지 삽입부의 평면상 각도와 검지 · 중지 삽입부 상호 간의 평면상 각도가 각각 약 90°를 이루고 있어야 한다고는 볼 수 없고, 동일한 기능을 수행하면서도 전체적인 미감을 고려하여 각 손가락 삽입부의 상대적인 배치와 각도 및 형태는 얼마든지 다르게 구성될 수 있다고 봄이 타당하다.

또한 이 사건 등록디자인의 손가락 삽입부가 비교대상디자인 1, 2에 의하여 공지되었다고 볼 수 없다는 점은 위에서 본 바와 같으므로, 결국, 이 사건 등록디자인과 확인대상디자인을 대비함에 있어 손가락 삽입부의 중요도를 낮게 평가하여서는 아니 된다.(80)

(4) 이 사건 등록디자인과 확인대상디자인의 차이점에 대한 평가

위에서 검토한 내용에 대해서는 원심과 상고심의 판단이 같은 취지이다. 그러나 원심과 상고심의 이 사건 등록디자인과 확인대상디자인의 차이점에 대한 평가는 달리하고 있다.

원심판결은, 이 사건 등록디자인과 확인대상디자인을 대비함에 있어 손가락

(80) 원심판결문에서는 '손가락 삽입부의 유사의 폭을 넓게 보아야 한다.'는 표현을 사용하고 있으나 이는 '손가락 삽입부의 중요도를 높게 평가하여야 한다.'는 의미로 이해된다. 참고로 대법원판례상 '유사의 폭'이라는 용어는 주로 "옛날부터 흔히 사용되어 왔고 단순하며 여러 의장이 다양하게 고안되었던 의장이나, 구조적으로 그 의장을 크게 변화시킬 수 없는 것 등은 의장의 유사범위를 비교적 좁게 보아야 한다."는 대법원 1997. 10. 14. 선고 96후2418 판결(창문틀골재)과 같이 선행 공지디자인과 비교하여 약간의 변경만으로 신규성을 인정받을 여지가 많다는 취지의 판시에서 사용되고 있다. 같은 취지의 판결로 대법원 1996. 6. 28. 선고 95후1449 판결(병 등의 용기 뚜껑), 대법원 1996. 1. 26. 선고 95후750 판결(창문틀), 대법원 1995. 12. 22. 선고 95후873 판결(손목시계), 대법원 2000. 2. 11. 선고 98후2610 판결(카드형의 열쇠 보관판), 대법원 2011. 3. 24. 선고 2010도12633 판결(리벳볼트) 등을 들 수 있다[박태일, "글자체 디자인의 유사 여부 판단기준(대법원 2012. 6. 14. 선고 2012후597 판결)", 대법원판례해설(제92호), 법원도서관(2012), 286면 참조].

삽입부의 중요도를 높게 평가하고, 이 사건 등록디자인과 확인대상디자인의 차이점 그 자체가 유사한 부분인 손가락 삽입부로부터 오는 지배적인 심미감을 압도할 수 있는 객관적 창작성을[81] 갖고 있다고 평가되지 않는 한 확인대상디자인은 이 사건 등록디자인의 유사의 범위 안에 있다고 보아야 한다는 입장을 밝히고 있다. 이러한 입장을 전제로 하여, 이 사건 등록디자인과 확인대상디자인의 차이점은 모두 손가락 삽입부가 부착된 젓가락을 제조하는 분야에서 통상의 지식을 가진 자가 용이하게 변경하여 적용할 수 있는 상업적, 기능적 변형에 불과하여 전체적인 심미감에 차이를 줄 정도에 해당된다고 볼 수 없다고 판단한 것이다.

이러한 원심판결의 태도는 비록 부분디자인으로 등록받지는 아니하였으나 이 사건 등록디자인의 요체는 손가락 삽입부에 있으므로, 손가락 삽입부를 제외한 나머지 부분에 변경이 있더라도(경우에 따라서는 이 때문에 비록 일반 수요자를 기준으로 볼 때 상이한 심미감이 드는 것을 부정하기는 어렵다고 하더라도), 그러한 변경이 통상의 디자이너 입장에서 용이하게 할 수 있는 정도의 사항이라면, 유사한 디자인으로 보아야 한다는 취지를 담고 있다고 보인다. 이는 디자인 유사 판단에 용이창작 판단의 법리를 가미하여 사실상 부분디자인의 권리범위 판단과 큰 차이 없는 결론을 도출하고자 한 시도로 이해된다.

이러한 원심의 법리적 시도가 디자인권의 실질적 보호를 도모할 수 있는 이점은 있다고 할 수 있으나, 디자인 유사 판단의 일반적인 판단기준과 부합하는 것인지에는 의문이 있다. 손가락 삽입부가 이 사건 등록디자인의 요부이기는 하나, 캡 부분은 젓가락에서 흔히 있는 형상이 아니고 수요자에게도 잘 보이는 부분이어서 보는 사람의 주의를 가장 끌기 쉬운 부분임을 부정하기는 어려워 이 역시 요부라고 봄이 타당하기 때문이다. 이에 상고심은, 손가락 삽입부의 중요도를 낮게 평가할 수는 없으나, 이 사건 등록디자인과 확인대상디자인이 요부인 캡 부분의 형상에서 현저한 차이가 있고, 그 밖에 몸체 끝부분에서도 차이가 있으며, 이러한 형상의 차이는 전체적인 심미감에 큰 차이를 가져올 정도라고 판단하여 원심과 달리 권리범위에 속하지 않는다는 취지로 판결하였다.

(81) '객관적 창작성'을 처음으로 언급한 대법원 1976. 6. 22. 선고 75후27 판결은 용이창작 사안에서 이 용어를 사용하였으나, 이후 대법원 2001. 6. 29. 선고 2000후3388 판결, 대법원 2006. 7. 28. 선고 2005후2922 판결, 대법원 2008. 5. 29. 선고 2006후1087 판결 등은 신규성 판단에서 사용하고 있다.

(5) 검토 결론

대상판결의 원심은 부분디자인으로 등록받는 것이 적절하였던 등록디자인에 대하여 그 권리범위를 실질적으로 보호하기 위하여 디자인 유사 판단에 용이창작 판단의 법리를 가미하는 법리적 시도를 보여 주고 있다. 이를 통해 비록 일반 수요자에게 심미감에 차이를 불러일으킬 수는 있으나, 그 변경의 정도가 통상의 디자이너가 용이하게 할 수 있는 수준에 그친다면 이 사건 등록디자인의 요체인 손가락 삽입부의 유사에 의하여 확인대상디자인은 이 사건 등록디자인의 권리범위에 속한다고 본 입장으로 이해된다.

부분디자인제도가 널리 알려지고 활용되기 전에 등록된 디자인의 권리범위 판단 사례라는 점까지 고려하면 원심판결의 태도에도 수긍이 가는 면은 있으나, 디자인 유사 여부 판단은 디자인 용이창작 여부 판단과는 엄연히 구별되는 것이어서 일반론으로 받아들이기는 어렵다고 생각된다. 대법원은 디자인 유사 판단의 일반 법리에 따라 이 사건 등록디자인과 확인대상디자인은 그 복수의 요부를 고려하여 전체적으로 대비할 때 일반 수요자에게 상이한 심미감을 느끼게 하여 비유사하다는 결론을 밝히고 있어 타당하다고 할 수 있다.

IV 맺음말

대법원 2010. 7. 22. 선고 2010후913 판결을 계기로 우리 디자인보호법상 디자인의 성립요건인 '심미성'의 의미와 디자인 유사 판단의 기준에 관한 우리 대법원 판례의 태도를 살펴보았다. 이를 통해 디자인보호법은 장식미와 기능미를 모두 디자인의 본질로 파악하는 태도이고, 대법원 역시 장식미와 기능미 모두를 고려하여 디자인 유사 여부를 판단하는 태도를 유지해왔다는 점, 대법원 판례상 물품의 기능을 확보하는 데 필요한 부분은 그것이 물품의 기능을 확보하는 데 불가결한 형상 또는 물품의 기본적 · 기능적 형태가 아닌 한 디자인등록의 요건을 판단할 때와 권리범위를 판단할 때 특별한 차이 없이 요부가 될 수 있다는 점 등을 확인하였다.

그리고 대상판결 사안을 검토한 결과, 이 사건 등록디자인의 요체는 손가락 삽입부에 한정되는 것이어서 애초에 권리자가 이를 부분디자인으로 등록받았다면 그 권리를 실질적으로 보호받는 것이 가능하였으리라고 생각된다.(82) 원심은 디자인 유사 판단에 용이창작 판단의 법리를 가미하는 새로운 법리적 시도를 통해 사실상 부분디자인의 권리범위 판단과 큰 차이 없는 결론을 도출하고자 한 것으로 이해되나, 이는 디자인 유사 판단의 일반 법리에 충실한 태도는 아니어서 대법원에서 유지되지 못하였다. 법리적으로 대법원의 결론이 타당하다고 생각된다. 다만, 대상 판결을 계기로 부분디자인제도에 대한 이해와 활용이 널리 확산될 수 있기를 기대해본다.

(82) 2001. 2. 3. 개정 전에는 디자인의 요부를 객관적인 파악의 대상으로 하여 부분적인 형태가 당해 디자인의 요부라고 평가되는 것에 한해서 전체 디자인의 보호를 통한 간접적인 보호의 형태로서만 부분디자인의 보호가 가능하였으나, 부분디자인제도의 도입으로, 객관적인 기준에 의하여 요부로서 인정되는 부분만이 아니라 출원인이 주관적으로 임의로 결정한 부분, 즉 전체적인 관점에서 요부를 구성하지 않는 부분의 형태에 대하여도 디자인의 보호가 가능하게 되었다는 점에서 중요한 의미를 발견할 수 있다[안원모, “부분디자인의 유사 판단에 관한 연구”, 산업재산권(제29호), 한국산업재산권법학회(2009), 95-96면]. 또한 물품디자인의 특성이 특별히 전체 외관에서 발휘되는 것이 아니라면, 가능한 한 부분디자인제도를 활용하여 디자인 창작의 요점이 되는 물품의 부분의 외관을 등록받는 것이 디자인보호법상 권리범위 해석 시 유리한 지위를 가질 수 있게 된다[김웅, “물품의 일부분에 표현된 외관을 보호하는 제도-부분디자인제도”, 발명특허(제34권 제2호), 한국발명진흥회(2009), 74-75면].

3-5

디자인의 유사 판단: 등록무효사건 및 침해사건의 차이를 중심으로

특허법원 2015. 9. 24. 선고 2015허2020 판결

| **장현진** | 김 · 장법률사무소 변호사

I 사건 개요

1. 대상디자인

이 사건 등록디자인은 피고가 2009. 4. 22. 출원하여 2010. 10. 8. 제0575638호로 등록된 '차량용 에어컨디셔너 압축기'에 관한 디자인이다.[83][84] 비교대상디

(83) 이 사건 등록디자인의 설명은 다음과 같다. ① 재질은 금속임, ② 본원 디자인 물품은 차량용 에어컨디셔너 압축기로 사용되며, 주로 자동차용 에어컨디셔너 냉각회로에 장착해 사용하는 것임, ③ 본원 디자인 물품은 엔진구동에 의해 작동하며 냉매를 압축시키는 것임.

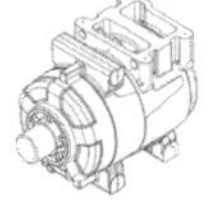
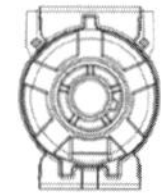
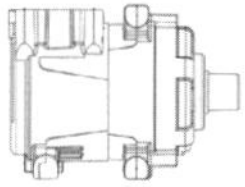
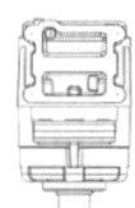

(84) 확인대상디자인:

자인은 대한민국 공개특허공보 제73727호(공개일: 2004. 8. 21.) 등에 공개된 차량용 에어컨디셔너 압축기에 관한 디자인이다.(85)(86)

2. 사건의 진행경과

① 원고는 확인대상디자인과 동일한 디자인을 출원 · 등록한 바 있는데(출원일/등록일/등록번호: 2011. 6. 28./ 2012. 8. 2./ 제655334호), 위 디자인은 피고가 청구한 등록무효심판에서 공지된 이 사건 등록디자인과 유사하다는 이유로 그 등록이 무효가 되었다(특허심판원 2013당147 심결; 특허법원 2013허6127 판결; 대법원 2014후72 판결).

② 원고는 2014. 9. 4. 피고를 상대로, 확인대상디자인은 이 사건 등록디자인의 권리범위에 속하지 않는 것이라고 주장하면서, 특허심판원에 소극적 권리범위 확인심판을 청구하였다.

③ 특허심판원은 위 사건을 2014당2216호로 심리한 후 2015. 2. 17. "비교대상디자인은 이 사건 등록디자인에 대한 등록무효 여부가 다투어진 특허법원 2013허5896 사건에서 이 사건 등록디자인과 유사하지 않다고 판단된 바 있으므로 공지디자인의 근거로 삼기에 적절하지 않고, 확인대상디자인은 이 사건 등록디자인과 지배적인 특징이 유사하여 전체적인 심미감이 유사하므로, 이 사건 등록디자인의 권리범위에 속한다."는 이유로, 원고의 위 심판청구를 기각하는 이 사건 심결을 하였다.

④ 이에 원고가 심결취소의 소를 제기하였다. 이 사건 소송에서 당사자의 주장은 다음과 같다: 원고는 비교대상디자인에 의해 이 사건 등록디자인의 출원 전에 공지된 부분을 제외하고 보면, 확인대상디자인은 이 사건 등록디자인과 유사하지 아

(85) 비교대상디자인:

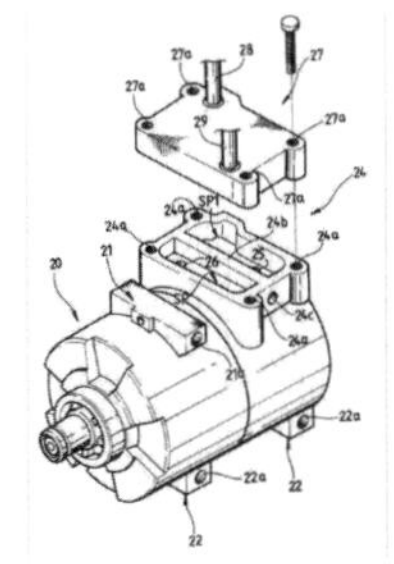

(86) 그 밖에 비교대상디자인으로 제출된 디자인은 이 사건 등록디자인의 출원 전에 공지된 점이 인정되지 않았다.

니하여 그 권리범위에 속하지 않는다고 주장하였다. 반면, 피고는 이 사건 등록디자인과 유사하다는 이유로 무효가 된 원고의 등록디자인을 확인대상디자인으로 하여 제기한 이 사건 소송은 소권을 남용하여 제기된 것이고, 가사 그렇지 않더라도 공지디자인과 구별되는 이 사건 등록디자인의 요부는 하우징 외부의 상 · 하부 결합대에 볼트를 체결하여 전 · 후방 하우징을 결합시키는 외부결합형 디자인이라는 점인데, 확인대상디자인도 외부결합형 디자인이므로 이 사건 등록디자인과 유사하다고 다투었다.

II 판시(심결 취소)

등록무효심판과 권리범위확인심판은 서로 취지를 달리하는 별개의 제도이므로, 등록무효가 확정된 원고의 등록디자인과 유사한 확인대상디자인에 대해 원고가 소극적 권리범위확인심판을 제기하였다고 하여 이를 재심을 제한한 디자인법의 취지를 잠탈하는 것이라거나 사회질서 위배, 신의성실의 원칙을 위반하여 소권을 남용한 것이라고 볼 수 없다.

이 사건 등록디자인과 확인대상디자인은, 전체적으로 생수통 형상의 원통형 몸통을 가지고, 몸통은 전방 하우징과 이와 결합된 후방 하우징으로 구성되는 점 등은 비교대상디자인에 의해 공지된 것이고, 후방하우징의 결합받침대에 전 · 후방으로 1개의 돌기가 형성되어 있는 점 등은 자세히 관찰해야만 인식할 수 있는 것이므로 그 중요성을 낮게 평가하여야 한다.

이 사건 등록디자인과 확인대상디자인은, 전방 하우징의 정면 상부 및 하부, 상부의 결합대의 측면 등에 볼트 구멍이 형성되어 있는지 여부, 후방 하우징의 배면에 무늬가 있는지 여부 등에서 차이가 있고, 위 차이점에 나타난 이 사건 등록디자인의 특징은 공지디자인을 비롯한 차량용 에어컨디셔너 압축기에서 흔히 볼 수 없는 형상으로 수요자에게 잘 보이는 부분이어서 이 사건 등록디자인의 요부라고 할 것이며, 이러한 요부에 있어서 확인대상디자인은 이 사건 등록디자인과 현저한 차이가 있고, 이러한 차이는 앞서 본 유사점들보다 전체적인 심미감에 더 큰 영향을 미치는 것이므로, 결국 이 사건 등록디자인과 확인대상디자인은 유사하지 않다.

Ⅲ 해설

대부분의 디자인에 대한 등록무효 또는 침해사건에서 등록디자인과 선행디자인 또는 등록디자인과 대상디자인의 유사 여부가 쟁점이 되고, 당사자들은 각각 디자인의 서로 다른 부분의 유사 또는 비유사를 근거로 하여 주장을 하게 된다. 대상판결의 사안에서도 등록디자인과 확인대상디자인의 유사 여부, 특히 일부 구성요소가 공지된 경우의 유사 판단이 쟁점이 되었다. 또한 대상판결은 별개의 등록무효사건에서와 등록디자인과 확인대상디자인의 유사 여부 판단을 달리하였다. 이하에서는 디자인의 유사 판단의 기준을 개략적으로 살펴보고, 특히 일부 구성요소가 공지된 경우 디자인의 유사 판단에서 공지된 부분에 대한 고려, 등록무효 사건과 침해사건에서 유사 판단기준의 차이에 대해 차례로 검토하기로 한다.

1. 디자인의 유사 여부 판단

(1) 판단기준

양 디자인이 유사한지 여부를 어떤 기준으로 판단할 것인지에 대해, ① 디자인 분야의 평균적 디자이너를 기준으로 하여 양 디자인의 창작의 요부가 일치하고, 물품 외관의 미적 특징이 공통되는 경우 유사하다고 보는 창작설, ② 디자인을 보는 사람을 기준으로 하여 양 디자인이 관찰자에게 주는 심미감이 동일 내지 유사한 경우 유사하다고 보는 심미감설, ③ 제품의 구매자의 입장에서 양 디자인을 관찰할 때 혼동을 야기할 우려가 있으면 유사하다고 보는 혼동설 등이 제시된 바 있다.[87]

판례[88]는 디자인의 유사 여부는 그 외관을 전체적으로 대비 관찰하여 보는 사람으로 하여금 상이한 심미감을 느끼게 하는지의 여부에 따라 판단하여야 한다고 하여 심미감설의 입장을 취하고 있다.

(2) 전체관찰 및 요부관찰

디자인의 유사 여부 판단에서는 디자인이 전체로서 보는 사람에게 주는 미감

(87) 특허법원 지적재산소송실무연구회, 지적재산소송실무(제3판), 박영사(2014), 443-444면.

(88) 대법원 2001. 6. 29. 선고 2000후3388 판결, 대법원 2006. 9. 8. 선고 2005후2274 판결, 대법원 2009. 1. 30. 선고 2007후4830 판결, 대법원 2010. 5. 27. 선고 2010후722 판결 등.

에 차이가 있는지가 기준이 되므로, 디자인을 구성하는 각 요소를 분리하여 개별적으로 대비할 것이 아니라 그 외관을 전체적으로 대비 관찰하여 보는 사람으로 하여금 상이한 심미감을 느끼게 하는지의 여부에 따라 판단하여야 하고, 그 지배적인 특징이 유사하다면 세부적인 점에 다소 차이가 있을지라도 유사하다고 보아야 한다.(89) 이 경우 디자인을 보는 사람의 주의를 가장 끌기 쉬운 부분을 요부로서 파악하고 이것을 관찰하여 심미감에 차이가 생기게 하는지 여부의 관점에서 그 유사 여부를 결정하여야 한다.(90)

(3) 디자인의 요부

디자인의 유사 여부를 판단함에 있어서 디자인의 '요부'란, 디자인의 미감적 특징을 가장 잘 나타내는 부분으로서,(91) 흔히 있는 형상이 아니거나,(92) 전체 디자인에서 차지하는 면적이나 위치,(93) 물품의 특성과 용도,(94) 실제 거래 시(95) 또는

(89) 대법원 2001. 6. 29. 선고 2000후3388 판결, 대법원 2006. 7. 28. 선고 2005후2915 판결, 대법원 2007. 1. 25. 선고 2005후1097 판결 등.

(90) 대법원 1996. 1. 26. 선고 95후 1135 판결, 대법원 2006. 1. 26. 선고 2005후1257 판결, 대법원 2010. 7. 22. 선고 2010후913 판결.

(91) 특허법원 2011. 10. 28. 선고 2011허7317 판결.

(92) 대법원 2001. 6. 29. 선고 2000후3388 판결(등록의장은 몸체부에 배출구 및 마개가 설치된 요홈부가 있는데 비하여 인용의장은 몸체부의 네 측면에 각각 두 줄의 세로줄 장식이 되어 있고, 이러한 요홈부와 세로줄은 원통형에 있어서 흔히 있는 형상이 아니어서 보는 사람으로 하여금 강한 주의를 끌게 하고 그로 인하여 서로 상이한 심미감을 일으키게 한다는 이유로 양 의장이 유사하지 않다고 한 사례).

(93) 특허법원 2015. 10. 30. 선고 2015허2617 판결(등록디자인과 비교대상디자인의 공통점은 가스 튀김기의 전체에서 차지하는 비중이 크고, 정면 또는 측면에 상당한 크기로 노출되어 있어 일반 수요자나 거래자의 주의를 끌기 쉬운 반면에 온도조작부, 배유레버 등은 그 차지하는 면적이나 위치에 비추어 디자인 전체에서 차지하는 비중이 크지 않아 요부에 해당한다고 보기 어렵다).

(94) 특허법원 2009. 4. 10. 선고 2008허13169 판결(확정) (등록디자인과 비교대상디자인은 가로방향의 길이에서 차이가 있으나, 디자인의 대상물품인 '방전가공기용 전극'은 통상적으로 길이가 긴 형태로 생산된 뒤 필요한 길이만큼 잘려서 사용되는 물품이므로, 가로방향 길이의 차이는 디자인의 요부로 볼 수 없다).

(95) 대법원 2003. 12. 26. 선고 2002후1218 판결(의복걸이대용 포스트 지지구에 대한 등록디자인에 있어서, 사용 상태에서는 지지구의 용수철통의 모습이 드러나지 않을 수도 있지만, 지지구는 용수철통의 형상과 모양이 외부에 나타난 그대로 거래되고 있고, 위 용수철통이 등록디자인의 지배적 특징을 이루는 부분이라고 한 사례), 대법원 2001. 5. 15. 선고 2000후129 판결(창틀용 골재의 경우 그 수요자는 주로 거래자일 것이고, 거래자는 창틀용 골재에 유리를 끼워 창틀 프레임에 설치한 후에 외부로 나타나는 외관 외에 그 물품 자체의 기능이나 구조 등이 표현되어 있는 외관의 심미감도 아울러 고려하여

사용시의 형상이나 모양[96] 등을 고려하여 디자인을 보는 사람의 주의를 가장 끌기 쉬운 부분, 보는 사람의 눈에 잘 띄는 부분, 수요자가 거래 시 고려하는 부분9[97] 등을 가리킨다. 한편, 판례는 디자인의 유사 판단에 있어서 '지배적인 특징'이 유사한지 여부를 보는데, 이는 디자인의 요부에서 형성되는 주된 미감적 특징을 의미하며, '요부'와 '지배적인 특징'이 혼용되어 사용되기도 한다.

판례는, ① 스카프 등에 사용되는 직물지의 경우 표면 외에 이면의 모양도 사람의 주의를 끌고, 수요자가 그 심미감을 고려하여 구입 여부를 결정할 것으로 보이므로, 표면와 이면 모두 요부라고 본 사례,[98] ② 밸브용 캡에 관한 등록디자인 ('  , , 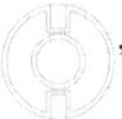 ')에 있어서, 절개부와 내부 원통의 구체적인 형상도 물품을 보는 사람들의 눈에 띄기 쉬운 지배적인 특징이라고 본 사례,[99] ③ 젓가락의 경우 캡 부분의 형상이 요부라고 본 사례,[100] ④ 작업복(유니폼) 상의에 관한 등록디자인 ()에 있어서 '가슴부위의 절개선과 가로 덮개 앞부분의 단추 및 단추가 위치한 부분에서부터 시작되는 지퍼에 의하여 생기는 형상과 모양'()이 작업복 앞면에서 흔히 볼 수 있는 형상이 아니고 수요자에게도 잘 보이는 부분으로서 보는 사람의 주의를 가장 끌기 쉬운 부분으로 요부라고 본 사례[101] 등이 있다.

구입 여부를 결정할 것으로 보이므로, 비록 창틀용 골재에 유리를 끼워 창틀 프레임에 설치하면 창틀용 골재의 하부와 중앙부보다 상부가 보는 사람의 눈에 잘 띈다 하더라도 상부의 형상과 모양만이 요부라고 보기 어렵고, 그 전체, 즉 측면도 또는 사시도에 나타난 전체적인 형상과 모양이 요부라고 보아야 한다).

(96) 대법원 2013. 12. 26. 선고 2013다202939 판결(등록디자인의 대상물품인 '콤바인'의 용도 및 사용형태, 콤바인 운행 시 탈곡된 볏짚이 후부로 배출되므로 후면 또한 좌우 측면 및 정면과 동일하게 보는 사람의 눈에 자주 띄게 되는 점 등을 참작하여 보면, 콤바인에서는 그 전후좌우에서 바라보는 형태가 보는 사람의 주의를 끄는 부분이라고 할 것).

(97) 특허법원 2013. 3. 22. 선고 2012허9921 판결(이동식 욕조의 기능과 사용, 보관 형태 등에 비추어 보면, 욕조의 정면, 배면 부분과 좌, 우측면 부분뿐 아니라 욕조 평면 부분과 저면 부분 등도 사람의 주의를 끌기 쉬운 부분에 해당하고, 평면 부분과 저면 부분의 형상이나 모양에 따라 일반 수요자에게 상이한 심미감을 가져 올 수 있어 그 수요자로서는 거래 시에 욕조 바닥 부분과 밑면 부분의 형상과 모양 등도 고려하여 구입 여부를 결정하게 되어 그 부분도 욕조 디자인의 중요한 부분에 해당한다).

(98) 대법원 2011. 7. 28. 선고 2010후3349 판결.

(99) 대법원 2011. 2. 10. 선고 2010후1923 판결.

(100) 대법원 2010. 7. 22. 선고 2010후913 판결.

(101) 대법원 2012. 4. 13. 선고 2011후3568 판결.

한편, 물품의 기본적 또는 기능적 형태,(102)(103) 단순한 상업적 · 기능적 변형에 불과한 부분,(104) 디자인 전체에서 차지하는 비중이 매우 작은 부분, 자세히 볼 때에만 비로소 인식할 수 있는 세부적인 구성의 미세한 차이 등은 비록 양 디자인 사이에 유사하더라도 요부로 보지 않는다. 다만, 물품의 기능을 확보하는데 필요한 형상이더라도 디자인의 유사 판단에서 요부가 될 수 있다.(105)

2. 구성요소가 공지된 경우 디자인의 유사 판단

(1) 구성요소가 전부 공지된 경우

등록디자인이 그 출원 전에 국내외에서 공지되었거나 공연히 실시된 디자인이나 그 출원 전에 국내외에서 반포된 간행물에 게재된 디자인과 동일 또는 유사한 경우, 신규성이 없어 그 등록이 무효로 되고(디자인보호법 제33조 제1항, 제121조 제1항 제2호), 등록무효의 심결이 없어도 그 권리범위를 인정할 수 없다.(106)

구체적인 판단 사례로는, 냉각탑의 상부에 장착된 팬 스택에 관한 등록디자인(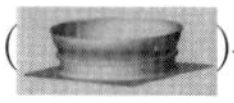)은 비교대상디자인()과 보는 사람의 주의를 가장 끌기 쉬운 외주면의 전체적인 형상과 모양이 유사하므로, 권리범위를 인정할 수 없다고 본 사례,(107) 안경테의 경첩에 대한 등록디자인(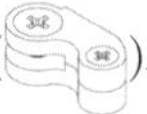)과 비교대상디자인()이 전체적인 형

(102) 다만, 물품의 기능에 관련된 형태이더라도 그 기능을 확보할 수 있는 다른 대체 가능한 형상이 있다면 '물품의 기본적 또는 기능적 형태'라고 할 수 없다{유영선, 기능성 원리, 경인문화사(2012), 34-35면}, 같은 취지의 판결로는, 특허법원 2014. 2. 6. 선고 2013허8543 판결(확정)(손잡이 상 · 하부 및 좌 · 우부의 형상은 대상물품의 기능에 관한 부분으로 보이기는 하나, 그 기능을 확보할 수 있는 선택 가능한 대체적인 다른 형상이 존재할 수 있는 부분으로서 다른 구성요소들과의 유기적 결합으로 인한 형상 및 모양에 의하여 특별한 심미감을 불러일으키는 요소에 해당한다).

(103) 대법원 2005. 10. 14. 선고 2003후1666 판결.

(104) 대법원 2001. 6. 29. 선고 2000후3388 판결.

(105) 대법원 2009. 3. 12. 선고 2008후5090 판결(등록디자인 '  '과 비교대상디자인 '  '이 전체적으로 세로로 긴 직사각형에 가까운 형상인 점, 평상시에는 보호용 덮개가 메모리칩 단자부가 돌출되어 있는 몸체를 'ㄷ'자 형태로 감싸고 있다가 사용 시에는 몸체가 회전하여 사용할 수 있는 상태가 되는 점, 보호용 덮개의 상단에 스트랩 걸이홈이 형성되어 있는 점 등의 지배적인 특징이 유사하다고 한 사례).

(106) 대법원 2008.9.25. 선고 2008도3797 판결, 대법원 2003. 1. 10. 선고 2002도5514 판결 등.

(107) 서울고등법원 2014. 5. 8. 선고 2013나64047 판결(확정).

상이 유사하여 권리범위를 인정할 수 없다고 본 사례[108] 등이 있다.

(2) 구성요소가 일부 공지된 경우

등록디자인의 일부분에 공지의 형상과 모양이 포함된 경우, 판례는 등록무효사건에서는 "구성요소 중 공지형상 부분이 있다고 하여도 그것이 특별한 심미감을 불러일으키는 요소가 되지 못하는 것이 아닌 한 이를 포함하여 전체로서 관찰하여 느껴지는 장식적 심미감에 따라 판단하여야 하고, 공지된 부분도 유사 여부를 판단함에 있어 그 중요도를 낮게 봐서는 안 된다."[109]고 하는 반면, 권리범위확인(침해)사건에 관하여는 일관되게 "공지의 형상과 모양을 포함한 출원에 의하여 디자인등록이 되었다 하더라도 공지 부분에까지 독점적이고 배타적인 권리를 인정할 수는 없으므로 디자인권의 권리범위를 정함에 있어 공지 부분의 중요도를 낮게 평가하여야 하고, 따라서 등록디자인과 그에 대비되는 디자인이 서로 공지 부분에서 동일·유사하다고 하더라도 등록디자인에서 공지 부분을 제외한 나머지 특징적인 부분과 이에 대비되는 디자인의 해당 부분이 서로 유사하지 않다면 대비되는 디자인은 등록디자인의 권리범위에 속한다고 할 수 없다."라고 판시하고 있다.[110]

판례에 대해 디자인등록요건을 판단할 때와 침해를 판단할 때 공지 부분의 평가를 달리하여 침해 판단 시에는 공지 부분을 요부에서 제외한 것이라는 견해[111]도 있으나, 권리성립 과정과 권리행사 과정에서 디자인의 유사 판단기준을 달리할 이유가 없고, 다만 침해 사건에서는 공지된 부분에 관하여 등록디자인의 독점적, 배타적 권리를 인정할 수 없어 그 부분의 유사성에도 불구하고 권리범위에 속하지 않게 되는 것일 뿐이지 공지 부분이 디자인의 요부에서 제외되고, 그로 인하여 심미감이 유사하지 않기 때문은 아니라는 견해가 유력하다.[112]

---

(108) 특허법원 2010. 12. 10. 선고 2010허6737 판결(확정).

(109) 대법원 2005. 6. 10. 선고 2004후2987 판결, 대법원 2009. 1. 30. 선고 2007후4830 판결 등.
이에 대해서는 출원디자인에 관하여 공지된 부분의 중요도를 낮게 평가할 경우 공지 부분을 포함하고 있는 출원디자인이 오히려 신규성을 쉽게 인정받을 수 있게 되는 불합리가 있기 때문이라고 일반적으로 설명된다(노태정·김병진 공저, 디자인보호법 3정판(2009), 423면).

(110) 대법원 2004. 8. 30. 선고 2003후762 판결, 대법원 2012. 4. 13. 선고 2011후3568 판결 등.

(111) 노태정·김병진 공저, 앞의 책, 423면.

(112) 유영선, "등록무효소송에서 기본적 또는 기능적 형태를 포함하고 있는 디자인의 유사성 판단기준", 지적재산권 제32호(2009. 7.), 63면.

한편, 공지된 부분이더라도 다른 요소들과 유기적으로 결합하여 형성한 형상과 모양이 지배적인 특징을 이루는 경우에는 디자인의 요부로 보아 유사 판단의 대상이 된다.(113)

3. 디자인의 유사와 창작 용이성의 관계

디자인보호법 제33조 제2항은 그 디자인이 속하는 분야에서 통상의 지식을 가진 자가 제1항 제1호 또는 제2호에 해당하는 디자인의 결합에 의하여 용이하게 창작할 수 있는 것은 디자인등록을 받을 수 없도록 규정하고 있다. 여기에는 위 각 호에 해당하는 디자인의 결합뿐만 아니라 위 디자인 각각에 의하여 용이하게 창작할 수 있는 디자인도 포함된다. 그 규정의 취지는 위 각 호에 해당하는 디자인의 형상 · 모양 · 색채 또는 이들의 결합을 거의 그대로 모방 또는 전용하였거나, 이를 부분적으로 변형하였다고 하더라도 그것이 전체적으로 볼 때 다른 미감적 가치가 인정되지 않는 상업적 · 기능적 변형에 불과하거나, 또는 그 디자인 분야에서 흔한 창작수법이나 표현방법에 의해 이를 변경 · 조합하거나 전용하였음에 불과한 디자인 등과 같이 창작수준이 낮은 디자인은 그 디자인이 속하는 분야에서 통상의 지식을 가진 자가 용이하게 창작할 수 있는 것이어서 디자인등록을 받을 수 없다는 데 있다.(114)

디자인보호법 제33조 제1항 제3호의 '유사한 디자인'은 일반 수요자의 입장에서 공지디자인과 미감이 같은지 여부를 판단하는 것이고, 동법 제5조 제2항의 '쉽게 창작할 수 있는 디자인'은 그 디자인이 속하는 분야에서 통상의 지식을 가진 자, 즉 통상의 디자이너의 입장에서 사회적으로 널리 알려진 모티브를 기준으로 착상의 새로움 내지 독창성 여부를 판단하는 것으로 양자는 일응 구별되는 개념이다.(115)

---

(113) 대법원 2006. 7. 28. 선고 2005후2922 판결, 특허법원 2013. 4. 19. 선고 2012허9990 판결(확정).

(114) 대법원 2010. 5. 13. 선고 2008후2800 판결, 대법원 2014. 4. 10. 선고 2012후1798 판결.

(115) 특허법원, 앞의 책, 456면 각주 1. 일본에서는 이를 실질적으로 동일하게 보는 일원설, 다른 개념으로 보는 이원설의 대립이 있고, 일본 판례는 '전자는 물품의 디자인에 대하여 일반 수요자의 입장에서 본 미감의 요부를 문제로 하는 것이고, 후자는 물품의 동일 또는 유사라고 하는 제한을 벗어나 사회적으로 널리 알려진 모티브를 기준으로 하여 통상의 지식을 가진 자의 입장에서 본 디자인의 착상의 신규성 내지 독창성을 문제로 하는 것이어서 디자인의 유사성 판단과 창작 용이성 판단이 반드시 일치하는 것은 아니'라고 하여 이원설의 입장에 있다(김용덕, "디자인의 창작 용이성", 특허소송연구 5집(2010. 12.), 428-429면).

실무에서는, 디자인의 유사와 용이창작을 구분하여야 하는 경우가 많지 않고, 용이창작할 수 있는지 여부의 판단에 있어서, '흔한 창작수법 또는 표현방법에 의해 변형할 수 있는 정도',(116) '상업적 · 기능적 변형',(117) '주지 형상의 적용'(118) 등을 들고 있어 디자인의 유사 여부와 판단 구조가 비슷하다.

4. 대상판결 사안에 대한 검토

(1) 대상판결에서는, 관련 등록무효사건(확인대상디자인과 유사한 원고의 등록디자인에 대해 피고가 이 사건 등록디자인을 비교대상디자인으로 하여 제기한 등록무효 사건)에서의 판단과 달리 이 사건 등록디자인과 확인대상디자인이 유사하지 않다고 판단하였다.

구체적으로, 대상판결에서는, "이 사건 등록디자인과 확인대상디자인은, ① 전체적으로 생수통 형상의 원통형 몸통을 가지고, 몸통은 전방 하우징과 이와 결합된 후방 하우징으로 구성되는 점, ② 전방 하우징의 정면의 중앙부에 전방으로 돌출되는 원형의 구동축 및 그 구동축을 감싸는 원형 테두리가 있고, 상부 중앙 또는 하부 중앙에 깊이 음각된 띠가 형성되어 있는 점, ③ 전방 하우징의 상부에는 한 일(一)자 형상의 결합대가, 하부에는 한 일(一)자 형상의 결합받침대가 각 형성되는 점, ④ 상부의 결합대 및 하부의 결합받침대에 전방으로 돌출된 1개 또는 2개의 돌기가 형성되어 있는 점, ⑤ 후방 하우징은 상부에 가로 왈(曰)자 형상의 머플러가, 하부에는 한 일(一)자 형상의 결합받침대가 각 형성되어 있으며, ⑥ 후방하우징의 결합받침대에 전 · 후방으로 1개의 돌기가 형성되어 있는 점, ⑦ 후방 하우징 상부의 머플러의 격벽 모서리가 둥글게 돌출 형성되어 있는 점, ⑧ 머플러 중간의 구획벽의 측면은 직사각형으로 약간 돌출 형성되어 있으며, 머플러의 격벽에 내부로 돌출된 돌기가 형성되어 있는 점, ⑨ 결합대 및 결합받침대 내부에 움푹 들어간 공간(살빼기 공간)이 형성되어 있는 점, ⑩ 정면에서 보았을 때의 윤곽 등에서 유사하다.

그러나 유사점 중 ①, ②, ③, ⑤, ⑦의 점은 비교대상디자인에 공지된 것이고, ⑥, ⑧, ⑨는 자세히 관찰해야만 인식할 수 있는 것이므로 그 중요성을 낮게 평가하여야 한다. 오히려 이 사건 등록디자인은 방사선 방향으로 난 다섯 개의 폭이 동일

(116) 특허법원 2014. 5. 30. 선고 2013허8857 판결.

(117) 특허법원 2014. 7. 18. 선고 2014허2719 판결.

(118) 특허법원 2014. 5. 15. 선고 2013허8079 판결.

한 띠가 양각 처리되어 있는 반면에 확인대상디자인은 이러한 띠가 없는 점에서 서로 다르고, 확인대상디자인에는 전방 하우징의 정면 상부 및 하부, 상부의 결합대의 측면, 후방 하우징 상부의 머플러 상부면 및 가운데 구획벽의 측면, 전후방 하우징 하부의 결합받침대 측면에 각 상당한 크기의 볼트 구멍이 형성되어 있는 반면에 이 사건 등록디자인에는 볼트 구멍이 없고 미세한 돌기가 형성되어 있을 뿐인 점에서 서로 다르고, 이러한 특징은 공지디자인을 비롯한 차량용 에어컨디셔너 압축기에서 흔히 볼 수 없는 형상으로 수요자에게 잘 보이는 부분이어서 이 사건 등록디자인의 요부라고 할 것인데, 이러한 요부에 있어서 확인대상디자인은 이 사건 등록디자인과 현저한 차이가 있고, 이러한 차이는 앞서 본 유사점들보다 전체적인 심미감에 더 큰 영향을 미치는 것이므로, 결국 이 사건 등록디자인과 확인대상디자인은 유사하지 않다."고 보았다.

(2) 이는 관련 등록무효사건(확인대상디자인과 유사한 원고의 등록디자인에 대해 피고가 이 사건 등록디자인을 비교대상디자인으로 하여 제기한 등록무효 사건(119))에서, "① 수요자의 눈에 띄기 쉬운 바디의 형상이 아주 유사한 점, ② 몸통에 붙어 있는 전단부 윗면 연결판, 후단부 윗면 연결판, 전단부 아랫면 받침대, 후단부 아랫면 받침대의 모양과 크기가 아주 유사한 점, ③ 비교대상디자인은 종래의 압축기 디자인들이 공통적으로 가지고 있던 몸통 전단부 윗면의 복수의 볼트 체결공을 채용하지 않았는데, 이 사건 등록디자인도 비교대상디자인처럼 몸통 전단부 윗면의 볼트 체결공을 채용하지 않고 있는 점 등 그 지배적인 특징이 유사하여 전체적으로 심미감이 유사하다."고 본 것과 대비된다. 대상판결(권리범위확인)에서는 위 ①, ②, ③의 유사점은 모두 공지된 부분으로 보아 위 유사 부분에 대한 등록디자인의 권리범위를 인정하지 아니하였다.(120)

(119) 특허법원 2013. 12. 19. 선고 2013허6127 판결(확정).

(120) 한편, 등록디자인에 대한 등록무효사건(특허법원 2015. 10. 29. 선고 2015허2037 판결)에서는, 위 ①, ②의 점 등은 압축기의 기본적, 기능적 형태여서 그 중요도를 낮게 평가하여야 하고, 등록디자인의 요부인 전방 하우징의 정면부, 결합대 중앙의 돌기 등이 비교대상디자인과 달라 서로 유사하지 않고, 비교대상디자인으로부터 쉽게 창작할 수도 없다고 보았다.

Ⅳ 마치며

대상판결은 동일 디자인에 대해서 등록무효사건과 권리범위확인사건에서 유사 여부의 판단이 달라진 사안이다. 디자인의 유사 여부는 디자인을 전체적으로 보아 보는 사람의 주의를 가장 끌기 쉬운 부분이 유사한지 여부를 기준으로 판단하나, 위와 같이 심미감에 영향을 주는 요부라고 하더라도 이미 공지된 디자인인 경우 이를 등록디자인의 권리범위로 인정할 수는 없다. 결국 공지된 디자인에 대한 당사자의 입증의 정도에 따라 사건마다 디자인의 유사 여부에 대한 판단이 달라질 수 있다.

3-6

모빌 거치대 사건: 유사 판단 및 이용관계

서울중앙지방법원 2017. 5. 11. 선고 2016가합528897 판결[121]

| 이규홍 | 특허법원 부장판사

I 개요

1. 사안의 개요

원고[122]는 2012. 8. 21. 제1디자인(제0735501호)을 출원하여 2014. 3. 18. 등록되었으며, 2014. 12. 26. 제2디자인(제0789723호)을 출원하여 2015. 3. 19. 등록되었다.[123] 원고는 제1디자인을 적용한 원고 제품을 다수의 쇼핑몰 등을 통하여 판매하였고, 유통판매업자인 피고에게도 2013. 3.경부터 2015. 10.경까지 판매하였다.

(121) 항소심에서 화해가 성립되었다.

(122) 유아용 모빌 업계에서 상당한 시장점유율을 가지고 있는 이스라엘 회사 '타이니 러브' 모빌의 국내 독점 수입업자이고, 이 모빌에 적합한 거치대를 제조 · 판매하여 관련 시장에서 점유율을 확보하고 있었다.

(123) 부분디자인으로 출원된 후 2015. 2. 24. 비밀디자인 청구를 하고, 2016. 3. 25. 그 실질적인 사항인 도면 등에 대하여 제2차 등록 공고되어, 비록 피고 디자인 출원 전에 출원되었으나 비밀디자인청구에 따른 제2차 실질적인 등록공고가 피고 디자인의 설정등록 후에 이루어졌으므로 출원 전에 공지되었다고 볼 수 없다. 제1, 2디자인 및 다음에서 보는 '피고 디자인'은 별지1과 같다.

그런데 피고는 2015. 9. 18. 모빌 거치대 디자인을 출원하여 2016. 2. 18. 등록되었고(이하 '피고 디자인', 제0841061호), 별지2, 3의 각 침해제품(확인대상디자인, 아르브 모빌)을 제작 및 판매하였다.[124][125]

[별지 1: 모빌거치대 디자인들]

제1디자인		관련 디자인1		관련 디자인2	
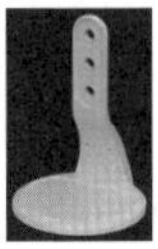	출원일: 2012. 8. 21. 등록일: 2014. 3. 18. 출원인: 원고 등록번호: 제0735501호		출원일: 2014. 5. 13. 등록일: 2015. 2. 26. 출원인: 배일순 등록번호: 제0786515호		출원일: 2014. 6. 13. 등록일: 2015. 5. 22. 출원인: 주식회사 나울 등록번호: 제0798352호
관련 디자인3		제2디자인		피고 디자인	
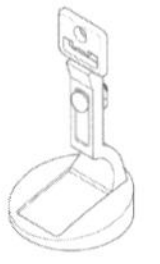	출원일: 2014. 6. 13. 등록일: 2015. 1. 20. 출원인: 주식회사 나울 등록번호: 제0781150호		출원일: 2014. 12. 26. 등록일: 2015. 3. 19. 출원인: 원고 등록번호: 제0789723호		출원일: 2015. 9. 18. 등록일: 2016. 2. 1. 출원인: 피고 등록번호: 제0841061호
관련 디자인4		관련 디자인5		관련 디자인6	
		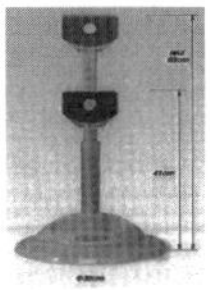		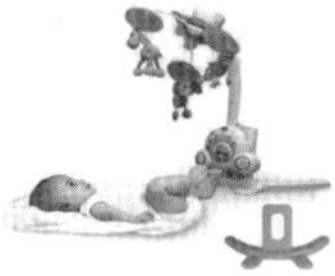	

(124) [별지 2: 제1디자인 및 확인대상디자인(침해제품)]

	사시도	정면도	배면도	우측면도	좌측면도	평면도	저면도	사용상태
제1디자인	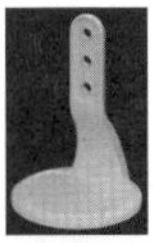	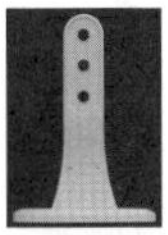	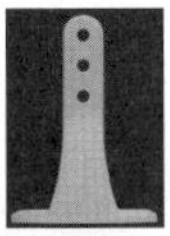		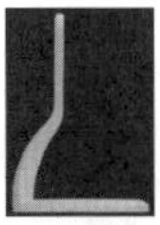	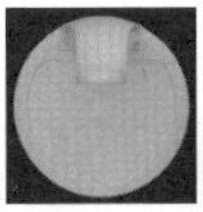		
침해제품	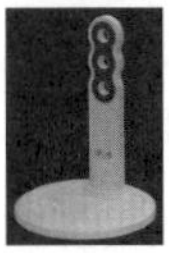	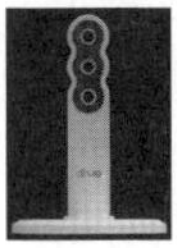		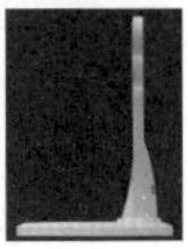	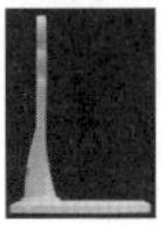	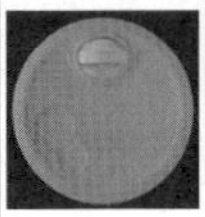	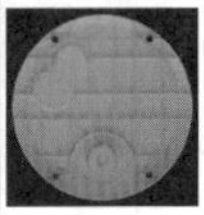	

(125) [별지3: 제2디자인 및 확인대상디자인(침해제품)]

이 사건 등록디자인	확인대상디자인	이 사건 등록디자인	확인대상디자인
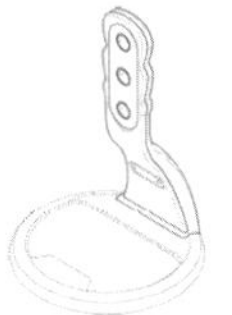	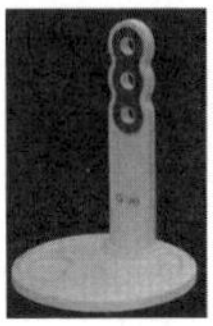	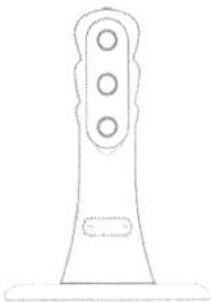	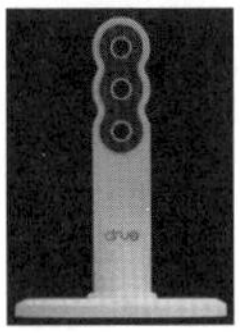

2. 관련 사건

피고는 2016. 6. 29. 특허심판원에 원고를 상대로 제1, 2디자인에 관하여 침해제품의 소극적 권리범위확인심판(제1, 2디자인 순서대로 2016당1877호, 2016당1878호)을 청구하였으나, 특허심판원은 2016. 12. 26. 위 심판청구를 각 기각하였다. 이에 피고는 특허법원(위 순서대로 2017허1052호, 2017허1069호)에 위 각 심결의 취소를 구하는 소송을 각 제기하였는데, 법원은 2017. 7. 21. 2017허1052호 사건에서는 청구기각을, 2017허1069호 사건에서는 심결을 취소하는 판결을 선고하였고,(126) 각 그 무렵 확정되었다.

한편, 원고는 2016. 7. 8. 특허심판원에 피고를 상대로 피고 디자인권에 관하여 등록무효심판(2016당1991)을 청구하였으나 2017. 2. 15. 기각되자 원고는 특허법원(2017허2437호)에 위 심결의 취소를 구하는 소송을 제기하였고, 2017. 7. 21. 심결을 취소하는 판결이 선고된 후 대법원(2017후1953)에서 확정(심리불속행)되었다.

3. 쟁점(127)

각 소극적 권리범위확인심판에서는 침해제품이 제1, 2디자인과 유사함을 인정

(126) "제2디자인과 선행디자인(제1디자인)의 디자인권자는 모두 원고이나, 원고는 제2디자인을 선행디자인에 대한 관련디자인으로 출원한 바 없고 단독디자인으로 출원하였다. 나아가 선행디자인의 디자인등록출원일은 2012. 8. 21.이고, 제2디자인은 그로부터 1년을 경과하였음이 역수상 명백한 2014. 12. 26. 출원되었으므로 디자인보호법 제35조의 관련디자인 출원 요건을 갖추지 못하였다. 또한 제2디자인은 선행디자인과의 관계에서 동일, 유사 여부가 문제되어 디자인보호법 제33조 제1항 제3호의 신규성 상실 사유가 있는지 문제될 뿐, 자기 공지의 예외에도 해당하지 않으므로 디자인보호법 제36조가 적용될 여지도 없다."고 판단한 후 제2디자인은 신규성이 인정되지 아니하여 그 권리범위를 인정할 수 없으므로, 피고 디자인은 제2디자인의 권리범위에 속하지 아니한다고 판시하였다. 후술하는 2016당1878 심결에서 인정된 이용관계는 판단되지 아니하였다.

(127) 원고는 첫째, 피고는 제1디자인과 그 형태가 동일 또는 유사한 침해제품을 생산 · 판매하였는바, 침해제품이 피고의 디자인권에 근거한 것이라고 하더라도 피고의 디자인권은 무효에 해당하므로 제1디자인에 대한 침해가 인정되고, 둘째, 가사 피고의 디자인권이 무효가 아니라고 하더라도 원고의 허락 없이 원고의 제2디자인의 요부와 지배적 특징이 극히 유사한 디자인을 실시하였으므로 디자인보호법 제95조에 따라 먼저 출원 · 등록된 원고의 제2디자인권을 침해한 것이며, 셋째, 공정한 상거래 관행과 경쟁질서에 반하는 방법을 사용하여 원고의 성과를 무단도용하고 경제적 이익을 침해하고 있는 것으로서 부정경쟁방지 및 영업비밀보호에 관한 법률 제2조 제1호 '차'목(현재는 '카'목) 위반한 것이라고 주장하며 침해행위의 금지와 이 사건 침해제품의 폐기 및 손해배상을 청구하였다. 본고에서는 위 차목 주장과 구체적인 (일부청구) 손해배상액 산정 부분은 논외로 한다.

하여 모두 기각 심결을 하였고, 특히 제2디자인 심결(2016당1878호)에서는 이용관계까지 인정하고 있다.(128) 그러나 등록무효심판에서는 침해제품이 제1디자인과 심미감에 현격한 차이가 있어 유사하지 않다고 하며 무효주장을 배척하여 일견 심결들이 상충되고 있었던 상황에서 대상판결이 내려진 것인데, 앞서 본 바처럼 이후 관련 판결들을 통하여 분쟁이 정리되었다.

그러므로 이하에서는 우선 제1디자인과 침해제품이 유사한지 여부를 지주부의 만곡유무 및 상하부 폭의 변화에 다른 형상이 상이한지, 모빌결합부의 형상이 상이한지를 중심으로 살펴보고, 피고 디자인권의 권리범위 인정 여부에 대하여 논의한다.

그리고 추가적으로 비록 대상판결에서 판단이 이루어지지 않았지만 제2디자인과 피고 디자인과의 관계에서 이용관계를 인정하였던 심결(2016당1878호)을 살펴보기로 한다.

II 대상판결

1. 제1디자인권 침해 여부에 대한 판단

(1) 제1디자인과 침해제품의 유사 여부

1) 공통점

양 디자인의 공통점을 살펴보면, ① 그 전체적인 구조가 바닥 받침부, 모빌 결합부 및 이들을 연결하는 기둥부로 구성된 점, ② 바닥 받침부는 납작한 원반 형상으로 그 외주연과 테두리는 "[image], [image]"와 같은 형상이고, 그 상단부 내측 앞면부의 함몰된 부분도 위와 같은 모양으로 형성된 점, ③ 모빌 결합부에 있어서 (1) 외측 테두리와 내측의 3개 원형홀 테두리는 일정한 좁은 폭으로 돌출되어 있는 형상이고, (2) 결합구의 테두리는 전체적으로 상 · 하부가 라운드진 캡슐 모양의 형상이며,

(128) 모빌결합부와 기둥부만의 부분디자인인데 그 유사성 판단은 제1디자인과 거의 동일하다.

③ 내측의 3개 원형홀은 동일 크기의 통공원이 종방향으로 일정한 동일 간격으로 배열되어 형성된 점, ④ 기둥부와 그 상부의 모빌 결합부 형성 길이가 거의 1:1 정도의 비율로 형성된 점, ⑤ 측면도상, 모빌 결합부의 양 측부는 좁은 폭으로 직선형을 이루고, 기둥부에 이르러 완만하게 라운드지게 경사면을 이루면서 하단부까지 폭이 넓어지도록 형성된 점, ⑥ 기둥부의 중간 면에 " ,  "와 같은 표시부착부 형상이 형성된 점에서 공통점이 있다.

2) 차이점

반면에 양 디자인은 ⓐ 모빌 결합부의 테두리에 있어서, 제1디자인은 종방향 둘레 형상이 " " 와 같이 직선형으로 형성되어 있으나, 침해제품은 " "와 같이 원호 형태의 굴곡을 반복하는 곡선형으로 형성된 점, ⓑ 기둥부에 있어서 제1디자인은 전면의 양 측부가 하부로 내려올수록 곡선을 이루면서 폭이 넓어지는 형상이고, 측면에서 외측면은 라운드진 경사면이 상대적으로 완만하고 내측면은 70도 정도의 예각을 이루는 형상(등록디자인 공보의 디자인 설명에 '농구대와 비슷한 구조로, 몸통 중앙부는 곡면을 이룸'이라고 기재되어 있다)이나 침해제품은 전면의 양 측부는 폭의 변화가 없는 일자형의 형상이고, 측면에서 외측면은 라운드진 경사면의 경사각이 높고 내측면은 110도 정도의 둔각을 이루는 형상인 점, ⓒ 측면도상 기둥부의 하단부에 있어서, 제1디자인은 "  "와 같이 바닥 받침부의 외주연에 일치되게 형성되어 있으나, 침해제품은 바닥 받침부 외주연 안쪽에 " 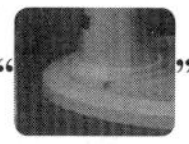 "와 같이 형성되어 있는 점, ⓓ 바닥 받침판에서 원형판의 내측 함몰부분에서 이 사건 침해제품은 이 사건 제1디자인과 달리 " "와 같은 땅콩모양의 형상이 형성된 점 등에서 차이점이 있다.

3) 구체적 판단

공통점 ①은 대상물품 '유아용 모빌 거치대'가 당연히 갖추어야 할 기본적인 구성요소일 뿐만 아니라 거치대의 용도를 가진 물품에 있어서 일반적으로 사용되는 형상이므로 그 중요도를 낮게 평가하여야 한다. 또한 차이점 ⓐ 내지 ⓓ도 모빌 결합부 테두리의 일부분을 곡선화하거나, 기둥부의 전면 폭을 일정하게 하고 그 내 · 외측면의 지지 각도를 높이며(피고 디자인 중 기둥부 및 그 하단부의 형상은 상부에 유아용 모빌을 결착했을 때 모빌이 기울어지는 것을 방지하여 안정적으로 고정하기 위한 것으로 제1디자인과 마찬가지로 기능성을 확보하기 위한 면이 강한 것으로 보인다) 바닥 받침판의 상단 내측에 땅콩모양의 함몰된 형상을 추가하는 정도의 차이여서 세부적인 구성의 미세한 차이에 불과한데다가, 양 디자인 표현된 물품의 거래업계에서 통상의 지식을 가진 자라면 누구든지 손쉽게 적용할 수 있는 상업적 · 기능적 변형에 지나지 않는 것이다.

한편, 피고는 3개의 원형홀과 그 주위의 형태에 관하여 원고의 '타이니 러브 모빌'을 거치하기 위하여 반드시 결합부가 원형이어야 하고 이러한 부분은 모빌을 거치하기 위한 기능적인 부분에 해당하므로 그 중요도를 낮게 평가하여야 한다고 주장하나, 위 인정사실에 비추어 보면, '유아용 모빌 거치대' 물품 중 모빌 결합부가 3개의 원형홀의 형태를 가진 제1디자인은 원고가 처음으로 고안한 형태로서 공지된 형상이 아닐 뿐만 아니라 그 이후에 고안된 '유아용 모빌 거치대'의 경우에도 제2디자인과 침해제품을 제외한 다른 다수의 제품은 원형홀이 3개가 있는 것이 아니라 원형홀 1개에 결합부의 높낮이를 조절하는 등 다른 형태로 그 기능적 역할을 구현하고 있으므로, 결합하는 부분의 기능적 용도를 위하여 반드시 원형홀이 3개로 이루어져야 하는 것이 아닌바, 모빌 결합부가 일부 기능적인 역할을 하더라도 일반 수요자의 심미감에 차이가 생기게 하는 중요한 부분임이 분명하므로, 피고의 위 주장은 받아들이지 아니한다.

그렇다면, 공통점 ② 내지 ⑥은 제1디자인의 창작적 요소를 나타내는 지배적인 특징이며, 여기에 제1디자인은 '유아용 모빌 거치대' 물품으로는 특허청에 최초로 등록된 디자인으로서 새로운 미감적 가치를 창작한 참신한 디자인인 점, 달리 공지된 디자인도 아닌 점, 원 · 피고 사이의 과거 거래관계 등 앞서 인정한 바를 보태어 보면, 위 차이점 ⓐ 내지 ⓓ가 양 디자인의 지배적인 특징인 공통점 ② 내지 ⑥을 상쇄하여 전체적으로 상이한 심미감을 가지게 할 정도라고 보기 어렵다 할 것이므로, 침해제품은 제1디자인과 유사하다(설령, 차이점 ⓐ 내지 ⓓ가 양 디자인에 있어서 또 하나의 특징적 요부로서 평가된다고 하더라도 이 부분의 차이 역시 위에서 살핀 양 디자인의 공통점 ② 내지 ⑥을 넘어 양 디자인이 전체적으로 상이한 것으로 여겨질 정도에 이르렀다고 보기에는 부족하다 할 것이다).

(2) 피고의 주장에 대한 판단

피고가 생산 · 판매한 침해제품은 피고 디자인권에 근거한 것으로서 제1디자인에 대한 침해가 아니라는 취지로 주장하나, 등록디자인이 그 출원 전에 국내 또는 국외에서 공지되었거나 공연히 실시된 디자인이나 그 출원 전에 국내 또는 국외에서 반포된 간행물에 게재된 디자인과 동일 또는 유사한 경우에는 그에 대한 등록무효의 심결이 없어도 그 권리범위를 인정할 수 없는바(대법원 2001. 9. 14. 선고 99도1866 판결, 대법원 2003. 1. 10. 선고 2002도5514 판결 등 참조), 위에서 각 살펴본 바와 같이 피고 디자인은 먼저 등록된 제1디자인과 유사하여 이미 제1디자인에서 공지된 모빌 거치대의 형태를 기초로 통상의 디자이너가 용이하게 창작할 수 있는 것으로서 일부 변형된 부분만으로는 전체적으로 다른 미감적 가치가 인정되지 아니하므로, 침해제품에 관하여 피고 디자인권의 권리범위를 주장할 수 없고, 피고 디자인권을 근거로 한 피고의 위 주장은 받아들이지 아니한다.

2. 제2디자인권 침해 여부에 대한 판단

위와 같이 침해제품은 제1디자인과 유사하고, 피고의 디자인권의 권리범위에도 포함되지 아니하므로, 제1디자인을 침해하였다고 인정되므로 제2디자인의 침해 여부에 관하여 더 나아가 판단하지 아니하고 있다.

해설[129]

1. 유사성 판단

대상판결 선고 당시는 2개의 소극적 권리확인심판과 등록무효심판의 결론이 상치되었고, 원 · 피고는 각 심결의 결론을 중심으로 주장을 하고 있었다. 권리확인

(129) 선출원주의 규정(디자인보호법 제46조 제1항)과 관련된 원고(심판청구인)의 주장에 대하여 2016당1991 심결은 피고 디자인은 전체디자인으로 출원등록되었고, 제2디자인은 부분디자인으로 출원등록되어, 설사 등록받고자 하는 부분이 아닌 파선부분을 포함하는 부분디자인의 전체형태와 실선으로만 구성된 전체디자인의 형태가 동일 · 유사하고 물품이 동일 · 유사하더라도 등록을 받고자하는 대상과 그 보호방법이 상이하여 선출원주의 규정이 적용되지 아니한다며, 이와 관련된 청구인의 유사성 관련 주장은 더 이상 살펴볼 필요도 없다고 배척하고 있다.

심판의 내용은 위 판결의 요지와 대동소이한데 특히 공통점 ② 내지 ⑥에 대한 평가에 대하여 확인심결에서는 모빌결합부의 3개의 원형홀의 형태를 가진 제1디자인은 "원고가 처음으로 고안한 형태로서 공지된 형상이 아닐 뿐만 아니라"라고 하였고 이 부분은 대상판결에서도 받아들여지고 있다. 이에 대하여, 피고는 무효심결의 설시 중 "공통점 중 ②의 기둥부는 그 상부에 유아용 모빌을 결착했을 때 모빌이 기울어지는 것을 방지하여 안정적으로 고정하기 위해서는 무게중심이 한쪽으로 치우치지 않도록 기둥부가 받침대의 뒤쪽 후방에 위치해야만 하고, 모빌이 결합된 상부의 크기 및 유아의 시야 등을 고려해야 하는 측면에서 기둥부와 상부의 크기비율이 일정하게 유지되어야 하는 점에서 일대일의 동일한 비율이 최적의 형태이므로 이 또한 이미 공지되고 기능성이 강하여 그 중요도를 낮게 평가하여야 하며, 공통점 ③의 원의 개수, 위치, 비율 등은 유아가 바닥에 누웠거나 앉았을 때 또는 의자 형태의 유아용 이동기구에 누었을 때 등의 여러 변수를 고려하여 모빌의 높이에 맞추거나 그 높이를 조절할 수 있도록 해야만 하므로 유아용거치대의 일반수요자 및 당업자에게는 널리 알려진 공지된 형상이고 기능적인 성격이 강하다고 봄이 상당"하다는 부분을 주장하였지만 공지된 형상에 관한 구체적인 자료가 제시된 바는 없다.(130)

등록무효심판에서는 권리확인심판에서 유사하다고 본 부분을 모두 공지된 형상일 뿐 아니라 기능적 측면이 강하다고 보았고 나아가 공지부분은 무효심판 시 참작도가 상대적으로 높다고 하면서도 차이점 부분을 들어 비유사로 피고 디자인 등록을 유지하는 것으로 확인심결과 정반대의 결론을 내렸다. 그러나 그에 대한 판결(2017허2437)에서는 첫째, 모빌 결합부가 기능적인 부분이므로 중요도를 낮게 평가하여야 한다는 주장에 대하여 이 사건 등록디자인의 설명에 '3개의 원형홀에 모빌을 취부할 수 있는 것'으로 기재된 점에 비추어 보면, 모빌 결합부에 형성된 3개의

(130) 이어서 "권리범위확인심판에서는 상기 공통점 모두 중요도를 낮게 평가한 후 그 외의 나머지 특징적인 부분의 유사 여부에 따라 권리범위의 속부를 판단할 수 있으나, 이 사건 심판청구와 같이 등록요건 충족여부를 판단하는 무효심판에서는 공지된 부분을 낮게 평가할 수 없을 뿐만 아니라 기능적인 부분 또한 전체와의 관계에서 상대적인 경중을 따진 후 이러한 부분을 포함한 전체적인 관찰에 의해 유사여부를 판단하여야 할 것이다."라고 하며, 차이점이 요부에 해당한다며 전체관찰을 할 경우 심미감에 현격한 차이가 있다고 하고 있다.; 이 부분은 출원심사나 등록무효 국면에서는 유사 판단에서 공통의 공지 부분을 제외한다면 공지부분을 포함하고 있는 출원디자인이 오히려 신규성을 쉽게 인정받게 되는 불합리가 있고, 권리범위확인이나 침해소송의 국면에서는 디자인권자가 창작한 부분에 한해 독점적 · 배타적 권리를 부여할 필요가 있다는 점을 고려한 것으로 디자인권의 형식적 유효성을 전제로 하면서도 제3자의 이익과의 형평을 확보함으로써 법적 정의를 실현하고자하는 특수한 해석이라는 평가와 같다. 특허법원 지적재산소송실무연구회, 제3판 지적재산소송실무, 박영사, 2014, 453면.

원형홀이 모빌과 결합하는 높이를 조절하는 기능이 있다는 점은 인정되지만 모빌 거치대에서 모빌과 결합하여 높이를 조절하는 형상 및 모양은 별지1.의 관련디자인 5. 등과 같이 다양하게 형성할 수 있으므로, 이는 구조적으로 그 디자인을 크게 변화시킬 수 있는 부분에 해당한다고 하고, 피고가 제출한 증거를 종합하더라도, 실내용 그네, 행거랙(131) 등에서만 모빌 결합부가 3개의 원형홀의 구조를 가지며 기둥부와 결합된 디자인이 발견될 뿐, 대상물품인 '모빌 거치대'와 관련하여 이 사건 등록디자인의 출원 및 등록 전에 모빌 결합부가 3개의 원형홀 형상을 가지면서 기둥부와 단턱 내지 단곡부 없이 자연스럽게 연결된 형상과 모양은 찾아볼 수 없다고 한다(또한 모빌을 거치하기 위하여 반드시 모빌 결합부에 원형홀이 형성되어야 하는 것도 아니라고 한다).

둘째, 모빌 결합부는 사용시 가려지므로 중요도를 낮게 평가하여야 한다는 피고의 주장에 대하여도 거래 시에 일반 수요자나 거래자는 유아용 모빌을 거치하기 위하여 모빌 본체와 결합하는 모빌 결합부에도 특히 주의를 기울여 모빌 거치대의 구입 여부를 결정할 것으로 보이고, 앞서 본 바와 같이 모빌 결합부의 형상과 모양은 다른 부분들과 유기적으로 결합하여 지배적인 심미감 형성에 중요한 역할을 할 것으로 보이므로 비록 사용 시 모빌 결합부에 모빌 본체가 결합할 때 모빌 결합부가 일부 가려진다 하더라도, 그러한 사정만으로 그 중요도를 낮게 평가할 수 없다고 배척한 바 있다.

다만, 대상판결이 '차이점 ⓐ 내지 ⓓ도 세부적인 구성의 미세한 차이에 불과한 데다가, 양 디자인 표현된 물품의 거래업계에서 통상의 지식을 가진 자라면 누구든지 손쉽게 적용할 수 있는 상업적 · 기능적 변형에 지나지 않는 것'이라는 취지의 설시에 대하여는 다음과 같은 지적이 있다. 즉, 종래 대법원은 의장의 유사 여부를 판단함에 있어서 부분적으로는 창작성이 인정된다고 하여도 전체적으로 보아서 공지된 의장(디자인)과 다른 미감적 가치가 인정되지 않으면 이는 공지된 고안의 상업

(131) 실내용 그네 행거랙

적 · 기능적 변형에 불과하여 창작성을 인정할 수 없다고 판시한 바 있으나,(132) 대법원 2006. 7. 28. 선고 2005후2915 판결 이후로는 디자인의 유사 여부를 판단하면서 '상업적 · 기능적 변형'과 관련한 고려를 하고 있지 않고, 이는 상업적 · 기능적 변형 여부가 창작 비용이성에 관한 문제여서(133) 디자인의 유사성에서는 고려하지 않도록 할 필요가 있어서라고 한다.(134) 그러나 하급심에서는 여전히 양 디자인의 차이점이 상업적 · 기능적 변형에 불과한지 여부가 디자인의 유사 여부를 판단함에 있어서 중요한 요소로 검토된다는 견해가 있다.(135)

2. 이용관계 인정가능성

(1) 이용관계의 의의

디자인보호법 제95조는 디자인권자는 등록디자인이 그 디자인등록출원일 전에 출원된 타인의 등록디자인 또는 이와 유사한 디자인 등을 이용하는 경우에는 그 디자인권자 등의 허락을 받지 아니하면 자기의 등록디자인을 업으로서 실시할 수 없다는 취지로 규정하고 있다. 대법원(136)도 "후 디자인이 선 등록디자인을 이용하는 관계란 후 디자인이 전체로서는 타인의 선 등록디자인과 유사하지 않지만, 선 등록디자인의 요지를 전부 포함하고 선 등록디자인의 본질적 특징을 손상시키지 않은 채 그대로 자신의 디자인 내에 도입하고 있어, 후 디자인을 실시하면 필연적으로 선 등록디자인을 실시하는 관계에 있는 경우를 말한다."라고 판시하고 있다.

이에 대하여는 일반적으로 이용발명에 관한 판시와 그 궤를 같이 하고 있는 것

(132) 대법원 1999. 10. 8. 선고 97후3586 판결, 대법원 2001. 6. 29. 선고 2000후3388 판결 등.

(133) 디자인의 창작 용이성 관련하여, 판례는 "디자인의 형상 · 모양 · 색채 또는 이들의 결합을 거의 그대로 모방 또는 전용하였거나, 이를 부분적으로 변형하였다고 하더라도 그것이 전체적으로 볼 때 다른 미감적 가치가 인정되지 않는 상업적 · 기능적 변형에 불과하거나, 또는 그 디자인 분야에서 흔한 창작수법이나 표현방법에 의해 이를 변경 · 조합하거나 전용하였음에 불과한 디자인 등과 같이 창작수준이 낮은 디자인은 그 디자인이 속하는 분야에서 통상의 지식을 가진 자가 용이하게 창작할 수 있는 것이어서 디자인등록을 받을 수 없다"고 한다(대법원 2010. 5. 13. 선고 2008후2800 판결, 대법원 2014. 4. 10. 선고 2012후1798 판결 등).

(134) 정상조 · 설범식 · 김기영 · 백강진 공편, 디자인보호법 주해, 박영사(2015), 298면(유영선 집필 부분).

(135) 장현진, "변형된 디자인이 등록디자인의 권리범위에 속하는지 여부", 디자인법학회 2017. 9., 발표자료 10면.

(136) 대법원 2011. 4. 28. 선고 2009후2968 판결.

으로 소위 '그대로설'에 따라 파악하는 태도로 설명되고 있다. 이용관계가 인정되면, 선순위권리자의 허락을 얻지 않고서는 업으로서 그 후순위디자인을 실시할 수 없고 만일 허락 없이 실시한 경우는 당연히 선순위인 다른 권리 침해의 책임을 지게 된다.

(2) 이용관계의 성립요건[137]

① 전체적으로 선 등록디자인과 후 디자인이 유사하지 않을 것, ② 후 디자인이 선 등록디자인의 요지를 전부 포함하고 있을 것, ③ 선 등록디자인의 본질적 특징을 손상시키지 않은 채 그대로 후 디자인의 디자인 내에 도입하고 있을 것이라는 세 가지를 성립요건으로 보고 있다.[138]

우선 ①에 대하여 보면, 선 등록디자인과 후 디자인이 전체적으로 유사하다면 이는 디자인보호법 제5조 제1항의 디자인의 유사 여부의 문제이지 디자인 이용관계의 문제가 아니다. 디자인의 유사 여부와 이용관계가 문제되는 경우, 디자인의 유사 여부를 먼저 판단한 다음 유사하지 않다고 판단되는 경우 이용관계에 관하여 판단하는 것이 순서일 것이다. ②에 대하여는 후 디자인이 선 등록디자인의 구성요소 일부만을 자기의 구성요소로 하고 있는 경우에는 디자인의 이용관계는 성립되지 않는다. 만약 이런 경우에도 이용관계를 인정하게 되면 선 등록디자인의 권리범위를 너무 넓게 인정하게 되는 결과가 되기 때문이다(발명에서 불완전이용발명의 경우에 침해가 되지 않는 것과 같은 이치라고 할 수 있다).[139] 마지막으로 ③ 요건이 요구하는 선

(137) 김종석, "디자인의 이용관계", 대법원판례해설 88호(2011 상반기), 243면 이하의 요약 · 정리이다.

(138) 위 성립요건에 더하여 선 등록디자인의 특징이 후 디자인에서 다른 구성요소와 구별되는 태양으로 포함되어 있을 것을 요건으로 하는 견해가 있다. 안원모, "디자인 이용관계의 본질 및 유형별 논점에 관한 연구", 법조 통권650호(2010. 11.), 273면.

(139) 다만, 선 등록디자인의 요지를 전부 포함하고 있다면, 요부가 아닌 부분을 일부 변경한 것에 불과한 경우에는 이용관계의 성립이 부정되지 않는다. 대법원 1999. 8. 24. 선고 99후888 판결에서도 "다만, (가)호 의장은 스탠드 몸체 하단에 몸체의 크기보다 크고 전방은 반원형이고 후방은 양쪽으로 각이 진 얇은 판체로 된 형태의 받침대가 추가되어 있는 점만이 이 사건 등록의장과 상이하나, 전기 스탠드 몸체에 관한 의장은 몸체의 정면 부분의 형상과 모양이 요부라고 할 것이고 몸체에 붙여지는 얇은 판 형태의 받침대는 보는 사람의 눈에 잘 띄지 아니하여 그 받침대의 유무로 인하여 보는 사람이 느끼는 심미감에는 별다른 차이가 없을뿐더러, 스탠드의 몸체 하단에 받침대를 추가하는 정도의 변형은 같은 업계에 종사하는 사람들이 흔히 취할 수 있는 기능적이고 상업적인 변형에 불과한 것이므로, 그와 같은 받침대의 유무에도 불구하고 양 의장은 보는 사람에게 느껴지는 심미감이 유사한 의장"이라고 판시하고 있다.

등록디자인의 본질적 특징이 손상되지 않고 그대로 후 디자인의 디자인 내에 도입되고 있다는 것의 의미는 선 등록디자인의 미감적 특징이 후 디자인에서도 간취看取될 수 있어야 함을 의미한다. 그러므로 만일 후 디자인에서 선 등록디자인의 미감적 특징이 다른 요소와 혼연일체로 되어 피차 구별할 수 없을 때에는 이용관계의 성립은 부정된다고 할 것이다.

특히 선출원이 부분디자인이고 후출원이 그 부분을 포함한 완성품 또는 부품디자인인 경우에도 부품 · 부속품 디자인과 완성품 디자인의 경우와 마찬가지로 이용관계가 성립한다고 보는 견해가 유력하다.(140)

(3) 본건의 경우

부분디자인인 제2디자인과 침해제품의 구체적 비교는 별지3과 같고, 특히 모빌 결합부의 외곽 테두리에 있어서, 제2디자인은 일측은 물결무늬 형상이고 일측은 직선의 형상이나, 침해제품은 양측이 동일한 물결무늬 형상인 점이 추가적인 차이점이고 이는 제2디자인과도 다르다.

이에 대하여, 위 2016당1878 심결은 이러한 차이점들은 세부적인 구성의 차이들로서 세부적인 구성의 미세한 차이에 불과한데다가, 양 디자인 표현된 물품의 거래업계에서 통상의 지식을 가진 자라면 누구든지 손쉽게 적용할 수 있는 상업적 · 기능적 변형에 지나지 않는다는 점에서 양 디자인의 지배적인 공통점들을 상쇄하여 전체적으로 상이한 심미감을 가지게 할 정도라고 보기는 어려우므로 유사하다고 하면서 나아가 "제2디자인은 외곽테두리의 양 측부는 2개의 잘록한 물결무늬 형상이 대칭을 이루고 그 내측은 종방향의 3개 원통홀을 포함하는 결합구을 포함하는 모빌 결합부와 이를 지지하는 기둥부가 거의 1 : 1 비율의 길이로 형성된 부분디자인으로서 제2디자인만이 가지고 있는 본질적 특징부분이라 할 것인데, 피고제품디자인은 그 구성요소 중 제2디자인의 위 특징부분에 대응되는 부분의 기능 · 용도 · 위치 · 크기 · 범위 및 형상을 종합해 볼 때 그와 같은 창작적 특징을 그대로 채택한 것

(140) 노태정 · 김병진 공저, 디자인보호법, 세창출판사(2009), 673면; 다만, 부분디자인을 부분 자체의 형태가 특징적인 경우와 부분의 배열관계가 특징적인 경우로 나누어 전자는 직접침해로 처리하면 족하고, 후자는 완성품에서 부분의 배열관계를 변경한 경우에는 부분디자인의 본질적 특징을 그대로 이용한 것으로 되지 않아 이용관계가 성립된다고 할 수 없으니, 부분디자인의 경우에는 이용관계의 성립을 논할 필요가 없다는 견해가 있다. 안원모, "직물지에서의 모양의 이용과 디자인 이용관계의 성립", 홍익법학 제12권 제2호, 2011, 376면.

이어서, 피고제품디자인을 실시하게 되면 필연적으로 제2디자인을 실시하는 것"이 되므로, 결국 피고제품디자인은 제2디자인을 이용하는 관계에 있다고 인정한 바 있다. 그러나 과연 제2디자인의 요지를 전부 포함하고 제2디자인의 본질적 특징을 손상시키지 않은 채 '그대로' 피고 침해제품의 디자인 내에 도입된 것으로 볼 수 있을지 의문이다.

Ⅳ 결론

대상판결은 디자인 유사 여부 판단에 관한 것으로, 우선 치열한 경쟁이 펼쳐지고 있는 산업계와 관련주장이 투영된 관련 심결들의 상충된 결론을 정리한 점에 그 의미가 있다고 할 것이다. 과연 어디까지 디자인의 보호범위를 인정할 것인지가 등록된 유사한 디자인의 권리범위를 인정하여야 할 것인지의 문제로까지 확대되면서 논의된 사안이다. 전형적인 디자인 유사 판단 쟁점을 다루면서 아울러 비록 판결에서는 판단이 생략되었지만 디자인 이용관계에 관한 쟁점까지 논의된 바 있는 등 향후 디자인 관련소송의 전반적 이해에 도움이 될 것으로 생각된다.

3-7

[일본] 부분디자인의 유사 판단

知財高判 平成28年1月27日 (平成27年(ネ) 第10077号)

| 전성태 | 한국지식재산연구원 부연구위원

I 사실관계

이 사건의 원고는 패키지 디자인의 제작, 패키지 구조 디자인과 외관 설계를 주 업무로 하는 주식회사이다. 한편, 피고(株式会社 シュゼット)는 과자의 제조, 판매, 카페 및 경음식업 등을 목적으로 하는 주식회사이다.

이 사건은 디자인에 관한 물품을 '포장용 상자'로 하는 부분디자인에 관한 디자인권(디자인등록 제1440898호, 이하 '이 사건 디자인권'이라 함)을 가지는 원고가 피고에 대하여 피고 상품[141]의 생산, 양도, 인도, 양도의 청약(이하, '판매 등'이라 함)을 하는 행

(141) 피고의 상품은 아래 그림과 같다. 이하에서, 이들을 모두 포함하여 '피고 상품'이라 하고, 피고 상품에 사용되고 있는 각 포장용기에 관계한 형상[각 포장 용기에 관계한 디자인은 색채를 제외하고, 각 상품에 공통한다]을 '피고 디자인'이라 한다.

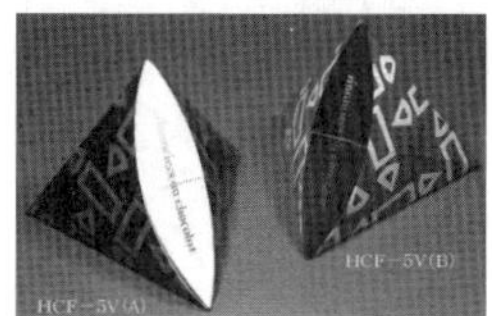

위가 자사의 디자인권을 침해한다고 주장하고, 의장법 제37조 제1항에 기해(142) 피고 상품의 판매 금지를, 동법 제2항에 기해(143) 피고 상품 및 이에 사용한 각 포장용 상자의 폐기를, 동법 제41조에 기해(144) 신용회복 조치로서 사죄광고의 게재, 그리고 동법 제39조 제3항에 기하여 디자인권 침해의 불법행위에 기한 손해배상금 등을 구한 사안이다. 원심인 동경지방법원(145)이 원고의 청구를 모두 기각하자, 원고는 지방법원 판결 중 손해배상청구를 기각한 부분을 변경하여 지적재산고등재판소에 항소하였다.

Ⅱ 법원의 판단

동경지방법원은 이 사건 디자인과 피고 디자인은 유사하지 않다고 판단하여 원고의 청구를 기각하였다. 항소심인 지적재산고등재판소도 원심의 판단을 대체로 인정하면서 부가적인 의견을 제시하고 있다. 원심과 항소심 판단이 대체로 일치하므로 여기서는 항소심인 지적재산고등재판소(이하, '항소심')의 판단을 중심으로 살펴본다. 항소심은 먼저 이 사건의 두 부분 디자인의 구성태양을 특정한 후 이 사건 디자인과 피고 디자인과의 유사 여부를 판단하였다(원심 판결에 부가하는 형태). 이와 함께 항소심은 이 사건 각 당사자의 주장에 대하여 비교적 구체적으로 판단하고 있다. 이하에서 구체적으로 살펴본다.

(142) 일본 의장법 제37조 제1항은 "의장권자 또는 전용실시권자는 자기의 의장권 또는 전용실시권을 침해하는 자 또는 침해할 우려가 있는 자에 대하여 그 침해의 정지 또는 예방을 청구할 수 있다."고 규정한다.

(143) 일본 의장법 제37조 제2항은 "의장권자 또는 전용실시권자는 전항의 규정에 의한 청구를 할 때 침해 행위를 조성한 물건[프로그램 등(특허법 제2조 제4항에서 규정하는 프로그램 등을 말한다. 다음 조에 있어서 동일)을 포함한다. 이하 같다]의 폐기, 침해 행위에 제공한 설비의 제거 그 밖의 예방에 필요한 행위를 청구할 수 있다."고 규정한다.

(144) 일본 의장법 제41조는 특허법 제104조의2에서 제105조의6까지(구체적 태양의 명시의무, 특허권자 등의 권리행사의 제한, 주장의 제한, 서류의 제출 등 손해계산을 위한 감정, 상당한 손해액의 인정, 비밀유지명령, 비밀유지명령의 취소 및 소송 기록의 관람 등 청구 통지 등) 및 제106조(신용회복 조치) 규정은 의장권 또는 전용실시권 침해에 준용한다.

(145) 東京地裁 平成27年5月15日 平成26(ワ) 12985号.

1. 이 사건 디자인과 피고 디자인의 구성 형태

(1) 원고의 부분디자인

항소심은 먼저 이 사건 디자인을 다음과 같이 파악하고 있다. 이 사건 디자인은 '4면으로 형성되는 삼각뿔 형상을 기본형으로 한 구조체의 정점과 저면을 형성하는 점을 2개의 곡선으로 연결함으로써 새롭게 액센트 패널로서의 면을 만들고, 다면체 형태로 새롭게 보는 방법을 가능하게 하는 포장용 상자'를 이 사건 디자인에 관계한 물품으로 하고 있다. 또한 이 사건 디자인은 '도면'상 실선으로 나타낸 부분디자인인바, 그 구성태양은 다음과 같다.[146]

[기본적 구성태양]

A. 본체의 기본 형상을 삼각형 4면으로 형성되는 약삼각뿔 형상으로,

B. 본체의 천정에 위치한 정상에서 바닥을 형성하는 점에 이르는 3개의 능선 중 1개의 능선으로, 凹 형상의 면(액센트 패널)을 정점 간의 전체 길이에 걸쳐져 있고,

C. 위 엑센트 패널을 포함한 이 사건 공보의 [도면]의 실선으로 표시된 부분을 부분디자인으로 한다.

[구체적 구성태양]

a. 액센트 패널은 당해 능선의 세로방향 중앙을 수직으로 가로지르는 곡선을 저변으로 하고, 천정에 위치하는 점을 정점으로 하는 이등변 삼각형과 위의 곡선을 저변으로 하여, 저면을 형성하는 점을 정점으로 하는 이등변 삼각형 2개의 평탄면으로 이루어지는 이등변 삼각형을 저변부분에서 상하로 접속시킨 약마름모 모양의 면이며,

b. 액센트 패널 상하 중앙부분(상기 이등변 삼각형의 저변부분에 해당하는 부분)의 폭의 비는 약 8:1이다.

그리고 4면이 삼각형으로 형성되는 약삼각뿔 형상을 한 포장용 상자디자인 그

(146)

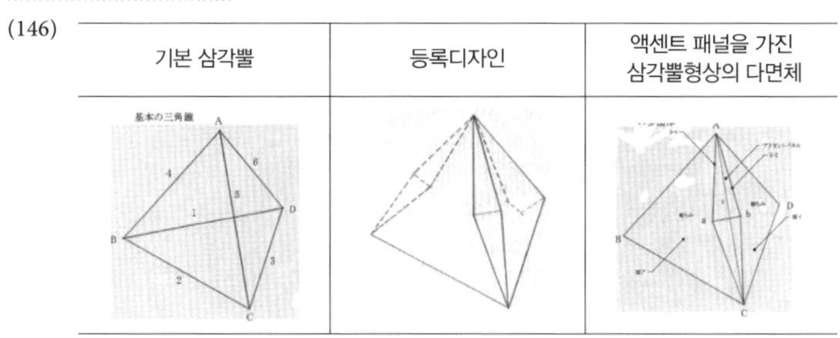

자체는 적어도 이 사건 디자인등록 출원 전에 일본 내에서 공연히 실시된 것이다. 한편, 약삼각뿔 형상을 한 포장용 상자의 천정에 위치하는 정점에서 저면을 형성하는 점에 이르기까지 3개의 능선 중 1개의 능선에 凹 형상의 면(액센트 패널)을 정점 사이의 전장全長에 걸쳐 디자인한 구성은 이 사건 디자인등록 출원 전에 공지되지 않았다.

이러한 점에 비추어, 항소심은 "이 사건 디자인의 요부는 위 기본적 구성태양을 전제로 하여, 당해 능선의 세로 방향 중앙을 수직으로 가로지르는 곡선을 저변으로 하여 천정에 위치하는 점을 정점으로 한 이등변 삼각형과 위의 곡선을 저변으로 하고 저면을 형성하는 점을 정점으로 하는 이등변 삼각형 2개의 평탄한 이등변 삼각형을 저변부분에서 상하로 접속시켜 약마름모 형상의 면(액센트 패널)을 형성한 점(구성태양 a), 액센트 패널의 상하 중앙부분(위의 이등변 삼각형 저변부분)은 가장 움푹 패인 최대 폭 부분을 형성하고 있는 것(구성태양 b), 액센트 패널의 세로길이와 중앙부분(위의 a의 2개의 이등변 삼각형 저변에 해당하는 부분)의 폭의 비는 약 8:1인 점(구성태양 c)에 해당한다고 인정하는 것이 상당하다."고 판단하였다.

(2) 피고의 부분디자인

항소심은 피고 디자인의 구성태양을 이하와 같이 판단하였다.(147)

[기본적 구성태양]

A. 본체의 기본 형상을 삼각형 4면으로 형성되는 약삼각뿔 형상으로,

B. 본체의 천정에 위치하는 정점에서 저면을 형성하는 점에 이르는 3개의 능선 중 1개의 능성에 凹 형상의 면(액센트 패널)을 정점 사이의 전장全長에 걸쳐져 그려져 있다.

(147)

기본 삼각뿔	피고 디자인	액센트 패널을 가진 삼각뿔 형상의 다면체
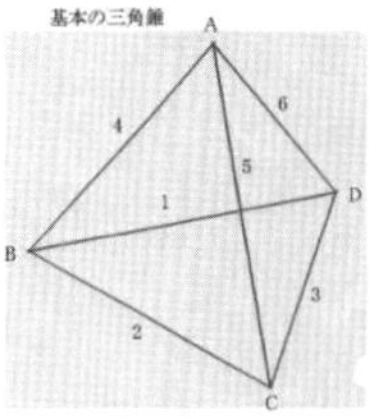		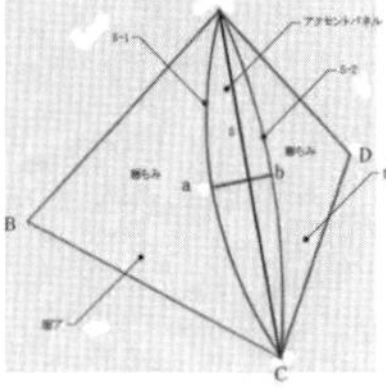

[구체적 구성태양]

a. 액센트 패널은 당해 능선의 삼각뿔의 천장에 위치하는 점과 저면을 형성하는 점을 능선의 세로 방향 중앙부분으로 부풀어 오르게 원호 형상의 측변으로 연결하고, 당해 능선을 중심선으로 하여 원호 형상의 측변이 좌우 대칭으로 된 약방추형상의 면이며,

b. 액센트 패널의 상하 가운데 부분은, 액센트 패널에 포함되지 않는 2개의 정점을 맺고 액센트 패널을 가로지르는 곡선 중앙부분은 액센트 패널에 포함되지 않은 2개의 정점을 연결하여 액센트 패널을 횡단하는 절단 선부분이 수평방향으로 보이며, 가장 우묵한 최대 폭 부분을 형상하고,

c. 액센트 패널의 세로길이와 중앙부분의 폭의 비는 약 4대 1이며,

d. 액센트 패널은 포장용 상자의 개구부로서 배치되어 있다.

2. 원고 및 피고의 부분디자인의 공통점 및 차이점

원심과 항소심은 이 사건 디자인과 피고 디자인의 공통점과 차이점을 다음과 같이 구분하고 있다. 이하 살펴본다.

(1) 공통점

이 사건 디자인과 피고 디자인은 모두 본체의 기본형상을 삼각형의 4개의 면으로 구성되는 약삼각뿔 형상으로 본체의 천정에 위치하는 정점으로부터 저면을 형성하는 점에 이르는 3개의 능선 중 1개의 능선에 凹 형상의 면(액센트 패널)을 정점 사이의 전장全長에 걸쳐져 있는 형태이다. 이러한 점에서 기본적 구성태양에 있어서 공통한다. 또한 액센트 패널의 상하 중앙부분은 가장 움푹 패인 최대의 폭 부분을 형성하고 천정부 및 저면을 형성하는 상하 정점을 향하여 서서히 모아지고 있다는 점에서 공통한다.

(2) 차이점

이 사건 디자인에 있어서 액센트 패널의 형상은 능선의 세로 방향 중앙을 수직으로 가로지르는 선을 저변(밑변)으로 하고, 천정에 위치하는 점을 정점으로 하는 이등변 삼각형과 위의 곡선을 저변으로 하고 저변을 형성하는 점을 정점으로 하는 이

등변 삼각형의 두 개의 이등변 삼각형을 저변부분으로 상하로 접속시켜 약마름모꼴 형상을 하고 있음에 비하여, 피고 디자인은 능선의 삼각뿔의 천정에 위치하는 점과 저면을 형성하는 점을 능선의 세로 방향 중앙부분에 걸쳐 불룩하게 원호모양의 선으로 연결하고, 해당 능선을 중심선으로 하여 원호 형상의 선이 좌우대칭으로 된 양방추 형상을 하고 있으며, 액센트 패널의 구체적 형상이 다르게 되어 있다.

또한 이 사건 디자인의 액센트 패널의 상하 중앙부분은 2개의 평탄면으로 구성되는 이등변 삼각형 저변부분을 이루고, 위의 2개의 이등변 삼각형이 상하 중앙부분에서 접속되어 당해 접속 부에 명백한 절곡折曲이 보이는 형상임에 비하여, 피고 디자인의 액센트 패널 상하부분은 액센트 패널에 포함되지 않은 2개의 정점을 연결하여 액센트 패널을 횡단하는 절단선부분이 수평방향으로 나타나지만, 절곡하지 않는 점에 있어서도 액센트 패널의 구체적 형상이 다르다. 게다가 액센트 패널의 가로길이와 중앙부분의 폭의 비율은 이 사건 디자인에서는 약 8:1, 피고 디자인에서는 약 4:1인 점도 다르다.

이 사건 디자인에 있어서는 물품인 포장용기의 개구부는 파선부로 제시되고, 그 개구부가 설치된 삼각뿔 형상의 면과는 다른 면에 액센트 패널이 배치되어 있음에 비하여, 피고 디자인에서는 액센트 패널 자체가 포장용기의 개구부로서 배치되어 있는 점이 다르다. 이 사건 디자인은 이등변 삼각형의 저변부분을 절곡부분으로 한 형상이 두드러져 보이며, 다면체로서의 외관상의 장식 기능을 강하게 느껴짐에 비하여, 피고 디자인의 액센트 패널 상하 중앙부분은, 액센트 패널에 포함되지 않는 2개의 정점을 맺고 액센트 패널을 가로지르는 곡선부가 수평방향으로 나타났을 뿐 절곡하고 있지 않기 때문에, 보는 사람으로 하여금 주름으로 인식되는 것에 지나지 않는다는 점에서 이 사건 디자인과 피고의 디자인의 미관美觀이 다르다.

3. 두 디자인의 유사 여부 판단

항소심은 이 사건 디자인과 피고 디자인의 공통점과 차이점에 기초하여, 두 디자인의 요부를 특정하고 유사 여부를 판단하고 있다. 이 사건 디자인과 피고 디자인은 이 사건 디자인의 요부를 구성하는[삼각뿔 형상의 천정에 위치하는 점으로부터 저면(밑면)을 형성하는 점에 이르는 전체에 걸쳐 형성되어 있다] 액센트 패널의 구체적 형상에 있어서 차이가 있는바, 직선으로 구성된 약마름모꼴 형상은 일반적으로 날카롭고 딱딱

한 인상을 주는 데 비하여, 곡선으로 구성된 약방추형은 일반적으로 둥글고, 부드러운 인상을 준다.

또한 액센트 패널 상하 중앙부분의 구체적 형상의 차이에 의해 이 사건 디자인의 액센트 패널은 이등변 삼각형의 저변부분을 절곡부분으로 한 형상이 두드러지고 있으며 다면체로서의 외관상 장식 기능이 강하게 느끼지는 데 비하여, 피고 디자인의 액센트 패널 상하 중앙부분은 액센트 패널에 포함되지 않은 2개의 정점을 연결하여 액센트 패널을 횡단하는 절단선부분이 수평방향으로 나타나는 것에 지나지 않고, 절곡하고 있지 않으므로 보는 사람에게 있어서 단순한 주름으로 인식되는 것에 지나지 않는다는 점에서 여기에서 받는 미관이 다르다.

게다가 이등변 삼각형의 저변부분을 굳이 절곡부분으로 한 형상이 두드러지고 있으며, 다면체로서의 외관상의 장식 기능을 강하게 느끼게 하는 반면, 피고 디자인의 액센트 패널 상하 중앙부분은, 액센트 패널에 포함되지 않는 2개의 정점을 맺고 액센트 패널을 가로지르는 곡선부가 수평방향으로 나타났을 뿐, 절곡하고 있지 않기 때문에, 보는 사람으로 하여금 단순한 주름으로 인식되는 것에 그친다는 점에서 두 디자인의 미관은 다르다. 또한 액센트 패널의 세로길이와 중앙부분의 폭의 비율이 이 사건 디자인에서는 약 8:1이며, 호리호리하고 날카로운 느낌을 줌에 비하여, 피고 디자인에서는 약 4:1이며 뚱뚱하고 완만한 인상을 준다. 따라서 이 사건 디자인과 피고 디자인은 이러한 점에서 미관이 공통한다고 할 수 없다.

또한 이 사건 디자인은 부분디자인이므로 유사 여부 판단을 할 때에는 해당 디자인 자체만이 아니라, 해당 부분의 물품 전체에서 위치 등에 대해서도 참작하여야 한다. 이 사건 디자인에서는 액센트 패널과는 다른 면에 포장용기의 개구부가 설치되어 있고, 액센트 패널은 개구부로서의 기능을 가지고 있지 않음에 비하여, 피고 디자인에서는 액센트 패널이 개구부로서 배치되어 있음으로써 개구부로서의 기능을 가지고 있는 점에 있어서도 차이가 있다. 이 사건 디자인에 관계한 물품인 포장용기의 기능으로서 수납된 물품을 꺼내는 것이 필수적이라는 점에서 보면, 개구부의 배치는 포장용기의 수요자인 사업자나 용기에 수납된 물품을 구입하는 일반 소비자 측면에서 보면, 큰 차이가 있다고 볼 수 있으며, 이 사건 디자인과 피고 디자인과는 이러한 점에 있어서도 미관이 공통한다고 할 수 없다.

그리고 이 사건 디자인과 피고 디자인과의 이러한 차이는 보는 사람에게 전체로서 다른 미관을 주는 것이며, 두 디자인의 공통점이 보는 사람으로 하여금 차이점을 능가하는 것으로 인정되지 않는다. 따라서 피고 디자인이 이 사건 디자인과 유사하다고 할 수 없다.

이에 대하여 원고는 디자인등록 제1193959호(甲8)의 디자인(이하, '甲8의 등록디자인'이라 함)을 본 디자인으로 하여 디자인등록 제1194201호(甲9) 디자인(이하, 甲9 등록디자인) 및 디자인등록 제1194202호(甲10)의 디자인(이하 '甲10 디자인'이라 함)을 관련 디자인으로 하는 디자인 등록이 되어 있는 점(즉, 특허청에 의해 甲8 디자인과 甲9 디자인 및 甲10 디자인이 유사하다는 취지의 판단이 되었던 점) 등의 사정에 비추어, 이 사건 디자인과 피고 디자인의 액센트 패널의 구체적 형상의 차이는 디자인 전체의 유사 여부 판단에 영향을 미치지 않는다는 취지를 주장한다.(148)

그러나 甲8 디자인 및 甲10 디자인에 있어서 직육면체 형상의 포장용 용기의 긴쪽 변 중 1개의 양끝을 제외한 부분에 형성되는 2개의 약마름모 모양의 凹 형상의 면(甲8 디자인에서는 2개의 약 마름모 형상의 사이가 비어 있다)은 이 사건 디자인에 있어서 액센트 패널과 같이, 삼각뿔 형상의 능선에 따라 설치된 凹 형상의 면이 아니라, 해당 삼각뿔의 천정에 위치하는 정점으로부터 저면(밑면)을 형성하는 점에 이르기까지 3개의 능선 중의 1개에 그 천정에 위치하는 점으로부터 저면을 형성하는 점에 이르기까지 전체에 걸쳐 형성되어 있는 것도 아니다. 이 사건 디자인과 피고 디자인과의 차이점이 보는 사람에게 주어지는 미관의 차이 정도는 甲8 디자인 내지 甲10 디자인에 있어서 위의 凹형상의 면의 차이점이 보는 사람에게 주는 미관의 차이의 정도와는 양적으로도 질적으로도 다른 것이라고 보아야 하고, 원고의 상기 주장은 채용할 수 없다.

또한 원고는 피고 디자인에 있어서 액센트 패널이 개구부인지 여부는 이러한 종류의 물품이 수요자에 의해 관찰될 때에 시각적인 효과를 주는 것은 아니라고 주장한다.

그러나 확실히 사업자이든 소비자이든 포장용기의 수요자가 포장용기를 구입, 사용할 때에는 포장용기는 닫힌 채이거나, 포장용기로서 조립되기 전의 상태이며, 포장용기의 개구부분의 위치가 시각적으로 영향을 주는 것은 아니라는 주장에는 그

(148)

甲8 등록디자인	甲9 등록디자인	甲10 등록디자인
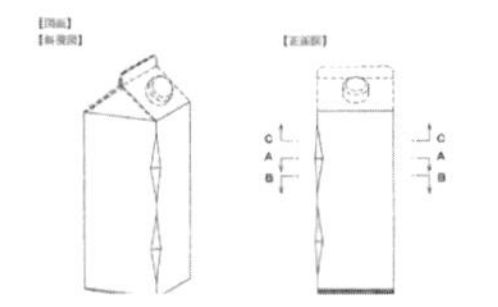	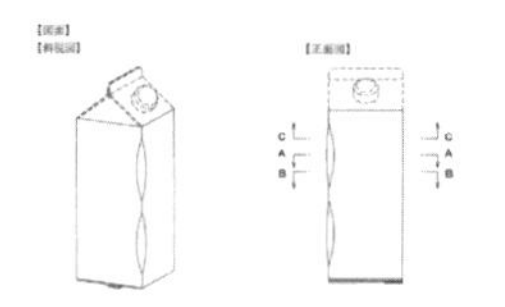	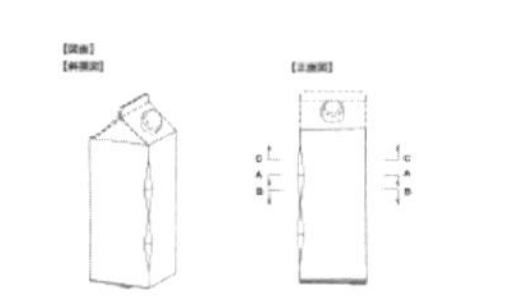

나름대로의 이유가 있다고 생각할 여지도 있다. 그러나 이 사건 디자인에 관계한 물품이 포장용기이며, 포장된 내용물을 꺼내는 것이 필수적이므로, 액센트 패널을 가지는 포장용기의 개구부를 포장용기의 어디에 배치할 것인지, 개구부와 액센트 패널의 위치관계는 외관으로서의 미감美感에 영향을 주는 것이어야 한다. 그리고 전술한 바와 같이, 개구한 경우에도 액센트 패널이 액센트로서의 형상을 유지하는지에 따라 외관에 차이가 생긴다고 할 수 있다.

따라서 피고 디자인에 있어서 액센트 패널 부분에 포장용기의 개구부를 두고 있는 점은 이미 이 사건 디자인에 있어서 개구부의 위치를 통상 생각할 수 있는 범위에서 변경한 것이라고 할 수 없다고 보아야 하고, 원고의 상기 주장은 채용할 수 없다.

또한 원고는 액센트 패널의 기능으로서 구조체의 강도를 높이기 위하여 주목도를 높이기 위하여 액센트 패널을 둔 취지도 주장하고 있지만 이 사건 디자인에 있어서 액센트 패널이 구조체의 강도를 높인다는 점에 대해 어떠한 입증도 하고 있지 않다. 반대로 구조체의 강도를 높이기 위한 것이라고 하면, 피고 디자인과 같이, 액센트 패널에 개구부를 설치한 경우 구조체의 강도로서는 오히려 약해지는 것이 예상되고, 이러한 점에 있어서 피고디자인은 이 사건 디자인과 동일한 기능을 가지지 않게 된다. 따라서 항소심은 원고의 상기 주장도 채용할 수 없다고 판단하였다.

해설

1. 디자인의 동일 · 유사

디자인이란 "물품[물품의 부분(제42조는 제외한다) 및 글자체를 포함한다. 이하 같다)]의 형상의 형상 · 모양 · 색채 또는 이들을 결합한 것으로서 시각을 통하여 미감美感을 일으키게 하는 것"을 말한다(디자인보호법 제2조 1호). 그러므로 디자인의 구성요소는 ① 물품의 형상, ② 물품의 형상과 모양, ③ 물품의 형상과 색채, ④ 물품의 형상과 모양 및 색채를 말한다.

우리 디자인보호법은 디자인의 동일 개념 외에 유사 개념을 도입하고 있다. 여기서 동일은 물리적인 동일을 의미하는 것은 아니다.(149) 한편, 디자인이 유사하다는 것은 물품이 동일 또는 유사하고, 형태가 동일 또는 유사한 것을 말한다.

우리 디자인보호법에서 유사의 의미에 대하여 정의 규정을 두고 있지는 않으며 디자인제도의 목적, 취지에 입각하여 여러 견해로 주장되고 있다.(150) 한편, 판례는 "비교대상이 되는 2개의 디자인의 공통적인 동질성으로 인해 시각을 통하여 유사한 미감을 일으키면 두 디자인은 유사한 것"으로 본다.(151)

디자인법상 '디자인'은 물품의 형상, 모양 및 색채 또는 이것들의 결합으로서, 시각을 통해서 미감을 일으키게 하는 것을 말하는 것이라고 규정하고 있다. 이 규정에서 본다면 '디자인'은 항상 물품과 결합하고 있다는 특징이 있고 그 유사는 시각을 통해서 얻을 수 있는 미감의 공통성 유무에 있다고 볼 수 있다. 유사 판단은 디자인이 물품의 외관이기 때문에 물품의 전체적 관찰을 한 후 해당 디자인을 접하는 사람의 주의를 끄는 요부를 특정하여, 그 미감의 공통성의 유무에 의하여 행하여진다.(152)(153) 이 판단 방법에 관한 다른 의견이나 논의는 볼 수 없는데, 문제는 그 요부의 특정에서의 공지디자인의 참작 판단과 미감의 공통성 유무의 판단주체이다.(154)

디자인 보호의 취지에 관한 견해의 대립을 반영한 디자인 유사 판단기준에 관

(149) 노태정 · 김병진, 디자인보호법(제3정판), 세창출판사, 2009, 391면.

(150) 위의 책, 2009, 401면; 송영식 외, 지적소유권법(상-디자인보호법 부분), 육법사, 2013, 982-983면; 황의창 · 황광연, 디자인보호법, 법영사, 2011, 137면; 牛木理一, 意匠法の研究(第4版), 発明協会, 1994, 123頁; 牧野利秋 · 飯村敏明 編(山田知司), "意匠の類否," 新 · 裁判実務大系4 知的財産関係訴訟法, 青林書院, 2001, 374頁; 竹田稔, 知的財産権侵害要論 特許 · 意匠 · 商標編(第5版), 発明協会, 2007, 652頁; 牛木理一古希記念(内藤義三 · 川岸弘樹), "意匠権の本質," 意匠法及び周辺法の現代的課題, 発明協会, 2005, 87頁; 村林隆一先生傘寿記念(小谷悦司), "登録意匠の要部認定と類否判断について," 知的財産権侵害訴訟の今日的課題, 青林書院, 2011, 279頁.

(151) 대법원 1992. 3. 31.선고 91후1595 판결.

(152) 대법원 1987. 2. 24.선고 85후101판결; 대법원 1990. 5. 8.선고 89후2014판결; 대법원 1991. 6. 11.선고 90후1024판결; 대법원 1991. 9. 10.선고90후2072 · 2089(병합); 대법원 1991. 9. 10.선고 90후2096판결 등.

(153) 東京高判 平成10年6月18日 知財裁集 第30巻第2号 342頁('자주식클레인사건(自走式クレーン事件)'에서는 디자인의 요부에 관하여, "의장의 대상이 되는 물품의 성질, 용도, 사용 태양, 그리고 공지의 장에는 없는 신규의 창작 부분의 존재여부 등을 참작하여 거래자 · 수요자의 가장 주의를 끌기 쉬운 부분"이라고 설명하고 있다).

(154) 大渕 哲也 · 田村 善之 · 中山 信弘 · 茶園 成樹(編集), 商標 · 意匠 · 不正競争判例百選 百選(土肥一史), ジュリスト No. 188, 2007, 101頁.

해서는, 학설상 ① 창작설, ② 혼동설, ③ 수요설 등의 대립이 있다.[155] ① 창작설은 디자인보호법의 목적은 디자인 창작의 보호라고 보고, 디자인의 유사는 두 개의 디자인이 동일한 미적 특징을 발휘하며 동일한 창작 가치나 형태의 범위에 속하는지 여부에 의하여 판단해야 한다는 견해로,[156] 그 판단주체는 디자이너 등 당업자를 말하며 공지디자인을 참작하여 공지디자인이 없는 새로운 부분이 디자인의 요부가 된다. ② 혼동설은 디자인제도의 취지를 유통질서 유지로 보고, 디자인의 유사는 혼동이 발생하는 우려의 정도가 비슷한지 여부에 의하여 판단해야 한다는 견해로,[157] 그 판단주체는 수요자가 되고 수요자의 주의를 끄는 부분이 디자인의 요부가 된다. 그리고 혼동설에 근거를 두고 요부를 판단함에 있어서 공지디자인을 참작하는 견해를 수정혼동설이라고 한다.[158] 그리고 ③ 수요설은 디자인보호법의 목적을 디자인 수요환기기능의 보호에 있다고 보고 디자인의 유사는 거래자 · 수요자의 관점에서 구매심리에 대한 감각적 자극이 동일한 경우인지 여부, 또는 수요증대가치가 동일한지 여부에 의하여 판단해야 한다는 견해이다.[159]

2. 디자인의 동일 · 유사 판단

유사 판단기준 자체는 반드시 명확한 것은 아니다. 그러나 대략적으로 판단하는 방법은 정해져 있다. 기본적으로 ① 대비되는 디자인에 관계한 물품이 동일 · 유사한지 여부, ② 대비되는 디자인의 형태가 동일 · 유사한지 여부를 기준으로 판단한다. 특히 ②의 경우에는 부분적 관찰과 함께 전체적 관찰을 중심으로 하고, 종합적으로 대비되는 두 디자인이 수요자에 대하여 다른 미감을 주는지 여부에 따라 판단한다.

(1) 물품의 동일 · 유사

물품이 동일하다는 것은 물품의 용도 · 기능이 공통하고 있는 것을 말하고, 물

(155) 학설의 소개에 관해서는 茶園成樹編, 意匠法, 有斐閣, 2012, 102, 103頁 참조.

(156) 牛木理一, 앞의 책, 123頁; 牧野利秋 · 飯村敏明編(山田知司), 앞의 책, 374頁.

(157) 竹田稔, 앞의 책, 652頁.

(158) 牛木理一古希記念(内藤義三 · 川岸弘樹), "意匠権の本質," 意匠法及び周辺法の現代的課題, 発明協会, 2005, 87頁; 村林隆一先生傘寿記念(小谷悦司), 앞의 책, 279頁.

(159) 加藤恒久, 意匠法要説, ぎょうせい, 1981, 129頁.

품이 유사하다는 것은 물품의 용도(160)가 동일하고 기능이 다른 것을 말한다.(161) 예를 들면, 볼펜과 샤프 펜슬은 '쓰는 것'으로서 용도가 공통하므로 유사물품에 해당된다. 비유사 물품인 경우라도 용도상으로 '혼용'될 수 있는 것은 유사한 물품으로 볼 수 있다.(162) 여기서 '혼용'이란 용도가 다르고 기능이 동일한 물품을 용도를 달리하여 사용하는 것을 말한다(예: 수저통과 연필통). 디자인은 물품의 형태이므로, 대비되는 디자인이 동일, 유사, 비유사한가를 판별하는 요소로서 '물품'과 '형태' 두 가지가 있다.

물품의 유사란 대개 용도가 공통하고 기능이 다른 것(예를 들면, 샤프펜슬과 볼펜)을 말한다. 형태의 유사란 형태가 다르지만, 전체로서 관찰한 경우에 얻어질 수 있는 미적 창작의 인상(시각적 효과)이 공통하고 있는 것을 말한다. 유사 여부 판단에 있어서 특징적인 부분을 중시하여 흔히 있는 부분을 가볍게 보는 등 창작 가치를 정확히 평가하도록 배려한다.

(2) 형태의 동일 · 유사

디자인의 유사 여부는 동일 또는 유사물품 사이에서만 유사 여부를 판단하는 것이 원칙이다.(163) 그러므로 두 물품이 서로 유사하지 않으면 형태와는 상관없이 두 디자인은 비유사한 디자인이다. 형태가 동일하다는 것은 형태의 구성요소가 동일한 것을 말한다. 즉, 형태의 구성요소에 차이는 없지만 전체로서 관찰할 경우의 미감이 공통하고 있음을 의미한다. 디자인의 유사 여부는 어디까지나 전체관찰에 의해 결정된다. 일반적으로는 대비하는 2개의 디자인이 '공통점에 의한 미감'>'차이점에 의한 미감'인 경우에는 '유사'로 판단되고, 대비되는 2개의 디자인이 '공통점에 의한 미감'<'차이점에 의한 미감'인 경우에는 '비유사'로 판단된다.(164)

---

(160) '용도'란 물품이 실현하려는 사용목적을 말하며, '기능'이란 용도를 실현할 수 있는 구조 · 작용 등을 말한다(디자인심사기준, 169면).

(161) 디자인심사기준, 169면.

(162) 대법원 2004. 6. 10. 선고 2002후2570 판결.

(163) 대법원 1999. 12. 28. 선고 98후492 판결.

(164) 峯唯夫, ゼミナール意匠法(第2版), 法学書院, 2009, 67頁.

(3) 두 디자인의 공통점과 차이점

'공통점에 의한 미감'과 '차이점에 의한 미감'의 대소를 판정하기 위해서는 각각이 전체관찰에서 어느 정도 가중치를 가지고 평가되어야 할 것인지가 결정되어야 한다. 이와 같이, 공통점 및 차이점을 분석한 후에 당해 디자인의 유부판단의 요부가 되는 구성요소가 발견된다. 이 구성요소를 디자인의 요부라고 부른다.(165)(166)

침해사건에서는 디자인의 요부가 인정되고, 디자인의 유사 여부는 요부의 공통성을 중심으로 판단되는 것이 일반적이다. 등록디자인의 요부가 확인대상디자인과 공통한 경우에는 유사로 판단되고, 등록디자인의 요부가 확인대상디자인과 다른 경우에는 비유사로 판단된다.(167) 디자인의 유사 여부는 일반 수요자를 기준으로 판단한다(혼동설). 여기서 일반 수요자란 개개의 현실의 수요자가 아닌 객관적으로 상정되는 평균적, 이상적 수요자를 말한다. 현재 통설과 판례의 입장이다.(168)(169)

한편, 우리나라의 심사 실무상은 디자인의 유사 여부 판단에 있어 단순히 외관상 서로 유사한 미감을 일으키게 하는지 여부를 일반 수요자의 관점뿐만 아니라, 디

(165) 위의 책, 69頁.

(166) 일반적으로 당해 디자인 분야에 밝은 자가 관찰하면, 그 등은 주변 디자인에 대하여 지식을 가지고 있으므로, '공통점은 있고, 새로운 형태는 없다'고 생각하여 세부 형태에 주목하여 판단하는 경향이 있다. 그런 까닭에 공통점이 디자인 전체의 골격을 이루어 눈에 잘 띄는 부분이라도, 그 공통성은 비교적 낮게 파악되고 차이점은 높게 평가된다. 한편, 당해 디자인 분야의 지식에 문외한인 자가 관찰하면 전체 골격을 이루는 '공통점'에 눈이 가게 되어, 세부 차이는 낮게 평가되는 경향이 있다. 디자인의 유사 여부 판단론에 있어서 '창작설', '혼동설' 중 어느 입장에 서는가에 따라 평가의 가중치가 변하게 된다. 현실의 사안에 있어서는 형태가 동일한 것은 거의 없고, 형태의 유사 여부가 최대의 쟁점이 된다. 그런데 형태의 유사 여부의 판단방법, 요부의 인정방법은 아직 확립되어 있다고는 할 수 없는 상황에 있다. 판단방법의 다툼은 판단주체를 '창작자', '수요자', '양자를 종합한 보는 사람' 중 누구로 할 것인가. 그리고 유부판단 자료로서 선행 디자인을 어떻게 위치시킬 것인가 하는 것으로 집약된다(峯唯夫, 앞의 책, 69頁).

(167) 茶園成樹編, 앞의 책, 106頁.

(168) 송영식 외, 지적소유권법(상-디자인보호법 부분), 육법사, 2013, 983면.

(169) 최근 일본의 판례는 "디자인의 유사 여부를 판단함에 있어서는 디자인을 전체로서 관찰하는 것을 요하지만, 이 경우 디자인에 관계한 물품의 성질, 용도, 사용태양, 게다가 공지디자인에는 없는 신규한 창작 부분의 존재여부 등을 참작하여, 거래자 · 수요자가 가장 주의를 끌기 쉬운 부분을 디자인의 요부로 파악하여 등록디자인과 상대방 디자인이 디자인의 요부에 있어서 구성태양을 공통으로 하고 있는지 여부를 관찰할 필요가 있다."고 보고 있다. 즉, 전체관찰을 기본으로 하여 각 디자인의 구체적 특성을 고려하고 일반 수요자는 물론 거래자의 관점에서 디자인 요부에 대한 공통성을 파악하는 방법을 사용하고 있다고 볼 수 있다.

자인 분야의 형태적 흐름을 기초로 하여 두 개의 디자인을 관찰하여 창작적 공통성이 인정되는지 여부 등 창작자의 입장도 고려하여 통상적으로 판단이 이루어지고 있다.(170)

3. 부분디자인의 유사 판단

디자인권 침해 유무를 검토함에 있어서 우리나라 실무는 물품의 동일 · 유사를 전제로 하면서 디자인의 유사 여부를 판단함에 있어서는 디자인을 전체로서 관찰을 요구하고 있다. 이 경우 디자인에 관계한 물품의 성질, 용도, 사용태양은 물론 공지 디자인에는 없는 신규한 창작부분의 존재 등을 참작하여 수요자, 거래자로 하여금 가장 주의를 끌기 쉬운 부분을 디자인의 요부로 파악하고, 등록 디자인과 비교대상디자인이 디자인의 요부에 있어서 구성태양을 공통하고 있는지를 관찰하게 된다. 이는 부분디자인 침해에 대한 특별한 규정을 두고 있는 것은 아니므로, 부분디자인도 위와 같은 방법으로 침해 여부를 판단하게 된다. 우리나라 특허청 심사실무는 디자인이 속하는 분야의 통상의 지식을 기초로 "① 디자인의 대상이 되는 물품, ② 부분디자인으로서 디자인등록을 받으려는 부분의 기능 · 용도, ③ 해당 물품 중에서 부분디자인으로서 디자인등록을 받으려는 부분이 차지하는 위치 · 크기 · 범위, ④ 부분디자인으로서 디자인등록을 받으려는 부분의 형상 · 모양 · 색채 또는 이들의 결합" 요소를 종합적으로 고려하여 판단한다.(171)

(1) 파선 부분의 해석

부분디자인의 유사 판단에 있어서 파선 부분의 해석이 문제된다. 이에 대하여 학설은 ① 독립설, ② 요부설(적극설), ③ 타입별 부분디자인 유사론으로 나뉘어 있다.

① 독립설은 부분디자인의 부분형태가 공지디자인 중에 사용되어 있다면 그 위치 등이 달라도 유사성을 인정하는 견해이고,(172) ② 요부설은 부분디자인의 부분형태뿐만 아니라 그 위치 등도 고려하여 공지의장과의 차이가 있으면 유사성을

(170) 노태정 · 김병진, 앞의 책, 412면.

(171) 특허청 디자인심사기준, 173-175면.

(172) 牧野利秋判示退官記念(佐藤恵太), "部分意匠の権利範囲に関する覚書," 知的財産法と現代社会, 信山社, 1999, 693頁.

부정하는 견해이며,[173] ③ 타입별 부분디자인 유사론은 부분디자인의 부분 자체에 창작적 기여가 인정되는 경우는 독립설에 의하여 유사성 판단을 하고, 위치 등에 창작적 기여가 인정되는 경우는 요부설에 의하여 유사성 판단을 하는 견해이다.[174]

일본의 통설적인 견해와 일본 특허청 실무는 ② 요부설에 근거한 판단을 하고 있다.[175] 이 사건에서 일본 법원은 "두 형상 자체가 공통 또는 유사하더라도, 미감상 보는 사람에게 주는 인상이 다를 경우도 있기 때문에 디자인 등록을 받으려고 하는 부분과 그것에 상당하는 부분이 물품전체의 형태와의 관계에 있어서…(위치 등)에 관한 차이의 유무를 검토할 필요가 있다."고 하여 상기 ③의 견해에 가까운 판단을 하고 있는 것으로 여겨진다.[176] 단, 위치 등을 과도하게 중시하면 부분디자인의 취지를 몰각한다는 점에는 주의가 필요하다.

(2) 부분의 용도 및 기능의 평가

부분디자인의 유사 판단에 있어서는 '디자인에 관계한 물품'의 영향은 절대적인 것은 아니다. 그러나 '부분의 용도 및 기능'은 부분디자인에 있어서 필수적인 것이며, 그 유사 여부 판단에 크게 영향을 주는 요소라고 이해된다. 일본 지재고재 판결에서는 "디자인은 물품의 형상 등의 외관에 관한 것이며, 물품이 특정한 용도 및 기능을 가지고 있는 이상 디자인도 당해 물품의 용도 및 기능을 떠나서는 존재할 수 없고 이는 당해 물품의 부분의 형상 등에 관한 부분디자인에 있어서도 마찬가지이므로, 부분디자인에 있어서는 부분디자인에 관계한 부분의 기능 및 용도를 고려함과 동시에 부분디자인에 관계한 물품이 가지는 기능 및 용도와의 관계에 있어서 당해 부분이 어떠한 기능 및 용도를 가지는 것인지를 분리할 수 없다."고 판시하고 있다.[177] 즉, 전체 디자인의 경우 "물품의 용도 및 기능을 분리할 수 없고, 이와 마찬

(173) 吉原省三, "部分意匠の問題点," 知的財産と現代社会(牧野利秋判事退官記念), 信山社 1999, 117頁.

(174) 青木博通, "タイプ別部分意匠類否論," DESIGN PATENT (第50号), 日本デザイン保護協会, 2001, 10頁.

(175) 茶園成樹編, 앞의 책(각주 38), 117頁; 小谷悦司, "判批", 知財ぷりずむ(第5巻 第56号), 2007; 知財高判 平成17年4月13日(平成17年(行ケ) 第10227号), 裁判所HP 콤팩트사건(コンパクト事件) 등.

(176) 木下實三, "判批," パテント (第64巻 第2号), 日本弁理士会, 2011, 70頁; 村林隆一先生傘寿記念(小谷悦司), 앞의 책, 62頁; 같은 취지의 재판례로서 知財高判 平成23年3月28日平成22(ネ) 第10014号 マンホール蓋用受枠事件(맨홀덮개용틀사건) 등이 있다.

(177) 知財高判 平成25.6.27 平成24(行ケ) 10449.

가지로 부분디자인의 경우도 '부분의 용도 및 기능'을 고려하여야 한다. 그러나 부분디자인의 경우에는 '디자인에 관계한 물품의 용도 및 기능'은 직접 고려되지 않으므로, '부분의 용도 및 기능'이 어떠한 것인지를 '물품'과의 관계에서 파악하기 위하여 참조할 뿐이므로, 간접적으로 고려한다고 할 수 있다. 따라서 전체 디자인의 유사 여부 판단에 있어서 '물품의 유사'와 '디자인의 유사'가 판단요건임에 비하여, 부분디자인의 유사 여부 판단에 있어서는 '부분의 용도 및 기능의 유사'와 '부분의 형태의 유사'가 판단요소로 된다.(178)

(3) 위치, 크기, 범위의 평가

위치, 크기, 범위(이하, 위치 등)에 대하여 일본 심사기준에서는 동일 또는 당해 디자인이 속하는 분야에서 흔히 있는 범위 내의 것인지 여부를 검토한다고 설명하고 있다. 어떠한 연유로 이 요건만이 동일 또는 유사가 아니라, 동일 또는 당해 디자인이 속하는 분야에서 흔히 있는 범위 내의 것인지는 불명확하다.

위치란 '물품 전체의 형태에 대한 … 상대적인 위치관계'를 말하며, 크기란 절대적인 크기, 범위란 '물품 전체의 형태에 대한 … 상대적인 크기(면적비)를 말한다'고 설명되어 있다.(179) 엄밀히 말하면 크기란 원래 부분의 형태에 포함되는 개념이라고 생각되지만, 다른 두 가지는 물품 전체의 형태에 대한 '상대적 관계'의 개념이다. 즉, '위치, 크기, 범위'의 평가는 원칙적으로 '상대적 관계'만을 문제로 하고 있으며 디자인등록을 받으려고 하지 않는 부분의 형태는 직접적으로 평가의 대상이 되지 않는다.

부분디자인의 구성으로 인정되는 것은 '물품의 부분의 형태'이고, '미감'을 일으키는 것인 '그 밖의 부분의 형태'는 직접적으로 평가대상이 되지 않는다. 디자인에 관계한 물품도 직접적인 구성요소라고 할 수 없고, 위치 등도 부분디자인의 구성은 아니다. '파선부의 기재는 어디까지나 당해 부분디자인이 어떠한 부분인가'를 의미하는 것이다. 그 부분을 의미하는 자료에 그치는 것이며, 부분디자인의 유사 여부 판단에 있어서 위치 등을 과대평가해서는 안 된다. 따라서 디자인의 요부도 그 물품의 부분의 형태 중에서 인정된다. 물품의 부분의 형태가 아닌 위치 등이 부분디자인의 요부로 평가되는 일은 없다고 생각된다.

(178) 侮漂修, DESIGNPROJECT (No. 104 Vol. 27-4), 2014, 22면.

(179) 일본 심사기준 71.3, 84면.

일본 판례에서는 일반론으로서 '위치 등'을 고려해야 한다는 취지의 판례가 많다.[(180)] 그러나 유사 여부 판단에 있어서 실제로 '위치 등'이 평가된 판례는 '풀리 사건'[(181)] 이외에는 없는 실정이다. 이 사건도 실제 '위치 등'의 차이에 따라 비유사라고 판단한 것이 아니고, '구성'의 차이에 따라 비유사라고 판시한 것으로 보인다. 즉 이 사건 디자인의 도너츠 형상에 상당하는 부분이 인용 디자인에는 보이지 않는 것이며, 구성의 차이에 따라 다른 미감을 일으키는 것이라고 판단할 수 있다. 판례를 보면 두 디자인의 위치 등, 파선부의 태양이 상당히 달라도 유사하다고 판단하고 있으며, 부분디자인의 유사 여부 판단에서 위치 등은 대부분 평가되지 않는다고 할 수 있다.

Ⅳ 본 판결의 검토

이 사건은 포장용기라는 물품에 관계한 부분디자인권에 대한 침해사건이므로, 피고가 보유하는 물품 부분에 관한 디자인이 원고의 부분디자인에 유사한 것인지가 쟁점이 되었다.

부분디자인을 출원할 때에는 부분디자인으로서 디자인등록을 받고자 하는 부분을 특정하여야 하며, 그 특정하는 방법에 대해서는 '디자인 설명'란에 이를 기재하여야 한다. 일반적인 특정방법은 디자인등록을 받고자 하는 부분은 실선으로, 기타 부분은 파선으로 기재한다. 부분디자인의 경우 파선부의 기재를 생략할 수 없으며, 파선부의 기재는 전체 물품 중 디자인 등록을 받고자 하는 부분이 어느 위치에 어느 정도의 크기로 존재하는지를 나타내기 위한 것이다. 이 사건 디자인의 부분은 실선으로 표현된 부분에 창작성이 존재하는 것이므로 그 요부를 피고 디자인이 구비하고 있는지가 유사 여부 판단의 결정적 요소가 된다고 할 수 있다.

여기서 이 사건 디자인의 구성태양을 피고 디자인의 해당 부분이 가지고 있는

(180) 예컨대, 大阪高判 平成23. 3. 28 [平成22(ワ) 10014]; 知財高判 平成25. 6. 27 [平24(行ケ) 10449].

(181) 知財高判 平成19. 1. 31 (平18(行ケ) 10317.

가가 쟁점된다. 또한 이 사건 디자인에 관계한 출원서의 '디자인에 관계한 물품의 설명' 항에는 창작의 목적 등에 대하여 다양하게 기재되어 있는 점을 감안하면, 피고 디자인에 있어서도 동일한 목적, 효과, 기능을 발휘하고 있다면 디자인의 유사성에 대하여 고려된다.

또한 이 사건 디자인의 전기 약삼각뿔 형상의 다면체 부분의 주면부분에 대해서는 불룩膨らみ이라고 기재되어 있으므로, 다면체 부분은 수평면 형상이라고 할 수 있다. 여기서 피고 디자인의 도면을 보면, "악세스 패널을 가지는 약삼각뿔 형상의 다면체(A-a-b-C) 부분의 윤곽(5-1. 5-2)은 길고 가느다란 원호 모양이 되므로, 이러한 구성태양으로 이루어지는 액센트 패널 부분의 디자인은 전기 구성태양으로 이루어진 피고 디자인의 약삼각뿔 형태의 다면체 부분의 주면 부분은 '불룩'하므로 다면체 부분은 수평면 형상이라고 할 수 있다.

결국 액센트 패널을 가진 약삼각뿔 형태의 다면체의 형태로 구성되는 두 디자인에 대해서는 유사하다고 볼 여지도 있다고 생각된다. 특히 甲8(디자인등록 1193959)을 기본디자인으로 하는 관련 디자인 甲9가 존재하며, 이들 모두 '포장용 용기'로서 등록되어 있기 때문이다. 그럼에도 甲8과 甲9와의 유사관계의 등록례를 원고가 인용하여, 이 사건 디자인과 피고 디자인과의 유사성을 입증하려고 한 것에 대하여 '보는 사람에게 주어지는 미감美感의 차이의 정도'는 이 사건 디자인과 피고 디자인과의 차이와는 '양적으로도 질적으로도 다른 것이다'라고 설시하고 있다. 그러나 개구부의 존재라는 기능은 도면을 보는 한 불명하므로, 정지 상태에는 양자를 대비 관찰하여 판단하는 것이 타당하다고 생각된다. 특히 항소심은 두 디자인을 대비하여 유사 여부 판단함에 있어 당해 부분을 양적, 질적인 차이의 같고 다름을 고려하고 있으나, 이러한 표현이 판결로서 타당하다고 할 수 있을 것인지는 의문이다.

제 4 장 디자인권

4-1

디자인권의 간접침해에서 전용성專用性 요건

서울중앙지방법원 2013. 7. 26. 선고 2012가합83099 판결

| **김동원** | 김 · 장법률사무소 변호사

I 서론

디자인권의 침해태양은 직접침해 및 간접침해로 나누어진다. 디자인보호법에는 직접침해를 정의하는 명문의 규정을 두고 있지는 않으나, 이는 디자인보호법 제92조(디자인권의 효력)에 규정된[(1)] 디자인권 본래의 효력이 정당한 권원이 없는 자의 실시행위로부터 침해된 경우 그 자체를 말한다고 할 것이다.[(2)] 이에 비하여 디자인권의 간접침해에 관하여는 디자인보호법에 다음과 같은 규정을 두고 있다: 제114조(침해로 보는 행위) "등록디자인이나 이와 유사한 디자인에 관한 물품의 생산에만

(1) 제92조(디자인권의 효력) 디자인권자는 업으로서 등록디자인 또는 이와 유사한 디자인을 실시할 권리를 독점한다. 다만, 그 디자인권에 관하여 전용실시권을 설정하였을 때에는 제97조 제2항에 따라 전용실시권자가 그 등록디자인 또는 이와 유사한 디자인을 실시할 권리를 독점하는 범위에서는 그러하지 아니하다.

(2) 노태정 · 김병진, 디자인보호법, 세창출판사, 2009, 711-712면.

사용하는 물품을[3] 업으로서 생산 · 양도 · 대여 · 수출 또는 수입하거나 업으로서 그 물품의 양도 또는 대여의 청약을 하는 행위는 그 디자인권 또는 전용실시권을 침해한 것으로 본다."[4]

이처럼 디자인보호법에는 특허법과 마찬가지로 직접침해는 아니지만 직접침해행위의 예비 또는 교사 · 방조에 해당하는 행위 등을 일정한 요건 하에서 규제할 수 있는 제도적 장치가 존재한다. 그러나 디자인권의 경우에는 실무상 간접침해 여부가 다투어지는 경우가 상대적으로 흔하지 않고,[5] 권리자 입장에서 간접침해의 성립을 입증하는 것도 결코 쉽지 않은 것이 사실이다.[6] 또한 학설상으로도 간접침해에 대해 디자인의 특성을 감안한 독자적인 논의가 별반 이루어지지 않고 있으며, 특허법상의 간접침해에 관한 논의를 디자인보호법 사안에도 대부분 그대로 적용할 수 있다는 정도의 언급만을 하고 있을 뿐이다.[7] 따라서 향후로는 디자인보호법 특유의 간접침해론에 관한 논의가 보다 활성화될 필요가 있을 것으로 생각된다.

이 글에서는 디자인권의 간접침해 문제를 직접적으로 다룬 최근 하급심 판결(서울중앙지방법원 2013. 7. 26. 선고 2012가합83099 판결)을 소개하고, 특히 '전용성' 요건에 관하여 대상판결에서 판시한 내용을 살펴보면서 이에 대한 필자의 소견을 간략히 밝히고자 한다.

(3) 여기서 말하는 '물품'은 통상적으로 부품, 재료, 형틀, 공작기계 그 밖의 설비 등이라고 해석된다(황의창 · 황광연, 디자인보호법, 법영사, 2011, 52면).

(4) 이는 행위태양에 '수출'이 포함되어 있다는 점을 제외하고는 간접침해에 관한 특허법 제127조 제1호와 기본적으로 동일한 내용 및 구조로 이루어져 있다.

(5) 디자인권의 간접침해 관련 쟁점을 다룬 우리나라의 판결은 이 글의 대상판결 이외에 추가로 발견되는 것이 많지 않다. 특히 간접침해의 성립을 긍정한 사례는 대상판결 외에는 발견되지 않는다.

(6) 경우에 따라서는 오히려 부분디자인등록을 통해 간접침해행위를 막는 것이 더 용이할 수도 있다.

(7) 정상조 · 설범식 · 김기영 · 백강진 공편, 디자인보호법 주해, 박영사, 2015, 779면.

사건의 경과

1. 원고의 등록디자인권 및 귀걸이 판매 등

원고는 반지, 귀걸이 등 액세서리를 제조 · 판매하는 자로서, 아래 각 등록디자인의 디자인권자이다. 디자인의 대상이 되는 물품은 '귀걸이'이다.

① 원고 등록디자인 1(이하 '이 사건 디자인'이라 한다): 등록번호 제0469551호(출원일 / 등록일: 2007. 2. 27. / 2007. 10. 25.).(8)

② 원고 등록디자인 2:(9) 등록번호 제0469552호(출원일 / 등록일: 2007. 2. 27. / 2007. 10. 25.)(10)

2008. 9. 26. 방영된 'MBC 스페셜' 제427회 '나는 이영애다' 편에서 배우 이영애가 이 사건 디자인과 유사한 형태의 귀걸이를 착용하고 출연하였다. 원고는 2012. 12.경부터 2013. 5.경까지 이 사건 디자인으로 제작된 귀걸이를 월 평균 약 2,000개를 판매하였다.

2. 피고의 귀걸이틀 판매 및 관련 형사 사건 등

피고는 귀걸이 등 액세서리 도매상 2개를 운영하는 자로서, 2008. 3. 27.경부터 2010. 11. 16.경까지 "" 형상의 귀걸이틀(이하 '피고 제품'이라 한다)을 판매하였다.(11) 피고로부터 피고 제품을 구입한 소매상인들은 피고 제품과 보석 형상의 구슬

(8) 이 사건 디자인의 사시도:

(9) 원고는 당초 '원고 등록디자인 1 및 2' 전부에 대한 침해를 주장하였으나, 소송 도중에 원고 등록디자인 2에 대한 침해 주장을 철회하였다.

(10) 원고 등록디자인 2의 사시도:

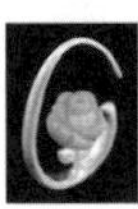

(11) 따라서 대상판결 사안에서는 간접침해의 요건 중 하나인 '간접침해대상물을 업으로서 양도할 것'이라는 요건은 충족된 것으로 볼 수 있다.

제품(진주, 산호, 호박 등)을 결합하여 판매하였다.(12)

원고는 피고를 디자인보호법위반죄로 형사고소하였고, 피고에 대하여 약식명령이 내려졌다. 피고는 위 약식명령에 불복하여 정식재판을 청구하였으나, 2012. 9. 27. 벌금 500,000원이 선고되어 2012. 10. 5.경 위 판결이 확정되었다.

피고는 위 디자인보호법위반죄 조사 당시 경찰에서 "피고가 피고 제품을 판매하였던 것이 맞다. 원고의 디자인권을 침해한 것을 인정한다. 위 귀걸이의 명칭은 일명 이영애 귀걸이이다. 위 제품이 디자인 등록된 제품인 것을 다른 업체도 알고 있는지는 정확히 잘 모르겠다. 내용증명을 받은 업체도 있고, 받지 않은 업체도 있다. 그러나 워낙 많이 팔았던 제품이라서 소문을 듣고 알고 있을 것이다."라고 진술하였다.

당사자들의 주장

1. 원고의 주장

피고는 디자인권자인 원고의 허락을 받지 않고 무단으로 이 사건 디자인을 도용한 피고 제품을 제3자에게 판매하였다. 이 사건 디자인과 피고 제품은 그 대상물품이 귀걸이로서 동일하며, 이 사건 디자인과 피고 제품의 디자인은 완제품인지 반완제품인지의 차이점 외에는 완전히 동일한 디자인이다.

한편, 피고 제품은 이 사건 디자인의 귀걸이의 생산에만 사용하는 물품이므로, 피고 제품의 판매행위는 디자인보호법 제63조에(13) 의한 간접침해에 해당한다(이 부분이 이 글의 주된 검토 대상이다). 피고는 2008년경부터 이 사건 디자인과 동일하게

(12) 따라서 대상판결 사안에서는 간접침해대상물이 원고의 이 사건 디자인과 실질적으로 동일한 디자인을 지닌 물품의 '생산'에 사용되었다는 사실, 즉 '공용성(供用性)' 요건이 충족되었음에도 별다른 의문이 없다. 또한 간접침해가 성립하기 위하여 반드시 직접침해의 성립이 전제되어야 하는지에 관한 검토도 대상판결 사안에서는 필요하지 않다.

(13) 이후 디자인보호법이 2013. 5. 28. 법률 제11848호로 전부개정됨에 따라 간접침해 관련 규정이 제114조로 이전되었다(실질적인 내용 변경은 없음).

제작이 가능한 귀고리틀 형태의 피고 제품을 제작하여 소매업자들에게 판매하였는 바, 이는 이 사건 디자인권 침해의 방조행위에 해당한다.

아울러, 원고는 피고에게 2008. 4.경 피고 제품의 판매를 중지할 것을 내용증명우편으로 요청하였고, 피고는 피고 제품의 판매행위가 소매업자들의 이 사건 디자인권 침해의 방조행위에 해당한다는 점을 잘 알고 있었다.

2. 피고의 주장

피고 제품은 단순한 '알파벳 C' 형상 모양의 몸통 내부 안에 상부를 향한 돌기가 형성된 상태로 판매되는 것으로서 내부에 동그란 구슬이 결합되어 있지 않은바, 보는 사람의 주위를 가장 끌기 쉬운 중앙의 구슬이 있고 없는 차이로 인하여 전체적으로 확연한 심미감의 차이를 나타낼 것이므로, 이 사건 디자인과 피고 제품의 디자인은 동일 또는 유사한 디자인이라 할 수 없다.

피고 제품의 디자인은 '알파벳 C'와 유사하고, 국내 · 외에 오래 전부터 알려진 형상이며, 극히 용이하게 창작할 수 있는 단순한 형상의 디자인으로 자유실시 디자인에 해당되므로, 이 사건 디자인의 권리범위에 포함되지 않는다.

피고는 피고 제품을 직접 제작한 사실이 없으며, 상가를 돌아다니는 보따리 상인으로부터 귀걸이 10개가 들어 있는 작은 봉지 5~6개를 구입하여 판매한 것이 전부이며, 피고는 위 귀걸이를 더 이상 보관하고 있지 않다.

Ⅳ 제1심법원의 판단

1. 이 사건 디자인과 피고 제품의 유사 여부에 관한 판단

디자인의 유사 여부는 이를 구성하는 각 요소를 분리하여 개별적으로 대비할 것이 아니라 그 외관을 전체적으로 대비 · 관찰하여 보는 사람으로 하여금 상이한 심미감을 느끼게 하는지의 여부에 따라 판단하여야 하고, 이 경우 디자인을 보는 사람의 주의를 가장 끌기 쉬운 부분을 요부로서 파악하고 이것을 관찰하여 심미감에

차이가 생기게 하는지 여부의 관점에서 그 유사 여부를 결정하여야 한다.(14)

이 사건 디자인의 귀걸이틀 부분과 피고 제품은 모두 '알파벳 C' 또는 '숫자 6'의 형태이고, 아랫부분으로 갈수록 점점 굵어지는 형상인 점이 유사하다. 그러나 이 사건 디자인은 중앙에 진주 모양의 구슬이 부착되어 있는 반면, 피고 제품은 귀걸이틀 하단에 상부를 향한 작은 돌기만이 형성되어 있는 점에 차이가 있다.

이 사건 디자인의 귀걸이 '틀 부분'과 피고 제품은 매우 유사하기는 하나, 이 사건 디자인의 대상물품이 귀걸이라는 것을 고려할 때, 중앙의 진주 모양의 구슬이 부착되어 있는 것과 없는 것에 따라 보는 사람으로 하여금 전체적으로 확연한 심미감의 차이를 나타낼 것이므로, 결국 이 사건 디자인과 피고 제품은 유사하지 않다.

2. 디자인보호법 제63조에 의한 간접침해에 관한 판단

디자인보호법 제63조는 "등록디자인이나 이와 유사한 디자인에 관한 물품의 생산에만 사용하는 물품을 업으로서 생산 · 양도 · 대여 · 수출 또는 수입하거나 업으로서 그 물품의 양도 또는 대여의 청약을 하는 행위는 당해 디자인권 또는 전용실시권을 침해한 것으로 본다."라고 규정하고 있고, 특허법 제127조 제1호는 "특허가 물건의 발명인 경우에는 그 물건의 생산에만 사용하는 물건을 생산 · 양도 · 대여 또는 수입하거나 그 물건의 양도 또는 대여의 청약을 하는 행위를 업으로서 하는 경우에는 특허권 또는 전용실시권을 침해한 것으로 본다."라고 규정하고 있다.

간접침해에 관하여 규정하고 있는 특허법 제127조 제1호 규정에서 '특허 물건의 생산에만 사용하는 물건'에 해당하기 위해서는 사회통념상 통용되고 승인될 수 있는 경제적, 상업적 내지 실용적인 다른 용도가 없어야 하고, 이와 달리 단순히 특허 물건 이외의 물건에 사용될 이론적, 실험적 또는 일시적인 사용가능성이 있는 정도에 불과한 경우에는 간접침해의 성립을 부정할 만한 다른 용도가 있다고 할 수 없는바(대법원 2009. 9. 10. 선고 2007후3356 판결 참조), 특허법 제127조 제1호 및 디자인보호법 제63조의 입법취지, 각 규정에 사용된 문구의 동일성, 지식재산권법의 일반적인 법리를 고려할 때, 디자인보호법 제63조 규정의 '등록디자인이나 이와 유사한 디자인에 관한 물품의 생산에만 사용하는 물품'에 해당하는지 여부 역시 특허법 제

(14) 이는 디자인의 유사 여부 판단기준에 관한 대법원 판례의 주류적인 태도이다(대법원 2001. 5. 15. 선고 2000후129 판결 등 다수).

127조 제1호의 규정의 해석과 마찬가지로 그 물품에 등록디자인이나 이와 유사한 디자인에 관한 물품의 생산과는 다른 사회통념상 통용되고 승인될 수 있는 경제적, 상업적 내지 실용적인 용도가 있는지 여부에 따라 판단되어야 할 것이다.

이 사건의 증거를 종합하여 인정되는 다음과 같은 사정, 즉 ① 피고는 액세서리 도매상을 운영하면서 소매상들에게 반제품 형태의 피고 제품을 판매하였고, 소매상들은 피고 제품에 구슬 형태의 보석 형상 제품을 부착하여 이 사건 디자인과 동일 · 유사한 형태의 귀걸이 제품을 판매하였던 점, ② 이 사건 디자인(중앙에 보석 형상의 구슬제품이 부착되어 있는 형태)은 방송을 통해서 일명 '이영애 귀걸이'로 널리 알려져 있었고 피고 역시 이를 알고 있었던 점, ③ 원고 등록디자인 2는 이 사건 디자인과 틀 모양에 있어 '알파벳 C' 형상으로 큰 차이가 없기는 하나, 귀걸이 하단의 돌기 부분에 장미의 줄기와 잎 모양이 포함되어 있어, 피고 제품은 원고 등록디자인 2에 관한 물품의 생산에는 사용되기 어려운 점, ④ 피고 제품에 구슬 형태가 아닌 다른 형태의 물품이 실제로 부착, 판매되어 피고 제품이 이 사건 디자인에 관한 물품의 생산이 아닌 경제적, 상업적 내지 실용적인 다른 용도로 이용되었음을 인정할 아무런 사정을 발견할 수 없는 점 등을 종합하면, 피고의 피고 제품 판매 행위는 이 사건 디자인에 관한 물품의 생산에만 사용하는 물품을 업으로서 양도한 것으로 디자인보호법 제63조에 따라 이 사건 디자인권의 침해행위로 인정된다.

V 항소심에서의 경과

이 사건은 항소심에서 다음과 같은 내용으로 조정이 성립되었다(서울고등법원 2014. 4. 7.자 2013나53269호 조정조서).

– 피고는 피고 제품을 생산, 사용, 판매, 대여 또는 수입하거나 그 물품의 양도 또는 대여를 위하여 전시 또는 청약을 하여서는 아니 된다.

– 피고는 피고의 점포, 사무실, 창고에 보관하고 있는 피고 제품과 그 반제품을 폐기한다.

– 피고는 원고에게 2,500만 원을 5회 분할하여 지급한다.

VI 대상판결의 분석

1. 대상판결이 지니는 의미

디자인권의 간접침해가 실제 소송에서 쟁점이 된 사례는 대상판결 외에 소수의 판결들만이 발견될 뿐이다.[15][16] 그 이유를 추론해 보면, 디자인권자 입장에서 간접침해를 주장하려 해도 그 성립요건이 충족됨을 입증하는 것이 매우 어렵기 때문에[17] 실제 사안에서 쟁점으로 부각되기 힘든 것이 아닌가 생각된다. 즉, 간접침해가 성립하기 위해서는 소위 '전용성' 요건이 충족되어야 하는데, 많은 경우 간접침해대상물이 어떠한 등록디자인이나 그와 유사한 디자인에 관한 물품의 생산'에만' 사용하는 물품임을 인정받기가 특허의 경우보다 용이하지 않을 것으로 보인다.

(15) 대법원 데이터베이스에서 '의장법 제63조'를 키워드로 검색하였을 때 검색되는 대법원 1999. 12. 7. 선고 99도2079 판결에서는, "재생 가능한 범퍼를 수거한 후 이를 세척하고 흠집제거 및 도색작업 등을 거쳐 의장등록된 원래의 범퍼와 동일한 형상과 색체를 갖춘 범퍼로 복원하는 정도에 그친 행위는 ('생산'과 '수리' 사이의 한계 설정과 관련하여) 등록의장에 관한 물품에 대한 새로운 '생산' 행위가 이루어진 것으로 볼 수 없으므로 의장권침해가 성립되지 않는다."는 취지의 판시를 하고 있다. 이와 관련하여 대법원은 죄형법정주의 원칙 등을 고려하였을 때 직접침해의 예비단계행위에 불과한 간접침해행위를 처벌할 수는 없다는 입장을 취하고 있다(대법원 1993. 2. 23. 선고 92도3350 판결). 이에 대하여 특허법상 간접침해행위가 언제나 직접침해의 예비행위만인 것은 아니고 직접침해의 방조를 구성하는 경우도 있을 수 있으므로 그 가벌성을 일률적으로 부정하기 보다는 사안별로 해결하는 편이 합당하다는 견해로는, 조영선, 특허법, 박영사, 2015, 452-453면 참조.

(16) 일본의 판례로는 발판용틀사건(東京地方裁判所 平成9年12月12日 判決)이 자주 소개되고 있는데(전성태 · 신현철, 디자인보호법의 쟁점과 사례, 신론사, 2014, 172-178면에서 재인용. 이는 일본에서 처음으로 의장권의 간접침해에 대한 판단이 내려진 사안이라고 한다), 이 사안에서는 피고의 간접침해대상물이 원고의 등록의장과 같이 발판 고정의 용도뿐만 아니라 실제로 철골계단용 난간을 세우는 다른 용도로도 쓰이고 있던 사실관계를 전제로 간접침해의 성립을 부정한 것이어서 대상판결 사안과는 차이가 있다. 위와 같은 사실관계 하에서는 우리나라에서도 간접침해를 인정하기 힘들 것이다.

(17) 특허법상 간접침해 주장에 관한 입증책임에 대해서는, 이는 특허발명 부품 등의 공급행위를 특허권침해로 보는 것으로서 금지청구권 등의 권리발생요건에 관한 것이므로 간접침해 규정의 적용을 구하는 특허권자에게 입증책임이 있으나, 실제 소송에서는 침해대상물이 그 자체로 범용성이 있는 물건임이 명백하지 않는 한, 특허권자의 간접침해 주장에 대하여 침해대상자가 자신이 공급한 간접침해대상물이 객관적으로 특허발명의 실시 이외에 사용될 수 있는 가능성에 관하여 일응의 합리적인 주장을 하는 경우에, 특허권자가 그 사용이 경제적 · 상업적 내지 실용적인 것이 아니라는 것을 입증하는 방식으로 하는 것이 합리적일 것이라고 논의되고 있는데{특허법원 지적재산소송실무연구회, 지적재산소송실무, 박영사, 2014, 제419면; 정상조 · 박성수 공편, 특허법주해II(곽민섭 집필 부분), 박영사, 2010, 110-111면; 한동수, "간접침해의 성립요건", 대법원판례해설 82호, 2010, 670면}, 이러한 입증책임과 관련하여서는 디자인보호법상 간접침해 주장에 대해서도 마찬가지로 볼 것이다.

전체 등록디자인을 구성하는 개별요소 내지 부품이 등록디자인과는 별개의 심미감을 갖는 구성과 결합되는 것이 가능한 경우가 많기 때문이다. 기본적으로 디자인은 제3자가 이를 모방하면서 요부에 약간의 변형을 가하는 것이 어렵지 않은데 그 결과 전체적인 심미감이 달라질 수 있다. 이를 두고 디자인권의 권리범위가 특허보다 협소하다고 설명되는데, '전용성' 요건이 충족되지 못함으로써 디자인권의 간접침해가 성립하기 어려운 것도 위와 같은 디자인권의 속성 내지 한계의 연장선상에 있는 것으로 볼 수 있다.

대상판결은 이와 같은 상황에서 디자인권의 간접침해의 성립을 인정한 보기 드문 사례로서, 비록 제1심 판결이고 항소심에서 조정이 성립되었지만 디자인권의 간접침해에 관한 논의를 본격화할 수 있는 기폭제로서의 의미를 지니고 있다고 생각된다.

2. '전용성' 요건의 충족 여부에 관한 대상판결의 판시 내용 분석

특히 대상판결에서는 디자인권의 간접침해 성립요건 중에서도 '전용성' 요건의 충족 여부가 중요한 쟁점이 되었다. 이에 대해서는 우선 특허법상의 논의를 살펴볼 필요가 있는데, 특허법상의 간접침해에서는 간접침해대상물의 용도의 기준에 대해 아래와 같이 3가지 정도의 학설이 대립하고 있다. 제1설은 단순히 사용가능성이 있으면 족하다고 보는 견해이고, 제2설은 단순한 사용가능성으로는 부족하고 경제적, 상업적 내지 실용적인 사용 가능성이 있어야 다른 용도가 있다고 볼 수 있다는 견해이며, 제3설은 경제적, 상업적 내지 실용적인 사용 가능성만으로는 불충분하고 실제로 경제적, 상업적 내지 실용적인 사용 사실이 있어야 다른 용도로 볼 수 있다는 견해이다.(18) 이 중 제2설이 현재 다수설로 보이고, 판례(대법원 2009. 9. 10. 선고 2007후3356 판결) 역시 『특허 물건의 생산"에만" 사용하는 물건에 해당되기 위하여는 사회통념상 통용되고 승인될 수 있는 경제적, 상업적 내지 실용적인 다른 용도가 없어야 할 것이고, 이와 달리 단순히 특허 물건 이외의 물건에 사용될 이론적, 실험적 또는 일시적인 사용가능성이 있는 정도에 불과한 경우에는 간접침해의 성립을 부정할 만한 다른 용도가 있다고 할 수 없다.』고 하여 제2설에 가까운 입장인 것으로 이해된다.(19) 제2설은 특허권자의 권리보호에 유의하면서도 동시에 간접침해의

(18) 이에 대한 상세는, 정상조 · 박성수 공편, 앞의 책, 109-110면 참조.

(19) "경제적, 상업적 내지 실용적인 다른 용도가 없어야 할 것"이라는 판시는 실제로 다른 용도로 사용된 사실이 있어야만 다른 용도가 있는 것으로 볼 수 있다는 의미로 이해하기는 힘들다.

인정 범위가 과도하게 넓어짐으로써 거래의 안정을 해치는 결과를 막는다는 차원에서 일응 적절한 기준을 제시한 것으로 생각된다.

반면, 디자인보호법 분야에서는 '전용성' 요건의 해석과 관련하여 독자적인 논의가 이루어지고 있지는 않고 역시 특허법상의 위 논의를 차용하고 있는 정도로 보인다. 그런데, 대상판결의 판시내용을 살펴보면 위 학설 중 어느 학설의 입장을 채택한 것인지가 분명하지 않아 보인다.

기본적으로 대상판결에서는 "특허법 제127조 제1호 및 디자인보호법 제63조의 입법취지, 각 규정에 사용된 문구의 동일성, 지적재산권법의 일반적인 법리를 고려할 때, 디자인보호법 제63조 규정의 '등록디자인이나 이와 유사한 디자인에 관한 물품의 생산에만 사용하는 물품'에 해당하는지 여부 역시 특허법 제127조 제1호의 규정의 해석과 마찬가지로 그 물품에 등록디자인이나 이와 유사한 디자인에 관한 물품의 생산과는 다른 사회통념상 통용되고 승인될 수 있는 경제적, 상업적 내지 실용적인 용도가 있는지 여부에 따라 판단되어야 할 것"이라고 판시함으로써, 특허법상 간접침해에 관한 위 대법원 2009. 9. 10. 선고 2007후3356 판결의 취지를 따르고자 하고 있다.

그런데 증거에 따른 사실인정 부분을 보면, "③ 원고 등록디자인 2는 이 사건 디자인과 틀 모양에 있어 '알파벳 C' 형상으로 큰 차이가 없기는 하나, 귀걸이 하단의 돌기 부분에 장미의 줄기와 잎 모양이 포함되어 있어, 피고 제품은 원고 등록디자인 2에 관한 물품의 생산에는 사용되기 어려운 점, ④ 피고 제품에 구슬 형태가 아닌 다른 형태의 물품이 실제로 부착, 판매되어 피고 제품이 이 사건 디자인에 관한 물품의 생산이 아닌 경제적, 상업적 내지 실용적인 다른 용도로 이용되었음을 인정할 아무런 사정을 발견할 수 없는 점 등을 종합하면, 피고의 피고 제품 판매 행위는 이 사건 디자인에 관한 물품의 생산에만 사용하는 물품을 업으로서 양도한 것으로 디자인보호법 제63조에 따라 이 사건 디자인권의 침해행위로 인정된다."고 판시하고 있다. 위 판시에 따르면, 대상판결은 피고 제품에 구슬 형태가 아닌 다른 형태의 물품이 실제로 부착, 판매됨으로써 피고 제품이 이 사건 디자인에 관한 물품의 생산이 아닌 또 다른 제3의 경제적, 상업적 내지 실용적인 용도로 이용되었음을 인정할 사정이 발견되지 않는다는 점을 주된 근거로 간접침해를 인정하고 있음을 알 수 있다. 이를 문언 그대로 이해하면 대상판결은 결과적으로 제3설의 입장에 따른 것이 아닌가 생각된다.[20]

(20) 서울고등법원 2011. 7. 21. 선고 2010나123006 판결(확정)에서도 '전용성' 요건 충족 여부가 쟁점이 되었는데, 해당 사안에서는 간접침해대상물이 실제로 다른 용도로도 사용된다는 사실인정을 토대로

실제로 대상판결 사안에서 제2설에 따라 판단하는 경우 간접침해를 인정하기는 용이하지 않다고 보여진다. 즉, 피고 제품 ‘ ’은 일종의 귀걸이틀로서 그 안에 원고의 이 사건 디자인인 ‘ ’과 같이 구슬 형태의 보석을 넣을 수 있을 뿐만 아니 다이아몬드, 별, 하트, 삼각형, 사각형 등 무수히 다른 형태의 보석(또는 다른 재질의 물품)을 결합시킴으로써 이 사건 디자인과 전체적으로 다른 심미감을 갖는 물품을 생산하는 것이 경제적, 상업적 내지 실용적으로 충분히 가능해 보이기 때문이다.

대상판결 사안에서 피고가 이러한 점에 대해 일응의 합리적인 주장을 하지 못하였는지는 모르나, 피고 제품의 형상을 보면 그 자체로도 상당히 범용적으로 활용될 수 있는 귀걸이틀임을 알 수 있다. 그렇다면 피고의 주장이 설령 불충분하다고 하더라도 법원으로서는 간접침해에 관한 입증책임을 원고가 다하지 못하였다는 이유로 이 부분 주장을 배척하는 것이 제2설의 입장에서 논리적으로 보다 타당한 결론이었을 것으로 생각된다. 반대로 만일 대상판결 사안에서 법원이 의도적으로 제3설을 채택한 것이라면, “디자인보호법 제63조 규정의 ‘등록디자인이나 이와 유사한 디자인에 관한 물품의 생산에만 사용하는 물품’에 해당하는지 여부 역시 특허법 제127조 제1호의 규정의 해석과 마찬가지로 그 물품에 등록디자인이나 이와 유사한 디자인에 관한 물품의 생산과는 다른 사회통념상 통용되고 승인될 수 있는 경제적, 상업적 내지 실용적인 용도가 있는지 여부에 따라 판단되어야 할 것”이라는 판시 부분과의 조화로운 해석이 되지 않는다는 문제가 발생한다. 따라서 사견으로는 위 사건에서 법원이 제2설을 취하여 간접침해의 성립을 부정하거나(대신 이 경우 피고에게 디자인권(직접)침해행위에 대한 방조책임을 물을 여지는 남아 있을 것이지만, 민사상 방조책임은 일반적으로 손해배상책임이나 부당이득반환책임에 한정된다는 한계가 있다)(21) 또는 제3설을

간접침해의 성립을 부정하였는바, 위 판결이 제2설과 제3설 중에서 어느 입장에 따른 것인지는 판시 내용만 보아서는 명확하지 않다.

(21) 다만, “경쟁자가 상당한 노력과 투자에 의하여 구축한 성과물을 상도덕이나 공정한 경쟁질서에 반하여 자신의 영업을 위하여 무단으로 이용함으로써 경쟁자의 노력과 투자에 편승하여 부당하게 이익을 얻고 경쟁자의 법률상 보호할 가치가 있는 이익을 침해하는 행위는 부정한 경쟁행위로서 민법상 불법행위에 해당하는바, 위와 같은 무단이용 상태가 계속되어 금전배상을 명하는 것만으로는 피해자 구제의 실효성을 기대하기 어렵고 무단이용의 금지로 인하여 보호되는 피해자의 이익과 그로 인한 가해자의 불이익을 비교 · 교량할 때 피해자의 이익이 더 큰 경우에는 그 행위의 금지 또는 예방을 청구할 수 있다고 할 것”이라고 판시한 최근 대법원 판례(대법원 2010. 8. 25.자 2008마1541 결정)에 따르면, 일정한 요건하에서는 일반 불법행위에 대해서도 금지청구를 인정할 여지가 있을 것이다. 또한 대법원 2007. 1. 25. 선고 2005다11626 판결에서는 간접침해자에 해당하는 온라인서비스제공자를 실질적으로 저작권법상의 침해자와 마찬가지로 취급하였다.

취하면서 특허법상 간접침해에 관한 기존 대법원 판례와는 구별되는 설시를 하였어야 하는 것이 아닌가 한다.

추정컨대, 대상판결 사안에서는 ① 이 사건 디자인에 관한 원고의 귀걸이 제품이 당시 수요자들 사이에서 상당한 인기를 끌고 있었고 피고 역시 이를 알고 있었다는 점, ② 피고는 원고로부터 내용증명우편을 수령한 이후에도 2년이 넘도록 경제적 이득을 취하기 위하여 피고 제품을 제3자에게 판매하였다는 점, ③ 피고도 원고의 디자인권을 침해하였음을 자인하였다는 점, ④ 관련 형사 판결이 이미 확정되었다는 점 등을 고려하여, 법원이 구체적 타당성에 보다 중점을 둔 결론을 내린 것이 아닌가 한다.

Ⅶ 디자인권의 간접침해에서 전용성 요건의 해석에 대한 제언

1. 제3설의 채택 필요성

앞서 기술한 바와 같이 디자인권의 권리보호범위는 특허권에 비해 협소하고 그만큼 침해의 위험에 많이 노출되어 있다고 할 수 있다. 특히 유행에 민감한 패션업계에서는 최근 디자인 베끼기가 논란의 핵심이 되고 있는바,(22) 공들여 제작한 패션디자인에 대한 실질적인 보호가 그 어느 때보다도 요청되고 있는 시점이다.

위에서 살펴본 제2설은 권리자의 보호와 거래의 안전을 모두 고려한 학설이라고 볼 수 있는데, 디자인권의 간접침해가 문제되는 사안에서 제2설을 취할 경우 디자인권자로서는 간접침해 주장을 통하여 자신의 권리를 보호할 수 있는 여지가 대폭 축소되는 것이 사실이다. 요부에 약간의 변형을 가하더라도 전체적인 심미감이 달라짐으로써 상이한 디자인으로 판단되는 경우가 적지 않고, 그에 따라 간접침해 대상물의 '범용성'이 인정될 여지가 특허에 비해 넓기 때문이다. 또한 심미감에 대해서는 상당 부분 주관적인 판단이 개입될 수밖에 없으므로, 디자인의 경우 경제적, 상업적, 실용적인 사용 가능성과 이론적인 사용 가능성을 구별하기 힘든 경우

(22) 예컨대 최근 유명 연예인의 의상 디자인 표절 논란에 대하여, 〈http://reviewstar.heraldcorp.com/Article/ArticleView.php?WEB_GSNO=10291224〉 등의 기사를 발견할 수 있다.

도 충분히 있을 수 있다. 그렇다면 경우에 따라 이론적인 사용 가능성만이 인정되는 사안에서까지 간접침해가 부정됨으로써 디자인권자의 권리보호에 공백이 발생하는 사안도 상정할 수 있지 않을까 한다.

이러한 디자인 분야의 특성을 감안한다면, 디자인권의 간접침해가 문제되는 사안에서는 거래의 안전과 디자인권자의 보호라는 두 가지 법익 중에서 후자 쪽에 보다 중점을 둘 필요성이 있을 것으로 생각된다.(23) 즉, 제2설보다는 제3설의 입장에서 '전용성' 요건을 검토하는 것이 타당하다고 생각된다. 물론 디자인권의 직접침해행위에 대한 방조자에 대해 민사상 금지청구까지 허용 가능하다는 입장을 취함으로써 비슷한 효과를 달성할 수도 있겠으나, 이는 기본적으로 민법이 불법행위에 대한 금지청구에 대한 근거 규정을 두고 있지 않음을 감안할 때 이론적으로 보다 어려운 해석이라 하지 않을 수 없다. 따라서 디자인권자의 충실한 보호라는 목적을 위해서는 위와 같은 해석보다는 '전용성' 요건을 보다 완화하여 해석함으로써 간접침해의 성립 여지를 어느 정도 넓히는 것이 법리적으로 보다 용이하게 채택할 수 있는 방편이 아닐까 생각된다.

동시에 이 경우 거래의 안전이 훼손됨으로써 선의의 실시자가 불측의 피해를 볼 수도 있다는 측면을 함께 고려하여야 할 것이다. 따라서 간접침해대상물이 실제 다른 용도로 사용된 경우뿐만 아니라 가까운 장래에 또는 해당 업계의 속성상 다른 용도로의 사용이 쉽게 예상되는 경우라면 '전용성' 요건이 충족되지 않는 것으로 판단하는 것이 어떨까 한다. 이러한 입장을 취할 경우, 예컨대 간접침해대상물이 실제 다른 용도로 사용되지는 않았다고 하더라도 조만간 사용될 개연성이 있음을 피고가 주장하고 이에 대해 원고가 적절한 입증을 하지 못하는 경우에는 '전용성' 요건이 충족되지 않은 것으로 보아 간접침해의 성립을 부정함으로써 거래의 안전을 도모할 수 있게 될 것이다. 이처럼 가까운 장래에 다른 용도로의 사용이 예상된다는 주장을 뒷받침하기 위하여, 피고의 입장에서는 디자인전문가나 업계전문가의 의견서라든지 관련 수요자들에 대한 설문조사결과 등을 제출함으로써 간접침해대상물이 머지않아 충분히 다른 용도로 사용될 수 있는 개연성을 갖추고 있음을 보여줄 필요가 있을 것이다.

(23) 참고로 '공용성' 요건과 관련하여 우리나라의 특허법 규정상 간접침해 인정범위가 협소하기 때문에 이를 유연하게 해석하여 간접침해 인정범위를 넓히는 것이 국제적 조화의 측면에서 바람직하다는 논의에 대해서는 정상조 · 박성수 공편, 앞의 책, 100면 참조.

2. 제한 원리로서 고려해야 할 사항들

아울러 직접침해가 성립하는 경우와의 형평성 차원에서 간접침해의 성립범위를 적절히 제한하는 노력도 필요할 것이다.(24) 즉, 직접침해는 디자인의 동일 · 유사가 실제로 인정되는 경우에만 성립하는 반면 간접침해는 그러한 직접침해가 현실화되기 이전 단계에서도 다양한 모습으로 성립할 수 있다는 속성을 지니고 있기 때문에, 간접침해의 성립범위를 지나치게 넓게 인정할 경우 자칫하면 디자인권자에게 입법취지에 부합하지 않을 정도로 과도한 권리보호를 인정하게 될 우려가 있다. 이를 방지하기 위해서는, ① 간접침해대상물이 전체 등록디자인에서 차지하는 비중, ② 간접침해대상물이 나올 당시 등록디자인 관련 시장의 상황, ③ 등록디자인 자체의 창작성이나 고객흡인력의 정도, ④ 간접침해대상물이 유통된 기간, ⑤ 간접침해대상물을 취급하는 업체의 수, 종류 및 규모, ⑥ 등록디자인이 유행에 민감한 정도 등 제반 사정을 포괄적으로 고려하여 '전용성' 요건을 탄력적으로 해석해야 할 필요성이 있다고 생각된다.(25)(26)

(24) '전용성'의 판단은 손해배상청구에서는 간접침해행위시를, 금지청구에서는 사실심변론종결 시를 각각 기준으로 하므로, 만일 간접침해행위 당시에는 전용성 요건이 충족되었다고 하더라도 그 후 사실심 변론종결시에 이르기까지 간접침해대상물에 대해 별개의 용도가 인정된 때에는 최소한 금지청구에 있어서는 전용성 요건이 충족되지 않은 것으로 된다(특허법원 지적재산소송실무연구회, 앞의 책, 419면 참조. 이는 특허법상 간접침해에 관한 논의이나 법리상 디자인권의 간접침해에도 동일하게 적용될 수 있을 것이다).

(25) 현행 디자인보호법에서는 간접침해자의 주관적 요건을 요구하고 있지 않기 때문에, '침해자의 고의 내지 악의'는 부수적인 고려사항 정도로 취급하는 것이 타당할 것으로 보인다. 특허법상 간접침해와 관련하여, 간접침해 규정은 원인 없는 행위를 대상으로 하고 있고 직접침해를 보충하는 역할에 머물러야 한다는 점에서, 주관적 요건이 충족되는 경우에 한하여 간접침해를 인정하는 방안이 모색되어야 할 것이라는 입법론을 제시하고 있는 문헌으로는, 송영식 등, 송영식 지적소유권법(상), 육법사, 2013, 641-647면 참조.

(26) 특허법상 간접침해와 관련하여 대법원은『특허발명의 대상이거나 그와 관련된 물건을 사용함에 따라 마모되거나 소진되어 자주 교체해 주어야 하는 소모부품일지라도, 특허발명의 본질적인 구성요소에 해당하고 다른 용도로는 사용되지 아니하며 일반적으로 널리 쉽게 구할 수 없는 물품으로서 당해 발명에 관한 물건의 구입 시에 이미 그러한 교체가 예정되어 있었고 특허권자 측에 의하여 그러한 부품이 따로 제조 · 판매되고 있다면, 그러한 물건은 특허권에 대한 이른바 간접침해에서 말하는 '특허 물건의 생산에만 사용하는 물건'에 해당하고』라고 판시(대법원 2001. 1. 30. 선고 98후2580 판결)하였는데, 이는 주로 '공용성' 요건과 관련하여 '생산'과 '수리'의 경계 설정에 관한 논의에서 자주 인용되고 있다. 그러나 위 판시 내용은 '전용성' 요건을 해석하는 데에도 참고가 된다고 생각된다.

결론

이 글에서는 디자인권의 특수성을 고려하였을 때 디자인권의 간접침해가 문제되는 사안에서는 제2설보다는 제3설에 가까운 입장을 취하여 '전용성' 요건 충족 여부를 판단하는 것이 타당하다는 입장을 취하였다. 동시에 간접침해의 성립범위가 지나치게 확장되는 것을 피하고자 제한 원리로서 고려해야 할 사항들을 생각해 보았다.

대상판결 사안의 항소심 단계에서 조정이 성립됨으로써 분쟁이 원만하게 종결된 것은 다행스러운 일이나, 디자인권의 간접침해의 성립요건에 관한 상급심의 판단을 받는 일은 다음 기회로 미루어지게 되었다. 대상판결은 그 논리의 구성에는 선뜻 동의하기 어려운 측면이 있으나 결론적으로는 수긍할 수 있는 내용이라고 생각된다.

디자인도 그 분야에 따라 다양한 종류가 존재하고 그에 따른 특성 내지 고려요소들이 상이할 것이므로, 개별 사안들에 대해 가장 합리적이고 타당한 결론을 도출해 내는 작업은 향후 판례의 집적을 통해 점진적으로 이루어져야 할 것이다.

4-2

변형된 디자인이 등록디자인의 권리범위에 속하는지 여부

특허법원 2017. 3. 23. 선고 2016허7503 판결

| 장현진 | 김 · 장법률사무소 변호사

I 사건 개요

1. 대상디자인

이 사건 등록디자인은 원고가 2009. 3. 17. 출원하여 2010. 3. 25. 제557177호로 등록된 '천정용 마감재'에 관한 디자인이다.(27) 확인대상디자인은 피고가 소

(27) 이 사건 등록디자인의 설명은 다음과 같다. ① 재질은 금속임, ② 본원 디자인은 주택이나 일반 건물의 천정을 마감하는 데 사용되는 것임, ③ 본원 디자인의 천정용 마감재는 판재를 랜싱가공하여 요철을 형성한 것임.

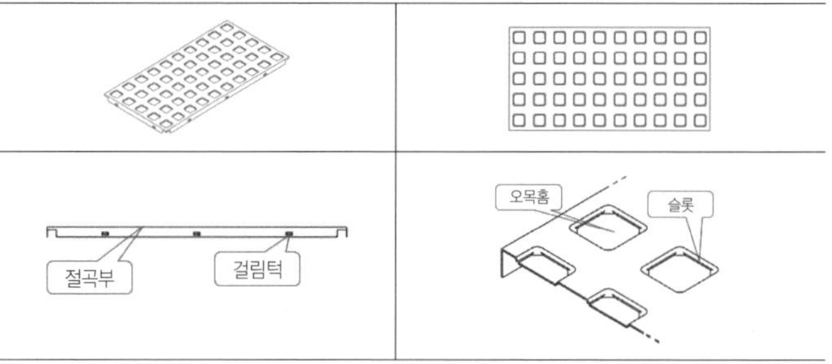

극적 권리범위확인심판을 청구한 '천정용 마감재'에 대한 것이다.(28)(29)

2. 사건의 진행경과

(1) 피고는 원고를 상대로 소극적 권리범위확인심판을 청구하였고, 2014. 10. 14. 피고의 심판청구를 기각한 심결이 확정되었다(특허심판원 2013당3856 심결; 특허법원 2014허3200 판결).

(2) 피고는 재차 원고를 상대로 2016. 3. 24. 확인대상디자인은 이 사건 등록디자인의 권리범위에 속하지 않는 것이라고 주장하면서 소극적 권리범위확인심판(2014당2216호)을 청구하였다.

(28) 확인대상디자인:

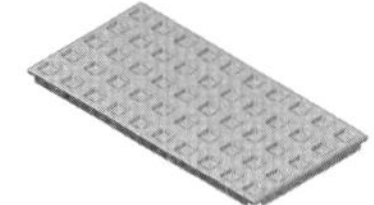

(29) 공지디자인:

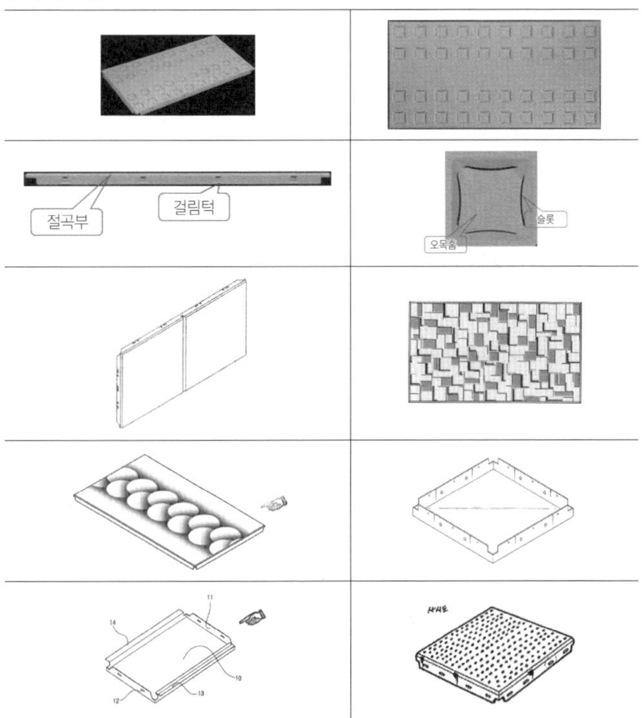

⑶ 특허심판원은 2016. 9. 7. "양 디자인은 각 홈 바닥의 4개의 변 부분에 같은 크기와 형상을 갖고 있는 절개된 슬롯이 형성되어 있는 점 등에서 공통되나 이는 전체디자인에서 차지하는 비중이 크지 않아 전체적인 심미감에 큰 영향을 미친다고 보기 어렵고, 양 디자인의 평면부에 위치한 정사각형 모양의 오목한 홈들의 배열이 디자인의 대상 물품인 천정용 마감재를 천정에 설치하여 사용하는 경우 보는 사람의 주의를 끌기 쉬운 부분으로서 지배적인 특징에 해당하는데, 천정용 마감재를 결합하여 사용할 경우 이 사건 등록디자인은 하나의 동일한 형태의 천정외관을 표현할 수 있을 뿐이나 확인대상디자인은 중간에 모양이 없는 공간 띠를 형성하고 있어 그 조합 방법에 따라 전혀 다른 형태의 천정외관을 표현할 수 있다는 점에서 양 디자인은 외관에 의해 환기되는 심미감이 서로 다르다."는 이유로, 피고의 위 심판청구를 인용하는 심결을 하였다. 이에 원고가 심결취소의 소를 제기하였다.

Ⅱ 판시(심결 취소)

확인대상디자인은 이 사건 등록디자인과 대비하여 지배적인 특징(각 홈 바닥의 4개 변 부분에 같은 크기와 형상을 갖고 있는 절개된 슬롯이 형성되어 있는 점)이 유사한 반면, 수요자의 눈에 잘 띄는 부분으로 평가될 여지가 있는 배열 부분에서 차이가 있다.

이 사건 등록디자인과 확인대상디자인은, 전체적으로 대비 · 관찰할 때, ① 이 사건 등록디자인의 지배적인 특징이 기존에 없는 참신한 디자인으로서 디자인의 유사 범위를 비교적 넓게 보아야 할 뿐만 아니라 전체적인 유사 판단에 있어 그 중요도를 높게 평가하여야 하는 점, ② 확인대상디자인의 변형은 이 사건 등록디자인에서 오목홈으로 이루어진 다섯 줄 가운데 한 줄을 제거하는 정도의 단순한 변형에 불과하고 그로 인하여 지배적인 특징으로부터 기인하는 공통적인 미감을 능가하는 다른 미감을 초래한다고 보기 어려운 점 등을 종합하면, 지배적인 특징의 유사함으로 인해 보는 사람으로 하여금 유사한 심미감을 느끼게 한다.

해설

디자인권의 효력은 등록디자인과 동일 또는 유사한 디자인에까지 미치므로, 디자인의 유사 여부는 디자인권의 침해 또는 권리범위의 확인을 구하는 사건에서 가장 중요한 쟁점이 된다. 실무는 유사한 디자인인지 여부를 판단함에 있어서 디자인을 구성하는 각 요소들을 서로 대비하여 공통점과 차이점을 추출하고, 그 공통점과 차이점이 디자인의 전체적인 미감에서 가지는 상대적인 중요성을 평가하는 방식을 취한다. 그런데 등록디자인의 일부를 변형한 디자인, 특히 대상판결의 사안에서처럼 등록디자인을 구성하는 주요한 특징을 포함하는 한편, 일부 구성요소를 변형하여 별개의 특징적인 구성도 가지고 있는 디자인의 경우 이러한 공통점과 차이점의 중요도를 어떻게 평가하여 디자인의 유사 여부를 판단할 것인지, 변형한 디자인이 등록디자인의 권리범위에 속한다고 볼 것인지가 종종 논란이 된다. 이하에서는 디자인의 유사 여부를 판단하는 기준을 개략적으로 살펴보고, 디자인을 구성하는 개별 요소들을 대비 평가하는 구체적인 기준과 일부 구성요소를 변형한 디자인에 있어서 디자인의 유사 여부를 어떻게 판단할 것인지에 대해 차례로 검토하기로 한다.

1. 디자인의 유사 여부 판단기준

(1) 판단의 대상

양 디자인이 유사한지 여부를 무엇을 기준으로 하여 판단할 것인지에 대해, ① 디자인의 창작의 요부가 일치하고, 물품 외관의 미적 특징이 공통되는 경우 유사하다고 보는 창작설, ② 디자인이 관찰자에게 주는 심미감이 동일 내지 유사한 경우 유사하다고 보는 심미감설, ③ 양 디자인을 관찰할 때 혼동을 야기할 우려가 있으면 유사하다고 보는 혼동설 등이 제시된 바 있다.[30]

판례[31]는 디자인의 유사 여부는 그 외관을 전체적으로 대비 관찰하여 보는 사람으로 하여금 상이한 심미감을 느끼게 하는지의 여부에 따라 판단하여야 한다고

(30) 특허법원 지적재산소송실무연구회, 지적재산소송실무(제3판), 박영사(2014), 443-444면.

(31) 대법원 2001. 6. 29. 선고 2000후3388 판결, 대법원 2006. 9. 8. 선고 2005후2274 판결, 대법원 2009. 1. 30. 선고 2007후4830 판결, 대법원 2010. 5. 27. 선고 2010후722 판결 등.

하여 심미감설의 입장을 취하고 있다.

(2) 판단의 주체

양 디자인이 유사한지 여부를 누구의 시각을 기준으로 하여 판단할 것인지에 대해, ① 그 디자인이 속하는 분야에서 통상적인 지식을 가진 디자이너를 기준으로 한다는 견해, ② 그 디자인의 대상 물품의 일반적인 수요자를 기준으로 해야 한다는 견해, ③ 통상의 디자이너와 일반 수요자의 양 관점에서 종합적으로 대비 관찰하여야 한다는 견해 등이 있다.(32)

판례는 디자인의 유사 여부를 판단함에 있어서는 보는 사람(일반 수요자)의 주의를 가장 끌기 쉬운 부분을 관찰하여 일반 수요자의 심미감에 차이가 생기게 하는지 여부의 관점에서 그 유사 여부를 결정해야 한다고 하여 일반 수요자 기준설의 입장을 취하고 있다.(33)

(3) 판단의 방법

1) 전체관찰과 요부관찰

디자인의 유사 여부 판단에서는 디자인이 전체로서 보는 사람에게 주는 미감에 차이가 있는지가 기준이 되므로, 디자인을 구성하는 각 요소를 분리하여 개별적으로 대비할 것이 아니라 그 외관을 전체적으로 대비 관찰하여 보는 사람으로 하여금 상이한 심미감을 느끼게 하는지의 여부에 따라 판단하여야 한다(전체관찰의 원칙).(34) 다만, 이 경우에도 디자인을 보는 사람의 주의를 가장 끌기 쉬운 부분을 요부要部로서 파악하고 이것을 관찰하여 심미감에 차이가 생기게 하는지 여부의 관점에서 그 유사 여부를 결정하여야 하고, 그 지배적인 특징이 유사하다면 세부적인 점에 다소 차이가 있을지라도 유사하다고 보아야 한다(보완적 요부관찰).(35)

---

(32) 윤태식, 디자인보호법:디자인 소송 실무와 이론, 진원사(2016), 323면.

(33) 대법원 1996. 1. 26. 선고 95후1135 판결, 대법원 2006. 6. 29. 선고 2004후2277 판결, 대법원 2007. 1. 25. 선고 2005후1097 판결 등.

(34) 대법원 2001. 6. 29. 선고 2000후3388 판결, 2006. 7. 28. 선고 2005후2915 판결, 대법원 2007. 1. 25. 선고 2005후1097 판결 등.

(35) 대법원 1996. 1. 26. 선고 95후 1135 판결, 대법원 2006. 1. 26. 선고 2005후1257 판결, 대법원 2010. 7. 22. 선고 2010후913 판결 등.

2) 유사의 정도

디자인의 유사 여부를 판단함에 있어서 양 디자인의 유사의 폭을 어느 정도로 볼 것인가에 관하여, 판례는 옛날부터 흔히 사용되어 왔고 단순하며 여러 디자인이 다양하게 고안되었던 것이나 구조적으로 그 디자인을 크게 변화시킬 수 없으며, 취미나 유행의 변화에 한도가 있는 것 등에서는 디자인의 유사범위를 비교적 좁게 보는 반면에, 물품의 디자인에서 선택 가능한 대체적인 형상이 다수 존재하며 기존에 없던 참신한 디자인에서는 디자인의 유사범위를 비교적 넓게 보고 있다.(36)

2. 디자인의 유사 여부와 구성요소의 대비 평가

(1) 디자인의 유사 판단에서 구성요소의 대비

디자인은 물품의 형상 · 모양 · 색채 또는 이들을 결합한 것으로서 시각을 통하여 미감을 일으키게 하는 것이므로, 디자인을 구성하는 물품의 형상 · 모양 · 색채 및 이들의 결합관계를 대비하여 디자인의 유사 여부를 판단하게 된다.

구체적으로 디자인을 구성하는 각 요소인 형상 · 모양 · 색채 및 그 결합관계를 대비함에 있어서, 실무는, 실제 거래 시나 사용 시의 형상, 모양도 고려하고,(37) 물품을 보는 방향에 따라 느껴지는 미감이 같기도 하고 다르기도 할 경우에는 그 미감

(36) 판례가 유사의 폭을 좁게 본 사례로는, 손목시계(대법원 1995. 12. 22. 선고 95후873 판결), 창문틀(대법원 1997. 10. 14. 선고 96후2418 판결), 병 등 용기뚜껑(대법원 1996. 6. 28. 선고 95후1449 판결), 리벳볼트(대법원 2011. 3. 24. 선고 2010도12633 판결), 메추리알 포장용기(대법원 2013. 4. 11. 선고 2012후3794 판결) 등에 대한 것이 있다. 한편, 바닥재에서 새로운 문양을 채택한 디자인(특허법원 2008. 9. 11. 선고 2007허8559 판결), 샹들리에에서 나뭇잎 형상의 커버 등 새로 도입한 디자인(특허법원 2007. 5. 18. 선고 2006허10319 판결), 에 대한 사건에서는 유사의 폭을 비교적 넓게 보았다.

(37) 대법원 2003. 12. 26. 선고 2002후1218 판결(의복걸이대용 포스트 지지구에 대한 등록디자인에 있어서, 사용 상태에서는 지지구의 용수철통의 모습이 드러나지 않을 수도 있지만, 지지구는 용수철통의 형상과 모양이 외부에 나타난 그대로 거래되고 있고, 위 용수철통이 등록디자인의 지배적 특징을 이루는 부분이라고 한 사례), 대법원 2013. 12. 26. 선고 2013다202939 판결(등록디자인의 대상물품인 '콤바인'의 용도 및 사용형태, 콤바인 운행 시 탈곡된 볏짚이 후부로 배출되므로 후면 또한 좌우 측면 및 정면과 동일하게 보는 사람의 눈에 자주 띄게 되는 점 등을 참작하여 보면, 콤바인에서는 그 전후좌우에서 바라보는 형태가 보는 사람의 주의를 끄는 부분이라고 본 사례), 특허법원 2009. 4. 10. 선고 2008허13169 판결(등록디자인과 비교대상디자인은 가로방향의 길이에서 차이가 있으나, 디자인의 대상물품인 '방전가공기용 전극'은 통상적으로 길이가 긴 형태로 생산된 뒤 필요한 길이만큼 잘려서 사용되는 물품이므로, 가로방향 길이의 차이는 디자인의 요부가 아니라고 본 사례).

이 같게 느껴지는 방향으로 두고 이를 대비하며,(38) 물품의 사용에 따라 형태가 달라지는 경우 서로 같은 상태에서 대비하고,(39) 다만 물품이 잘 보이는 면이 있을 경우 그에 비중을 두어 유사 여부를 판단한다.(40) 한편, 색채와 재질의 경우에는 모양을 구성하는 등 심미감에 영향을 주지 않는 한 크게 고려하지 않는다.(41)

(2) 디자인의 유사 판단에서 구성요소의 평가

양 디자인이 유사한 심미감을 가지는지 여부를 판단함에 있어서는 디자인을 구성하는 요소들이 전체 디자인에서 가지는 미감적 가치에 따라 그 중요도를 달리 평가한다. 전체 디자인에서 보는 사람의 눈에 잘 띄어 주의를 가장 끌기 쉬운 부분 또는 수요자가 거래 시 고려하는 부분으로서 디자인에서 미감적 특징을 가장 잘 나타내거나 전체적인 미감을 좌우하는 지배적인 특징에 해당하는 부분은 중요도를 높게 보는 반면, 눈에 잘 띄지 않고 특별한 심미감을 불러일으키지 않는 부분은 중요

(38) 대법원 1992. 11. 10. 선고 92후490 판결(등록의장을 오른쪽으로 135도 돌려서 보면 인용의장과 각각 대응하는 배열이 동일하므로 유사하다고 본 사례), 대법원 2009. 1. 30. 선고 2007후4830 판결(양 디자인의 전체적인 형상과 모양이 잘 나타나면서 미감이 같게 느껴지는 방향에서 본 사시도를 중심으로 유사 여부를 판단한 사례), 대법원 2010. 5. 27. 선고 2010후722 판결 등.

(39) 대법원 2010. 9. 30. 선고 2010다23739 판결(휴대폰 포장용 상자에 대한 디자인에서, 등록디자인의 지배적 특징이 잘 드러나 내부덮개만이 닫힌 상태에서의 형상과 모양이 피고 실시 디자인과 유사한 이상 내부덮개와 외부덮개가 열린 상태에서 차이가 있더라도 양 디자인은 서로 유사하다고 본 사례). cf. 대법원 2002. 2. 26. 선고 2000후3654 판결(씽크대 등 가구에 대한 디자인에서, 양 디자인이 회동개폐판이 닫혀 있는 상태에서는 유사하나 열려있는 상태에서는 서로 상이하나, 회동개폐판이 열려있는 상태에서 나타나는 형상과 모양이 등록디자인의 요부여서 양 디자인이 유사하지 않다고 본 사례).

(40) 특허법원 2017. 6. 23. 선고 2017허73 판결(주차장 천장에 설치되어 사용되는 주차표시용 램프의 디자인에서 몸체부의 형상 및 모양을 요부로 보고, 하부 체결부의 차이에도 불구하고 유사하다고 본 사례). cf. 특허법원 2016. 5. 13. 선고 2015허8721 판결(건물용 바닥판의 주된 수요자는 건설업자나 건물주 또는 전문 유통업자일 것이고, 이들은 건물용 바닥판을 설치한 뒤 외부로 나타나는 상판의 외관 외에 그 물품 자체의 기능이나 구조 등이 표현되어 있는 이격다리 부분의 심미감도 아울러 고려하여 구입 여부를 결정할 것이므로, 이격다리 부분을 포함한 전체적인 형상과 모양이 요부에 해당한다고 본 사례).

(41) 족구공에 관한 양 디자인의 형상과 모양이 12개의 조각을 이어 붙인 것으로서 동일하고 기본적인 채색 구도도 동일하다면, 등록디자인이 빨간색과 파란색을 3조각씩 채색한 데에 비해 대상디자인은 단일의 진한 감색 6조각을 채색한 차이가 있다 하더라도 심미감에 차이가 없는 유사한 디자인이라고 한 사례(대법원 2007. 10. 25. 선고 2005후3307 판결). 한편, 등록디자인에서 젖병 용기에 도자 세라믹 재료를 최초로 채택하였고, 그와 같은 재료의 질감이나 투명도가 디자인의 유사 판단에 중요한 요소가 될 수 있다고 판시한 사례도 있다(특허법원 2017. 9. 15. 선고 2017허3379 판결).

도를 낮게 본다.

구체적으로 판례는, 흔히 있지 않은 형상,(42) 전체 디자인에서 차지하는 비중이 크고 상당한 크기로 노출되어 있는 모양,(43) 수요자가 거래 시에 고려하는 부분의 디자인,(44) 다양한 변화가 가능한 부분의 디자인(45) 등의 중요도를 높게 보고, 공지의 형상과 모양,(46) 물품 중 당연히 있어야 할 부분 내지 이미 그 디자인이 속하는 분야에서 오랫동안 널리 사용되어온 물품의 기본적 또는 기능적 형태에 해당

(42) 대법원 2001. 6. 29. 선고 2000후3388 판결(등록의장은 몸체부에 배출구 및 마개가 설치된 요홈부가 있는데 비하여 인용의장은 몸체부의 네 측면에 각각 두 줄의 세로줄 장식이 되어 있고, 이러한 요홈부와 세로줄은 원통형에 있어서 흔히 있는 형상이 아니어서 보는 사람으로 하여금 강한 주의를 끌게 하고 그로 인하여 서로 상이한 심미감을 일으키게 한다는 이유로 양 의장이 유사하지 않다고 본 사례).

(43) 특허법원 2015. 10. 30. 선고 2015허2617 판결(등록디자인과 비교대상디자인의 공통점은 가스 튀김기의 전체에서 차지하는 비중이 크고, 정면 또는 측면에 상당한 크기로 노출되어 있어 일반 수요자나 거래자의 주의를 끌기 쉬운 반면에 온도조작부, 배유레버 등은 그 차지하는 면적이나 위치에 비추어 디자인 전체에서 차지하는 비중이 크지 않아 요부에 해당한다고 보기 어렵다.).

(44) 대법원 2001. 5. 15. 선고 2000후129 판결(창틀용 골재의 경우 그 수요자는 창틀용 골재에 유리를 끼워 창틀 프레임에 설치한 후에 외부로 나타나는 외관 외에 그 물품 자체의 기능이나 구조 등이 표현되어 있는 외관의 심미감도 아울러 고려하여 구입 여부를 결정할 것으로 보이므로, 비록 창틀용 골재에 유리를 끼워 창틀 프레임에 설치하면 창틀용 골재의 하부와 중앙부보다 상부가 보는 사람의 눈에 잘 띈다 하더라도 상부의 형상과 모양만이 요부라고 보기 어렵고, 그 전체, 즉 측면도 또는 사시도에 나타난 전체적인 형상과 모양이 요부라고 보아야 한다.), 특허법원 2013. 3. 22. 선고 2012허9921 판결(이동식 욕조의 기능과 사용, 보관 형태 등에 비추어 보면, 욕조의 정면, 배면 부분과 좌, 우측면 부분 뿐 아니라 욕조 평면 부분과 저면 부분 등도 사람의 주의를 끌기 쉬운 부분에 해당하고, 평면 부분과 저면 부분의 형상이나 모양에 따라 일반 수요자에게 상이한 심미감을 가져올 수 있어 그 수요자로서는 거래 시에 욕조 바닥 부분과 밑면 부분의 형상과 모양 등도 고려하여 구입 여부를 결정하게 되어 그 부분도 욕조 디자인의 중요한 부분에 해당한다.).

(45) 특허법원 2006. 6. 22. 선고 2006허1636 판결(수저통 등을 담는 받침대나 수납틀에서, 몸체부분은 수저통의 형상에 따라야 하므로 구조적으로 그 디자인을 크게 변화시킬 수 없는 부분이어서 등록디자인의 유사범위를 판단함에 있어서 그 유사의 폭을 비교적 좁게 보아야 한다.), 특허법원 2017. 3. 31. 선고 2016허6470 판결(헤어밴드의 중심부는 선택가능한 대체적인 형상이 다양하게 존재하여 그 구체적인 형태의 차이가 전체적인 심미감에 영향을 미칠 수 있다.).

(46) 대법원 2004. 8. 30. 선고 2003후762 판결(산업용 안경의 안경테의 전체적인 형상과 모양 및 정면 부분이 공지인 경우, 측면의 홀더 및 커넥터의 형상과 모양에 중점을 두어 유사 여부를 판단하여야 한다.). 다만, 공지된 부분이더라도 다른 요소들과 유기적으로 결합하여 형성한 형상과 모양이 지배적인 특징을 이루는 경우에는 디자인의 요부로 보아 유사 판단의 대상이 된다(대법원 2006. 7. 28. 선고 2005후2922 판결, 특허법원 2013. 4. 19. 선고 2012허9990 판결).

하는 부분의 디자인,(47) 자세히 볼 때에만 비로소 인식할 수 있는 세부적인 구성, 단순한 상업적 · 기능적 변형에 불과한 부분의 중요도를 낮게 본다.(48)

3. 등록디자인의 일부 구성요소를 변형한 경우 디자인의 유사 판단

디자인의 실제 창작 과정을 살펴보면 새로운 디자인을 창작하기에 앞서 공지된 선행디자인들을 참고 · 분석한 뒤 종래 등록된 디자인의 유사 범위에서 넘어선다고 생각되는 정도의 '변형'을 가하여 창작을 하기도 한다.(49) 앞서 본 바와 같이 디자인의 유사 여부 판단에 있어서는 디자인을 구성하는 각 요소들을 대비하여 공통점과 차이점을 추출하고 그 상대적인 중요도를 평가하는데, 등록디자인의 일부 구성요소를 변형한 디자인의 경우에는 변형되지 않은 구성요소에서의 공통점과 구성요소의 변형으로 인한 차이점이 있게 되고, 이들이 디자인의 전체적인 심미감에서 차지하는 상대적인 중요도에 따라 유사 여부가 달라진다.

새로운 디자인이 등록디자인의 요부에 해당하는 부분을 변형한 경우에는 미감에 영향을 미치지 않는 사소한 변경이 아닌 한 등록디자인과 유사하다고 보기는 어려울 것이다. 반대로 등록디자인의 지배적인 특징을 그대로 가지면서 디자인의 심미감에 영향을 미치지 않는 구성요소를 변형한 경우에는 그 변형으로 인해 전혀 다른 새로운 심미감이 생기지 않는 한 등록디자인의 권리범위에 속하게 될 가능성이 높다. 그런데 변형된 디자인이 등록디자인의 지배적인 특징을 그대로 가지고 있으나 다른 구성요소의 변형으로 인해 수요자의 눈에 잘 띄는 새로운 시각적 특징을 가지게 된 경우 이러한 특징이 전체적인 심미감에 미치는 영향을 어떻게 평가하여 디자인의 유사 여부를 판단할 것인지가 문제된다.

(47) 대법원 2005. 10. 14. 선고 2003후1666 판결(음식물 저장용 밀폐용기에 대한 디자인에서 직육면체 형상의 용기본체, 용기뚜껑의 4변에 잠금날개가 형성되고 잠금날개에 2개씩의 잠금구멍과 잠금돌기가 형성된 것은 오랫동안 널리 사용되어온 밀폐용기의 기본적 또는 기능적 형태에 해당하므로 이 부분이 공통된다고 하여 양 디자인이 유사하다고 볼 수는 없다.), 특허법원 2016. 6. 16. 선고 2016허939 판결(미용용 롤러에서 롤러부가 전체적으로 구형이거나 구형에 가까운 점은 얼굴이나 몸을 효과적으로 마사지하기 위한 것이어서 물품의 기본적 형태이거나 그 기능을 확보하기 위한 불가결한 형상으로 디자인 대비에서 중요도를 낮게 보아야 한다고 본 사례).

(48) 대법원 2001. 6. 29. 선고 2000후3388 판결.

(49) 김지훈, 디자인의 유사성에 관한 개념적 이해, 디자인과 법, 채움북스(2017), 367면.

종래 대법원은 의장의 유사 여부를 판단함에 있어서 부분적으로는 창작성이 인정된다고 하여도 전체적으로 보아서 공지된 디자인과 다른 미감적 가치가 인정되지 않으면 이는 공지된 디자인의 상업적 · 기능적 변형에 불과하여 창작성을 인정할 수 없다고 판시한 바 있으나,(50) 대법원 2006. 7. 28. 선고 2005후2915 판결 이후로는 디자인의 유사 여부를 판단하면서 '상업적 · 기능적 변형'과 관련한 고려를 하고 있지 않고, 이는 상업적 · 기능적 변형 여부가 창작 비용이성에 관한 문제여서(51) 디자인의 유사성에서는 고려하지 않도록 할 필요가 있어서라고 한다.(52) 그러나 하급심에서는 여전히 양 디자인의 차이점이 상업적 · 기능적 변형에 불과한지 여부가 디자인의 유사 여부를 판단함에 있어서 중요한 요소로 검토된다.(53)

구체적으로, 건축배관용 슬리브관에 관한 등록디자인( )에서 평면부의 오뚝이 형상이 기존에 없었던 것으로 사람의 주목을 끄는 지배적인 특징에 해당하므로 확인대상디자인( )이 이와 유사한 평면부를 가진 이상 몸체부, 저면부 등에서 차이가 있더라도 오뚝이 형상에서 오는 지배적인 심미감을 압도할 수 있는 것으로 평가되지 않는 한 등록디자인의 유사의 폭 안에 있다고 본 사례,(54) 유아용 모빌 거치대에 관한 등록디자인( )이 디자인의 발전 흐름에 비추어 모빌 결합부에 3개의 원형홀이 있고 모빌 결합부, 기둥부 및 바닥 받침부 전체가 일체로 연결된 형상과 모양이 최초로 나타난 독창적 디자인으로 지배적인 특징에 해당하므로, 비록 확인대상디자인( )이 모빌결합부의 테두리의 형상과 기둥부의 형상 및 모양에서

(50) 대법원 1999. 10. 8. 선고 97후3586 판결, 대법원 2001. 6. 29. 선고 2000후3388 판결 등.

(51) 디자인의 창작 용이성 관련하여, 판례는 "디자인의 형상 · 모양 · 색채 또는 이들의 결합을 거의 그대로 모방 또는 전용하였거나, 이를 부분적으로 변형하였다고 하더라도 그것이 전체적으로 볼 때 다른 미감적 가치가 인정되지 않는 상업적 · 기능적 변형에 불과하거나, 또는 그 디자인 분야에서 흔한 창작수법이나 표현방법에 의해 이를 변경 · 조합하거나 전용하였음에 불과한 디자인 등과 같이 창작수준이 낮은 디자인은 그 디자인이 속하는 분야에서 통상의 지식을 가진 자가 용이하게 창작할 수 있는 것이어서 디자인등록을 받을 수 없다."고 한다(대법원 2010. 5. 13. 선고 2008후2800 판결, 대법원 2014. 4. 10. 선고 2012후1798 판결 등).

(52) 정상조 · 설범식 · 김기영 · 백강진 공편, 디자인보호법 주해, 박영사(2015), 298면(유영선 저술 부분).

(53) 특허법원 2017. 7. 6. 선고 2017허2246 판결, 특허법원 2017. 6. 23. 선고 2017허73 판결, 특허법원 2016. 7. 15. 선고 2016허2100 판결, 특허법원 2016. 8. 31. 선고 2016허2621 판결, 특허법원 2016. 11. 4. 선고 2016허5248 판결 등.

(54) 특허법원 2009. 3. 27. 선고 2008허12210 판결.

차이가 있으나 이는 통상의 디자이너가 쉽게 할 수 있는 상업적 · 기능적 변형에 불과하고 새로운 미감적 가치가 창출되었다고 보기 어려우며, 이러한 변형이 다소의 창작성을 갖고 있더라도 양 디자인에 공통되는 지배적 특징을 압도하여 전체적으로 상이한 심미감을 느끼게 할 정도라고 보기는 어려운 점 등을 들어 양 디자인이 유사하다고 본 사례(55) 등을 들 수 있다.

사견이나 하급심에서 상업적 · 기능적 변형인지 여부를 디자인의 유사 여부 판단에서 고려하는 것은 창작 비용이성의 요건과 혼동하기 때문이라기보다는 양 디자인 사이의 공통점과 차이점이 있을 때 이를 수요자나 거래자가 어떻게 인식할 것인지에 대한 하나의 잣대가 될 수 있기 때문이라고 생각된다. 또한 비록 같은 카테고리라고 보기는 어렵지만 특허권의 보호범위에서 균등의 법리가 적용되는 것처럼 디자인권에 있어서도 변경된 구성요소가 상업적 · 기능적 변형에 불과하고 여전히 심미감에 중요한 영향을 미치는 핵심적인 구성요소를 구비하고 있다면 디자인권의 보호범위에 포섭하는 것이 바람직하다는 인식을 바탕에 두고 있다고 보인다.

디자인의 심미감이 유사한지 여부는 시각적 인식에 기초한 사실 판단의 문제인 한편, 등록디자인의 보호범위에 대한 규범적 판단의 문제이기도 하다. 이러한 관점에서 디자이너의 창작성이 집중적으로 발휘된 부분이 심미감에서 차지하는 중요도를 높게 보고,(56) 등록디자인의 일부 구성요소를 변형함으로 인한 차이점에 대해서는 그것이 상업적 또는 기능적 필요에 따라 흔한 창작수법, 표현방법에 의해 변경 · 조합할 수 있는 정도에 불과하다면 비록 이러한 변형으로 인해 수요자의 눈에 잘 띄는 새로운 시각적 특징을 가지더라도 창작성이 높은 부분으로 인한 공통된 미감을 압도하지 못하는 한 그 중요도를 낮게 보아 전체적인 심미감의 유사 여부를 판단하는 것이 디자인의 보호와 이용을 도모함으로써 디자인의 창작을 장려하려는 디자인보호법의 입법취지에 비추어 바람직할 것이다.

(55) 특허법원 2017. 7. 21. 선고 2017허1052 판결.

(56) 특허법원 2016. 5. 13. 선고 2015허8721 판결; 특허법원 2016. 10. 28. 선고 2016허439 판결(수압용링 플러그에 대한 디자인에 있어서, O-링 및 O-링 고정부가 결합된 몸체 부분의 형상이 종래 수압용 플러그 중에서는 공지된 바 없는 새로운 디자인으로서, 사람의 주의를 끌기 쉽고 디자이너의 창작성이 집중적으로 발휘된 부분으로 디자인의 유사 판단에서 그 중요도를 높게 평가해야 한다고 본 사례).

대상판결의 검토 및 의의

대상판결에서는, 확인대상디자인이 등록디자인에서 오목홈으로 이루어진 다섯 줄 중 가운데 한 줄을 제거하는 정도로 단순 변형한 것에 불과하고, 등록디자인과 지배적인 특징이 유사하여 보는 사람으로 하여금 유사한 심미감을 느끼게 하므로, 등록디자인의 권리범위에 속한다고 판단하였다. 이는 대상판결의 판단 대상인 심결에서 확인대상디자인이 변형된 구성요소로 인해 오목홈들의 배열방법에 따라 시공 시의 외관이 등록디자인과 달라지는 점 등의 객관적인 시각적 인식의 차이에 중점을 두어 등록디자인과 심미감이 서로 상이하다고 본 것과 대비된다.

대상판결은 확인대상디자인이 등록디자인의 창작성이 높은 구성요소인 지배적인 특징부를 거의 그대로 모방하는 한편, 일부 구성요소를 변형한 사안에서 창작성이 높은 부분이 전체적인 심미감에서 차지하는 중요도와 디자인의 창작을 장려하려는 디자인보호법의 입법취지 등을 고려하여 디자인의 유사의 범위를 다소 넓게 인정한 판결로서 그 의의가 있다.

4-3
자동차 부품디자인 관련 분쟁사례 및 효력제한 검토

| 변영석 | 특허청 복합상표심사팀 과장

I 서론

디자인등록은 원칙적으로 완성품 전체로서 등록받아야 하는 것이 원칙이다. 그러나 완성품의 일부분인 물품에 대해서도 디자인등록을 허용하는 것은 완성품 디자인의 핵심적 역할을 수행하는 부품디자인을 제3자가 모방하는 것을 효과적으로 막을 수 있다는 장점이 있어, 기업들은 자사 완성품의 디자인보호전략의 일환으로 유용하게 활용하고 있다. 디자인심사기준도 완성품과 부품은 용도가 서로 다른 비유사 물품으로 본다고 규정하여 부품 자체만으로도 디자인권 획득이 가능하다. 최근 자동차업계에서 부품디자인권을 제한하자는 주장이 이슈가 되었는데, 이는 자동차 대체부품제도와 연관이 있다. 부품디자인은 완성품과 부품의 관계로 디자인보호법상 인정받고 있다. 참고로 부품도 독립거래의 대상 및 호환의 가능성만 있으면 하나의 물품으로 인정받는다. 아래에서 살펴보는 심 · 판결례에서처럼 물품성 요건을 갖추는 한, 모든 부품에 대한 디자인권 등록이 가능하다. 이하에서는 자동차 부품 관련 국내분쟁을 살펴보고, 유럽 및 국내에서 부품 관련 논의에 대하여 검

토하고자 한다.[57]

Ⅱ 자동차 부품 관련 국내 판례

1. 차량용 에어컨디셔너 압축기

(1) 쟁점

등록된 차량용 에어컨디셔너 압축기 디자인[58] 및 비교대상디자인과의[59] 유사 여부, 그리고 이를 통한 용이창작 가능 여부가 쟁점이었다.[60]

(2) 판단

재판부는 이 사건 등록디자인은 비교대상디자인2와 유사하지 않고 비교대상디자인2에 의해 용이하게 창작될 수 없다고 판결하였다. 구체적으로 "이 사건 등록디자인의 특징은 압축기에서 흔히 볼 수 있는 형상이 아니고 수요자에게도 잘 보이

(57) 이 글에서 제시된 견해는 특허청 공식 의견이 아니라 개인적 의견임을 밝혀둔다.

(58) 이 사건 등록디자인:

사시도	정면도	좌측면도
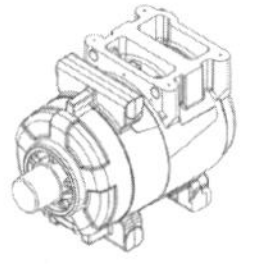	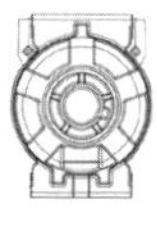	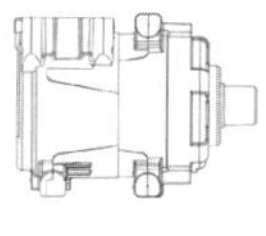

(59) 비교대상디자인:

사시도	정면도	좌측면도

(60) 특허심판원 2013. 7. 1. 2013당532 심결; 특허법원 2014. 2. 6. 선고 2013허5896 판결; 대법원 2014. 6. 12. 선고 2014후416 판결 등 참조.

는 부분으로서 이 사건 등록디자인의 요부에 해당한다고 할 것인데, 양 디자인은 위와 같이 요부에서 현저한 차이가 있고, 이러한 형상의 차이는 앞서 본 유사점보다 심미감에 더 큰 영향을 미치는 것으로서 전체적인 심미감에 큰 차이를 가져온다."고 판단하였다. 그리고 동 판결에서는 디자인의 유사 여부 판단기준에 대하여 "디자인의 유사 여부는 디자인을 구성하는 각 요소를 부분적으로 분리하여 대비할 것이 아니라 전체와 전체를 대비 관찰하여 보는 사람이 느끼는 심미감 여하에 따라 판단하여야 할 것"이라고 구체적 판단기준을 제시하고 있다.

2. 자동차용 에어필터

(1) 쟁점

이 사건 역시 디자인보호법 제3조 제2항에 해당하는지 여부를 다툰 사건으로 등록디자인인 비교대상디자인 1 및 2를 통해 용이하게 창작할 수 있는지를 다툰 사건이다.(61) 등록디자인과 비교대상디자인의 구체적 차이점은 (ㄱ) 평면 및 저면에서 볼 때, 프레임의 가로 대 세로의 비율과 사선으로 잘린 부분의 기울기와 길이가 다른 점, (ㄴ) 정면과 배면 및 측면에서 볼 때, 비교대상디자인 1은 프레임 내부의 여과부재가 외곽테두리를 이루는 프레임의 높이보다 조금 위로 돌출되게 형성되어 있는 반면, 이 사건 등록디자인은 여과부재가 프레임 위로 돌출되어 있지 아니한 점, (ㄷ) 평면 및 저면에서 볼 때, 비교대상디자인 1은 가운데에 가로로 'ㅡ'자 모양의 격벽(리브)이 존재하는 반면, 이 사건 등록디자인은 위와 같은 격벽이 존재하지 않은 점에서 차이가 있다.(62)(63)

(61) 특허심판원 2013. 8. 6. 2013당116 심결; 특허법원 2014. 1. 24. 선고 2013허7373 판결.

(62) 이 사건 등록디자인:

사시도	정면도	평면도

(63) 비교대상디자인:

사시도	정면도	평면도

(2) 판단

특허심판원과 특허법원의 결론이 같은 사건으로 "이 사건 등록디자인의 사선으로 잘린 부분은 차량 엔진룸의 구조와 에어클리너의 규격이나 형상 등에 따라 변형될 수 있는 것으로서 기능적인 요소에 불과하고, 사선의 기울기와 길이 등의 차이는 그 디자인이 속하는 분야에서 통상의 지식을 가진 자가 흔한 창작수법이나 표현방법에 의해 변경"할 수 있다고 보았다. 그리고 격벽 존재 여부에 대한 차이점도 "그 디자인이 속하는 분야에서 통상의 지식을 가진 자가 비교대상디자인 1, 2를 결합하여 용이하게 창작할 수 있다."고 판단하였다.

3. 자동차용 디스크 브레이크 로우터

(1) 쟁점

등록디자인(자동차용 디스크 브레이크 로우터)이 비교대상디자인 1 및 2에 의하여 용이창작한지 여부를 다툰 사건이다.[64] 구체적으로, (ㄱ) 이 사건 등록디자인은 긴 줄의 홈이 곡선형으로 환형판의 내부 경계와 외부 경계 안에 형성되어 있는데 비하여, 비교대상디자인 1의 긴 줄의 홈이 직선형으로 환형판의 내부 경계와 외부 경계에 이어지게 형성되어 있는 점, (ㄴ) 이 사건 등록디자인은은 통풍공 단위를 이은 선이 곡선형인데 비하여, 비교대상디자인 1의 통풍공 단위를 이은 선이 직선형인 점, (ㄷ) 이 사건 등록디자인은 통풍공 단위 10개와 긴 줄의 홈 10개가 하나씩 교대로 환형판에 형성되어 있는데 비하여, 비교대상디자인 1은 통풍공 단위 16개와 긴 줄의 홈 4개가 통풍공 단위 4개, 긴 줄의 홈 1개의 순서로 환형판에 형성되어 있는 점, (ㄹ) 이 사건 등록디자인의 리브는 길이가 서로 다른 곡선형인데 비하여, 비교대상디자인 1은 리브의 형상을 구체적으로 알 수 없는 점에 차이가 있다.[65][66]

(64) 특허심판원 2014. 4. 1. 2013당2347 심결; 특허법원 2017. 1. 18. 선고 2014허2719 판결.

(65) 이 사건 등록디자인:

사시도	정면도	좌측면도
	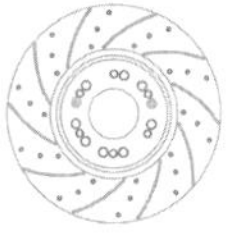	

(2) 판단

이 사건 등록디자인과 비교대상디자인 1은 4개의 차이점이 있지만, "차이점 (ㄱ), (ㄴ), (ㄷ)은 이 사건 등록디자인, 비교대상디자인 1과 동일한 물품을 대상으로 하는 비교대상디자인 2의 구성을 결합함으로써 극복할 수 있고, 차이점 (ㄹ)은 상업적 · 기능적 변형에 의하여 극복할 수 있으므로, 결국 이 사건 등록디자인은 그 디자인이 속하는 분야에서 통상의 지식을 가진 자가 그 출원 전에 공지된 비교대상디자인 1, 2로부터 용이하게 창작할 수 있는 디자인에 해당한다."고 판단하였다.

4. 자동차용 앞유리

(1) 쟁점

이 사건은 등록된 자동차 앞유리가(67) 구舊 의장법 제6조에서 '부등록 사유' 중의 하나로 규정된 '물품의 기능을 확보하는데 불가결한 형상만으로 된 의장(디자인)'에 해당하는지 여부에 대한 다툼이다.(68)

(2) 판단

법원은 "자동차 앞 유리의 가장 중요한 디자인 요소가 자동차 앞 유리의 창틀에 의하여 결정되므로, 이 사건 등록의장은 물품의 기능을 확보하는데 불가결한 형

(66) 비교대상디자인:

사시도	정면도	평면도
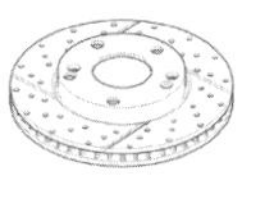		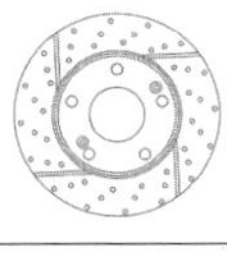

(67) 정식 명칭은 '자동차용 윈드 쉴드 글래스'

사시도	정면도	배면도
	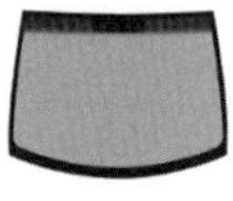	

(68) 특허심판원 2004. 7. 28, 심결 2004당23, 특허법원 2005. 2. 24., 선고 2004허4976 판결, 대법원, 2006. 1. 13. 선고 2005후841 판결.

상만으로 된 의장이라 할 것이다."라고 판시하였다.(69)

부품디자인에 관한 유럽의 논의

여기에서는 유럽, 특히 프랑스의 '지식재산법'Code de la Propriété intellectuelle과 관련 사례 위주로 검토하기로 한다.

1. 복합물품의 부품디자인

유럽에서는 부품디자인의 보호에 대하여 복합물품의 보호 여부에 관하여 논의가 지속되고 있다. 복합물품Produit complexe이란 '대체가능한 다수의 부품으로 구성된 물품'을 의미한다. 특히 자동차 부품, 속칭 '본네트 하의 부품'은 디자인권 보호대상에서 제외하여야 한다는 논의가 유럽에서 있었다. 프랑스 지식재산권법은 복합물품 관련 부품 보호를 위한 보충적 요건을 규정하고 있다.(70) 즉, 복합물품 그 자체와 관계되는 것이 아니라 복합물품을 구성하는 개별 부품의 신규성과 고유성caractère propre을(71) 인정하기 위한 두 가지 요건이다. 구체적으로, 복합물품 부품의 디자인은 다음의 경우에만 신규성과 고유성을 인정한다고 규정하고 있다: ① 복합물품에 편입된 이상, 부품이 최종 사용자에 의하여 이 물품을 통상적으로 사용하는 경우에 시각적으로 보여지는 경우. 다만, 유지 · 보수, 서비스 또는 수리의 경우는 예외로 한다. ② 부품의 시각적 특성이 신규성과 고유성 요건을 충족시키는 경우.

(69) 이 사건에 대한 자세한 내용은 정태호 교수의 발표문을 참고하기 바란다.

(70) CPI (Code de la Propriété intellectuelle) L.511-5.

(71) '특이성'으로 번역되기도 한다.

2. 기능적 형태로만 된 디자인

프랑스 지식재산법도 기술적 기능을 발휘하기 위한 형태로만 된 디자인은 보호대상에 제외되는 것이 원칙인 점은 우리나라 법과 다르지 않다.(72) 다만, 보다 구체적으로, "교환 가능하고 다른 물품과 기계적으로 연결, 접속하기 위하여 반드시 재생산되어야 하는 정확한 형태와 치수를 가진 물품의 외형"도 디자인권 보호를 받지 못한다고 규정하고 있는 점이 다르다.(73) 이 규정은 암묵적으로 자동차 연결물품에 관하여 규정하고 있다고 해석하고 있다. 이는 유럽공동체 디자인지침 제14조의 '다른 제조물품들의 상호작용의 필요성'을 정당화시키는 규정이기도 하다. 그러나 이에 대한 예외가 판례에서 일부의 자동차 부품에 인정되고 있다. 프랑스 몽펠리에 항소법원은 "자동차의 바퀴, 그릴, 범퍼, 백미러 및 조명등의 부품들은 전체 모형의 심미감에 기여하는 한은 동 조항이 적용되지 않는다."고 판결하였다.(74) 보호필요성에 대한 산업적 필요성을 공감하면서 보호받을 수 있는 자동차 부품의 종류를 구체적으로 열거한 것이 인상적이다.

Ⅳ 쟁점 및 검토

1. 기능성만 갖춘 디자인의 판단

디자인보호법은 제34조에서 디자인등록을 받을 수 없는 디자인, 즉 디자인 부등록사유를 규정하고 있는데 그중 제4호에서 '물품의 기능을 확보하는데에 불가결한 형상만으로 된 디자인'을 포함하고 있다. 즉, 물품의 기술적 기능을 확보하기 위하여 필연적으로 정해진 형상으로 된 디자인은 모양 · 색채 또는 이들의 결합의 유

(72) CPI L.511-8 1°.

(73) CPI L.511-8 2°.

(74) CA Montpellier, 3e ch. correctionnelle, 15 mai 2003.

무에 불구하고 이를 적용한다.[75] 그러나 물품의 호환성 등을 확보하기 위하여 표준화된 규격으로 정해진 형상으로 된 디자인, 즉 규격봉투처럼 규격을 정한 주목적이 기능의 발휘에 있지 않은 물품에 대해서는 적용하지 않는다.[76]

2. 자동차 대체부품제도와의 연관

대체부품[77] 인증제도란 자동차 순정부품으로 인한 수리비 및 보험료 부담 등을 해결하고 대체부품의 활성화를 위하여 2005년 1월 8일부터 시행된 제도를 말한다. 이와 관련하여 대체부품디자인권의 효력을 제한하자는 의견이 일부에서 제기되었다.[78] 디자인권이 없는 중소부품업체가 대체부품을 생산 · 판매하기 위해서는 디자인권자(통상 자동차 제조사)의 허락을 받아야 하는데, 순정부품업체를 제외한 업체가 실시허락을 받기가 사실상 불가능하다. 이에, 디자인권 보호기간을 3년 등으로 축소하자는 견해가 제기되었다. 그러나 디자인보호법으로 대체부품에 대한 디자인권의 존속기간을 제한하는 것은 무엇보다도 디자인 창작자의 창작의욕을 고취하여 산업발전에 이바지 한다는 디자인보호제도의 취지에 반한다고 할 수 있다. 이 외에도 자동차 대체부품산업이 디자인권을 제한할 만큼 공익상 또는 국가경제상 아주 위급하거나 중요하다고 판단할 근거도 부족하며, 타산업과의 형평성 등의 문제가 제기될 수 있다.[79] 또한 이는 디자인권의 최소보호기간을 규정한 TRIPs 협정에도 위배된다.[80]

(75) "디자인의 구성 중 물품의 기능에 관련된 부분에 대하여 그 기능을 확보할 수 있는 선택가능한 대체적인 형상이 그 외에 존재하는 경우에는, 그 부분의 형상은 물품의 기능을 확보하는 데에 불가결한 형상이라고 할 수 없으므로, 그 부분이 공지의 형상에 해당된다는 등의 특별한 사정이 없는 한 디자인의 유사 여부 판단에 있어서 그 중요도를 낮게 평가할 수 없다." 대법원 2006. 9. 8. 선고 2005후2274 판결 참조.

(76) 디자인심사기준 제9장 1.4), 2015. 10. 1., 특허청.

(77) '대체부품'이란 자동차 제조사에서 출고된 자동차에 장착된 부품(일명, 순정품)을 대체하여 사용할 수 있는 부품으로서, 대체부품 인증기관으로부터 성능 및 품질인증을 받은 부품을 말한다.

(78) 디자인보호법 제94조는 연구 또는 시험을 하기 위한 등록디자인의 실시를 제한할 수 있는 등 공익적 사유로 극히 예외적인 사항에 한해 효력을 제한할 수 있도록 규정하고 있다.

(79) 미국, 일본, 프랑스 등 외국의 경우에도 자동차 대체부품과 관련하여 디자인권의 효력을 특별히 제한하고 있지 않다.

(80) TRIPs협정 제26조 제3항 "보호기간은 적어도 10년에 달한다."

이러한 상황에서 현재 법제에서는 디자인 심사단계에서 법 제34조 제4호에 규정된 기능성 요건 등에 대한 심사를 강화하여 최대한으로 기능적인 형상으로만 디자인의 권리획득을 막아야 할 것이다. 실제로 심사단계에서 출원디자인을 전체적으로 보았을 때 기능성이 있는 것으로 판단되면 일부 비기능적인 요소가 포함되어 있어도 기능성이 있는 것으로 판단하여 심사하고, 개별적인 형태를 분리하여 기능성 여부를 판단하지 않고 전체적인 형상이 기능적인지 여부를 기준으로 판단하도록 하고 있다. 또한 자동차 전체형상을 디자인 출원 · 등록 후 외장부품만을(81) 대상으로 하는 동일한 부분디자인 또는 부품디자인이 출원되는 경우 신규성 요건으로 거절할 수 있다. 이처럼 심사, 등록단계에서의 보다 강화된 심사는 강한 디자인권을 만드는데 일조를 하는 것으로 대상이 대기업, 중소기업 상관없이 지재권보호를 위하여 나아가야 할 방향이다. 그러나 한편으로는 최종소비자의 사용 시 보이지 않는 부품에 대한 보호대상 예외도 중소기업 육성 및 보호 등 산업적 필요성이 있으면 디자인보호법의 근본취지를 감안하여 충분히 검토해 볼 가치는 있다고 할 것이다. 이 외에도 특정대체부품에 한해 디자인권 행사를 제한하는 '유럽공동체 디자인 규정'Community Design Regulation(82) 제110조 소위, 수리조항repair clause의 국내 도입 여부도 하나의 검토대상이 될 수 있을 것이다.

(81) 참고로, 완성차업체들은 주로 외관으로 드러나는 제품인 펜더, 범퍼 등 소수의 외장부품에 한하여 디자인등록을 하고 있으며, 시트, 대쉬보드, 룸미러, 변속기 등 내장부품은 디자인 등록의 실효성이 낮다고 판단하여 디자인출원을 거의 하지 않는다.

(82) 정식명칭은 'Council Regulation (EC) No 6/2002 of 12 December 2001 on Community designs'이다.

4-4

후 디자인이 선 등록디자인을 이용하는 관계의 의미

대법원 2011. 4. 28. 선고 2009후2968 판결

| 김지현 | 법무법인 태평양 변호사

I 서론

특허권, 실용신안권, 디자인권, 상표권, 저작권 등 제반 지적재산권은 각각의 법체계에 따른 요건에 따라 출원 및 등록이 이루어지거나 그 권리가 성립되게 되는데, 그 각각의 지적재산권은 그 대상물이 동일하거나 권리가 경합하여 성립될 수 있다. 예를 들어 '(커피) 텀블러'에 대한 디자인이 출원되어 등록되었는데, 해당 '(커피) 텀블러'의 뚜껑 부분과 동일한 형태에 대하여 커피가 잘 새지 않도록 하는 특정한 고안이 반영된 실용신안으로 별도의 등록이 이루어질 수 있다. 또한 동일한 대상물에 대하여 디자인과 상표, 디자인과 저작권이 별도로 성립되는 경우도 종종 확인된다. 뿐만 아니라 동일한 권리 체계 내에서도 이러한 상충 문제가 생길 수 있는데, 예를 들어 자동차의 특정 부분에 대한 디자인을 출원하여 등록하였는데, 그와 별도로 그 특정 부분을 포함하는 자동차의 외관 부분에 대한 별도의 디자인이 출원되어 등록되는 경우도 있을 수 있다.

지적재산권법 체계에서는 지적재산권의 각 영역 또는 동일권리 내에서의 권리

및 그 대상물 간의 상충관계를 해결하기 위한 조항이 마련되어 있다. 디자인보호법 제95조도 권리 및 그 대상물 간의 상충관계를 해결하기 위한 조항으로, 특히 타인의 디자인권 및 그 대상이 되는 디자인과의 상충 문제(이용과 저촉의 문제)를 해결하기 위한 조항을 마련하고 있다.(83)

대상판결은 디자인 분야에서의 '이용관계'를 그 쟁점으로 다루었던 사안이다.(84) 특허 또는 실용신안의 경우에는 이용관계(이용침해)의 쟁점을 다룬 선례가 상당히 축적되어 왔으나, 디자인 분야에서는 이용관계의 쟁점을 다룬 선례가 거의 없었던 상황에서 대상판결은 '디자인 상호 간의 이용관계의 의의 및 성립요건'에 대하여 구체적으로 판시한 최초의 대법원 판결로 평가되고 있다.

Ⅱ 대상판결

1. 사안의 개요 및 쟁점

원고가 피고를 상대로, 확인대상디자인이 이 사건 등록디자인의 권리범위에 속하지 않는다는 소극적 권리범위확인심판을 청구하였고, 특허심판원은 2009. 4.

(83) 디자인보호법 제95조(타인의 등록디자인 등과의 관계) ① 디자인권자 · 전용실시권자 또는 통상실시권자는 등록디자인이 그 디자인등록출원일 전에 출원된 타인의 등록디자인 또는 이와 유사한 디자인 · 특허발명 · 등록실용신안 또는 등록상표를 이용하거나 디자인권이 그 디자인권의 디자인등록출원일 전에 출원된 타인의 특허권 · 실용신안권 또는 상표권과 저촉되는 경우에는 그 디자인권자 · 특허권자 · 실용신안권자 또는 상표권자의 허락을 받지 아니하거나 제123조에 따르지 아니하고는 자기의 등록디자인을 업으로서 실시할 수 없다.
② 디자인권자 · 전용실시권자 또는 통상실시권자는 그 등록디자인과 유사한 디자인이 그 디자인등록출원일 전에 출원된 타인의 등록디자인 또는 이와 유사한 디자인 · 특허발명 · 등록실용신안 또는 등록상표를 이용하거나 그 디자인권의 등록디자인과 유사한 디자인이 디자인등록출원일 전에 출원된 타인의 디자인권 · 특허권 · 실용신안권 또는 상표권과 저촉되는 경우에는 그 디자인권자 · 특허권자 · 실용신안권자 또는 상표권자의 허락을 받지 아니하거나 제123조에 따르지 아니하고는 자기의 등록디자인과 유사한 디자인을 업으로서 실시할 수 없다.

(84) 대법원 2011. 4. 28. 선고 2009후2968 판결. [참조 및 관련 판례] 대법원 1999. 8. 24. 선고 98후888 판결; 대법원 2011. 7. 28.선고 2010후3349 판결 등. [관련 평석 및 문헌] 김종석, "디자인의 이용관계" 대법원 2011. 4. 28.선고 2009후2968 판결, 대법원 판례해설 통권 제88호(2011).

2. 심판청구를 기각하면서 "확인대상디자인은 이 사건 등록디자인을 이용하는 관계에 있으므로 그 권리범위에 속한다."고 판단하였다(2008당2980 사건). 이에 원고가 심결취소소송을 제기하였고, 특허법원은 2009. 7. 24. 원고 청구를 기각하였고(2009허3466 사건), 원고가 이 사건 상고를 제기하였다.(85)

2. 판결의 요지

(1) 원심판결

원심은, 확인대상디자인은 이 사건 등록디자인의 본질적 특성을 손상시키지 아니하고 그 구성요소들을 그대로 받아들여 나뭇잎 무늬와 황색계통의 색채를 추가하여 구성된 것으로, 확인대상디자인에서 이 사건 등록디자인은 그 본질적 특성을 그대로 가지고 있고, 나머지 구성요소들인 나뭇잎 무늬 및 색채와 엄연히 구별됨으로써, 확인대상디자인을 실시하게 되면 필연적으로 이 사건 등록디자인을 실시하는 것으로 되고, 따라서 확인대상디자인은 이 사건 등록디자인을 이용하는 관계에 있다고 판단하였다.

원심은 양 디자인이 유사하다고 판단한 근거들로, ① 이 사건 등록디자인과 확인대상디자인은 대상물품이 직물지로서 재질은 자카드 직물이나 합성섬유사이고, 커튼이나 이불의 원단으로 사용되므로 그 용도와 기능이 동일한 점, ② 확인대상디자인은 바탕무늬와 나뭇잎 모양의 무늬가 결합되어 그 전체적인 심미감에 있어서

(85) 이 사건 등록디자인(출원일 / 등록일 / 등록번호: 2007. 10. 22. / 2008. 3. 12. / 제483945호) 및 확인대상디자인의 물품, 창작내용 및 도면은 아래와 같다.

	이 사건 등록디자인	확인대상디자인
물품	직물지	직물지
디자인의 설명	① 재질은 자카드 직물임. ② 표면에 다소 미세하게 엠보싱한 것임. ③ 상 · 하 · 좌 · 우 연속 반복되는 것임. ④ 커튼이나 이불 등의 원단으로 사용되는 것임.	① 재질은 합성섬유사임. ② 주로 커튼용으로 사용되는 것임. ③ 무늬는 상하좌우로 연속 반복됨.
창작내용 요점	공지의 직물지 형상에 모양이 표현된 직물지의 형상과 모양의 결합을 디자인 창작내용의 요점으로 함.	공지의 직물지 형상에 표현된 직물지의 형상과 무늬모양 및 색체의 결합을 디자인 창작내용의 요점으로 함.
도면		

이 사건 등록디자인과 차이가 있으므로, 양 디자인을 전체적으로 대비할 때 유사하다고 할 수 없으나, 나뭇잎을 제외한 바탕 부분은 여러 가닥으로 된 실 형상의 선들이 아래로 내려오면서 서로 꼬이듯이 보이도록 한 'V'꼴 모양을 연속적으로 반복 형성하여 이루어진 점에서, 그 선들의 경사도와 뒤틀림의 정도에서 보이는 이 사건 등록디자인과의 미세한 차이와 황색계통의 색채를 결합한 점 등을 감안하여도 이 사건 등록디자인과 거의 동일할 정도로 유사하여 이 사건 등록디자인과 확인대상디자인의 바탕 부분은 그 전체적인 심미감에 있어서 차이가 없다는 점, ③ 확인대상디자인의 나뭇잎 무늬가 디자인에서 차지하는 공간이 바탕보다도 더 작고, 나뭇잎 무늬가 바탕에서 도드라진 느낌을 주어 확인대상디자인을 전체적으로 살펴볼 때 바탕과 나뭇잎 무늬가 혼연일체가 되는 것이 아니라 바탕에 나뭇잎 무늬가 추가되어 얹혀 있는 듯한 시각적 느낌을 줄 뿐만 아니라 바탕 부분의 비중이 적지 아니하여 이 사건 등록디자인과 유사한 확인대상디자인의 바탕 부분은 그 본질적 특성을 잃지 않고, 그것만의 심미감을 여전히 가지고 있다는 점 등을 지적하였다.

(2) 대법원 판결

대법원은, 원심이 디자인의 이용관계 여부에 대한 법리를 오해하여 확인대상디자인이 이 사건 등록디자인의 권리범위에 속한다고 판단한 것이라고 하여 원심판결을 파기하였다.

대법원은, 선 등록디자인과 후 디자인이 이용관계에 있는 경우에는 후 디자인은 선 등록디자인의 권리범위에 속하게 되는바, 후 디자인이 선 등록디자인을 이용하는 관계라고 함은 후 디자인이 전체로서는 타인의 선 등록디자인과 유사하지 않지만, 선 등록디자인의 요지를 전부 포함하고 선 등록디자인의 본질적 특징을 손상시키지 않은 채 그대로 자신의 디자인 내에 도입하고 있어, 후 디자인을 실시하면 필연적으로 선 등록디자인을 실시하는 관계에 있는 경우를 말한다(대법원 1999. 8. 24. 선고 99후888 판결 참조)고 판시하였다.

대법원은, 이러한 법리에 기초하여 명칭이 직물인 이 사건 등록디자인(등록번호 제483945호)과 확인대상디자인의 표면도와 이면도를 대비하여 볼 때, 양 디자인의 이면은 아무런 모양이 없는 점에서 동일하나, 그 표면은 이 사건 등록디자인은 여러 가닥으로 된 실형상의 선들이 아래로 내려오면서 서로 꼬이듯이 보이도록 한 'V' 자 모양을 상하좌우로 연속적으로 반복하여 이루어져 있는 반면, 확인대상디자인은 이 사건 등록디자인과 유사한 바탕 모양에 큰 나뭇잎 모양이 위와 아래로 서로 엇갈려 반복하여 이루어져 있고 황색 계통의 색으로 채색되어 있어서, 양 디자인은 전체적으로 볼 때 서로 유사하지 아니한 점, 그런데 확인대상디자인은 이 사건 등록디자인의 위 'V'자 모양과 유사한 모양이 일부 반복하여 이루어지다가 그 사이사이에 큰 나뭇잎 모양이 위와 아래로 서로 엇갈리게 반복하여 이루어진 것이 혼연일체로 결합하여 하나의 디자인을 형성하고 있어서 이 사건 등록디자인의 본질적 특징인 위 'V'자 모양이 상하좌우로 연속적으로 반복된 부분 중 상당한 부분이 손상되어 있는 점 등을 이유로 확인대상디자인은 이 사건 등록디자인의 본질적 특징을 손상시키지 않은 채 그대로 자기의 디자인 내에 도입하고 있다고 할 수 없으므로 이 사건 등록디자인을 이용하는 관계에 있다고 할 수 없다는 결론에 이르렀다.

Ⅲ 검토

1. 디자인 이용관계의 의의

디자인 보호법 등에서 '이용관계'의 정의에 대하여 명시적으로 규정하고 있는 바는 없고, 앞서 살펴 본 대상판결 및 98후888 판결에서 대법원은, "디자인이 선 등록디자인을 이용하는 관계라고 함은 후 디자인이 전체로서는 타인의 선 등록디자인과 유사하지 않지만, 선 등록디자인의 요지를 전부 포함하고 선 등록디자인의 본질적 특징을 손상시키지 않은 채 그대로 자신의 디자인 내에 도입하고 있어, 후 디자인을 실시하면 필연적으로 선 등록디자인을 실시하는 관계에 있는 경우"라고 정의한 바 있다(대법원 1999. 8. 24. 선고 99후888 판결 참조). 학설도 대체로 같은 취지에서 '이용'의 개념을 해석하고 있다.[86]

한편, 특허발명의 이용관계에 대하여는 대법원이, "선행발명과 후발명이 이용관계에 있는 경우에는 후발명은 선행발명특허의 권리범위에 속하게 되고, 이러한 이용관계는 후발명이 선행발명의 특허요지에 새로운 기술적 요소를 가하는 것으로

(86) 송영식 · 이상정 외 5인 공저, 지적소유권법(상), 육법사(2008), 941면.

서 후발명이 선행발명의 요지를 전부 포함하고 이를 그대로 이용하게 되면 성립된다."라고 판시한 것과 "선 등록고안과 후 고안이 이용관계에 있는 경우에는 후 고안은 선 등록고안의 권리범위에 속하게 되고, 이러한 이용관계는 후 고안이 선 등록고안의 기술적 구성에 새로운 기술적 요소를 부가하는 것으로서 후 고안이 선 등록고안의 요지를 전부 포함하고 이를 그대로 이용하되, 후 고안 내에 선 등록고안이 고안으로서의 일체성을 유지하는 경우에 성립하며"라고 판시한 것이 있는데, 이에 대하여는 특허의 이용 발명의 본질에 대한 '그대로설'이 통설 및 판례의 입장이라고 보고 있고, 디자인권에 대한 대상판결 및 위 99후888 판결 역시 특허의 '그대로설'을 채용한 것으로 보고 있다.(87)

2. 이용관계의 성립요건과 유형

(1) 성립요건

대상판결 등에서 설시된 디자인 이용관계의 개념에 따르면 이용관계의 성립요건은, ① 전체적으로 선 등록디자인과 후 디자인이 유사하지 않을 것, ② 후 디자인이 선 등록디자인의 요지를 전부 포함하고 있을 것, ③ 선 등록디자인의 본질적 특징을 손상시키지 않은 채 그대로 후 디자인의 디자인 내에 도입하고 있을 것이라는 세 가지 요소로 나누어 설명할 수 있다.(88)

위 요건들 중에 ②의 요건과 관련하여, 후 디자인이 선 등록디자인의 구성요소 일부만을 자기의 구성요소로 하고 있는 경우에는 디자인의 이용관계는 성립되지 않으나, 다만 선 등록디자인의 요지를 전부 포함하고 있다면, 요부가 아닌 부분을 일부 변경한 것에 불과한 경우에는 이용관계의 성립이 부정되지 않는다고 보아야 한다는 견해가 있다.(89)

또한 ③의 요건과 관련하여, 만일 후 디자인에서 선 등록디자인의 미감적 특징이 다른 요소와 혼연일체로 되어 피차 구별할 수 없을 때에는 이용관계의 성립은 부정된다는 것을 의미한다.(90)

(87) 백강진 외 4인 공저, 디자인보호법 주해, 박영사(2015), 650면.

(88) 김종석, 앞의 논문, 242면.

(89) 김종석, 앞의 논문, 243면.

(90) 김종석, 앞의 논문, 243면.

(2) 유형

1) 선출원이 부품디자인이고 후출원이 그 부품을 포함한 완성품 디자인인 경우

선출원의 등록디자인이 부품 또는 부속품 디자인이고, 후출원의 등록디자인이 완성품 디자인일 경우에는 후출원의 등록디자인의 실시는 선출원의 등록디자인을 전부 실시하는 것이 되어 이용관계가 성립한다.(91)(92) 완성품에 대한 디자인이 먼저 출원된 경우에는 신규성이나 확대된 선출원 규정에 의하여 부품, 부속품에 관한 디자인은 등록받을 수 없게 된다.(93)

2) 선출원이 부분디자인이고, 후출원이 그 부분을 포함하는 완성품 또는 부품디자인인 경우

부분디자인이 선출원되고 이를 디자인의 일부 구성요소로 하고 있는 부분디자인 또는 전체 디자인이 후출원되어 모두 등록되어 있는 경우에는 부품, 부속품 디자인과 완성품 디자인의 경우와 마찬가지로 이용관계가 성립한다고 보는 견해가 있다.(94) 다른 한편으로는, 부분디자인의 유형 중 부분의 형태가 특징적인 경우에는 완성품에서 부분디자인의 형태가 그대로 이용되고 있다면 이는 직접 침해에 해당하고, 부분의 배열관계(위치, 크기, 범위)가 특징적인 경우에는 완성품에서 부분의 배열관계를 변경한 경우에는 부분디자인의 본질적 특징을 그대로 이용한 것으로 되지 않아 이 경우 이용관계는 성립되지 않는다는 견해도 있다.(95)

3) 선출원이 한 벌 물품의 구성물품의 디자인이고, 후출원이 그 구성물품을 포함한 한 벌 물품의 디자인인 경우

한 벌 물품의 디자인의 등록요건을 각 구성물품에는 부과하지 않고 한 벌의 물품 디자인 전체에만 부과하고 있으므로 한 벌 물품의 디자인이 후출원인 경우 전체적으로 유사한 디자인이 되지 않는 경우라 하더라도 그 구성물품의 디자인을 도입한 한 벌 물품의 디자인은 이용디자인이 된다.(96)

(91) 백강진 외 3인 공저, 앞의 책, 652면.

(92) 김종석, 앞의 논문, 244면.

(93) 백강진 외 3인 공저, 앞의 책, 652면.

(94) 노태정 · 김병진, 디자인보호법(3정판), 세창출판사(2009), 673면.

(95) 안원모, "직물지에서의 모양의 이용과 디자인의 이용관계의 성립", 홍익법학, 홍익대학교 제12권 제2호(2011), 376면.

(96) 노태정 · 김병진, 앞의 책, 674면.

4) 선출원이 형상만의 디자인이고 후출원이 형상과 모양 등의 결합디자인인 경우

형상만의 디자인이 선출원되고 그 형상과 동일 또는 유사한 형상에 모양, 또는 모양과 색채를 결합한 형상, 모양, 색채의 결합디자인이 후출원되어 모두 등록되는 경우 이용관계가 성립되는지에 관하여는 (i) 디자인 보호법상 '물품의 형상, 모양, 색채 또는 이들을 결합한 것으로서 시각을 통하여 미감을 일으키는 것'이 디자인이므로 이를 인정하여야 한다는 긍정설(무색설), (ii) 형상만의 디자인에는 권리가 인정될 수 없고 여기에 반드시 일정한 모양이나 색채의 한정이 있어야 하므로 모양이나 색채가 다를 경우에는 이용관계의 성립을 부정하는 부정설(무모양설) 및 (iii) 형상만을 먼저 만들고 그 위에 모양 또는 색채를 부가하는 경우와 이들이 함께 만들어지는 경우를 구분하여 전자의 경우는 이용관계를 긍정하고 후자의 경우는 이를 부정하는 절충설이 있다.(97)

3. 대상판결의 쟁점: 선등록디자인이 형상과 모양이 결합된 디자인인 경우에도 이용관계가 성립될 수 있는지 여부

(1) 종전 하급심 판결과 학설의 입장

선등록디자인이 형상, 모양, 색채의 형태요소가 결합된 결합디자인인 경우에도 이용관계가 성립될 수 있는지 여부에 대하여 종전 하급심 판결에서는 대체로 부정적인 견해를 보여 주고 있다.

대구지방법원 서부지원 2008. 11. 26.자 2008카합143 결정에서는, "이용관계의 종류로는 일반적으로 부품과 완성품, 부분과 그 부분을 포함한 완성품 내지 부품디자인, 구성물품의 디자인과 그 구성물품을 포함한 한 벌 물품의 디자인, 형상만의 디자인과 형상과 모양 등의 결합디자인 등이 존재하는데, 등록디자인은 '직물지 형상에 모양이 표현된 직물지의 형상과 모양의 결합'을 내용으로 하는 디자인이어서 등록디자인과 대상디자인이 위에서 나열된 이용관계의 종류 중 하나에 해당한다고 보기 어렵다."고 판시하였다.

특허법원 1999. 5. 27. 선고 98허10413 판결에서는, "원고는, 이 사건 등록디자인은 형상만의 의장이고 확인대상디자인은 이러한 형상만의 디자인에 의인화된

(97) 백강진 외 3인 공저, 앞의 책, 654면; 노태정 · 김병진, 앞의 책, 675면.

동물 모양 등을 가한 것이므로 확인대상디자인은 이 사건 등록디자인과 이용관계에 있어서 이 사건 등록디자인의 권리범위에 속한다고 주장하나, 이 사건 등록디자인에 대한 디자인공보 중 '디자인 고안의 요지'란에 '도시락의 형상 및 모양의 결합'을 디자인 고안의 요지로 기재하고 있으므로, 이 사건 등록디자인은 물품을 장식하기 위하여 물품의 표면에 나타나 있는 선으로 그린 도형이나 색칠로서 구분하는 것 등을 의미하는 '모양'도 당연히 그 요지로 하고 있다 할 것이므로, 이 사건 등록디자인이 형상만의 디자인임을 전제로 하는 원고의 위 주장은 더 나아가 살펴볼 필요도 없이 이유 없다."고 판시하였다.

한편, 학설로서는 긍정설의 입장에서 "물품의 형상, 모양, 색채는 각기 물품의 심미성에 영향을 미치는 요소이므로 이를 구분하여 평가할 수 있고, 만일 형상, 모양, 색채가 혼연일체인 것으로 파악하여 등록된 디자인의 형상, 모양, 색채의 조합만이 보호되는 것으로 하게 되면 디자인의 보호범위가 너무 좁게 되므로 형상, 모양, 색채 중의 일부 이용에 대하여도 이용관계를 긍정하는 것이 타당하되, 이용디자인과 이용된 디자인 상호 간에 심미감이 달라진 경우에는 이용된 디자인의 본질적인 특징이 이용디자인에서 손상된 것으로 평가하여야 하는 경우가 대부분이기 때문에 실제 이용관계가 성립될 가능성이 희박하다."는 견해가 있다.[98]

또한 부정설의 입장에서, 선출원이 형상과 모양의 결합디자인이고 후출원이 형상만의 디자인인 경우 이용관계가 성립하는가에 관하여 후출원에 관한 형상디자인은 선출원에 관한 결합디자인의 본질적 특징을 완전히 그대로 포함하고 있다고 할 수 없고 후출원에 관한 디자인을 실시하더라도 선출원에 관한 디자인을 그대로 실시하는 것으로는 되지 않기 때문이라는 이유로 부정하는 견해가 있다.[99]

(2) 대상판결의 입장

앞서 살펴 본 바와 같이 대상판결의 사안에서는, 선등록디자인이 공지의 직물지 형상에 모양이 표현된 직물지의 형상과 모양의 결합을 디자인 창작 내용의 요점으로 하고 있고, 후 디자인이 이를 이용하였는지 여부가 문제되었다.

이에 대하여, 대상판결의 의미와 관련하여 "물품이 동일한 경우 선 등록디자인이 형상과 모양의 결합으로 된 디자인이고 후 디자인이 거기에 형상이나 모양 등을

(98) 안원모, 앞의 논문, 377-379면.

(99) 노태정 · 김병진, 앞의 책, 667면.

더한 형상과 모양 등의 결합으로 된 디자인의 경우에는 일반적으로 이용관계가 성립할 수 없다. 그러나, 선 등록디자인의 형상과 모양이 독특하고, 후 디자인이 그 형상과 모양을 그대로 단순히 결합시킨 경우에까지 이용관계를 부정하는 것은 디자인의 보호 및 이용을 도모하여 디자인의 창작을 장려하려는 디자인보호법의 목적 및 이용관계의 입법 취지에 비추어 볼 때 곤란하지 않을까 생각된다. 결국 이용관계에 해당하는지 여부는 이용관계의 성립요건에 따라 판단할 문제이지 단순히 선 등록디자인이 형상과 모양의 결합디자인이어서 이용관계가 성립할 수 없다고 단정할 수는 없을 것"이라고 그 견해를 밝힌 경우도 있는데,(100) 이 견해는 결합디자인의 이용관계를 원칙적으로는 성립될 수 없으나, 예외적으로 선등록디자인의 형상과 모양 등의 특성에 따라 달리 해석되는 경우가 있을 수 있고, 이는 이용관계의 성립요건의 해석에 따라 결정될 부분이라는 것으로 해석된다.

그러나 대상판결에서 대법원은 "선 등록디자인의 요지를 전부 포함하고 선 등록디자인의 본질적 특징을 손상시키지 않은 채 그대로 자신의 디자인 내에 도입하고 있어, 후 디자인을 실시하면 필연적으로 선 등록디자인을 실시하는 경우에 이용관계가 성립된다."고 하여 형상과 모양이 결합된 선등록디자인의 경우에도 후 디자인과의 관계에서 이용관계를 원칙적으로 부정하고 있지는 아니한 것으로 평가되고, 이러한 판시 내용에 비추어 보면 대법원도 모양과 형상이 결합된 이른바 결합디자인의 이용도 원칙적으로는 이용관계가 인정될 수 있다는 입장에서 이용관계의 성립요건의 판단에 더 나아가서 결론에 이른 것으로 보는 견해가 있는데, 이 견해가 타당하다고 생각된다.(101)

한편, 대상판결 이후의 대법원 2011. 7. 28. 선고 2010후3349 판결의 사안 역시 선 등록디자인이 직물지의 형상과 모양의 결합인 경우에 해당하는 사안에서 대상판결의 취지의 같이 판시하면서 결론적으로 이용관계의 성립은 부정하였으나 원론적으로는 결합디자인의 이용이 성립될 수 있음을 전제로 한 것으로 평가될 수 있다.(102)

(100) 김종석, 앞의 논문, 249면.

(101) 백강진 외 3인 공저, 앞의 책, 656면.

(102) 백강진 외 3인 공저, 앞의 책, 655면.

(3) 대상판결의 사안에 대한 구체적 검토

1) 전체적으로 이 사건 등록 디자인과 확인대상디자인이 비유사한지 여부 (위 성립요건 ①)

이 사건 등록디자인과 확인대상디자인의 유사 여부에 대하여 디자인 유사 여부에 대한 판단기준을 적용하여 양 디자인의 외관을 전체적으로 대비 · 관찰하여 보면, 이 사건 등록디자인과 확인대상디자인의 이면은 아무런 모양이 없는 점에서 동일하나, 그 표면은 이 사건 등록디자인은 여러 가닥으로 된 실 형상의 선들이 아래로 내려오면서 서로 꼬이듯이 보이도록 한 'V'자 모양을 상하좌우로 연속적으로 반복하여 이루어져 있는 반면, 확인대상디자인은 이 사건 등록디자인과 유사한 바탕모양에 큰 나뭇잎 모양이 위와 아래로 서로 엇갈려 반복하여 이루어져 있고 황색 계통의 색으로 채색되어 있어서, 양 디자인은 전체적으로 볼 때 서로 유사하지 아니하다.(103)

2) 확인대상디자인이 이 사건 등록디자인의 요지를 전부 포함하고 있으면서 이 사건 등록디자인의 본질적 특징을 손상시키지 않은 채 확인대상디자인의 디자인 내에 도입하고 있는지 여부(위 성립요건 ②,③)

확인대상디자인은 이 사건 등록디자인의 위 'V'자 모양과 유사한 모양이 일부 반복하여 이루어지다가 그 사이 사이에 큰 나뭇잎 모양이 위와 아래로 서로 엇갈리게 반복하여 이루어진 것이 혼연일체로 결합하여 하나의 디자인을 형성하고 있어서 이 사건 등록디자인의 위 'V'자 모양이 상하좌우로 연속적으로 반복된 부분 중 상당한 부분이 손상되어 있다. 따라서 확인대상디자인은 이 사건 등록디자인의 본질적 특징을 손상시키지 않은 채 그대로 자기의 디자인 내에 도입하고 있다고 할 수 없다.(104)

3) 소결

확인대상디자인은 전체적으로 이 사건 등록디자인과 유사하지 아니하고 이 사건 등록디자인의 요지를 포함하고 있기는 하나, 확인대상디자인은 이 사건 등록디자인의 본질적 특징이 손상되지 않은 채 그대로 확인대상디자인의 디자인 내에 도

(103) 김종석, 앞의 논문, 250면.

(104) 김종석, 앞의 논문, 250면.

입되었다고 할 수 없으므로, 확인대상디자인은 이 사건 등록디자인과 이용관계에 있다고 할 수 없다.

IV 대상판결의 의의

대상판결은 디자인의 이용관계의 의의와 성립요건에 대하여 최초로 판시한 것으로 디자인 이용관계의 일반적인 유형으로 인정되어 오던 몇 가지 유형들 외에 이른바 결합디자인의 이용관계 여부에 대하여 구체적으로 다루었고, 디자인의 이용관계의 해당 여부에 대하여 판단기준을 제시하였다는 점에 그 의의가 있다.

4-5

권리범위확인심판에서 확인대상디자인의 특정

특허법원 2017. 3. 24. 선고 2016허7725 판결

| 김지현 | 법무법인 태평양 변호사

I 서론

대법원은, 특허권 등에 대한 권리범위확인심판의 법적 성격은 "단순히 특허나 실용신안 자체의 발명이나 고안의 범위라고 하는 사실구성의 상태를 확정하는 것이 아니라, 그 권리의 효력이 미치는 범위를 대상물과의 관계에서 구체적으로 확정하는 것"이라고 보고 있다.(105) 따라서 디자인권에 대한 적극적 권리범위확인심판 및 소극적 권리범위확인심판에 있어서 확인대상디자인의 특정은 심판청구의 적법 요건으로 이러한 권리범위확인심판의 법적 성질과 그 본질에 충실하게 해석되어야 한다.(106)

(105) 대법원 1971. 11. 23. 선고 71후18 판결; 1983. 4. 12. 선고 80후65 판결; 1985. 10. 22. 선고 85후48,49 판결 ; 1990. 2. 9. 선고 89후1431 판결 등 참조.

(106) 디자인 보호법은, 권리범위확인심판과 관련하여 아래와 같은 규정을 두고 있다.
제126조 ③ 제122조에 따른 권리범위확인심판을 청구할 때에는 등록디자인과 대비할 수 있는 도면을 첨부하여야 한다.
제128호 ① 심판장은 다음 각 호의 어느 하나에 해당하는 경우에는 기간을 정하여 그 보정을 명하여야 한다.
1. 심판청구서가 제126조제1항 · 제3항 · 제4항 또는 제127조 제1항에 위반된 경우.
제129조(보정할 수 없는 심판청구의 심결각하) 부적법한 심판청구로서 그 흠을 보정할 수 없을 때에는 피청구인에게 답변서 제출의 기회를 주지 아니하고 심결로써 각하할 수 있다.

대상판결은 특허 등에 대한 권리범위확인심판 청구의 심판 대상이 되는 확인대상디자인이 특정되었는지 여부를 그 쟁점으로 다루었고, 종래 대법원 판결 등의 법리에 충실하게 확인대상디자인의 특정 여부에 대한 판단기준을 적용하여 확인대상디자인이 특정되지 않아 이 사건 심판청구는 부적법하다고 판단하였다.

Ⅱ 대상판결

1. 사안의 개요

피고가 원고를 상대로, 확인대상디자인이 이 사건 등록디자인의 권리범위에 속하지 않는다는 소극적 권리범위확인심판을 청구하였고,(107) 특허심판원은 2016. 9. 19.자 심결에서 "확인대상디자인은 이 사건 등록디자인의 출원 전에 공지된 선행디자인 1과 그 전체적인 심미감이 유사하여 자유실시디자인에 해당하므로 이 사건 등록디자인과 대비할 필요 없이 이 사건 등록디자인의 권리범위에 속하지 않는다."는 이유로 심판청구를 인용하였다(2015당5643 사건). 이에 원고가 심결취소

(107) 이 사건 등록디자인: 출원일 / 등록일 / 등록번호: 2014. 7. 8. / 2015. 1. 8. / 제779813호. 디자인의 대상이 되는 물품은 '울타리용 지주'이며, '울타리용 지주'의 형상과 모양의 결합을 디자인의 창작내용의 요점으로 함.

등록디자인	확인대상디자인
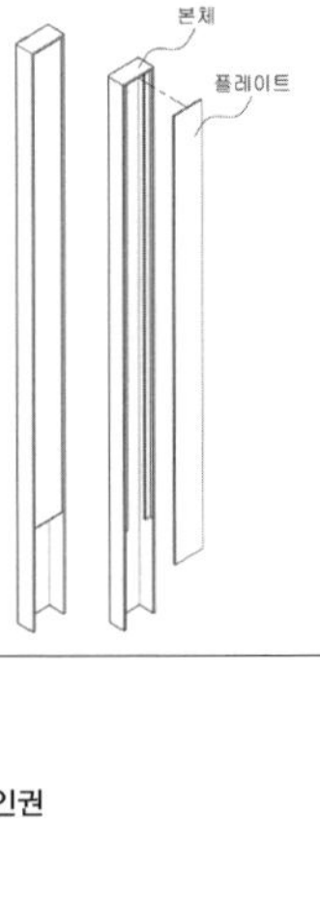 본체 플레이트	

소송을 제기하였고, 특허법원은 2017. 3. 24.자로 원고의 청구를 인용하였다.(108)

2. 판결의 요지

대상판결에서는 디자인의 권리범위확인심판을 청구함에 있어 심판청구의 대상이 되는 확인대상디자인은 당해 등록디자인과 서로 대비할 수 있을 정도로 구체적으로 특정되어야 하는데, 심판청구에서는 확인대상디자인이 이 사건 등록디자인과 대비할 수 있을 정도로 구체적으로 특정되지 않아 이 사건 심판청구가 부적법하다고 판단하였다.

구체적으로, 대상판결에서는 (i) 이 사건 등록디자인과 확인대상디자인의 대상물품은 울타리용 지주(휀스 지주)로서 지면에 일정 간격으로 고정하여 설치되는 물품으로 양 대상물품에서 디자인을 보는 사람의 주의를 가장 끌기 쉬운 부분은 울타리용 지주의 전면부와 측면부라 할 것이고, (ii) 이 사건 등록디자인의 사시도는 아래와 같이 'ㄷ'자 본체와 'ㅡ'자 플레이트가 결합된 구조이고, 전면부의 플레이트가 본체의 양쪽 끝단보다 안쪽으로 단차지게 삽입된 구성인 반면 심판청구서에 특정된 확인대상디자인은 아래와 같이 전면부, 측면부 등의 구체적인 형상이나 모양을 알 수 없는 해상도 낮은 전면부의 사진 한 장으로만 구성되어 있으며, (iii) 피고의 심판청구서에 첨부된 도면과 심판단계에서 제출된 의견서 첨부 도면을 종합하여도 확인대상디자인이 'ㄷ'자 본체와 'ㅡ'자 플레이트가 결합되는 구조인지, 전면부의 플레이트가 본체의 양쪽 끝단보다 안쪽으로 단차지게 삽입된 구성인지, 전체적인 심미감이 어떠한지에 대하여 이 사건 등록디자인과 대비하여 그 차이점을 판단함에 필요한 정도로 위 각 요부에 대응하는 부분의 구체적인 형상과 모양이 기재되어 있지 않으므로 확인대상디자인은 이 사건 등록디자인과 대비할 수 있을 정도로 구체적으로 특정되지 않았다는 결론에 이르고 있다.

나아가 대상판결에서는 특정되지 아니한 부분을 제외한 확인대상디자인의 나머지 부분만으로는 등록디자인과의 전체적인 심미감의 차이와 그에 따른 디자인의 유사 여부를 판단할 수 있는 경우에 해당한다고 보기도 어렵고, 확인대상디자인의 전면부, 측면부 등의 구체적인 형상이나 모양이 특정되지 않은 이상, 확인대상디자인이 자유실시디자인에 해당하는지도 판단할 수 없다는 부가적인 판단도 덧붙이고 있다.

(108) 특허법원 2017. 3. 24. 선고 2016허7725 판결. [참조 및 관련 판례] 대법원 2013. 4. 25. 선고 2012후85 판결; 2014. 11. 13. 선고 2014후1501 판결.

검토

1. 확인대상디자인의 특정 기준

권리범위확인심판은 단순히 기술적 범위를 확인하는 사실관계의 확정을 목적으로 하는 것이 아니라 그 기술적 범위를 기초로 하여 구체적으로 문제된 실시형태와의 관계에 있어서 권리의 효력이 미치는 범위를 확인하는 한도에서 권리관계의 확정을 목적으로 하는 것이다.(109) 따라서 권리범위확인심판 사건은 구체적으로 문제된 실시형태가 정확히 특정되고 이에 대하여 해당 디자인권의 효력이 미치는지 여부를 확인하는 것이 되어야 하므로 권리범위확인심판이 심판 절차로 나아가기 위한 전제가 바로 심판의 대상이 되는 확인대상디자인의 특정의 문제라 할 것이다.

대법원은, 특허권의 권리범위확인심판 사건에서 "특허권의 권리범위확인심판을 청구함에 있어 심판청구의 대상이 되는 확인대상발명은 당해 특허발명과 서로 대비할 수 있을 만큼 구체적으로 특정되어야 하는바, 그 특정을 위해서 대상물의 구체적인 구성을 전부 기재할 필요는 없지만, 적어도 특허발명의 구성요건과 대비하여 그 차이점을 판단함에 필요할 정도로 특허발명의 구성요건에 대응하는 부분의 구체적인 구성을 기재하여야 함이 원칙"이라고 판시하고 있다(대법원 2005.4.29. 선고 2003후656 판결, 대법원 2005.9.29. 선고 2004후486판결 등 참조). 또한 대법원은 "권리범위확인심판을 청구할 때 심판청구의 대상이 되는 확인대상발명은 당해 특허발명과 서로 대비할 수 있을 만큼 구체적으로 특정되어야 할 뿐만 아니라, 그에 앞서 사회통념상 특허발명의 권리범위에 속하는지를 확인하는 대상으로서 다른 것과 구별될 수 있는 정도로 구체적으로 특정되어야 한다."고 판시하고 있다(대법원 2011. 9. 8. 선고 2010후3356 판결). 이러한 특허권의 권리범위확인심판에서의 확인대상 특허의 특정 기준과 특정의 수준 등에 대한 대법원 판시의 취지는 디자인에 대한 권리범위확인심판 사건에서도 그대로 적용될 수 있다.

2. 확인대상디자인의 불특정 문제와 권리범위 해당 여부의 판단 가능성

확인대상디자인에 있어서 불특정 부분이 있는 경우임에도 권리범위 해당 여부

(109) 디자인보호법 주해, 백강진 외 3인 공저, 876면.

의 판단이 가능한 경우가 있다면 그 경우에도 확인대상디자인의 불특정을 이유로 심판청구를 각하하여야 하는 것인지 문제될 수 있다.

먼저, 대법원 판결 중에는 "특허권의 권리범위확인심판을 청구함에 있어 심판청구의 대상이 되는 확인대상발명은 당해 특허발명과 서로 대비할 수 있을 만큼 구체적으로 특정되어야 하는바, 그 특정을 위해서 대상물의 구체적인 구성을 전부 기재할 필요는 없지만, 적어도 특허발명의 구성요건과 대비하여 그 차이점을 판단함에 필요할 정도로 특허발명의 구성요건에 대응하는 부분의 구체적인 구성을 기재하여야 함이 원칙이다. 다만, 확인대상발명의 설명서에 특허발명의 구성요소와 대응하는 구체적인 구성이 일부 기재되어 있지 않거나 불명확한 부분이 있다고 하더라도 나머지 구성만으로 확인대상발명이 특허발명의 권리범위에 속하는지 여부를 판단할 수 있는 경우에는 확인대상발명은 특정된 것으로 봄이 상당하다."고 판시한 경우가 있다(대법원 2010. 5. 27. 선고 2010후296 판결).

한편, 위 2010후296 판결 이후 선고된 위 2010후3356 판결에서는 "만약 확인대상발명의 일부 구성이 불명확하여 다른 것과 구별될 수 있는 정도로 구체적으로 특정되어 있지 않다면, 특허심판원은 요지변경이 되지 아니하는 범위 내에서 확인대상발명의 설명서 및 도면에 대한 보정을 명하는 등 조치를 취해야 하며, 그럼에도 그와 같은 특정에 미흡함이 있다면 심판의 심결이 확정되더라도 일사부재리의 효력이 미치는 범위가 명확하다고 할 수 없으므로, 나머지 구성만으로 확인대상발명이 특허발명의 권리범위에 속하는지를 판단할 수 있는 경우라 하더라도 심판청구를 각하하여야 한다."고 판시하고 있다.

위 2001후296 판결과 2010후3356 판결의 서로 상반되는 듯이 보이는 판시취지와 관련하여, 권리범위확인심판에서의 심판 대상의 특정 문제를 침해금지 청구 소송과 같이 이른바 '청구취지에 있어서의 특정' 및 '청구원인에 있어서의 특정'으로 나누어 살펴보아야 함을 전제로 "권리범위확인심판에 있어서도 심판을 구하는 청구의 내용을 명확히 한다는 의미에서의 특정, 즉 심판대상물의 특정(이는 일사부재리의 효력이 미치는 범위를 정한다는 점에서 의미를 가짐), 특허발명의 보호범위에 속하는가 여부의 심리의 전제로서 필요한 특정, 즉 청구원인사실에 있어서의 특정이 개념적으로 명확히 구분되므로, 이 두 장면에 있어서 필요로 하는 '특정'의 정도(한도)는 각각의 장면에서 목적하는 바에 따라 정해지는 것으로 동일하지 아니하다."는 견해가 있다.(110)

(110) 전지원, "확인대상발명의 특정", 대법원 판례해설 제90호, 법원도서관(2011), 715면.

이 견해에서는 “확인대상발명이 청구원인으로서의 특정에 미흡함이 있는 경우라면 특정되지 않은 구성요소와 무관하게 본안인 권리범위 속부를 판단할 수 있는 이상 불특정을 이유로 심결을 취소할 수 없다. 그러나 위 판시는 심판대상물의 특정 자체는 적법하게 이루어진 것이어서 적어도 일사부재리의 효력이 미치는 객관적 범위는 정할 수 있음을 전제로, 나아가 청구원인으로서 특허발명의 구성요소와 대비할 수 있도록 도면 및 설명서에 의해 구체적인 구성을 특정함에 있어 그 특정의 정도를 완화할 수 있다는 것이지, 심판대상인 확인대상발명 자체가 사회통념상 다른 것과 구별될 수 있는 것이 아니어서, 일사부재리의 효력이 미치는 객관적 범위를 정할 수 없는 경우까지도 확인대상발명이 적법하게 특정된 것으로 봄이 상당하다는 취지는 아니라고 보아야 할 것”이라고 밝히고 있다.[111]

심판대상 디자인의 특정 문제와 일사부재리의 효력이 미치는 객관적 범위는 불가분의 관계에 있으므로 일응 이 견해가 타당한 측면이 있고, 디자인에 대한 권리범위확인심판에 있어서도 적용할 수 있다고 생각되나 디자인의 경우는 특허 및 실용신안과 달리 심판 청구 내용 및 심판 대상 디자인의 도면과 그 설명서 등을 청구취지에 해당하는 부분과 청구원인에 해당하는 부분으로 엄밀히 구분하는 것이 가능할지에 대하여는 논의가 필요한 것으로 생각된다. 또한 디자인의 경우는 오히려 비교적 간단히 심판대상이 특정되어지므로 이러한 점을 고려할 때 일사부재리의 원칙 적용에 논란이 없도록 하는 측면을 우선적으로 고려한다면 비교적 논란이 되는 경우가 드물 것으로 생각된다.

3. 권리범위확인심판에서의 확인대상디자인의 특정 정도

먼저, 심판을 구하는 청구의 내용을 명확히 하고, 일사부재리의 효력이 미치는 범위를 정한다는 점에서 의미를 가진다는 점을 고려할 때, 청구취지에 있어서의 특정으로는 사회통념상 특허발명의 권리범위에 속하는지를 확인하는 대상으로서 다른 것과 구별될 수 있는 정도로 구체적으로 특정될 것이 요구되는데, 이에 대하여는 요지변경이 되지 아니하는 범위 내에서 확인대상발명의 설명서 및 도면에 대한 보정을 명하는 등의 조치를 취하여야 할 것이며, 그럼에도 불구하고 그와 같은 특정에 미흡함이 있다면 심판의 심결이 확정되더라도 그 일사부재리의 효력이 미치는 범위

(111) 전지원, 위의 논문, 716면.

가 명확하다고 할 수 없으므로, 나머지 구성만으로 확인대상발명이 특허발명의 권리범위에 속하는지 여부를 판단할 수 있는 경우라 하더라도 심판청구를 각하하여야 할 것이다.(112)

다음으로, 청구원인에 있어서의 특정으로는, 확인대상발명은 당해 특허발명과 서로 대비할 수 있을 만큼 구체적으로 특정되어야 하는바, 그 특정을 위해서 대상물의 구체적인 구성을 전부 기재할 필요는 없지만, 적어도 특허발명의 구성요소와 대비하여 그 차이점을 판단함에 필요할 정도로 특허발명의 구성요소에 대응하는 부분의 구체적인 구성을 기재하여야 함이 원칙이다. 그와 같은 특정에 미흡함이 있다면, 침해소송과는 달리 특허심판원으로서는 원칙적으로 요지변경이 되지 아니하는 범위 내에서 확인대상발명의 설명서 및 도면에 대한 보정을 명하는 등의 조치를 취하여야 할 것이며 그럼에도 불구하고 그와 같은 특정에 미흡함이 있다면 심판청구를 각하하여야 할 것이지만, 예외적으로 나머지 구성만으로 확인대상발명이 특허발명의 권리범위에 속하는지 여부를 판단할 수 있는 경우에는 확인대상발명은 특정된 것으로 봄이 상당하다.(113)(114)

4. 불특정 시의 조치

만일 확인대상디자인이 불명확하여 등록디자인과 대비할 수 있을 정도로 구체적으로 특정되어 있지 않다면, 특허심판원으로서는 요지변경이 되지 않는 범위 내에서 확인대상디자인의 설명서 및 도면에 대한 보정을 명하는 등의 조치를 취하여야 할 것이고, 그럼에도 불구하고 그와 같은 특정에 미흡함이 있다면 심판청구를 각

(112) 전지원, 위의 논문, 717면에서는 "가령 확인대상발명이 특허발명의 필수 구성요소들의 일부만을 갖추고 있고 나머지 구성요소가 결여되어 있어 특허발명의 권리범위에 속하지 않음이 명백한 경우라도, 확인대상발명 자체의 일부 구성요소가 불명확하여 사회통념상 다른 것과 구별될 수 없다면 특허발명의 권리범위에 속하지 않는다는 본안판단에까지 나아갈 수 없고 심판청구를 각하할 수 있을 뿐이다."라고 덧붙이고 있다.

(113) 전지원, 위의 논문, 717면.

(114) 전지원, 위의 논문, 718면에서는 일례로 "가령 확인대상발명이 특허발명의 독립항의 권리범위에 속하지 않는 경우, 그 독립항의 구성을 그대로 가지고 있는 종속항과의 관계에서는 일부 구성요소가 종속항과 서로 대비할 수 있을 만큼 구체적으로 특정되어 있지 않아도 그 종속항의 권리범위에 속하지 않음이 명백하므로, 굳이 불명확한 구성요소에 대한 보정을 명하는 등의 조치를 취할 것 없이 권리범위에 속하지 않는다고 판단할 수 있다."고 덧붙이고 있다.

하하여야 할 것이다. 확인대상디자인이 적법하게 특정되었는지 여부는 특허심판의 적법요건으로서 당사자의 명확한 주장이 없더라도 의심이 있을 때에는 특허심판원이나 법원이 이를 직권으로 조사하여 밝혀보아야 할 사항에 해당한다(대법원 2013. 4. 25. 선고 2012후85 판결 등 참조).

한편, 디자인보호법 제126조 제2항에서 요지변경이 되지 않는 범위 내에서 보정을 허용하는 취지는 특허법 및 실용신안법 등과 마찬가지로 요지의 변경을 쉽게 인정할 경우 심판절차의 지연을 초래하거나 피청구인의 방어권행사를 곤란케 할 우려가 있기 때문이라 할 것이므로, 그 보정의 정도가 청구인의 고안에 관하여 심판청구서에 첨부된 도면 및 설명서에 표현된 구조의 불명확한 부분을 구체화한 것이거나 처음부터 당연히 있어야 할 구성부분을 부가한 것에 지나지 아니하여 심판청구의 전체적 취지에 비추어 볼 때 그 고안의 동일성이 유지된다고 인정된다면 이는 요지변경에 해당하지 않는다.(115)

5. 대상판결에 대하여

(1) 대상판결의 법리

대상판결에서도 관련 대법원 판결의 법리에 충실하게 "디자인의 권리범위확인심판을 청구함에 있어 심판청구의 대상이 되는 확인대상디자인은 당해 등록디자인과 서로 대비할 수 있을 정도로 구체적으로 특정되어야 하고, 그 특정을 위해서는 디자인을 구성하는 요소 전부를 기재하거나 도시할 필요는 없다고 할 것이나 등록디자인과 대비하여 그 차이점을 판단함에 필요한 정도로 등록디자인의 요부에 대응하는 부분의 구체적인 형상 · 모양 · 색채를 기재하거나 도시하여야 한다."는 점을 분명히 하였다.(116) 또한 확인대상디자인은 심판청구서에 첨부된 도면과 심판단계에서 제출된 의견서, 첨부 도면을 종합하여 특정할 수 있다.(117)

(2) 대상판결의 사안에 대한 검토

특허심판원은, 피고의 이 사건 소극적 권리범위확인심판에 대하여 "확인대상

(115) 대법원 1995. 5. 12. 선고 93후1926 판결 등 참조.

(116) 대법원 2013. 4. 25. 선고 2012후85 판결 등 참조.

(117) 대법원 2014. 11. 13. 선고 2014후1501 판결 참조.

디자인은 이 사건 등록디자인의 출원 전에 공지된 선행디자인 1과 그 전체적인 심미감이 유사하여 자유실시디자인에 해당하므로 이 사건 등록디자인과 대비할 필요 없이 이 사건 등록디자인의 권리범위에 속하지 않는다."는 이유로 심판청구를 인용하였으나, 대상판결에서는 확인대상디자인이 자유실시디자인에 해당하는지 여부에 대하여는 살펴보지도 아니하고 이 사건 심판청구의 적법성 여부와 관련하여 확인대상디자인의 특정 여부에 대하여 판단하여 확인대상디자인이 적법하게 특정되지 아니하였다는 결론에 이르고 있다.

대상판결에서는, 먼저 이 사건 등록디자인과 확인대상디자인의 대상물품은 울타리용 지주(휀스 지주)로서 지면에 일정 간격으로 고정하여 설치되는 물품으로 양 대상물품에서 디자인을 보는 사람의 주의를 가장 끌기 쉬운 부분은 울타리용 지주의 전면부와 측면부라고 하여 이 사건 등록디자인의 요부를 먼저 밝힌 후에 이 사건 등록디자인의 사시도에서 확인되는 특징적인 구조 및 구성과 심판청구서에 특정된 확인대상디자인을 비교하여 확인대상디자인의 특정 여부를 살펴보고 있다.

구체적으로 대상판결에서는 (i) 이 사건 등록디자인의 사시도는 아래와 같이 'ㄷ'자 본체와 '—'자 플레이트가 결합된 구조이고, 전면부의 플레이트가 본체의 양쪽 끝단보다 안쪽으로 단차지게 삽입된 구성인 반면 심판청구서에 특정된 확인대상디자인은 아래와 같이 전면부, 측면부 등의 구체적인 형상이나 모양을 알 수 없는 해상도 낮은 전면부의 사진 한 장으로만 구성되어 있으며, (iii) 피고의 심판청구서에 첨부된 도면과 심판단계에서 제출된 의견서, 첨부 도면을 종합하여도 확인대상디자인이 'ㄷ'자 본체와 '—'자 플레이트가 결합되는 구조인지, 전면부의 플레이트가 본체의 양쪽 끝단보다 안쪽으로 단차지게 삽입된 구성인지, 전체적인 심미감이 어떠한지에 대하여 이 사건 등록디자인과 대비하여 그 차이점을 판단함에 필요한 정도로 위 각 요부에 대응하는 부분의 구체적인 형상과 모양이 기재되어 있지 않다는 점을 지적하고 있고, 이러한 점을 근거로 확인대상디자인은 이 사건 등록디자인과 대비할 수 있을 정도로 구체적으로 특정되지 않았다는 결론에 이르고 있다.

대상판결은, 권리범위확인심판을 청구함에 있어 심판청구의 대상이 되는 확인대상디자인은 당해 등록디자인과 서로 대비할 수 있을 만큼 구체적으로 특정되어야 하고, 그 특정을 위해서 적어도 등록디자인의 구성요소와 대비하여 그 차이점을 판단함에 필요할 정도로 등록디자인의 특허발명의 구성요소에 대응하는 부분의 구체적인 구성을 기재하여야 함이 원칙이라는 대법원 판례의 법리에 충실하게 이 사건 등록디자인 및 사시도 등에 나타난 디자인의 요부에 해당하는 요소들과 대비하여 확인대상디자인에 있어서 등록디자인의 각 요소들의 구조와 구성들과 대응되는 부분들이 특정되어 있는지를 심리한 후에 확인대상디자인은 이 사건 등록디자인과 대비될 수 있을 정도로 구체적 특정에 이르지 않는다는 결론에 이르고 있어 타당하다고 생각된다.

또한 대상판결에서는 특정되지 아니한 부분을 제외한 확인대상디자인의 나머지 부분만으로는 등록디자인과의 전체적인 심미감의 차이와 그에 따른 디자인의 유사 여부를 판단할 수 있는 경우에 해당한다고 보기도 어렵다고 판단하고 있다. 이는 앞서 살펴 본 "확인대상발명의 설명서에 특허발명의 구성요소와 대응하는 구체적인 구성이 일부 기재되어 있지 않거나 불명확한 부분이 있다고 하더라도 나머지 구성만으로 확인대상발명이 특허발명의 권리범위에 속하는지 여부를 판단할 수 있는 경우에는 확인대상발명은 특정된 것으로 볼 수 있다는 입장"에 따라 이 부분에 대한 가정적 판단을 덧붙인 것으로 보이는데, 확인대상디자인의 특정정도나 구성 등에 비추어 나머지 부분만으로는 등록디자인과 전체적인 심미감의 차이나 그에 따른 디자인 유사 여부를 판단할 수 있는 경우에 해당하는 것으로 보이지는 아니하므로 대상판결의 결론이 타당하다고 생각된다.

나아가 확인대상디자인의 전면부, 측면부 등의 구체적인 형상이나 모양이 특정되지 않은 이상, 확인대상디자인이 자유실시디자인에 해당하는지도 판단할 수 없다는 부가적인 판단도 덧붙이고 있고, 확인대상디자인의 형상이나 특정 정도에 비추어 자유실시디자인 여부를 심리하여 결론에 이르기 어렵다는 점에서 이 부분 부가적인 판단 역시 타당하다고 할 것이다.

4-6

[미국] 디자인 권리범위 해석에서 출원경과금반언의 적용

Pacific Coast v. Malibu Boats (Fed. Cir.) & Advantek v. Shanghai Walk-Long (C.D.Cal.)

| **한상욱** | 김 · 장법률사무소 변호사

I 들어가며

디자인권의 권리 해석에 있어서 출원경과금반언 적용 여부에 대한 미국의 두 판결을 검토한다. 우리나라도 이 법리를 인정하는 판결이 있어, 이를 소개한다. 출원경과금반언 법리가 과연 어디까지 적용되어야 하는지, 또는 이를 적극적으로 수용하여야 할 필요성에 대하여는 추가 논의를 기대한다.

미국 Pacific Coast 판결(2014년)[118]

1. 사건의 경위

Pacific Coast Marine Windshield Limited Pacific Coast는 장식용 보트 앞 유리창 디자인에 관한 미국 특허 번호 D555,070('070 특허)의 양수인이다. Pacific Coast는 플로리다 중부 연방지방법원에 Malibu Boats, Marine Hardware, Tressmark, MH Windows 및 John F. Pugh(총칭하여 'Malibu Boats')를 상대로 특허침해 소송을 제기하였다.

(1) 출원의 경위: 특허는 4개의 구멍 및 구멍 없는 디자인, 2개의 구멍은 포기

Pacific Coast의 소유주이자 최고 경영자인 Darren A. Bach는 2006년 4월 27일 "끝이 가늘어진 모서리 기둥에 통기 구멍이 있고 없는 그리고 해치가 있고 없는" with vent holes and without vent holes, and with a hatch and without hatch 선반용 앞 유리 장식 디자인 프레임에 관한 디자인 특허를 출원했다. 첨부된 도면에는 상업적으로 다양한 방식으로 구현된 embodiment 통기 구멍 구성을 표시하고 있다. 도면에는 또한 앞 유리 전면에 해치가 포함되거나 제외된 디자인을 보여 준다.

특허 심사관은 도면의 구현 예시가 5개의 각각 특허 가능한 디자인 그룹으로 표현되어 있다는 이유로 한정요구 restriction requirement를 명령하였다. 그 5개의 그룹은 다음과 같다: (ⅰ) 4개의 원형 구멍과 해치; (ⅱ) 4개의 원형 또는 사각 구멍과 해치가 없음; (ⅲ) 구멍이 없는 해치; (ⅳ) 구멍과 해치 모두 없음; (ⅴ) 타원형 또는 직사각형 구멍 2개와 해치. 출원인은 한정요구명령에 대응하여 하나의 그룹을 선택하여야 하며, 선택되지 않은 나머지 그룹의 디자인에 대해서는 분할출원을 통하여 디자인권을 획득할 수 있다.

이에 출원인은 '그룹 1', 즉 '4 개의 구멍과 해치'를 선택했다.[119] 그는 원래의

(118) Pacific Coast Marine v. Malibu Boats, 739 F.3d 694 (Fed. Cir. 2014).

(119) 출원인이 선택한 디자인:

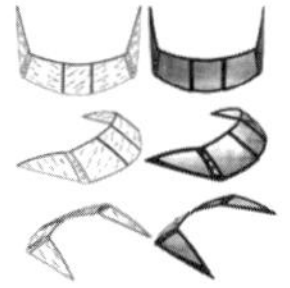

특허출원서에 있는 "통기 구멍이 있고 없는 그리고 해치가 있고 없는"이라는 표현을 삭제하고 "선반용 앞 유리 장식 디자인 프레임" 그리고 "끝이 가늘어진 모서리 기둥 한 쌍"이라고 표현을 수정했다. 출원인은 또한 오직 모서리 기둥에 4개의 원형 구멍과 앞 유리의 해치가 있는 구현의 예시만 남겨 두었다. 수정된 특허출원서는 2007년 11월 13일에 '070 특허로 등록되었고, 이 특허는 선박용 앞 유리의 장식용 디자인으로 표현되었다. 디자인 발명자는 디자인특허의 모든 권리를 2011년 6월 자회사 Pacific Coast로 양도했다.

한편, 그 후 발명자는 모서리 기둥에 구멍이 없는 디자인에 대해서는 분할출원을 하였지만,(120) 그 외의 다른 디자인에 대해서는 추가로 분할출원을 하지 않았다.

(2) 소송의 제기: 소송 대상은 3개의 구멍

2011년 Pacific Coast는 플로리다 중부 지방법원에서 Malibu Boats가 '070 특허를 침해한 디자인으로 보트 앞 유리를 제조하고 판매한 사실이 있다고 소송을 제기했다. 또한 Pacific Coast는 Malibu Boats가 고객과 배급업자를 포함한 다른 사람들이 '070 특허를 침해하도록 유도했다고 주장했다. 제소한 디자인은 모서리 기둥에 3개의 사다리꼴 구멍이 있는 보트 앞 유리이다.

(3) 연방지방법원 판결

연방지방법원은 출원경과금반언에 기초하여, Malibu Boats가 Pacific Coast의 특허를 침해하지 않았다는 취지의 약식판결summary judgement of non-infringement을 내렸다. 이와 같이 판결하면서 특허권자는 Malibu Boats의 디자인에 대해 금반언 원칙으로 특허침해를 주장할 수 없다고 판결했다. 그리고 법원은 Malibu Boats의 디자인이 특허디자인과 비교했을 때 구멍 하나가 적다는 것을 인지하고 있고, 이것은 여전히 특허권자가 원래 출원했던 디자인(구멍이 없는 것부터 네 개의 구멍이 있는 것) 및 취소된 디자인(2개의 구멍 디자인)의 범주에 있다고 판결했다.(121)

(120) 미국 특허 D569,782 참조.

(121) 그러면서, Festo Corp. v. Shoketsu Kinzoku Kogyo Kabushiki Co., 535 U.S. 722, 740 (2002) 판결을 인용함.

2. CAFC 판결문 내용

비록 논문(122) 및 지방법원 판결에서(123) 출원경과금반언 원칙이 실용특허 뿐만 아니라 디자인특허에도 적용된다고 하였지만, 이 사건은 디자인특허에 대한 출원경과금반원 원칙의 적용 문제를 다룬 CAFC의 첫 판결이다.

실용특허Utility Patent에 관한 출원경과금반언 원칙은 잘 정립되어 있다. 실용특허는 균등론doctrine of equivalents에 기하여 침해판단이 가능하다. 균등론에 관해, 침해품 및 특허발명 간에 거의 차이가 없을 때insubstantial differences 서로 균등하다고 본다. 다른 방법으로는 대체 가능한 요소가 특허 기능과 상응하는지에 중점을 둔다.(124)

실용특허와 관련하여 출원경과금반언은 균등론과 관련하여 적용되지만, 문언침해literal infringement는 제한하지 않는다. 이것은 대중들에게 특허에 관해 알리는 기능(즉, 공표 기능)에 근거한다. 미국 대법원은 "균등 법칙이 광범위하게 적용됐을 때 법정 요구조건의 정의 및 공표 기능과 상충된다는 것을 부정 할 수 없다."는 것을 인정했다.(125) 결과적으로, 출원경과금반언은 특허출원인이, 자신의 특허출원 과정과 특허청의 절차에 비추어 볼 때, 어떤 것이 균등하다고 주장할 수 있는 범위를 제한한다. 특허출원이 진행되는 동안, 특허권자가 특허권을 얻기 위한 조건으로 어떤 청구항을 포기하였을 경우, 출원경과금반언은 특허권자가 포기한 그 청구항에 대

(122) Donald S. Chisum, Chisum on Patents §23.05 [7] (2013) (법원의 판결은 특허출원과정이 특허범위를 제한할 수 있음을 확인함.); 6 John G. Mills et al., Pat. L. Fundamentals §20: 50 (2d ed.) (2013) (특허청이 디자인 특허에서 한정요구명령을 내렸을 경우, 법원은 특허인이 선택하지 않은 부분에 대해서 특허 침해하였다고 주장하는 것을 금한다고 판결함.).

(123) 다음의 사례 참조: Australia Vision Servs. Pty. Ltd. v. Dioptics Med. Prods. Inc., 29 F.Supp.2d 1152, 1157 (C.D.Cal. 1998); Victus Ltd. v. Collezione Europa U.S.A. Inc., 48 U.S.P.Q.2d 1145, 1148–49 (M.D.N.C. 1998); McGrady v. Aspenglas Corp., 487 F.Supp. 859, 861 (S.D.N.Y. 1980); W.R. Grace & Co. v. W. United States Indus., Inc., 180 U.S.P.Q. 40, 47 (C.D.Cal. 1975), aff'd on other grounds, 608 F.2d 1214 (9th Cir. 1979); Stimulant Prods., Inc. v. Vibrex Corp., 161 U.S.P.Q. 513, 517 (C.D.Cal. 1969); MacBeth v. Gillinder, 54 F. 169, 170 (C.C.E.D. Pa 1889).

(124) Graver Tank & Mfg. Co. v. Linde Air Prods. Co., 339 U.S. 605, 612 (1950) 참조. 문자 그대로의 침해를 피하기 위해 변화를 준 것이 'colorable' 했을 때, 균등하다고 판단한다. "Colorable imitation" 용어는 혼동이나 실수 또는 기만을 야기할 수 있는 모든 표시를 포함한다: The term 'colorable imitation' includes any mark which so resembles a registered mark as to be likely to cause confusion or mistake or to deceive (15 U.S.C.S. §1127).

(125) Warner–Jenkinson, 520 U.S. at 29 및 Festo, 535 U.S. at 731 (특허 보유자는 자신이 소유한 특허권에 관해 알아야 하고 대중은 자신이 소유하지 않은 특허권이 무엇인지를 알아야 한다.).

해 침해하였다고 주장하는 것을 금한다.

디자인특허의 경우 문언침해 및 균등침해의 개념이 서로 얽혀 있다. 실용특허 침해에 대한 조항과는 달리, 디자인특허 침해에 관한 법 규정은 정확한 동일성을 요구하지 않으며 라이선스 없는 사람이 판매의 목적으로 특허디자인을 적용하거나 혹은 colorable 모방한 경우, 그리고 특허디자인 혹은 colorable 모방을 통하여 팔거나 판매를 위해 전시한 경우 법적 책임을 부과한다.(126)

미국 대법원은 디자인특허 침해에 관한 테스트와 관련하여, 구매하고자 하는 일반 사람이 두 가지의 물건이 상당히 똑같다고 생각할 때, 그리고 구매자를 속이기 위한 비슷한 모형일 때, 구입자가 원래의 특허 디자인 상품 A인 것으로 알고 다른 상품 B를 구입했을 때, B 상품은 특허 디자인 상품 A를 침해한 것으로 보았다.(127) 또한 "만약 침해자가 디자인의 모든 요소를 똑같이 재현한 것이 특허침해 테스트로 된다면, 그 어떤 사례도 디자인 침해가 있었다고 판단할 수 없을 것이다. 그 이유는 인간의 독창성으로 인해 디자인을 100% 동일하게 복사하지 않기 때문이다."라고 설명하였다.(128)

따라서 디자인특허 침해에 대한 테스트는 동일성이 아니라 충분한 유사성이다. 구체적으로 모방한 디자인이 특허 디자인과 매우 유사하다고 합리적으로 볼 수 있는지 없는지, 그리고 선행 기술 혹은 디자인prior art과 익숙한 구매자가 디자인의 유사함으로 인해 속임을 당할 수 있는지 없는지에 관한 테스트이다. CAFC는 디자인 특허 침해에 관한 법 규정에 나와 있는 colorable 모방 기준이 균등 원칙을 포함하는 것으로 판결한다. 방법, 기능 그리고 결과 테스트가 디자인 특허에 직접적으로 적용할 수 없지만, 균등성의 원칙은 적용할 수 있다고 인정된다("균등성 원칙에 의한 침해 및 말 그대로의 침해의 일반적인 구별을 디자인에 적용할 필요가 있는지에 대해 의문을 제기할 수 있음"). 실제로 Pacific Coast는 균등성 원칙에 의거하여 070 특허 디자인과 Malibu boats 디자인 사이에 상당한 유사성이 있다고 주장한다.

Pacific Coast는 준비서면에서 출원경과금반언은 특허 디자인에 적용되어서는 안 된다고 주장했다. 그러나 구두변론에서 Pacific Coast는 특허권자가 특허 출원

(126) 35 U.S.C. §289.

(127) Gorham v. Company v. White, 81 U.S. 14 Wall. 511 511 (1871).

(128) Braun Inc. v. Dynamics Corp. of Am., 975 F.2d 815, 828 (Fed. Cir. 1992) (특허 디자인과 동일하지 않은 디자인도 디자인 특허 침해가 발견 될 수 있다.).

과정 중에 포기한 특정 디자인에 대해서 특허 침해를 주장해서는 안 된다고 인정했다. 이 부분에 대한 인정은 법원에서 중요하게 받아들여졌다. 출원경과금반언의 근거가 되는 대중에게 알리는 공표 기능으로 인해서 실용 특허와 디자인 특허 모두에게 금반언 원칙이 적용되었다. 디자인 특허에 적용되는 출원경과금반언 원칙은 특허 출원 과정에 관한 명확성을 증진시켰다. 출원경과금반언 원칙을 디자인 특허에 적용하지 않는 것은 법 조항에 나와 있는 대중에 대한 공표 기능을 저하시켰다. 그리고 디자인 특허는 실용 특허와는 달리 글 표현이 아닌 특허에 관한 범주를 그림으로써 정확하게 표현한다는 사실이 출원경과금반언을 적용하지 말아야 한다는 주장을 더욱 약화시켰다. 따라서 법원은 출원경과금반언은 실용 특허뿐 아니라 디자인 특허에도 적용된다고 판결했다.

출원경과금반언 원칙이 디자인 특허에 적용될 수 있다고 결론을 내림으로써, 다음으로 고려해야 될 문제는 현재 소송에서 금반언 원칙이 특허 침해를 당했다고 주장하는 것을 금지할 수 있는지를 고려해야 한다. 이에 관해, 다음 세 가지 질문을 살펴봐야 한다: (1) 특허 포기 여부; (2) 특허 포기가 특허권을 얻기 위한 것인지의 여부; (3) Malibu Boats의 디자인이 포기한 디자인 범위에 속하는지 여부.

(1) 첫 번째로, 특허출원과정에서 포기가 있었다고 판결한다. 디자인 특허 범주를 정하는 것에 관해, 그 범주는 디자인 특허에 대해 설명하는 그림과 관련 있다("일반적인 원칙으로 그림에 표현되어 있는 것이 디자인 특허를 가장 잘 설명함"). 디자인 특허에서 그림들이 꼭 요구되는데, 그 이유는 글로써의 특허 표현이 아닌 그림으로써 디자인 특허에 관한 모든 것을 표현하기 때문이다. 다시 말해서, 출원경과금반언에 관해서 실용 특허는 특허에 관해 표현된 글에 집중하지만, 디자인 특허는 필수적 요소로 포함된 그림을 살펴봄으로써 특허권자가 어떤 것을 포기했는지를 확인한다. 현재 소송에서, 특허 심사관의 한정요구명령으로 인해 특허 출원인은 특허 청구항을 수정하였고 네 개의 구멍이 있는 구현된 디자인을 제외하고 그외의 디자인을 삭제하였다. 특허청은 이에 대해 특허 출원인이 반박 없이 하나를 선택한 것으로an election without traverse 보았으며, 선택하지 않은 것들에 대해서는 특허심사를 취소한 것으로 보았다. 결과적으로, 070 특허는 코너 포스트에 4개의 원형 통풍 구멍이 그려져 있는 그림, '선박용 앞 유리의 장식용 디자인'으로 특허를 받았다. 특허출원인은 두 개의 구멍이 있고 구멍이 없는 모서리 기둥을 보여 주는 그림을 취소함으로써, 디자인특허 청구항은 나머지 그림이 보여 주는 것, 즉 모서리 기둥에 4개의 구멍이 있는 앞 유리창과 colorable한 모조품에 국한한다고 인정했다.

⑵ 두 번째 질문에 관해, 우리는 Festo의 대법원 판결에 따라 특허를 얻기 위해 광범위한 청구범위를 포기했다고 판결했다. 여기서 '포기'는 선행기술을 피하기 위함이 아니라 35 U.S.C. §121 규정에 의한 한정요구명령에 따른 것이다. 따라서 포기는 특허의 이유(예: 예견, 명백함, 그리고 특허 가능 대상)에 의한 것이 아닌 특허를 얻기 위해 포기한 것이다.

실용특허와는 달리, 디자인특허 출원은 단 하나의 청구항만 가질 수 있다.(129) 이에 따라, 디자인 특허 출원이 둘 이상의 특허 디자인을 포함하는 경우, 특허청은 35 U.S.C. §121 규정에 따라 하나의 특허 가능한 디자인 특허만을 제출하도록 요구했다. 따라서 디자인 특허에서의 한정요구명령은 단지 행정에 관한 편리의 문제가 아니다. 현 소송에서 특허 심사관은 디자인의 구현 그림들 중에서 하나 이상의 특허 가능한 디자인 그룹들이 있었기 때문에 한정요구명령을 내렸다. 이와 함께 특허 심사관은 특정한 디자인 그룹들에 대해서 특허 출원인이 하나의 디자인 그룹만을 선택할 수 있도록 지시했다.

⑶ 마지막 질문은 특허 침해되었다고 주장하는 디자인이 포기한 범위에 속하는 것인지에 대한 것이다. 출원경과금반언은 소송 대상이 된 디자인이 포기한 범위 내에 있을 때만 특허 침해가 있다고 주장하는 것을 금지한다.(130) 따라서 출원경과금반언의 범위를 결정하기 위해서 축소된 수정안에서 포기된 청구항을 검토해야 한다.(131)

본 소송에서 포기된 디자인은 모서리 기둥에 두 개의 구멍이 있는 앞 유리를 포함한다. 연방지방법원은 "제소된 디자인과 특허된 디자인, 그리고 취소된 구현 그림의 예들을 비교한 후에 제소된 디자인이 원래의 청구항과 수정된 청구항 사이의 범위 내에 있다."고 판결했다. 제소된 디자인은 세 개의 구멍 구성을 가지고 있고 원래의 디자인에는 세 개의 구멍을 포함하지 않았지만, 연방지방법원은 제소된 디자인은 원래의 청구항과 수정된 청구항 사이의 명확한 범주 내에 있다고 판결했다. 즉, 특허에 표현된 4개 구멍 구현 예시와 포기된 2개 구멍 구현 예시 사이에 있다.(132)

---

(129) Rubinfield, 207 F.2d 391, 396 (CCPA 1959) (디자인 출원을 단일 청구항으로 제한하는 특허청의 오랜 관행을 방해할 이유가 없다.).

(130) Wang Labs., Inc. v. Mitsubishi Elecs. Am., Inc. 참조(출원경과금반언 원칙이 특허의 범위를 제한하게 되면, 특허권자는 금반언 범위에 속하는 균등법칙이 적용된 디자인에 관해 특허 침해 보상을 받지 못하도록 제한함).

(131) Festo, 535 U.S. at 737.

(132) Festo의 인용, 535 U.S. at 740.

Malibu boats는 특허권자가 2개의 구멍이 있는 디자인을 포기하고 4개의 구멍과 구멍이 없는 디자인에 대해서 특허를 얻음으로써 특허 출원인이 4와 0 사이의 청구범위를 포기했다고 주장했다.(133) 그러나 특허범위 개념은 범위가 명시되지 않은 디자인 특허에 적용할 수 없고 개별적인 디자인으로 적용해야 한다. 다른 디자인을 주장한다고 해서 디자인 사이의 영역도 특허 청구항에 포함되는 것은 아니다. 피고인이 구두 변론에서 인정한 것처럼, 제출된 그림 예시가 구멍 0에서 4개까지 포함하는 특허 청구항이 아니라는 것에 동의했다. 특허 출원인은 모서리 기둥에 2개의 구멍이 있는 디자인에 대해서는 포기했지만, 3개의 구멍에 대한 디자인은 제출하지도 포기하지도 않았으며, 기록상으로도 2개의 구멍에 대한 구현만을 포기한 것이라고 나왔다.

따라서 CAFC는 출원경과금반언 원칙이 Pacific Coast의 특허침해 주장을 금지시키지 않는다고 판시하며, 지방법원 판결을 파기하고 사건을 환송하였다.

미국 Advantek Marketing 판결(2016년)(134)

2014년 연방순회항소법원은 출원경과금반언이 디자인 특허에도 적용된다고 판결했다. 구체적으로, 한정요구명령에 따른 특허 수정을 하였을 때 적용되었다.(135) Pacific Coast 사례에서, 항소법원은 디자인 특허 과정에서의 한정요구명령에 따른 특정 디자인 구현의 취소는 그 디자인에 대한 특허 포기이며 그 포기는 바로 특허를 얻기 위한 것이라고 판결했다. 그러나 그 사례에서 법원은 선택한 디자인, 그리고 선택하지 않은 디자인, 그리고 그 사례의 상황에 대해서는 다뤘지만 정

(133) Biagro Western Sales, Inc. v. Grow More Inc. (출원경과금반언은 함유 소금이 60% 농도로 된 비료에 대한 특허침해 주장을 금지시켰다. 그 이유는 30~40%의 농도 제한이 특허 청구항에 추가되었기 때문이다.).

(134) Advantek Marketing, Inc. v. Shanghai Walk-Long Tools Co., Case No. 16-3061 (C.D.Cal. 2016).

(135) Pacific Coast Marine Windshield Ltd. v. Malibu Boats, 739 F.3d 694 (Fed. Cir. 2014).

확한 특허 포기의 범주에 대해서는 다루지 않았다.

2년 후, 연방지방법원은 Pacific Coast 사례를 적용하여 판결했다. 이 사례의 경우, Advantek은 디자인특허가 애완동물 집에 관한 것이라고 주장했다. 특허출원 과정에서, 연방지방법원은 특허심사관이 첫 번째 구현의 예(덮개가 있는 집) 그리고 두 번째 구현의 예(덮개가 없는 집)에 대해 한정요구명령을 내렸고, Advantek은 덮개가 없는 구현을 택한 것에 주목했다.[136] 그리고 두 번째 구현에 대해 디자인특허를 받지 않은 것으로 보인다. 법원은 Pacific Coast 사례를 언급하면서, 출원경과금반언을 적용하기 위해서는 다음의 세 질문에 답하여야 한다고 지시하였다: (1) 특허 포기 여부; (2) 특허 포기가 특허권을 얻기 위한 것인지의 여부; (3) 피소된 디자인이 포기된 특허범위에 있는 지의 여부. 여기서, 연방지방법원은 출원경과금반언이 적용된다고 판결했다. 그 이유는 Advantek이 덮개가 없는 집 디자인에 대한 특허를 받기 위해 덮개가 있는 집 디자인을 포기하였기 때문이라고 설명했다. 그리고 가장 중요한 것은 Shanghai Walk-long의 디자인이 '포기된 특허디자인'의 범위에 속한다고 판결하였다. 연방지방법원은 특허권자의 특허침해 주장이 출원경과금반언의 원칙에 의해 금지된다고 판결했다.

※ 실무적인 tip: 미국에서는 디자인특허가 단 하나의 청구항만 허용된다. 결과적으로 디자인 특허 출원은 종종 한정요구명령의 대상이 된다. 특허출원인이 선택을 해야 하는 경우, 선택되지 않은 디자인에 대해 분할출원을 제출할 계획을 세워야 한다. 특허출원인이 이와 같은 분할출원을 하지 않을 경우, 출원경과금반언 원칙에 의해 선택되지 않은 디자인에 대해서 특허침해 주장을 할 수 없게 된다.

(136) 본 사례의 첫 번째 및 두 번째 구현예, 그리고 피고의 제품:

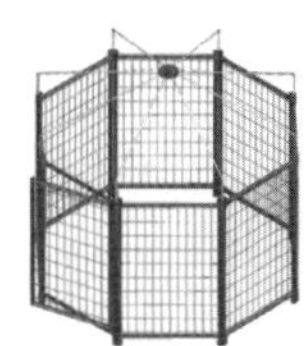		
Fig. 1, US D715,006 (Determined by examiner to be Embodiment No. 1)	Fig. 5, App. No. 29/398,906 (Determined by examiner to be Embodiment No. 2)	Shanghai Walk-Long's Accuese Product

우리나라 특허법원 판결(2015년)(137)

디자인 청구범위 확정에 있어 출원경과금반언 원칙을 인정한 판결로, 그 설시 내용은 다음과 같다.

"피고는 1) 이 사건 등록디자인의 정면부의 주요 형상은 비교대상디자인 2, 3, 6, 7에 의하여 공지된 투명창 또는 이격된 투명창의 흔한 변형에 불과하고, 2) 원고가 특허심판원 2012원610호 사건에서는 이 사건 등록디자인이 비교대상디자인 4와 대비하여 정면부가 5분할되고 2개의 이격된 투명창을 갖고 있다는 공통점이 있더라도 분할비율, 지퍼라인 등과 같은 나머지 구체적인 구성 형태가 달라서 전체적으로 유사하지 않다고 주장하였다가, 이 사건에서는 이 사건 등록디자인과 확인대상디자인의 정면부가 앞서 본 바와 같은 차이점에도 불구하고 5분할되고 2개의 이격된 투명창이 존재한다는 공통점만을 근거로 지배적인 특징이 유사하여 전체적으로 유사하다고 주장하는 것은 금반언의 원칙에 의하여 허용되지 않는 점 등을 고려하면, 이 사건 등록디자인의 정면부는 요부가 될 수 없거나 중요도가 낮고, 보관함 정면부의 유사범위도 좁아서 앞서 본 차이점만으로도 확인대상디자인과 유사하지 않게 된다고 주장한다.

살피건대, 비교대상디자인 2, 3, 6, 7에 보관함 정면부의 투명창 또는 이격된 투명창은 공지되어 있으나, 앞서 본 바와 같이 이 사건 등록디자인의 출원 당시에 그 정면부와 같이 모양의 지퍼라인과 하단부 모서리로 둘러싸인 내측 부분을 세로로 거의 동일한 간격으로 5분할하고 가운데 분할부를 기준으로 좌 우측 분할부를 투명창으로 형성하는 방식으로 다용도 보관함의 정면부를 형성하는 것은 공지되어 있지 않았고, 달리 정면부의 형상을 그와 같이 변형하는 것이 흔한 변형 방식이었음을 인정할 만한 증거도 없다. …(중략)…

또한 디자인출원인 내지 디자인권자가 디자인의 출원 등록과정 등에서 디자인과 대비대상이 되는 제품을 디자인의 보호범위로부터 의식적으로 제외하였다가 입장을 변경하여 그 제품이 디자인의 보호범위에 속하여 그 권리가 침해되고 있다고 주장하는 것은 금반언의 원칙에 위배되므로 허용되지 아니한다. 그리고 디자인과 대비대상이 되는 제품이 디자인의 출원 등록과정 등에서 디자인의 보호범위로부터

(137) 특허법원 2015. 9. 4. 선고 2015허31 판결[권리범위확인(디)].

의식적으로 제외된 것에 해당하는지 여부는 디자인등록출원서 뿐만 아니라 출원에서부터 디자인등록될 때까지 특허청 심사관이 제시한 견해, 특허출원인이 제출한 보정서와 의견서 등에 나타난 디자인출원인의 의도 등을 참작하여 판단하여야 한다(대법원 2007. 2. 23. 선고 2005도4210 판결등 참조). …(중략)…

따라서 원고가 특허심판원 2012원610호 사건에서 비교대상디자인 4를 이 사건 등록디자인의 보호범위에서 제외하였다고 하여 확인대상디자인까지 제외하였다고 볼 수 없으므로, 원고가 이 사건에서 이 사건 등록디자인과 확인대상디자인의 정면부가 유사하다고 주장하는 것은 금반언의 원칙에 위배되지 않는다."

V 출원경과금반언의 법적 성질[138]

출원경과금반언 원칙은 미국 판례법에 의하여 확립된 법리로서 일반적인 금반언이 특허법에 적용되어서 특허권자가 특허권 취득 과정에서 특허청에 취한 행동에 반하는 주장을 후의 특허 침해소송에서 금지하는 것이다. 일본에서의 출원경과금반언의 법리는 미국의 영향을 받은 것인바, 그 법적 성질을 신의칙으로 파악하는 것이 다수설이라고 한다(나까무라 교수). 다만, 특허침해 소송의 특유한 사정을 탐구하여 (권리 성립 요건 판단 기관과 권리행사 여부 판단 기관의 분리) 특허제도의 특수성에서 기인하였다는 견해(타무라 교수)도 있다.

우리나라 논의는 권리를 포기하였다고 보는 견해, 전통적인 민사법의 금반언 이론에서 찾는 견해, 특허법상의 절차와 이론에서 근거를 찾는 견해 등이 혼재되어 있다.[139]

(138) 김동준, 특허권 균등 침해에 관한 연구, 성균관대 법학전문대학원 박사논문, 330-332면.

(139) 최성준, 출원경과금반언의 원칙, 정보법판례백선 1, 72면 (박영사, 2006) (출원경과금반언의 본질에 대하여는, 제3자의 신뢰를 보호하기 위한 이론, 권리 포기 이론, 행정상 구제수단을 다하지 아니하였으므로 재판상 구제를 받을 수 없다는 견해(거절결정등에 대하여 불복하여 대법원까지 다투었어야 함에도 이를 받아들인 행위를 중시)등이 있지만, 대법원은 권리 포기설을 취하고 있는 것으로 보인다); 성기문, 특허 소송에서의 심사경과 금반언에 대한 고찰 사법논집 제43집, 688-692면 (법원도서관, 2006) (일반 사법상의 법리에서 근거를 구하는 것보다는 특허제도에 내재하는 독자의 가치를 중시하고 그 감쇄를 방지하는 법리로 파악하는 입장이 유력해 지고 있다.)- 김동준 논문 332면의 요약.

4-7
[미국] 디자인보호법에서 출원경과금반언 원칙

Advantek v. Shanghai Walk-Long (Fed. Cir. 2018)

| 정차호 | 성균관대학교 법학전문대학원 교수

I 서론

2016년 캘리포니아주 중앙지방법원이 Advantek v. Shanghai Walk-Long 판결을 선고하였고, 그 판결에 대한 평석이 제시되었다.(140) 해당 판결에 대하여 불복하는 소송이 CAFC에 제기되었고 2018년 CAFC가 지방법원의 판결을 뒤집는 판결(이하 '대상판결')을 선고한다.(141) 대상판결은 디자인보호법에서의 출원경과금반언prosecution history estoppel 원칙을 곱씹게 하는 재미있는 것이며, 더욱 중요하게는 법원이 그 법리의 적용에 오류를 범한 것이라고 생각된다.

(140) 한상욱 변호사의 제10회 세미나(2017년 1월) 발표문.

(141) Advantek Marketing, Inc. v. Shanghai Walk-Long Tools Co., Ltd., --- F.3d ---- (Fed. Cir. August 1, 2018) (JJ. Newman, Clevenger, Chen).

사건 개요

1. 대상 디자인

원고는 미국 디자인특허등록 제715,006호의 권리자이며, 대상 디자인은 휴대가 가능한 동물 우리kennel에 관한 것이다.

2. 출원 및 소송 경과

심사 중 심사관은 대상 출원이 뚜껑이 없는 우리의 디자인(제1도 내지 제4도)과 뚜껑이 있는 우리의 디자인(제5도)의 2개 별개 디자인을 청구한다는 이유로 한정명령restriction order을 발부하였다. 출원인은 심사관의 명령이 타당하지 않다고 반박하면서도 뚜껑이 있는 우리의 디자인(도면 제5도)을 삭제하였고,(142) 그 삭제 후 그 디자인에 대하여 별도의 분할출원을 하지 않았다. 그 후, 해당 출원은 특허등록되었다.(143)

원고(디자인권자)를 위하여 해당 제품을 OEM 생산하던 피고가 제품을 직접 제작, 판매하자 원고가 피고를 상대로 디자인권 침해소송을 제기하였으며, 소송제기pleading 절차가 종료된 후 피고가 약식판결motion for judgment on the pleadings을 청구하였다.

(142) 대상판결문("Although applicants respectfully disagree with the Restriction Requirement, Group I, including corresponding Embodiment 1 and Figs. 1 – 4 drawn to a gazebo without a cover, is elected for further prosecution in this application. Accordingly, Fig. 5 has been withdrawn.").

(143)

제1~4도 디자인 (뚜껑 없는 우리)	포기된 제5도 디자인 (뚜껑 있는 우리)	피고 제품
Figure 1 from D'006	Figure 5 from Application	Defendants' Pet Companion Product

3. 지방법원 판결(144)

지방법원은 CAFC의 2014년 Pacific Coast 판결을 제시하며, 디자인 사건에서 출원경과금반언 원칙이 적용되기 위해서는 ① 포기surrender가 존재하여야 하는 점, ② 그 포기가 특허성의 이유 때문인 점 및 ③ 피고 디자인이 그 포기의 범위 내에 들어야 한다는 점 등 세 요건을 충족하여야 한다고 설시한 후,(145) (i) 출원 중 뚜껑이 있는 우리의 디자인에 대한 의도적 포기가 존재했다는 점, (ii) (Pacific Coast 판결에서 그러하였던 바와 유사하게) 디자인 출원에서의 한정명령을 따르는 도면의 삭제는 특허 출원에서의 특허성 충족을 위한 포기와 유사하다는 점,(146) (iii) 포기된 디자인과 피고 제품이 동일하다는 점에(147) 근거하여 피고의 약식판결 신청을 인용하였다.

4. CAFC 판결

항소심에서 권리자Advantek는 포기되지 않은 (뚜껑이 없는) 디자인(제1~4도)이 피고제품에 나타난다는 점, 피고제품이 제조, 운반되는 과정에서 뚜껑을 가지지 않고 사용 직전에 뚜껑이 장착된다는 점, 권리자가 심사 중 제5도(뚜껑이 있는 우리)를 삭제한 것은 권리범위를 축소하는 것이 아니라 실질적으로 확장하는 것이었다는 점을 주장하였다. CAFC의 판단은 다음과 같다.

(1) 피고 제품이 원고의 부품 디자인의 권리범위에 속함

CAFC는 Samsung v. Apple 사건의 대법원 판결이 어떤 제품의 부품component

(144) Advantek Marketing, Inc. v. Shanghai Walk–Long Tools Co., Case No. 16–3061 (C.D. Cal. Nov. 3, 2016).

(145) 1심 판결문("Success under the doctrine of prosecution history estoppel 'turns on the answers to three questions (1) whether there was a surrender; (2) whether it was for reasons of patentability; and (3) whether the accused design is within the scope of surrender.' Pacific Coast Marine Windshields v. Malibu Boats, LLC, 739 F.3d 694, 702 (Fed. Cir. 2014).").

(146) 1심 판결문("This was labeled a restriction requirement by the examiner and is thus clear that in order to receive the patent, Plaintiff had to surrender one of the claims.").

(147) 1심 판결문("Here, Defendant has produced exactly that, a dog kennel in the shape of a gazebo with a cover on it.... it is the exact same as the design surrendered by Plaintiff.").

에 관한 디자인이 등록을 받을 수 있다는 법리를 제시하였음을 상기시킨 후,(148) 뚜껑이 없는 우리에 대하여 디자인 등록을 받을 수 있으며, 뚜껑의 존재와 무관하게 해당 부품(뚜껑이 없는 우리)의 존재만으로 해당 디자인권을 침해한다고 보았다.

(2) 원고는 출원 중 제5도의 삭제를 통하여 권리범위를 확장하였음

CAFC는 출원경과금반언의 원칙은 권리범위를 축소한 경우 적용된다는 법리를 제시한 후,(149) 대상 사안에서는 권리범위가 축소되지 않았으므로 출원경과금반언 원칙이 적용될 수 없다고 판단하였다.

(3) 피고제품은 포기된 디자인의 권리범위에 속하지 않음

CAFC는 (아무런 설명을 제시하지 않고) 피고제품이 포기된 디자인의 권리범위에 속한다고 판단한 지방법원의 판단이 틀렸다고 판단하였다.

(4) 피고제품이 등록디자인의 구성요소 모두를 사용하므로 권리범위에 속함

CAFC는 피고제품이 뚜껑을 포함하고 있지만 뚜껑을 제외하고는 등록디자인과 동일하므로 뚜껑의 포함 여부와 상관없이 피고제품이 등록디자인권을 침해한다고 판단하였다.(150)(151)

---

(148) Samsung Electronics Co. v. Apple Inc., 137 S. Ct. 429, 435 (2016) ("[T]he term 'article of manufacture' is broad enough to encompass both a product sold to a consumer as well as a component of that product.").

(149) 대상판결문("prosecution history estoppel does not arise, for '[e]stoppel arises when an amendment is made to secure the patent and the amendment narrows the patent's scope.' Festo Corp. v. Shoketsu Kinzoku Kogyo Kabushiki Co., 535 U.S. 722, 736 (2002).").

(150) 대상판결문("A competitor who sells a kennel embodying Advantek's patented structural design infringes the D'006 patent, regardless of extra features, such as a cover, that the competitor might add to its kennel.").

(151) 이 장면에서 CAFC는 자상하게도 (그리고 불필요하게) 각주에서 손해배상 산정에서는 피고제품의 전체가 아니라 뚜껑을 제외한 부품을 기준으로 산정하게 될 것이라고 설명하고 있다.

평석

1. 피고 제품이 원고의 부품 디자인의 권리범위에 속함!

CAFC는 피고제품이 뚜껑을 포함하고 있지만 뚜껑을 제외하고는 등록디자인과 동일하므로 뚜껑의 포함 여부와 상관없이 등록디자인권을 침해한다고 판단하였다.(152)(153) CAFC는 실용특허 사건에 적용되는 구성요소완비의 원칙을 디자인 사건에도 적용하였다고 생각된다. 구성요소완비의 원칙은 특허발명이 (a+b+c)의 요소로 구성된 경우, (a+b+c+d)의 제품은 특허발명의 권리범위에 속한다고 보는 것이다. 즉, 다른 구성요소의 부가 여부와 무관하게 특허발명의 구성요소를 모두 실시하면 그 자체로 침해에 해당하는 것이다.

대상 사안에서 뚜껑이 없는 등록디자인이 (a+b+c)에 해당하고, 뚜껑이 있는 피고 제품이 (a+b+c+d)에 해당하므로 피고 제품이 등록디자인의 권리범위에 속한다고 보는 것이다. 위와 같은 해석은 디자인을 발명의 한 유형으로 취급하는 미국에서는 당연히 타당할 것이며,(154)(155) 디자인을 발명과 구분하는 우리나라에서도 타당할 것으로 생각된다. 다만, 이러한 법리는 출원경과금반언 원칙의 제한을 받을 것이다. 이하, 동 원칙이 해당 디자인권에 적용되는지 여부에 대하여 살펴본다.

2. 원고는 출원 중 제5도의 삭제를 통하여 권리범위를 확장하였음?

원고는 출원 중 제5도(뚜껑이 있는 우리의 디자인)의 삭제로 인하여 권리범위가 확장되었으므로 출원경과금반언 원칙이 적용되지 않는다고 주장하였는데, CAFC는 그 주장을 언급만 하고 별도의 반박 설명을 하지 않음으로써 묵시적으로 그 주장을 용인하는 결과를 초래하였다. 그러나, 원고의 그 주장은 잘못된 것이다.

(152) 대상판결문("A competitor who sells a kennel embodying Advantek's patented structural design infringes the D'006 patent, regardless of extra features, such as a cover, that the competitor might add to its kennel.").

(153) 이 장면에서 CAFC는 자상하게도 (그리고 불필요하게) 각주에서 손해배상산정에서는 피고제품의 전체가 아니라 뚜껑을 제외한 부품을 기준으로 산정하게 될 것이라고 설명하고 있다.

(154) 37 C.F.R. § 1.151 ("The rules relating to applications for patents for other inventions or discoveries are also applicable to applications for patents for designs except as otherwise provided.").

(155) Gorham Mfg. Co. v. White, 81 U.S. 511, 528 (1871) (cited in Pacific Coast).

원고의 주장을 (설명의 편의를 위하여) 특허출원의 청구항에 비교하여 설명하면, 대상 출원은 (a+b+c)의 구성요소를 가진 청구항 제1항과 (a+b+c+d)의 구성요소를 가진 청구항 제2항을 가졌으며, 출원 중 보정으로 제2항을 삭제한 경우와 상응하다. 그런데, 특허법에서 독립항 제1항에 종속되는 종속항 제2항을 삭제하는 보정이 권리범위를 확장하는 것으로 보지 않으며, 오히려 축소하는 것으로 본다.

우리 특허법 제47조 제3항은 청구범위를 감축하는 경우를, 청구항을 한정하는 경우, 청구항을 삭제하는 경우 및 청구항에 부가하는 경우 등 세 가지를 상정하고 있다.(156) 독립항 청구항이 삭제되는 경우는 물론이고 종속항 청구항이 삭제되는 경우도 그 삭제는 항상 청구범위의 감축으로 보아야 한다. 해당 사안에서 뚜껑이 있는 우리 디자인의 삭제는 권리범위의 감축이며, 그래서 해당 감축에 출원경과금반언 원칙이 적용될 수 있다.

특허등록 후에는 권리범위를 확장하는 정정이 허용되지 않는다.(157) 특허권자(원고)의 주장과 같이 종속항을 삭제하는 보정 또는 정정이 권리범위를 확장하는 것이라면, 특허권자는 특허등록 후 종속항을 삭제하는 정정을 일체 할 수 없게 된다. 특허권자가 가장 자유롭게 정정하는 것이 종속항의 삭제에 해당하는 것이 지금까지의 확립된 실무이고, 원고의 위 주장은 그 실무와 상충하므로 받아들일 수 없다.

그런데, CAFC는 원고의 그 주장에 대하여 아무런 반박을 하지 않으며, 더욱 이상하게는 그 주장을 보충하는 설명도 하지 않은 채 그 주장을 용인하는 태도를 보였다. 지방법원은 해당 제5도의 삭제가 포기에 해당하며 권리범위의 감축에 해당한다고 보았는데, CAFC가 그 지방법원의 판단에 반대되는 판단을 하기 위해서는 최소한의 근거 또는 설명을 제시하였어야 했다. CAFC는 Pacific Coast 판결에서 여러 실시례를 제시하는 도면 중 하나를 삭제하는 보정은 권리범위를 감축하는 것이라고 설시한 바도 있다.(158)

(156) 특허법 제47조 제3항("제1항 제2호 및 제3호에 따른 보정 중 청구범위에 대한 보정은 다음 각 호의 어느 하나에 해당하는 경우에만 할 수 있다.
1. 청구항을 한정 또는 삭제하거나 청구항에 부가하여 청구범위를 감축하는 경우 ...").

(157) 특허법 제136조 제1항("특허권자는 다음 각 호의 어느 하나에 해당하는 경우에는 특허발명의 명세서 또는 도면에 대하여 정정심판을 청구할 수 있다.
1. 청구범위를 감축하는 경우 ...").

(158) Pacific Coast, at ("By removing broad claim language referring to alternate configurations and cancelling the individual figures showing the unelected embodiments, the applicant narrowed the scope of his original application, and surrendered subject matter.").

독립항 제1항과 종속항 제2항을 가진 출원에서 제2항을 삭제하는 것이 권리범위의 확장이 아니지만 축소도 아니라는 주장이 가능할 것이다. 서울시가 내 땅이라고 주장하며(제1항) 중복적으로 종로구도 내 땅이라고 주장한 경우(제2항), 제2항을 삭제한다고 하여도 서울시 전체가 내 땅이라는 주장에 변함이 없다고 설명할 수 있을 것이다. 대상 사안에서 출원인이 제5도의 삭제가 권리범위의 확장이라는 주장은 지나친 것이었고, 축소는 아니라는 주장을 하는 것이 더 타당하였다고 생각된다. 다만, 청구항의 삭제가 권리범위의 축소라고 판단한 많은 사례는 쉽게 검색되는데,[159] 그것을 권리범위의 축소가 아니라고 판단한 선례를 검색하기는 어려운데, 대상사건에서의 권리자도 선례를 검색하지 못한 것인가? 아니면 아예 검색을 시도하지 않은 것인가?

3. 피고제품은 포기된 디자인의 권리범위에 속하지 않음?

CAFC는 (아무런 설명을 제시하지 않고) 피고제품이 포기된 디자인의 권리범위에 속한다고 판단한 지방법원의 판단이 틀렸다고 판단하였다. CAFC가 이러한 판단을 함에 있어서 CAFC의 2014년 Pacific Coast 판결이 영향을 미쳤을 것으로 추측이 되며, 이하 그 판결을 살펴본다.[160]

대상 사안에서의 디자인은 수상보트의 앞 유리창에 관한 것인데, 출원인은 심사 중 심사관의 한정명령에 대응하여 앞 유리창의 측면에 구멍이 4개 있는 디자인을 선택하고 구멍이 2개 있는 디자인 및 구멍이 없는 디자인을 포기하였다. 문제가 된 피고제품은 측면에 구멍이 3개 있는 것이었다.[161]

대상사건에서도 출원경과금반언의 원칙이 쟁점이 되었는데, 지방법원은 피고제품의 디자인이 최초 디자인과 보정된 디자인의 사이의 영역에 속한다는 이유를 제시하며 출원경과금반언 원칙을 적용하였다. 피고는 2개 구멍의 디자인이 포기되고 4

(159) Robert A. Matthews, Jr., 2 Annotated Patent Digest § 14:18 (Canceling claims may raise an estoppel to remaining claims).

(160) Pacific Coast Marine Windshields Ltd. v. Malibu Boats, LLC, 739 F.3d 694 (Fed. Cir. 2014) (JJ. Dyk, Mayer, Chen).

(161)

선택된 4개 구멍 디자인	포기된 2개 구멍 디자인	피고의 3개 구멍 제품
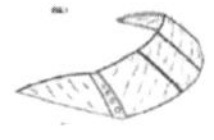		

개 구멍의 디자인과 0개 구멍의 디자인이 등록되었으므로 3개 구멍의 디자인은 그 0개와 4개의 영역 사이에 해당한다고 주장하였고, 지방법원은 그 주장을 인용하였다.

CAFC는 일반발명에서는 영역range으로 청구될 수 있지만 디자인발명은 (영역으로 청구되는 것이 아니라) 개별 디자인으로 청구될 수 있을 뿐이라는 법리를 설시한 후,(162) 포기된 디자인(2개 구멍)과 피고 제품의 디자인(3개 구멍)이 다르다는 이유로 해당 사안에는 출원경과금반언의 원칙이 적용될 수 없다고 판단하였다.

Pacific Coast 사안에서는 포기된 2개 구멍 디자인과 피고 제품의 3개 구멍 디자인이 서로 달랐고, 그래서 출원경과금반언의 원칙이 적용되지 않았다. 그런데, 대상 사안에서는 지방법원이 포기된 뚜껑이 있는 우리의 디자인과 피고 제품의 뚜껑이 있는 디자인이 동일한 것으로 판단하였다. 본 필자는 지방법원의 그 판단에 동의한다. CAFC는 그 사실판단을 뒤집으면서 별도의 근거를 제시하지 않고 있다. 지방법원의 사실판단은 존중되어야 한다는 법리가 외면되고 있다. 이 점에서 CAFC는 법리적용의 오류까지 범하였다고 생각된다.

4. 균등침해가 아닌 문언침해의 경우에도 출원경과금반언의 원칙이 적용됨?

출원경과금반언의 원칙은 권리자가 균등영역의 확장을 통해 균등침해를 주장하는 경우 피고가 균등영역의 확장을 억제하기 위하여 제기하는 원칙이다.(163) 그러한 법리는 우리 대법원도 인정한 바 있다.(164) 김동준 교수님의 「특허균등침해론」

(162) Pacific Coast, at xx ("However, this range concept does not work in the context of design patents where ranges are not claimed, but rather individual designs. Claiming different designs does not necessarily suggest that the territory between those designs is also claimed.").

(163) Wang Labs., Inc. v. Mitsubishi Elecs. Am., Inc., 103 F.3d 1571, 1578 (Fed. Cir. 1997) ("Once prosecution history estoppel limits the scope of a patent, the patentee may not recover for infringement where infringement would require an equivalence between a claim element and an aspect of the accused item that falls within the estoppel.").

(164) 대법원 2000. 7. 28. 선고 97후2200 판결("… 특허발명의 출원절차를 통하여 침해물건 등의 치환된 구성요소가 특허청구범위로부터 의식적으로 제외된 것에 해당하는 등의 특별한 사정이 없는 한, 침해물건의 치환된 구성요소는 특허발명의 대응되는 구성요소와 균등관계에 있는 것으로 보아 침해물건이 여전히 특허발명을 침해하는 것으로 본다."); 대법원 2002. 6. 14. 선고 2000후2712 판결("그렇다면 출원인 스스로 전제부의 기재사항인 '등받이와 보조받침을 직접 연결하여 연계동작을 하는 연결레버를 안내부가 안내하도록 하는 구성'을 공지의 기술로 한정한 것이라고 하겠고, 나아가 다시 특징부에서 위 안내부를 '한 쌍의 롤러'로 한정한 것은 출원인이 이와 균등관계에 있는 구성에 대해서는 그 권리범위를 주장하지 않겠다는 취지로 볼 것이다.").

은 출원경과금반언 원칙을 적용한 그 당시까지의 11개 대법원 판결을 소개하고 있다.(165) 그런데 대상 사안에서 권리자가 균등침해를 주장한 것이 아니라 문언침해를 주장하였으므로 대상 사안에서는 출원경과금반언의 원칙이 적용되지 않아야 한다는 주장이 가능할 것이다. 나아가 디자인보호법에는 균등침해 이론이 인정되지 않으므로, 디자인권 침해소송에서는 권리자가 균등침해를 주장하는 바가 없고 그렇다면 디자인권 침해소송에서는 출원경과금반언의 원칙이 적용될 가능성이 아예 없다는 주장도 가능할 것이다. 이하, 그 주장에 대하여 살펴본다.

CAFC는 Pacific Coast 판결에서 출원경과금반언 원칙이 디자인 사건에서도 적용된다고 최초로 판시하였다.(166) 동 판결에서 CAFC는 일반특허에서는 문언침해는 엄격한 동일성에 따라 판단하고 균등침해는 그 범위를 벗어나는 범위까지 인정하는 것인데, 디자인특허에서는 문언침해에서 실질적 유사성에 따라 판단하므로 그 실질적 유사성이 균등범위와 상응하다고 보았다.(167) 또, CAFC는 출원경과금반언 원칙이 강조하는 청구항의 통지notice 기능은 일반특허와 디자인특허에서 동일하게 적용된다고 보았다.

우리 특허법원이 디자인 사건에서 금반언 원칙을 적용한 사례도 보인다.(168) 특허법원은 2015허31 판결에서 다음과 같이 설시한 바 있다: "디자인출원인 내지 디자인권자가 디자인의 출원 등록과정 등에서 디자인과 대비대상이 되는 제품을 디자인의 보호범위로부터 의식적으로 제외하였다가 입장을 변경하여 그 제품이 디자인의 보호범위에 속하여 그 권리가 침해되고 있다고 주장하는 것은 금반언의 원칙에 위배되므로 허용되지 아니한다."

다만, 특허법원이 위 법리를 설시함에 있어서 디자인보호법에서는 균등침해 이론이 인정되지 않는 점 등을 충분히 고려하였는지는 의문이다. 미국에서는 일반

(165) 김동준, 「특허균등침해론」, 법문사, 2012, 312-313면.

(166) Brian Kobashigawa, *Pacific Coast Marine Windshields Ltd. v. Malibu Boats, LLC 739 F.3d 694 (Fed. Cir. 2014)*, 18 Intell. Prop. L. Bull. 243, 244 (2014) ("The court began by noting that, although treatises and district courts have long recognized that the doctrine of prosecution history estoppel applies to design patents, this was an issue of first impression for the Federal Circuit.").

(167) Pacific Coast 판결문("the test for infringement of design patents requires only that the accused and patented designs be sufficiently similar1 or that the accused design be a colorable imitation2 of the patented design.").

(168) 앞의 한상욱 변호사 발표문에서 재인용.

특허utility patent와 디자인특허를 모두 특허의 범주에서 처리하고 특별한 경우를 제외하고는 일반특허에 적용되는 법리를 디자인특허에도 그대로 적용하므로, 일반특허에 적용하여 온 출원경과금반언의 원칙을 디자인특허에도 적용하기가 쉬웠을 것이다. 그러나 우리나라에서는 발명과 디자인을 매우 다른 것으로 취급하고 있고 그에 따라 침해판단의 법리도 매우 다른데, 특허법에서 적용되어 온 출원경과금반언의 원칙을 디자인보호법에서도 적용할 수 있는지에 대해서는 깊은 고민이 필요하다고 할 것이다.

5. 한정명령을 따르는 도면의 삭제가 특허성의 이유인가?

출원경과금반언의 원칙이 적용되기 위한 3가지 요건 중 2번째 요건이 해당 포기가 특허성의 이유에 의한 것이어야 한다는 것이다.(169) 대상 사안에서 심사관이 한정명령을 발부하였고, 출원인은 그 명령에 따라 두 디자인 중 하나를 삭제하고 다른 하나를 선택하였다. 그 삭제와 선택이 특허성의 이유에 의한 것인가? Pacific Coast 판결은 디자인 출원에서는 하나의 디자인만 출원할 수 있다는 원칙이 중요하고 그러므로 두 개 이상의 디자인을 포함한 출원은 등록을 받을 수 없고 등록을 받기 위해서 하나의 디자인을 선택하는 것이 매우 중요한 요건을 충족하는 행위이고 특허출원에서의 특허성 충족에 버금가는 행위라고 보았다. 그러나, 특허출원에서 1출원 1발명 요건은 실체적 요건이 아니고 절차적 요건에 불과하여 출원 중에는 거절이유가 되지만 등록 후에는 무효사유가 되지 못한다. 그런 점을 감안하면 1출원 1디자인 요건을 충족하지 못한다는 이유의 한정명령사항에 근거한 도면의 삭제를 특허성의 이유로 인한 것이라고 보기는 어려워 보인다.

6. 제5도(뚜껑 있는 디자인)의 삭제 후 분할출원의 필요

대상 사안에서 출원인은 제5도를 삭제한 후 그 디자인에 대하여 별도로 분할출원을 출원하지 않았다. 만약, 분할출원을 해 두었더라면 권리자는 출원경과금반언의 원칙으로부터 자유로워지고, 피고제품은 당연히 그 분할출원이 청구한 디자인

(169) Pacific Coast, at 702 ("... (2) whether it was for reasons of patentability ...").

의 권리범위에 속하는 것으로 쉽게 판단되었을 것이다. 애초 쉬울 수 있는 사건을 어렵게 한 것은 출원인이 분할출원을 게을리 한 바에 기인한다.

7. 한정명령의 대상?

출원 중 심사관이 한정명령을 발부하자, 출원인은 심사관의 명령이 타당하지 않다고 반박하면서도 뚜껑이 있는 우리의 디자인(도면 제5도)을 삭제하였다. 결과적으로 제5도를 삭제하였으므로 출원인의 그 반박은 법률적으로 아무런 효과를 가지지 못하는 푸념에 불과한 것이 되었다. 그 출원인을 존중하는 의미에서 그 반박의 의미를 추측하자면 다음과 같은 것이 아닐까?

후드모자가 달린 상의에 관한 디자인에 있어서, 후드모자가 상의 뒤쪽에 늘어진 상태의 디자인을 하나의 도면에 담고, 후드모자가 세워진 상태의 디자인을 다른 도면에 담은 경우, 두 도면은 하나의 디자인을 보여 주는 것인가, 아니면 두 별개의 디자인을 보여 주는 것인가? 대상 사안에서 출원인은 우리의 뚜껑이 있는 디자인과 없는 디자인이 위 후드모자가 세워진 디자인과 늘어진 디자인과 상응하는 것으로 본 것이 아닐까? 그럼에도 불구하고 후드모자는 상의와 일체의 하나의 제품이라는 점과 대상 디자인의 뚜껑은 몸체와 일체의 하나의 제품이 아니라는 점은 구별되어야 할 것이다.

IV 결론

2014년 CAFC가 Pacific Coast 판결에서 디자인특허권의 침해 판단에 출원경과금반언 원칙이 적용됨을 최초로 판시하였으며, 대상판결은 그 법리가 약간 다른 사안에서 적용되는 사례를 보여준 것이다. 출원경과금반언 원칙이 디자인특허에 적용되는 사례가 희귀하여 아직까지는 그 적용에 있어서 법원이 어려움을 겪고 있는 것으로 보인다.

대상판결문은 (우리의 영웅) Newman 판사가 작성한 것이다.(170) Newman 판사의 평소의 엄밀하고 아름다운 판결문과 대상판결문은 사뭇 다른 내용을 보인다. 지방법원의 사실판단과 다른 판단을 함에 있어서 최소한의 근거를 제시하지 않은 점은 비판을 면하기 어려워 보인다. 특히 (특허명세서에서의 종속항에 상응하는) 도면 제5도의 삭제가 권리범위의 확장이라는 권리자의 주장에 대하여 아무런 언급을 하지 않고 묵시적 동의를 하는 태도는 가혹한 비판의 대상이 된다. 대상판결의 오류가 Newman 판사의 경력이나(171) 나이 탓은 아닐 것이고,(172) 새로 뽑은 재판연구관clerk의 탓인가?

원고(디자인권자)를 위하여 해당 제품을 OEM 생산하던 피고가 제품을 직접 제작, 판매하였으므로 피고는 (출원경과금반언 원칙이 없었다면) 악의적 침해자에 해당할 수 있었다. 감성적 접근에 의하면, 피고는 나쁜 놈이고 원고 디자인권의 작은 하자를 악용한 것이다. 이러한 감성적 이해가 해당 판결에 영향을 미친 것은 아닐까?

(170) Eric Guttag, Newman Says Obviousness is Matter of Foresight Not Hindsight, May 21, 2010 ("For most of us patent prosecutors, Judge Newman is our hero.").
〈https://www.ipwatchdog.com/2010/05/21/newman-obviousness-foresight/id=10641/〉.

(171) Newman 판사는 1984년에 CAFC 판사로 임명되었으며, 그 전에 30년 이상 특허변호사로 활동하였다. 즉, 특허법의 경험이 64년에 달한다.
〈https://en.wikipedia.org/wiki/Pauline_Newman〉.

(172) Newman 판사는 1927년 6월 20일생이어서, 2018년 9월 현재 만 91세이다.

4-8

[미국] 디자인특허의 침해판단 법리

Egyptian Goddess v. Swisa (Fed. Cir. 2008)

| **안원모** | 홍익대학교 법과대학 교수

I 서론

미국에서 디자인특허 침해판단 테스트의 기본이 되는 것은 1871년 미국 연방대법원의 Gorham Co. v. White[(173)] 사건(이하 단순히 'Gorham 사건'이라고만 언급한다)에서 비롯된 실질적 유사성 테스트substantial similarity test이다. 이 판단기준은 한동안 미국 연방순회항소법원 및 각 지방법원에서 신규 포인트 테스트point of novelty test[(174)]로 변형되어 운영되어 오다가, 2008년 연방순회항소법원CAFC 전원합의체 판결인 Egyptian Goddess, Inc. v. Swisa, Inc.[(175)] 판결(이하 단순히 'Egyptian Goddess 판결'

(173) Gorham Co. v. White, 81 U.S. 511 (1871).

(174) 해석에 따라, 신규 요점 테스트, 신규 사항 테스트, 신규 요소 테스트, 신규 특징 테스트 등으로 해석될 수 있을 것이나, 가급적 원문에 가깝게 이 글에서는 신규 포인트 테스트로 호칭한다.

(175) Egyptian Goddess, Inc. v. Swisa, Inc., 543 F.3d 665 (Fed. Cir. 2008) (en banc).

이라고 한다[176])을 계기로 하여, 신규 포인트 테스트가 폐지되고, 다시 Gorham 사건에서의 실질적 유사성 테스트로 회귀하게 되었다.

이 글에서는 이와 같은 미국에서의 디자인특허 침해판단기준의 변화를 고찰해 보고, 그 과정에서 보여지는 미국 법원의 고민이 무엇이었는지를 살펴보고자 한다. 디자인 침해판단기준은 우리 나라를 비롯한 세계 대부분의 나라에서 가장 해결이 어렵고 확립된 판단기준을 정립하기 어려운 분야로 알려져 있다. 미국에서의 디자인특허 침해판단기준의 변화 과정에서 보여지는 고민의 깊이는 우리나라에서의 디자인 유사 여부 판단기준의 효과적인 설정에 있어서도 많은 참고가 될 것으로 생각한다.

Ⅱ 미국에서의 디자인특허 침해판단의 원칙적 기준

1. 법률의 규정과 디자인특허의 권리범위

미국 특허법 제289조(35 U.S.C. §289)에서의 디자인특허 침해 관련 규정은 다음과 같다. "디자인 특허권자의 허락 없이, (1) 판매 목적으로 어느 제조 물품에 특허디자인 또는 이와 '균등(유사)한'colorable imitation 디자인을 적용하거나, (2) 특허디자인 또는 균등디자인이 적용된 어느 물품을 판매하거나 판매에 제공한 자는, 그 자의 전체이익의 범위에서, 그러나 250불을 하회하지 않는 범위에서, 특허권자에게 책임을 부담한다".[177]

이 조문에 의하면 미국도 우리나라와 같이 디자인특허의 권리범위는 동일 디

(176) 2008년 전원합의체 판결 전의 2007년 Egyptian Goddess, Inc. v. Swisa, Inc., 498 F.3d 1354 (Fed. Cir. 2007) 판결을 언급할 경우에는 '2007년 Egyptian Goddess 판결'이라 한다.

(177) 35 U.S.C. §289. "Whoever during the term of a patent for a design, without license of the owner, (1) applies the patented design, or any colorable imitation thereof, to any article of manufacture for the purpose of sale, or (2) sells or exposes for sale any article of manufacture to which such design or colorable imitation has been applied shall be liable to the owner to the extent of his total profit, but not less than $250, recoverable in any United States district court having jurisdiction of the parts."

자인 뿐만 아니라 유사 디자인의 범위에까지 미치는 것으로 하고 있다. 유사 디자인의 표현을 미국 특허법 제289조에서는 'any colorable imitation'이라고 표현하고 있는데, 특허디자인과 동일하지 않지만 기망할 정도로 충분히 유사하게 복제된 디자인을 'any colorable imitation'인 것으로 보고 있다. 미국 실무에서는 이 표현을 실용특허에서의 균등물 개념과 같은 것으로 해석하고 있다.(178)

디자인특허 침해판단과 관련하여 1871년의 Gorham 사건에서, 미국 연방대법원이 실질적 유사성 테스트substantial similarity test를 언급한 이후, 디자인특허 침해판단의 가장 기본적인 테스트로 지금까지 계속 유지되고 있다. 위 연방대법원 판결의 중요성을 감안하여 그 내용을 좀 더 구체적으로 살펴본다.

2. 미국 연방대법원에서의 분석 기준: Gorham 사건에서의 실질적 유사성 테스트

미국에서 디자인특허 침해 분석의 가장 중요한 기준을 설정한 연방대법원 판결로 거론되는 Gorham 사건에서 문제된 디자인은 수저와 포크의 디자인에 대한 것이다. 이 사건에서 하급법원은, 해당 분야의 디자인에 정통한 사람(디자인 전문가)의 관점에서 두 디자인이 실질적으로 동일한지 여부에 대한 판단이 이루어져야 하고, 이러한 전문가들의 눈에 두 디자인 사이의 실질적인 차이점이 쉽게 발견될 수 있을 것이라고 하면서, 비록 두 디자인 사이에 외곽선과 형상은 서로 유사한 면이 있지만, 장식에서 일부 차이를 보이고 있고, 해당 분야의 전문가라면 이러한 차이점을 쉽게 구분할 수 있을 것이므로 침해가 성립하지 않는다고 판단하였다.

이에 대하여 미국 연방대법원은, 해당 분야의 디자인에 정통한 사람의 관점에서 실질적 유사성을 판단하게 되면 의회가 디자인특허에 주려는 모든 보호가 부정될 가능성이 있다고 하면서, 하급법원의 판단을 파기하였다. 연방대법원이 이 부분과 관련하여 판시한 중요한 내용은 다음과 같다.

"인간의 정교함은 전문가가 구분할 수 없을 정도로 상세한 부분에 이르기까지 정확하게 닮은 디자인을 결코 만들지 않을 것이다. 그러므로 전문가를 기준으로 디자인 유사 판단을 하게 되면 디자인특허 침해가 성립할 수 있는 경우가 거의 없다.

(178) Grame B. Dinwoodie & Mark D. Janis, Trade Dress and Design Law, Wolters Kluwer(2010), p. 409. 이에 의하면 1988년의 연방순회항소법원 판결(Lee v. Dayton–Hudson Corp., 838 F.2d 1186, 1190 (Fed. Cir. 1988))에서, 균등론이 디자인특허에도 적용된다고 판시하고 있다.

디자인특허 침해 분석에서 기망의 대상은 전문가가 아니라, 침해자의 물건을 권리자의 것으로 생각하고 구입하는 일반 구입자가 되어야 한다. 만일 물품 구입자의 평균적인 주의 정도를 가진 일반 관찰자의 시각에서, 두 디자인이 실질적으로 동일하여 그 관찰자로 하여금 그가 의도한 물품이 아닌 다른 물품을 구입하도록 오인할 정도이면 디자인특허 침해가 성립된 것으로 보아야 한다."

이러한 기준 하에, 다툼이 된 두 디자인을 관찰하여 보면, 일반 관찰자의 눈에 가장 인상적으로 보이는 두 디자인의 외곽선과 형상에 실질적인 차이점이 없고, 장식의 일부에 있어서만 차이가 발견될 뿐이다. 그러나 당해 물품의 일반 구입자가 보통으로 기울이는 주의 정도를 고려하면, 이들은 이러한 장식의 미세한 차이를 발견하지 못할 것이고, 가장 눈에 띄는 외곽선과 형상의 전체적인 효과에 의하여, 두 디자인을 실질적으로 같은 것으로 볼 것이다.

미국 연방대법원은 하급법원이 실질적 유사성 판단의 기준인으로 해당 분야의 전문가를 내세웠지만 이를 부정하고, 해당 분야의 전문가가 아니라 일반적인ordinary 구입자 또는 관찰자가 판단의 기준인이 되어야 하고, 이들이 통상 기울이는 주의 정도 하에서 두 디자인 사이에 실질적 유사성substantial similarity이 인정되면, 디자인특허 침해가 인정되어야 한다고 판시한 것이다. 지금으로부터 거의 150년 전에 이루어진 이 판결에서의 기준이 현재 미국 법원들에서 디자인특허 침해 분석의 가장 기본이 되는 테스트로 받아들여지고 있다.

신규 포인트 테스트의 등장과 문제점

1. 신규 포인트 테스트Point of Novelty Test의 주요내용

미국 연방대법원이 Gorham 사건에서 실질적 유사성 테스트를 제시하였지만, 이후 미국의 지방법원과 항소법원들에서는 이 테스트에 변형을 가하여 운용하기 시작하였다. 그 주된 이유는 실질적 유사성 테스트가 다소 주관적 판단의 성향이 있다는 것과 디자인 침해 분석에서 선행디자인의 고려가 필요하다는 점 때문이었다. 이 새로운 테스트는 디자인특허 침해 분석의 기준으로서 Gorham의 실질적 유사성 테스트에 더해, 여기에 신규 포인트 테스트를 하나 더 추가한 것으로, 이른바 신규 포인트 테스트로 언급되고 있다. 이 테스트에 의하면, 디자인특허 침해가 성립하기 위해서는 Gorham에서의 실질적 유사성 테스트를 충족해야 할 뿐만 아니라, 침해디자인(179)이 특허디자인을 선행디자인과 구분해 주는 특허디자인의 신규 부분point of novelty을 이용하고 있어야 한다는 것이다.

대표적인 판결로 1944년 제8순회 항소법원의 Sears, Roebuck & Co. v. Talge(180) 판결을 들 수 있는데, 여기에서 디자인특허 침해 테스트로서 두 가지 요소를 언급하고 있다. 첫째, 일반 구입자의 시각에서, 외관의 동일성 또는 전체로서 효과의 동일성이, 그로 하여금 어느 하나를 다른 것으로 생각하게 하면서 구입을 유도할 정도로 기망할 정도가 되어야 하고(실질적 유사성 테스트), 둘째, 침해 물건은 선행디자인과 구분되는 특허디자인에서의 신규 부분을 이용하고 있어야 한다는 것이다.(181)

신규 포인트 테스트라는 명칭을 처음으로 사용한 것은 연방순회항소법원의 Litton Systems v. Whirlpool(182) 판결이다. 이에 의하면, "디자인특허 침해가 인정되기 위해서는, 일반 관찰자의 눈에 두 물건이 유사해 보인다고 하더라도, 침해물건이 특허디자인을 선행디자인과 구분해 주는 신규 부분을 이용하고 있어야 한다. 일반 관찰자의 시각에서 두 물품이 유사해 보인다고 하더라도 그 유사성은 특허디자인을 선행디자인과 구분해 주는 신규 부분에서 기인된 것이어야 한다"고 언급함으로써, 신규 포인트 테스트의 의미를 보다 분명히 하고 있다.

신규 포인트 테스트에 따르면, 법원은 디자인특허 침해 사건에서 먼저 특허디자인의 어느 요소가 선행디자인에 존재하는지를 살펴야 하고, 만일 선행디자인에서 시각적으로 발견되는 어느 요소가 있으면 이 부분은 신규 포인트에서 배제된다. 선행디자인에서 발견되지 않는 특허디자인의 나머지 요소들이 신규 포인트를 구성하게 되고, 이러한 새로운 요소들이 침해디자인에서 시각적으로 발견되어야 침해

(179) 디자인특허를 침해한 것으로 지목된 피의 침해디자인을 단순히 '침해디자인'이라고 한다. 뒤에서 사용하는 침해디자인의 용어도 이러한 의미로 사용한다.

(180) Sears, Roebuck & Co. v. Talge, 140 F.2d 395 (8th Cir. 1944).

(181) 이러한 판시 내용은 이 판결 이전에도 제6 순회항소법원의 Applied Arts Corp. v. Grand Rapids Metalcraft Corp., 67 F.2d 428 (6th Cir. 1933) 판결에서도 나타나고 있다.

(182) Litton Systems, Inc. v. Whirlpool Corp., 728 F.2d 1423 (Fed. Cir. 1984).

가 성립하게 된다.(183)

2. 신규 포인트 테스트가 1893년 연방대법원 판결에서 유래한다는 주장

한편, 신규 포인트 테스트가 1893년 연방대법원의 Smith v. Whitman Saddle Co.(184) 사건(말안장과 관련된 디자인특허 사건이다)에서 유래한다는 주장도 있다. 만일 이러한 주장이 설득력 있는 것으로 받아들여진다면 신규 포인트 테스트는 연방대법원의 기본적인 입장이 될 수도 있으므로, 신규 포인트 테스트의 운명에 중대한 영향을 미치게 될 수 있다.(185) 실제 이 사건이 미국 내 많은 디자인 침해 사건과 논문들에서 언급되고 있으므로 이 사건의 내용을 간단히 살펴보고자 한다.(186)

이 사건에서 디자인특허권자인 Whitman의 말안장과 피의 침해자인 Smith의 말안장은 선행디자인인 Granger 말안장과 Jenifer 말안장을 반반씩 결합한 형태를 공유하고 있고, 이 점에서 두 안장은 매우 유사하게 보인다. 다만 Whitman의 말안장은 말안장 머리부분pommel에 수직 경사면이 있다는 점에서, 이 부분에 다소 완만한 경사면을 가지고 있는 Smith의 말안장과 구분된다. 피고 Smith는 원고가 Granger 안장과 Jenifer 안장을 결합한 것만으로 디자인특허를 받을 수 없었고, 원고의 말안장이 특허된 실질적인 이유는 두드러진 안장머리의 수직 경사면 때문이라고 주장하면서, 자신의 말안장에는 이러한 수직 경사면을 가지고 있지 않으므로 침해가 성립하지 않는다고 주장하였다. 연방대법원은 피고의 이러한 주장을 받아 들여 디자인특허 침해가 성립하지 않는다고 판단하였다.

(183) Perry J. Saidman, What is the Point of the Point of Novelty Test for Design Patent Infringement? Nail Buffers and Saddles: An Analysis fit for an Egyptian Goddess, 90 J. Pat. & Trademark Off. Soc'y 401 (2008.6), p. 405.

(184) Smith v. Whitman Saddle Co., 148 U.S. 674 (1893).

(185) 위 Sears, Roebuck & Co. v. Talge 사건에서 제8 순회항소법원은 연방대법원의 Smith v. Whitman Saddle Co. 사건을 근거로 들면서, 신규 포인트 논리를 사용하고 있다. Egyptian Goddess 사건에서도 피고는 연방대법원의 위 판결을 신규 포인트 적용의 선례로 주장하고 있다.

(186) 구체적인 디자인은 다음과 같다:

특허디자인	피고디자인	Granger 말안장	Jenifer 말안장
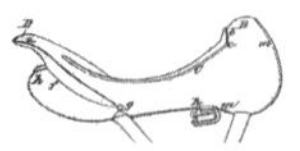			

위 판결의 논리구조를 신규 포인트 테스트 시각에서 바라보면, 말안장 머리의 수직 경사면이 선행디자인에서 발견되지 않는 특허디자인의 신규 포인트가 되고, 이를 피의 침해자가 이용하였는지 여부가 침해판단의 중요한 요소가 되었다는 점에서 신규 포인트 테스트 법리와 매우 유사한 논리 구조를 취하고 있다.(187) 그러나 2008년 연방순회항소법원의 Egyptian Goddess 판결에서는 위 말안장 사건이 신규 포인트를 적용한 사안이 아니며, 연방대법원이 위 말안장 사건에서 디자인특허 침해 판단을 위한 별도의 신규 포인트 테스트를 만들지 않았다고 하면서, 신규 포인트 테스트가 연방대법원의 기본적인 입장이 아님을 분명히 하고 있다. 나아가 신규 포인트 테스트는 비교적 최근에 만들어진 테스트이고, 그 근거로서 앞서 본 몇 개의 항소법원 판결들을 들고 있다.(188)

3. 신규 포인트 테스트가 등장하게 된 배경

Gorham 사건에서 디자인특허 침해 판단의 기준으로 실질적 유사성 테스트를 제시하였지만, 여기에는 침해 분석의 과정에서 선행디자인을 고려하여야 하는지, 고려한다면 어느 정도로 고려하여야 하는지에 대한 아무런 언급이 없었다. 그러나 이후 하급법원에서 디자인특허 침해 사건을 처리함에 있어, 선행디자인을 고려하지 않으면 불공정한 결과가 나온다는 것을 인식하면서, 침해 분석 과정에서 선행디자인을 고려하기 위한 어떠한 논리가 필요하다는 것을 인식하게 되었다. 그 고민의 결과가 신규 포인트 테스트로 나타나게 된 것이다.

신규 포인트 테스트의 등장이 선행디자인의 고려와 깊은 관련이 있다는 점은 Egyptian Goddess 사건에서도 언급되고 있다. 이 판결의 언급 중에, 신규 포인트 테스트의 주된 기능은 침해디자인이 선행디자인을 적용하고 실질적으로 특허디자인보다 선행디자인과 더 유사한 경우에 침해판단을 막기 위한 것이라는 언급이 있다. 그러나 이어서, 신규 포인트 테스트의 이러한 기능은 불합리한 결과가 도출되는 신규 포인트 테스트가 아니라, 새로운 접근법인 '선행디자인에 친숙한 일반 관찰

(187) Perry J. Saidman, Egyptian Goddess Exposed! But Not in the Buff(er)…, 90 J. Pat. & Trademark Off. Soc'y 859 (2008. 12), p. 873.

(188) 앞의 2008년 Egyptian Goddess 판결, at 672.

자 테스트'를 적용함으로써 더 합리적으로 해결할 수 있다고 하고 있다.(189) 즉, 신규 포인트 테스트가 디자인특허 침해 분석에서 선행디자인의 고려를 위하여 만들어진 논리이나 이 테스트에 부수되는 다른 문제점들로 인하여(190) 더 이상 침해 분석에서 사용되어서 안 된다고 하면서, 그 대신에 선행디자인의 고려를 위한 수정된 일반 관찰자 테스트의 논리를 제공하고 있다.

4. 신규 포인트 테스트의 문제점

(1) 입증의 장면에서 디자인특허권자에게 매우 불리

Egyptian Goddess 판결이 나오기 이전에, 연방순회항소법원은 디자인특허 침해를 위한 테스트로서 실질적 유사성 테스트와 신규 포인트 테스트를 별개의 테스트로 취급하고 있었기 때문에, 디자인특허권자는 두 가지 테스트를 모두 입증한 경우에만 디자인특허 침해소송에서 승리할 수 있었다.(191) 특히 두 번째 테스트인 신규 포인트 테스트와 관련하여, 디자인특허권자는 자신의 디자인특허에 기존의 선행디자인과 구분되는 신규 부분이 존재한다는 점 및 이 신규 부분을 침해디자인이 그대로 이용하고 있다는 점을 입증하여야 했다. 디자인특허권자는 자신의 디자인특허에 선행디자인과 구분되는 신규 요소가 있음을 입증하기 위하여 이와 관련되는 선행디자인을 제출할 책임이 있었다.

이에 비하여, 피의 침해자 입장에서는 신규 요소라고 주장된 부분이 선행디자인에서 발견된다고 주장하거나, 이러한 신규 요소 중 어느 하나를 자신의 디자인에서 이용하지 않고 있음을 주장하면서, 침해에서 벗어날 수 있었다. 그 때문에, 피의 침해자로서는 신규 포인트 테스트가 침해책임을 벗어나기 위한 매우 매력적인 수단을 제공하는 것이었다.(192) 특히 신규 요소로 인정될 수 있는 다수의 디자인 요소들이 디자인특허에 존재하고 있는 경우에, 피의 침해자는 그 중 하나의 결여만으로도 쉽게 침해 책임을 면할 수 있었다. 그로 인하여 디자인특허 침해 소송에서 디자인특

(189) 앞의 2008년 Egyptian Goddess 판결, at 678.

(190) 다음 항목에서 구체적으로 살펴본다.

(191) Marta Kowalczyk, DESIGN PATENT INFRINGEMENT: POST–EGYPTIAN GODDESS, 2010 U. Ill. J.L. Tech. & Pol'y 239 (2010), p. 243.

(192) Perry J. Saidman, Egyptian Goddess Exposed! But Not in the Buff(er)…, p. 863.

허권자가 승소하기가 매우 어려웠다.

(2) 디자인의 사소한 차이에 지나치게 집중

신규 포인트 테스트가 가지고 있는 또 하나의 중요한 문제점은 디자인 침해 분석에서 신규 포인트에 집중한 결과, 특허디자인의 사소한 특징에 집중하게 된다는 점이다. 디자인 침해 분석은 어디까지나 디자인을 전체적으로 관찰하여야 하는 것인데, 신규 포인트 테스트는 디자인의 사소한 특징의 차이에 따라 침해 판단이 이루어진다는 문제가 있었다. 즉, 이 테스트에 의하면, 선행디자인과 구분되는 디자인 특허의 신규 요소를 선정하는 과정, 이 신규 요소를 침해디자인이 이용하고 있는지 여부 등의 분석 과정에서, 불가피하게 디자인의 개별적 구체적 특징 부분에 집중하게 되고, 이러한 단일의 구체적 특징의 이용 여부에 의하여 침해판단이 이루어지게 되었다. 그리하여 이 테스트는 특허디자인과 침해디자인 사이의 작은 차이점에 과장된 중요성을 부여할 위험성이 있게 된다.

디자인특허는 등록단계에서 출원디자인의 개별적 신규 요소를 확인하지 않으며, 출원디자인이 전체적으로 선행디자인에 비하여 새로운지와 비자명한 것인지 여부에 의하여 등록 여부가 결정된다. 그런데, 침해소송 과정에서 갑자기 출원이나 심사의 대상도 아니었던 특허디자인의 신규 요소를 특정해야 하는 부담이 특허권자에게 부여되고, 상대방은 신규 포인트 테스트를 이용하여, 전체적 외관이 특허디자인과 실질적으로 동일함에도, 특허디자인의 일부인 신규 요소가 침해디자인에서 발견되지 않는다는 이유로 침해판단을 피할 수 있게 된다.(193) 침해자 입장에서는 전체 디자인이 유사하지 않다고 주장하는 것보다, 개별적 신규 포인트의 결여를 주장하여 침해를 피하는 방법이 훨씬 더 용이하다는 점에서, 이 테스트는 기본적으로 당사자들로 하여금 디자인 사이의 사소한 차이점에 집중하도록 만들게 된다.

(3) 다수의 신규 요소들의 결합으로 이루어진 디자인 사건에 적용하기 어려움

신규 포인트 테스트는 디자인의 특징이 단순한 사건에서 원래의 목적을 달성할 수 있다. 특허디자인이 단일의 선행디자인과 구분되는 단일의 디자인특징을 가지고 있는 경우에 선행디자인의 고려라는 원래의 목적이 달성될 수 있다. 그러나 특

(193) Perry J. Saidman, What is the Point of the Point of Novelty Test for Design Patent Infringement? Nail Buffers and Saddles: An Analysis fit for an Egyptian Goddess, p. 409.

허디자인이 다수의 신규 요소들로 구성되어 있거나, 복수의 선행디자인에서 발견되는 다수의 디자인 요소들을 결합하여 구성된 디자인의 경우에는 이 테스트를 적용하기 어렵거나 불합리한 결과가 도출될 가능성이 높다.(194) 특히 복수의 선행디자인에서 발견되는 다수의 디자인 요소들을 결합하여 만들어진 디자인의 경우, 이러한 요소들 각자는 모두 개별적으로 선행디자인에서 발견되는 것들이기 때문에 신규 포인트를 구성할 수 없게 된다. 다만, 그러한 결합으로 인한 새로운 전체 외관이 신규 포인트로 인정될 가능성이 있으나, 연방순회항소법원은 이러한 결합으로 인한 새로운 전체 외관에 대하여 신규 포인트를 구성할 수 없다고 판단하여 왔다.

특히 이러한 논리에 따라 신규 포인트 테스트의 적용을 거절한 대표적인 사례로 2006년 연방순회항소법원의 Lawman Armor v. Winner(195) 사건을 들 수 있다. 이 사건에서 원고는 비록 특허디자인을 구성하는 8개의 디자인특징들이 모두 선행디자인에서 발견되고 있다고 하더라도, 이러한 요소들의 결합으로 인한 전체 외관이 신규 포인트에 해당한다는 주장을 하고 있다. 그러나 항소법원은 오래된 특징들의 결합으로만 이루어진 전체 외관이 신규 포인트를 구성할 수 없다고 하면서, 원고의 주장을 받아들이지 않았다.

이러한 논리에 대한 비난이 있게 되자,(196) 선행디자인에서 발견되는 다수 특징들의 결합에 대하여도 신규 포인트를 인정하고자 하는 노력이 등장하기도 하였다. 이는 2007년의 Egyptian Goddess 판결(2008년 전원합의체 이전의 판결)에서 등장한 논리인데, '비사소한 진전 테스트non-trivial advance test'라고 명명된 논리가 그것이다. 이에 대하여는 뒤의 Egyptian Goddess 사건의 분석에서 더 구체적으로 살펴보고자 한다.

(194) 앞의 2008년 Egyptian Goddess 판결, at 671.

(195) Lawman Armor Corp. v. Winner, 437 F.3d 1383 (Fed. Cir. 2006).

(196) 특히 오래된 요소들의 결합 자체를 신규 포인트로 인정하더라도 매우 좁은 범위의 권리범위만 인정될 것이고, 약간의 디자인 우회(design around)를 통하여 침해를 벗어날 수 있을 것이므로, 디자인 요소들의 결합을 신규 포인트로 인정하여도 아무런 문제가 없다는 주장도 제기되었다(Perry J. Saidman, What is the Point of the Point of Novelty Test for Design Patent Infringement? Nail Buffers and Saddles: An Analysis fit for an Egyptian Goddess, p. 406).

Ⅳ 신규 포인트 테스트의 폐기 및 일반 관찰자 테스트의 재정립

디자인특허 침해판단과 관련한 미국 실무의 중대한 전환의 계기는 2008년 Egyptian Goddess 전원합의체 판결에서 비롯되었다. 현재 미국 실무에서의 디자인특허 침해판단의 기준이 되고 있는 것은 이 판결에서 판시한 내용들이다. 이 판결의 중요성을 감안하여, 사건의 구체적인 내용, 경과 및 결론에 해당하는 내용을 구체적으로 살펴 볼 필요가 있다.

이 사건에서 문제된 디자인특허는 미국 디자인특허 번호 467,389호(이하 '389 특허'라고 함)로 등록된 네일 버퍼nail buffer, 손톱 연마기 디자인이다. 이 디자인은 속이 빈 직사각형 형태의 버퍼로 되어 있고, 4면 중 3면에 버퍼 패드buffer pad가 부착된 것이었다. 이에 대하여 상대방인 Swisa의 제품도 마찬가지로 속이 빈 4각형의 직사각형 형태로 구성된 것이지만, 특허디자인과 달리 4면 모두에 버퍼 패드가 부착된 것이었다. 디자인특허권자는 속이 채워져 있는 사각형의 Falley buffer block을 선행디자인으로 제시하였고, Swisa는 삼각형의 Nailco 버퍼를 선행디자인으로 제시하였다.(197)

1. 지방법원의 판결

이 사건의 1심은 텍사스 북부지방법원에서 다루어졌다.(198) 여기에서 지방법원은 디자인특허 침해의 입증을 위하여 원고가 다음 두 가지의 점을 입증하여야 한다고 하였다. '첫째, 피의 침해 물건이 일반관찰자 테스트에 의하여 특허디자인과 실질적으로 유사하다는 점, 둘째, 피의 침해 물건이 선행디자인과 구분되는 특허디자인의 신규 요소를 포함하고 있다는 점'이 그것이다. 앞서 본 바와 같이 이 두 가지

(197) 이 사건에서 등장하는 디자인의 구체적인 외관을 표시하면 다음과 같다:

'389 특허	Swisa Buffer	Nailco 디자인특허	Falley Buffer Block
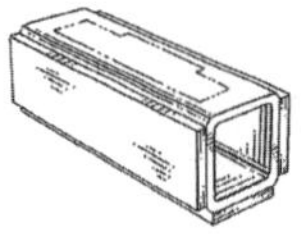		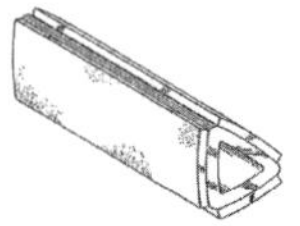	

(198) Egyptian Goddess, Inc. v. Swisa, Inc., No. 3:03-CV-0594-N, 2005 WL 5873510 (N.D. Tex. 2005).

점은 당시 미국 법원들에서 디자인특허 침해 성립을 위해서 요구하던 기준을 이 사건에 그대로 적용한 것이다. 지방법원은 389 특허와 선행디자인 Nailco 버퍼를 비교하였을 때, 389 특허의 신규 포인트는 Nailco 버퍼에서 발견되지 않는 '패드 없는 네 번째 면의 추가이고, 이로 인해 선행디자인 Nailco 버퍼의 삼각형 횡단면을 사각형 횡단면으로 변경한 것'에 있다고 보았다. 그런데 Swisa 제품은 389 특허의 신규 포인트인 '패드 없는 네 번째 면'을 포함하고 있지 않기 때문에 침해가 성립하지 않는다고 판단하였다.

이 소송에서 원고는 389 특허의 신규 포인트를 네 가지로 지적하면서(개방되고 비어 있는 몸체, 사각형 횡단면, 돌출된 사각형 버퍼 패드, 노출된 코너), 이 네 가지 요소의 결합에 신규 포인트가 있다고 주장한 바 있다. 그러나 지방법원은, 오래된 특징들의 결합으로 이루어진 디자인에 신규 포인트를 인정할 수 없다는 앞서 본 Lawman Armor v. Winner 판결의 취지에 따라, 원고의 주장을 받아들이지 않았다.

2. 항소법원의 2007년 Egyptian Goddess 결정: 신규 포인트 테스트의 개선

지방법원의 판단과 달리, 연방순회항소법원은, 개별적으로 알려진 디자인 요소들의 결합에 의해서도 신규 포인트가 인정될 수 있다고 판단하였다. 이는 오래된 특징들의 결합에 신규 포인트를 인정하지 않는다는 이전의 Lawman Armor v. Winner 결정을 번복한 것이다. 다만, 항소법원은 오래된 특징들의 단순한 결합만으로는 신규 포인트를 구성할 수 없으며, 그 결합으로 인한 특징이 선행디자인과 비교하여 '비사소한 진전a nontrivial advance'에 해당할 것을 요구하였다. 항소법원의 이 결정은 오래된 특징들의 결합에 신규 포인트를 인정하지 않던 기존의 입장을 폐기하면서, 그 결합으로 인한 특징이 선행디자인에 비하여 비사소한 진전에 해당할 경우, 오래된 특징들의 결합에도 신규 포인트가 인정될 수 있다는 논리를 새롭게 개발한 것으로, 기존의 신규 포인트 테스트를 한 단계 더 발전시킨 것이라고 평가할 수 있다.(199)

그러나 항소법원은 이 사건에서의 구체적인 적용에 있어, 합리적인 배심원이

(199) Lorna Brazell, Egyptian Goddess Inc v Swisa Inc: Is design law in the US and EU converging? The Egyptian Goddess faces up to the snake, European Intellectual Property Review 2009, 31(11) (2009), p. 579.

라면 원고가 주장하는 오래된 요소들의 결합으로 인한 특징이 선행디자인에 비하여 비사소한 진전을 구성한다고 결론을 내리지 않을 것이라고 하면서, 결론적으로 원고의 이 부분 주장을 받아들이지 않았다.

항소법원 3인 합의체의 이 결정이 있은 지 3개월 후에, 항소법원은 위 3인 합의체의 결정을 무효로 하면서 전원합의체에서 다시 이를 심리할 것을 승인하였다.(200) 그러면서 항소법원은 전원합의체 심리에서 검토되어야 할 사항으로 다음 네 가지 논점을 특별히 지적하였다. 첫째 디자인특허 침해 테스트로서 신규 포인트 테스트가 계속 이용되어야 하는지, 둘째 신규 포인트를 결정하는 수단으로 '비사소한 진전 테스트'를 채택해야 하는지, 셋째 다수의 디자인 특징들이 선행디자인과 다를 때 신규 포인트 테스트는 어떻게 적용되어야 하는지, 넷째 디자인특허 사건에서 공식적인 청구범위 해석이 필요한지 여부가 그것이다.(201) 이 중 실질적인 쟁점은 두 가지로 정리될 수 있는데, 하나는 신규 포인트 테스트가 디자인특허 침해 판단의 테스트로서 계속 사용되어야 하는가이고, 다른 하나는 디자인특허 침해 사건에서 청구항 해석이 필요한지 여부이다. 이 두 쟁점은 비단 이 사건에서 뿐만 아니라, 대부분의 디자인특허 사건에서 가장 본질적인 쟁점으로 전체 사건을 지배하는 경우가 많으므로,(202) 항소법원의 전원합의체 심리를 통하여 디자인특허 사건의 이들 본질적인 문제들을 정리해 보고자 한 것이다.

3. 2008년 Egyptian Goddess 전원합의체 판결: 일반 관찰자 테스트의 재정립

(1) 신규 포인트 테스트의 폐기

항소법원은 Egyptian Goddess 사건의 전원합의체 심리를 통하여 디자인특허 침해 분석의 기본적인 입장을 재정리하게 되었다. 그 결과는 신규 포인트 테스트를 폐지하고 일반관찰자 테스트를 재정립하는 것으로 정리되었다.

우선 신규 포인트 테스트가 등장하게 된 궁극적인 배경에 대하여, 선행디자인

(200) 이것이 디자인특허 사건으로는 전원합의체 심리가 승인된 첫 번째 사건이라고 한다(Perry J. Saidman, What is the Point of the Point of Novelty Test for Design Patent Infringement? Nail Buffers and Saddles: An Analysis fit for an Egyptian Goddess, p. 408).

(201) Egyptian Goddess, Inc. v. Swisa, Inc., 256 F.Appx. 357 (Fed. Cir. 2007).

(202) Perry J. Saidman, Egyptian Goddess Exposed! But Not in the Buff(er)…, p. 867.

을 적용하고 실질적으로 선행디자인과 유사한 디자인이 침해로 판단되는 것을 막음으로써 부당하게 디자인특허의 범위가 넓게 해석되는 것을 막기 위한 것임을 인정하였다.(203) 즉, 특허디자인의 권리범위에 선행디자인이 포함되지 않도록 하기 위하여 신규 포인트 테스트가 필요하였다는 것이다. 그러나 신규 포인트 테스트의 이러한 긍정적 역할에도 불구하고, 여기에는 몇 가지 치명적인 문제점을 가지고 있었는데, 앞서 신규 포인트 테스트의 문제점으로 지적한 것들이 이에 해당한다. 즉, 이 테스트는 신규 포인트가 다수 존재하는 복합 디자인 사건에 적용하기 어렵고, 오래된 특징들의 결합으로 이루어진 결합 디자인 사건의 해결도 어려우며, 디자인의 작은 특징들에 의하여 침해판단이 이루어지게 되어 디자인 침해 사건에서의 전체관찰의 원칙에 반한다는 것이다. 나아가 본질적으로 이 테스트가 Gorham 사건에서의 일반 관찰자 테스트와 일치하지 않는다고 지적하고 있다. 이러한 문제점들 때문에 디자인특허 사건의 침해 분석에서 신규 포인트 테스트가 더 이상 계속해서 사용되어서는 안 된다고 판단하였다.

(2) 선행디자인에 친숙한 일반관찰자 테스트의 재정립

항소법원은 신규 포인트 테스트를 폐지하면서, 선행디자인에 친숙한 일반관찰자 테스트를 적용함으로써 선행디자인의 적절한 고려를 해결할 수 있다고 하고 있다. 나아가 그동안 신규 포인트 테스트를 적용한 다수의 선례를 하나씩 검토하면서, 이러한 선례의 사건들은 모두 침해판단에서 선행디자인을 고려하기 위한 것이라고 하면서, 이러한 선행디자인의 고려는 선행디자인에 친숙한 일반관찰자 테스트를 적용하여 합리적으로 해결할 수 있다고 하고 있다. 나아가 이러한 해석이 Gorham에서의 실질적 유사성 테스트와 일치하는 것이라고 한다.

그러나 일반관찰자 테스트에 의하더라도 선행디자인과 차이를 보이는 특허디자인의 신규 포인트가 침해판단에서 중요하지 않다는 것은 아니다. 특허디자인, 침해디자인, 선행디자인의 비교에서, 선행디자인과 차이를 보이는 특허디자인의 신규 포인트를 조사하는 것은 여전히 중요한 역할을 한다. 그러나 침해판단과 관련된 디자인의 비교는 침해소송의 과정에서만 지정된 특별한 신규 포인트에 집중하는 별도의 테스트로서가 아니라, 신규 특징을 포함하는 일반관찰자 테스트로서 행해져

(203) 앞의 2008년 Egyptian Goddess 판결, at 678.

야 한다는 것이다.(204) 선행디자인에 친숙한 일반관찰자 테스트에 의하면, 특허디자인이 선행디자인과 가까울 때, 가상적인 일반관찰자는 특허디자인과 침해디자인 사이의 작은 차이점을 더욱 중요하게 볼 것이라고 하면서, 그 과정에서 선행디자인이 고려되어야 한다는 것이다.(205)

신규 포인트 테스트의 주된 목적은 선행디자인과 구분되는 특허디자인의 특징적인 점에 집중하는 방법으로 선행디자인을 침해판단에서 고려하고자 하는 것인데, 그러한 목적은 선행디자인에 친숙한 일반관찰자 테스트를 적용하는 것으로써 충분히 달성될 수 있다. 만일 침해디자인이 선행디자인과 눈에 띄게 구분되는 특허디자인의 특별한 특징을 모방하였다면, 침해디자인은 자연히 특허디자인과 기망될 정도로 유사하게 보일 것이고, 침해로 판단될 것이다. 나아가 일반관찰자 테스트는 단순히 신규 포인트로 지정되었다는 이유로, 중요하지 않은 특징에 불과한 특허디자인과 침해디자인 사이의 작은 차이점을 과장하여 중요한 것으로 할 위험성도 없게 된다.(206)

또한 이러한 접근법이 신규 포인트 테스트가 해결하지 못했던 오래된 디자인 특징들의 결합이 신규 포인트로 취급될 수 있는지에 대한 논쟁을 피할 수 있다는 장점도 가지고 있다고 한다. 만일 특허디자인이 오래된 특징들의 결합으로 구성되어 있고, 침해디자인이 그러한 특징들을 그대로 이용하여 일반관찰자를 기망할 정도로 유사한 외관을 만들었다면, 침해판단은 정당화된다는 것이다.(207)

따라서 전원합의체 판결에 의하면, 디자인특허 침해의 분석으로서 신규 포인트 테스트가 더 이상 사용되어서는 안 되며, 동시에 결합디자인 사건에서 신규 포인트 테스트를 한정하기 위하여 등장한 '비사소한 진전 테스트'도 사용할 필요가 없으며, Gorham 사건의 판결에 따라, 일반관찰자 테스트가 디자인특허 침해 판단의 유일한 테스트가 되어야 한다는 것이다.

Egyptian Goddess 전원합의체 판결의 취지를 Gorham 사건에서의 실질적 유사성 테스트에 접목하여 새롭게 쓰면, '선행디자인에 친숙한 일반 관찰자가 특허디자인과 피고 디자인 사이의 유사성에 의하여, 그가 다른 것(원고 물품)으로 생각하면

(204) Ibid., at 678.

(205) Ibid., at 676.

(206) Ibid., at 677.

(207) Ibid., at 678.

서 피고 물품을 구입할 정도이면, 피고디자인은 특허디자인과 유사하다고 합리적으로 볼 수 있다'는 것이다.(208)

(3) 입증책임의 전환

전원합의체 판결의 내용 중 중요한 의미를 가지는 또 다른 하나는 입증책임의 전환에 관한 것이다. 신규 포인트 테스트에 의하면, 원고 특허권자가 자신의 특허에 선행디자인과 다른 신규 포인트가 있음을 입증하기 위하여 선행디자인을 제출할 책임이 있었다. 그러나 전원합의체 판결에 의하면, 침해의 입증책임은 여전히 특허권자가 증거 우위a preponderance of the evidence의 원칙에 의하여 궁극적인 부담을 져야 하지만, 피고 침해자가 원고의 침해 주장에 대항하기 위하여 항변의 일부로서 비교 선행디자인에 의존하고자 한다면, 그러한 선행디자인의 제출 책임은 피고에게 있다고 함으로써, 선행디자인의 제출 책임을 피고에게 부과시키는 것으로 하였다.(209)

등록된 디자인특허는 유효성의 추정을 받게 되고(미국 특허법 제282조), 이의 무효를 주장하고자 하는 자는 '명백하고 확신할 수 있는 증거'로 등록디자인의 신규성 부족이나 비자명성을 입증하여야 한다. 그러나 신규 포인트 테스트는 특허권자로 하여금 자신의 디자인특허가 하나 또는 그 이상의 신규 요소를 가지고 있음을 입증하도록 함으로써, 그 부담을 부당하게 특허권자에게 이동시키고 있다는 비난을 받고 있었다.(210) 즉, 피의 침해자는 현저히 낮은 '증거의 우위성' 기준 하에서 특허권자가 제시한 신규 요소들을 공격할 수 있었고, 이로 인하여 특허권의 유효성 추정이라는 원칙이 훼손되고 있었다. 피의 침해자는 원고가 제시한 신규 요소들을 공격하기 위하여 침해 판단에 적용되는 '증거 우위'의 기준에 따라 선행디자인 증거들을 제출할 수 있었고, 이러한 선행디자인에 의하여 디자인특허가 신규성이 없다는 판단을 받을 수 있게 되어(등록특허의 유효성 추정 때문에 이러한 판단에는 원칙적으로 '명백하고 확신할 수 있는 증거'가 필요하다), 실질적인 무효 판단으로 이어지는 경우가 가능하였다. 그리하여 피고는 신규 포인트 테스트라는 위장으로, 낮은 증거 기준하에서, 원

(208) Ibid., at 683.

(209) Ibid., at 678.

(210) Perry J. Saidman, What is the Point of the Point of Novelty Test for Design Patent Infringement? Nail Buffers and Saddles: An Analysis fit for an Egyptian Goddess, p. 410.

고의 특허가 무효라고 효과적으로 다툴 수 있었다.[211]

이제 새로운 일반 관찰자 테스트에 따라, 침해 판단에서의 선행디자인 제출 책임이 기본적으로 피의 침해자에게 전환됨으로써, 원고의 입증책임은 크게 완화되게 되었다.

(4) 청구항 해석의 필요성

디자인 관련 사건에서 자주 등장하는 본질적인 쟁점을 다룬 또 하나의 전원합의체 판결의 내용은 청구항 해석의 필요성과 관련된 내용이다. 디자인특허 사건에서 청구항 해석이란 다른 표현으로 하면, 출원서에 첨부된 도면에 대한 언어적 설명의 정도에 관한 문제이다. 대부분의 디자인 관련 사건에서 청구항 해석을 어느 정도로 상세하게 문언적으로 표현할 것인가에 따라 사건의 결론에 중대한 영향을 미치는 경우가 많다. 기본적으로 청구항 해석을 상세하게 해석하게 되면, 즉 도면을 상세한 언어적인 표현으로 묘사하게 되면, 언어적 묘사에 의하여 개별적으로 특정된 작은 특징들에 집중할 위험성이 있게 된다. 이는 본질적으로 전체관찰의 원칙에 반하는 결과로 나타날 가능성이 높게 된다.

전원합의체 판결에 의하면, 지방법원이 디자인특허 사건을 분석하는 과정에서, 청구항 해석 즉 도면의 언어적 표현에 들이는 노력이 과연 얼마나 정당화될 수 있는지에 대해 의문이 있다고 하면서, 청구항의 상세한 언어적 묘사는 불필요한 것이라고 판시하고 있다.[212] 디자인은 언어적 표현보다 도면에 의하여 더욱 잘 표현되는 것이므로, 지방법원이 상세한 언어적 묘사를 이용하여 청구항을 해석할 필요가 없으며, 청구항을 해석함에 있어 사용되는 언어적 상세함의 정도는 지방법원이 재량으로 결정할 사항이라고 하고 있다. 그러나 이러한 재량에 의하여 언어적 묘사를 하는 경우에 있어서도, 상세한 언어적 묘사로 인한 위험성을 충분히 인식하고 있어야 한다고 판시하고 있다.[213]

다만, 법원이 독자적인 분석으로서 일부 디자인 특징들을 지적해 내는 것은 사실 발견에 도움이 될 수 있음을 지적하고 있다. 즉 법원은 배심원들에게 유용한 안내를 위하여 필요한 디자인 특징들을 지적함으로써 배심원들의 사실 발견에 도움

(211) Ibid., at 410.

(212) 앞의 2008년 Egyptian Goddess 판결, at 679.

(213) Ibid., at 679.

을 줄 수 있는 데, 그러한 것들로서, 파선의 역할과 같은 도면에서의 특별한 관행의 역할, 심사 과정에서 이루어진 의견 표시의 영향, 디자인에서의 장식적인 특징들과 기능적인 특징들의 구분 등을 예시하고 있다. 이러한 사항들을 배심원에게 적절하게 제공하는 것은 사실심 법원이 배심원의 사실 발견을 부당하게 침해하지 않으면서, 배심원에게 적절한 사항을 안내하는 것으로서, 법원의 재량사항이라고 하고 있다.[214] 그러나 이를 넘어서서 청구항을 상세한 언어적인 표현으로 묘사하는 것은 이롭기 보다는 해로운 것으로 불필요한 노력에 불과하다고 하고 있다.

(5) 사안에의 적용: 3자 시각적 비교에 의한 침해 판단

전원합의체는 새롭게 정립된 기준에 따라, 이 사건에서 선행디자인으로 제시된 Nailco 특허디자인에 친숙한 일반 관찰자가 피고제품을 원고제품과 같은 것으로 기망될 정도인지 여부를 판단하고 있다. 이에 대하여 전원합의체는 Swisa Buffer 제품(피고제품)이 389 특허디자인(원고제품)보다는 Nailco 특허디자인(선행디자인)에 더 가까운 것으로 보인다고 하면서, Nailco 특허디자인에 친숙한 일반관찰자라면 Swisa Buffer 제품을 389 특허디자인과 혼동하지 아니할 것이라고 판단하였다. 특히 3면에 버퍼 패트가 장착된 제품과 4면 모두에 버퍼 패트가 장착된 제품과는 '3면 패드'인지 '4면 패드'인지에 의하여 소비자들이 충분히 구분 가능하고 이에 따라 구입 여부가 결정될 것이기 때문에, 일반 관찰자가 이들 제품을 혼동할 가능성이 없다는 것이다.

Swisa Buffer 제품과 389 디자인특허가 유사하게 보이는 것은 '속이 빈 튜브 형태, 횡단면 사각형, 긴 직사각형, 측면에 부착된 복수의 돌출된 직사각형 패드, 노출된 튜브의 코너'라는 특징을 양 디자인이 공유하고 있기 때문이다. 그러나 이러한 특징들은 모두 Nailco 특허디자인에서 발견되는 것들이다. 따라서 Nailco 특허디자인을 알고 있는 일반관찰자라면 선행디자인에서 발견되는 이러한 차이점 보다는 '3면 패드' 또는 '4면 패드'라는 차이점에 더 집중할 것이고, 이 때문에 Swisa Buffer 제품을 389 디자인특허와 구분되는 것으로 볼 것이다. 오히려 이들은 Swisa Buffer 제품이 Nailco 제품과 같이 3면 패드라는 공통점을 가지고 있기 때문에 특허디자인보다 선행디자인에 더 가까운 것으로 볼 것이다. 이와 같은 피고 제품과 선행디자인 사이의 유사성에 비추어, 선행디자인을 고려한 일반 관찰자가 피고 제품을 389 특

(214) Ibid., at 680.

허디자인과 같은 것으로 혼동 하지 않을 것이라고 하면서 침해가 성립하지 않는다고 판단하였다. 이는 특허디자인이 선행디자인과 유사할 때, 특허디자인과 피고 디자인 사이의 작은 차이가 일반 관찰자의 눈에 중요하게 보일 것이라는 논리와 맥락을 같이 하는 것이다.

이 부분 전원합의체의 판시 내용을 살펴보면, 뒤에서 구체적으로 다룰 3자 시각적 비교 테스트의 법리와 매우 유사한 구조를 갖고 있음을 볼 수 있다. 선행디자인을 알고 있는 일반 관찰자의 시각에서 보면, 피고 제품이 원고 제품 보다 선행디자인에 오히려 더 가까운 것으로 보인다고 하면서, 디자인특허, 피고 제품, 가장 유사한 선행디자인의 3자 비교를 통하여, 피고 제품이 어느 쪽에 더 가깝게 보이는지 여부에 따라 침해를 판단하고 있는 점에서 그렇다.

Egyptian Goddess 전원합의체 판결의 평가

1. 부분 관찰에서 전체관찰로

Egyptian Goddess 판결을 계기로 하여 미국에서의 디자인특허 침해 판단의 실무는 부분 관찰을 강조하던 관점에서 전체관찰을 중시하는 관점으로 변화되었다고 볼 수 있다. 신규 포인트 테스트 하에서는 신규 포인트로 선정된 디자인의 부분적 특징에 의하여 디자인의 유사성 여부가 판단되었다면, 이제 Egyptian Goddess 이후의 침해판단은 일반 관찰자의 전체적 시각적 인상에 의하여 디자인의 유사성 여부가 판단되게 되었다. 다만 여기서의 전체관찰은 어디까지나 선행디자인을 고려한 전체관찰임을 전제로 한다. Egyptian Goddess 판결 이전에는 특허디자인에서 선행디자인과 다른 신규 요소를 찾아 내고 이러한 신규 요소를 침해디자인이 사용하였는지가 판단의 중심이 되었으므로, 자연히 신규 요소라는 디자인의 작은 부분적 특징에 의하여 침해판단이 좌우되었다. 그러나 이러한 신규 요소는 더 이상 디자인 유사 판단에서 독립적인 판단 요소가 되어서는 안 되고, 어디까지나 전체관찰에 포함되는 일부로서 유사 판단에 흡수되게 되었다.(215) 즉, 신규 요소는 그렇지 않은 요소에 비하여 전체관찰 시 중요도에서 더 비중이 높은 것으로 취급받게 되었을 뿐, 이전과 같이 독립적인 판단 요소로 사용될 수 없게 되었다는 점에서 침해판단의 실무가 부분 관찰을 중시하던 시대에서 전체관찰을 중시하는 시대로 변화된 것으로 볼 수 있다.

전체관찰을 강조하는 미국 실무의 태도 변화는 청구항 해석의 필요성에 대한 판단에서도 엿볼 수 있다. 일반적으로 청구항 해석에 지나치게 얽매이다 보면 문구상의 사소한 표현에 집중하게 되고 이것은 디자인의 작은 개별적 특징들에 의하여 침해 여부의 결론을 내리기가 쉬워진다. Egyptian Goddess 판결은 디자인특허 사건에서 이러한 청구항 해석의 위험성을 지적하는 방법으로, 디자인특허의 침해 판단이 디자인 사이의 작은 차이점에 의해서가 아니라 전체적 시각적인 면을 관찰하는 방법으로 이루어져야 함을 다시 또 한 차례 강조하고 있다.

2. 디자인특허권의 강화

Egyptian Goddess 판결이 미국에서의 디자인특허 소송 실무에 미치는 중대한 영향은 디자인특허권이 종전에 비하여 크게 강화되게 되었다는 점이다. Egyptian Goddess 판결 이전에 디자인특허 침해 사건에서 디자인특허권자가 승소할 가능성은 높지 않았다. 피의 침해자에게 침해에서 벗어날 수 있는 강력한 몇 개의 무기가 주어졌기 때문이다. 하나는 원고가 주장하는 디자인특허의 신규 요소들에 대하여 이에 대응하는 선행디자인을 찾아내어 신규 요소가 아니라고 공격하기가 용이하였고, 가사 신규 요소로 판명된 것이라고 하더라도 그러한 신규 요소들 중의 어느 하나가 자신의 제품에서 생략되어 있다는 이유로 침해판단에서 벗어날 수 있었다. 또 다른 하나의 무기는 청구항의 언어적 해석을 상세하게 함으로써 침해디자인과의 차이점을 부각시키는 방법으로 침해에서 벗어나기가 용이하였다. 그 때문에 Egyptian Goddess 판결 이전의 침해 소송실무에 대하여, 디자인특허를 거의 무용

(215) Egyptian Goddess 판결 직후의 Crocs, Inc. v. International Trade Commission, No. 2008-1597, -- F.3d --, 2010 WL 638272 (Fed. Cir. 2010) 사건에서, 항소법원은 "기망은 독립되어 있는 장식적 특징의 유사성에 의한 것이 아니라, 전체 디자인의 유사성의 결과에 기인한 것이어야 한다. 특허디자인과 피고디자인 사이의 사소한 차이는 침해 판단을 막을 수 없고, 막아서도 안 된다."고 판시하고 있다.

화하고 있다는 비난이 컸다.(216) 그러나 이제 Egyptian Goddess 판결에 의하여 피의 침해자가 사용할 수 있었던 이러한 무기는 더 이상 강력한 힘을 발휘할 수 없게 되었다.(217)

Egyptian Goddess 판결은 입증책임에 있어서도 선행디자인의 제출책임을 피의 침해자에게 실질적으로 전환시킴으로써 디자인특허권을 크게 강화시키고 있다. 이제 디자인특허권자는 자신의 특허에 선행디자인과 다른 신규 요소가 있음을 주장하기 위하여 선행디자인을 제출할 직접적인 책임을 부담하지 않게 되었다. 선행디자인의 존재는 특허디자인과 침해디자인 사이의 차이점을 강조함으로써 특허의 범위를 줄이는 영향을 가져올 수 있으므로 피의 침해자가 이에 대한 제출책임을 지는 것이 타당하다.(218) 그리하여 Egyptian Goddess 판결은 선행디자인의 제출책임을 피의 침해자에게로 전환시킴으로써 디자인특허권자의 입증 부담은 크게 경감되게 되었고, 결과적으로 디자인특허권을 강화하는 계기가 되었다.

3. Gorham에서의 일반 관찰자에 대한 수정: 선행디자인의 고려

1871년의 Gorham 사건에서 미국 연방대법원은, 디자인특허의 실질적 유사성 판단은 해당 분야의 전문가의 시각이 아니라 일반의ordinary 관찰자 시각에서 이루어져야 함을 명백히 하고 있었다. 해당 분야의 전문가는 디자인 사이의 작은 차이점을 쉽게 찾아내어 두 디자인이 실질적으로 다르다고 판단함으로써 디자인특허가 무력화될 수 있음을 우려한 때문이다. 여기서 중요한 것은 Gorham 사건에서 선행디자인을 어떻게 고려할 것인지에 대한 별도의 언급이 없었다는 점이다. 그러나 연방대법원의 기본적인 시각은 디자인특허 침해 판단에서 선행디자인을 고려할 필요가 없다는 것이 아니다. 앞서 살펴 본 1893년의 말안장 사건(Smith v. Whitman Saddle Co.)을 보면 당시 미국 연방대법원은 디자인특허 침해 사건에서 선행디자인을 고려한 판단을 하고 있다. 따라서 미국 연방대법원은 디자인특허 침해 판단에서 선행디자인의 고려가 필요하다는 것을 일찍이 인지하고 있었다.(219)

(216) Perry J. Saidman, Egyptian Goddess Exposed! But Not in the Buff(er)…, p. 865.

(217) Marta Kowalczyk, op. cit., p. 253; Perry J. Saidman, Egyptian Goddess Exposed! But Not in the Buff(er)…, p. 884.

(218) Grame B. Dinwoodie & Mark D. Janis, op. cit., p. 408.

(219) Marta Kowalczyk, op. cit., p. 241.

이제 Egyptian Goddess 판결에 의하여 Gorham에서의 일반 관찰자는 선행디자인을 전혀 알지 못하는 거리의 평범한 소비자가 아니라 '선행디자인에 친숙한 일반 관찰자'라는 개념으로 정립됨으로써 침해 분석에서 선행디자인의 고려가 보다 분명하게 되었다. 그동안 미국의 지방법원 및 항소법원들에서 신규 포인트 테스트를 이용하여 선행디자인을 고려하고 있었지만, 이제 일반 관찰자의 시각에서 선행디자인을 고려한 침해 판단이 이루어지게 되었다. Egyptian Goddess 판결이 Gorham에서의 일반 관찰자의 수준을 '선행디자인에 친숙한 일반 관찰자'로 한 단계 격상시키는 방법으로 일반 관찰자 테스트를 부분적으로 수정한 것이라는 점에 대하여 미국 내에서의 의견이 대체로 일치한다.(220)

그러나 일반 관찰자의 수준을 격상시킨 것에 대한 비난도 존재한다. 즉, Egyptian Goddess 판결에서의 이러한 태도는 Gorham 판결의 기본적인 정신에 반한다거나,(221) Gorham에서의 일반 관찰자를 특별한 일반의 관찰자extra-ordinary observer로 변경한 것으로서 Gorham 사건의 취지에 맞지 않는다는 주장이 그것이다. 특히 Gorham 판결에서 전문가의 시각을 명백히 부정하고, 일반 관찰자의 시각을 통하여 디자인의 유사성을 판단하도록 하였음에도, Egyptian Goddess 판결에서 업계에 정통한 사람extra-ordinary observer의 시각을 등장시킴으로써 전문가의 시각을 다시 부활시켰다는 점에서 이를 비난하기도 한다.(222) 하지만, Egyptian Goddess 판결은 어디까지나 일반의 관찰자를 판단의 기준인으로 그대로 유지하고 있다는 점에서 전문가의 관점을 부활시켰다고 하는 주장은 쉽사리 받아들이기 어려운 측면이 있다. Egyptian Goddess 판결은 전문가의 시각이 아니라 여전히 일반의 관찰자를 유사성 판단의 기준인으로서 유지하면서, 다만 유사성 판단에서 선행디자인을 고려하여야 한다는 것이지, 판단의 기준인 자체를 해당 분야의 전문가로 변경한 것이 아니기 때문이다. 판결문에서 '당해 분야의 전문가 또는 디자이너'라는 표현을 쓰지 않고, '선행디자인에 친숙한 일반의 관찰자'라는 표현을 사용한 것도 그 때문일 것이다.

(220) Perry J. Saidman, Egyptian Goddess Exposed! But Not in the Buff(er)…, p. 869; Marta Kowalczyk, op. cit., p. 247; Christopher V. Carani, The New "Extra-Ordinary" Observer Test For Design Patent Infringement – On a Crash Course with the Supreme Court's Precedent in Gorham v. White, 8 J. Marshall Rev. Intell. Prop. L. i (2008-2009), p. 370.

(221) Perry J. Saidman, Egyptian Goddess Exposed! But Not in the Buff(er)…, p. 869.

(222) Christopher V. Carani, op. cit., pp. 357, 362, 370.

4. 기타 몇 가지 지적되는 문제점

(1) 주관적 판단 가능성의 증가

신규 포인트 테스트에서는 특허디자인에서 선행디자인과 구분되는 신규 요소를 가려낸 후, 이러한 신규 요소가 침해디자인에서 발견되는지를 판단하게 되므로 비교적 객관성 있는 판단이 가능하였다. 그러나 수정된 일반 관찰자 테스트에서는 선행디자인을 고려하여 특허디자인과 침해디자인 사이의 전체적인 외관을 살핀 후, 두 디자인이 실질적으로 유사한지 여부를 판단하게 되므로 판단자의 주관적인 성향이 강하게 개입할 수밖에 없다. 그 때문에 디자인특허 침해 소송에서 판단의 불확실성이 높아지게 되었고 법원마다 다른 판단이 나올 가능성도 높아졌다.(223) Egyptian Goddess 판결이 디자인특허 침해 판단의 테스트가 무엇인지에 대한 안내 없이 신규 포인트 테스트를 폐지하여 버렸고, 그로 인하여 선행디자인의 고려를 주장하는 몇 개의 잠재적 침해 테스트가 혼란스럽게 존재하게 되었다는 비판도 있다.(224) 그러나 비록 Egyptian Goddess로 인하여 주관적 판단의 가능성이 높아졌다고 하더라도, 디자인특허 침해판단은 개별적 디자인 특징들의 사소한 차이가 아니라 전체적인 외관에 의하여 이루어져야 한다는 것이 이 판결로 인하여 확립되었다는 점에서 이 판결의 의미를 찾을 수 있다. 디자인을 디자인으로써 보호하기 위해서는 어디까지나 전체관찰이 유사 판단의 기본적인 원칙이 되어야 하기 때문이다.

(2) 신규 포인트 테스트를 실질적으로 폐지한 것인지에 대한 의문

수정된 일반 관찰자 테스트에서도 신규 포인트 테스트에서와 마찬가지로 선행디자인이 중요한 역할을 하고 있다는 점에서 신규 포인트 테스트가 실질적으로 폐지된 것인지에 대한 의문을 제기하는 견해도 있다.(225) 선행디자인을 고려한 디자인의 일부 특징적인 부분이 여전히 디자인특허 침해 판단에서 중요한 역할을 하고 있으므로 침해 판단의 기준에 실질적인 변화가 있는지에 대한 의구심을 나타내는 견해이다. Egyptian Goddess 판결에 의하더라도, 선행디자인에서 발견되지 않는 특허디자인의 신규 요소가 유사 판단에서 여전히 중요하다고 하면서, "특허디자인

(223) Marta Kowalczyk, op. cit., p. 254.

(224) Christopher V. Carani, op. cit., p. 374.

(225) Marta Kowalczyk, op. cit., p. 255.

의 신규 특징들을 조사하는 것은 특허디자인과 피고디자인, 선행디자인의 비교에서 중요한 요소가 될 수 있다."고 하고 있다.(226) 나아가 이 판결에서는 지방법원이 신규 포인트 테스트에 의하여 디자인의 특별한 특징들에 초점을 맞춘 것이 부당하지만, 선행디자인과의 관련에서 지방법원이 초점을 맞춘 차이점들은 전체 외관의 관찰에 의하더라도 여전히 중요한 역할을 하고 있다고 하면서, 결론에 있어서 지방법원과 같은 결론에 이르고 있다.

이러한 판시 내용에 비추어 연방순회항소법원은 Egyptian Goddess 판결을 통하여 신규 포인트 테스트를 절대적으로 배척한 것이 아니라, 이를 Gorham의 실질적 유사성 테스트에 통합시킨 것으로 이해할 수 있다.(227) 디자인특허권을 해석함에 있어 선행디자인이 디자인특허의 권리범위에 포함되지 않도록 하여야 한다는 것이 신규 포인트 테스트가 탄생한 기본적인 이유인데, 이러한 정신은 선행디자인을 고려한 실질적 유사성 테스트로 흡수되어 계승된 것으로 보이기 때문이다.

Ⅵ Egyptian Goddess 판결 이후의 새로운 논의: 3자 시각적 비교 테스트

1. Egyptian Goddess 이후 하급법원의 판결

Egyptian Goddess 판결 이후, 미국의 지방법원에서 디자인특허 침해를 분석함에 있어 두 가지의 분석방법이 사용되고 있다고 한다. 하나는 두 단계 분석의 과정을 거치는 것이고, 다른 하나는 3자 시각적 비교the 3-way visual comparison라는 하나의 방법을 사용하는 것이다.(228) 앞의 두 단계 분석과정을 사용하는 경우에는, 첫 번째 단계에서, 침해디자인과 특허디자인만을 비교하여, 만일 두 디자인이 '충분히 구분되는 것'sufficiently distinct으로 판단되면 비침해라고 판단한다. 그러나 두 디자인이 '명백하게 비유사하지 않으면'not plainly dissimilar 두 번째 단계가 진행되고, 여기서 선행

(226) 앞의 2008년 Egyptian Goddess 판결, at 678.

(227) Grame B. Dinwoodie & Mark D. Janis, op. cit., p. 408.

(228) Marta Kowalczyk, op. cit., p. 252.

디자인을 고려하여 침해디자인과 특허디자인을 비교하게 된다. 두 단계 분석 과정을 거치지 않고, 오로지 3자 시각적 비교라는 하나의 분석 방법만을 사용하는 경우에는 위 두 단계 분석과정의 첫 번째 단계를 생략하고 두 번째 단계의 분석만 진행하는 것이다.

위 두 단계 분석 과정을 사용하는 법원에서는 판사의 재량에 따라 특허디자인과 침해디자인 의 비교만으로 결론을 내릴 수 있다.(229) 두 단계 분석 과정이 이용되는 경우에, 피의 침해자로서는 두 개의 독립된 주장을 하는 것이 가능한데, 하나는 자신의 디자인이 특허디자인과 충분히 구분된다는 것이고(첫 번째 분석 단계에 해당하는 항변), 또 다른 하나는 선행디자인에 비추어 자신의 디자인과 특허디자인이 명백히 비유사하다고 주장(두 번째 분석 단계에 해당하는 항변)을 할 수 있다.

2. 3자 시각적 비교 테스트의 내용

Egyptian Goddess 판결에서는 선행디자인을 고려하기 위하여 특허디자인, 피고디자인, 가장 유사한 선행디자인을 비교하는 방법으로 침해분석을 하고 있다. 이러한 방법은 이 사건에서 제출된 많은 법정조언서에서 언급된 바 있는 3자 시각적 비교 테스트를 항소법원 전원합의체가 수용한 것으로 이해되고 있다.(230) Egyptian Goddess 판결문에서 이러한 3자 시각적 비교 테스트의 내용을 더 구체적으로 표현한 부분은, '특허디자인과 피고디자인이 명백하게 비유사하지 않으면, 문제의 해결은 특허디자인과 피고디자인을 선행디자인과 비교함으로써 도움을 얻을 수 있다',(231) '특허디자인이 선행디자인에 가까우면, 특허디자인과 피고디자인 사이의 작은 차이점도 가상의 일반 관찰자의 눈에 중요하게 보일 것이다'(232)라고 한 부분이다.

앞의 표현에 따르면, 만일 특허디자인과 피고디자인이 명백하게 비유사한 경우에는 3자 시각적 비교 테스트를 이용할 필요 없이 비침해로 판단하게 된다. 그러나 두 디자인이 명백하게 비유사하지 않으면 법원은 선행디자인을 고려하여 두 디

(229) Ibid., at 254.

(230) Perry J. Saidman, Egyptian Goddess Exposed! But Not in the Buff(er)…, p. 873.

(231) 앞의 2008년 Egyptian Goddess 판결, at 678.

(232) Ibid., at 676.

자인을 비교하게 된다. 따라서 특허디자인과 피고디자인이 명백하게 비유사한 경우에는 선행디자인을 고려할 필요가 없다. 이것은 선행디자인이 없는 개척 디자인 pioneer design의 경우에(예컨대 최초의 플립형 휴대폰) 부당하게 넓은 권리범위가 부여되어, 실질적으로 같아 보이지 않는 후에 나온 플립형 휴대폰이 실질적으로 유사하다고 판단될 위험성을 배제하기 위한 것이다.(233) 이러한 경우에 후에 나온 플립형 휴대폰이 최초의 플립형 휴대폰과 비교하여 외관상 명백하게 구분되는 것이면 선행디자인의 고려 없이 비침해로 판단하면 된다.

그러나 특허디자인과 피고디자인이 명백하게 비유사하지 않으면, 특허디자인과 피고디자인을 선행디자인과의 관계에서 비교하여야 하고(3자 시각적 비교), 이때 특허디자인이 선행디자인에 가까우면, 특허디자인과 피고디자인 사이의 작은 차이점도 가상의 일반관찰자의 눈에 중요한 것이 될 수 있다. 3자 시각적 비교의 결과, 특허디자인과 피고디자인이 그들이 서로 가까운 것 보다, 선행디자인에 시각적으로 더 가까운 것으로 보이면, 두 디자인의 실질적 유사성은 부인된다. 피고디자인이 특허디자인보다 선행디자인에 더 가까운 경우, 피고디자인을 특허디자인의 권리범위에 포함시키도록 해석하는 것은, 선행디자인을 특허디자인의 권리범위에 포함시키는 것과 같기 때문에, 부당한 해석이 된다.(234) 특허디자인의 권리범위가 선행디자인에까지 미칠 수 없기 때문이다.

하지만, 피고디자인이 선행디자인 보다 특허디자인에 시각적으로 더 가깝다면 두 디자인은 실질적으로 유사하다고 판단하게 된다. 이것은 피의 침해자가 모든 이용 가능한 선행디자인이 있음에도 불구하고 시각적으로 특허디자인에 더 가까운 디자인을 만들었다는 것이고, 그리하여 '실질적으로 같은' 것으로 판단될 높은 위험성을 선택하였다는 점에서 타당하다.(235)

나아가 3자 시각적 비교 테스트에 의하여, 오래된 디자인 특징들의 결합으로 이루어진 디자인 사건에서도 합리적인 결론을 도출하는 것이 가능하다고 보고 있다. 만일 특허디자인이 오래된 특징들의 결합으로 구성되어 있고, 피고디자인이 이러한 결합의 특징을 그대로 이용하였다면, 피고디자인은 선행디자인보다 특허디자

(233) Perry J. Saidman, Egyptian Goddess Exposed! But Not in the Buff(er)…, pp. 875–876.

(234) Perry J. Saidman, What is the Point of the Point of Novelty Test for Design Patent Infringement? Nail Buffers and Saddles: An Analysis fit for an Egyptian Goddess, p. 412.

(235) Ibid., at 412.

인에 훨씬 더 가까운 것으로 보일 것이다. 이에 따라, 앞서 본 Lawman 사건에서 8개의 오래된 특징들의 결합으로 이루어진 특허디자인에 대하여 피고가 그러한 결합을 그대로 이용하여 실질적으로 특허디자인과 유사한 디자인을 만들어 냈음에도, 각 디자인 특징들이 이미 선행디자인에 존재한다고 하여 비침해라고 판단한 우스꽝스러운 결론을 피할 수 있게 된다.(236)

이러한 3자 시각적 비교 테스트에 대하여 적절한 선행디자인의 고려를 통한 침해 분석이 가능하고, 디자인특허 소송의 절차와 비용을 크게 단순화하고 줄일 수 있다고 하며 이를 적극 옹호하는 견해도 있다.(237) 3자 시각적 비교 테스트를 Egyptian Goddess 판결의 취지를 구체화한 것으로, "가야할" 테스트the "go to" test로 보고 있기도 하다.(238)

VII 결론

2008년 연방순회항소법원의 Egyptian Goddess 판결에 의하여, 신규 포인트 테스트가 공식적으로 폐지되고, Gorham에서의 실질적 유사성 테스트만이 이제 미국 디자인특허 침해소송에서의 유일한 테스트가 되었다. 다만, 이전의 Gorham에서의 실질적 유사성 테스트와 달라진 점은 '선행디자인에 친숙한' 일반 관찰자의 시각에서 실질적 유사성 여부를 판단하게 되었다는 점이다. 이는 선행디자인의 고려라는 신규 포인트 테스트의 취지를 Gorham에서의 실질적 유사성 테스트에 흡수하여 통합시킨 것으로 평가된다.

Egyptian Goddess 판결에서 드러나고 있는 디자인특허 침해 판단에서의 중요한 점은 두 디자인 사이의 작은 차이점이 아니라(즉, 그 차이점이 공지디자인에서 발견되지 않는 것으로 창작의 관점에서 보아 당해 디자인의 요부에 해당하는 것이라고 하더라도) 전체

(236) Perry J. Saidman, Egyptian Goddess Exposed! But Not in the Buff(er)…, p. 874.

(237) Ibid., at 872; 우리 나라에서는, 전광출, "한국 디자인권 판결의 비판적 고찰", 지식과 권리, 통권 제15호, 대한변리사회(2012), 143면에서 이와 비슷한 주장을 하고 있다.

(238) Ibid., at 887.

적인 면에서의 실질적 유사성에 의하여 침해 여부를 판단하여야 한다는 점이다. 이러한 취지는 이 판결에서 청구항 해석의 필요성에 대하여 언급한 부분에서도 발견할 수 있다. 그 외 이 판결은 선행디자인의 제출책임을 피고에게 전환시킴으로써 디자인특허권을 보다 강화하는 선택을 하였다.

또 다른 한편, Egyptian Goddess 판결은 3자 시각적 비교 테스트를 디자인특허 침해소송에서 적극적으로 활용할 수 있는 계기를 마련하였다는 점에서 주목받고 있다. 피고디자인이 특허디자인과 명백하게 비유사하지 않으면, 피고디자인을 특허디자인, 선행디자인과 비교하여 어느 쪽에 전체적으로 더 유사하게 보이는지 여부에 의하여 침해 여부를 판단하는 것이다. 이러한 방법은 디자인 유사 판단에 선행디자인을 적극적으로 고려하면서도 전체관찰을 가장 효과적으로 할 수 있는 방법으로 디자인을 디자인으로 보호하기 위한 가장 적합한 방법이 될 수 있다. 또한 침해 여부의 판단을 비교적 쉽고 간단하게 할 수 있다는 점에서 소송절차와 비용의 면에서도 유리한 것으로 평가된다.

4-9

[유럽] 유럽공동체디자인의 보호범위 판단

Procter & Gamble v. Reckitt Benckiser (U.K. 2007)(239)

| 김동준 | 충남대학교 법학전문대학원 교수

I 사건 개요

1. 이 사건 등록공동체디자인 Registered Community Design: RCD

이 사건 등록공동체디자인RCD은 The Procter&Gamble CompanyP&G가 유럽공동체상표디자인청Office for Harmonization in the Internal Market, OHIM에(240) 2003. 11. 3. 출원(디자인번호: 97969-0001)한 것으로 대상 물품의 표시indication of the product는 '분무기'sprayers로 되어 있으며, 미국 디자인특허출원(출원일: 2003. 5. 5. 출원번호: 29/181091)에 기초한 우선권 주장 출원이다.

P&G는 이 사건 디자인을 'Febreze Air Effects'라는 방향탈취제air freshener에 적용하여 북미North America에서는 2004년에, EU 회원국에서는 2005년 11월에 출시하

(239) Procter & Gamble Co v. Reckitt Benckiser (UK) Ltd [2007] EWCA Civ 936, [2008] E.C.D.R. 3, Court of Appeal (Civil Division) 10 Oct. 2007.

(240) 2016. 3. 23.까지의 명칭이며 현재는 유럽지식재산청(European Union Intellectual Property Office, EUIPO)이다.

였는데, 페브리즈Febreze 용기는 디자인업계에서 호평을 받아 디자인상design award을 몇 차례 수상하기도 했다.(241)

2. 피고 실시디자인

Reckitt Benckiser[RB]는 자사의 경쟁제품인 'Airwick Odour Stop'의 용기를 2006년 봄에 일부 변경하여 해당 제품을 프랑스에 출시하였다.(242)

3. 비교대상디자인들

이 사건 디자인의 무효를 다투기 위해 RB가 제시한 비교대상디자인들은 다음과 같다: ① 시위진압용 스프레이riot spray에 관한 스위스 특허; ② 중국의 등록디자인; 및 ③ 영국 특허출원.(243)

(241) 대표적인 수상 실적으로는 Ameristar Award를 들 수 있는데, 해당 디자인에 대해 다음과 같이 평가하고 있다고 한다. "Febreze Air Effects is packaged in a uniquely shaped aerosol can that breaks category norms, stands out on the shelf, is easy to use and delivers a superb scent experience for consumers. Febreze redefines the difference a great product and a unique package can make in a customized container and actuator." Procter & Gamble Co v. Reckitt Benckiser (UK) Ltd [2006] EWHC 3154, para. 10.

(242) 등록디자인 및 피고 실시디자인의 도면:

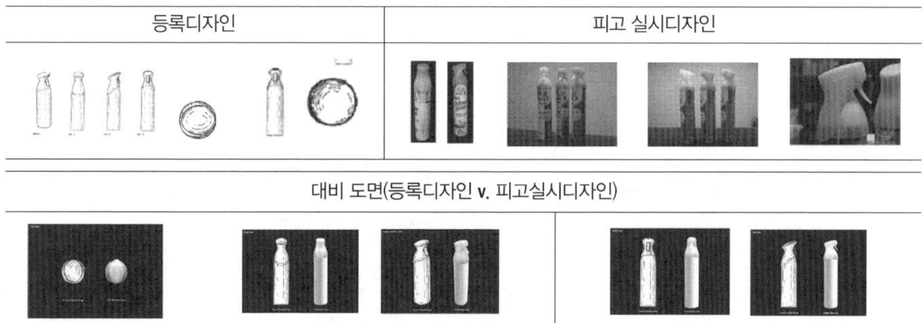

(243) 비교대상디자인의 도면

스위스 특허	중국 등록디자인	영국 특허출원
		FIG. 6A

4. 이 사건 소송의 경위

P&G는 이 사건 디자인권의 침해를 이유로 EU 전역에 걸친 침해금지명령EU-wide injunction을 구하며 1심법원the High Court of England and Wales에 소를 제기하였고,(244) RBUK는 이 사건 디자인이 무효라는 취지의 반소를 제기하였다. 1심법원은, 2006. 12. 13. 이 사건 디자인은 무효가 아니며 이 사건 디자인권이 침해되었다고 판결하였고, 이에 RB가 항소하였다.

한편, P&G는 프랑스, 벨기에, 네덜란드, 독일, 이탈리아, 스페인 및 오스트리아 법원에 Airwick 제품의 판매금지 가처분 신청을 하였는데, 프랑스, 독일, 벨기에, 이탈리아 및 오스트리아에서는 가처분 신청이 인용되었고, 네덜란드와 스페인에서는 Airwick 제품 판매가 중단됨으로 인해 법원의 판단이 내려지지 않았는데, 오스트리아의 경우 1심법원의 가처분 결정에 대한 불복이 2심법원에서 받아들여져 침해금지 가처분 결정이 취소되었다.(245)

(244) 영국의 the High Court of England and Wales는 공동체디자인법(Community Design Regulation, Council Regulation EC 6/2002) 제80조에 따른 공동체디자인법원(Community Design Court)이다.

(245) 이 사건 디자인과 관련된 사건의 경과를 정리하면 아래 표와 같다.

일시	관련 사건
2003. 5. 5.	P&G 미국 디자인특허출원
2003. 11. 3.	P&G 등록공동체디자인(RCD) 출원
2004	이 사건 디자인을 적용한 Febreze 신제품 미국 출시
2004. 2. 24.	P&G 등록공동체디자인(RCD) 공고
2005. 11.	이 사건 디자인을 적용한 Febreze 신제품 유럽 출시
2006. 4.	Airwick 제품 프랑스 출시
2006. 4. 15.	프랑스 법원 가처분 결정(1심)
2006. 4. 28.	독일 법원 가처분 결정(1심)
2006. 5. 11.	벨기에 법원 가처분 결정(1심)
2006. 7. 11.	이탈리아 법원 가처분 결정(1심)
2006. 7. 12.	독일 법원 가처분 결정(이의)
2006. 8. 30.	오스트리아 법원 가처분 결정(1심)
2006. 11. 10.	벨기에 법원 가처분 결정(2심)
2006. 12. 6.	오스트리아 법원 가처분 결정(2심)
2006. 12. 13.	영국 법원 본안 판결(1심)
2007. 1. 17.	프랑스 법원 가처분 결정(2심)
2007. 5. 22.	오스트리아 법원 가처분 결정(최종심)
2007. 10. 10.	영국 법원 본안 판결(2심)

* 관련 사건의 경위는 David Stone, "Some clarity, some confusion: 12 P&G v Reckitt Benckiser decisions help explain registered Community designs", Journal of Intellectual Property Law & Practice (2008) Vol. 3, Issue 6, pp. 377–378에 소개되어 있다. 관련 사건 개요 〈표〉도 위 논문 p. 377에 소개된 것이다.

5. 쟁점

이 사건 디자인과 관련하여, ① 이 사건 디자인이 무효인지 여부(특히 이 사건 디자인의 독자성individual character 유무), ② 이 사건 디자인이 기술적 기능만에 의한solely dictated by technical function 디자인인지 여부 및 ③ 피고실시디자인이 이 사건 디자인과 비교할 때 전체적인 심미감이 다른지 여부 등이 다투어졌는데, 쟁점 ①과 ②에 대해서는 모든 법원의 판단이 일치하였으므로, 이 글에서는 쟁점 ③을 중심으로 살펴본다.

II 판시

항소법원은, 전체적인 심미감overall impression 판단의 기준이 되는 '통상의 지식을 가진 사용자'informed user는 특허법상의 통상의 기술자person skilled in the art도 상표법상의 일반 수요자average consumer도 아니며,(246) 다른 유사 제품에 대한 경험을 보유하여 합리적인 변별력을 갖춘 사용자로서(247) 불완전한 회상imperfect recollection에 덜 의존하기 때문에 주의 깊게 관찰할 당시 '통상의 지식을 가진 사용자'informed user에게 형성되는 심미감이 중요하다고 판시하였다.(248)

(246) Procter & Gamble Co v. Reckitt Benckiser (UK) Ltd [2007] EWCA Civ 936, paras. 16, 24 ("The Regulation does not tell us much about the notional "informed user". He/she is clearly not quite the same sort of person as the 'person skilled in the art' of patent law.... It follows that the informed user is not the same as the 'average consumer' of trade mark law.").

(247) *Id*. at para. 23 ("The 'informed user' test makes sense: a user who has experience of other similar articles will be reasonably discriminatory—able to appreciate enough detail to decide whether a design creates an overall impression which has individual character and whether an alleged infringement produces a different overall impression.").

(248) *Id*. at para. 25 ("The informed user of design law is more discriminating. Whilst I do not say that imperfect recollection has no part to play in judging what the overall impression of design is, it cannot be decisive. The judge placed more emphasis than I think is right on an "imperfect recollection" test or something like it. He accepted Mr Wyand's submission that, "the overall impression of a design is what sticks in the mind after [my emphasis] it has been carefully viewed"([57]). I would say that what matters is what strikes the mind of the informed user when it is carefully viewed."). 즉, 1심법원은 불완전한 회상에 대해 필요 이상 강조함으로써 관찰 후(after)에 형성되는 심미감에 주목하였으나, 항소법원은 관찰 당시(when)에 형성되는 심미감이 중요하다고 강조하고 있다.

다음으로, 전체적 심미감이 상이한지 여부의 판단기준에 대해 다음과 같은 일반 원칙 9가지를 설시하였다.

(i) '명확히 다른'clearly different이 아닌 '다른'different이 판단기준임.

(ii) 통상의 지식을 가진 사용자informed user는 디자인 이슈에 '친숙함'familiar with.

(iii) 매우 참신한striking novel 물품(에 관한 디자인)의 보호범위가 선행 디자인에 비해 독자성을 보유하기에 충분하지만 점진적으로 상이한incrementally different 정도의 물품에 대한 그것보다 넓음correspondingly greater.

(iv) "침해의심디자인이 등록디자인과 선행디자인 중 어느 쪽에 더 가까운가"is the alleged infringement closer to the registered design or to the prior art라는 질문(만일 전자이면 침해이고, 후자이면 아님)으로는 충분하지 않으며, "전체적 심미감이 상이한지 여부"is the overally impression different가 판단기준임.

(v) 합리적 주의하에with a reasonable degree of care 등록디자인과 침해의심디자인을 비교하는 것은 적법하며, 법원은 통상의 지식을 가진 사용자의 관점에서 판단해야 하고, 이렇게 할 경우 불완전한 회상imperfect recollection의 가능성은 제한적임.

(vi) 법원은 등록디자인의 전체적 심미감overall impression을 신중히 확정해야 함. 언어로 표현하는 것이 쉽지 않고 심미감 확정의 일환으로 사진 · 도면pictures을 활용하는 것이 도움이 되긴 하지만 그러한 작업은 불가피함.

(vii) 위 (vi)번 작업에 있어서 법원이 도달해야 할 일반화의 정도the level of generality가 중요함. 예를 들면, 등록디자인의 전체적 심미감은 "상부에 방아쇠 분무 장치가 구비된 용기"a canister fitted with a trigger spray device on the top라고 하는 것은 지나친 일반화임. 적절한 일반화의 정도는 통상의 지식을 가진 사용자가 취하는 정도임.

(viii) 다음으로 법원은 침해의심디자인alleged infringement에 대해서도 동일한 작업을 수행해야 함.

(ix) 마지막으로 법원은 각각의 전체적 심미감이 상이한지different 여부를 판단해야 함. 각각의 전체적 심미감이 동일한지the same 여부를 묻는 것과 거의 동등한almost the equivalent 질문임(입증책임의 문제(a question of onus) 정도의 미묘한 차이가 있을 수 있음).

또한 항소법원은 1심 판결의 오류 6가지를 아래와 같이 지적하면서, 침해 판단 부분에 대한 RB의 항소를 인용하였다.

(i) 1심법원은 스스로 확정한(1심 판결문 단락 [8]-[9]) 등록디자인의 전체적 심미감을, 전

체적 심미감 판단 시 적용하지 않았음.

(ii) 1심법원은 스스로 확정(또는 요약)한(1심 판결문 단락 [20]) 침해의심물품의 전체적 심미감을, 전체적 심미감 판단 시 적용하지 않았음.

(iii) 1심법원은, 침해를 판단함에 있어 침해의심디자인의 전체적 심미감이 어떤지에 대해 적시하지 않았음.

(iv) 전체적 심미감overall impression이 '명확히 다를 것'clearly different이라는 요건을 적용하였음.

(v) '관찰 당시의 심미감'what would impress now 기준이 아니라 '관찰 후 기억되는 심미감stick in the mind' 기준을 적용하였음.

(vi) 이 사건 디자인의 요부dominant features를 지나치게 일반화하였음.

III 해설

1. 들어가며

공동체디자인법Community Design Regulation 제10조(보호범위)에 따르면 공동체디자인의 보호범위에는,(249) 통상의 지식을 가진 사용자informed user에게 전체적으로 다른 심미감a different overall impression을 형성하지 않는 어떤 디자인도 포함되며(제1항), 보호범위를 평가할 때에는 디자인을 개발하는 창작자의 자유도가 고려되어야 한다(제2항).(250)

(249) 공동체디자인 중 등록(registered) 디자인에는 독점배타권(exclusive right)이, 미등록(unregistered) 디자인에는 복제금지권(anti-copying right)이 부여되는 점에서 차이가 있지만, 양 디자인의 보호범위(scope of protection)에는 차이가 없다. Uma Suthersanen, Design Law: European Union and United States of America, 2nd Edition, Sweet&Maxwell, 2010, p. 130, para. 6-041 ("The owner of a Community design right will either have an exclusive right or an anti-copying right, dependent on whether the owner has applied for registration at the Community level. However, the scope of protection conferred by the CDR is identical to both types of rights.").

(250) COUNCIL REGULATION (EC) No 6/2002 of 12 December 2001 on Community designs, Article 10 Scope of protection ("1. The scope of the protection conferred by a Community design shall include any design which does not produce on the informed user a different overall impression. 2. In assessing the scope of protection, the degree of freedom of the designer in developing his design shall be taken into consideration.").

대상판결은 이러한 보호범위 판단에 있어 중요한 (i) 통상의 지식을 가진 사용자Informed User, (ii) 디자이너의 창작 자유도Degree of Freedom of the Designer 및 (iii) 전체적 심미감Overall Impression 등에 대해 판시하고 있는데 이하 각각에 대해 간단히 살펴본다.

2. 통상의 지식을 가진 사용자Informed User

공동체디자인법Community Design Regulation에는 '통상의 지식을 가진 사용자'Informed User라는 용어가 전문recital 14,(251) 제6조(독자성),(252) 제10조(보호범위)(253) 등 총 세 군데에서 사용되고 있는데, 이에 대한 정의 규정은 없고 그 해석은 판결에 맡겨져 있다.

종래 각국 법원에서는 '통상의 지식을 가진 사용자'informed user가 어떤 자인지를 적극적으로 정의하기 보단, '통상의 지식을 가진 사용자'informed user에 해당하지 않는 자의 예시를 판시하고 있었는데, 예를 들면 최종사용자a mere end-user, 디자이너

(251) COUNCIL REGULATION (EC) No 6/2002 of 12 December 2001 on Community designs, recital 14 ("The assessment as to whether a design has individual character should be based on whether the overall impression produced on an informed user viewing the design clearly differs from that produced on him by the existing design corpus, taking into consideration the nature of the product to which the design is applied or in which it is incorporated, and in particular the industrial sector to which it belongs and the degree of freedom of the designer in developing the design.").

(252) COUNCIL REGULATION (EC) No 6/2002 of 12 December 2001 on Community designs, Article 6 Individual character ("1. A design shall be considered to have individual character if the overall impression it produces on the informed user differs from the overall impression produced on such a user by any design which has been made available to the public: (a) in the case of an unregistered Community design, before the date on which the design for which protection is claimed has first been made available to the public; (b) in the case of a registered Community design, before the date of filing the application for registration or, if a priority is claimed, the date of priority. 2. In assessing individual character, the degree of freedom of the designer in developing the design shall be taken into consideration.").

(253) COUNCIL REGULATION (EC) No 6/2002 of 12 December 2001 on Community designs, Article 10 Scope of protection ("1. The scope of the protection conferred by a Community design shall include any design which does not produce on the informed user a different overall impression. 2. In assessing the scope of protection, the degree of freedom of the designer in developing his design shall be taken into consideration.").

a designer, 제조자a manufacturer, 제품디자인 전문가a product design expert, 일반인a person in the street, 관련 분야 전문가a person skilled in the art, 상표법상의 일반 수요자an average consumer as discussed in trade mark cases 등이 이에 해당한다.(254)

대상판결은 전체적인 심미감overall impression 판단의 기준이 되는 '통상의 지식을 가진 사용자'informed user는 특허법상의 통상의 기술자person skilled in the art도 상표법상의 일반 수요자average consumer도 아니며,(255) 다른 유사 제품에 대한 경험을 보유하여 합리적인 변별력을 갖춘 사용자라고 판시하였는데,(256) 대상판결 이후 2011. 10. 20.에 선고된 유럽공동체법원Court of Justice of the European Union 판결에서도, '통상의 지식을 가진 사용자'는 상표법상의 일반 수요자 및 특허법상의 관련 분야 전문가the sectoral expert의 중간 정도에 해당하는 자라고 하여 비슷한 취지로 판시하고 있다.(257)

(254) David Stone, European Union Design Law: A Practitioners' Guide, Oxford, 2012, para. 11.29 ("Prior to the Court of Justice's decision in the PepsiCo v Grupo Promer case, national courts had, by and large, taken the approach of setting out who the informed user is not, rather than who it is. The informed user is not: a mere end-user; a designer; a manufacturer; a product design expert; a person in the street; a person skilled in the art; an average consumer as discussed in trade mark cases (citations omitted).").

(255) Procter & Gamble Co v. Reckitt Benckiser (UK) Ltd [2007] EWCA Civ 936, paras. 16 and 24 ("The Regulation does not tell us much about the notional "informed user". He/she is clearly not quite the same sort of person as the 'person skilled in the art' of patent law.... It follows that the informed user is not the same as the 'average consumer' of trade mark law.").

(256) *Id*. at para. 23 ("The 'informed user' test makes sense: a user who has experience of other similar articles will be reasonably discriminatory—able to appreciate enough detail to decide whether a design creates an overall impression which has individual character and whether an alleged infringement produces a different overall impression.").

(257) Case C-281/10 P PepsiCo, Inc v. Grupo Promer Mon Graphic SA, [2012] F.S.R. 5 (Court of Justice), para. 53 ("53 It should be noted, first, that Regulation 6/2002 does not define the concept of the "informed user". However, as the Advocate General correctly observed in points 43 and 44 of his Opinion, that concept must be understood as lying somewhere between that of the average consumer, applicable in trade mark matters, who need not have any specific knowledge and who, as a rule, makes no direct comparison between the trade marks in conflict, and the sectoral expert, who is an expert with detailed technical expertise. Thus, the concept of the informed user may be understood as referring, not to a user of average attention, but to a particularly observant one, either because of his personal experience or his extensive knowledge of the sector in question."). 이 판결은 디자인 유효 요건인 '독자성(individual character)'의 의미에 대해 최초로 판시한 유럽공동체법원(Court of Justice of the European Union) 판결이다.

관련 분야 전문가의 경우 두 디자인의 모든 차이점을 파악할 수 있을 정도로 많은 지식을 갖고 있기 때문에 대부분의 디자인이 유효로 판단되고, 침해로 판단되는 디자인은 거의 없게 되어 대부분의 디자인의 보호범위가 좁게 되는 반면, 일반 수요자의 경우 디자인의 차이점 파악이 곤란하여 유효로 판단되는 디자인은 거의 없게 되지만 일단 유효로 판단되는 디자인은 대부분 침해로 판단되어 극소수의 디자인에 과도한 보호범위를 부여하게 되는바, '통상의 지식을 가진 사용자'Informed User 개념을 통해 합리적인 수의 디자인에 합리적인 보호범위를 부여하게 될 것이라고 한다.(258)

3. 디자이너의 창작 자유도Degree of Freedom of the Designer

이 사건 1심법원High Court은 디자인 자유도Design Freedom와 관련하여 두 가지 판시를 하였다. 첫째, 공동체디자인법Community Design Regulation 제6조(독자성)에서 말하는 디자인 자유도는 등록디자인 디자이너의 그것을 말하는 반면, 제10조(보호범위)에서 말하는 디자인 자유도는 침해의심디자인 디자이너의 그것을 말한다고 구별하였다.(259) 둘째, 디자인 자유도는 모든 디자이너에 적용되는 객관적인 것이어야 하므

(258) David Stone, European Union Design Law: A Practitioners' Guide, Oxford, 2012, paras. 11.21, 11.22 ("Thus, the Court of Justice has established authoritatively that the informed user is more informed than an average consumer, but is not a sectoral expert from patent law. A sectoral expert will know too much and will be able to perceive every difference between two designs. For the sectoral expert, very many designs will be valid, but very few will be infringed. This gives a narrow scope of protection to an overabundance of designs. On the other hand, the informed user knows more than the average consumer. For the average consumer, differences will not be noticed, so few designs will be valid, but those that are will be likely to be infringed. Such a formulation would give too broad a scope of protection to too few designs. The Court of Justice therefore opted for somewhere between the two extremes, presumably aiming to give a reasonable scope of protection to a reasonable number of designs.").

(259) Procter & Gamble Co v Reckitt Benckiser (UK) Ltd, [2007] E.C.D.R. 4 (2006) High Court of Justice (Patents Court and Designated Community Design Court), 13 Dec. 2006, para. 42 ("In considering the validity of a registration under Art.6 and also in considering infringement under the extended protection given by Art. 10, it is necessary to take account of the "degree of freedom of the designer in developing the design". The designer to be considered under Art.6 is the designer of the registered design; whereas the designer to be considered under Art.10 is the designer of the alleged infringement. Where, as here, both the registered design and the alleged infringement are the same product, the degree of freedom is (or ought to be) identical.").

로 특정 디자이너의 내적 요소(예를 들면, 기존 생산라인을 계속 사용하고자 함)는 디자인 자유도에 대한 제약이 되지 않는다고 하였다.(260) 두 번째 판시에 대해서는 항소심 법원도 동의하였지만,(261) 첫 번째 판시는 잘못된 것이라고 한다.(262) 다만, 이 사건의 경우 등록디자인과 피고실시디자인이 동일제품sprayers에 대해 큰 시차 없이 이루어진 것이어서 첫 번째 판시가 크게 문제되지는 않은 것으로 볼 수 있다.

4. 전체적 심미감Overall Impression

대상판결은 전체적 심미감이 상이한지 여부의 판단기준에 대해 앞서 본 바와 같은 일반 원칙 9가지를 설시한 다음, 1심법원의 중요한 오류로 ① 전체적 심미감overall impression이 '명확히 다를 것'clearly different을 요건으로 한 점, ② 이 사건 디자인의 요부dominant features를 지나치게 일반화한 점 등을 들고 있는데,(263) 이에 대해 구체

(260) Id. at para. 43 ("Mr Carr, however, submitted that internal commercial constraints could also count as limitations on the designer's freedom to develop his design. Thus if the enterprise that commissioned the design had existing tooling or an existing production line that it could not afford (or did not wish) to change, that could be a relevant constraint. I do not agree. The test must be an objective one which applies to all designers.").

(261) Procter & Gamble Co v. Reckitt Benckiser (UK) Ltd [2007] EWCA Civ 936, para. 31 ("In this connection I have no doubt that the "freedom of the designer" referred to is not that of a particular party— it is the degree of choice a designer would have in creating his design, not particular constraints on a particular party. The judge so held at [43]. Mr Carr did not challenge that, and rightly so.").

(262) David Stone, European Union Design Law: A Practitioners' Guide, Oxford, 2012, paras. 11.81 and 11.89 ("When assessing a design for validity against a prior design, it is the degree of design freedom of the designer of the design being challenged (the later design – a registered design or unregistered Community design) which is relevant. When assessing an alleged infringing design against an earlier design right, it is the degree of freedom of the designer of the design which has allegedly been infringed (the registered design or unregistered Community design) (citing Dyson Limited v Vax Limited [2011]EWCA Civ 1206, [2012]FSR 4, para. 18).... As a result, the degree of freedom of a designer cannot change – it is fixed as at the date of the first disclosure of an unregistered design, or the date or filing of a registered design (or priority date if earlier).").

(263) Procter & Gamble Co v. Reckitt Benckiser (UK) Ltd [2007] EWCA Civ 936, para. 59 ("I think the judge erred in the following ways: (i) in failing to apply the "overall impression" of the registered design he in effect had found at [8]–[9]; (ii) in failing to apply the overall impression of the accused product he had found (or summarised) at [20]; (iii) in failing, at

적으로 살펴본다.

우선 오류 ①과 관련하여 1심법원은, '명확히 다를 것'clearly differs 기준이 제6조 독자성individual character 판단과 제10조 보호범위scope of protection 판단에 모두 적용된다고 보았지만, 항소법원은 '명확히 다를 것'clearly differs 기준은 독자성individual character 판단에만 적용되지 보호범위scope of protection 판단에는 적용되지 않는다고 판시하였다.(264) 하지만 '명확한'clear이라는 요건이 입법과정에서 섬유산업textile industry계의 압력에 영향에 받은 경제사회위원회Economic and Social Committee의 요청에 따라 제외되었는데 조문과 달리 전문에서 미처 삭제되지 못한 점에 비추어 보면,(265) 대상판결의 이러한 판시는 잘못된 것으로 보이며, 실제로 대상판결 이후의 다른 판결에서 대상판결의 이러한 판시에 오류가 있음이 인정되었다.(266)

---

the point where he was considering infringement, to state what the overall impression of the alleged infringement was; (iv) in applying by implication a requirement that the accused product should give the informed user a clearly different impression; (v) in applying a "stick in the mind" test rather than "what would impress now" test; and (vi) in approaching the "dominant features" of the design at too general a level, a level such as not to convey in words the overall impression which would be given to an informed observer.").

(264) *Id.* at para. 19 ("19 The judge thought it did (see [57]). But I do not. Different policies are involved. It is one thing to restrict the grant of a monopoly right to designs which are shown "clearly" to differ from the existing design corpus. That makes sense—you need clear blue water between the registered design and the "prior art", otherwise there is a real risk that design monopolies will or may interfere with routine, ordinary, minor, everyday design modifications—what patent lawyers call "mere workshop modifications". But no such policy applies to the scope of protection. It is sufficient to avoid infringement if the accused product is of a design which produces a "different overall impression". There is no policy requirement that the difference be "clear". If a design differs, that is enough—an informed user can discriminate.").

(265) David Stone, European Union Design Law: A Practitioners' Guide, Oxford, 2012, para. 11.154 ("The requirement for a 'clear' difference was dropped from the legislation at the request of the Economic and Social Committee following pressure from the textile industry. Retaining the requirement that a design 'clearly differ' from earlier designs would have excluded too many designs, and especially textile designs, from protection. The Italian language version is therefore an incorrect translation, and it would appear that the reference to 'clearly' in the recitals ought to have been omitted when the text of the substantive provisions was amended.").

(266) Dyson Limited v Vax Limited [2011]EWCA Civ 1206, [2012]FSR 4, para. 34; David Stone, European Union Design Law: A Practitioners' Guide, Oxford, 2012, paras. 11.156, 11.157 (The Court of Appeal later realized its error, and said this in an unrelated case.... The test for invalidity in the United Kingdom is now once again the same as the test for infringement, as the legislators intended.").

한편, ②와 관련하여 RB 측은, 1심법원이 이 사건 등록디자인에 대해 제대로 기술하고도 지나치게 일반화된 요부를 도출하였으며,(267) 1심법원도 인정한 두 디자인의 차이점에 비추어 볼 때 전체적 심미감의 차이를 인정하였어야 한다고 주장하였다.(268)(269)

반면, P&G 측은 (ⅰ) 공동체디자인법Community Design Regulation 전문 7에 기재된 '향상된 보호'enhanced protection라는 문구를 기초로 디자인의 보호범위를 넓게 인정하

(267) Procter & Gamble Co v. Reckitt Benckiser (UK) Ltd [2007] EWCA Civ 936, para. 45 ("Further, submits Mr Carr, when the judge came to consider the question of the overall impression he failed to apply his own earlier description. Instead he identified a list of features which were stated at too high a level of generality.").

(268) *Id*. at para. 49 ("In saying that "the registered design is of far greater quality and more integrated", Mr Carr submits that the judge was in fact finding that there was a different overall impression. And that he should have so held.").

(269) 1심법원의 전체적 심미감 판단내용:

<table>
<tr><td>이 사건
디자인
(전체적 기술)
1심 판결문
paras. 8, 9.
2심 판결문
para. 41.</td><td>• 이 사건 디자인의 주요 특징은 좁은 목(narrowed neck), 경사진 타원형의 상부(angled & elliptical top) 및 일체적 외관(integrated look)으로 특히 상부(top)가 용기(container)와 일체화되는 방법과 그로 인한 유선(flowing line).
• 이 사건 디자인의 인체공학적 측면(ergonomic aspects)도 중요한데, 경사진 상부(angled top)는 노즐에서 분출되는 스프레이의 유동 방향을 소비자에게 알려 주며, 스프레이 헤드의 상부가 외곽방향 나팔모양(flared out)으로 되어 용기(container)를 파지하기 좋고 사용자의 손에서 미끄러지는 것을 방지할 수 있으며, 플랜지모양의 상부(flanged top)가 제품 하중을 지지함으로 인해 손목의 피로를 피할 수 있음(물론 제품의 하중이나 사용시간을 고려할 때 특별히 중요한 특징으로 보이지는 않음).
• 용기(can)와 헤드(head)의 커브(curves)가 목(neck) 주변에서 합체(merge)되면서 일체적 외관(integrated feel)을 형성함.
• 좁은 목(narrowed neck)은 심미감을 향상시킬 뿐 아니라 용기(container)가 손에 잘 자리매김 하도록 해 줌.
• 다만, 용기(container)가 단순한 실린더가 아니므로 주문형 제작이 필요함. 실제로 용기는 통상의 양철(tinplate)이 아닌 알루미늄으로 제조되었음.
• 전체적으로 보면, 이 사건 디자인의 형상(shape)은 부드럽고 역동적인 느낌(smooth and dynamic feel), 유선(flowing lines) 및 품격 있는 동세(an elegant sense of movement)를 구비하고 있음.</td></tr>
<tr><td>이 사건
디자인
(요부)
1심 판결문
para. 65.
2심 판결문
para. 45.</td><td>(ⅰ) 스프레이 노즐로 이어지는 경사진 타원형 상부(the angled, elliptical, sloping top culminating in the spray nozzle)
(ⅱ) 경사진 상부 아래에서 돌출된 약간 구부러진 (하지만 여전히 베이스(base) 외곽선 내에 위치하는) 방아쇠(slightly curved trigger).
(ⅲ) 방아쇠(trigger) 주변과 반대편에서 움푹 들어간 목(neck)
(ⅳ) 용기(canister) 몸체와 만나고 특히 뒷부분에서 경사(curve)를 형성하는 경사진 덮개부(sloping shroud)
(ⅴ) 실린더형 주 몸체(cylindrical main body)</td></tr>
<tr><td>차이점
1심 판결문
para. 67.
2심 판결문
para. 48.</td><td>• 두 디자인의 차이점은 상대적으로 덜 중요한 미세한 차이(relatively insignificant details)에 불과함.
• 이 사건 디자인이 피고실시디자인보다 더 양질의 디자인이며(of a far greater quality) 더 일체적임(more integrated). 즉, 피고실시디자인은 저품질 모방품임(poor quality imitation).</td></tr>
</table>

는 것이 입법취지이며,(270) (ⅱ) 이 사건 등록디자인처럼 종래 디자인과 차별화되는 참신한 디자인의 경우 폭 넓은 보호범위가 인정되어야 한다고 주장하였다.(271)

항소법원은 P&G의 위와 같은 주장을 받아들이지 않고,(272) 기능과 관련된 디자인 제약에 대한 주장 부분을 제외하고는 전체적 심미감 판단과 관련된 RB 측의 주장을 받아들이면서 두 디자인의 전체적 심미감이 상이하다고 판단하였다.(273)(274)

(270) *Id*. at para. 54 ("Mr Wyand emphasised the purpose of protection as set out in Recital 7: "Enhanced protection for industrial design not only promotes the contribution of individual designers to the sum of community excellence in the field, but also encourages innovation and development of new products and investment in their production." He submitted that this showed an intention that the scope of protection should be wide. He gets that from the word "enhanced".").

(271) *Id*. at paras. 55–58 ("Next, and this was Mr Wyand's main point, he drew attention to how different the P&G design was from anything that had gone before.... Given all that freedom, Mr Wyand submitted that the scope of protection should be wide —that it should cover what gives a "slightly cheaper, or slightly coarser impression".").

(272) 1심법원은 저품질 모방품(poor quality imitation)이 침해를 회피할 가능성에 대해 염려하였지만, 항소법원은 (ⅰ) 이 사건은 상표의 문제가 아니라 디자인에서의 독점권에 대한 것이라는 점, (ⅱ) 저품질 모방품(poor quality imitation)이 진품(original)과 전체적 심미감이 상이하다면 시장에서 실패할 것이고, 전체적 심미감이 동일하다면 저품질 모방품(poor quality imitation)이라 할 수 없고 진품(original)과 같은 이유로 시장에서 성공할 것이라는 점을 근거로 이 문제가 크게 우려되지는 않는다고 하고 있다. *Id*. at para 60.

(273) Procter & Gamble Co v. Reckitt Benckiser (UK) Ltd [2007] EWCA Civ 936, paras. 59, 61 and 62 ("I have come to the conclusion that the judge did err in principle, essentially for the reasons advanced by Mr Carr, excluding his submissions about functional design restraint.... I think the impression which would be given to the informed user by the Air Wick product is different from that of the registered design. I say that for the reasons advanced by Mr Carr which I need not repeat here.... The similarities between the products are at too general a level for one fairly to say that they would produce on the informed user the same overall impression. On the contrary, that user would get a different overall impression.").

(274) 항소법원의 전체적 심미감 판단내용(판결문, para. 51):

(ⅰ) Air Wick 제품은 해머 헤드(hammer head) 모양으로 상부 마름모 부분(lozenge)이 일정한 깊이를 가지며, 프랑스 외인부대 군모(Foreign Legionnaire's kepi) 모양이지만, 이 사건 등록디자인의 상부(top)는 그와 같이 볼 수 없음. 오스트리아 법원이 설시한 바와 같이, 두 디자인의 헤드 형상이 상이한데, 동물에 비유하자면 Febreze sprayer의 경우 뱀 머리(snake's head)가 연상되지만 Airwick sprayer의 경우 도마뱀 머리(lizard's head)가 연상됨.

(ⅱ) 이 사건 등록디자인은 (특히 정면 또는 배면에서 볼 때) 더 날씬하고 우아한 목(a much more thinner, more elegant neck)을 구비함.

(ⅲ) 이 사건 등록디자인의 상부 타원(top ellipse)은 Air Wick의 그것보다 훨씬 큼(significantly large).

(ⅳ) 방아쇠(triggers) 형상은 방아쇠 기능을 하기 위한 디자인 제약을 고려하면 차이가 있기 곤란함.

5. 다른 회원국 법원의 판단

가처분 사건을 심리한 다른 회원국 법원의 경우 오스트리아 2심 및 최종심 법원을 제외하고는 모두 전체적 심미감overall impression이 다르지 않다고 판단하였다.(275)

IV 대상판결의 의의

6개국에 걸쳐 진행된 디자인 분쟁 중 유일하게 가처분이 아닌 본안에 대한 것이었던 대상판결은 공동체디자인의 보호범위 판단에 있어서 중요한 '통상의 지식을 가진 사용자'informed user의 의미를 적극적으로 제시한 점에서 의의가 있고, 이러한 해석론은 대상판결 이후 선고된 유럽공동체법원Court of Justice of the European Union 판결의 그것과도 크게 다르지 않다.

또한 대상판결이 전체적 심미감Overall Impression 판단과 관련한 일반원칙을 제시한 점도 간과할 수 없지만 다음과 같은 두 가지 점에 대해서는 주의할 필요가 있다.

우선, 독자성individual character 판단이든 보호범위scope of protection 판단이든 전체적 심미감Overall Impression이 '다른지'different 여부가 기준이 되는데, 대상판결은 전자의 경우에는 '명확히 다를 것'clearly different이, 후자의 경우에는 '다를 것'different이 그 기준이

(v) 이 사건 등록디자인의 망토/덮개(cape) 부분은 용기(canister)의 커브(curve) 형상 상부 위로 우아하게 흐르는 형상임. Air Wick의 그것은 단지 상부에 안착될 뿐이고 정면부와 거의 같은 수준(높이)에서 절단(cut off)된 형상으로 일체성(integration)이 없음.

(275) 벨기에 법원의 경우 AirWick 디자인이 P&G의 RCD와 동일하다고 판단하였는데, 이는 신규성 판단을 불필요하게 침해 판단에 적용한 결과로 보인다. David Stone, European Union Design Law: A Practitioners' Guide, Oxford, 2012, para 22.21 ("The Beslagkamer of the Rechtbank Van Eerste Aanleg te Brussel appears to have found the AIRWICK design to be identical to P&G's RCD, holding 'the characteristics of both designs only differ in immaterial details such that they are considered to be identical in accrodance with Article 5(2). It is doubtful that even P&G put its case this highly: no other tribunal found Reckitt Benckiser's design to be identical to P&G's RCD within the meaning of Article 5(2) of the Regulation. In any event, identity is relevant only to validity, not infringement, so the assessment need not have been made.").

라고 본 점은 공동체디자인법Community Design Regulation을 잘못 해석한 것이라고 볼 수 있다.

다음으로, 대상판결은 전체적 심미감을 언어로 기술하는 것이 불가피하다고 보았지만[276] 유럽공동체법원은 그렇지 않다고 본 점에 유의할 필요가 있다.[277] 이에 대해 오스트리아와 영국의 항소법원을 제외하고는 관련 사건에서 이러한 접근법을 취한 곳은 없다는 점에 주목하여, 다른 법원들과 달리 오스트리아와 영국의 항소법원만이 비침해로 판단한 이유를 이러한 접근법에서 찾는 견해도 있다.[278]

(276) 대상판결에서 제시한 (전체적 심미감 판단을 위한) 일반 원칙 9개 중 (vi), (vii), (viii)은 결국 순전히 시각적인 것(something that is entirely visual)을 언어화하는 것인바, 이것은 쉽지 않은 작업이라고 할 수 있다. *Id*. at para 22.49 ("The task identified by the Court of Appeal in points (vi), (vii), and (viii) is not easy. In effect, the tribunal is asked to put into words something that is entirely visual.").

(277) *Id*. at para 11.163 ("The Court of Justice in *PepsiCo Inc v Grupo Promer* has now assessed overall impression without the need to describe in words what the two overall impression were. This approach should be adopted.").

(278) *Id*. at para 22.50 ("Other than the Austrian and English appellate courts, no other tribunal in this dispute adopted this approach. The exercise appears to have little point. The enhanced level of abstraction may explain why the English and Austrian appellate courts were the only tribunals to find no infringement.").

4-10

[영국] 디자인권 침해 판단에 관한 영국 대법원의 Trunki 판결

PMS International Group v. Magmatic Limited [2016]

| 정차호 | 성균관대학교 법학전문대학원 교수

I 사건 개요

Magmatic(이하 '원고')의 창립자인 Robert Law는 어린이가 탈 수 있는 트렁크 가방에 관한 디자인으로 1998년 상을 타고 그 후 그 디자인을 보완한 후 유럽상표청OHIM에 출원, 등록을 하였다. 원고는 2004년부터 등록디자인과 매우 유사한 트렁크를 'Trunki'라는 상표 아래 약 50파운드(약 8만4천 원)의 가격으로 판매하였다. 2013년 2월 원고는 PMS(이하, '피고')를 상대로 디자인권 침해소송을 제기하였다. 원고는 피고가 원고의 디자인권을 침해하는 제품을 'Kiddee Case'라는 상표 아래 영국 및 독일에서 판매한다고 주장하였다.(279)

(279)

등록디자인	원고 제품	피고 제품
		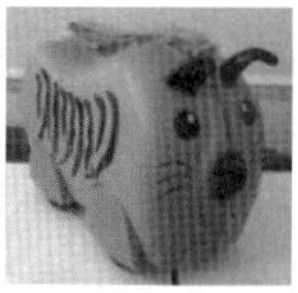

1심법원은 침해를 인정하였고,(280) 항소심 법원(281) 및 대법원은 침해를 부인하면서 1심법원이 3가지 실수를 하였다고 보았다. 이하 그 각각을 살핀다.

II 대법원 판결(282)

1. 뿔 달린 동물의 전체적 이미지overall impression of a horned animal

항소심 법원은 1심법원이 뿔 달린 동물의 전체적 이미지에 대하여 충분히 고려하지 않았다고 보았다. 이 점에 관하여 대법원은 법관이 중요한 점에 대하여 언급하지 않은 것은 그 점을 간과하였다고 볼 수 있다고 설명하며 항소심 법원의 판단을 지지하였다. 대법원은 등록디자인이 뿔 달린 동물의 이미지를 가진 것으로 판단하였는데, 사실 동물이라는 느낌이 강한 것은 아니라고 생각된다. 반면, 피고의 제품은 눈과 수염의 추가로 특정 동물(고양이 또는 호랑이)이라는 느낌을 확실하게 하였다.

특허발명의 침해를 판단하는 장면에서는 '구성요소완비원칙'all elements rule에 따라 침해품이 특허발명의 모든 구성요소를 실시하기만 하면 침해를 구성하고 침해품이 그 구성요소 외에 다른 요소를 추가적으로 실시하더라도 침해를 면하지 못한다. 그러한 법리에 의하면, 즉 대상사건에서의 피고의 제품이 표면장식(옆면의 줄무늬, 앞면의 눈과 수염)을 추가하였다고 하더라도 그 추가가 침해를 면하게 해주지 못한다. 이러한 점은 디자인권 침해 판단의 장면에서도 그다지 다른 것으로 생각되지 않는다. 그러나, 전체적인 이미지를 중요하게 보는 관점에서는 추가된 표면장식이 비침해를 판단하는데 중요한 역할을 하고 있음을 알 수 있다. 추가된 표면장식이 없는 것으로 가정하고 침해 여부를 판단하는 것이 타당하지 않는가? 이 점에 대하여는 아래 다.에서 추가적으로 살핀다.

(280) 1심법원 판결문: http://www.bailii.org/ew/cases/EWHC/Patents/2013/1925.html.

(281) Magmatic Ltd v. PMS International Ltd [2014] EWCA Civ 181.

(282) PMS International Group Plc v. Magmatic Limited [2016] UKSC 12 (Lord Neuberger (President, author), Lord Sumption, Lord Carnwath, Lord Hughes, Lord Hodge).
*대법원 판결문: https://www.supremecourt.uk/cases/docs/uksc-2014-0147-judgment.pdf

전체적 이미지의 대비는 일반 관찰자의 수준에서 수행된다. 미국연방대법원의 Gorham v. White 판결은(283) 등록디자인 전체의 외양appearance과 피고 디자인의 전체 외양을 비교하되 그 비교는 일반 관찰자ordinary observer의 시각에서 행해진다고 설시하였다.(284) 해당 거래에 정통한 자person versed in the trade는 자그마한, 미묘한 차이 또는 변화를 쉽게 알 수 있기 때문에 그 사람을 기준으로 침해 여부를 판단하는 경우 약간 변형된 제품이 대상 디자인권을 침해하지 않는 것으로 판단할 가능성이 높아진다.(285) 참고로 CAFC는 Egyptian Goddess 전원합의체 판결에서 일반 관찰자를 유사한 선행 디자인 다수를 아는 자로 설명하여,(286) 일반 관찰자의 수준이 해당 거래에 정통한 자의 수준과 별반 다르지 않게 되었다.

2. 장식의 부재absence of decoration

항소심 법원은 등록디자인에서의 장식의 부재가 뿔 달린 동물의 이미지를 더 강하게 한다고 보았다. 이 점에 관하여 원고는 장식의 부재가 원칙적으로 디자인의 한 요소feature가 될 수 있는지에 대하여 유럽사법재판소CJEU에의 회부를 요청하였지만 그 요청은 받아들여지지 않았다. 대법원은 '단순화'simplicity 또는 '최소화'minimalism가 디자인에 있어서 중요한 점이라고 설명하며 장식의 부재가 원칙적으로 디자인의 한 요소가 될 수 있다고 판단하였다. 반대로 생각하면 장식을 추가하는 것이 디자인의 요소가 되어 권리범위를 좁히는 결과를 초래할 것이고 그렇다면 권리범위를 넓히기 위해서는 불필요한 장식을 가급적 삭제하여야 할 것이다.(287) 장식이 그 자체로 디자인이 될 수 있으므로(288) 장식의 추가는 최소한 구성요소의 추가로 보아야 한다.

(283) Gorham Mfg. Co. v. White, 81 U.S. (14 Wall.) 511, 528 (1872).

(284) Id. at 527–28 ("in the eye of an ordinary observer, giving such attention as a purchaser usually gives,... the resemblance is such as to deceive such an observer, inducing him to purchase one supposing it to be the other.").

(285) Id.

(286) Egyptian Goddess, 543 F.3d at 676 ("aware of the great number of closely similar prior art designs").

(287) Proctor & Gamble v Reckitt Benckiser [2007] EWCA Civ 936 ("a registered design based on a line drawing was for the shape alone").

(288) Art. 3(a).

3. 등록디자인의 두 가지 단색 처리 two-tone colouring

항소심 법원은 1심법원이 등록디자인의 두 가지 단색 처리에 대하여 고려하지 않았다고 비판하였다. 등록디자인은 몸통의 대부분과 뿔을 회색으로 처리하고 바퀴 및 상단의 줄을 흑색으로 처리하고 있다. 1심법원은 등록디자인이 가방의 모양 shape에 관한 것이므로 피고 제품의 장식decoration은 중요하지 않다고 본 반면, 항소심 법원은 등록디자인의 두 가지 다른 단색 처리가 중요하며 그런 점에서 피고 제품이 등록디자인과 현격히 다르다고 보았다.(289) 구체적으로 항소심 법원은 등록디자인에서 바퀴와 뿔이 강조되었는데, 피고 제품에서는 바퀴는 몸체에 의하여 덮여 있고 뿔은 몸통과 같은 색을 가지는 점을 중요하게 본 것이다.

그 점에 관하여 대법원은 ① 디자인의 도형은 발명에서의 청구항과 같은 역할을 한다는 점을 상기시킨 후,(290) 나아가 ② 출원인은 독점의 범위를 스스로 결정할 수 있으며, 여러 개의 출원을 할 수 있다는 기본원칙을 제시한 후, ③ 대상 디자인에서 출원인은 두 가지 단색으로 처리된 도형을 선택하였으며 권리범위는 그 도형에 의하여 결정된다고 설명하였다. 대상 디자인에서 몸통은 회색으로 처리되고, 바퀴, 뿔, 줄 등은 검은색으로 처리되었고, 그러므로 대상 디자인은 출원인이 단순히 외형을 청구한 것이 아니라 두 가지 색으로 구별되는 외형을 청구한 것으로 해석되는 것이다. 이 점에서 대법원은 1심법원이 틀리고 항소심 법원이 옳았다고 보았다. 그렇게 색깔을 중시하는 청구항 해석에 따라 상급심 법원은 대상 디자인과 피고 제품은 다른 색상을 가진다고 보았고 그러므로 침해가 아니라고 판단하게 된다.

(289) Whilst the judgment makes the position clear in relation to colour, it does not make the same finding in relation to tonal contrast. If the wheels on the Trunki CRD had been the same shade as the rest of the CRD would it have covered a Kiddee case which had the wheels (and wheel covers) shaded differently from the rest of the case (eg. the Leopard or Pig Kiddee case designs which can be found via a quick google)?

(290) Dr Martin Schlötelburg (a co–ordinator of OHIM's Designs Department) ("the selection of the means for representing a design is equivalent to the drafting of the claims in a patent: including features means claiming them"...).

해설

1. 다기재 협범위의 원칙

어떤 디자인의 형상의 외형을 보여 주는 선 외에 다른 색, 음영 등을 추가하는 경우 권리범위가 축소 해석된다.(291) 그러므로 특수한 사정이 없는 경우, 출원인은 대상 디자인에 색, 음영 등을 추가하여서도 아니 되고, 도면을 사진 등으로 대체하여서도 아니 된다.(292) 아무런 색을 부여하지 않은 디자인은 모든 색을 권리범위에 포함시키지만 어떤 하나의 색을 부여한 디자인은 그 색만을 권리범위에 포함시키는 것이다.(293) 디자인의 도형에서 색을 부여하지 않고, 디자인의 외양을 검은색 선으로 표현하여야 한다. 대상 등록디자인에서 바퀴 및 줄이 검은색으로 표현된 점이 권리범위를 현저히 줄이는 결과를 초래하였다.

2. 발명과 디자인의 차이

대법원은 대상 디자인이 혁신적인 것이며 많은 상을 수상하였으며 상업적으로 성공을 거두었다는 점 및 피고가 원고의 디자인을 모방하였다는 점을 거론하면서도 대상사건이 발명에 관한 것이 아니라 디자인에 관한 것이라는 점을 아쉽게 생각하였다.(294) 특허권의 침해를 판단하는 장면에서 ① 대상 특허발명이 혁신적이라는 점, ② 많은 상을 수상하였다는 점, ③ 상업적으로 성공을 거두었다는 점 또는 ④ 피고가 원고의 디자인을 모방하였다는 점이 영향을 미치는가? 앞의 ①점 내지 ③점은 침해판단에 영향을 미치지 않을 것으로 생각되고, 그나마 ④점이 조금이라도 영향을 미칠 것이다.

---

(291) Id. ("where a design is shown in colours, the colours are claimed, while a black and white drawing or photo covers all colours").

(292) Dr Martin Schlötelburg, [2003] EIPR 383, 385 ("Basically, the broadest claims can be achieved by drawings showing only the contours of the design. In contrast, a photo specifies not only the shape, but the surface structure and the material as well, thereby narrowing the scope of protection accordingly").

(293) 대법원 판결문, paras 33 and 34.

(294) para. 57.

의도적 모방deliberate copying은 해당 행위를 고의침해willful infringement로 인정할 수 있게 한다.(295)(296) 이러한 법리가 모방이 '고의'판단을 하게 하는 것이지만 침해 그 자체를 인정하게 하는 것은 아니다.(297) 그러나, 모방의 판단이 침해판단에 간접적으로 영향을 미칠 것으로 생각된다.(298) 즉, 침해라고 판단한 후 고의 여부를 판단하게 되지만 모방사실을 아는 판단자의 마음속에는 침해 여부에 대한 생각을 하면서도 아울러 고의 여부에 대한 생각이 이미 돌아가기 시작하고 그렇다면 그 판단자의 그 생각은 어느 정도라도 이미 침해를 인정하고 있을 것이다.(299) 모방의 인정은 회피설계를 부정하는 결과를 초래하고 회피설계design-around는 비침해와 연결되고 모방은 침해와 연결된다는 점에서도 모방은 침해판단을 매우 용이하게 한다.(300)(301)

(295) nCube Corp. v. Seachange Intern., Inc., 436 F.3d 1317, 1324 (Fed. Cir. 2006); Stryker Corp. v. Intermedics Orthopedics, Inc., 96 F.3d 1409, 1414 (Fed. Cir. 1996); Minnesota Min. and Mfg. Co. v. Johnson & Johnson Orthopaedics, Inc., 976 F.2d 1559, 1580–82 (Fed. Cir. 1992).

(296) '고의'침해 판단 후 증액의 정도를 판단하는 9가지 요소를 제시한 판례: Read Corp. v. Portec, Inc., 970 F.2d 816 (Fed. Cir. 1992).

(297) Christopher A. Cotropia & Mark A. Lemley, *Copying in Patent Law*, 87 N.C. L. Rev. 1421, 1425 (2009) ("For the initial liability determination in patent law, an 'innocent' infringer is treated the same as an individual who copied the patented technology. Put simply, copying is irrelevant to the issue of liability.").

(298) Mark A. Lemley, *Should Patent Infringement Require Proof of Copying?*, 105 Mich. L. Rev. 1525, 1526 (2007) (footnote omitted) ("In the information technology industries, it sometimes seems as though the overwhelming majority of patent suits are not brought against people who copied a technology, but against those who developed it independently.").

(299) 모방이 판단자의 마음속에 피고에 대한 부정적인 선입감을 형성시킨다는 설명: Kenneth R. Adamo, et al., *The Curse of "Copying"*, 7 J. Marshall Rev. Intell. Prop. L. 296, 297 (2008) ("Because the term 'copying' carries an undercurrent of disapproval, of unfavorable practices, of 'it's just not on,' it is a favorite of patentees looking to portray an accused infringer in the most negative light.").

(300) Rite–Hite Corp. v. Kelley Co., 819 F.2d 1120, 1125 (Fed. Cir. 1997) (피고의 회피설계 의도 및 노력이 존재하였다는 점 및 모방이 정확한 복사에 이르지 못하였다는 점에 근거하여 고의침해를 인정하지 않은 사례).

(301) 한편, 신약을 모방한 제네릭 약품 중 다수가 신약의 특허권을 침해하지 않은 것으로 판단된다. Christopher A. Cotropia & Mark A. Lemley, *Copying in Patent Law*, 87 N.C. L. Rev. 1421, 1431 (2009).

3. 권리범위 설정에 있어서의 실수

결론적으로 다음 4가지 점이 해당 디자인의 권리범위를 지나치게 제한하는 치명적인 실수로 제시된다:(302) ① 음영shadow처리를 하였다는 점, ② 바퀴 및 줄을 검은색으로 처리하였다는 점, ③ 옆판에 오목한 부분을 두었다는 점, ④ 앞판 아래에 볼록한 부분을 두었다는 점. 한편, ⑤ 어린이가 앉기 편리하도록 윗판을 오목하게 한 점, ⑥ 트렁크의 강도를 높이기 위하여 앞판 가운데 수직 부분을 볼록하게 한 점, ⑦ 뿔 달린 동물의 이미지를 나타내기 위하여 두 개의 뿔 및 하나의 코를 배치한 점은 삭제하기 곤란한 필요요소인 것으로 생각된다. 즉, ⑤점 내지 ⑦점은 디자인을 트렁크에 구현하기 위하여 필요하였던 요소이고 피고의 제품에서도 그 점들은 반영되어 있다.

4. 실수가 삭제된 디자인의 침해 여부

위 ①점 내지 ④점의 오류를 삭제하는 새 디자인의 경우 피고의 제품이 그 새 디자인의 권리를 침해할까? 특히 음영을 삭제한 새 디자인과 피고 제품의 표면에 그려진 장식(옆 줄무늬, 수염 및 눈 부분)을 제외한 것을(303) 비교하였을 때 전체적인 이미지가 일반적 관찰자에게 어떻게 보였을까? 이에 대하여 1심법원은 침해를 인정한 것이다.

5. 향후의 출원 전략

원고의 대리인은 대상판결에 의하면 향후 다음과 같은 3가지 형태의 디자인을

(302)

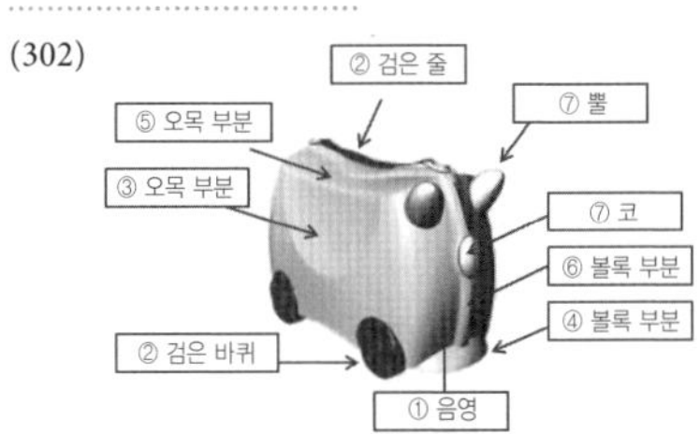

(303) 1심법원은 침해 여부를 판담함에 있어서 표면의 기호적 디자인은 무시되어야 한다고 보았다. "when comparing the CRD with the Kiddee Case, the graphical designs on the surface of the Kiddee Case are to be ignored."

출원하여야 한다고 제안하였다. 첫째로는 디자인의 총천연색 사진을 출원하고, 둘째로는 그와 동일한 형상에 색을 뺀 것을 출원하고, 셋째로는 음영이 없는 단순한 선 도면을 출원하는 것이다.(304) 이와 같은 다양한 출원을 통하여 피고의 다양한 회피설계의 시도를 차단할 수 있을 것이다. 결국, 원고의 대리인은 이러한 다양한 출원이 필요하게 만든다는 점에서 대상판결이 잘못된 것이라고 주장하는 셈이다. 그러나 총천연색 출원을 할 필요가 있는가? 어떤 부분에 특정 색을 사용하게 되면 그 부분에 다른 색을 사용한 피고제품은 침해를 벗어나게 된다. 그런 의미에서 총천연색 출원은 권리범위가 극단적으로 좁은 것이 된다.

Ⅳ 결론

디자인에 있어서 도면은 발명의 청구항과 유사한 기능을 수행한다. 그러므로 도면 작성에 있어서 세심한 주의가 기울여져야 할 것이다. 두 가지 톤을 가진 도면, 불필요한 요소를 추가한 도면 등은 권리범위를 매우 제한하게 된다. 그러한 점에서 디자인 출원에 있어서 도면작성에 추가적인 주의를 요구하는 대상판결은 실무적으로 매우 중요한 것이다.(305)(306)

(304) 〈http://ipkitten.blogspot.de/2016/03/aippi-rapid-response-has-uk-supreme.html〉.

(305) 혹자는 대상 대법원 판결을 2016년의 가장 중요한 판결이라고 평가하기도 한다. 〈http://ipkitten.blogspot.de/2016/03/aippi-rapid-response-has-uk-supreme.html〉.

(306) 참고로, 추가 검토할 자료: http://jiplp.oxfordjournals.org/content/11/9/662.full.

4-11
[중국] 'Grohe 샤워기' 디자인 침해 불인정 사건

Grohe v. 지엔롱공사 (최고인민법원)

| 김희진 | 삼성전자 수석연구원

I 서론

1978년 덩샤오핑이 개혁개방을 선언한 후 중국은 30년 동안 연평균 10%씩 초고속 성장을 거듭해 지금은 수출 세계 1위, GDP 2위로 올라서게 되었고, 세계시장에서 G2의 반열에 올라 중국 시장의 중요성을 부인하기 어렵다. 특히 한국의 최대 무역국이 된지는 이미 오래전이고, 중국 경제성장과 함께 중국 디자인 출원 또한 급속도로 증가하여 현재 연간 디자인 출원은 세계 1위이고, 2011년 이후 매년 50만건 이상 출원되고 있으며, 이는 미국 디자인 출원량의 10배 이상이다.(307) 이러한 디자인 출원의 급증은 중국 중앙 및 지방정부의 발명장려정책의 결과이기도 하다.

개혁개방 초기에는 모조품을 의미하는 '산짜이'山寨가(308) 단순히 짝퉁이 아닌 소비자의 구미에 맞는 상품개량을 의미한다고 생각할 정도로 모방 제품에 대해 관

(307) 2014년 중국 디자인 출원수 569,059건, 미국 디자인 출원수 34,742건, 한국 디자인 출원수 67,593건 (출처: WIPO IP Statistics Date Center)

(308) '산짜이(山寨)'란 '산적들의 소굴'을 뜻하는 말로서, 짝퉁 제품을 은밀한 곳에서 만드는 것에 유래된 단어로서, 중국의 사회 문화적 트렌드로 자리잡아 왔다.

대하고 자국을 보호하려는 경향이 강하였다. 그러나, 자국 산업이 발전됨에 따라 모방 제품으로 인한 피해가 자국 기업에까지 영향을 미칠 뿐만 아니라 외국으로부터의 압박도 증가하고 있다. 자신의 창작(디자인)을 보호받으려 하는 인식이 많이 강화되었지만, 한편으로는 여전히 디자인 침해가 만연히 행해지고 있으며 타인의 창작에 무임승차 하려는 행위가 그다지 비난받지 않고 묵인되고 있는 것이 실정이다. 이에, 중국 디자인 제도에 대해 숙지하여 등록디자인 침해 행위에 대해 적절한 대응조치를 취할 필요가 있다.

Ⅱ 중국 디자인 제도의 특징

1. 무심사주의

중국은, 미국, 한국과 다르게 신규성, 진보성 등 실체심사를 하지 않고 방식심사만 통과하면 등록이 허여된다. 이는 유럽 디자인 제도와 유사하다. 다만, 등록되더라도 바로 권리를 행사하기 어렵고, '전리평가보고서'专利评价报告[309]라는 실체 심사에 준하는 평가보고서를 중국특허청으로부터 발급 받은 후에야 권리행사가 가능할 경우가 많다(예: 행정상 단속, 세관등록).

2. 신규성 상실 예외

중국은 미국, 유럽, 한국과 달리 신규성 상실의 예외로 인정되는 경우가 매우 드물다.[310] 중국 전리법[311] 제24조에서는 신규성 상실 예외 사유로 1) 중국정부

(309) 전리평가보고서 발급신청 시 디자인등록원부를 제출하여야 하며, 관납료(2,400위안) 및 대리인 수수료가 소요되며, 전리평가보고서 발급까지는 신청일로부터 3달 이상 소요된다.

(310) 미국, 유럽, 한국 및 일본의 경우에는, 공지 사유를 불문하고 신규성을 인정 받을 수 있으며, 미국, 유럽은 공지일로부터 12개월, 한국, 일본은 공지일로부터 6개월 이내에 출원하여야 한다.

(311) 중국은 전리법에서 특허에 해당하는 발명전리(发明专利), 실용신용에 해당하는 실용신형전리(实用新型), 디자인에 해당하는 외관설계전리(外观专利)를 함께 규정하고 있다.

가 주관하거나 승인하는 국제박람회에서 최초로 전시한 경우 2) 중국정부가 주관하거나 전국 규모의 학술단체조직이 주최한 학술회의에서 최초로 발표한 경우 3) 반의사로 공지된 경우로 한정되어 있다. 특히 박람회의 경우 영리성을 띄는 경우 상기 규정을 적용받기 어려워, 중국 진출을 염두에 두고 있다면, 박람회에 출품하기 전에 반드시 중국에 출원해 둘 필요가 있다.

3. 유사디자인 / 관련디자인

어떤 디자인이 창작되면 이것을 기초로 여러가지 변형된 디자인이 계속 창작되는데, 이 경우 한국, 일본은 선출원일로부터 1년 이내에 관련디자인으로 출원할 경우, 자신의 선출원이 후출원의 등록에 장애가 되지 않는다. 그러나, 중국의 경우에는 최초 출원 시 1개의 출원서에 유사한 디자인을 묶어서 출원하는 합안合案 출원의 경우에만 유사디자인을 등록 받을 수 있다. 따라서 어떤 제품이 히트 친 경우, 이를 리뉴얼하여 시리즈 제품을 출원할 경우, 최초 제품 디자인과 유사한 경우, 후자는 등록받을 수 없는 난점이 있다.(312)

4. 중국 소송제도

중국에서 지식재산권 침해에 대하여 구제를 받는 방법은 민사적 수단, 행정적 수단 및 형사적 수단으로 나뉘어진다. 형사적 수단은 특허권자나 국가에 대해 중대한 손해를 끼치는 등 범죄 사안이 심각할 것을 요하므로, 대부분 민사적 수단이나 행정적 수단을 활용하게 된다. 민사적 수단과 행정적 수단은 각주와 같은 장단점이

(312) 부분디자인제도가 인정되지 않아 물품 일부분만 특징이 있는 경우에도 전체로 출원하여야 하며도면상 물품 전체를 실선으로 표시하여야 한다. 한국에서 부분디자인을 출원하고, 이를 우선권 기초로 중국에 출원하고자 할 경우, 점선을 모두 실선으로 변경하여 출원하여야 한다. 한편, 등록 후 일정기간 공개하지 않고 비밀상태로 유지할 수 있는 비밀디자인제도 또한 중국에서는 인정되지 않는다. 따라서 공개를 꺼릴 경우 이 점 고려하여 중국 출원시기를 결정할 필요가 있다. 다만, 2014년 5월 1일부터 중국에서 화상디자인 제도가 도입되어 GUI (Graphic User Interface)에 대한 보호가 가능하게 되었다.

있으므로,(313) 이를 잘 고려하여 활용하여야 할 것이다.

중국의 민사재판을 담당하는 기관은 인민법원이다. 기층인민법원, 중급인민법원, 고급인민법원 그리고 최고인민법원의 네 단계의 법원이 있는데, 2심제로 운영된다. 2014년 베이징, 상하이 및 광저우에는 중급인민법원의 단계에 '지식재산법원'이 설립되어 운영되고 있다.

1심법원이 어느 법원이냐에 따라 상소심 법원(최종심)이 정하여진다. 보통 지식재산권 분쟁 사건은 중급인민법원(상하이, 베이징, 광저우 경우는 지식재산법원)이 제1심을 담당하는데 그 결과 최종심은 고급인민법원이 맡게 된다. 드물게 손해배상 청구액이 대단히 큰 사건이나 사회적으로 중요한 사건의 경우 제1심을 고급인민법원에서 맡게 되는데 그 경우 상소심은 최고인민법원이 담당하게 된다. 2심 종심제를 채택하고 있지만 명확하게 부당한 사건에 대해 상급법원에 재심을 청구할 수 있다.

이하에서는 중국 최고인민법원의 대표적인 디자인 재심결을 분석하고자 한다.(314) 당해 판례를 통해, 중국에서의 디자인 유사 여부 판단에 대한 법리 및 적용사례를 살펴볼 수 있다.

(313) 민사적 수단 및 행정적 수단의 장단점:

	사법기관을 활용하는 방법	행정기관을 활용하는 방법
장점	• 인민법원에 소를 제기하는 방법 • 강제집행력이 있음 • 침해금지청구와 함께 손해배상청구 가능	• 지식재산산권국 등 행정기관을 이용한 단속 방법 • 절차가 간단하고 시간 및 비용이 적게 소요됨
단점	• 절차가 복잡하고, 시간 및 비용이 많이 소요	• 강제집행 권한이 없으므로 침해자가 불응시 행정기관은 법원에 강제집행을 청구하여야 함 • 침해자가 불복할 경우 사법적 해결수단으로 전환

(314) 2016년 9월 8일자 AIPPI E-News Articles.
China: The Supreme People's Court Issued Top 10 IP Cases Decided by Chinese Courts in 2015 Grohe AG v. Zhejiang Jianlong Bathroom Ware Co., Ltd. [The Supreme People's Court (2015) Civil Re Judgement No. 23]
In the context of design patent infringement, the Court ruled that where the accused product did not contain all of the distinguishing design features of the design patent over prior designs, then a preliminary conclusion of non-similarity could be deduced. The Court also discussed functional design features of a design patent.
〈http://aippi.org/no-show/china-the-supreme-peoples-court-issued-top-10-ip-cases-decided-by-chinese-courts-in-2015/〉.

Grohe 재심 사건

1. 사건 개요

이 사건 등록디자인은 피신청인(Grohe사)이(315) 2009. 6. 23. 출원하여 2010. 5. 19. 제CN200930193487.X호로 등록된 '핸드용 샤워 꼭지'에 관한 디자인이다.(316) 소송대상은 지엔롱공사의 실시 디자인인 GL062, S808 모델 제품이다.(317)

2. 소송 경과 정리

Grohe사(1심 원고, 2심 상소인, 재심피청구인)는 2012. 11. 29. 중화인민공화국 저지앙성 타이저우시 중급인민법원(이하, '1심법원'으로 약칭함)에 소송을 제기하여, 지엔롱공사가 생산, 판매 및 판매 목적으로 청약한 제품(318)이 등록디자인과 동일 또는

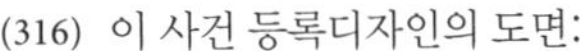

(315) Grohe사(회사로고: GROHE)는 1911년 독일 법률에 의거 설립된 회사로서, 욕실, 주방 설비의 부품, 부속품을 제조, 판매 및 연구 개발하고 있다. 홈페이지: 〈http://www.grohe.com〉.

(316) 이 사건 등록디자인의 도면:

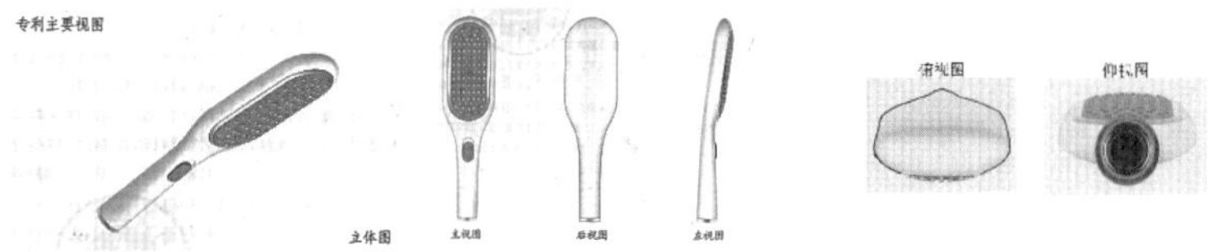

(317) 지엔롱공사는 1998년에 설립되었으며, 등록 자본금 585만 위안(약 10억 원)인 중국회사로, 위생용품, 수전파이프, 밸브 등을 제조, 수출입을 주요업으로 하는 회사이다.

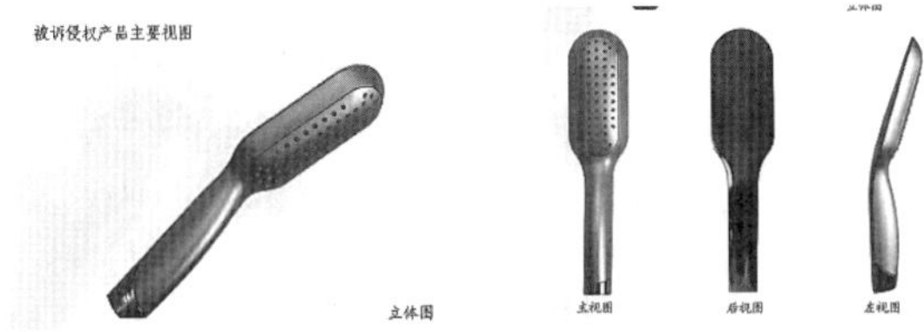

(318) 침해제품이 증거력을 인정받기 위해서는 공증처를 통한 공증 구매를 진행할 필요가 있으며, 이 사건 경우, Grohe사는 소 제기 1달여 전인 2012. 9. 19. 제3자에게 위탁하여 중화인민공화국 저지앙성 닝보시 융신공증처에 증거보전의 공증을 신청하였으며, 당해 공증처는 지엔롱공사가 홈페이지(www.gllon.com) 상에서 침해제품을 광고하는 사실을 확인하고, 절융융증 제2298호 공증서를 발급하였다. 공증원은 제3자인 모칭링과 함께 지엔롱공사를 방문하여, 샤워 헤드 10개를 구매하고, 번호 0024942의 대금 영수증 1장, 선전책자 2권 및 명함 2장르 취득하여 보관을 진행하였다. 여기에서 보관은, 공증원이 보는 앞에서 제품과 영수증 등을 동봉하여야 하며, 임의로 열어서는 안 된다.

유사하여 등록디자인권을 침해하였다고 주장하면서, 법원이 지엔롱공사에게 다음 사항을 판결로서 명령해 줄 것을 청구하였다: ① 디자인권을 침해한 상품의 생산, 판매 및 판매를 위한 청약을 즉각 중지할 것; ② 창고에 보관 중인 침해제품 및 침해제품을 생산하는 데 전용하는 금형을 폐기할 것; ③ Grohe사의 경제 손실 20만 위안(약 3,300만 원)을 배상할 것.

1심법원은 등록디자인과 지엔롱공사의 실시제품 디자인 간에 전체 시각효과상에서 실질적 차이가 존재하여 양자는 유사하지 않다고 판단하였다. 즉, 1심법원은 Grohe사의 소송 청구를 기각하였다.

Grohe사는 1심판결에 불복하여 2013년 4월 중화인민공화국 저지앙성 고급인민법원(이하 '2심법원'으로 약칭함)으로 항소를 제기하였다.(319)

2심법원은 분사 헤드의 출수면이 트랙 형상인 점을 종래 설계와 구별되는 설계특징으로 보고(지엔롱공사는 출수면이 트랙 형상인 종래 설계를 제공하기 못함), 분사 헤드의 헤드부 주변 설계, 출수면과의 분리 방식, 손잡이 형상, 손잡이와 헤드부의 연결방식 등에 존재하는 차이는 비교적 미세하므로, 피소 침해 설계와 등록디자인 간의 전체 시각효과상에서 실질적 차이를 발생시키지 않는다고 판단하였다. 특히 손잡이는 기능성에 기초한 설계이므로 제품의 전체 시각효과에 현저한 영향을 발생시키지 아니한다고 판단하였다. 결론적으로, 2심법원은 양 디자인은 유사하다고 보고, 지엔롱공사의 디자인 침해를 인정하였다.(320)

지엔롱공사는 2심판결에 불복하여 2014년 5월 10일 중화인민공화국 최고법원

(319) 2심에서 Grohe사는 당해 디자인권으로 제3자에 대응하여 진행한 디자인 침해 소송에서 승소한 판결문을 증거로 제시하여 당해 디자인권이 수차례 피침해 이력이 있음을 주장하였다. 또한 Grohe사는 중국에서 취득한 12건의 샤워기 관련 디자인권의 등록원부를 증거로 제시하여 당해 디자인의 차별성 및 샤워기 관련하여 디자인 가능한 room이 넓음(즉, 디자이너 자유도가 넓음)을 주장함으로써 보호범위를 확대하고자 시도하였다.

(320) 침해배상액과 관련하여, 2심법원은 다음과 같이 판단하였다: "특허법 제65조 규정에 따라, 침해자의 획득이익과 권리자의 손해를 모두 확인할 증거가 없고, 참고할 만한 합리적인 특허 로열티도 없으므로, 법정손해배상에 따라 배상액을 확정한다. 또한 여러 차례 사법 보호를 받은 기록이 있으며, 지엔롱공사의 등록 자본금이 인민폐 585만 위안(약10억 원)이고, Grohe사가 침해의 제지를 위해 상응하는 유지비 등을 지출한 사실 등을 종합적으로 고려하여, 배상액을 인민폐 10만 원(1,650만 원)으로 확정한다." 한편, 2심법원은 "디자인 침해 판단에서, 일반적으로 피소 침해제품과 특허제품 실물을 비교 대조하는 것은 적당하지 아니하다. 등록디자인이 아니라 실물제품과 비교할 경우, 실물제품의 색채 배치, 잡는 손의 감각 등 비교 대조와 무관한 요소가 판단주체를 오도케 할 수 있다. 즉, 계쟁 특허의 도면을 피소 침해제품과 비교 대조하여 침해 여부를 최종 판단하여야 한다."고 판시하였다.

에 재심을 청구하였다.

3. 재심에서 양 당사자의 주장

(1) 재심청구인(지엔롱공사) 주장

지엔롱공사는 이 사건 등록디자인과 침해디자인은 다음과 같은 차이점으로 인해 서로 유사하지 아니하다고 주장하였다:[321] ① 샤워 헤드와 핸들의 연결 각도(180도 vs 135도); ② 샤워 헤드와 핸들의 연결부에 오목 파인 부분을 갖는지 유무 (무 vs 유); ③ 샤워 헤드 정면/측면과 후면의 연결부(완만한 연결 vs 날렵한 연결); ④ 푸쉬 버튼 유 vs 무; ⑤ 출수면 평면 vs 곡면; ⑥ 출수구(공)의 개수 및 배열 방식;[322] 및 ⑦ 평면도에서 본 측면이 곡선형 vs 직선형.[323]

상기 7가지 차이점 외에도, 출수면과 면판 사이의 선(2개 vs 1개), 저면도에서 본 손잡이 하단 형상(원형 vs 부채형), 손잡이 저부에 있는 호형의 장식선(없음 vs 있음)에 차이점이 있다고 주장하였다.

(321)

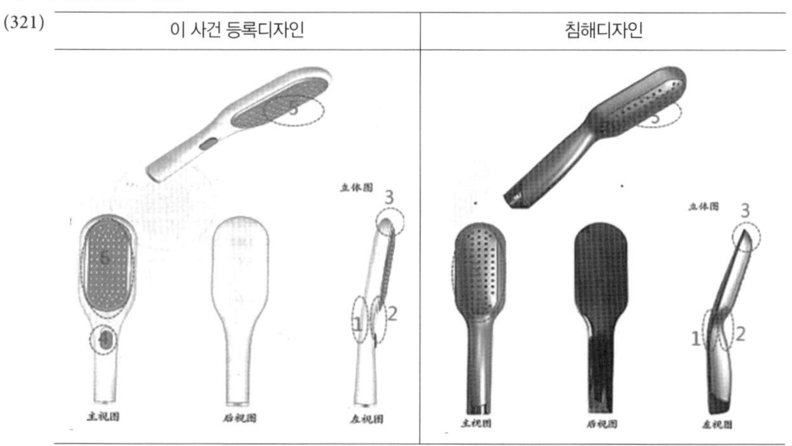

(322)

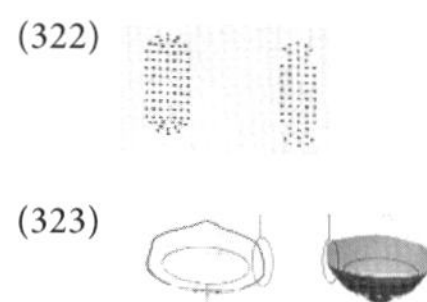

(323)

(2) 재심피청구인(Grohe사)의 주장

Grohe사는, "이 사건 등록디자인의 선행 대비 차별화된 디자인 특징이 타원 형상의 출수면이고, 피고(지엔롱공사)가 이와 유사한 디자인을 채용했으며, 샤워 헤드의 전체적인 윤곽이 유사하다."고 주장하였다. 특히 "푸시 버튼은 기능적 부분이므로 전체적 시각효과에 미치는 영향이 적다. 따라서 양 디자인은 전체적으로 유사하다."고 주장하였다.

4. 최고인민법원 판결의 법리 및 쟁점 정리

(1) 침해 판단 관련 법 규정

특허법 제59조 제2항은, "디자인 특허권의 보호범위는 도면 또는 사진 중의 그 제품의 디자인을 기준으로 하며, 디자인 설명은 그 디자인을 해석하는데 사용할 수 있다."고 규정하고 있으며, 「최고인민법원 전리권 침해분쟁 사건의 심리에 있어서 법률적용 문제에 관한 해석」[324](이하, '특허침해사법해석'이라 함) 제8조는 "디자인 특허제품과 동일 또는 유사한 제품상에, 등록 디자인과 동일 또는 유사한 디자인을 채용하는 경우, 인민법원은 피소 침해 디자인이 특허법 제59조 제2항이 규정하는 디자인 특허권의 보호범위에 속함을 인정하여야 한다."고 규정하고 있다.

또한 특허침해사법해석 제10조는 "인민법원은 디자인 특허제품의 일반 소비자의 지식 수준과 인지 능력으로, 디자인이 동일 또는 유사한지 여부를 판단하여야 한다."고 규정하고 양 디자인의 장식적인 특징으로 인한 전체적인 시각적 효과로써 판단해야 한다고 규정한다. 전체적 시각효과에 영향을 미치는 사항은 ⅰ) 제품이 정상적(통상적)으로 사용될 때 관찰하기 쉬운 부분과 ⅱ) 선행디자인과 차별되는 디자인 특징이다. 반면, 주로 기술적인 기능에서 정해지는 설계 특징 및 전체적 시각효과에 영향을 주지 않는 특징(예를 들면, 물품의 재료와 내부구조 등)은 유사 여부 판단 시 고려하지 않는다.

한편, 우리나라 대법원은 전체 디자인의 각 구성요소를 분리하여 개별적으로 대비할 것이 아니라, 디자인의 외관을 전체적으로 대비관찰하여 보는 사람으로 하

(324) '특허침해사법해석'은, 최고인민법원이 전리권 침해분쟁 사건의 심리에 활용하고자 2009년 최초 시행되었고, 이후 2016년 4월 추가 규정이 시행된 바 있다. 이는 법률과 같은 효력이 있다.

여금 상이한 심미감을 느끼게 하는지 여부에 따라 판단하여야 한다는 원칙을 채택하고 있다.[325] 이 경우, 디자인을 보는 사람의 주의를 가장 끌기 쉬운 부분을 요부로써 파악하고 이것을 관찰하여 심미감에 차이가 생기게 하는지 여부의 관점에서 그 유사 여부를 결정하여야 하는 한편, 그 디자인이 표현된 물품의 사용 시뿐만 아니라 거래 시의 외관에 의한 심미감도 함께 고려하여야 한다고 판시하였다.

디자인 유사 여부 판단에 있어, 중국과 한국은 판단주체가 일반수요자인 점 및 물품의 동일 또는 유사가 전제되어야 한다는 점에서 공통된다. 또한 전체관찰을 원칙으로 하면서 요부관찰을 병행한다는 점에서도 비슷하다.

(2) 트랙형 출수면이 선행 디자인과 차별된 디자인 특징인지에 대한 판단(쟁점 1)

본안에서, 특허권자인 Grohe사는 트랙 형상의 출수면이 이 사건 등록디자인의 설계 특징이라고 주장하나, 지엔롱공사는 이에 대해 인정하지 아니한다. ① 이 사건 등록디자인의 출원서에 디자인 요점 부분에 이러한 기재가 없었으며, ② 이 사건 등록디자인에 대한 무효심판(제17086호 결정)에서 특허복심위원회는, "이 사건 등록디자인과 선행디자인과 비교에서 분사헤드와 각 면이 연결되는 형상, 분사헤드 폭과 손잡이 직경의 비율 및 분사헤드 출수 구역의 설계의 차이에 의해 양 디자인은 유사하지 아니하다."고 판단하였다. 즉, 위 결정은 분사 헤드 출수면 형상이 이 사건 등록디자인의 설계 특징 중의 하나로 인정한 것이라 하겠다. ③ 지엔롱공사는 제1심 및 2심 소송에서 트랙형 출수면이 종래 설계라는 것을 증명하는 상응 증거를 제출하지 못했다.

재심 심사 단계에서 지엔롱공사는 새로운 증거[326]를 제출하면서 트랙 형상의 출수면이 종래 설계에 의해 이미 공개된 것임을 주장하였다. 그러나, 위 증거는 그 정면도 및 사용 상태 참고도가 나타내는 출수면의 양단은 사각형을 나타내고 원호형을 나타내지 아니하며, 그 출수면도 트랙 형상이 아니다. 따라서 지엔롱공사

(325) 대법원 2001. 5. 15. 선고 2000후129 판결, 대법원 2006. 7. 28. 선고 2005후2915 판결; 대법원 2010. 11. 11. 선고 2010후2209 판결.

(326) 제200630113512.5호.

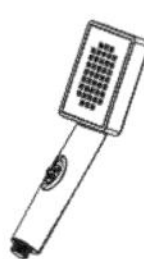

의 "트랙형 출수면"이 이 사건 등록디자인의 설계 특징이 아니라는 주장은 인정되지 않았다. 결론적으로, 최고인민법원은, 트랙형 출수면이 선행 디자인 대비 차별된 디자인 특징임을 인정하고, 이 점에서 Grohe사의 주장을 받아들인 것으로 보인다. 그러나, 아래 쟁점 2 및 3에 의해 전체적으로 판단해 볼 때, 이 사건 등록디자인과 지엔롱공사의 실시디자인 모두 트랙형 출수면을 구비하였음에도 불구하고, 양 디자인은 서로 유사하지 않다고 판단하기에 이른다.

(3) 등록 디자인의 통상 사용 시 쉽게 관찰되는 부분은?(쟁점 2)[327]

최고인민법원은, 샤워기 head와 핸들이 차지하는 공간 비율이 비슷하고, 샤워기의 통상 사용 시나리오는 손으로 잡거나handheld 벽에 걸어서 사용하므로, 정상적인 사용 상태 하에서 일반소비자에게 분사헤드뿐만 아니라, 손잡이 및 분사헤드와 손잡이의 연결부분은 쉽게 관찰되는 부분이라고 판단하였다.[328]

또한 무효소송(제17086호 결정)을 참고하여, 이 사건 등록디자인과 증거2(저촉출원) 대비 차이점에 대하여, Grohe사가 "Head와 핸들이 일체형이고, head와 핸들의 연결 각도 등에서 선행 디자인과 차별된다."고 주장한 것으로부터, 이 사건 등록디자인의 쉽게 관찰되는 부분이 분사 헤드부의 출수면 뿐만 아니라, 손잡이, 연결 부분도 포함된다고 판단하였다. 결론적으로, 최고인민법원은, 샤워기 head, 핸들 및 연결부는 관찰이 쉬운 부분으로 유사 여부 판단 시 고려 필요하다고 판시하였다.

(4) 등록 디자인의 핸들부의 타원형 푸쉬 버튼이 기능적 부분인가?(쟁점 3)

기능성에 대하여 "해당 디자인 제품을 일반소비자의 입장에서 볼 때, 특정 기능이 제품이 실현하고자 하는 유일한 결정 요소일 경우"라고 정의하였으며, 디자이너는 특정 기능을 실현할 수 있는 여러 설계 중에서 가장 미감이 있다고 판단하는 설계를 선택하므로, 대부분의 디자인의 경우에는 기능성과 장식성을 겸비하게 된다. 특정 기능이 제품이 실현하고자 하는 유일한 결정 요소인 경우는 매우 드물다.

(327) 등록요건 판단 시 및 침해 판단 시에, 물품을 거래할 때의 외관에 의한 심미감 이외에 통상 사용 시 쉽게 관찰되는 부분을 참고하여 판단하는 점은 중국 및 한국이 동일하다.

(328) 이와 관련하여, 2심법원은 "손잡이 및 분사헤드와 손잡이의 연결부분, 헤드부 주변 설계 및 출수면과의 분리 방식 등에서 양 디자인의 차이가 존재하지만, 이러한 차이는 미세하므로 전체 시각효과에 실질적인 차이를 발생시키지 않는다."고 판시하였다.

따라서 특정 기능을 실현하는 유일한 설계일 경우뿐만 아니라, 특정 기능을 실현하는 다수의 설계 중의 하나인 경우에도 기능성이 인정될 수 있다고 본다. 다만, 이 설계는 실현하고자 하는 특정 기능만으로 결정될 뿐 미학요소와는 무관하여야 한다고 판시하였다.[329] 2002년 민삼초자제95호民三初字第95, 장수성 난징시 중급법원 판결에서, 원고 디자인과 피고 침해품을 비교하면, 양자 모두 베어링 받침대(자동차 동력전달장치의 부품)이며, 양 디자인의 차이점은 피고 받침대 하단 중앙의 돌출된 블록의 양 옆에 위치고정 오목 홈의 유무이다. 디자인이 주로 기능적인지 장식적인지를 판단할 때 디자인의 전체 형상을 고려해야 하며, 각 구성부분을 고려하는 것은 아니다. 원고 디자인은 위로 돌출된 원형, 중간의 사각형 및 아래로 돌출된 사각형으로 구성되는데 이는 주로 베어링 받침대의 가공편의 등 기능적인 측면을 고려한 설계이다. 기능성인 특징은 디자인의 보호범위에 해당되지 않으며, 약간의 차이(아래 돌출부분 정도)로 유사하다고 볼 수 없어 침해가 성립하지 않는다.

디자인 유사 여부 판단에 있어, 기능성은 디자인의 전체 시각효과에 대해 현저한 영향을 구비하지 못한다. 기능성과 장식성을 겸비한 설계 특징은 전체 시각효과에 대해 그 장식성의 강약을 고려하여야 하며, 장식성이 강할수록, 전체 시각효과에 대한 영향은 상대적으로 크고, 그 반대의 경우에는 상대적으로 작다.

최고인민법원은, 푸쉬 버튼의 기능은 수압을 제어하는 스위치이며, 일반소비자가 샤워 분사 헤드 손잡이 상의 푸쉬 버튼을 볼 때, 단지 그 푸쉬 버튼이 수류를 제어하는 스위치의 기능을 실현할 수 있는지 여부만을 고려하지는 아니한다고 보았다. 이 사건 등록디자인의 설계자가 손잡이에 위치한 푸쉬 버튼을 트랙 형상으로 선택한 것은, 버튼이 트랙 형상의 출수면과 서로 매칭되어, 제품 전체의 미감을 증가시키는 데 있다고 보아 푸쉬 버튼이 기능성 설계 특징이 아니라고 판단하였다. 따라서 2심 판결이 이 사건 등록디자인 중의 푸쉬 버튼을 기능성 설계 특징이라고 판단한 것은, 법률적용의 착오라고 판결하였다.

(329) 전설근 vs. 소주강철재료공장 특허권 분쟁사건.

등록 디자인	피소 침해제품
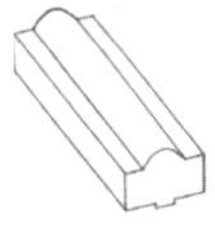	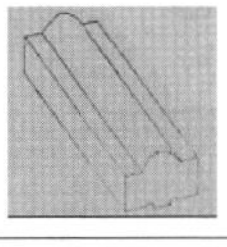

(5) 결론

최고인민법원은, 2심법원은 단지 등록디자인의 트랙 형상 출수면의 특징만을 중점적으로 고려하였으나, 등록디자인의 기타 특징들(손잡이, 분사 헤드 및 손잡이 연결 위치 등)에 대해서는 고려하지 아니하고, 양 디자인이 유사하다고 인정하여, 법률적용에 착오가 있었고, 결론적으로, 지엔룽공사가 생산, 판매청약 및 판매한 피소 침해제품 디자인은 Grohe사가 소유한 이 사건 등록디자인과 동일하지도 유사하지도 아니하므로, 이 사건 등록디자인의 보호범위에 속하지 아니하여, 지엔룽공사가 피소 침해제품을 생산, 판매청약 및 판매한 행위는 Grohe사의 이 사건 등록디자인에 대한 침해를 구성하지 아니한다고 판단하였다.

Ⅳ 대상판결의 의의

대상판결은 디자인 유사 판단에 대한 중국 최고인민법원의 판단기준인 '전체관찰'을 설시하면서, 전체적 시각효과에 영향을 미치는 사항인 ① 선행디자인과 차별되는 디자인 특징 및 ② 제품이 정상적(통상적)으로 사용될 때 관찰하기 쉬운 부분에 대한 구체적인 적용 사례를 보여 주고 있으며, 전체적 시각효과에 영향을 미치기 어려운 '기능성'에 대한 개념 및 판단기준도 제시하고 있다. 본인은, 해당 판결이 법리해석 및 그 적용에 있어서 객관적이고 구체적 타당성이 있다고 생각된다. 그러나, 해당 판결을, 유명 해외 업체를 모방한 중국 업체의 손을 들어준 편파적인 판단으로 보는 견해도 있다.

2014. 9. 10. 다보스포럼에 참석한 리커창 총리가 "지식재산권을 보호하는 것이야말로 창조의 불씨를 키워 나가고 발명자의 권익을 보호하는 것이며, 지식재산권을 심각하게 침해하는 행위에 대해 거액의 배상금을 포함한 법적 처벌을 강화하여야 한다."는 입장을 표명하는 등 근래 중국 정부도 지식재산권 보호에 적극적인 것으로 보인다. 특히 2015년 중국 베이징 지식재산권법원에서 외국인 원고가 1심

민사사건 총63건 모두 승소했다는 점도 참고해 볼 만하다.(330) 향후 보다 합리적이고 글로벌 기준에 부합하는 지식재산권 보호가 이루어 질 것을 기대해 본다.(331)

(330) 〈http://www.ipnomics.co.kr/?p=53083〉.

(331) 현재 중국 국회에 상정되어 있는 제4차 전리법 개정안에는, 부분디자인 및 국내우선권 제도의 도입이 포함되어 있다.

4-12

[미국] 디자인권 침해에 대한 침해자 이익에 근거한 손해배상액 산정

Apple v. Samsung (Fed. Cir. 2015)

| 정차호 | 성균관대학교 법학전문대학원 교수

I 서론

애플과 삼성 사이의 특허세계대전은 (이 글의 처음 발표 당시) 아직 끝나지 않았다. 애플과 삼성은 합의를 통하여 다른 국가에서의 분쟁을 종결시켰지만, 미국에서의 소송은 그 합의의 대상에서 제외하였다. 특히 대상 CAFC 판결은 애플이 디자인권을 기반으로 하여 망외의 소득을 올린 유명한 것이다.(332) 대상판결은 디자인법에 관한 다른 좋은 쟁점도 다루고 있지만,(333) 이 평석에서는 디자인권 침해에 대한 손해배상액 산정에 초점을 맞춘다. 그 손해배상액 산정이 대상판결을 유명하게 만들었다고

(332) Apple Inc. v. Samsung Electronics Co., Ltd., --- F.3d ---, 2015 WL 2343543 (Fed. Cir. May 18, 2015) (JJ. Prost, O'Malley & Chen).

(333) 디자인권 침해 판단에 있어서 대상 디자인의 기능적 특징을 구분하여야 하는가?

판단된다.(334) 미국 특허법이 디자인권 침해에 대한 손해배상액 산정에 있어서 독특한 규정을 두고 있고, 그 규정의 대상사건에의 적용이 쟁점이 되었다.(335)

대상사건에서 쟁점이 된 용어는 '전체 이익total profit'인데, 그 전체 이익이 삼성의 침해제품(스마트폰) 전체로부터 비롯되는 이익을 말하는 것인지, 아니면 해당 디자인권을 침해하는 부분으로부터 비롯되는 이익을 말하는 것인지, 아니면 그 외 다른 의미를 가지는 것인지 여부에 대하여 다툼이 있었다. 전체 이익이라는 용어의 의미를 이해하기 위하여 그렇다면, 다른 법, 다른 국가에서는 침해자 이익에 의한 손해배상액 산정을 어떻게 하고 있는지를 먼저 간단히 살핀다.

Ⅱ 다른 법, 다른 국가에서의 상응 규정

1. 미국 특허법

미국 특허법은 일반특허utility patent와 디자인특허design patent를 규율하는데, 일반특허에 대하여는 침해자 이익에 의한 손해배상액 산정을 허용하지 않지만, 디자인

(334) Jason Rantanen, *Apple v. Samsung: Design Patents Win*, May 18, 2015 ("The big winner in this case, though, are design patents: the Federal Circuit rejected Samsung's attempt to exclude functional features from the infringement analysis and affirmed the district court's award of Samsung's total profits from the sale of the phones with the infringing design."). 〈www.patently-o.com〉.

(335) 대상사건에 적용된 현행 특허법 제289조는 다음과 같다.

> Whoever during the term of a patent for a design, without license of the owner, (1) applies the patented design, or any colorable imitation thereof, to any article of manufacture for the purpose of sale, or (2) sells or exposes for sale any article of manufacture to which such design or colorable imitation has been applied shall be liable to the owner to the extent of his total profit, but not less than $250, recoverable in any United States district court having jurisdiction of the parties. Nothing in this section shall prevent, lessen, or impeach any other remedy which an owner of an infringed patent has under the provisions of this title, but he shall not twice recover the profit made from the infringement.
>
> 디자인 특허권 존속기간 중, 특허권자로부터의 허락이 없이, (1) 판매의 목적으로 어떤 물품에 특허디자인 또는 균등디자인을 적용하거나, (2) 특허디자인 또는 균등디자인이 적용된 어떤 물품을 판매하거나 판매에 제공하는 자는 양 당사자에게 관할을 가지는 미국연방지방법원에서 그 자의 전체 이익)의 범위(최소 250불)에서 특허권자에게 책임을 부담한다. 본 규정은 침해된 특허의 특허권자가 이 법의 규정에 따른 다른 구제를 받는 것을 방지하거나, 약하게 하거나, 배척하지 않는다. 다만, 특허권자는 침해로부터 비롯되는 이익을 두 번 회수할 수는 없다.

특허에 대하여는 (제289조에 따라) 침해자 이익에 의한 손해배상액 산정을 허용한다.

2. 주요국 특허법의 침해자 이익액 산정 법리 요약

주요국 특허법에 의한 침해자 이익 산정 법리를 살펴보면,(336)(337) 영국, 독일 등은 침해자의 이익 '모두'를 손해액으로 간주하는데 반해, 우리나라와 일본은 침해자의 이익을 일단 손해액으로 추정하고, 특허권자가 생산, 판매 능력 등이 부족한 관계로 손해와 침해와의 인과관계가 증명되지 않으면 그 증명되지 않는 부분에 대하여는 추정이 복멸되어 손해배상액으로 인정되지 않는다.(338) 영국, 독일 등이 침해자의 이익 '모두'를 손해액으로 간주한다는 표현은 침해자의 이익액이 일단 산정되면 추정복멸을 이유로 공제가 되지 않는다는 것을 의미하며, 미국 디자인특허에서는 침해자의 이익의 산정에 있어서는 (적어도 대상판결의 판시에 따르면) 전체 제품의 일부가 아닌 제품 전체를 기준으로 한다는 것이다.

3. 상표법 및 저작권법

미국은 상표법, 저작권법도 아래 표에서 보여 주는 준사무관리 법리를 준용하고 있고, 우리나라는 상표법, 저작권법에서도 아래 표에서 보여 주는 손해액 추정 법리를 적용하고 있다.

(336) 주요국의 특허법에 의한 침해자 이익 산정 법리 요약표.

<table>
<tr><th colspan="2">구분</th><th>영국, 독일, 중국, 대만</th><th colspan="2">일본, 한국</th></tr>
<tr><td colspan="2">법적 성격</td><td>준사무관리법리
손해액 간주</td><td colspan="2">손해배상법리(증명편의설)
손해액 추정</td></tr>
<tr><td colspan="2">산정방식</td><td>증분비용방식</td><td>한계이익설A
(증분비용공제)</td><td>한계이익설B
(변동비 공제)</td></tr>
<tr><td rowspan="2">증명
책임</td><td>판매액</td><td>특허권자</td><td colspan="2">특허권자</td></tr>
<tr><td>공제비용</td><td>침해자</td><td colspan="2">특허권자</td></tr>
</table>

(337) 지면 관계상 소개하지는 않지만, 그 외 호주, 캐나다 등도 유사한 법리를 운용한다. Thomas F. Cotter, Comparative Patent Remedies, Oxford, 2013, p. 198.

(338) 정차호 · 장태미, "침해자 이익액에 의한 손해배상액 산정: 특허법 개정방안", 「법학논집」 제18권 제3호, 이화여자대학교 법학연구소, 2014년 3월호.

대상판결 개요

1. 대상 디자인

2011년 4월 애플이 삼성을 상대로 3개 미국특허[339] 및 3개 미국디자인의[340] 권리침해를 이유로 캘리포니아 북부지방법원에 소를 제기하였다. 3개 디자인은 각주의 그림과 같다.[341] 첫 번째 및 두 번째 디자인은 핸드폰 외관에 관한 것이고, 세 번째 것은 화면 내의 아이콘icon에 관한 것이다.

2. 1심 판결

1심에서 배심원은 침해제품(스마트폰) 전체에 대한 이익을 기준으로 침해자 이익액을 산정하였다. 이러한 산정과 관련하여 삼성이 (해당 디자인이 전체 제품에 미치는 영향에 관한) 배분apportionment과 관련된 증거를 제출하려고 하였으나, 1심법원은 디자인권 침해에 대한 손해배상에 있어서는 배분의 법리가 적용되지 않는다는 이유로 동 증거의 제출을 허용하지 않았다.[342]

3. 항소인(삼성) 주장

삼성은 1심의 배심원이 침해제품(스마트폰) 전체 이익entire profit을 기초로 침해자 이익액을 산정한 것은 법률적 오류이며, 인과관계causation 원칙에 따라서 배상액은

(339) U.S. Patent Nos. 7,469,381, 7,844,915, and 7,864,163.

(340) U.S. Design Patent Nos. D618,677, D593,087, and D604,305.

(341)

D618,677 (2008. 11. 18. 출원)	D593,087 (2007. 7. 30. 출원)	D604,305 (2007. 6. 23. 출원)

(342) Apple, Inc. v. Samsung Elecs. Co., No. 11-CV-01846-LHK, 2012 WL 2571332 (N.D. Cal. June 30, 2012) (J. Lucy Koh).

침해와 연관되는 이익에 한정되어야 한다고 주장하였다.(343)(344) 인과관계와 관련하여, 삼성은 애플이 삼성의 침해제품 판매와 손해와의 인과관계를 제시하지 못하였다고 주장하였다.(345)

4. 삼성을 지지하는 법정조언자의 의견

삼성을 지지하는 법정조언서는 5개가 제출되었다.(346) 그 중 27명의 법학교수가 연명으로 제출한 법정조언서(이하, '27명 법학교수 조언서')가 가장 간결하면서도 강력하므로 지면 관계상 그 조언서의 내용만 요약한다.(347) 동 조언서는 스탠포드 로스쿨의 Mark Lemley 교수가 주도한 것이며, 사실 Lemley 교수는 그 전에 이미 관련 논문을 발표한 바 있다.(348)

동 27명 법학교수 조언서는 디자인이 전체 제품의 일부에 적용된 경우라도 침해자 이익을 산정함에 있어서 전체 제품으로부터 비롯되는 전체 이익을 산정해야 한다는 법리는 다음 세 가지 이유로 상식적이지 않다고 주장하였다.(349) 첫째, 많은 부품으로 이루어진 제품에서 하나의 부품에 적용된 디자인이 원고의 권리를 침해하는 경우, 과도한 배상overcompensation을 초래하고, (디자인이 아닌) 기술적 혁신의 가치를 폄하하게 된다. 둘째, (디자인은 유사하게 별도로 개발되는 경우가 많은데), 1심 판결의 법리는 자체적으로 디자인을 개발한 선의의 피고에게 가혹한 결과를 초래하게 된다. 셋째, 피고가 제3자의 디자인권도 침해한 경우 원고가 배상받는 피고의 전체 이익을 그 제3자와 나누어야 하는 문제에 대한 해결책이 없다.

(343) Appellants' Br. 36 – 37 (판결문 12면).

(344) 앞의 표에서 요약된 바와 같이 주요국의 침해자 이익 법리는 손해와 침해 사이의 인과관계를 요구하지 않는다. 그렇다면, 삼성의 이 주장은 헛된 것에 불과하다.

(345) Appellants' Br. 36 – 37 (판결문 12면).

(346) ① National Grange, ② Hispanic Leadership Fund, ③ Computer & Communications Industry Association, ④ National Black Chamber of Commerce, ⑤ 27 Law Professors.

(347) 27명 중에는 차오교수도 있다. Professor Bernard Chao, University of Denver Sturm College of Law.

(348) Mark A. Lemley, A *Rational System of Design Patent Remedies*, 17 Stan. Tech. L. Rev. 219 (2013).

(349) Lemley Brief, at 2.

나아가, 27명 법학교수 조언서는 입법이력과 관련하여, 1887년 법이 '전체 이익'total profit이라는 용어를 도입하였으나, 그 당시에는 '인지'knowledge 요건이 있었으므로 그 규정은 고의침해자에게만 적용되는 것이었고, 그래서 그 규정은 그런대로 합리적인 것이었다고 보았다. 그런데, 1952년 개정이 인지 요건을 삭제하였고 그래서 현행 규정은 그 인지 요건을 보유하고 있지 않다.(350) 그런 점에서 현행 규정은 합리적이지 않다는 것이다.

상표법의 경우에는 '고의' 침해가 인정되는 경우에만 손해배상이 인정되고 더욱이 침해자의 이익에 의한 산정의 경우에는 법원의 재량이 인정된다.(351) 상표권 침해 사건 및 저작권 침해 사건에서는 침해행위와 관련된 침해자의 이익에 근거하여 손해배상액을 산정하였다.(352)

27명 법학교수 조언서는 패션 등 일부 분야를 제외하고는 디자인이 멋지다는 점만으로 소비자가 구매하는 것이 아니라 기능이 중요한 영향을 미치는 현실을 지적하였다.(353) 대상사건에서도 소비자가 제시된 3개 디자인으로 인하여 애플의 제품을 구매하지는 않았다는 것이다.

나아가, 27명 법학교수 조언서는 문언해석에 의하더라도 해당 용어가 침해자 이익 전체를 의미하는 것으로 볼 수 없다고 주장하였다. 예를 들어, United Airlines가 비행기 몇 대에서 침해부품을 사용하였다고 하더라도 권리자가 United Airlines가 얻은 전체 이익을 손해배상액으로 청구할 수는 없는 것이다.(354) 예를 들어, GM이 저작권을 침해한 사건에서 법원은 원고가 GM의 전체 법인세 자료를 제시한 것이 적절하지 않으며 저작권 침해와 관련된 이익에 관한 증거를 제출하여야 한다고 보았다.

(350) 입법이력에 관한 자세한 정리: Nike Inc. v. Wal-Mart Stores, Inc., 138 F.3d 1437, 1439-41, 1445 (Fed. Cir. 1998).

(351) Faberge, Inc. v. Saxony Prods., Inc., 605 F.2d 426, 429 (9th Cir. 1979) ("Willful infringement may support an award of profits to the plaintiff, but does not require one.").

(352) Lindy Pen Co. v. Bic Pen Corp., 982 F.2d 1400, 1408 (9th Cir. 1993) (상표권 사건); Sheldon v. Metro-Goldwyn Pictures Corp., 309 U.S. 390, 402 (1940) (저작권 사건).

(353) Lemley Brief, at 10.

(354) Lemley Brief, at 12. Taylor v. Meirick, 712 F.2d 1112, 1122 (7th Cir. 1983) ("If General Motors were to steal your copyright and put it in a sales brochure, you could not just put a copy of General Motors' corporate income tax return in the record and rest your case for an award of infringer's profits.").

끝으로, 27명 법학교수 조언서는 손해배상 법리는 항상 원고에게 침해와 이익 사이의 연관connection을 증명하도록 요구한다고 설명하며, 실제로 1920년의 냉장고 손잡이 디자인 사건에서 제2구역항소법원이 냉장고 전체의 이익이 아니라 손잡이의 이익에 근거하여 침해자의 이익을 산정한 사례를 제시하였다.(355)

5. 애플을 지지하는 법정조언자의 의견

애플을 지지하는 법정조언서도 5개가 제출되었는데,(356) 그 조언서의 제출자는 주로 디자인권의 강력한 보호를 희망하는 디자인업계 종사자들이다. 특히 Crocs 회사의 경우, 자사가 보유한 신발디자인의 권리가 강력하게 보호되기를 희망할 것이다. 동 5개의 조언서의 내용은 아래 법원의 판단과 유사하므로, 소개를 생략한다.

6. 법원의 판단

(1) 인과관계 법리

법원은 삼성의 인과관계 법리의 주장은 '배분'apportionment 법리의 주장과 같은 것이며, 배분 법리가 특허권자에게 침해자의 이익 중 어떤 부분이 대상 디자인에 관한 것인지를 증명하게 하는데, 1887년 특허법 개정에서 디자인권에 관하여는 그러한 배분의 법리를 삭제하였다고 보았다.(357) 법원은 디자인권 침해자는 (상표권, 저작권 침해와는 달리) 침해제품 전체의 이익을 권리자에게 지불하여야 하며, 디자인이 전체 제품에서 차지하는 비중이 일부에 불과한 경우에도 그러하다고 보았다.

(2) 문언 해석

CAFC는 제289조에서 사용된 '전체 이익'total profit이라는 용어의 의미가 명확하므로 다른 해석의 여지가 없다고 보았다.

(355) Young v. Grand Rapids Refrigerator Co., 268 F. 966, 973–74 (6th Cir. 1920).

(356) ① Design Ideas 등 7개 회사, ② Crocs, Inc., ③ 26 Design Educators, ④ 54 Distinguished Industrial Design Professionals, ⑤ Jason J. Du Mont and Mark D. Janis.

(357) Nike, Inc. v. Wal-Mart Stores, Inc., 138 F.3d 1437, 1441 (Fed. Cir. 1998).

(3) 입법이력

1887년 특허법 개정에서 디자인권에 관하여는 그러한 배분의 법리를 삭제하였다. 1870년 법의 관련 규정은 원고가 피고의 이익액에 추가적으로 원고가 입은 손해를 회복할 수 있다고 규정하였다.(358) 1880년대의 3개의 Dobson 카펫 디자인 사건에서 원고가 승소하였으나, 손해배상금으로 0.06불만 인정받았다.(359) 그 사건으로 인하여 디자인권이 유명무실하다는 비판이 제기되었고, 그에 대응하여 의회는 최소 손해배상액을 250불로 책정하고, 나아가 그 액수를 초과하는 것에 대하여도 청구를 할 수 있다고 규정하였다.(360) 그러한 개정에 있어서 의회는 카펫은 디자인에 의하여 구매 여부가 결정되며, 그러므로 제품에 대한 침해자의 전체 이익 total profit이 산정되어야 한다고 보았다.(361) 주목할 점은 그러한 법리는 피고가 디자인권 침해를 미리 인지한 경우에만 적용되었다.

(4) 선행 판례

CAFC는 여러 선행 판례를 제시하며,(362) '선례구속의 원칙'에 따라 삼성 제품 전체의 이익(판매액-관련비용)을 기준으로 산정하여야 한다고 판시하였다.

(5) 물품 article of manufacture v. 전체 제품

삼성은 디자인권을 침해하는 해당 물품에 한정하여 침해자 이익액을 산정하여야 한다고 주장하며, 피아노 케이스의 디자인권을 침해한 사건에서 피아노 전체가 아니라 피아노 케이스만에 근거하여 침해자 이익액을 산정한 사례를 제시하였

(358) "the claimant shall be entitled to recover, in addition to the profits to be accounted for by the defendant, the damages the complainant has sustained thereby." Act of July 8, 1870, ch. 230, § 55, 16 Stat. 198, 206.

(359) Dobson v. Dornan, 118 U.S. 10, 18 (1886); Dobson v. Bigelow Carpet Co., 114 U.S. 439 (1885); Dobson v. Hartford Carpet Co., 114 U.S. 439 (1885).

(360) Act of Feb. 4, 1887, ch. 105, §1, 24 Stat. 387, 387.

(361) H.R. REP. NO. 49-1966, at 1 (1886), reprinted in 18 CONG. REC. 834 (1887) ("It is expedient that the infringer's entire profit on the article should be recoverable.").

(362) Schnadig Corp. v. Gaines Mfg. Co., 620 F.2d 1166, 1171 (6th Cir. 1980); Henry Hanger & Display Fixture Corp. of Am. v. Sel-O-Rak Corp., 270 F.2d 635, 643-44 (5th Cir. 1959); Bergstrom v. Sears, Roebuck & Co., 496 F.Supp. 476, 495 (D.Minn. 1980).

다.[363] 법원은 대상 피아노 사건의 시대인 1915년에는 통상의 구매자가 피아노 케이스와 피아노를 별개의 물품으로 보았음을 지적한 후, 삼성의 스마트폰은 외형몸체와 본체가 별개의 물품으로 판매되는 것이 아니므로 그 피아노 판례를 대상사건에 적용할 수 없다고 보았다.[364]

Ⅳ 평석

1. 상고

대상판결의 손해배상액이 고액(약 4억불)이라는 점, 미국 특허법이 디자인권 침해에 대하여 독특한 규정을 두고 있다는 점, 동 규정이 현실과 부합하지 않다는 점 등으로 인하여 삼성이 CAFC 전원합의체에 의한 재심rehearing을 신청할 것이고 그 신청이 받아들여지지 않는 경우 대법원에 상고할 것이 예상된다.[365]

2. 법 규정의 해석

법 규정의 해석방법에는 문언해석, 입법자 의도 해석 및 동태적 해석의 3가지가 있는데, 문언해석 및 입법자 의도 해석에 따르면 대상 CAFC 판결이 타당한 면을 가진다. 그러나 1887년 개정 당시의 규정은 고의침해에 대하여 일종의 징벌적 배상으로 전체 이익에 대한 산정을 허용하였는데, 1952년 법 개정에서 특별한 입법 의도가 없이 고의 요건을 삭제하여 현재의 규정은 현실적이지 않은 것이 되었다. 더욱이, 1887년 당시 카펫 사건을 염두에 둔 법 개정의 상황과 25만 개의 특허가 적용되는 스마트폰에 대하여 다투는 대상사건의 상황이 판이하게 다르다는 점은 동태적 해석의 가능성을 엿보게 한다.

(363) Bush & Lane Piano Co. v. Becker Bros., 222 F. 902, 903 (2d Cir. 1915).

(364) 피아노를 구매하면서 피아노 본체와 피아노 케이스를 따로 구매하는 구매자가 많을까?

(365) 이 글이 디자인법연구회에서 최초 발표된 2015년 5월 당시의 상황을 말하는 것임.

3. 삼성이 대법원에서 승소할 가능성

최근 수년간 대법원이 많은 CAFC 판결을 파기하여 왔다는 점, 대법원이 고액 배상 및 특허괴물이라는 현상을 마땅찮게 생각한다는 점, '전체 이익'이라는 용어를 대상 CAFC 판결과 상응하게 판결한 대법원 판결이 존재하지 않는다는 점, 1887년 당시의 입법이력은 명확하지만 1952년 법 개정 당시의 입법이력은 명확하지 않다는 점, 디자인권을 상표권, 저작권 등과 다르게 특별하게 취급할 이유가 없다는 점 등을 고려하면 삼성이 대법원에서 승소할 가능성이 아주 낮은 것은 아니다. 물론, 대법원이 다음과 같은 흔히 사용되는 말로 삼성의 주장을 배척할 가능성이 더 높은 것이 사실이기는 하다. "법은 의회가 만드는 것이고, 법원은 의회가 만든 바에 따라 법을 해석할 뿐이다. 잘못된 법을 변경하는 것은 법원의 몫이 아니다.".

4. 디자인권 침해 사건의 증가

대상판결은 디자인권 침해의 경우 해당 디자인이 제품에 미치는 영향이 제한적이어도 침해자 이익액 산정에 있어서는 피고가 판매한 제품 전체의 판매액에 기초하게 한다. 이러한 법리는 디자인권을 특허권보다 훨씬 강력하게 만든다. 향후 디자인권 침해를 주장하는 사건이 폭증할 것으로 예상된다.(366)

5. 후감

대상 CAFC 판결이 선고된 후 연방대법원이 대상사건을 심리하여, 물품article of manufacture이 항상 '전체 제품'일 필요는 없으며, 상황에 따라 '부품'일 수도 있다고 설시함에 따라, 디자인권 침해소송에서의 과대배상overcompensation의 문제는 해결되었다.(367) CAFC가 전체 이익의 의미에 대하여 지나치게 교조적으로 해석하였는데, 이번에는 대법원이 적절한 판결을 한 것으로 평가된다. 사실(사후고찰이기는 하나), 부

(366) Jason Rantanen, supra ("Given the publicity surrounding Apple v. Samsung, my expectation is that there will be explosion of design patent assertions and lawsuits.").

(367) Samsung Elecs. Co. v. Apple Inc., 137 S.Ct. 429, 434 (2016) ("The text resolves this case. The term 'article of manufacture,' as used in §289, encompasses both a product sold to a consumer and a component of that product.").

품의 디자인을 허용하므로, 그 물품이 부품을 포함하여야 하는 점은 당연하다고 할 것이다.(368)

향후의 과제는 디자인권 침해소송에서의 손해배상에서도 기여도apportionment ratio를 적용할 수 있는지 여부가 될 것이다. 어떤 부품은 매우 복잡하여 여러 개의 디자인과 발명이 적용되는데, 그 여러 디자인 중 하나가 디자인권을 침해하였다고 하여 그 부품으로부터 비롯되는 이익의 전부를 그 디자인권의 권리자(원고)가 모두 취하는 것은 합리적이지 않다. 향후, 법원의 해석에 의하든 의회의 입법에 의하든 해결되어야 할 사항이다.

(368) Id. at 435 ("The Patent Office and the courts have understood §171 to permit a design patent for a design extending to only a component of a multicomponent product.").

4-13

[중국] 디자인 침해사건의 손해액 산정

베이징지식재산권법원 2017. 11. 1. 선고 (2016) 京73民初1168호 민사판결

| **박종학** | 법무법인 화현 변호사

I 서론

중국은 2014년 말경에 베이징, 상하이, 광저우에 지식재산권법원을 설립하고 2017년경 난징 등에 10여개 지식재산전문 재판부를 설치하였다.(369) 지식재산권 사건에 대한 전문법원 설치 및 관할집중은 중국정부의 지식재산권에 대한 인식이 높아졌음을 의미한다. 최근 최고인민법원은 지식재산권법정에 관한 규정을 제정하여 기술적 성격이 강한 지식재산권 관련 사건의 항소심을 최고인민법원으로 하는 결정을 발표하였고 2019. 1. 1.부터 시행하였다.(370)

이 사건 디자인 침해사건은 베이징지식재산권법원이 2017년 11월 1일 선고한 것으로, 피고1 회사의 TV캐비닛 제품과 피고2 회사의 플랫폼에 있는 피고1 회사

(369) 최고인민법원 2017년 제2호 '난징, 쑤조우, 우한, 청두 중급인민법원 내 지식재산권 사건에 관한 전문재판부 설치 및 관할 확대의 동의에 대한 승인' 참조.

(370) 최고인민법원 2018. 12. 30. 발표, 「최고인민법원 지식재산권 법정에 관한 규정」(最高人民法院关于知识产权法庭若干问题的规定) 참조.

웹사이트에서의 제품판매가 원고 회사의 TV캐비닛 디자인을 침해한 것인지 및 그 손해액 산정이 다투어졌다. 원고 회사의 디자인권은 소송계속 중 존속기간 만료로 소멸하였고 이에 원고 회사는 그 손해액 산정증거를 제대로 제출하지 아니하였다. 그럼에도 법원이 디자인권자의 손해액을 인정한 사례이다.

Ⅱ 사안의 개요

1. 등록디자인 및 피고제품

원고 회사가 보유한 'TV캐비닛'(ST1-01), 출원번호 200730149734.7의 디자인(이하 '등록디자인'이라 한다)은 2007년 6월 27일 출원하여 2008년 5월 14일 등록공고되었다.[371] 피고1 회사는 'TV캐비닛 KD-1' 가구제품(이하 '피고제품'이라 한다)을 제조하여 피고2 회사의 쇼핑몰 및 웹사이트에서 피고제품을 판매하였다.[372]

2. 당사자의 주장

원고 회사는, 피고제품이 등록디자인을 침해하였다는 이유로 베이징지식재산권법원에 '생산 및 판매 등 중지, 웹사이트 폐쇄, 38만 위안의 손해배상을 청구하였다.

피고1 회사는, 등록디자인과 피고제품은 디자인이 유사하지 않아 침해에 해당

(371) [등록디자인] 电视柜(ST1-01).

배면도

사시도

(372) [피고제품] TV캐비닛KD-1:

하지 않고, 설령 피고제품이 등록디자인과 유사하다고 하더라도 판매량이 적어 원고 회사의 손해배상청구액이 지나치게 많다는 이유로 청구기각을 구하였다.

피고2 회사는, 플랫폼 서비스만 제공하였을 뿐 피고제품을 판매하지 않았고, 피고1 회사가 웹사이트를 운영하면서 피고제품을 판매하였으며, 이미 피고1 회사의 플래그숍을 폐쇄하였다는 이유로 청구기각을 구하였다.

법원의 판단

1. 디자인권 존속기간의 만료와 손해배상청구권

등록디자인은 2007년 6월 27일 출원되어 2008년 5월 14일 등록공고되었고, 원고 회사는 2016년 2월 14일 디자인권의 이전등록을 받았다. 등록디자인권의 존속기간은 소송계속 중 만료 되었다.(373) 법원은, 등록디자인의 권리는 2017년 6월 27일 디자인권의 효력이 소멸하였지만 피고제품의 판매 당시에는 유효한 권리였으므로 원고 회사의 손해배상청구에는 영향이 없다고 판시하였다.(374)

2. 디자인권의 침해 여부

중국특허법 제59조 제2항은 "디자인권의 보호범위는 도면 또는 사진에 표시된 당해 물품의 디자인을 기준으로 하고, 간단한 설명은 도면 또는 사진에 표현된 당해 물품의 디자인을 해석하는데 이용할 수 있다."라고 규정하고 있고, 중국특허법 제11조 제2항은 "디자인 등록 후 어떤 단위 또는 개인도 디자인권자의 허락 없이 그

(373) 중국특허법 제42조에 의하면, 디자인권의 존속기간은 출원일부터 10년이다.

(374) 한국 디자인보호법 제121조 제2항은 '디자인등록의 무효심판은 디자인권이 소멸된 후에도 청구할 수 있다'라고 규정하고 있다. 이는 디자인권이 소급효 없이 소멸한 경우만을 의미한다. 디자인권의 소급효 없이 소멸한 경우에는 그 디자인권의 존속기간 중의 침해행위로 인한 손해배상책임이나 형사책임의 문제가 여전히 남아 있기 때문이다. 정상조 · 설범식 · 김기영 · 백강진 공편, 디자인보호법 주해, 박영사, 2015, 867면.

디자인을 실시할 수 없다. 즉, 생산경영을 위한 목적으로 그 디자인 제품을 제조 · 판매허락 · 판매 · 수입해서는 아니 된다."라고 규정하고 있다.

법원은, "등록디자인과 피고제품은 모두 TV캐비닛으로 물품이 같다.(375) 피고제품과 등록디자인을 대비하면, 피고제품은 중간에 구성된 빈공간 부분의 뒤쪽에 막는 판이 설치되어 있고 빈공간 구성부분 중간에 칸막이가 설치되어 있는 반면에, 등록디자인은 위와 같은 디자인이 없는 점에서 차이가 있다. 그러나 피고제품과 등록디자인의 전체적인 형상 및 각 부분디자인이 기본적으로 같고, 위 차이점은 양자의 전체적인 시각적 효과가 다르다고 하기에는 부족하므로 양자는 유사한 디자인에 해당한다."라는 이유로, "피고1 회사가 피고제품을 생산, 판매 및 판매허락한 행위는 중국특허법 제11조 제2항 및 제59조 제2항의 규정을 위반한 것이므로, 비록 등록디자인의 존속기간이 경과하였지만 그 전에 발생한 생산 및 판매 행위에 대하여는 여전히 손해배상책임을 부담하여야 한다."라고 판시하였다. 2009년 12월 28일 공표한 최고인민법원의 특허권 침해분쟁사건 심리에 있어서 법률적용 문제에 관한 약간 규정 제11조는, "인민법원은 디자인의 동일 또는 유사 여부를 판단할 때 등록디자인과 침해 물품 디자인의 디자인 특징을 대비하여 디자인의 전체적인 시각효과에 따라 종합적으로 판단하여야 하고, 전체 시각효과에 영향을 주지 않는 물품의 재료, 내부 결합구조 등의 특징을 고려하여서는 아니 된다."라고 규정하고 있다. 대상판결은 위 규정을 적용하여 판시한 것이다.

3. 디자인권 침해의 입증책임

2017년 6월 27일 개정된 중국민사소송법 제64조는, "당사자는 자기의 주장에 대하여 증거를 제출할 책임이 있다."라고 규정하여 당사자의 증거제출책임을 규정하고 있다. 또한 같은 법 제65조는, "당사자는 자신의 주장에 대하여 적시에 증거를

(375)

등록디자인	피고제품
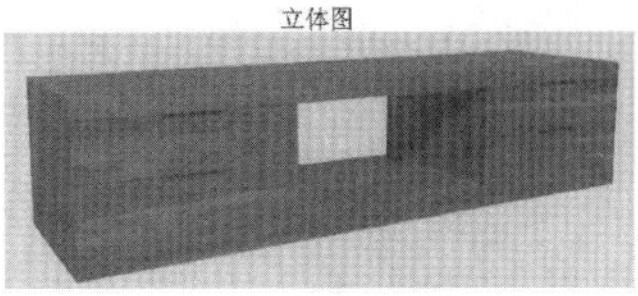 立体图	

제출하여야 한다. 인민법원은 당사자의 주장 및 사건의 심리상태에 따라 당사자가 제출할 증거 및 그 기한을 확정하여야 한다. 당사자가 해당 기간 내에 증거를 제출하는 것이 명백히 곤란한 경우에는 인민법원에 대하여 기한의 연장을 신청할 수 있고 인민법원은 당사자의 신청에 따라 적당하게 연장할 수 있다. 당사자가 증거제출을 지체한 경우 인민법원은 그 이유의 설명을 명하여야 하고 이유 설명을 거부하거나 이유가 성립하지 않는 경우 인민법원은 상황에 따라 해당 증거를 채택하지 않거나 채택할 수 있다. 다만, 훈계하거나 과태료를 부과할 수 있다."라고 규정하고 있다.

한편, 2016년 1월 25일 공표한 「최고인민법원의 특허권 침해분쟁사건 심리에 있어서 법률응용 약간 문제에 관한 해석」 제27조는 "권리자가 침해로 인하여 입은 실제 손해를 확정하기 어려운 경우, 인민법원은 특허법 제65조 제1항의 규정에 따라 권리자에게 침해자가 침해로 인하여 얻은 이익에 대하여 입증할 것을 요구하여야 한다. 권리자가 이미 침해자가 얻은 이익에 관한 기초증거를 제출하고, 특허침해와 관련된 장부, 자료가 주로 침해자가 가지고 있는 상황에서 인민법원은 침해자에게 해당 장부, 자료를 제출하라고 명할 수 있다. 침해자가 정당한 이유 없이 자료제출을 거부하거나 허위의 장부, 자료를 제출한 경우 인민법원은 권리자의 주장 및 제출한 증거에 따라 침해자가 침해로 인하여 얻은 이익을 인정할 수 있다."라고 규정하고 있다.

위 각 규정은 권리자의 증거제출책임과 적시제출책임을 명확히 하면서도 증거를 보유한 침해자의 자료제출의무를 규정함으로써 권리자의 입증책임을 완화한 것이다.

이 사건에서 원고 회사는 침해중지 및 손해배상을 청구하면서, 등록디자인의 등록증, 가구판매계약서, 공증서, 공증비 영수증, 변호사비 영수증 및 법정심문기록을 제출하였다. 공증서는 피고1 회사가 피고2 회사의 쇼핑몰 및 관련 웹사이트에서 피고제품을 판매한 기록인데, 그 기재에 의하면, 한 쇼핑몰의 피고제품 월 판매량이 '0'이고 웹사이트의 피고제품 거래도 '0'인 것을 알 수 있을 뿐이었다. 가구판매계약서는 피고1 회사와 제3자와의 거래에 관한 것인데 2016년 8월 24일 피고제품 1대를 9,570위안에 판매한다는 것이었으나 이 사건 소송으로 인하여 실제로 이행되지는 않았고 법원의 판매영수증 제출명령에도 원고 회사가 이를 제출하지 않았다.

위와 같은 사정을 종합하면, 이 사건에서 피고제품이 등록디자인을 침해한 것은 인정되나 그로 인하여 원고 회사가 입은 손해에 대한 입증자료가 충분하지 않다는 것을 알 수 있다.

4. 침해중지청구 및 손해배상청구

(1) 침해중지청구

중국특허법은 침해중지청구에 관하여 따로 규정하고 있지 않다. 종전에는 민법통칙 제118조에서 "공민, 법인의 저작권(판권), 특허권, 상표전용권, 발견권, 발명권과 기타 과학기술 성과가 표절, 개변, 모방 등 침해를 받았을 경우 침해를 중지해 영향을 제거하며 손해를 배상할 것을 요구할 권리가 있다."라고 규정하고, 민법통칙 제134조가 민사책임 부담방식으로, ① 침해중지, ② 방해배제, ③ 위험제거, ④ 재산반환, ⑤ 원상회복, ⑥ 수리, 재이행, 교환, ⑦ 손해배상, ⑧ 위약금 지불, ⑨ 영향제거, 명예회복, ⑩ 사죄 등을 규정하고, 권리침해책임법 제2조에서 "민사권익을 침해한 경우 권리침해책임을 부담한다. 민사권익에는 저작권, 특허권, 상표전용권을 포함한다.", 그리고 제15조에서 민법통칙 제134조와 유사한 민사책임 부담방식을 규정하고 있었다.

2017년 3월 15일 제정되어 2017년 10월 1일부터 시행된 민법총칙 제120조는 "민사권익이 침해를 입은 경우, 침해를 당한 자는 침해한 자에게 권리침해책임을 부담할 것을 청구할 권리가 있다.", 제123조는 "지식재산권은 권리자가 법에 의해 다음과 같은 객체를 전유专有적으로 향유할 권리이다. 1호: 작품(저작물), 2호: 발명, 실용신안, 디자인"이라 규정하며, 제179조는 민사책임 부담방식으로, ① 침해중지, ② 방해배제, ③ 위험제거, ④ 재산반환, ⑤ 원상회복, ⑥ 수리, 재이행, 교환, ⑦ 계속이행, ⑧ 손해배상, ⑨ 위약금 지불, ⑩ 영향제거, 명예회복, ⑪ 사죄를 규정하면서 법률이 징벌적 배상을 규정한 경우에는 그 규정에 따른다고 하여 징벌적 배상의 근거규정을 신설하였다. 위와 같은 민사책임 부담방식은 단독으로 적용할 수 있고, 병과하여 적용할 수도 있다.

위와 같이 중국은 디자인권 침해에 대한 중지청구의 법적 근거가 민법총칙에 규정되어 있다는 점에서 한국디자인보호법 제113조가 권리침해에 대한 침해금지청구권을 직접 규정하고 있는 것과 차이가 있다.

법원은, 등록디자인권의 존속기간 만료로 디자인권이 소멸하여 원고 회사의 피고1 회사에 대한 침해중지청구를 인정하지 않았고, 피고2 회사는 단지 자신의 플랫폼에 피고1 회사의 제3자와 거래를 위한 플래그숍을 제공하였을 뿐이고, 이러한 행위는 판매 및 판매허락 행위에 해당하지 않는다는 이유로 디자인권 침해를 인정하지 않았다. 이는 인터넷 웹사이트상에서 플랫폼만을 제공하고 실제로 판매활동에

관여하지 않은 경우에는 실시에 해당하지 않는다고 판시한 데에 의미가 있다.(376)

(2) 손해배상청구

1) 손해배상책임의 요건

디자인권 침해로 인한 손해배상책임은, 침해자의 고의 · 과실, 침해행위, 손해발생, 침해행위와 손해 사이의 인과관계가 있어야 한다. 한편, 중국특허법 제70조는, "생산경영을 위한 사용 · 판매허락 또는 판매가 디자인권자의 허가를 받지 않고 제조 · 판매한 제품인 것을 알지 못하였고, 그 제품의 합법적 출처를 증명할 수 있는 경우에는 배상책임을 지지 아니 한다."라고 규정하여 선의자의 배상책임을 면제하고 있다.

2) 손해배상액의 산정

중국특허법 제65조는 권리자의 실제 손해 → 침해이익 → 사용료(실시료) 배수의 순서로 손해액을 확정하고, 이로써 손해액의 확정이 어려운 경우 법정배상에 의하도록 규정하고 있다. 최고인민법원 2014. 6. 30. 선고 (2013) 民提字第223号 민사판결 등도 마찬가지로 판시하고 있다. 최고인민법원의 특허분쟁사건 심리에 있어서 법률적용 문제에 관한 약간 규정 제20조 제1항은, 중국특허법 제65조의 "권리자가 침해로 인하여 입은 실제 손해는 특허권자의 특허제품이 침해로 인하여 생긴 판매량 감소 총수에 건당 특허제품의 합리적 이윤을 곱하여 얻은 합산"에 따라 계산할 수 있다.(377) 권리자의 판매량 감소 총수를 확정하기 어려운 경우, 침해제품이 시장에서 판매된 총수에 건당 특허제품의 합리적 이윤을 곱하여 얻은 합산을 권리자가 침해로 인하여 입은 실제 손해로 간주할 수 있다.(378) 여기서, 침해로 인하여 얻은 이익은 일반적으로 침해자의 영업이익에 의하여 계산하고, 침해를 업業으로 한 침해자에 대하여는 판매이익에 의하여 계산할 수 있다. 실제 손해나 침해이익을 확정하기 어려운 경우, 특허허가사용료의 배수倍数를 참조하여 합리적으로 손해액을 확정할 수 있다. 실제 손해 및 침해이익을 확정하기 어려운 경우란, 침해제품을

(376) 법원은 피고2 회사의 디자인권 침해가 인정되지 않으므로 손해배상청구는 나아가 따로 판단하지 않았다.

(377) (특허제품의 판매감소량)×(건당 특허제품의 합리적 이윤) = 실제 손해.

(378) 침해제품의 판매량×건당 특허제품의 합리적 이윤 = 실제 손해.

제조하거나 수입만 하였을 뿐 아직 판매하지 않은 경우, 침해제품을 사용만 한 경우, 침해자의 판매기록, 재무제표가 훼손되거나 불완전한 경우, 침해제품을 판매하였으나 아직 이익을 얻지 못한 경우 등을 들 수 있다. 한편, 특허법 제65조는 손해배상액에 권리자가 침해행위를 제지하기 위하여 지불한 합리적 지출을 포함한다고 규정하고 있고, 2015년 1월 29일 공표한「최고인민법원의 특허분쟁사건 심리에 있어서 법률적용 문제에 관한 약간 규정」제22조는, 권리자가 침해행위를 제지하기 위하여 합리적인 지출을 하였다고 주장하는 경우, 인민법원은 특허법 제65조에서 확정한 손해배상액과 별도로 계산한다고 규정하면서 합리적 지출의 범위로, 증거조사, 증거수집 비용(교통비, 숙박비, 공증비, 증거보전신청비 등), 소송대리비용(일반적으로 변호사 선임비, 변리사 선임비도 포함)을 들고 있다. 합리적 지출은 제65조 제1항에 적용되고 제65조 제2항의 법정배상에는 적용되지 않는다.

중국특허법 제65조 제2항은, 권리자의 손해 · 침해자가 얻은 이익 및 특허허가사용료를 모두 확정하기 어려운 경우, 인민법원은 특허권의 종류 · 침해행위의 성질, 침해경위 등의 요소에 따라 1만 위안 이상 100만 위안 이하의 배상액을 손해액으로 확정한다고 법정배상(정액배상)을 규정하고 있다.(379) 2001년 6월 공표한「최고인민법원의 특허분쟁사건 심리에 있어서 법률적용 문제에 관한 약간 규정」제21조는, 인민법원은 특허권의 종류, 침해자의 침해 성질 및 경위 등 요소에 따라 일반적으로 인민폐 5,000위안 이상 30만 위안 이하에서 배상액을 확정할 수 있고 최대 50만 위안을 초과할 수 없다고 규정하고 있었고, 2008년 특허법 개정 시에 사법해석의 법정배상 규정을 법률에 도입하였다. 법정배상의 판단요소는 특허권의 종류, 침해행위의 성질, 침해경위 등이다. 특허권의 종류란 해당 특허권이 발명, 실용신안, 디자인 중 어느 것에 해당하는지 여부이고, 침해행위의 성질이란 고의침해인가 과실침해인가 여부이며, 침해경위란 침해행위의 유형(제조, 판매, 판매허락, 수입, 사용), 침해행위의 규모(제조, 사용, 판매, 수입한 특허제품의 수량 및 특허방법의 사용 규모), 침해행위의 지속기간 등을 말한다. 법정배상은, 침해자가 증거훼손, 허위장부 제조 등 증거조작 등으로 배상액을 회피하거나 감소하는 것을 방지하여 침해자로 하여금

(379) 2013년 개정된 중국상표법 제63조 제3항은, 권리자가 침해로 인하여 입은 손해, 침해자가 침해로 인하여 얻은 이익, 등록상표허가사용료를 확정하기 어려운 경우, 인민법원은 침해정도에 따라 300만 위안 이하의 배상을 판결한다고 규정하고 있다(权利人因被侵权所受到的实际损失、侵权人因侵权所获得的利益、注册商标许可使用费难以确定的，由人民法院根据侵权行为的情节判决给予三百万元以下的赔偿).

침해이익을 사실대로 지불하도록 압박하는 효과가 있다. 4차 특허법 개정안 제65조는, '특허권을 고의로 침해한 행위에 대하여, 인민법원은 침해행위의 경위, 규모, 손해로 인한 결과 등의 요소에 근거하여 전 2항에 따라 확정한 배상액을 2 내지 3배 높일 수 있다.'라고 징벌적 배상규정을 도입할 예정이다.(380)

대상판결은, 손해배상액 확정에 있어서 원고 회사의 손해 및 피고1 회사의 이익은 중요한 고려요소이지만, 원고 회사가 피고1 회사의 행위로 생긴 손해를 입증할 증거를 제출하지 않았고, 제출한 공증서로는 피고제품의 판매량이 많지 않다는 것을 알 수 있을 뿐인 점 등에 기초하여 침해행위의 지속기간, 피고제품의 판매가격 등을 종합하여 본건의 손해배상액을 2만 위안으로 정하고, 원고 회사가 주장한 합리적 소송비용은 본건에서 실제로 지출한 것으로 확인되므로 전액을 인정한다고 판시하였다. 대상판결의 판시는 특허법 제65조 제1항의 실제 손해, 침해이익, 실시료 배수에 의한 배상액 확정을 생략한 채 특허법 제65조 제2항의 법정배상을 인정한 것으로 이해된다.

Ⅳ 결론

대상판결은 디자인 침해사건에서 원고 회사가 그 손해배상의 입증을 제대로 하지 못하였더라도 법정배상을 적용하여 배상액을 인정하였다는 점에서 의의가 있다. 원고 회사가 소송계속 중 디자인권의 존속기간이 만료되자 그 입증책임을 다하지 못하였음에도 지식재산권법원은 변론에 나타난 여러 가지 사정을 종합하여 법정배상에 의한 손해배상을 인정하였고, 변호사 비용을 포함한 합리적 지출(소송비용)을 전액 인정하였다는 점에서 지식재산의 보호에 충실한 사례이다. 다만, 디자인권 침해로 인한 손해배상액 산정에 있어서 특허법 제65조의 손해액 산정순서에 따른 명확한 판시를 생략한 점은 아쉬움으로 남는다.

(380) 2013년 개정된 중국상표법 제63조 제1항은, 악의적으로 상표권을 침해하여, 침해 정도가 엄중한 경우, 위 방법에 따라 확정한 배상액의 1배 이상 3배 이하로 배상액을 확정할 수 있다고 징벌적 배상규정을 도입하였다.

제 5 장 기타

5-1

디자인권과 상표권 및 부정경쟁행위 사이의 충돌

대법원 2013. 3. 14. 선고 2010도15512 판결*

| **박태일** | 서울중앙지방법원 부장판사, 전 대법원 재판연구관

I 사건의 개요

대법원 2013. 3. 14. 선고 2010도15512 판결(이하 '대상판결'이라고 한다)은, 피고인이 피해자 루이비통의 이 사건 등록상표와(1) 유사한 피고인 사용표장이 부착된 가방을 판매하여 상표권을 침해하였고, 피해자의 상품과 혼동하게 하거나 피해자 상표의 식별력이나 명성을 손상하는 행위를 하였다는 상표법 위반 및 부정경쟁방지 및 영업비밀보호에 관한 법률(이하 '부정경쟁방지법'이라 한다) 위반 혐의로 공소제기된

*이 평석은 2017. 9. 23. 디자인법연구회에서 발표한 글을 보완하여 재작성한 것임을 밝힌다. 대상판결에 대한 보다 상세한 판례해설은 박태일, "전체 표장에 대한 디자인권 및 이를 구성하는 개별 도형들에 대한 상표권과 전체 표장의 사용으로 인한 상표권침해 및 부정경쟁행위 사이의 충돌에 관한 연구", IT와 법 연구(2014년 제8집), 경북대학교 IT와 법 연구소(2014), 31-81면; 이규홍, "등록상표를 구성하는 개별 도형의 별도 등록사용 및 전체 디자인 등록으로 인한 상표권 등 침해", 한국정보법학회 편, 정보법 판례백선(Ⅱ), 박영사(2016), 396-407면 각 참조.

(1) 지정상품은 여행용 가방, 지갑 등이다.

사안에 관한 것이다.(2)

제1심은 공소사실을 모두 유죄로 인정하였고,(3) 피고인이 항소하였으나 항소 기각되자(4) 상고하였다. 상고이유 가운데 피고인은 피고인 사용표장을 구성하는 개별 도형에 대해 각 상표등록과 별도로 전체로서 디자인등록을 받았으므로 무죄로 되어야 한다는 취지의 주장이 있다.

Ⅱ 판시(파기 환송)

이 사건 등록상표와 유사한 문양의 피고인 사용표장에 대해 피고인의 처가 디자인등록을, 피고인 사용표장을 구성하는 개별 도형들에 대해 피고인과 그의 처가 상표등록을 받은 사정이 있으나, 피고인 사용표장은 상표로서 사용되었고, 여기에 피고인 사용표장과 이 사건 등록상표의 유사성, 이 사건 등록상표의 주지저명성, 피고인의 처가 피고인 사용표장인 문양에 대해 디자인등록을 받은 경위 등을 종합하여 고려하면, 피고인의 처가 피고인 사용표장인 문양에 대하여 디자인 등록을 받은 것은 그 대상물품에 미감을 불러일으키는 자신의 디자인의 보호를 위한 것이라기보다는 일반 수요자로 하여금 위 문양이 사용된 상품을 피해자의 상품과 혼동을 일으키게 하여 이익을 얻을 목적으로 형식상 디자인권을 취득한 경우에 해당한다.

(2)

(3) 서울서부지방법원 2010. 3. 31. 선고 2010고단45 판결.

(4) 서울서부지방법원 2010. 11. 4. 선고 2010노368 판결.

따라서 그 디자인의 등록출원 자체가 부정경쟁행위를 목적으로 한 것이라고 봄이 타당하다. 그리고 피고인 사용표장을 구성하는 개별 도형들에 대한 별도 상표권의 존재는 이 사건 등록상표에 대한 상표권 침해 및 부정경쟁행위 성립에 장애가 되지 못한다. 결국 피고인 사용표장을 사용하여 가방, 지갑 등을 생산 · 판매하는 행위는 이 사건 등록상표에 대한 상표권 침해 및 부정경쟁행위에 해당한다.(5)(6)

Ⅲ 평석

1. 문제의 소재

대상판결은 여러 가지 도형들이 규칙적 · 반복적으로 구성되어 있는 상표에 대한 상표권 침해 및 부정경쟁행위(상품주체혼동 및 희석화) 성립 여부가 문제된 형사사건을 다루고 있다. 주요 쟁점으로, ① 피해자의 등록상표와 피고인 사용표장이 서로 유사한지 여부가 특히 구체적 오인 · 혼동 가능성 유무의 측면에서 문제되고, ② 피고인 사용표장에 대해 피고인의 처가 디자인등록을, 피고인 사용표장을 구성하는 개별 도형들에 대해 피고인과 그의 처가 상표등록을 받은 사정이 있음에도, 피고인 사용표장의 사용행위가 타인의 등록상표의 상표권 침해 및 부정경쟁행위에 해당하는지 여부가 다투어지며, ③ 고의와 위법성 인식, 죄수 및 택일적 공소제기 등 형사사건 특유의 문제도 있다. 이 글은 이 가운데 디자인권과 상표권 및 부정경쟁행위 사이의 충돌에 관한 쟁점에 한정하여 평석한다.

(5) 다만, 원심은 상표법위반죄와 각 부정경쟁방지법위반죄를 모두 유죄로 인정하고 이들 각 죄가 형법 제37조 전단의 경합범 관계에 있는 것으로 보았으나, 부정경쟁방지법위반 부분은 '피해자의 상품과 혼동하게 한 행위' 또는 '이 사건 등록상표의 식별력이나 명성을 손상하는 행위'로 택일적 공소가 제기되었다고 볼 여지가 있으므로 이 점을 명확하게 할 필요가 있고, 위 각 죄가 모두 성립한다고 보더라도 이는 1개의 행위가 수 개의 죄에 해당하는 형법 제40조 소정의 상상적 경합의 관계에 있다고 봄이 타당하다고 하여 원심판결을 파기하였다.

(6) 환송 후 세 가지 죄를 모두 상상적 경합의 관계로 공소 제기하는 것으로 공소장 변경이 이루어지고 서울서부지방법원 2013. 10. 8. 선고 2013노312 판결이 대상판결의 취지에 따라 선고되어 확정되었다.

2. 피고인 사용표장에 대한 디자인권과 상표권 침해 및 부정경쟁행위 사이의 충돌에 대한 검토

(1) 피고인이 주장하는 별개의 디자인권의 존재(7)

피고인 사용표장에 대하여 이 사건 공소사실 범행일시 전에 피고인의 처인 甲이 '가방지'를 대상물품으로 하여 디자인등록출원을 하여 디자인 등록이 마쳐져 있다. 이는 무심사등록된(8) 것인데, 이 사건 피해자가 위 디자인은 그 출원 전에 공지된 루이비통의 선등록디자인과(9) 유사하다는 이유로 이의신청을 한 결과 특허청 심사관 합의체에 의하여 등록취소되었다. 위 등록취소결정에 대하여 디자인권자도 아닌 '피고인'이 불복심판을 청구하였다가 취하하였고, 디자인권자인 甲이 별도로 불복심판을 청구하였으나 기각되었으며, 이에 대하여 甲이 특허법원에 제소하지 않아 그대로 확정되었다. 따라서 위 디자인권의 법률적 효력은 소급적으로 소멸하였으나, 이 사건 범죄사실 당시에 '사실적 관계'에서 위 디자인권이 존재하고 있었으므로 검토가 필요하다.

(2) 피고인 사용표장에 대해 피고인에게 디자인권이 있다는 사유의 체계적 지위

피고인은 피고인 사용표장에 대하여 그가 이 사건 등록상표와는 별개의 독자적인 디자인권을 가지고 있어 범죄가 성립하지 않는다는 취지의 주장을 하고 있다. 이러한 피고인의 주장이 상표법위반, 부정경쟁방지법위반 각 죄의 성부 판단 어느 단계에서 검토되어야 하는 것인지를 먼저 살펴보고, 문제의 소재를 분명하게 할 필요가 있다.

상표권 침해, 상품주체 혼동행위, 희석행위 등 지적재산권 침해 형사사건에서

(7) 실제로는 피고인의 처 甲의 디자인권인데, 피고인은 구분 없이 피고인의 디자인권이라고 주장하고 있다. 피고인이 甲으로부터 사용허락을 받았다는 주장이 내재되어 있다고 선해된다.

(8) 디자인 등록출원에 대하여는 원칙적으로 특허청 심사관의 심사를 거쳐 등록 여부가 결정되지만, 1990년대 중반부터 유통기술의 발달과 생활문화의 급속한 변화로 제품의 수명주기가 급속히 짧아짐에 따라 유행성이 강하고 Life cycle이 짧은 일부 물품에 대하여는 새로운 디자인 보호방법이 필요하게 되었다. 이에 1997년 의장법(현재는 디자인보호법) 개정 시 등록요건 중 방식요건(형식요건)과 일부 실체적 등록요건만을 심사하여 등록을 받을 수 있도록 하는 '무심사 등록제도'가 도입되었다[윤선희, "의장(디자인) 무심사 등록제도에 관한 소고", 발명특허(제29권 제1호), 한국발명진흥회(2004), 42면].

(9) "  "와 같은 '어깨걸이 가방'에 관한 디자인이다.

도 상표법, 부정경쟁방지법 규정의 적용을 살펴보는 외에, 형법각칙 규정을 적용하는 일반 형사사건에서와 마찬가지로 형법 총칙 규정의 적용 역시 문제로 된다. 지적재산권 침해에 대한 사회적 비난의 정도는 시대와 장소에 따라 다를 수밖에 없지만, 오늘날에는 대체로 절도죄가 자연범에 속하듯이 타인의 지적재산권에 대한 침해죄 역시 자연범 내지 그와 유사한 성질을 갖는다고 보고 있다.(10) 상표권침해죄 등 지적재산권침해죄에 관한 각 개별 법률의 규정은 일반 형법에 대한 특별 형벌법규에 해당하는 것으로서, 형법 제8조의 규정에 의하여 각 개별 법률에 특별한 규정이 없는 한 형법 총칙상의 여러 규정이 그대로 적용된다. 그리고 지적재산권침해죄가 성립하기 위해서는 일반 범죄의 성립조건과 마찬가지로 구성요건에 해당하는 위법하고 책임 있는 행위일 것, 즉 구성요건해당성과 위법성 및 책임성이라는 세 가지 요소를 필요로 한다. 상표권 침해, 상품주체 혼동행위, 희석행위 형사사건에서 객관적 구성요건해당성은 위 각 행위의 성립요건의 문제가 될 것이나, 이 외에 범의(형법 제13조), 법률의 착오(형법 제16조), 법령에 의한 행위(정당행위, 형법 제20조)로서의 위법성 조각 등 형법총칙 규정의 적용 역시 검토되어야 한다.(11)

이 사건에서 먼저, 피고인 사용표장에 대해 피고인(실제로는 피고인의 처)이 디자인등록을 받았다는 사유에 관하여 보건대, 디자인과 상표(상품표지)의 본질이 서로 배타적인 관계에 있는 것이 아니어서 디자인의 성격도 가지고 있는 표장(표지)의 사용행위는 한편으로는 디자인적 사용이 되는 측면도 있으면서, 다른 한편으로는 상표적 사용(출처표지로서의 사용)으로 되는 측면이 공존할 수 있는 것이므로, 비록 피고인 사용표장에 대하여 디자인권이 존재한다고 하더라도 그 표장의 사용행위가 상표적 사용(출처표지로서의 사용)으로서의 성격을 갖는 한 상표권 침해, 상품주체 혼동행위, 희석행위가 성립할 수 있다(구성요건해당성의 문제).(12) "디자인과 상표는 배타적, 선택적인 관계에 있는 것이 아니므로 디자인이 될 수 있는 형상이나 모양이라고 하더라도 그것이 상표의 본질적인 기능이라고 할 수 있는 자타상품의 출처표시를 위

(10) 송영식 · 이상정 · 황종환 · 이대희 · 김병일 · 박영규 · 신재호, 송영식, 지적소유권법(상)(제2판), 육법사(2013), 712면.

(11) 박태일, "상표권침해 및 상품주체오인혼동행위 형사사건에 관한 연구", 법조(제641호), 법조협회(2010), 321–322면.

(12) 상표권 침해가 되는 행위태양은 상표적 사용(출처표지로서의 사용)의 경우에 한정된다. 부정경쟁행위의 경우 그 행위태양이 반드시 상표적 사용(출처표지로서의 사용)으로 한정된다고 할 수는 없지만, 상표적 사용에 해당하는 행위가 부정경쟁행위의 태양으로 될 것이라는 점은 분명하다.

하여 사용되는 것으로 볼 수 있는 경우에는 상표로서의 사용이라고 보아야 할 것이다"라는 대법원 2000. 12. 22. 선고 2000후68 판결, 대법원 2000. 12. 26. 선고 98도2743 판결의 법리는 바로 이 점을 설시하고 있는 것이라고 이해된다. 특히 98도2743 판결은 형사판결로서 위 법리에 의해 상표권 침해(상표법 위반)뿐만 아니라 상품주체 혼동행위(부정경쟁방지법 위반)도 인정하고 있다.

다만, 피고인의 행위가 디자인보호법이라는 법률에 의하여 인정되는 디자인권의 행사에도 해당한다는 사유는 상표법위반죄, 부정경쟁방지법위반죄의 위법성을 조각할 수 있는 사유(형법 제20조의 법령에 의한 행위로서의 정당행위)가 될 수 있는지가 문제된다. 먼저 상표권 침해와의 관계에서는 저촉규정이 있어 후출원 디자인권의 행사는 선출원 상표권 침해와의 관계에서 디자인보호법 자체에 의하여 정당행위가 될 수 없으므로 이에 따라 해결할 수 있다. 다음 부정경쟁행위와의 관계에서는 이러한 저촉규정이 없어 법리 검토가 필요하다.

(3) 상표적 사용 해당 여부

상품에 표시되어 있는 표장은 상품의 출처를 나타내기 위하여 표시하는 경우도 있지만 그 상품에 미감을 나타내기 위하여 표시하는 경우도 있다. 또한 출처를 표시하기 위해 사용한 표장이 그 자체의 미감에 의하여 디자인적 기능을 병행하여 발휘하거나, 상품의 디자인에 불과한 외관이 자타상품을 식별케 하는 출처표지로서의 기능을 발휘하는 경우도 있다.(13) 이들 중 비록 상표를 상품에 표시하였으나 그 표시된 표장이 출처표지로서의 기능을 전혀 발휘하지 아니하고 디자인적 기능만을 발휘한 경우, 이러한 사용은 상표적 사용으로 볼 수 없을 것이다. 한편, 디자인적 기능이 일부 있다고 하더라도 출처표지로서의 기능도 발휘하고 있는 경우라면 상표적 사용으로 보아야 할 것이다.

원심판결 이유 및 원심이 적법하게 채택한 증거에 의하면, ① 일반적으로 가방이나 지갑 제조업체는 일반 수요자가 외관상 눈에 잘 띄는 부분을 보고 그 상품의 출처를 식별하는 관행을 감안하여 상표가 제품의 외관과 조화를 이루면서 융화될 수 있도록 그 표시 위치와 크기를 결정하여 제품에 상표를 표시한다고 할 것인데, 피고인은 피고인 사용표장을 사용하는 가방이나 지갑 제품에, 이 사건 등록상표의 개별 구성요소를 조금씩 변형한 도형들을 이 사건 등록상표의 전체적 구성, 배

(13) 이에 디자인권과 상표권 사이의 저촉을 조정하는 규정이 필요한 것이다.

열 형태, 표현방법과 같은 방식으로 조합한 피고인 사용표장의 형태로 피고인의 제품 외부의 대부분에 표시하고 있는 점, ② 피고인과 甲은 이 사건 이전에도 이 사건 등록상표와 유사한 다른 표장을 가방 등의 제품 외부의 대부분에 표시하는 방법으로 사용하였다는 이유로 상표권침해금지판결(서울중앙지방법원 2008. 9. 12. 선고 2008가합35161 판결, 서울고등법원 2009. 5. 13. 선고 2008나92918 판결)을 받아 확정된 바 있는데, 위 침해금지 1심판결을 받은 이후 甲이 피고인 사용표장인 문양에 대해 '가방지'를 대상물품으로 디자인무심사등록출원을 하여 2009. 4. 28. 무심사에 의한 디자인등록(등록번호 527691호)을 받은 다음, 피고인이 2009. 5. 초순경부터 같은 해 10. 23.경까지 피고인 사용표장을 사용한 것인 점, ③ 이 사건 등록상표는 여행용 가방, 핸드백 등을 지정상품으로 하여 1994. 7. 1. 출원되어 1995. 12. 26. 등록되고, 2005. 8. 23. 존속기간갱신등록출원되어, 같은 해 10. 12. 존속기간갱신등록된 상표로서, 이미 甲이 피고인 사용표장에 대하여 디자인무심사등록출원을 한 2008. 11. 10. 무렵 이전부터 국내에서 피해자의 상품 출처를 표시하는 표지로 널리 인식되어 있는 주지저명상표인 점 등을 알 수 있다. 이를 위에서 본 법리에 비추어 살펴보면, 피고인은 이 사건 등록상표의 고객흡인력 등에 편승하기 위한 의도로 피고인 사용표장을 사용한 것으로 보이고, 피고인이 그와 같이 사용한 위 표장은 실제 거래계에서 자타상품의 출처를 표시하기 위하여 사용되었다고 할 것이므로, 피고인 사용표장은 상표로서 사용되었다고 할 것이다.

(4) 디자인권과 상표권 저촉의 해결

대법원 2000. 12. 26. 선고 98도2743 판결의 법리에 따라 등록디자인의 사용도 상표권 침해가 될 수 있다고 보는 이상 등록디자인권 및 등록상표권 사이의 우선순위를 정하여야 하는데, 이에 관하여는 디자인보호법 제95조, 상표법 제92조에 선출원주의에 의하여 해결한다는 명문 규정이 있다.

특허권, 실용신안권, 디자인권, 상표권은 각각 동일 법역 내에서는 선출원우선의 원칙에 따라 권리가 발생하지만 타 법역 간에는 독자적인 요건에 의해 각각의 권리가 발생하므로 그 중에는 대상물이 동일하거나 권리 자체가 경합하는 경우도 발생하게 된다.[14] 또한 이러한 문제는 저작권과의 관계에서도 일어날 수 있다. 이를 디자인을 중심으로 하여 본다면, 디자인의 개발이 기술의 개발과 일체로 이루어져

(14) 앞의 송영식 지적소유권법(상), 1027면.

동일한 개발성과를 미감의 측면으로부터는 디자인으로, 기술의 측면으로부터는 발명·고안으로 동시에 파악할 수 있는 경우가 있고, 또한 타인이 창작한 기술적 사상에 기초를 두고 이를 형태로서 구현화한 디자인도 생각할 수 있다.(15) 나아가 디자인의 요소인 모양이나 형상이 식별표지(상표)로서 인식되는 경우도 있고, 타인의 저작물을 자신의 디자인 도안으로 채용하는 일도 일어날 수 있다.(16) 이에 디자인보호법 제95조는 디자인권 기타 산업재산권에 대해서는 그 출원일을 기준으로 하여, 저작권에 대해서는 그 발생일을 기준으로 하여 선행되는 권리를 보호하고 선순위 권리자의 허락 없이는 후순위 권리자가 자신의 권리를 실시할 수 없도록 하는 방법으로 권리관계를 조정하고자 하는 취지에서 마련된 것이다. 이에 대응하여 특허법, 실용신안법, 상표법에도 같은 취지의 규정이 있다(특허법 제98조, 실용신안법 제25조, 상표법 제92조 제1항).(17)

따라서 디자인권을 행사하고자 하는 경우에도 당해 디자인이 선출원된 타인의 상표권과 저촉되는 경우에는 당연히 그 디자인권의 행사가 법률에 의하여 제한되므로, 후출원 디자인권의 행사는 선출원 상표권 침해와의 관계에서 정당행위가 될 수 없는 것이다. 이 사건에서는 디자인권이 상표권보다 후출원이므로 상표권 침해 성립에 디자인권 존재가 장애가 되지 못한다.

(5) 디자인권과 부정경쟁행위 저촉의 해결

1) 문제점

디자인과 상표 등 상품표지의 본질이 서로 배타적인 관계에 있는 것이 아니어서 디자인의 성격도 가지고 있는 표장의 사용행위는 한편으로는 디자인적 사용이 되는 측면도 있으면서, 다른 한편으로는 출처표지로서의 사용으로 되는 측면이 공

(15) 寒河江孝允·峯唯夫·金井重彦 공편(峯唯夫 집필부분), 意匠法コンメンタール〈第2版〉, LexisNexis Japan (2012), 428면.

(16) 위의 책, 428-429면.

(17) 이상의 내용은 정상조·설범식·김기영·백강진 공편(박태일 집필부분), 디자인보호법 주해, 박영사(2015), 646-647면의 내용을 토대로 한 것이다. 다만, 저작권법에는 관련 규정이 없다. 저작권이 먼저 발생한 경우에는 후행 산업재산권과의 관계에서 저작권법에 조정규정을 둘 필요가 없고, 반대로 선행의 산업재산권이 존재함에도 후에 이와 저촉되는 저작권이 발생하는 경우는 저작물이 창작물일 것을 요건으로 하는 점을 고려하면 실제로 상정하기 어렵기 때문이다[박태일, "저작권과 저촉되는 상표권에 기한 금지청구의 허용 여부", 지적재산 & 정보법연구(vol.2 no.1), 한양대학교(2010), 34면; 사법연수원, 상표법(2011), 76면 각 참조].

존할 수 있는 것이라는 법리는 상품주체 혼동행위, 희석행위와 같은 부정경쟁행위와 디자인권의 관계에서도 마찬가지이다. 문제는 디자인보호법 및 부정경쟁방지법, 양법 간에 저촉이 발생하였을 때 우선순위를 정하는 규정이 없다는 데에 있다. 다만 부정경쟁방지법에는 "디자인보호법에 다른 규정이 있으면 그 법에 따른다."는 적용제외규정(제15조 제1항)이 있을 뿐이다. 위 규정을 아무런 제한 없이 적용하면 디자인권이 존재하면 언제나 부정경쟁행위는 성립하지 않는다고 볼 여지도 있으나 이는 매우 부당한 결론이다.

부정경쟁방지법 제15조의 해석과 관련하여서는 위 규정은 상표법에 관하여도 마찬가지로 규정하고 있는데, 이미 상표권과 부정경쟁행위가 충돌하는 경우 일정한 조건 하에 상표권 행사를 권리남용으로 보아 부정경쟁방지법 제15조가 적용되지 않고(즉, 부정경쟁방지법의 적용제외로 되지 않고) 부정경쟁행위가 성립하도록 하는 해석론이 확립되어 있는바, 이를 이 사건과 같이 상표로서 기능하는 디자인에 대하여도 적용함이 타당하다.

2) 부정경쟁방지법 제15조의 해석론과 관련한 상표권 남용의 법리

부정경쟁방지법은 국내에 널리 알려진 타인의 상표·상호 등을 부정하게 사용하는 등의 부정경쟁행위와 타인의 영업비밀을 침해하는 행위를 방지하여 건전한 거래질서를 유지함을 목적으로 하는 법률이다(부정경쟁방지법 제1조). 부정경쟁방지법의 법적 지위에 대하여는 논란의 여지가 있으나 타인의 영업상의 표지를 모용하는 행위를 규제함으로써 영업상의 표지를 보호하고, 영업비밀 침해행위 금지를 통하여 영업비밀을 보호한다는 점에서, 특허법, 실용신안법, 디자인보호법, 상표법 등과 같이 지적재산권법의 한 부분이라고 할 수 있고, 주무관청도 특허청이다. 부정경쟁방지법은 일정한 행위를 부정경쟁행위로 규정하여 이들 행위를 일률적으로 금지하고 고의 또는 과실에 의한 부정경쟁행위자에 대하여는 손해배상책임을 지우는 등의 직접적인 방법으로 경쟁질서를 유지하고자 하는 데 대하여 산업재산권법은 등록이라는 절차를 통하여 개별 권리자에게 전용권을 부여하는 방식에 의하여 간접적으로 부정경쟁행위의 방지라는 목적을 달성하고자 하는 데 차이가 있다. 따라서 등록된 상표권 등의 산업재산권을 행사하는 행위가 부정경쟁방지법상의 부정경쟁행위에 해당하는 경우 어느 법을 우선시켜 적용시킬 것인가 하는 문제가 발생한다. 이와 관련하여 부정경쟁방지법 제15조는 "다른 법률과의 관계"라는 제목 아래 제1항에서 "특허법, 실용신안법, 디자인보호법, 상표법, 농산물품질관리법 또는 수산물품질관리법에 제2조부터 제6조까지 및 제18조 제3항과 다른 규정이 있으면 그 법에 따른다"고 적용제외를 규정하고 있다. 부정경쟁방지법 제15조와 같은 규정은 일본 구 부정경쟁방지법[昭和 9년(=1934년) 제정] 제6조에서[18] 찾아볼 수 있는데, 그 제정취지는 "상표권 등은 국가가 권리로 인정하여 부여한 것이므로 이러한 권리를 행사할 경우에 바로 부정경쟁방지법에 의하여 이를 금지하는 것에는 문제가 있으니, 우선 상표법 등이 정하는 절차에 따라 권리를 무효로 하여 권리를 소멸시키고 난 다음 부정경쟁방지법의 적용을 받도록 하여야 한다."는 것이었다. 이러한 일본 부정경쟁방지법 제6조를 우리 1961년 부정경쟁방지법이 계수한 것이다.[19]

이와 관련하여 우리 대법원은 "주지의 미등록 선상표사용자가 원고가 되어 상대방(등록상표권자)의 등록상표 사용이 부정경쟁행위에 해당한다고 주장함에 대하여, 상대방이 자신의 사용은 등록상표의 상표권에 기한 적법한 것이라는 항변(부정경쟁방지법 제15조의 규정에 의한 적용제외를 주장하는 취지)은 일정한 조건 하에서 권리남용에 해당하여 허용되지 않는다."는 상표권 남용의 법리를 발전시켜왔다. 먼저 대법원 1993. 1. 19. 선고 92도2054 판결은 "상표의 등록이나 상표권의 양수가 자기의 상품을 타 업자의 상품과 식별시킬 목적으로 한 것이 아니고, 국내에 널리 인식되어 사용되고 있는 타인의 상표가 상표등록이 되어 있지 아니함을 알고, 그와 동일 또는 유사한 상표나 상호, 표지등을 사용하여 일반 수요자로 하여금 타인의 상품과 혼동을 일으키게 하거나 타인의 영업상의 시설이나 활동과 혼동을 일으키게 하여 이익을 얻을 목적으로 형식상 상표권을 취득하는 경우에는 상표의 등록출원이나 상표권의 양수 자체가 부정경쟁행위를 목적으로 하는 것으로서, 가사 권리행사의 외형을 갖추었다 하더라도 이는 상표법을 악용하거나 남용한 것이 되어 상표법에 의한 적법한 권리의 행사라고 인정할 수 없으므로, 위 부정경쟁방지법 제9조에 해당하여 동법 제2조의 적용이 배제된다고 할 수 없다."고 설시하였다. 이 판결은, 상표등록출원인이 ① 미등록의 주지상표가 있음을 알고, ② 상표등록출원이 부정경쟁의 목적(수요자로 하여금 혼동을 일으키게 할 목적 – Free ride의 목적)을 가지고, 상표출원을 하고 그 등록이 마쳐진 경우에는 그 상표등록출원이 부정경쟁행위(상품주

(18) 일본에서 이 규정은 부정경쟁의 방지라고 하는 중요한 법 목적이 왜 산업재산권법과 독점금지법, 형법 등에 뒤처져야 하는지 그 근거가 분명하지 아니하다는 비판을 받다가 1991년 개정 시 삭제되었다.

(19) 박태일, "지적재산권 남용에 대한 공정거래법상의 규제와 병행수입에 관한 연구", 한양대학교 대학원 석사학위논문(2001), 20–21면.

체 혼동행위)에 해당될 수 있음을 밝힌 것이다.[20] 이 판결은 부정경쟁방지법과 다른 산업재산권법과의 적용순위에 관한 구 부정경쟁방지법(1986. 12. 31. 법률 제3897호로 전부 개정되고, 1991. 12. 31. 법률 제4478호로 개정되기 전의 것) 제9조를[21] 해석한 최초의 판례로서, 권리남용의 이론을 원용하여 합리적인 결론을 도출한 것으로 그 의의가 상당히 크다.[22] 또한 대법원 1995. 11. 7. 선고 94도3287 판결은 "상표는 어느 특정한 영업주체의 상품을 표창하는 것으로서 그 출처의 동일성을 식별하게 함으로써 그 상품의 품위 및 성질을 보증하는 작용을 하며, 상표법이 등록상표권에 대하여 상표 사용의 독점적 권리를 부여하는 것은 제3자에 의한 지정상품 또는 유사상품에 대하여 동일 또는 유사상표의 사용에 의하여 당해 등록상표가 가지는 출처표시작용 및 품질보증작용이 저해되는 것을 방지하려는 것이고, 상표법은 이와 같이 상표의 출처식별 및 품질보증의 각 기능을 보호함으로써 당해 상표의 사용에 의하여 축조된 상표권자의 기업신뢰이익을 보호하고 나아가 유통질서를 유지하며 수요자로 하여금 상품의 출처의 동일성을 식별하게 하여 수요자가 요구하는 일정한 품질의 상품구입을 가능하게 함으로써 수요자의 이익을 보호하려고 하는 것이므로, 상표권은 기본적으로는 사적재산권의 성질을 가지지만 그 보호범위는 필연적으로는 사회적 제약을 받는다 할 것인데, 상표의 등록이 자기의 상품을 다른 업자의 상품과 식별시킬 목적으로 한 것이 아니고 일반 수요자로 하여금 타인의 상품과 혼동을 일으키게 하거나 타인의 영업상의 시설이나 활동과 혼동을 일으키게 하여 이익을 얻을 목적으로 형식상 상표권을 취득하는 경우에는 상표의 등록출원 자체가 부정경쟁행위를 목적으로 하는 것이 되고, 비록 권리행사의 외형을 갖추었다 하더라도 이는 상표법을 악용하거나 남용한 것이 되어 상표법에 의한 적법한 권리의 행사라고 인정할 수 없다."고 하여 위 92도2054 판결의 법리를 발전시켜 보다 정치한 상표권 남용의 법리를 설시하고 있다. 나아가 대법원 1999. 11. 26. 선고 98다19950 판결, 대법원 2000. 5. 12. 선고 98다49142 판결 등을 통해 위 법리가 정립되었고, 이후에도 대법원 2001. 4. 10. 선고 2000다4487 판결, 대법원 2004. 11. 11. 선고 2002다18152 판결, 대법원 2007. 4. 12. 선고 2006다10439 판결, 대법

(20) 정대훈, "지적재산권법에 관한 중요판례: 상표등록출원과 권리남용", 인권과 정의(제258호), 대한변호사협회(1998), 24면.

(21) 현행 부정경쟁방지법 제15조와 같은 취지의 규정이다.

(22) 도두형, "부정경쟁방지법과 공업소유권법의 적용순위", 인권과 정의(제206호), 대한변호사협회(1993), 93-95면.

원 2007. 6. 14. 선고 2006도8958 판결 등에서 계속하여 위 법리에 따라 상표권 남용을 인정하고 있다.

3) 이 사건에의 적용

위와 같은 상표권 남용의 법리를 디자인권에 대하여 적용하면, 결국 타인의 상품표지의 주지성 취득 후 이와 유사한 디자인을 출원하여 출처표지로서 사용하는 경우에는 부정경쟁방지법 적용제외규정이 적용되지 않아 부정경쟁행위 성립에 장애가 되지 않는다고 보아야 하고, 같은 취지에서 디자인보호법에 따른 디자인권 행사로 되지 않으니, 형법 제20조의 정당행위로 위법성을 조각할 수도 없다고 보아야 한다.

대상판결은 등록상표의 사용도 일정한 조건하에 부정경쟁행위가 될 수 있다는 확립된 기존 법리를 참조하되 이를 디자인보호법에 맞게 변용하여 "부정경쟁방지법 제15조 제1항은 디자인보호법 등 다른 법률에 부정경쟁방지법 제2조 등과 다른 규정이 있는 경우에는 부정경쟁방지법의 규정을 적용하지 아니하고 다른 법률의 규정을 적용하도록 규정하고 있으나, 디자인보호법상 디자인은 물품의 형상 · 모양 · 색채 또는 이들을 결합한 것으로서 시각을 통하여 미감을 일으키게 하는 것이고(디자인보호법 제2조 제1호 참조), 디자인보호법의 입법목적은 이러한 디자인의 보호 및 이용을 도모함으로써 디자인의 창작을 장려하여 산업발전에 이바지함에 있는 것이므로(디자인보호법 제1조 참조), 디자인의 등록이 대상물품에 미감을 불러일으키는 자신의 디자인의 보호를 위한 것이 아니고, 국내에서 널리 인식되어 사용되고 있는 타인의 상품임을 표시한 표지와 동일 또는 유사한 디자인을 사용하여 일반 수요자로 하여금 타인의 상품과 혼동을 일으키게 하여 이익을 얻을 목적으로 형식상 디자인권을 취득하는 것이라면, 그 디자인의 등록출원 자체가 부정경쟁행위를 목적으로 하는 것으로서, 가사 권리행사의 외형을 갖추었다 하더라도 이는 디자인보호법을 악용하거나 남용한 것이 되어 디자인보호법에 의한 적법한 권리의 행사라고 인정할 수 없으니, 이러한 경우에는 부정경쟁방지법 제15조 제1항에 따라 같은 법 제2조의 적용이 배제된다고 할 수 없다."라고 새로이 디자인권 남용의 법리를 설시하고 있다.

그런데 위에서 본 바와 같이 피고인 사용표장은 상표로서 사용되었고, 여기에 피고인 사용표장과 이 사건 등록상표의 유사성, 이 사건 등록상표의 주지저명성, 甲이 피고인 사용표장인 문양에 대해 디자인등록을 받은 경위 등을 종합하여 고려하면, 甲이 피고인 사용표장인 문양에 대하여 디자인 등록을 받은 것은 그 대상물품에 미감을 불러일으키는 자신의 디자인의 보호를 위한 것이라기보다는 일반 수요자로 하여금 위 문양이 사용된 상품을 피해자의 상품과 혼동을 일으키게 하여 이익을 얻을 목적으로 형식상 디자인권을 취득한 경우에 해당하여, 그 디자인의 등록출원 자체가 부정경쟁행위를 목적으로 한 것이라고 봄이 타당하다. 따라서 비록 피고인이 위 디자인권의 실시허락을 받고서 피고인 사용표장을 사용하였다고 볼 여지가 있다고 하더라도 이는 디자인보호법을 악용하거나 남용한 것이 되어 디자인보호법에 의한 적법한 권리의 행사라고 인정할 수 없으니, 그러한 사정은 피고인 사용표장의 사용으로 인하여 부정경쟁방지법상 부정경쟁행위가 성립하는 데 장애가 되지 못한다.

IV 대상판결의 의의

대상판결은 디자인권과 상표권 및 부정경쟁행위 사이의 충돌에 관하여 명시적으로 판단한 선례로서, 디자인권과 상표권 저촉 규정에 의하여 양 권리 사이의 우선순위를 정함과 아울러 디자인권 남용의 법리를 최초로 설시함으로써 디자인권과 부정경쟁행위 사이의 문제를 해결한 판결로서 의의가 있다.(23)

(23) 대상판결을 전체적으로 보면 다양한 쟁점을 다루고 있다. 먼저 여러 가지 도형들이 규칙적 · 반복적으로 구성되어 있는 루이비통 상표에 대해 상표의 유사 판단, 디자인과 상표(상품표지)의 비배타성에 관한 법리를 재확인하고, 구체적 거래실정을 고려하여 상표 비유사 판단을 하였던 종래 일부 판결들은 이 사건과 같이 무명의 표지가 주지저명한 등록상표를 침해하는 것인지가 문제되는 사안에 적용되는 것이 아니라는 취지를 밝혀 상표권침해 및 부정경쟁행위의 성립을 긍정하고 있다. 또한 디자인권과 상표권 저촉 규정에 의하여 양 권리 사이의 우선순위를 정함과 아울러 새로이 디자인권 남용의 법리를 설시함으로써 디자인권과 부정경쟁행위 사이의 충돌 문제도 해결하고 있다. 나아가 전체 표장을 구성하는 개별 도형들에 대한 상표권은 전체 표장의 사용으로 인한 상표권침해 및 부정경쟁행위 성립에 아무런 영향이 없다는 점을 명시적으로 설시하고 있다. 이러한 대상판결은 상표 유사 판단 및 상표적 사용 판단에 관하여 의미 있는 사례일 뿐만 아니라, 특히 전체 표장에 대한 디자인권 및 이를 구성하는 개별 도형들에 대한 상표권과 전체 표장의 사용으로 인한 상표권침해 및 부정경쟁행위 사이의 충돌을 해결하는 법리를 제시한 최초 판결이다. 이 외에도 고의와 위법성 인식, 죄수 및 택일적 공소제기에 관하여 다룬 형사판결의 선례로서도 의의가 있다.

5-2

부정경쟁방지법 일반조항을 통한 디자인 보호

서울고등법원 2016. 1. 28. 선고 2015나2012671 판결

| 김동원 | 김 · 장법률사무소 변호사

I 들어가며

부정경쟁방지 및 영업비밀보호에 관한 법률(이하 '부정경쟁방지법'이라고 한다)은 연혁적인 측면에서 상표법 등 개별적 지식재산권법의 일반법으로서의 지위를 갖고 있는 반면, 그 규제 대상인 부정경쟁행위의 유형에 대해서는 한정적 열거방식을 취하고 있었다. 이에 따라 사회에서 출현하는 새롭고 다양한 유형의 부정경쟁행위를 적절히 규제하는 데에 상당한 한계가 있었고, 학계와 실무계에서는 오래 전부터 일반조항의 도입 필요성에 대해 논의가 이루어져 왔다.(24)

이러한 상황에서 "경쟁자가 상당한 노력과 투자에 의하여 구축한 성과물을 상도덕이나 공정한 경쟁질서에 반하여 자신의 영업을 위하여 무단으로 이용함으로써 경쟁자의 노력과 투자에 편승하여 부당하게 이익을 얻고 경쟁자의 법률상 보호할 가치가 있는 이익을 침해하는 행위는 부정한 경쟁행위로서 민법상 불법행위에 해

(24) 예를 들어 안병한, 「부정경쟁방지법상의 지적재산권 보호의 문제 – 디자인과 주지상표 등의 부정경쟁방지법상 보호를 중심으로 –」, 지적재산권(2009년 7월호), 18–19면.

당”한다고 판시한 대법원 2010. 8. 25.자 2008마1541 결정이 강력한 촉매제가 되어 2013. 7. 30. 법률 제11963호로 부정경쟁방지법이 개정되었고 제2조 제1호 (차)목[(25)]에 일반조항이 신설되었다(이하 '(차)목' 또는 '일반조항'이라고 한다).[(26)] 개정 부정경쟁방지법이 시행된 지도 어느덧 수 년이 지나, 그 동안 일반조항의 해석 및 그 적용 범위 등을 다룬 하급심 판결들도 상당수 내려졌다.

이러한 일반조항의 도입은 특히 등록되지 않은 디자인의 보호에도 큰 의미가 있다. 최근 패션업계의 화두는 'fast fashion' 열풍이라고 할 수 있는데, 이러한 시장 상황에서 패션 제품의 종류가 기하급수적으로 늘어나고 그 수명도 과거에 비할 수 없을 정도로 짧아지고 있다. 이에 디자인 창작자들의 입장에서는 굳이 연차료 부담을 안으면서까지 장기간 '등록'디자인권을 보유할 필요성을 느끼지 못할 수 있다. 경우에 따라서는 디자인출원 후 등록결정을 받기도 전에 이미 해당 제품의 수명이 다할 수도 있다(무심사등록의 경우에도 실무상 대략 5개월 내외의 출원기간이 소요됨).[(27)] 그에 대한 반작용으로서 패션업계에서는 ('유행'이라는 미명 하에) 다양한 모조품들이 출현하여 정품 시장을 잠식하는 경우가 자주 발생하고 있다. 특히 정품이 시장에 출시된 시점으로부터 불과 며칠 사이에 거의 동일한 모조품들이 버젓이 출시되는 현상도 어렵지 않게 발견된다. 이와 같이 패션업계를 필두로 한 디자인업계에서는 종래의 디자인보호법을 통한 권리보호가 실효성 있는 대책이 되지 못하는 경우가 있는 만큼,[(28)] 그에 대한 보완재(내지 대체재)로서의 일반조항의 역할이 기대되고 있다.[(29)]

---

(25) 이후 2018. 4. 17.자 후속 법개정을 통해 현재는 제2조 제1호 (카)목이 되었으나, 본고에서는 논의의 편의상 제2조 제1호 (차)목으로 칭하기로 한다.

(26) 우리나라의 부정경쟁방지법의 모태라고 논의되는 독일의 부정경쟁방지법상 일반조항에 관한 논의에 관하여는 박영규, 「독일 부정경쟁방지법(UWG)상 일반조항의 의미와 역할」, 지적재산권(2009년 1월호); 김원오, 「부정경쟁방지법상 신설된 일반조항의 법적성격과 그 적용의 한계」, 산업재산권(2014년 12월), 265-273면; 박윤석 · 안효질, 「독일 부정경쟁방지법 최근 개정 동향」, 저스티스(2017년 12월호) 등 참조.

(27) 다행히 복수디자인등록출원제도를 통해 같은 류에 속하는 물품의 경우 100개(종래에는 20개)까지 디자인등록출원이 가능하므로(디자인보호법 제41조), 일련의 패션 제품군에 대한 일괄적인 디자인출원을 고려하는 경우 유용하게 활용할 수 있게 되었다.

(28) 이에 대한 보다 상세한 논의는 황유선, 「패션 산업에서의 지적재산권과 법적 보호의 문제점」, 기업법연구(2012년 3월호), 338-343면 참조.

(29) 차상육, 「패션디자인 보호를 둘러싼 분쟁양상과 법적 쟁점 – 저작권법 · 디자인보호법 및 부정경쟁방지법상 판례를 중심으로 –」, 산업재산권(2010년 8월호), 274면에서는 부정경쟁방지법 제2조 제1호 (자)목을 통한 패션디자인의 보호 역시 불안정하며 한계가 있다고 지적하고 있다.

디자인 보호에 관한 쟁점을 다룬 대상판결은 하급심 판결임에도 일반조항의 적용 요건에 관한 체계적인 판단기준을 적극 제시함으로써 향후 실무 운용에 큰 기여를 하였다고 생각되어, 이 글을 통해 논의하고자 한다.

Ⅱ 대상판결의 소개

1. 사실관계

원고 1은 핸드백, 의류 등 상품을 판매하는 프랑스 명품패션회사이고 원고 2는 원고 1의 국내 독점판매회사이다. 원고들이 제조, 판매하는 핸드백 제품 중 대표적인 것이 이 사건에서 문제된 '버킨 백', '켈리 백' 등이다. 피고는 가방, 의류, 잡화 등을 판매하는 국내 회사이다.

원고 2는 원고 1이 생산하는 '버킨 백', '켈리 백', '켈리라키스 백'(30) 등을 국내에서 독점 판매하고 있다. 피고는 원고들의 '버킨 백', '켈리 백', '켈리라키스 백' 제품 형태를 반복 촬영한 후 이를 (가죽이 아닌) 폴리에스터 소재의 천에 입체3D 포토프린팅photo-printing 기법으로 인쇄한 핸드백 제품을 생산하여 판매하였다. 이처럼 피고 제품에는 원고들 제품의 형태가 평면적으로 프린트되지만, 위와 같은 촬영 및 프린팅 기법으로 인해 착시 효과가 발생하여 입체적으로 보이게 된다. 이처럼 특정 제품의 외형을 그대로 프린트한 핸드백 제품들은 소비자들 사이에서 '프린트 백'print bag, '페이크 백'fake bag 또는 '패러디 백'parody bag 등으로 불리고 있다.(31)

(30) '켈리라키스 백'은 '켈리 백' 형태를 그대로 이용하면서 전 · 후면에 지퍼 포켓이 추가된 제품이다.

(31) 원고들 및 피고의 제품 예시:

종류	버킨 백	켈리 백	켈리라키스 백
원고들 제품 예시			
피고 제품 예시			

피고는 1심에서 '버킨 백', '켈리 백'에 대응하는 피고 제품에 대한 원고들의 침해금지청구가 인용되자, 그 후 항소심 단계에서는 '버킨 백', '켈리 백' 대응 제품은 더 이상 판매하지 않고 '켈리라키스 백' 대응 제품을 판매하고 있었다.

2. 원고들 주장 요지

피고가 ① 원고들의 '버킨 백', '켈리 백' 형태를 프린트한 핸드백 제품을 실시하는 행위는 주위적으로 부정경쟁방지법 제2조 제1호 (다)목, 예비적으로 (차)목 소정의 부정경쟁행위(개정 부정경쟁방지법 시행일 이전의 행위에 대해서는 민법상 불법행위)에 해당하며, ② 원고들의 '켈리라키스 백' 형태를 프린트한 핸드백 제품을 실시하는 행위는 (차)목의 부정경쟁행위(개정 부정경쟁방지법 시행일 이전의 행위에 대해서는 민법상 불법행위)에 해당한다.(32)

3. 법원의 판단((차)목 관련 부분)

(1) 1심법원

원고들 제품 형태의 사용 기간, 원고들 제품의 국내 판매 및 광고 실적, 고가의 명품 핸드백은 상품 형태 자체가 출처표시기능을 획득하는 경우가 많은 점 등을 고려할 때, 원고들 제품 형태의 주지성이 인정된다. 따라서 원고들 제품 형태는 원고들의 상당한 투자나 노력으로 만들어진 성과물이다.

피고 제품은 원고들 제품과 소재는 다르지만 세부 구성까지 그대로 촬영 및 프린트되어 있으므로 피고의 행위는 원고의 성과물을 공정한 경쟁질서에 반하는 방법으로 무단으로 이용한 행위이며, 원 · 피고가 서로 대등한 경쟁관계에 있는지와 무관하게 피고의 위 행위만으로 원고들에게는 유 · 무형적 손해가 발생한 것이다.

(32) 1심에서는 원고들의 주장 중 (차)목의 부정경쟁행위와 민법상 불법행위에 관한 주장에 대해서만 판단하고, 부정경쟁방지법 제2조 제1호 (가)목 또는 (다)목 소정의 부정경쟁행위 주장에 대해서는 별도로 판단하지 않았다. 원고들은 원래 부정경쟁방지법 제2조 제1호 (가), (다), (차)목 소정의 부정경쟁행위를 모두 주장하였다가, 항소심 도중에 위와 같이 청구원인을 정리하였다.

(2) 2심법원(대상판결)

1) 원고들 제품 형태는 원고들의 상당한 투자나 노력으로 만들어진 성과이다.

• 원고들 제품 형태의 사용 기간, 원고들 제품의 국내 판매 및 광고 실적 등을 근거로 원고들 제품 형태가 원고들의 상당한 투자나 노력으로 만들어진 성과 등에 해당함을 인정.

2) 피고는 원고들의 경쟁자로서 원고들 제품 형태를 자신의 영업을 위해 무단으로 사용한다.

• 피고가 원고들과 동일한 상품을 판매하는 이상 원고들의 경쟁자인 것이며 현실적으로 대등한 수준의 경쟁관계나 수요를 직접적으로 대체하는 상품을 생산, 판매하는 관계에 있어야만 경쟁자가 되는 것이 아님.

• 피고 제품에는 원고들 제품 형태가 갖는 독특한 디자인적 특징이 그대로 프린트되어 있으므로 피고가 피고 제품을 생산, 판매하는 행위는 원고들의 성과물을 자신의 영업을 위해 무단으로 이용하는 행위임.

3) 피고는 원고들의 '법률상 보호가치 있는' 경제적 이익을 침해한다.

• 원고들 제품을 비롯한 고가의 명품 핸드백은 그 상품 형태가 가지는 디자인적 특징 등이 해당 제품의 재산적 가치를 형성하는 핵심적 요소이므로, 원고들 제품 형태에 대해서는 법적 보호가 주어져야 함.

• 피고 제품이 일반 폴리에스터 소재로 된 가방에 비해 고가인 180,000~200,000원에 팔리고 있는 데에는 원고들 제품 형태를 이용하고 있다는 점이 상당 부분 기여한 것으로 보이고, 실제로 피고 제품은 원고들 제품 형태가 반영되어 있는 제품을 현저히 저렴한 가격에 살 수 있다는 점에서 인기를 얻은 것이며 피고도 이러한 부분을 홍보에 활용함.

• 이는 원고들 제품 형태와 관련하여 법률상 보호할 가치가 있는 원고들의 경제적 이익을 공정한 상거래 관행이나 경쟁질서에 반하는 방법으로 침해하는 행위임.

• 피고의 행위는 ① 출처혼동 가능성을 인정하기 어려워 부정경쟁방지법 제2조 제1호 (가)목으로 규제하기 어렵고, ② (설사 원고들 제품 형태가 디자인 등록되어 있었다 하더라도) 유사한 디자인으로 보기 어려워 디자인권으로 규제하기도

어려우며, ③ 분리가능성을 인정하기 어려워 응용미술저작물로서 저작권으로 규제하기도 어려우므로, 피고의 행위는 기존 지식재산권 체계에 의해 규제할 수 없는 새로운 유형의 부정경쟁행위임.

Ⅲ 부정경쟁방지법상 일반조항의 적용 요건

부정경쟁방지법 일반조항은 대법원 2010. 8. 25.자 2008마1541 결정의 취지를 거의 그대로 반영한 내용이라고 할 수 있다. 법조문의 내용을 바탕으로 하였을 때, 일반조항이 적용되기 위한 요건으로는 ① 보호의 대상이 상당한 투자나 노력으로 만들어진 성과물일 것, ② 그러한 타인의 성과물을 공정한 상거래 관행이나 경쟁질서에 반하는 방법으로 사용하였을 것, ③ 이러한 사용을 통해 타인의 경제적 이익을 침해하였을 것을 들 수 있다.

특히 ③ 요건에서의 '경제적 이익'은 위 대법원 결정의 취지에 비추어 보았을 때 '법률상 보호할 가치가 있는 경제적 이익'으로 해석하는 것이 타당하다고 생각되며, 대상판결에서도 이 점을 분명히 하였다.

Ⅳ 디자인 관련 사건에서 일반조항의 적용 여부가 문제된 사례들 정리

대상판결에 대해 논하기에 앞서, 우선 그 동안 특히 디자인 보호와 관련하여 일반조항의 적용 여부가 쟁점이 되었던 분쟁 사례들을 다음과 같이 정리해 보았다.[33]

(33) 개별 물품에 적용된 구체적으로 디자인뿐만 아니라 소위 트레이드 드레스의 성격을 지니고 있는 매장 내부 인테리어 등의 모방 여부가 문제된 사례들도 함께 정리하였다.

1. 일반조항의 적용을 부정한 사례들

(1) 음식점 인테리어 사건(서울중앙지방법원 2014. 8. 28. 선고 2013가합552431 판결)

퓨전 일본음식점의 내부 인테리어를 모방한 것인지 여부가 문제된 사안이다. 피고는 원고들의 음식점에서 주방장으로 근무하다가 퇴직 직후 동일한 상호로 자신의 음식점을 운영하였는데, 원고들은 피고가 원고들의 음식점 상호와 고양이 그림 등 내부 인테리어를 그대로 모방하여 피고의 음식점을 운영하는 행위가 부정경쟁방지법 제2조 제1호 (차)목 소정의 부정경쟁행위 또는 민법 제750조 소정의 불법행위에 해당한다고 주장하였다.

이에 대해 법원은, 피고의 행위는 부정경쟁방지법 제2조 제1호 (가)목 내지 (다)목이 정하고 있는 행위유형에 해당한다고 볼 수 있는바, 원고들의 음식점 상호의 주지성 요건 등이 충족되지 못하여 (가) 내지 (다)목이 정한 부정경쟁행위로 인정할 수 없는 이상, '(차)목이 정한 부정경쟁행위에 해당한다'는 원고의 주장을 배척하면서, 아래와 같은 판시(이하 '제1유형'이라 한다)를 하였다: "부정경쟁방지법 제2조 제1호 (가)목의 상품주체 혼동행위, (나)목의 영업주체 혼동행위, (다)목의 저명상표 희석행위, (아)목의 주지표시 도메인이름 사용행위 및 (자)목의 상품형태 모방행위 등도 모두 상도덕이나 공정한 경쟁질서에 반하여 경쟁자의 상당한 노력과 투자로 구축된 성과물에 이른바 무임승차하는 행위로서 (차)목의 행위에 포함될 수 있으므로, 만일 (가) 내지 (자)목의 행위유형에는 해당하지만 해당 각 목에서 정하고 있는 부정경쟁행위로 인정되기 위한 요건을 일부 갖추지 못한 경우에도 일반조항인 (차)목으로 의율할 수 있다면, 굳이 (차)목과 별개로 (가) 내지 (자)목을 둘 이유가 없다고 할 것인데 [(가) 내지 (자)목에서 정하고 있는 개별 요건들은 창작자의 보호와 자유로운 경쟁이라는 두 가지의 가치를 적절히 조화시키기 위한 입법자의 결단에 해당한다], 그럼에도 부정경쟁방지법은 (차)목의 신설 후 그와 별개로 여전히 (가) 내지 (자)목의 규정을 유지하고 있다. 위와 같은 부정경쟁방지법 제2조 제1호 (차)목의 입법경위 내지 취지, 부정경쟁방지법 제2조 제1호의 규정체계에 더하여, (차)목의 신설 이전의 판례가 매우 제한적으로 위의 법리를 적용하여 온 점, 시장 참여자의 입장에서 볼 때 (가) 내지 (자)목에 규정하고 있는 유형의 행위를 함에 있어 부정경쟁방지법이 규정하고 있는 요건을 충족하지 아니하여 법률상 허용된다고 판단하고 그 행위를 하였음에도 부정경쟁행위로 인정될 경우 불측의 손해를 보게 되어 법적 안정성을 저해할 우려가 있는 점, 부정경쟁행위의 일반조항의 지나친 확장해석은 자칫 시장경제의 기본인 경쟁의 자유를 과도하게 제한할 우려가 있는 점 등을 보태어 보면, 부정경쟁방지법 제2조 제1호 (차)목은 (가) 내지 (자)목에 규정하고 있는 행위유형과는 다른, 종래의 지식재산권 관련 제도 내에서는 예상할 수 없어 기존 법률로는 미처 포섭할 수 없었던 유형의 행위로서 (가) 내지 (자)목의 부정경쟁행위에 준하는 것으로 평가할 수 있는 행위에 한하여 적용되고, 특별한 사정이 없는 이상 (가) 내지 (자)목에서 정하고 있는 행위유형에는 해당하나 위 각 목에서 정하고 있는 부정경쟁행위로 인정되기 위한 요건을 갖추지 못한 행위에 대하여는 (차)목에 의한 부정경쟁행위로 함부로 의율하여서는 아니 된다고 봄이 상당하다."

(2) 제1유형에 속하는 후속 판결 및 결정들

이후, 안경테 디자인의 모방 여부가 문제된 서울중앙지방법원 2014. 8. 29.자 2014카합80386 결정에서, 법원은 채권자 제품에 관하여 (부분디자인등록 등이 일응 가능하였을 것으로 보임에도[34]) 디자인등록이 없고 그 형태가 주지성을 취득하였다고 보기도 어려우며 처음 제작된 시점으로부터 이미 5년이 경과하였기 때문에, 결국 상품 형태의 보호를 위해 마련된 지식재산권 관련 법률상의 각종 제도가 그 보호 자격으로 요구한 최소한의 요건을 갖추지 못한 경우에 해당한다고 보아 일반조항의 적용을 부정하였는데, 이 역시 기본적으로 제1유형에 속하는 결정이라고 볼 수 있다.[35]

홍삼농축액 제품의 용기 디자인 모방 여부가 문제된 대전고등법원 2015. 6. 5. 선고 2013나11773 판결에서도 역시 법원은 "부정경쟁방지법 제2조 제1호 차.목이 일반적 · 보충적 규정이더라도, 같은 조 제1호 가.목부터 자.목까지 유형의 부정경쟁행위에 준할 정도의 위법성이 인정되어야 할 것"이라고 판시하였는바, 이 역시 제1유형에 속하는 판결이라고 할 수 있다.

(34) 실제로 신청인은 해당 디자인에 대해 유럽등록디자인권을 보유하고 있었다.

(35) 특히 위 결정에서는, "스스로 디자인보호법에 따른 등록요건을 갖추지 아니하고, 부정경쟁방지법 제2조 제1호 (가)목이 적용될 수 있을 정도로 노력과 비용을 투자하여 해당 상품 형태를 자신의 영업표지로서 국내에 널리 알리지 못하였으며, 자신의 상품을 제작한 때로부터 3년이 지나 타인에 대하여 부정경쟁방지법 제2조 제1호 (자)목에 따른 금지청구를 할 수 없는 사람에 대하여 부정경쟁방지법 제2조 제1호 (차)목의 보충적 일반조항에 따른 금지청구를 허용하여 상품 형태의 보호범위를 확장하는 것은, 위와 같이 기존 법률 체계가 갖출 것을 요구하던 일정한 보호 요건의 존재 의의를 퇴색시킬 우려가 있다."고 판시함으로써, 일반조항은 어디까지나 보충적 성격을 지니고 있음을 명시하였다.

운동화 디자인 모방 여부가 문제된 서울중앙지방법원 2015. 6. 10. 선고 2013가합556587, 2014가합546662(병합) 판결에서도, 법원은 제1유형의 판시를 하면서 일반조항의 적용을 부정하였다. 한복디자인의 모방 여부가 문제된 서울중앙지방법원 2015. 9. 23. 선고 2015가합519087 판결(항소심에서 화해권고결정으로 종결) 역시 이 부류에 속한다고 할 수 있다.(36)

2. 일반조항의 적용을 긍정한 사례들

(1) 아이스크림 매장 디자인 사건 (서울중앙지방법원 2014. 11. 27. 선고 2014가합524716 판결(37)) 등

아이스크림 매장의 간판, 메뉴판, 로고, 상품 진열 형태, 내부 인테리어 디자인의 모방 여부가 문제된 사안이다. 원고는, 원고 매장의 외부 간판, 메뉴판, 내부 인테리어 등은 기존의 디저트 판매 매장과의 차별화를 위해 원고가 상당한 투자와 노력을 기울여 만들어 낸 성과물로서, 피고는 원고 아이스크림뿐만 아니라 원고 매장의 외부 간판, 메뉴판, 내부 인테리어 등 원고 매장의 전체적인 구성과 분위기까지 그대로 모방하여 피고 매장을 운영하고 있는바, 이는 원고의 노력과 투자에 편승하여 원고의 고객흡인력을 피고의 영업을 위해 무단으로 이용한 행위로서 (차)목 소정의 부정경쟁행위에 해당한다고 주장하였다.

법원은 다음과 같이 판시(이하 '제2유형'이라고 한다)하면서, 원고 매장 일부 구성요소들은 원고의 영업 또는 원고 매장만의 독특한 분위기를 형성하여 원고의 영업 또는 원고 매장을 다른 디저트 매장들과 차별화하기 때문에 성과물에 해당하고, 피고는 원고 매장의 구성요소들을 모방하여 이를 그대로 채택하거나 일부분만을 변형하여 피고 매장을 구성 · 운영함으로써 소비자들로 하여금 원고 매장과 동일하거나

(36) 위 두 판결들에서는 ① 부정경쟁방지법 (자)목 단서 (1)에서 정한 보호기간 내의 모방행위는 (자)목에서 정한 부정경쟁행위에 해당하므로 그 부분이 (차)목에서 정한 부정경쟁행위 또는 민법상 공동불법행위에 해당하는지 여부를 다시 따져 볼 실익이 없다고 판시함과 아울러, ② (자)목 단서 (1)에서 정한 보호기간 이후의 모방행위에 대해 (차)목을 적용할 수 있다면 (자)목의 존재근거는 상실되게 될 것이라고 판시하였다. 그러나 현재 시행되고 있는 개정 부정경쟁방지법에 따르면 (자)목이 적용될 경우 형사처벌도 가능해졌으므로, (자)목 단서 (1)에서 정한 보호기간 이후의 모방행위에 대해 (차)목을 적용한다고 하더라도 이제는 (자)목의 존재근거가 여전히 남아 있다고 볼 수 있다.

(37) 이후 항소되었으나, 매장 디자인 관련 부분은 항소심의 심리범위에 포함되지 않았다.

매우 유사한 느낌을 갖도록 하였다고 봄으로써, 피고의 행위가 (차)목 소정의 부정경쟁행위에 해당한다고 판단하였다: "부정경쟁방지법은 2013. 7. 30. 제2조 제1호 (차)목을 신설하였는바, 그 이전에는 같은 호에서 (가) 내지 (자)목의 9가지 유형의 부정경쟁행위를 한정하여 열거하고 있었을 뿐, 부정경쟁행위를 포괄적으로 정의하는 일반조항은 두고 있지 않았다(한정열거주의). 그러나 이러한 입법태도는 기술이 발전하고 시장이 변화함에 따라 점점 다양화, 지능화되어 가는 수많은 유형의 부정경쟁행위에 대처하기 어렵다는 문제점을 지니고 있었다. 이에 판례(대법원 2010. 8. 25.자 2008마1541 결정 등)는 '경쟁자가 상당한 노력과 투자에 의하여 구축한 성과물을 상도덕이나 공정한 경쟁질서에 반하여 자신의 영업을 위하여 무단으로 이용함으로써 경쟁자의 노력과 투자에 편승하여 부당하게 이익을 얻고 경쟁자의 법률상 보호할 가치가 있는 이익을 침해하는 행위'를 부정경쟁행위로서 민법상 불법행위에 해당한다고 봄으로써 입법적인 공백을 메워왔고, 부정경쟁방지법 제2조 제1호(차)목은 위와 같은 판례의 판시취지를 입법화한 부정경쟁행위의 일반조항이다. 우리나라의 경우 트레이드 드레스를 독자적으로 보호하는 규정은 존재하지 않지만, 앞서 본 바와 같은 부정경쟁방지법 제2조 제1호 (차)목의 도입 취지와 트레이드 드레스의 의미 및 요건을 종합적으로 고찰해 볼 때, 특정 영업을 구성하는 영업소의 형태와 외관, 내부 디자인, 장식, 표지판 등이 각각 개별 요소들로서는 부정경쟁방지법 제2조 제1호 (가)목 내지 (자)목을 비롯하여 디자인보호법, 상표법 등 지식재산권관련 법률의 개별 규정에 의해서는 보호받지 못한다고 하더라도, 그 개별 요소들이 전체 또는 결합된 경우 위와 같이 식별력, 비기능성, 출처 혼동 가능성을 모두 갖추어 상품이나 서비스의 전체적인 이미지로서의 트레이드 드레스로 평가될 수 있다면(따라서 개별 요소들이 지식재산권 관련 법률의 개별 규정에서 요구하는 요건들을 갖추어야 하는 것은 아니다), 이는 특별한 사정이 없는 한 부정경쟁방지법 제2조 제1호 (차)목이 규정하고 있는 '해당 사업자의 상당한 노력과 투자에 의하여 구축된 성과물'에 해당한다고 볼 수 있고, 따라서 경쟁자가 이를 공정한 상거래 관행이나 경쟁질서에 반하는 방법으로 자신의 영업을 위하여 무단으로 사용하는 행위는 부정경쟁방지법 제2조 제1호 (차)목이 정한 부정경쟁행위에 해당한다고 할 것이다."

(2) 제2유형에 속하는 후속 판결들

이후, 어린이용 완구 포장용기 디자인의 모방 여부가 문제된 서울중앙지방법원 2015. 9. 8. 선고 2014가합588383 판결(항소심에서 원고 소취하)에서, 법원은 "상품 · 서비스 시장이 날로 국제화되어가는 추세, 트레이드 드레스를 보호하는 각국의 입장 및 국내에서도 이를 보호할 필요가 있음을 더 이상 도외시할 수 없다는 사정 등에 더하여, … 기존의 법제로는 규제하기 곤란한 새로운 유형의 지적재산권 침해행위를 규제하기 위하여 신설된 개정 부정경쟁방지법 제2조 제1호 (차)목 규정의 입법 취지를 보태어 볼 때, … 상표법의 입체상표 규정이나 디자인보호법, 부정경쟁방지법 제2조 제1호 (가), (나), (자)목 등의 규정 등으로 보호받기 어려운 트레이드 드레스의 경우, 그것이 '상당한 노력과 투자에 의하여 구축된 성과물'로 인정될 수 있는 것이라면, 위 (차)목 규정에 의해 보호받을 수 있다고 할 것"이라고 판시하면서 (차)목의 적용을 긍정하였다. 특히 이 사건에서는 원고가 저작권침해금지, (차)목의 부정경쟁행위금지, 민법상 불법행위금지 등을 선택적으로 병합청구 하였는데, 법원에서는 이 중 (차)목의 부정경쟁행위 성립 여부를 우선적으로 판단하는 전향적인 입장을 취하였다는 점도 주목할 만하다.

단팥빵 매장의 디자인 모방 여부가 문제된 서울고등법원 2016. 5. 12. 선고 2015나2044777 판결에서도, 법원은 "부정경쟁방지법 제2조 제1호 (차)목의 보호대상인 '타인의 상당한 투자나 노력으로 만들어진 성과'에는 새로운 기술과 같은 기술적인 성과 이외에도 특정 영업을 구성하는 영업소 건물의 형태와 외관, 내부 디자인, 장식, 표지판 등 '영업의 종합적 이미지'의 경우 그 개별 요소들로서는 부정경쟁방지법 제2조 제1호 (가)목 내지 (자)목을 비롯하여 디자인보호법, 상표법 등 지식재산권 관련 법률의 개별 규정에 의해서는 보호받지 못한다고 하더라도, 그 개별 요소들의 전체 혹은 결합된 이미지는 특별한 사정이 없는 한 부정경쟁방지법 제2조 제1호 (차)목이 규정하고 있는 '해당 사업자의 상당한 노력과 투자에 의하여 구축된 성과물'에 해당한다고 볼 수 있으므로, 경쟁자가 이를 공정한 상거래 관행이나 경쟁질서에 반하는 방법으로 자신의 영업을 위하여 무단으로 사용함으로써 타인의 경제적 이익을 침해하는 행위는 부정경쟁방지법 제2조 제1호 (차)목이 규정한 부정경쟁행위에 해당한다고 봄이 타당하다."고 판시하면서, 일반조항의 적용을 긍정하였다. 뿐만 아니라, 원고가 원고 매장의 인테리어에 대해서 디자인보호법에 따른 디자인 등록을 마치지 않은 이상 이에 대한 원고의 독점적 권리가 인정된다고 할 수 없으므로 부정경쟁행위금지청구가 허용되지 않는다는 피고의 주장에 대해, 법원은 "부정경쟁방지법 제2조 제1호 (차)목에서 규정하고 있는 부정경쟁행위는 디자인권 침해행위와는 달라서 반드시 등록된 디자인과 동일 또는 유사한 디자인을 사용하는 것을 요하는 것이 아니므로, 디자인 등록 여부와 관계없이 타인의 상당한 투자나 노력으로 만들어진 성과 등을 공정한 상거래 관행이나 경쟁질서에 반하는 방법으로 자신의 영업을 위하여 무단으로 사용함으로써 타인의 경제적 이익을 침해하는 행위도 위 (차)목에 포함된다 할 것"이라고 판단하였다. 이후 이 사건은 대법원에 상고되었으나 심리불속행 기각판결이 내려졌다(심리불속행 기각판결이기는 하나 일반조항의 적용 여부에 관하여 최초로 내려진 대법원 판결임).

3. 제1, 2유형과 같은 판시를 명시적으로 하지 않은 사례들

여성용 핸드백 패턴디자인의 모방 여부가 문제된 사안에서 부정경쟁방지법 제2조 제1호 (가)목, (다)목이 적용되는 경우에 (차)목의 중첩적 적용을 인정한 서울중앙지방법원 2015. 1. 16. 선고 2014가합529797 판결(항소심에서 조정으로 종결)에서는 제1, 2유형과 같은 판시는 명시적으로 하지 않았으나, 증거들에 비추어 피고의 행위가 ((가), (다)목 이외에도) (차)목의 요건을 동시에 충족한다고 판시하였다.

유아용 범퍼침대의 직물디자인 모방 여부가 문제된 광주지방법원 2015. 3. 3.자. 2015카합64 결정에서도, 법원은 제1, 2유형과 같은 판시는 명시적으로 하지 않고, 증거들에 비추어 피신청인의 행위가 (차)목의 요건을 충족한다고 판시하였다.(38)

과자 제품의 포장 디자인 모방 여부가 문제된 서울중앙지방법원 2015. 8. 21. 선고 2014가합581498 판결에서도 제1, 2유형과 같은 판시는 명시적으로 하지 않았으나, (증거들에 비추어) 피고의 행위가 (자)목 이외에도 (차)목의 요건을 동시에 충족한다고 판단하였다.

여행용 가방 디자인의 모방 여부가 문제된 서울중앙지방법원 2016. 8. 19. 선고 2015가합20914 판결에서도 제1, 2유형과 같은 판시는 명시적으로 하지 않은 채, ① 피고가 모방 디자인의 가방을 판매한 행위는 부정경쟁방지법 제2조 제1호 (가)목이 정한 부정경쟁행위에 해당하며, 이를 받아들이는 이상 원고의 나머지 선택적 청구인 (다), (차)목에 따른 청구는 별도로 판단하지 않는다고 하였고, ② 피고가

(38) 이 사건에서 피신청인은 신청인의 직물 디자인을 모방한 직물을 제조하고 이를 이용하여 유아용 범퍼침대를 제작한 후 판매하였는데, 신청인은 피신청인의 전단의 행위가 부정경쟁방지법 제2조 제1호 (자)목의 부정경쟁행위에, 후단의 행위가 (차)목의 부정경쟁행위에 각 해당한다고 주장하였다. 따라서 이 사건에서는 (차)목의 중첩적용 여부는 쟁점이 아니었다.

모방 디자인의 휴대전화 케이스를 판매한 행위는 ((다)목이 정한 부정경쟁행위에는 해당하지 않지만) (차)목이 정한 부정경쟁행위에 해당한다고 하였다.

자동차 매장의 내 · 외부 디자인 모방 여부가 문제된 서울중앙지방법원 2016. 1. 15. 선고 2015가합524324 판결에서, 법원은 역시 제1, 2유형과 같은 판시를 명시적으로 하지 않은 채 원고가 제출한 증거만으로는 원고 매장의 디자인이 (차)목의 요건인 '상당한 투자와 노력으로 이루어낸 성과'에 해당한다고 인정하기에 부족하다고 판단하였다.

우유 용기 디자인의 모방 여부가 문제된 서울중앙지방법원 2017. 1. 26.자 2016카합81575 결정에서, 법원은 역시 제1, 2유형과 같은 판시를 명시적으로 하지 않은 채 피신청인들이 저명한 채권자의 상품표지인 바나나맛 우유 용기와 유사한 형태를 상품표지로 사용하는 행위는 부정경쟁방지법 제2조 제1호 (다)목에서 정한 부정경쟁행위에 해당한다고 하면서 (차)목 등에 관한 신청인의 나머지 주장에 대하여는 더 나아가 판단하지 않았다.

4. 정리

이상과 같이 현재까지 나온 판결례들을 정리하면, 일견 ① 일반조항의 적용에 소극적인 태도를 취하면서 이는 보충적 성격의 조항으로서 엄격한 요건하에 예외적으로 적용되어야 한다는 입장을 취한 판례와 ② 일반조항의 의의를 적극적으로 해석하면서 그 동안 적절하게 규율할 수 없었던 새로운 유형의 부정경쟁행위에 대해 일반조항의 적용을 통해 구체적 타당성을 도모하고자 하는 입장을 취한 판례로 나누어지는 것처럼 보인다.(39)

그러나 제1유형의 판시를 하면서 일반조항의 적용을 부정한 판결례들의 내용을 아래와 같이 구체적으로 살펴보면, 당사자가 제출한 증거에서 드러나는 개별 사실관계를 감안하였을 때 결국 해당 사안에는 일반조항을 적용하기가 부적절하다고 판단을 한 것일 뿐이지, 일반조항의 적용에 대해 근본적으로 소극적인 입장을 취한 것이라고 단정할 필요는 없다고 생각된다.

(39) 최승재, 「부정경쟁방지법 (차)목에 대한 하급심 판결의 동향 분석」, 변호사(2017년 1월호), 401면에서는 서울중앙지방법원을 중심으로 하여 전개된 하급심 판결들을 분류하면 (차)목을 ① 경합적 · 중첩적 규정으로 보는 판결례와 ② 보충적 · 선택적 규정으로 보는 판결례로 나눌 수 있다고 설명한다.

(1) 음식점 인테리어 사건[40]

원고들이 제출한 증거들만으로는 피고가 (상호, 간판 및 내부 인테리어 일부 외에도) 메뉴 구성, 가격, 매장의 구조 및 전체적인 분위기, 구체적인 영업 형태 등까지 원고들의 음식점을 그대로 모방하는 등 공정한 상거래 관행이나 경쟁질서에 반하는 방법으로 피고 음식점을 운영하였다고 인정하기에 부족하였다고 본 사안.

(2) 안경테 디자인 사건[41]

신청인의 제품과 피신청인의 제품이 (안경테 좌측 하단에 전체적인 색과 다른 색이 입혀진 부분이 존재한다는 점 이외에) 안경테의 전체적인 형상 및 색상에 있어 서로 다른 모습을 나타내고 있다고 판단된 사안. 또한 안경테 좌측 하단에 전체적인 색과 다른 색을 입힌 특징이 신청인 제품에 특유한 것으로 소비자들에게 알려지는 등 신청인 상품의 형태적 성과를 통해 신청인의 고객관계와 명성이 국내외에 상당한 정도로 형성되었음을 소명할 자료도 부족하다고 본 사안.

(3) 홍삼농축액 제품의 용기 디자인 사건[42]

양 제품의 포장 용기와 그 뚜껑의 형상이 확연히 다르고, 원고의 표장은 주지 · 저명한 '정관장'인데 피고는 이와 유사하다고 보기 어려운 '한삼인' 표장을 자신의 제품에 눈에 띄게 배치하였기 때문에, 피고가 원고의 노력과 투자에 편승하여 부당하게 이익을 얻었다고 단정하기 어렵다고 본 사안.

(4) 운동화 디자인 사건[43] 및 한복디자인 사건[44]

부정경쟁방지법 제2조 제1호 (자)목에 따른 3년의 보호기간이 지났음에도 불구하고 여전히 원고 제품의 형태를 모방하는 행위를 규제해야만 할 별다른 추가적인 사정이 없다고 본 사안.

(40) 서울중앙지방법원 2014. 8. 28. 선고 2013가합552431 판결.

(41) 서울중앙지방법원 2014. 8. 29.자 2014카합80386 결정.

(42) 대전고등법원 2015. 6. 5. 선고 2013나11773 판결.

(43) 서울중앙지방법원 2015. 6. 10. 선고 2013가합556587, 2014가합546662(병합) 판결.

(44) 서울중앙지방법원 2015. 9. 23. 선고 2015가합519087 판결.

또한 제1유형의 판시 내용을 보더라도, "특별한 사정이 없는 이상 (가) 내지 (자)목에서 정하고 있는 행위유형에는 해당하나 위 각 목에서 정하고 있는 부정경쟁행위로 인정되기 위한 요건을 갖추지 못한 행위에 대하여는 (차)목에 의한 부정경쟁행위로 함부로 의율하여서는 아니 된다고 봄이 상당하다."는 것인바, 이는 원래 전형적으로 (가)목 내지 (자)목 등의 포섭 대상임에도 그 요건을 충족하지 못하는 경우, 그럼에도 불구하고 규제의 필요성을 인정할 만한 추가적인 사정이 없는 경우에도 만연히 (차)목을 적용하는 것을 경계하는 의미이지, 결코 (차)목의 적용범위 자체를 좁히고자 하는 취지로 이해되지는 않는다.

반대로 제2유형의 판시를 하면서 일반조항의 적용을 긍정한 판결례들의 내용을 살펴보더라도, 역시 증거에서 드러나는 개별 사실관계를 감안하였을 때 결국 해당 사안에서는 일반조항을 충실히 적용함으로써 원고의 성과물을 보호해 주는 것이 타당하다는 판단을 한 것이지, 일반조항의 적용을 원론적으로 광범위하게 인정하여야 한다는 입장을 취한 것이라 보기는 힘들다고 생각된다.

결국 일반조항을 적용할지 여부에 대해서는 개별 사안의 특수성을 고려한 구체적 판단 여하에 따라 판결의 결론이 달라질 뿐이고, 제1, 2유형과 같은 일반론적인 판시 내용은 어디까지나 해당 판결의 결론에 자연스럽게 부합하는 방향으로 작성된 것이라고 보면 충분하지 않을까 생각된다. 오히려 지금까지의 판례의 동향을 살펴보면, 주로 미국의 판례와 연방상표법에서 논의되던 트레이드 드레스라든지 다소 그 개념이 애매하고 포괄적인 매장의 내·외부 디자인 등에 대해서도 일반조항을 통한 보호를 도모하는 사례들이 점차 집적되어 가고 있는 실정이다. 따라서 향후 일반조항의 탄력적인 적용을 통해 기존 실정법 하에서 일정 부분 한계가 있던 권리보호의 충실화를 지향할 수 있는 시점이 되었다고 보여진다.

아울러 (차)목의 성격을 보충적 규정으로 파악한다고 하여 (가)목 내지 (자)목과의 중첩적 적용을 부정할 논리필연적인 이유도 없다고 생각된다. 이 경우 소송법적으로 단순병합청구가 충분히 가능하며,(45) 위에서 살펴본 바와 같이 실제 (차)목의

(45) 여행용 가방 디자인 사건(서울중앙지방법원 2016. 8. 19. 선고 2015가합20914 판결)에서 피고가 모방 디자인의 가방을 판매한 행위는 부정경쟁방지법 제2조 제1호 (가)목이 정한 부정경쟁행위에 해당하며, 이를 받아들이는 이상 원고의 (다), (차)목에 따른 청구는 별도로 판단하지 않는다고 한 것도 (다), (차)목에 따른 원고의 청구가 선택적 청구였기 때문에 이를 별도로 판단할 필요가 없다고 보았을 뿐이지, (차)목의 중첩적 적용 가능성을 원천적으로 부정한 것은 아니다.

중첩적 적용을 긍정한 판결들도 이미 상당수 존재한다.(46) 그렇다면 일반조항이 적용될 수 있는 범위는 대략 다음과 같이 도식화할 수 있겠다.

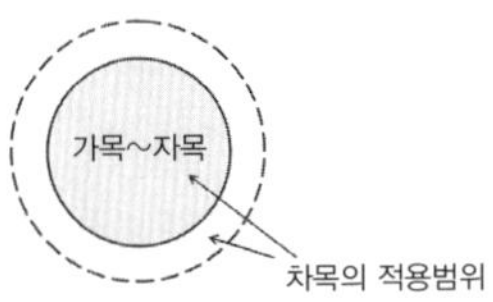

V 대상판결의 검토

1. 일반조항의 적용 여부에 대한 체계적인 판단기준 제시

대상판결에서는 일반조항의 적용을 위한 법리적 판단기준을 기존의 제1, 2유형의 판시보다 더욱 체계적이고 선명하게 제시하고 있다: "부정경쟁방지법 제2조 제1호 (차)목이 정한 부정경쟁행위에 해당하는지 판단함에 있어서는, ① 보호되어야 한다고 주장하는 성과 등(이하 '보호주장 성과 등'이라고 한다)이 '상당한 투자나 노력'으로 만들어진 것인지 살펴본 다음, ② 특허법, 실용신안법, 디자인보호법, 상표법, 부정경쟁방지법, 저작권법 등 제반 지식재산권 관련 법률과 민법 제750조의 불법행위 규정을 비롯하여 시장의 경쟁과 거래질서를 규율하는 전체 법체계 내에서 보호주장 성과 등을 이용함으로써 침해되었다는 경제적 이익이 '법률상 보호할 가치가 있는 이익'에 해당한다고 볼 수 있는지, 아니면 위와 같은 전체 법체계의 해석 결

(46) (차)목의 규정 형식이 "그 밖에"라고 시작한다는 점 역시 (차)목의 중첩적 적용을 부정하는 결정적인 근거는 되지 못한다. (다)목의 경우에도 "(가)목 또는 (나)목의 혼동하게 하는 행위 외에"로 시작하나, 대법원 2004. 5. 14. 선고 2002다13782 판결에서는 위 규정을 '(가)목 또는 (나)목의 규정에 의한 혼동이 발생하지 않더라도' 라는 취지로 해석함이 상당하다고 하면서 (가), (나), (다)목의 중첩적 적용을 긍정한 바 있다. 그렇다면 (차)목의 "그 밖에" 역시 "(가)목 내지 (자)목에서 규율하는 행위태양에 해당하지 않더라도"라는 취지로 해석할 수 있다고 생각된다. 반면, 김원오, 앞의 글, 274면에서는 (차)목의 경합적 적용을 허용하게 되면 일반조항에의 적용 의존도를 높여 개별 구성요건의 적용이 형해화되거나 적용 회피할 위험성이 존재하므로 이를 보충적 규정으로 해석하여야 한다는 입장을 밝히고 있다. 문선영, 「부정경쟁행위 일반조항에 관한 주요 법적 쟁점 연구」, 과학기술법연구(제22집 제1호), 85-86면에서도 (차)목은 보충적, 선택적으로 적용되는 조항이라고 설명한다.

과 보호주장 성과 등이 누구나 자유롭게 이를 이용할 수 있는 이른바 공공영역公共領域, public domain에 속해 있는 것이어서 이를 무단으로 이용하더라도 '법률상 보호할 가치가 있는 이익'을 침해한 것으로 볼 수는 없는지를 독자적으로 규명해 보고, 또한 ③ 그러한 침해가 현재 우리나라 시장에 형성되어 있는 관행과 질서 체계에 의할 때 '공정한 상거래 관행이나 경쟁질서에 반하는 방법'이라고 평가되는 경쟁자의 행위에서 비롯되었는지도 살펴보아야 할 것이다. 즉, 보호주장 성과 등이, 시장의 경쟁과 거래질서를 규율하는 전체 법체계에 의할 때 공공영역에 속하는 것으로 취급되어 이에 대해서는 더 이상 법적 보호를 하여서는 아니 되는 성질의 것인지, 아니면 위와 같은 부정경쟁방지법 제2조 제1호 (차)목 신설 전의 지식재산권 관련 법률들의 체계 등에서 각각의 특유한 요건을 충족시키지 못하여 그러한 법률들에 규정된 권리 등에 의해서는 보호받을 수 없었지만 이는 단지 법적 보호의 공백으로서 이러한 공백을 메우기 위한 민법 제750조의 불법행위 규정 등을 해석 · 적용해 보면 '법률상 보호할 가치가 있는 이익'으로서 법적 보호가 주어져야 하는 성질의 것인지를 규명하여, 부정경쟁방지법 제2조 제1호 (차)목이 정한 부정경쟁행위에 해당하는지를 판단해야 한다."

즉, 대상판결에서는 경제적 이익이 '법률상 보호가치가 있는 이익'인지 여부에 대해 독자적으로 규명해 보아야 한다고 명시하였다. (차)목의 적용 여부에 관한 종래의 판결례에서는 주로 ① 성과물로 볼 수 있을 정도의 '상당한 투자나 노력'이 이루어졌는지 여부, ② 해당 행위가 '공정한 상거래 관행이나 경쟁질서에 반하는 방법'에 해당하는지 여부, ③ 타인의 '경제적' 이익이 침해되었는지 여부에 대해 초점을 맞추어 왔다. 그런데 대상판결에서는 이에 더하여 경제적 이익이 과연 '법률상 보호가치가 있는 이익'에 해당하여 (차)목이 법적 보호의 공백을 메우기 위한 실효성 있는 수단으로 작용하여야 하는지, 아니면 경제적 이익이 이미 공공영역에 속하는 것이 되어 법적 보호의 필요성을 상실한 것인지에 대한 판단이 별도로 이루어져야 함을 명확히 하였다. 대상판결에서는 당사자들이 제출한 제반 증거들을 토대로 (차)목의 여타 적용 요건들의 충족 여부를 구체적 · 개별적으로 판단하는 것에 더하여, 보호대상물의 성질을 명확히 함으로써 왜 해당 사안에 (차)목이 적용되어야 하는지(아니면 적용되어서는 안 되는지)에 대한 법리적 근거를 독자적으로 구축하는 과정이 필요함을 강조하고 있다.

종래의 판결례에서는 이처럼 보호대상물의 성질에 관한 독자적인 규명 과정을 명확히 거치지 않은 채,[47] 사안별로 구체적 타당성을 도모하는 결론을 내리고 그에 맞추어 제1, 2유형의 판시를 하는(또는 아예 어느 유형의 판시도 하지 않는) 전개 방식을 취하는 경우가 많았다. 그에 따라 (차)목의 해석 및 적용 여부에 대한 판단기준을 체계적으로 정립하기 어려운 측면이 있었다. 대상판결은 이 점에 관하여 정치하고 진일보한 판단기준을 제시함으로써, 향후 (차)목의 적용 여부가 문제되는 사안들에 중요한 방향성을 제시하고 있다고 생각된다.

2. 법적 보호가치가 있는 이익

위와 같은 전제에서, 대상판결은 원고들 제품은 명품 핸드백으로서 그 상품 형태가 가지는 디자인적 특징이나 상품의 명성 · 이미지가 그 재산적 가치를 형성하는 핵심적 요소이므로, 이에 대해서는 법적 보호가 주어져야 함을 명확히 하였다.

그런데 원고들 제품은 가죽 소재의 입체적 형상인 가방인 반면 피고 제품은 폴리에스터 소재의 평면 형태의 가방이기 때문에, 이에 대해서는 일반 수요자들의 오인 · 혼동 가능성을 인정하기 쉽지 않고((가)목 적용의 어려움), 양 제품의 심미감이 유사하다고 보기도 어려우며(디자인보호법 적용의 어려움), 응용미술저작물에 해당하나 그 제품 형태로부터 그 이용된 물품과 구분되어 독자성을 인정할 수 있는 저작물을 분리해 내는 것이 쉽지 않아(저작권법 적용의 어려움), 대상사건을 법적 보호의 필요성이 분명히 인정됨에도 불구하고 '법적 보호의 공백'으로 말미암아 기존의 법률체계하에서는 피고의 행위에 대한 규제가 어려운 사안(새로운 유형의 부정경쟁행위[48])으로 판단하였다. 대상판결은 바로 이 부분에서 (차)목 적용의 의의를 찾고 있다.

---

(47) 아마도 '성과물' 요건의 충족 여부를 심리하는 과정에서 보호대상물의 성질에 관한 판단도 포괄적으로 하였을 것으로 추측된다. 그러나 '성과물' 요건은 가치 규범적 고려요소가 크게 개입된다기 보다는 당사자가 어느 정도의 투자와 노력을 하였는지에 관한 객관적 증거들을 바탕으로 살펴보아야 하는 측면이 강하기 때문에, '법률상 보호가치가 있는 이익'인지 여부에 대하여는 독자적 규명 과정을 거치는 것이 타당하다고 생각된다.

(48) 3D 프린팅 기술의 발전과 관련한 부정경쟁방지법 관련 쟁점에 대하여는 한지영, 「3D 프린터의 출현과 지식재산권 - 저작권, 디자인, 상표권을 중심으로 -」, (계간)저작권(2014년 여름호), 156-158면 참조.

3. 공정한 상거래 관행이나 경쟁질서에 반하는 방법

대상판결에서는 ① 피고가 원고들 제품의 진품을 촬영하는 것이 아니라 피사체를 조합하고 다양한 각도와 강도로 조명을 주면서 최대한 원고들 제품 형태와 동일하게 입체적으로 보일 때까지 반복하여 촬영을 한 후, 이를 폴리에스터 소재의 천에 3D 포토프린팅 기법으로 인쇄하여 '원고들 제품의 독특한 디자인적 특징이 그대로 반영된' 피고 제품을 제조하였다는 사정, ② 피고 제품이 일반적인 폴리에스터 소재로 된 가방에 비하여 고가에 판매되는데 이에는 원고들 제품의 디자인적 특징을 그대로 이용한 것이 상당 부분 기여하였다는 사정 등을 피고가 '상거래 관행이나 경쟁질서에 반하는 방법'으로 원고들의 성과물을 무단 사용한 구체적 근거로 제시하였다.

대상판결은 위와 같은 근거들을 바탕으로 피고 제품이 원고들 제품을 풍자하거나 비평하기 위한 '패러디' 목적에서 제작된 것이 아니라, 원고들의 정당한 성과물인 상품의 형태를 피고가 자신의 이익을 위하여 무단으로 사용한 것이라고 판단하였다.

Ⅵ 결론

일반조항의 적용 범위 및 한계 등에 대해서는 앞으로도 많은 논의가 계속되고 관련 판결례들도 집적될 것으로 보인다. 대상판결은 (문제가 된 행위가 기존의 법체계 하에서 규제 대상이 될 수 있는 것인지 여부를 따져보는 것에 더하여) 보호대상인 성과물이 과연 '법적 보호가치가 있는 이익'에 해당하는지에 대한 독자적 규명 단계를 거침으로써, (차)목의 적용 필요성을 보다 논리적이고 설득력 있게 제시하는 한편 그 적용 여부에 관한 보다 체계적인 판단기준을 제시하였다는 점에서 큰 의미가 있다. 대상판결을 통해 종래에는 예상하기 어려웠던 다양한 형태의 부정경쟁행위들에 대한 (차)목의 탄력적인 적용 가능성을 보다 높임으로써,[49] 판례를 통한 적극적 법형성을

(49) 보호대상인 성과물이 '법적 보호가치가 있는 이익'에 해당한다고 인정되면, 예컨대 (가)목 내지 (자)목의 요건을 구비하지 못하는 경우라 하더라도 이를 '입법의 미비 내지 법적 보호의 공백'으로 판단하여 (차)목을 통한 권리구제의 가능성을 도모할 수 있게 되었다.

기대할 수 있는 계기도 마련되었다고 생각된다.

다만, (차)목의 규정 형식이 지극히 포괄적이기 때문에 자칫 이를 전가의 보도식으로 남용하여 오히려 자유경쟁을 저해하는 결과를 초래할 수 있다는 우려도 제기되고 있다.(50) 그러나 이와 같은 '일반조항'이 갖는 태생적인 문제점을 최소화하기 위해서라도 다양한 판례의 집적을 통한 해석의 구체화 작업 및 예측가능성의 확보 노력이 오히려 더욱 요청되는 것이다.

아울러 당사자가 (차)목에 따른 금지청구권과 다른 청구권원을 병합하여 주장하는 경우, 다른 청구권원에 기한 주장이 받아들여진다고 하여 (차)목에 기한 주장을 '나머지 주장'으로 취급함으로써 별도 판단을 생략하는 것보다는, (차)목의 해석 및 적용 법리의 구체화를 위해서라도 최소한 본안소송에서는 법원이 이에 대해 구체적인 판단을 설시하는 것이 바람직하지 않을까 생각된다.

대상판결 이후, 법원은 디자인등록을 마치지 않은 특정 매장의 고유한 인테리어와 같은 '영업의 종합적 이미지'라도 '해당 사업자의 상당한 노력과 투자에 의하여 구축된 성과물'에 해당한다고 보아 이를 모방하여 유사한 매장을 운영한 행위를 (차)목 소정의 부정경쟁행위로 의율하였고, 이는 최근 대법원에서 확정되었다(단팥빵 매장 디자인 사건). 향후로도 '법적으로 보호받아야 할 가치가 있는 이익'을 위한 (차)목의 적용 여부에 관한 다양한 판결례들이 나오기를 기대한다. 또한 '법적으로 보호받아야 할 가치가 있는 이익'인지 여부를 판단할 때에도 각 산업분야별 특성을 충분히 감안하는 노력이 필요하다고 본다. 물론 이를 위해서는 설득력 있고 풍부한 관련 증거자료를 제시해야 하는 소송 당사자들에게 1차적인 과제가 주어져 있다고 할 것이다.

(50) 부정경쟁방지법 일반조항의 적용이 자칫 극히 불투명한 행위 일반을 규제하는 제한이 될 우려가 있다는 지적에 관하여는 설민수, 「저작권의 보호 한계와 그 대안: 비디오게임, 인터페이스 소프트웨어, 패션디자인에서의 도전과 한국 법원의 부정경쟁방지법 제2조 제1호 (차)목의 확장적 적용을 중심으로」, 인권과 정의(2015년 12월호), 458-459면 참조.

5-3

[미국] 패션 디자인의 저작권 보호를 위한 분리가능성 요건*

Star Athletica v. Varsity Brands (S.Ct. 2017)

| 김원오 | 인하대학교 법학전문대학원 교수

I 서설

1. 문제의 제기

유니폼을 비롯한 의류, 섬유, 패션 액세서리 디자인 등 패션 디자인은 실용품에 관한 디자인으로서 순수미술보다는 응용미술에 가깝다. 미국에서 양산 가능한 실용품의 패션 디자인을 보호하는 기본 법제는 저작권법이 아니라 특허법이다. 그러나 패션 디자인 등 실용품이라도 소위 '분리가능성' 요건을 충족하면 저작권법에 의한 중첩보호가 가능하다. 미국은 EU의 미등록디자인 보호 규정이나 우리 부정경쟁방지법 제2조 제1호 자목에 상응하는 규정이 없어서 2006년 디자인침해방지법안DPPA: Design Piracy Prohibition Act,(51) 또는 2011년 디자인 보호 및 침해방지 법안

* 이 논문은 「디자인법연구회」에서 발표 후 수정 · 보완되어, 2018년 산업재산권(한국지식재산학회) 제55호에 게재되었음.

(51) The Design Piracy Prohibition Act, H.R. 2033, S. 1957, and H.R. 2196; Silvia Beltrametti, *Evaluation of the Design Piracy Prohibition Act: Is the Cure Worse than the Disease? An Analogy with Counterfeiting and a Comparison with the Protection Available in the European Community.*, 8 Nw. J. Tech. & Intell. Prop. 147 (2010).

IDPPA Innovative Design Protection and Piracy Protection Act이 제출되어[52] 보호기간을 3년으로 한 저작권적 접근법에 기초한 미등록디자인 보호를 시도한 바 있으며 이러한 입법 시도를 두고 여전히 찬반양론이 뜨겁다.[53]

이러한 와중에 지난해 선고된 미연방대법원의 Star Athletica v. Varsity Brands 판결[54](이하 '대상판결'이라 함)은 치어리더 유니폼 디자인의 분리가능성 separability을 인정하여 저작권 침해를 인정함으로써 패션디자인 시장에 적지 않은 파장을 불러일으킬 것으로 예상된다. 우리나라와 달리 미국에서는 패션 실용품 디자인의 저작물성에 관한 다양한 판례와 판단기준이 존재하여 왔는데, 대상판결은 실용품의 디자인에 포함된 특징이 실용품과 분리되어 2차원 또는 3차원의 미술저작물로 인식될 수 있으며, 단독으로 또는 다른 유형적 매체에 고정되어 회화, 그래픽 또는 조각저작물로 인정되고 실용품의 디자인의 특징이 통합된 실용품과 별개로 상상된다면 저작권 보호의 대상이라고 판시하였다. 대상판결은 실용품 디자인에 관한 분리가능성 판단기준의 통일을 시도하였다는 점과 특히 대상판결이 1954년 Mazer v. Stein 판결(춤추는 여인형상 조각 램프)[55] 이래 모처럼 나온 실용품 디자인의 분리가능성 쟁점을 다룬 연방대법원 판결이라는 점과 치어리더 유니폼 디자인에 관한 분쟁으로서 의류 등 패션 디자인 제품의 저작권 보호가능성을 열었다는 점에서 주목할 만하다.

2. 논의 범위와 방향

미국이 산업디자인은 디자인특허의 영역으로 다루고 예외적으로 분리가능성 요건을 충족한 경우에만 저작권법에 의한 중첩보호를 인정하고 있는데 우리나라에

(52) Katherine M. Olson, *The Innovative Design Protection and Piracy Prevention Act: Re-Fashioning U.S. Intellectual Property Law*, 61 DePaul L. Rev. 725 (2012).

(53) 앞의 두 논문 및 이재경, 패스트패션(FastFashion)에 대한 법률적인 고찰 -미국 지식재산권법상 논의 및 디자이너 콜라보레이션을 중심으로-, 스포츠 엔터테인먼트와법, 제19권 제1호(통권 제46호), 2016. 2., 249-251면 참조.

(54) Star Athletica, L.L.C. v. Varsity Brands, Inc., 137 S.Ct. 1002 (2017).

(55) Mazer v. Stein, 347 U.S. 201, 217-18 (1954); 발리섬의 춤추는 사람들이라는 조각상의 저작자가 자신의 미술저작물을 탁상램프의 몸통으로 이용하여 제품을 판매하였고 그와 똑같은 모조품을 만들어 판 사람을 상대로 저작권침해소송을 제기한 사건이다.

서도 응용미술품은 원칙적으로 디자인보호법에 의해 보호되고 있으며 2000년 개정된 우리나라 저작권법은 응용미술저작물을 "물품에 동일한 형상으로 복제될 수 있는 미술저작물로서 그 이용된 물품과 구분되어 독자성을 인정할 수 있는 것으로 디자인을 포함 한다."고 규정(제2조 제21호)하여 미국과 유사한 보호체제를 운영하고 있다. 이는 물품과의 물리적 또는 관념적 분리가능성을 응용미술저작물의 보호요건으로 하고 있다고 볼 수 있으며, 이러한 저작권법상 규정은 사실상 미국의 분리가능성separability이론을 우리 법에 받아들인 것으로 보여 진다.(56)

저작권법에 의한 중첩보호와 관련한 판례도 한복, 의류 등 패션제품 디자인과 관련하여, 이른바 대한방직 판결,(57) 이른바 히딩크 넥타이 판결,(58) 생활한복디자인 판결(59) 등 다수의 판결이 있지만 그중에서 넥타이의 태극팔괘 문양을 제외하고는 응용미술로서의 보호를 부정한 사례가 대부분이며, 그 저작물성 인정의 구체적 판단기준이 무엇인지 그에 따른 저작물로서 보호범위가 어디까지인지에 대한 명확한 기준도 제시된 바가 없다. 그런데 이러한 우리의 판결추세와 상반되게 미국에서 유니폼의 그래픽 디자인의 저작권보호 적격을 인정한 대상판결이 우리나라 판결에 어떠한 영향을 끼치게 될 지에 대한 평가도 필요해 보인다. 이에, 이 글에서는 이러한 문제인식을 바탕으로 대상판결의 개요를 먼저 살펴보고 기본 판단 사항 및 주요 쟁점별로 내려진 법적 추론과정을 다수의견을 중심으로 고찰해 본다. 나아가 핵심 쟁점으로 다투어진 분리가능성 테스트의 방법적 측면에 대한 판시내용도 자세히 고찰해 본다. 특히 미국의 10가지 분리가능성 테스트 방법론과 원심판결(제6순회항소법원)과 대상판결이 취한 입장을 정리해 본다. 아울러 대상판결로 인하여 분리가능성 관련 형성된 법리와 보호가능성에 대해 정리된 다양한 논점들을 정리하고 검토하기로 한다. 마지막으로 대상판결의 의의와 패션산업에 미치는 영향에 대해서 살펴보고 패션 디자인에 관한 우리 저작권법과 판례의 경향에 대한 비교 검토를 통하여 대상판결의 시사점을 정리해 보기로 한다.

(56) 김태훈, 개정저작권법 해설, 계간저작권 제49호, 저작권심의조정위원회(2000), 7–8면 참조.

(57) 대법원 1996. 2. 23. 선고 94도3266 판결.

(58) 대법원 2004. 7. 22. 선고 2003도7572 판결.

(59) 대법원 2000. 3. 28. 선고 2000도79 판결.

대상판결에 대한 소개

1. 분쟁의 배경

Varsity Brands(상고사건의 '피고'이나 이하 '원고'라 함)는 운동선수와 치어리더를 위한 유니폼을 제작하여 판매하는 회사로 다양한 2차원의 그래픽 디자인을 개발하여 치어리더 유니폼에 부착하여 제작하고 있으며 이러한 2차원의 그래픽 디자인들(V형, 지그재그, 선 등) 200여개에 대해서 저작권 등록을 마쳤다. Varsity Brands는 치어리더 유니폼 제조업체인 Star Athletica(상고사건에서는 '원고'지만 이하 '피고'라 함)가 저작권 등록을 마친 자사의 299A, 299B, 074, 078, 0815의 그래픽 디자인[60] 및 유사한 디자인을 포함한 치어리더 유니폼 광고행위를 발견하고 2010년 테네시 서부지방법원에 저작권 침해 소송을 제기하였다.

2. 경과 및 하급심 판단

(1) 절차의 경과

2014년 3월 1일, 테네시 서부지방법원은 Varsity Brands의 유니폼 디자인의 특징이 실용적인 기능과 분리될 수 없어 저작권으로 보호받을 수 없다고 보아 Varsity Brands의 유니폼 디자인에 대한 저작권 등록이 무효라고 판단하였으며,[61] 이에 Varsity Brands는 항소하였다.

2015년 8월 19일, 제6연방항소법원은 Varsity Brands의 유니폼 디자인은 유니폼의 기능적 특징과 분리될 수 있으며 실용적인 요소와 독립하여 존재할 수 있다고 보아 해당 디자인은 저작권으로서 보호받을 수 있다고 판단하고, 1심 판결을 파

(60)

〈Design 299A〉	〈Design 299B〉	〈Design 974〉	〈Design 978〉	〈Design 0815〉
		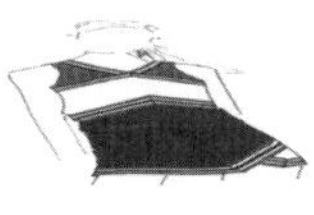		

(61) Varsity Brands, Inc. v. Star Athletica, LLC, No. 10-2508, 2014 WL 819422, * 8-9 (WD Tenn. 2014).

기하고 사건을 지방법원으로 환송하였다.(62)

이에 불복한 Star Athletica는 2016년 1월 5일, 연방대법원에 상고허가를 신청하였으며, 2016년 5월 2일, 연방대법원은 동 사건에 대한 상고를 허가하였다. 연방대법원에서 수많은 이해관계 단체는 저작권법에 의해 보호받을 수 있는 실용품을 판단하기 위한 적절한 기준이 무엇인지에 대한 의견을 제시하였으며, 연방대법원의 최종 판결은 2017년 3월 23일에 선고되었다.

(2) 1심법원의 판단

2014년 3월 테네시 서부지방법원은 이 사건 치어리더 유니폼의 그래픽 디자인은 실용품인 치어리더 유니폼과 관념적으로 분리될 수 없으므로 저작권의 보호대상이 아니라고 판결하였다.(63) 지방법원은 이 사건 치어리더 유니폼의 그래픽 디자인이 ① 치어리더 유니폼에 사용되기 위한 목적으로 만들었는지 여부, 및 ② 해당 그래픽 디자인이 없더라도 치어리더 유니폼이 치어리더 유니폼으로 판매될 수 있을지 여부와 같은 시장적 요소를 고려하였다. 그리하여, 해당 디자인은 어떤 의상을 치어리더 유니폼으로서 구별시켜주는 실용적 기능에 공헌하므로 분리-판매 가능성이 없고, 다시 말해, 치어리더 유니폼은 줄무늬, 갈매기, 지그재그 및 컬러 블록이 없이는 치어리더 유니폼이 아니라고 보았다. 이는 곧 대상 유니폼에서 디자인과 그 실용적 기능은 융합되어 있다고 보아 분리가능성을 부정하였다.

(3) 항소법원의 판단

제6순회항소법원은 2015년 8월, 원심을 파기하면서 이 사건 치어리더 유니폼의 그래픽 디자인은 치어리더 유니폼의 기능적 특징과 분리되고 치어리더 유니폼의 실용적인 측면과 독립하여 존재할 수 있으므로 저작권 보호대상인 실용품의 디자인에 해당한다고 판결하였다.(64) 제6순회항소법원은 저작권청의 견해를 참고하여 디자인의 예술적 특징과 실용품이 나란히 존재할 수 있으며 개별적인 저작물, 즉 한편으로는 미술저작물 다른 한편으로는 실용품으로 완전히 인식될 수 있다면 관념적

(62) Varsity Brands, Inc. v. Star Athletica, LLC, 799 F.3d 468 (6th Cir. 2015).

(63) Varsity Brands, Inc. v. Star Athletica, LLC, 2014 WL 819422 (W.D. Tenn. 2014).

(64) Varsity Brands, Inc. v. Star Athletica, LLC, 799 F.3d 468 (6th Cir. 2015).

분리가능성이 존재할 수 있다는 점을 확인하였다.(65)

제6순회항소법원은 기존의 관념적 분리가능성 테스트들을 분석하여 고유한 '혼합형'hybrid 테스트를 채택하였는데(66) 우선 〈객관적 필요성 테스트〉를 채택하여 실용품의 디자인 특징이 실용적 기능에 의하여 요구되지 않거나 실용적 기능의 수행에 전혀 불필요한 경우 디자인 특징이 실용품의 기능에 의하여 좌우되지 않고 독립적으로 존재할 수 있다고 판시하였다.(67) 또한 〈디자인 과정 테스트〉를 채택하여 디자이너의 증언이 디자인의 어떤 구성요소가 실용품의 기능에 필요한지에 대한 지침을 마련해줄 수 있기 때문에 디자인 절차가 고려되어야 한다고 설시하였다.(68)

항소법원은 이 사건 치어리더 유니폼 겉면의 줄무늬, 갈매기형 무늬, 색체 블록과 지그재그 무늬의 배열은 치어리더 유니폼의 기능을 강화하지 않으며 이러한 그래픽 디자인은 치어리더 유니폼의 기능적 특징과 분리 인식된다고 인정하였다. 아울러 항소법원은 이 사건 치어리더 유니폼의 그래픽 디자인은 치어리더 유니폼의 기능에 어떠한 영향도 미치지 않고 줄무늬, 갈매기형 무늬, 색채 블록과 지그재그 무늬의 배열은 의류의 기능 수행을 위해서 필요한 것이 아니며 수많은 다른 의류들의 겉면에 결합될 수 있으므로 치어리더 유니폼의 실용적인 면과 독립하여 존재할 수 있다고 설시하였다.

항소법원은 목선의 형태, 소매 스타일, 치마 형태나 주머니와 같은 의류 디자인의 경우 의류의 실용적인 면과 불가분한 관계를 가지고 있으므로 의류의 실용적인 면과 분리되거나 그와 독립하여 존재할 수 없는 반면 원단 디자인의 경우 의류를 보다 매력적으로 보이게 하는 기능 외에는 어떠한 기능도 제공하지 않으므로 의류의 실용적인 면과 분리되어 독립하여 존재할 수 있다는 점을 구분하면서 이 사건 치어리더 유니폼의 그래픽 디자인은 저작권 보호대상이 아닌 의류 디자인이라기보다는 저작권 보호대상인 원단 디자인에 유사하므로 저작권 보호대상에 해당한다는 점을 분명히 하였다.

(65) Id, at 488 – 489.

(66) Id, at 487.

(67) Carol Barnhart Inc. v. Econ. Cover Corp., 773 F.2d 411, 419 (2d Cir. 1985).

(68) Varsity Brands, Inc. v. Star Athletica, LLC, 799 F.3d 468, 488 (6th Cir. 2015) 판결에서 Pivot Point Int'l, Inc. v. Charlene Products, Inc., 372 F.3d 913, 931–932 (7th Cir. 2004)를 인용한 부분.

3. 판결요지

(1) 다수의견(6 : 2 판결)[69]

1) 분리가능성 판단기준 제시

다수의견은 ① 실용품의[70] 디자인에 포함된 특징이 실용품과 분리되어 2차원 또는 3차원의 미술저작물로 인식될 수 있으며can be perceived as ~, ② 단독으로 또는 다른 유형적 매체에 고정되어 회화, 그래픽 또는 조각저작물로 인정된다면would qualify as ~, 즉 ③ 실용품 디자인의 특징이 통합된 실용품과 별개로 상상된다면imagined separately, 저작권 보호대상이라는 기준을 제시하였다. 판시사항 ①은 소위 '개별적 인식separate identification 요건'에 관한 기준이고, 판시사항 ② 및 ③은 '독립적 존재independent-existence 요건'에 관한 판단기준을 제시한 것으로 볼 수 있다.[71]

2) 이 사건 디자인에 적용한 결과

이러한 기준에 따라 이 사건 치어리더 유니폼 그래픽 디자인 장식은 ① 회화, 그래픽 또는 조각저작물의 특징을 지닌 것으로 인식될 수 있으며, ② 이러한 그래픽 디자인(표면장식의 특징들)이 이 사건 치어리더 유니폼으로부터 분리되어 다른 매체에 적용되는 경우 미국 저작권법 제101조에 따른 2차원의 미술저작물로 인정된다고 보았다. ③ 이러한 표면장식을 이 사건 치어리더 유니폼에서 상상적으로 추출하여 이것을 다른 매체에 적용한다 하더라도 이 사건 치어리더 유니폼 그 자체가 복제되는 것은 아니며 원고가 이 사건 그래픽 디자인을 다른 유형의 의류들에 사용하고 있다는 점에 비추어 볼 때 이 사건 그래픽 디자인은 이 사건 치어리더 유니폼으로부터 분리 가능하다고 판시하였다.

3) 다수의견의 기타 판단사항

다수의견은 원고Varsity Brands가 "2차원 표면장식은 제101조 분석거치지 않아도

---

(69) Thomas, Ginsburg 등 다수의 대법관은 대상판결에서 다수의견에 동의하였으나, Breyer, Kennedy 대법관이 반대견을 제시하였다.

(70) 미국 저작권법 제101조 정의: 실용품이란 "단순히 그 물품의 외관을 나타내거나 정보를 전달함에 그치지 않고 본질적으로 실용적인 기능을 가지는 물품" (A "useful article" is an article having an intrinsic utilitarian function that is not merely to portray the appearance of the article or to convey information. An article that is normally a part of a useful article is considered a "useful article").

(71) 580 U.S. ___ (2017), Syllabus, at 1.

항상 분리가능하다"는 주장(실용품의 디자인이라기보다는 실용품에 올려놓은 것에 불과하기 때문) 및 피고의 판단기준에 관한 주장을[72] 배척하였으며, Star Athletica(피고)의 주장에 대한 검토과정에서 주로 기존의 분리가능성 테스트 방법론 주장을 역시 모두 인정하지 아니하였다. 또한 반대의견에 대한 반론적 판단 부문도 상당 포함하고 있다.(해설의 해당 부분에서 검토)

(2) 반대의견의 판단기준 및 구체적 논거

Breyer 대법관의 반대의견은 1976년 저작권법 하원보고서 내용과 저작권청 가이드라인 및 법원의 판결례에 대한 예시를 비롯하여 대비되는 '샴 고양이' 램프의 비교 및 반고흐의 낡은 신발그림에 대한 해설을 통해 ① 실용품에 통합된 디자인이 해당 실용품을 복제하지 않고도 추출될 수 있고 미술저작물이 별개로 존재할 수 있다면 분리가능성이 인정되지만, ② 추출된 디자인이 해당 실용품 형상을 동반하는 경우에는 분리가능성이 인정되지 않는다는 의견을 제시하였다.[73]

이에 따라 반대의견은 이 사건 치어리더 유니폼의 그래픽 디자인이 종이나 상상 속에서 분리되어 인식되더라도 그 디자인은 실용품의 모습이고, 그 디자인에 의해 실용품이 재현되며, 이는 원고의 디자인 특성들이 그 물건의 실용적 측면들 없이 존재할 수 없기 때문에 치어리더 유니폼으로부터 물리적으로 분리되거나 관념적으로 분리되지 않으므로 저작권 보호대상이 아니라고 해석하였다. 좀 더 구체적인 판단과정과 논거를 살펴보면, 이 사건 치어리더 유니폼의 심미적 요소들은 유니폼 디자인의 일부로서만 존재하며 이러한 심미적 요소들은 해당 치어리더 유니폼의 윤곽선에 해당한다. 갈매기 무늬와 줄무늬는 명백히 비 독창적이다. 이 사건 치어리더 유니폼의 목선, 허리선, 치마와 소매 및 전체 절개선에 보이는 갈매기 무늬와 줄무늬가 배치된 방식은 불가분적이며 의류에 포함된 디자인이 아니라 실용품인 치어리더 유니폼 자체를 묘사하고 있다. 의회가 광범위한 저작권 보호를 패션 디자인에 대하여 확대 적용하지 않고 있지만 디자인권, 상표권과 원단에 포함된 독창적인 디자인에 대한 저작권 보호를 통하여 패션 산업은 성황을 이루고 있다는 이유 등을 제시

(72) (1) 디자인 요소들이 기능적 영향과 독립하여 이루어진 것이 디자이너의 예술적 판단이 반영된 것으로 확인될 수 있는지 여부와 (2) 회화, 그래픽 또는 조각의 특성이 실용적 기능이 없는 경우에도 커뮤니티의 상당수에게 여전히 시장성이 있을 것이라는 가능성이 존재하는지 여부.

(73) 580 U.S. ___ (2017), Breyer J., Dissenting, at 1–15.

하고 있다.(74)

대상판결에 대한 평석

1. 연방 저작권법 제101조의 명확한 의미에 대한 규명

(1) 전체 법령을 고려한 문언적 해석에 충실

다수의견은 '실용품의 디자인에 통합된 회화적, 그래픽적 또는 조각적 특성'은 ① 해당 물품과 별개로 인식될 수 있고, ② 해당 물품의 실용적인 면으로부터 독립하여 존재할 수 있다면, 저작권 보호대상이라고 규정하고 있는 저작권법 제101조(75)의 명확한 의미를 해당 조항의 문구와 저작권법 전체를 고려해서 해석해야 한다고 강조하였다.(76)

실용품의 디자인은 회화, 그래픽 및 조각의 특성을 가지고 그 물품의 실용적인 면과 별도로 구별될 수 있고 그와 독립하여 존재할 수 있는 범위 내에서 저작권으로 보호받을 수 있다.

나아가 이러한 해석이 저작권자는 저작물을 복제할 수 있는 배타적 권리를 가지며 여기에는 그 실용성 여부를 불문하고 어떤 종류의 물품의 내부나 표면에 복제

(74) 김창화, 실용품의 디자인의 저작권법상 보호에 관한 연구, 2017년 계간저작권, 겨울호 통권 제120권, 15-19면에서 반대의견을 소상하게 번역하여 소개하고 있다.

(75) U.S. Copyright Act, §101 ② "pictorial, graphic, or sculptural features" of the "design of a useful article" can be protected by copyright as artistic works if those features "can be identified separately from, and are capable of existing independently of, the utilitarian aspects of the article."

(76) 580 U.S. ___ (2017), Syllabus, at 1 ("[A] feature incorporated into the design of a useful article is eligible for copyright protection only if the feature: (1) can be perceived as a two- or three-dimensional work of art separate from the useful article; and (2) would qualify as a protectable pictorial, graphic, or sculptural work – either on its own or fixed in some other tangible medium of expression – if it were imagined separately from the useful article into which it is incorporated.").

할 수 있는 권리를 포함한다고 규정한 저작권법 제106조[77] 및 제113조 제(a)항[78]에 부합한다고 해석하고 있다.

우리 법과 달리 미국에서 저작물은 매체에 고정되어야 비로소 보호가능 한 대상으로 성립하며 고정의 대상이 되는 매체는 그것이 실용품인지 여부와 물품의 내부, 외부인지를 불문하고 복제권이 인정되지만 실용품에 고정된 회화, 그래픽, 조각품에 대해서만 소위 분리가능성 요건을 충족하는 경우에만 저작물성을 인정하게 된 것이다.

(2) 분리가능성 요건은 법률문제

다수의견은 분리가능성의 판단은 저작권 정책적 고려보다는 전적으로 법령해석에 의존하여야 할 문제라고 보았다. 이 사건을 다루는 지배적 원칙은 법령의 문언적 의미를 분명하게 하여 법원이 일관성 있게 적용할 수 있는 기본적이고 비예외적인 기준을 설정하는데 있다고 보았다. 저작권법 전체 법령의 취지를 고려하면서 법문(특히 101조)의 각 단어가 갖는 평범하고, 동시대적이며 상식적인 의미를 찾는 작업이 질문의 시작이자 끝이라고 보았다.

(3) 분리가능성 이론의 연혁과 전통 중시

대상판결은 분리가능성 이론의 연혁과 전통을 중시하여 그 시원을 이룬 Mazer 판결에[79] 나타난 원칙을 따르면서 그간 몇몇 항소법원에서 인정되어온 여러 가지 분리가능성 테스트 방법론을 모두 인정하지 아니하였고, 분리가능성의 판단은 저작권 정책적 고려보다는 전적으로 법령해석에 의존하여야 한다고 보았다. 아울러 피고의 주장을 배척할 때에도 Mazer 판결을 많이 원용하고 있다. 예컨대 1909년 저작권법이 순수하게 미적인 작품과 실용품 간의 구별을 포기하였음이 Mazer 판결

(77) 제106조(저작물에 대한 배타적 권리) 제107조 내지 제122조의 규정에 따를 것을 조건으로, 이 편 법전에 따라 저작권자는 다음의 어느 것을 하거나 이를 허락할 수 있는 배타적 권리를 가진다.
(1) 보호되는 저작물의 복제물이나 음반을 복제; (2) 이하 생략~~

(78) 제113조 회화, 그래픽 및 조각저작물에 대한 배타적 권리의 범위. (a) 이 조의 제(b) 및 (c)항에 따를 것을 조건으로, 제106조에 규정된, 보호되는 회화, 그래픽 또는 조각저작물을 복제할 수 있는 배타적 권리는, 그 실용성 여부를 불문하고 어떤 종류의 물품의 내에나 또는 표면에도 복제할 수 있는 권리를 포함한다.

(79) Mazer v. Stein, 347 U.S. 201 (1954).

에서 확인되었고 의회 역시 1976년 저작권법 개정 시 이러한 구분을 하지 않았다는 점을 고려할 때, 실용품의 기능에 어떠한 역할도 하지 않는(영향을 미치지 않는) 디자인 특징만이 저작권 보호대상이라는 피고의 주장은 Mazer 판결의 원칙과 저작권법상 응용미술 정의 규정의 취지에서 벗어나는 것으로 해석하였다.

(4) 실용품의 분리가능성 요건 정착과정의 연혁

1) Mazer 판결 이후

1959년 미국 저작권청은 저작권청 규칙을 개정하여 물품의 '유일한'sole 본질적 기능이 실용성에 있는 경우 해당 물품이 독특하고 매력적인 형태로 만들어졌다는 점이 해당 물품에 미술저작물로서의 자격을 부여하는 것은 아니지만 실용품의 형상이 조각적, 조소적 또는 회화적 재현과 같은 특징을 포함하고 있으며 이러한 특징이 미술저작물로서 분리되어 식별될 수 있고 독립하여 존재할 수 있는 경우에는 이러한 특징은 저작권 등록을 받을 수 있다고 규정하였다.(80) 이로써 미국 저작권청은 Mazer 판결을 인정하면서도 산업디자인에 대한 저작물성을 확대할 의도는 없다는 점을 명확히 하였다. 아울러 미국 저작권청은 의회의 요청에 따라 1909년 저작권법의 개정을 검토하여 1961년 의회에 저작권법 개정과 관련한 권고안을 제출하였다.(81)

2) 1976년 미국 저작권법

1976년 개정된 미국 저작권법 제102조 제a항 제(5)호는 1909년 저작권법상의 '미술저작물'works of art을 '회화, 그래픽, 조각저작물'pictorial, graphic, sculptural works로 대체함으로써 순수미술과 저작물성 간의 연관성에 완전한 종말을 고하였다. 이와 함께 1976년 미국 저작권법 제101조는 회화, 그래픽 및 조각저작물은 평면적 및 입체적 저작물에 해당하는 순수미술, 그래픽미술 그리고 응용미술을 포함한다고 정의함으로써 실용품의 디자인이 저작권법의 보호대상에 포함됨을 명시하였다.

다만, 미국 저작권법 제101조는 실용품의 디자인은 회화적, 그래픽적 또는 조각적 특성을 가지고 해당 물품의 실용적인 면과 분리될 수 있고 그와 독립하여 존재

(80) 37 C.F.R. §202.10(c).

(81) Staff of H. Comm. on The Judiciary, 87th Cong., Rep. of The Register of Copyrights on The General Revision of The U.S. Copyright Law 14 – 15 (Comm. Print 1961).

할 수 있는 범위 내에서만 회화, 그래픽 또는 조각저작물로 본다고 규정함으로써 분리가능성을 실용품의 디자인의 보호 요건으로 명시적으로 요구한다.[82] 이러한 분리가능성을 통해 의회는 산업디자인의 형상과 같은 실용품의 디자인이 심미적으로 만족스럽고 가치가 있는 경우라도 실용품 자체에 대하여 저작권을 부여하지 않도록 의도하였으며[83] 이러한 실용품의 디자인이 해당 실용품으로부터 물리적 또는 관념적으로 분리가능하다고 인식될 수 없다면 해당 디자인은 저작권 보호대상이 아님을 분명히 하였다.[84]

3) 하원보고서The House Report의 입법의도 분석

1976년 미국 저작권법에 관한 하원보고서는 제101조의 용어를 채택함에 있어 저작권으로 보호되는 응용미술저작물과 저작권으로 보호받지 못하는 산업디자인 작품을 구별하기 위한 명백한 기준을 찾고자 노력하였다.[85] 평면적인 회화나 도화 그래픽는 직물, 벽지, 용기와 같은 실용품에 인쇄되거나 실용품에 적용applied to utilitarian articles되어도 여전히 회화나 도화로 인식될 수 있다. 또 조각이 공업제품industrial product의 장식으로 사용되거나 Mazer사건의 램프 베이스를 형성했던 발레 댄서 동상과 같이 미술저작물로서의 독립성을 잃지 않고 물품 속에 화체되는 경우도 마찬가지이다. 의회는 "의자의 등받이에 있는 조각품"과 "은접시에 새겨진 꽃무늬 양각 디자인"을 포함하여 저작권으로 보호되는 디자인 작품을 예시하고 있다.[86]

반면에, 공업제품의 형상은 미적인 만족과 가치를 가지고 있는 경우에도 본 법에 의한 보호를 하지 않으려는 것이 위원회의 의도이다. 자동차, 비행기, 여인의복, 조리기, TV수상기, 기타 공업제품의 형상은 '제품의 실용적 측면'the utilitarian aspects of

(82) 실용품에 대한 정의와 관련해서 1976년 개정 저작권법은 저작권청장의 권고안에 포함된 "유일한"이라는 문구를 삭제하여 "단순히 그 물품의 외관을 나타내거나 정보를 전달함에 그치지 아니하고, 본질적으로 실용적인 기능을 가지는 물품"을 실용품으로 정의하였다. 이러한 정의는 실용적 기능만을 가진 물품에서 실용적 기능을 가진 물품으로 실용품의 범위를 확대한 것으로 보다 많은 실용품의 디자인을 분리가능성 요건의 구속을 받도록 함으로써 저작권 보호대상을 제한하는 효과를 가져왔다.

(83) H.R. REP. No. 1476, 94th Cong., 2d Sess. 54 (1976), reprinted in 1976 U.S.C.C.A.N. 5659, 5667. 이 의회 보고서에 따르면, 1976년 저작권법의 목적은 저작권법 보호대상인 응용미술저작물과 저작권법 보호대상에서 제외되는 산업디자인을 명확하게 구분하기 위한 것이다.

(84) Id.

(85) Id. H.R. Rep., at 54.

(86) Id. at 55.

the article으로부터 분리해서 물리적으로나 관념적으로 존재를 확인할 수 없는 한 그 디자인은 본법에 의한 저작권보호를 받을 수 없다. 제품의 실용적 측면으로부터 분리가능성 여부나 독립성 여부는 디자인 그 자체의 성질에 의존하는 것은 아니다. 즉, 제품의 외관이 미적 고려 하에 결정되었다 하더라도 (반대로, 기능적 고려 하에 결정되었다 하더라도) 오직 실용품으로부터 분리하여 그 자체가 확인될 수 있는 요소만이 (만약, 그러한 요소가 있다고 한다면) 저작권 보호를 받을 수 있다.

2. 핵심 쟁점에 대한 판단

(1) 독립적 존재요건independent-existence requirement에 관한 판단

1) 피고 및 정부측 주장

피고는 실용품에서 분리된 디자인의 특징이 저작물로서 독자성을 갖거나stand alone 분리될 수 있는 경우라도 해당 디자인의 특징이 실용품에서 추출된 이후에도 해당 실용품이 이전과 동등하게 여전히 실용적인 경우에만remain equally useful 해당 디자인(의 특징)은 독자적으로 존재할 수 있다고 주장하였다.(87) 저작권청의 실무기준을(88) 대변하는 정부도(89) 거의 비슷한 의견을 제시하였다. 이는 곧 실용품의 실용적 기능에 어떠한 영향도 미치지 않는 오로지 예술적 특징만이 저작권법에 의하여 보호된다는 피고측 주장과도 직결된다.

2) 판시내용

다수의견은 분리가능성 테스트 질문은 추출된 특징에 포커스를 두어야 하고 상상적 분리 후 남은 실용품의 측면에 포커스를 두어서는 안 된다는 것이다. 따라서 특징이 제거된 평범한 흰색 치어리더 유니폼의 상대적 유용성에 관한 논의는 불필요하다고 결론지었다. 또한 실용품의 실용적 기능에 어떠한 영향도 미치지 않는 오

(87) Brief for Petitioner 33.

(88) Compendium of U. S. Copyright Office Practices §924.2(B) (3d ed. 2014) 이 저작권청 가이드라인은 꽃병에 있는 판화, 티셔츠에 프린트된 예술품, 쇼핑백의 표면을 장식하는 색색의 패턴, 벽지 표면에 있는 그림, 그리고 스푼의 핸들을 장식하는 꽃모양 양각을 저작권으로 보호받는 디자인에 포함하고 있다.

(89) United States as Amicus Curiae 29.

로지 예술적 특징만이 저작권법에 의하여 보호된다는 견해는 순수미술과 응용미술의 구별 철폐를 다시 부활시키게 되며 창작의 순서나 의도에 영향을 받게 된다는 의미에서 받아들이지 않았다. 대법원은 그 자체로 저작권 보호대상에 해당하는 예술적 특징은 애초에 실용품의 디자인으로 만들어졌다는 이유만으로 저작물성이 상실되지 않는다고 보아야 하는데 이는 Mazer 판결과 1909년 법령이 포기하고 1976년 법도 의도하지 아니한 순수한 예술적 물품과 유용한 미술품 간의 구분의 철폐정신에 부합하고 미국 저작권법상 응용미술의 정의 규정에도 부합한다고 보았다.(90)

독립적 존재independent-existence 요건과 관련해서는 대법원은 원론으로 돌아와서 해당 물품과 별개로 인식되는 회화적, 그래픽적 또는 조각적 특징이 해당 물품의 실용적 특징과 분리되어 존재할 수 있는 능력capacity; power; fitness의 문제로 보았다.(91) 즉, 물품과 별개로 인식되는 회화적, 그래픽적 또는 조각적 특징이 실용품과 분리되어 상상되어지는 경우 저작권법 제101조에 규정된 바와 같이 회화, 그래픽 또는 조작저작물로써 존재할 수 있어야만 독립적 존재 요건이 충족되며 이럴 수 없는 경우에는 실용품의 회화적, 그래픽적 또는 조각적 특징이 아니라 실용적 측면 중 하나가 된다.

3) 검토

대상판결은 실용품의 실용적 기능에 어떠한 영향도 미치지 않는 오로지 예술적 특징만이 저작권법에 의하여 보호된다는 견해를 받아들이지 않음으로써 실용품의 심미적 · 예술적 특징 자체가 저작권 보호대상인지 여부의 판단에 있어서 추출 후 실용품의 실용성의 유지 여부와는 관련이 없음을 확실히 하였다. 대상판결은 현행 저작권청 규칙과 저작권법 규정의 근간이 된(92) 대법원의 Mazer 판결을 재확인하면서 분리가능성 테스트는 실용품의 예술적 특징만을 대상으로 하므로 이러한 디자인이 추출되는 경우 실용품이 일부 기능을 상실된다 하더라도 이러한 영향은 고려되지 않으며 예술적 특징이 실용품의 실용성을 증가시킨다는 점 역시 분리가능성

(90) 580 U.S. ___ (2017), opinion of the court, at 6.

(91) Id, at 7.

(92) Brief of the Intellectual Property Law Association of Chicago as Amicus Curiae in Support of Neither Party at 17, Star Athletica, L.L.C. v. Varsity Brands, Inc., No. 15-866, at 14-15 (U.S. 2016).

테스트와 관련이 없음을 명확히 한 것으로 평가된다.(93) 따라서 대상판결을 통해 의류와 같은 실용품의 디자인 요소가 기능을 가지고 있거나 실용품을 보다 실용적으로 만드는 경우라 하더라도 저작물로 인정받을 수 있는 근거가 마련되었다고 볼 수 있다.

(2) 물리적 분리가능성과 관념적 분리가능성 간의 구분 불필요

1) 판단사항

다수의견은 예술적 특징이 실용품으로부터 분리되는 경우를 상상한 이후에도 실용품이 동등하게 실용적인 상태로 남아 있어야 한다는 견해는 인정될 수 없다는 측면에서 일부 법원들에 의하여 채택되어 오고 있는 물리적 분리가능성과 관념적 분리가능성conceptual-separability 간의 구분이 필요하지 않다는 점을 명확히 하였다.(94)

2) 물리적 분리가능성physical-separability

A. 의의와 기준

물리적 분리가능성은 3차원적 실용품 전체 형상의 저작물성이 문제될 때 우선 적용된다. 독립적 존재가능성 요건도 물리적 분리가능성을 염두에 둔 규정이란 견해도 있다. 미국 저작권청 기준에 의하면 물리적 분리가능성이 있다는 것은 "실용품에 해당 물품의 실용적 측면을 완전히 손상시키지 않으면서 통상적인 방법으로 물품과 물리적으로 분리할 수 있는 그림, 그래픽 또는 조각상의 특징이 포함되어 있음을 의미한다."(95) 이것은 1954년 Mazer v. Stein 사건에서 유래하며 이 기준에 따라 램프베이스로 사용되는 여인 조각상이 저작물성을 인정받은 바 있으나,(96) Esquire, Inc v. Ringer 판결에서(97) 가로등의 형태는 가로등의 실용적 기능과 불

(93) 박경신, 실용품의 디자인의 분리가능성에 관한 미국 대법원의 Star Athletica v. Varsity Brands 판결의 의미에 대한 소고, 계간저작권, 2017년 여름호, 98면.

(94) 580 U.S.___ (2017), opinion of the court, at 14–15.

(95) §924.2(A) of the Copyright Office Compendium.

(96) 만약 Mazer 판결에서 원고가 해당 형상을 개별적으로 디자인하여 조명 받침대에 통합시켰다면 해당 형상은 물리적 분리가능성 테스트를 통과할 수 있지만 무용수의 몸 형상에 글씨를 새기고 무용수의 머리 형상 위에 오목한 램프 소켓을 포함시켜 해당 형상을 조명 받침대 자체로 제작한 경우라면 해당 무용수 형상은 물리적 분리가능성이 부정될 수도 있다.

(97) 591 F.2d 796 (D.C. Cir. 1978).

가피하게 융합되어 있어서 물리적으로 분리할 수 없으므로 미술저작물로써 독자적으로 존재할 수 없다는 이유로 저작권 등록을 받을 수 없다고 판시하면서 그 후 타이어의 휠 캡,(98) 전기 게임기,(99) 장난감 비행기(100) 등 다양한 실용품의 전체 형상에 대한 저작물성을 부정한 판결들에서 적용되었다.

B. 한계와 비판

물리적 분리가능성 기준은 3차원적 물품이 아닌 경우에 적용가능성이 어렵고, 분리가능성을 규정한 저작권법의 문구를 지나치게 제한적으로 해석했다는 비판이 제기되었다.(101) 또한 실용품의 디자인을 임의적으로 구분 짓는다는 비판도 피할 수 없다.(102) 즉, 저작권청의 기준에 따르면 Esquire 판결의 원고가 해당 가로등의 조명 고정 장식을 별개로 디자인하여 기존의 조명 기구에 용접하였다면 물리적 분리가능성 테스트 하에서 분리가능성을 인정받을 수 있게 된다. 이와 같이 창작의 순서 등 사실관계에 사소한 변경만 있더라도 정반대의 결론이 도출될 수 있어서 그 후 대부분의 법원들은 물리적 분리가능성에만 의존하여 분리가능성 여부를 판단하지는 않았다.(103) 이로써 다양한 관념적 분리가능성 테스트들이 발전하게 된 계기를 제공하였고 결국 대상판결에서 양자의 구분론 자체를 포기하기에 이른 것이다.

3) 양자 구분의 불필요성 지적

관념적 분리가능성conceptual-separability은 통상의 방법으로 실용품으로부터 그 특징을 물리적으로 제거할 수 없는 경우에 적용된다. 그런데 앞서 독립적 존재요건의 검토에서 살펴본 바와 같이 물리적 분리가능성 판단에서 기준이 되어온 바를 관념적 분리가능성에 적용하여 "예술적 특징이 실용품으로부터 분리되는 경우를 상상

(98) Norris Industries, Inc. v. International Tel. & Tel. Corp, 703 F.2d 582 (11th Cir. 1983).

(99) Durham Industries. Inc. v. Tomy Corp., 630 F.2d 905, 913 n.11 (2d Cir. 1980).

(100) Gay Toys, Inc. v. Buddy L Corp., 522 F. Supp. 622 (E.D. Mich. 1981).

(101) Robert C. Denicola, Applied Art and Industrial Design; A Suggested Approach to Copyright in Useful Articles, Minn. L. Rev., Vol. 67, 707, 738 (1983).

(102) Barton R. Keyes, Alive and Well: The (Still) Ongoing Debate Surrounding Conceptual Separability in American Copyright Law, 69 Ohio St. L.J. 109, at 120.

(103) Marchese, Giovanna M., A Tri–Partite Classification Scheme to Clarify Conceptual Separability in the Context of Clothing Design, Cardozo Law Review, Vol. 38, No. 1, 101 (2016), at 112–113.

한 이후에도 실용품이 여전히 실용적인 상태대로 남아 있어야 한다는 주장이 인정될 수 없다."는 입장을 견지하는 차원에서 대법원은 일부 법원들에 의하여 채택되어 오고 있는 물리적 분리가능성과 관념적 분리가능성 간의 구분은 불필요한 것이라고 판시하였다.(104) 나아가 법령에서 분리가능성 판단은 모름지기 관념적 작업임 separability is a conceptual undertaking을 보여 주고 있다고 판단함으로써 양자의 구분은 철폐되고 관념적 분리가능성의 문제로 통일적으로 귀결시킨 것으로 평가된다.

3. 기타 주요쟁점에 대한 판단

(1) 표면장식의 저작물성과 산업디자인의 저작권보호 배제

피고와 소수 의견에서는 실용품의 표면장식에 저작물성을 인정한 것은 의회가 산업디자인은 특허법이나 특별법에 의해 보호하고 저작권보호는 가능한 배제시키려는 의도와 합치되지 않는다고 주장하였다. 그러나 다수의견은 특허권적 보호와 저작권적 보호는 상호 배타적이 아니고, 의회는 특정 산업디자인에 대해서는 제한적 저작권 보호입장을 취하였지만 그 보호조건 충족 시에는 문제없다고 보았다.(105)

(2) 독창성 요건과 관계 및 적용 한계 제시

1) 판시사항

이 사건 치어리더 유니폼 디자인이 저작물성의 요건인 독창성을 갖췄는지에 대해서는 결론을 내리지 않고 이에 대해 원심 법원이 판단하도록 사건을 환송하였다. 아울러, 다수의견은 원고가 원고의 치어리더 유니폼의 표면에 포함된 그래픽 디자인의 복제만을 금지할 수 있을 뿐 원고의 치어리더 유니폼과 동일한 모양, 절개선과 면적의 유니폼 제작을 금지할 권리는 없다고 판시함으로써 저작권이 치어리더 유니폼 전체로 확대되는 것은 아님을 분명히 하였다.(106)

(104) 580 U.S. ___ (2017), opinion of the court, at 15.

(105) Id. at 17.

(106) 580 U.S._2017. opinion of the court, at 12.

2) 검토

분리가능성은 응용미술저작물에만 요구되는 요건으로서 모든 저작물의 공통 요건인 창작성의 존부는 별개의 요건이므로 분리가능성 있더라도 창작성은 별도로 평가하여 창작성이 없으면 궁극적으로 저작권 보호대상에서 배제되어야 한다. 보호범위판단도 저작물 대상적 범위와 복제권의 범주에 비추어 옳은 판단이라 생각된다. 우리나라는 히딩크넥타이 사건 파기환송판결에서 태극팔괘 문양의 창작성 여부를 제대로 심리하여 판단하였는지 의구심이 든다.

(3) 2차원 표면장식은 분리가능성 적용 배제대상인가?

1) 판단사항

원고는 2차원 표면 장식은 §101 분석에 의지하지 않고도 2차원 표면장식은 '실용품 디자인'이라기보다는 '실용품'에 올려놓은 것이기 때문에 항상 분리 가능하다고 주장하였다. 그러나 대법원은 "이 주장은 §101의 법문에 부합하지 않는다"고 보았다. 특히 'pictorial' 및 'graphic'이라는 단어는 사진, 그림 또는 드로잉과 같은 2차원 특징을 포함하는 용어이다. 따라서 '실용품 디자인'에는 2차원적 화화와 그래픽도 포함되며 이 조항은 '실용품 디자인'에 통합된 그 어떤 '그림, 그래픽 및 조각 작품'도 보호하고자 하는 것이다. 따라서 §101 규정이 3차원의 조작적 특징의 분리가능성과 마찬가지로 2차원적 특징을 지닌 회화와 그래픽적 특징의 분리가능성 판단도 할 수 있음을 고려한 규정임을 분명히 하였다.

2) 검토

법문상 표현으로 보면 다수의견이 타당하다. 다만, Ginsburg 대법관도 보충의견에서[107] 대상 그래픽디자인이 저작권보호 적격이 있다는 판결의 결론에는 찬성하면서도 이 사안은 분리가능성 테스트 대상이 아니라고 보았다. 문제의 디자인은

(107) Ginsburg 대법관은 다수의견에 대한 보충의견을 냈다. 그는 다수의견과 달리, 본 사건에서 문제가 된 디자인들은 실용품들의 디자인들이 아니기 때문에, 분리가능성 테스트가 적정하지 않다고 하였다. 그는 그 디자인들이 그 자체로 저작권으로 보호될 수 있는 실용품들에서 복제되는 회화 또는 그래픽의 작품이라고 하였다. 따라서 이전부터 존재한 회화, 그래픽 또는 조각의 작품에서 저작권의 소유자는 침해자가 되려고 하는 자에게 실용품에 있는 그 작품의 복제를 배제할 수 있기 때문에, 본 청구를 해결하기 위해 분리가능성 조사를 관여시킬 필요가 없다고 하였다. 580 U.S. ___ (2017), opinion of the court at 3 (Ginsburg, J., concurring).

그 자체로 저작물성이 있는 회화, 그래픽이며 이것이 실용품에 복제되었을 뿐이라고 보았기 때문이다. 이는 그래픽 디자인이 유니폼의 실용적 기능에의 통합정도를 보는 관점의 차이로 보이며, 2차원적 물품(직물지, 벽지, 넥타이)에서 디자인적 요소의 비중이나 분리가능성이 3차원적 물품의 형상에 통합된 경우보다 용이한 것만은 분명해 보인다.

4. 분리가능성 테스트 방법적 측면에 관한 판단

(1) 서설

미국의 각급 법원은 관념적 분리가능성 판단을 위한 많은 독특한 버전의 테스트가 존재하여 법원의 재판 결과에 상당한 불일치가 발생하여 왔다. 대상판결의 원심 법원인 제6연방순회법원은 회화적, 그래픽적 또는 조각상의 특징이 저작권의 보호대상으로 될 수 있는지를 결정하기 위해 9~10가지의 다양한 방법에 대해 검토하기도 하였다. 대상판결에서도 후술하는 바와 같이 피고가 기존의 다양한 테스트 방법론의 적용을 주장했지만 대법원은 아무것도 인정하지 아니하였다. 대상판결에서 연방대법원은 분리가능성 판단은 모름지기 관념적 작업임separability is a conceptual undertaking을 분명히 하여 물리적 분리가능성과 구분을 철폐하였지만 구체적으로 특정 테스트 방법을 지지하지 아니함으로써 분리가능성의 테스트방법에 대한 통일적 견해를 기대할 수 없게 되었다. 그럼에도 불구하고 각종 테스트 방법론들은 분리가능성 요건의 본질에 관한 이해에 도움을 주기 때문에 이에 관해 들여다보기로 한다.

(2) 미국법원의 10가지 분리가능성 테스트 방법론 개관[108]

첫째, 미국 저작권청의 접근방식은 "미적 특징과 유용한 물품이 나란히 존재할 수 있고could exist side by side, 완전히 실현되고 분리된 작품으로 하나는 예술작품으로 다른 하나는 유용한 물품으로 인식될 수 있는지를 고려한다."는 입장이다.[109]

---

(108) Jacqueline Lefebvre, The Need for "Supreme" Clarity: Clothing, Copyright, and Conceptual Separability, 27 Fordham Intell. Prop. Media & Ent. L.J. 143 (2016), at 154~162.

(109) Compendium of U.S. Copyright Office Practices §924.2(B) (3d ed. 2014): The Copyright Office's approach considers whether the aesthetic feature and useful article could *"exist side by side* and be *perceived as fully realized, separate works*—one an artistic work and the other a useful article."

둘째, 주기능-부수적 기능 테스트Primary-Subsidiary Test는 제2순회항소법원이 Kieselstein-Cord 판결에서(110) 적용한 접근방법으로 '미적 특징이 물품의 보조적인 실용적인 기능에 우선적인지 여부'를 고려하는 접근법이다. 즉, 동 법원은 관념적 분리가능성을 적용함에 있어 실용품 디자인이 장식적, 심미적 즐거움을 주는 측면이 주된 것이고, 실용적 기능이 부수적일 경우에는 저작권법의 보호를 받는다고 해석하면서 벨트 버클의 장식은 버클의 실용적 기능과 관련이 없다는 이유로 관념적으로 분리 가능하다고 판시하였다.

셋째, 객관적 필요성 테스트Objectively Necessary Test는 제2순회항소법원이 Kieselstein-Cord 판결이 나온 지 5년 뒤 Carol Barnhart 판결에서(111) 새롭게 제시한 관념적 분리가능성 기준으로서 '물품의 미적 기능이 물품의 실용적인 기능을 수행하는 데 필요한지 여부'를 고려하는 접근법이다. 셔츠나 재킷을 전시하기 위해 사용되는 토르소torso 형상의 마네킹 디자인과 관련된 이 사건 판결에서 제2 순회 항소법원의 다수 의견은 실용품에 구현된 심미적 특징이 그 물품의 기능적 특징에 의해 요구되지 않는 경우 분리가능성이 인정되어야 한다는 기준을 제시하였다. 이에 따라 마네킹의 심미적 측면은 의상의 전시라는 기능적 측면과 불가피하게 관련이 있으므로 저작권법의 보호대상이 아니라고 판시하였다.

넷째, 일시적 대치 테스트Temporal Displacement Test는 위 Carol Barnhart 판결에서 Newman 판사가 반대의견으로 제시한 방법이다. Newman 판사는 "디자인을 구현하고 있는 실용품의 기능적 측면으로부터 관념적으로 분리되었다고 하기 위해서는 통상의 관찰자의 마음속에 그 실용적 기능이 불러일으키는 관념과는 별도의 예술적 관념을 자극하여야 하며, 실용적 기능의 관념이 모종의 예술품이라는 관념에 의해 통상의 관찰자의 마음속에서 대체될 수 있어야the concept of the utilitarian function can be displaced in the mind of the ordinary observer by the concept of a work of art 관념적 분리가능성이 인정된다."는 것이다.(112) 이때 관찰자란 통상의 합리적인 관찰자이므로 통상의 관찰자 테스트Ordinary-Observer test로 불리기도 한다.

---

(110) Kieselstein-Cord v. Accessories by Pearl, Inc., 632 F.2d 989, 993 (2d Cir. 1980).

(111) Carol Barnhart Inc. v. Econ. Cover Corp., 773 F.2d 411, 419 (2d Cir. 1985).

(112) 이에 따라, 디자인이 동시에 즐거움을 주는 두 개의 별개의 관념을 통상인에게 야기할 경우에만 기능적인 측면과 비 기능적인 측면의 분리가 존재한다는 것이다. Newman 판사는 '박물관에 전시된 의자'의 예를 들면서 응용미술의 저작물성 판단 시 중요한 것은 관찰자가 사물을 의자로 인식하지 못한다는 것이 아니라 실용적인 기능의 관념이 다른 관념에 의하여 대치될 수 있는지 여부라고 하였다.

다섯째, 미적 영향력 테스트aesthetic influence test로도 지칭되는 독립성 테스트Stand-Alone Test 접근법은 '저작물성이 있는 부분이 분리되었을 때 유용한 물품의 기능이 손상되지 않았는지 여부'를 고려하여 판단하는 방법이다. 이 테스트는 제7항소법원의 두상 마네킹 디자인과 관련된 Pivot Point 판결의 반대의견에서 Kanne 판사가 제시한 접근법이다.(113) 즉, 디자인에 포함된 회화적, 그래픽적 또는 조각적 특징이 미술저작물로서 독립해서 존재할 수 있으며, 해당 실용품이 해당 특징이 없더라도 실용적 기능을 수행하는 경우 분리가능성을 인정할 수 있다는 것이다.

여섯째, 디자인 과정 테스트Design Process Test는 1987년 Brandir 판결에서(114) 제2순회항소법원에 의하여 채택된 것으로 "실용품의 디자인 요소가 심미적 측면과 기능적 측면을 함께 고려된 것이라면 설사 해당 디자인 요소가 심미적이라 해도 관념적 분리가능성이 있다고 보기 어렵고, 디자인 요소가 기능적 영향력을 고려하지 않고 디자이너가 독자적으로 행사한 예술적 판단을 반영한 것으로 확인될 수 있다면 관념적 분리가능성이 존재한다."는 것이다. Robert Denicola 교수가 주장하였다고 하여, 일명 'Denicola 테스트'로 불리기도 한다.

일곱째, 시장판매 가능성 테스트Likelihood-of-Maketability Test는 제5순회항소법원은 Galiano 판결에서(115) 채택한 방법으로, 어떤 물품이 아무런 실용적 용도가 없다고 하더라도 사회 구성원 중 상당수에 의하여 그 심미적 가치만으로 실질적인 시장성이 있는 경우, 즉 물품의 심미적 요소가 그 자체만으로 시장가치가 있는 경우 분리가능성을 인정하는 접근방법이다. 이에 따라, 제5순회항소법원은 '카지노 직원들의 유니폼 디자인'은 유니폼으로서의 실용적 기능과 별개의 시장성이 인정될 수 없다고 판시하였다. '시장 판매가능성' 접근법은 물품에 실용적 용도가 없다고 해도 심미적인 특성으로 인해 커뮤니티의 상당수 계층에 여전히 판매 될 수 있는 실질적인 판매 가능성이 있는지를 고려하는 방법으로, Nimmer 교수의 견해를(116) 차용한 것으로 보인다.

여덟째, Patry의 접근방식은 미학적 특성이 물품의 실용적 측면과 별도로 식별될 수 있는지 여부를 고려하고 이러한 측면과 독립적인 무형적 특성으로 존재할 수

(113) Pivot Point Int'l, Inc. v. Charlene Products, Inc., 372 F.3d 913, 934 (7th Cir. 2004) (Kanne, J., dissenting).

(114) Brandir International, Inc. v. Cascade Pacific Lumber Co. 834 F.2d 1142 (2d Cir. 1987).

(115) Galiano v. Harrah's Operating Co., 416 F.3d 411, 419 (5th Cir. 2005).

(116) Nimmer on Copyright §2.08[B][3]을 인용하고 있음.

있는지 여부를 고려하여야 한다는 것이다.(117) 물품의 실용적 측면의 형식이나 기능이 그림, 그래픽 또는 조각 작품의 표현 방식을 결정하면 그것은 독립적으로 존재할 수 없다. Patry의 접근 방식은 물품의 미적 기능이 물품의 실용적인 측면으로부터 분리될 수 있어야 한다고 강조한다.

아홉째, '주관적-객관적' 접근법은 관념적 분리가능성은 2가지 고려요소의 균형선상에서 결정되어야 한다는 접근법으로, ⓐ 디자이너의 주관적 디자인 과정이 미학적 관심에 의해 영향을 받은 정도와 ⓑ 물품의 디자인이 실용적 기능에 의해 객관적으로 결정되는 정도를 함께 고려하여 전자의 측면이 큰 경우 분리가능성을 인정하여야 한다는 것이다.(118)

마지막으로, '복합적 접근법'hybrid approach은 이 사건 원심법원인 제6순회항소법원이 사용한 방법이다. 이에 대해서는 항을 바꾸어 보다 자세히 살펴보기로 한다.

(3) 원심판결(제6순회항소법원)이 채택한 테스트 및 5단계 질문법

앞서 언급한 9가지 테스트를 조사한 제6순회법원은 아래 5가지 질문을 공식화함에 있어 개념 분리가능성 테스트를 여러 가지 접근법을 결합하여 사용했다. 기본적으로 〈객관적 필요성 테스트〉와 〈디자인 프로세스 테스트〉를 받아들였다. 5단계 질문은 (ⅰ) 디자인은 그림, 그래픽 또는 조각품인가? (ⅱ) 디자인이 그림, 그래픽 또는 조각품인 경우 실용품의 디자인인가? (ⅲ) 유용한 물품의 실용적 측면은 무엇인가? 일단 물품의 실용적 측면이 확립되면, (ⅳ) 그 실용적 측면이 물품의 미적 측면과 별도로 구별될 수 있는지 여부, (ⅴ) 물품의 미적 특성이 실용적 측면과 독립적으로 존재할 수 있는지 여부에 대한 조사가 필요하다고 보았다.(119) 제6연방순회법원은 또한 관념적 분리 가능성에 대한 저작권청의 접근법이 질문 (ⅳ) 및 (ⅴ)에 도움이 된다고 판단하였다.

이 결론에 도달하기 위해, 법원은 치어리더 유니폼의 실용적인 기능이 '몸을 가리고, 수분을 흡수하고, 운동의 엄격함을 견디는 것'이라고 주장함으로써, 그 테스트에 대한 질문 (ⅲ)에 대답했다. 제6순회항소법원은 착용자를 확인하는 것은 단지 정보를 전하는 기능이고 분리 가능성을 결정할 목적으로는 고려될 수 없다고 판결

(117) Patry on Copyright §3:146.

(118) Barton R. Keyes, op.cite, at 141 (2008).

(119) Varsity Brands, 799 F.3d at 488.

했다.

동 법원은 또한 유니폼의 '장식적 기능'이 실용적이라는 Star Athletica의 주장을 거부했다. 왜냐하면, 그러한 결정은 거의 모든 작품을 보호할 수 없게 만들 것이기 때문이라고 보았다. 제6순회항소법원은 회화, 라미네이트 바닥재의 디자인 및 패브릭 디자인과 같은 장식 기능을 제공함에도 불구하고 저작권으로 보호받을 수 있는 많은 작품을 열거했으며, 장식기능의 존재가 관념적 분리가능성을 없애지 않는다고 결론을 내렸다.

질문의 (ⅳ) 및 (ⅴ)에 대한 테스트에서, 제6순회항소법원은 Varsity Brands의 디자인(줄무늬, 쉐브론, 지그재그 및 색상의 배열)의 그래픽 기능이 존재할 수 있으며, 법원은 Varsity Brands의 디자인이 실용적인 기능으로 간주되었던 세 가지 특정 기능(몸을 덮고 습기를 흡수하고 운동을 견디는 치어리더 유니폼의 능력)을 향상시키지 못했고, 반대로 그 디자인이 다른 의류 또는 치어리더 유니폼으로 전이할 수 있음을 보여 주었다. 제6순회항소법원은 '객관적으로 필요한' 접근법을 채택하여[120] 치어리더 유니폼의 실용적인 기능에 대한 디자인이 '전혀 필요하지 않으며', 따라서 관념적으로 분리 가능하다고 결론지었다. Varsity Brands 판결의 경과는 특정 분리가능성 테스트의 적용이 아닌 '기능성 정의 방법'으로 바뀌었다는 평가도 뒤따랐다.

(4) 대상판결의 입장

전통과 연혁을 중시한 문언해석에 충실한 판결을 내린 대상판결의 다수의견은 기존의 방법론 중 원심이 채택한 객관적 필요성 테스트는 물론 피고가 줄기차게 주장한 (ⅰ) 디자인 과정 테스트, (ⅱ) 시장판매가능성 테스트, (ⅲ) 독자성 테스트를 법령에 근거가 없다는 이유로 모두 채택하지 아니하였다.

'분리가능성'을 반박하는 피고 주장을 배척한 논거는 다음과 같다. 먼저, 독립성 테스트Stand-Alone Test와 관련하여 피고는 저작권이 실용품의 유일한 예술적 특성들에만 미치기 때문에, 실용품의 디자인 특성이 저작물로 단독으로 분리될 수 있는 경우라도 해당 디자인 특성이 실용품에서 추출된 이후 해당 물품의 실용성이 이전과 동일해야만 해당 디자인은 독자적으로 존재할 수 있다고 소위 독립성 테스트Stand-Alone Test에 근거한 주장을 하였다. 그러나 대상판결에서는 분리가능성에 대한 검토는 가상의 추출 이후에도 존재하는 실용품의 특징이 아닌 실용품에서 추출된 디자

(120) Id, at 492 (citing Carol Barnhart, 779 F.2d at 419).

인 자체의 특징에 중점을 두어야 하며 분리된 디자인의 심미적 특징이 비실용적인 회화, 그래픽 또는 조각저작물에 해당하면 되고 이러한 예술적 특징이 실용품을 보다 실용적으로 만드는 경우에도 분리가능성이 인정될 수 있다고 해석하였다. 만약 피고의 주장대로라면 실용품의 기능에 어떠한 역할도 하지 않는 실용품의 순수하게 예술적인 특징만이 저작권 보호대상에 해당하게 되는데 이는 전통적 해석론에 반하며, 그 자체로 저작권 보호대상에 해당하는 예술적 특징이라도 실용품의 디자인으로 애초에 만들어졌다는 이유만으로 저작물성이 상실되지 않아야 한다는 앞서 독립적 존재요건 판결 부분의 설명과 맥락을 같이한다.

둘째, 디자인 과정 테스트Design Process Test와 관련하여 피고가 실용품의 디자인적 요소의 판별에 있어 디자인의 기능적 영향과 별개로 행사된 디자이너의 예술적 판단을 반영하는지 여부를 고려해야 한다고 주장하였다. 그러나 다수의견은 이를 인정할 경우 법원이 창작자의 디자인 방법, 목적과 이유에 관한 증거를 고려해야 하는데 저작권법상 어디에서도 그 근거를 찾을 수 없으며, 법원의 판단은 실용품과 실용품의 디자인 특징이 어떻게, 왜 창작되었는지 그 만들어진 방법이나 목적이 아니라 어떻게 인지(perceived)되는지에 한정되어야 한다고 판시하였다.[121]

셋째, 시장판매 가능성 테스트Likelihood-of-Marketability Test에 관한 피고의 주장도 받아들여지지 않았다. 피고는 어떤 물품이 아무런 실용적 기능이 없다고 하더라도 사회 구성원 중 상당수 계층에 의하여 그 심미적 가치만으로 시장성을 가지는 실질적인 가능성이 있는지 여부를 고려해야 한다. 그러나 다수의견은 시장조사에 의존해 저작물성을 판단하라는 저작권법상 근거가 어디에도 없으므로 분리가능성 판단 시 시장성을 고려해야 한다는 피고의 주장을 인정할 수 없다고 판시하였다. 다수의견은 시장의 일부가 해당 저작물에 관심이 있는지 여부를 판단하는 경우 다른 예술보다 대중적인 예술에 가치를 부여하거나 법원에 의한 심미적 선호도가 반영될 위험이 있다는 우려를 표시하였다.[122]

(121) 580 U.S. ___ (2017), opinion of the court, at 16.

(122) Id.

대상판결의 의의와 영향에 대한 검토

1. 대상판결의 판례법적 의의

이 사건 대상판결은 실용품의 저작권보호를 위한 분리가능성 판단과 관련하여 1954년 Mazer 판결 이래 모처럼 나온 연방대법원 판결이라는 점과 치어리더 유니폼 디자인에 관한 분쟁으로서 의류 등 패션디자인 제품의 저작권 보호가능성을 열었다는 점에서 우선 주목받을 만하다. 대상판결은 판례법적으로도 오랜 기간 정리되지 못했던 다음과 같은 다양한 법률적 쟁점에 대해 길잡이를 제공하고 있다.

첫째, 치어리더 유니폼 등 실용품의 분리가능성 요건은 순수 법률해석의 문제로 보고 보호연혁과 제도적 취지에 충실한 해석을 시도하면서 실용품의 분리가능성 판단기준을 '개별적 인식separate identification 요건'과 '독립적 존재independent-existence 요건'으로 나누어 구체적 판단기준을 제시한 것에 의의가 있다.

둘째, 당사자가 주장한 종래 분리가능성 테스트 방법론을 모두 부인함으로써 그동안 하급심에서 난무하여 오던 분리가능성 테스트 기준(정책적, 주관적 기준)을 정리하고 현행 법문이 갖는 객관적 의미해석에 기초한 통일적 기준을 제시한 것도 의의가 있다.

셋째, 실용품의 입체적 디자인 특징뿐만 아니라 평면적 디자인 특징 역시 분리가능성 테스트의 적용 대상이라는 점, 즉 2차원의 실용품도 분리가능성 테스트 적용 대상임을 분명히 하였다.

넷째. 물리적 분리가능성 이론을 포기하고 관념적 분리가능성 판단으로 일원화함으로써 어차피 분리가능성 판단은 상상을 통한 관념적 작업임을 분명히 하였다.

다섯째, 분리가능성 요건은 실용품의 디자인의 창작성 요건과 별개의 요건임을 분명히 하고 실용품 장식 디자인의 보호는 그 특징적 장식의 복제에만 미치고 유니폼 자체의 복제에는 미치지 아니한다고 명시하여 그 보호범위를 명확히 하였다.

여섯째, 이 밖에도 당사자의 공방에 대한 심리과정에서 정리된 분리가능성의 구체적 판단요소나 관점도 다수 있는데,(123) (i) 그 자체로 저작권 보호대상에 해당하는 예술적 특징은 유용성을 증가시킬지라도 애초에 실용품의 디자인으로 만들어졌다는 이유만으로 저작물성이 상실되지 않는다. (ii) 디자인 특징이 실용품으로부

(123) 김창화, 앞의 논문, 32~34면 (구체적 판단의 요소로 설명하고 있는 부분 참조).

터 분리가능하다면 분리 후 해당 실용품이 여전히 유용하거나 기능적인지 여부는 분리가능성 테스트와 연관이 없으며 (iii) 해당 디자인이 해당 실용품이나 다른 실용품을 위하여 별개로 창작되었는지 여부도 연관이 없다는 점을 확인하고 (iv) 디자인이 실용품으로부터 추출되어 다른 매체에 표현될 때 해당 물건의 형상이 재현된다고 하더라도 그 실용품 전체의 디자인에 대해서는 저작권법상 보호를 인정하지 않고, 분리 가능한 예술적 표현인 추출 부분만이 저작권에 의해 보호된다는 점을 분명히 함으로써 실용품의 디자인의 저작물성의 인정 요건과 범위를 보다 명확히 하였다는 점 등을 들 수 있다.

2. 패션산업에 미치는 영향

미국 저작권청은 1991년에 의류디자인의 저작권 등록지침을 제정하여 발표하였지만(124) 분리가능성 논란은 계속되었고,(125) 앞서 서론에서 언급한 바와 같이 미국에서는 패션산업의 특성을 고려해 보호기간만 상대적으로 단기로 하되 기본적으로 저작권적 접근방법에 기초한 패션디자인 보호입법 움직임이 활발한 가운데 대상판결이 내려진 것이라는 점에서 패션업계의 환영을 받을 만한 판결로 예상된다. 그런데 패션산업에서의 지재권보호 문제는(126) 오리지널과 복제품 시장 자체의 차이, 불법복제의 역설Piracy Paradox(127) 등의 문제 제기 등 저작권적 보호의 실효성 문제가 예전부터 제기되어 온 영역이다. 최근 선행연구의 통계조사에 의하면,(128) 경제성과 효율성이라는 측면에서도 실제 디자이너를 대상으로 한 설문조사에서 저작권적 보호에 찬성하는 목소리가 높지 않다는 점이 확인된 바 있다. 한편, 대상판결의 반대의견에서도 실용품의 하나인 패션산업이 저작권에 의해 보호되는 것에 대하

(124) Registerability of Costume Designs, 56 Fed. Reg. 56,530 (Nov. 5, 1991).

(125) 자세한 사항은 육소영, 패션디자인의 법적 보호, 지식재산연구, 제5권 2호, 한국지식재산연구원(2010년), 101–102면.

(126) 김원오, 패션산업에서의 지식재산의 보호, 패션과 기술, Vol. 6, 한국의류학회(2009), 2면 이하.

(127) Raustiala, Kal and Sprigman, Christopher Jon, The Piracy Paradox: Innovation and Intellectual Property in Fashion Design, Virginia Law Review, Vol. 92, 1687 (2006); UCLA School of Law Research Paper No. 06–04.

(128) 이재일 · 이윤정, 패션디자인 저작권법에 대한 논의와 미국 패션업계 실무자들의 패션상품기획 과정에서의 창의성에 대한 인식, 한국디자인포럼 제40권 제40호, 한국디자인트렌드학회(2013), 330~331면.

여 부정적인 견해를 밝히면서, 그 이유로서 의회가 실용품 디자인에 대해서는 저작권 보호를 원칙적으로 거부했으며, 이를 보호할 다른 방법들, 즉 디자인 특허(우리법상 디자인보호법상 보호), 상표법, 그리고 옷의 전단계인 섬유로의 보호 등 다양한 방법이 주어져 있다는 것이며, 그럼에도 불구하고 저작권 보호를 추가로 인정하면 제품 가격의 인상과 신규시장 진입의 장벽으로 작용하여 오히려 패션산업을 위축시킬 우려가 있고 예측 불가능한 혼란을 야기할 수 있다는 지적도 있었다. 또 이 판결로 인해 종전 디자인 특허나 트레이드 드레스의 보호대상으로 간주되었던 의류나 기타 패션 아이템의 장식을 비롯하여 패션 디자인의 심미적 · 예술적 특징들에 대한 저작권 등록이나 보호시도가 증가할 것으로 예상된다.(129) 다만, 패션 회사들은 이번 대법원의 분리가능성 테스트에 부합할 수 있는 디자인 요소를 포함한 실용품의 제작에 집중할 것으로 예상됨에 따라 대상판결이 실용품에 통합된 심미적 디자인의 다양한 창작을 저해할 우려가 있다는 지적도 있다.(130)

또한 대상판결에서는 치어리더용 유니폼이란 패션의류제품의 디자인 특성에 대해 분리가능성에 기초한 저작권보호를 인정함으로써 패션제품의 예술적 요소에 대한 저작물성 판단의 기준이 종전 대부분의 법원에서 기존에 채택되고 있던 기준보다 완화되었다는 점을 고려할 때 패션제품 등 실용품의 디자인 무단 이용에 대한 저작권 침해 소송이 증가할 것으로 예상된다. 다만, 대상판결이 의류의 일부 디자인 특징이 저작권 보호대상에 해당할 수 있음을 확인함으로써 패션 디자인에 대한 저작물성 인정의 가능성을 열어 두었다 하더라도 의류 형태 자체나 절개선, 핏(fit)의 저작물성을 인정한 것은 아니므로 이번 판결이 패션 산업에 만연한 권리 침해 문제에 실질적인 개선을 가져올지 여부는 좀 더 지켜봐야 할 것이라는 견해도 있다.(131) 디자이너들이 미리 흥분하며 이 판결을 과신할 바가 못 된다는 지적도 있

(129) Venable LLP, IP Buzz, Star Athletica LLC v. Varsity Brands, Inc. et al.: Just as in Fashion, the Old Standard Returns.
〈https://www.venable.com/star-athletica-llc-v- varsity-brands-inc-et-al-just-as-in-fashion-the-old-standard-returns-03-29-2017/〉 (2018. 3. 18. 검색).

(130) Joseph Grasser, Allyson Madrid, Dana Beldiman, Supreme Court Resolves Split on Design Copyright Eligibility. 〈https://www.iptechblog.com/2017/03/supreme-court-resolves-split-on-design-copyright-eligibility/〉 (2018. 3. 18. 검색).

(131) 박경신, 앞의 논문, 98-99면.

다.[132] 한편, 3D 프린팅으로 양산 가능한 피규어, 캐릭터 등 3차원적 저작물뿐 아니라 2차원적 응용미술품의 저작권보호 가능성이 커진 만큼 3D 디자인모델파일의 디자이너에게 유리한 국면이 전개될 수 있는 여지가 있다.

(132) Bradley Puffenbarger, Fashion Designers Prematurely Cheer for Varsity Brands Case (Aug. 2017). 〈http://mbelr.org/fashion-designers-prematurely-cheer-for-varsity-brands-case/〉 (2018. 3. 5. 방문).

3. 우리 법제와 판례에 미칠 영향 검토

(1) 근거 법령의 한-미 비교(133)

우리 저작권법이 미국법상의 분리가능성 법리를 그대로 도입한 것으로 볼 수 있는가? 삼차원적, 입체적 디자인(의 예술적 측면)이 실용적 요소와 분리가능성이 있는지 여부에 의해서 저작권보호 여부가 결정되는 것이 그대로 타당한지 의문도 있다.(134) 양국의 규정을 대비해 보면 제법 차이가 나지만 우리 저작권법상 응용미술

(133) 한-미 비교표:

<table>
<tr><th></th><th colspan="2">응용미술저작물
(2000년 개정초안)</th><th colspan="2">확정된 현행 법령
(2조 15호)</th><th>미국저작권법
제101조 (2)</th></tr>
<tr><td>법령</td><td colspan="2">실용품에 복제되어 이용할 수 있으며, 그 물품의 실용적인 면과 물리적 · 관념적으로 구분되어 독립하여 존재할 수 있는 미술저작물로서 디자인 · 캐릭터 등을 포함한다.</td><td colspan="2">물품에 동일한 형상으로 복제될 수 있는 미술저작물로서 그 이용된 물품과 구분되어 독자성을 인정할 수 있는 것을 말하며, 디자인 등을 포함한다.</td><td>실용품의 디자인은 회화, 그래픽 및 조각의 특성을 가지고 그 물품의 실용적인 면과 별도로 구별될 수 있고 그와 독립하여 존재할 수 있는 범위 내에서 저작권으로 보호받을 수 있다.</td></tr>
<tr><td rowspan="2">우리
판례</td><td>대한방직(1996)</td><td>히딩크넥타이
(2004)</td><td>생활한복
(2000.3)</td><td>근거제시 판결(1)*
제호 · 표지
디자인</td><td>근거제시 판결(2)**
강아지 집</td></tr>
<tr><td>산업상의 대량생산에의 이용을 목적으로 하여 창작되는 모든 응용미술작품이 곧바로 저작권법상의 저작물로 보호된다고 할 수는 없고, 그 중에서도 그 자체가 하나의 독립적인 예술적 특성이나 가치를 가지고 있어 위에서 말하는 예술의 범위에 속하는 창작물에 해당하여야만 저작물로서 보호된다.</td><td>물품과 구분되어 독자성을 인정할 수 있는 것인지에 관하여 심리를 하여 보지 아니한 채 ~ (분리가능성의 존부판단은 하지 아니함)</td><td>생활한복은 그 제작경위와 목적, 외관 및 기능상의 특성 등 제반 사정에 비추어 볼 때 저작권법의 보호대상이 되는 저작물에 해당하지 않는다.
(판단기준)
대한방직 사건과 동일</td><td>응용미술저작물로서 저작권법의 보호를 받기 위해서는, 산업적 목적으로의 이용을 위한 '복제가능성'과 당해 물품의 실용적 · 기능적 요소로부터의 '분리가능성'이라는 요건이 충족되어야 한다.</td><td>당해물품의 기능적 요소와는 구분되는 미적요소로서 (중략) 그 독자성이 인정됨에 따라 그 자체로 얼마든지 다른 물품에도 적용될 수 있는 성질을 의미하는 바, 물품의 형상이 미적인 요소와 실용적 · 기능적 요소를 함께 반영한 것이라면 그 형상이 설령 미적인 것이라 해도 관념적 분리가능성이 있다고 볼 수 없고, 그 형상이 실용적 기능적 요소를 고려하지 않은 순수한 미적인 판단이 독립적으로 작용한 결과 나타난 것이라면 관념적 분리가능성이 있다.</td></tr>
</table>

* 대법원 2013. 4. 25. 선고 2012다41410 판결.

** 서울지방법원 2012가합543317 판결.

(134) 이상정, 산업디자인과 지적소유권, 세창출판사(1995), 230-235면.

품의 저작권법에 의한 중첩보호 규정의 개정연혁[135] 등에 비추어 보면 이 규정은 미국의 실용품 분리가능성 이론을 사실상 우리 저작권법으로 수용한 것으로 보는 견해가 유력하다.[136] 반면에 산업디자인과 응용미술을 명백히 구별하여 보호하는 체계를 갖지 않은 우리나라의 응용미술에 관한 저작권법의 해석론으로 미국의 분리가능성 이론을 그대로 받아들이기 어렵다는 비판적 견해도 있다.[137] 실용품 디자인이 산업상 대량생산을 목적으로 하여 창작된 응용미술품의 일종이라면 물품에 동일한 형상으로 복제될 수 있는 미술저작물에 해당하고, 그 이용된 물품과 구분되어 독자성을 인정할 수 있는 것이라면 저작권법상 응용미술저작물에 해당한다.[138] 이런 측면에서 우리나라 저작권법이 물품과의 물리적 또는 관념적 분리가능성을 응용미술저작물의 보호요건으로 하고 있는 것으로 해석할 수 있으며,[139] 미국 저작권법상 개별적 인식separate identification 요건은 우리 저작권법상 '구분'으로, 미국 저작권법상 독립적 존재independent-existence 요건은 우리 저작권법상 '독자성'에 대응하는 개념으로 이해할 수 있다.[140]

우리나라도 미국과 유사하게 양산 가능한 실용품 디자인은 디자인보호법에 의해 단기간 보호되는 것이 원칙이고 트레이드 드레스로 상표법(입체상표)이나 부정경쟁방지법에 의해 보호받을 수 있다. 하지만 미국과 달리 우리는 미등록디자인이라도 형태모방을 3년간 금지하는 규정이[141] 패션디자인 보호에 매우 중요한 제도로 작용하고 있고, 직물지같은 유행에 민감한 패션디자인은 일부심사제도에 의해 조

(135) 당초 2000년 저작권법 개정안은 "실용품에 복제되어 이용할 수 있으며, 그 물품의 실용적인 면과 물리적 · 관념적으로 구분되어 독립하여 존재할 수 있는 미술저작물로서 디자인 · 캐릭터 등을 포함한다."라고 규정하여 분리가능성을 분명히 하고 있었으나 실제 입법과정에서 수정되었다. 김태훈, 개정 저작권법 해설, 계간저작권 제49호, 저작권심의조정위원회(2000), 7−8면.

(136) 오승종, 저작권법(제4판), 박영사(2016), 299면.

(137) 차상육, 응용미술의 저작물성 판단기준, 창작과권리 통권45호, 세창출판사(2006), 83면.

(138) 대법원 2004. 7. 22. 선고 2003도7572 판결 참고.

(139) 서울고등법원 2012. 7. 25. 선고 2011나70802 판결 참고.

(140) 정태호, 동물 캐릭터 도안의 사례들을 통한 응용미술저작물과 순수 미술저작물의 경계에 관한 고찰 −대법원 2014. 12. 11. 선고 2012다76829 판결을 중심으로−, 지식재산연구 제10권 제2호, 한국지식재산연구원(2015), 140면.

(141) 부정경쟁방지법 제2조 제1호 (자)목: 본 규정은 선행 저작물에 의거하여 실질적으로 유사하게 모방하는 것을 금지하는 저작권보호 방식과 마찬가지로 미등록 신 상품형태의 예속적 '모방'을 일정기간 규제하는 방식을 취하고 있어 특허법적 접근방식이 아니라 저작권적 접근방식에 가깝다.

기에 디자인등록을 확보할 수 있어서 미국보다 패션디자인 보호를 위한 법제가 더 잘 갖추어져 있다고 볼 수 있다. 따라서 이 대상판결에도 불구하고 대량생산되는 패션디자인 형태에 관한 보호는 디자인보호법이나 부정경쟁방지법의 영역으로 맡겨두고 저작권법에 의한 중첩보호는 최대한 엄격하게 해석하는 것이 바람직하다. 이로써 저작권에 의한 추가보호로 인한 제품가격의 인상과 의류산업에 가져올 혼동, 중첩보호가 야기하는 본질적 문제점,(142) 분리가능성 적용기준의 변경으로 인한 판례의 혼란 등 법적 안정성의 문제도 동시에 해소할 수 있을 것이다.(143)

(2) 패션제품에 대한 우리판례의 태도와 비교평가

응용미술품의 저작권법에 의한 중첩보호의 기준에 대해, 2000년 입법 전의 대부분 판례에서는(144) "그 자체가 하나의 독립적인 예술적 특성이나 가치를 가지고 있어 예술의 범위에 속하는 창작물에 해당하는 것만이 저작물로서 보호된다."는 논거들 들었다. 2000년 법 개정에 의해 분리가능성 이론에 근거한 판단이 가능해졌음에도 여전히 개정법 시행 후에도 종래 기준을 그대로 적용하거나 일반 저작물과 동일하게 창작성 존부만 가지고 판단하고 분리가능성separability과 독립성 여부에 대해서는 구체적인 판단을 내리지 않은 판결도 부지기수이다. 다만, 비교표에서 보는 바와 같이 히딩크넥타이 사건은 종전과 달리 패션디자인에 대해 전향적 태도를 보이긴 하였으나, 대법원이 실체적 판단을 하지 않았고 하급심 두 개 판결에서만 분리가능성 요건에 대한 나름대로의 판단기준을 제시는 하고 있지만 여전히 미국의 판결처럼 정교한 기준을 제시하지 못하고 있다. 따라서 대상판결에서 분리가능성separability에 관해 정리한 다양한 관점과 기준 및 정리된 테스트 방법론에 관한 이해를 바탕으로 우리 판결에서도 우리 법제의 특성을 감안한 제대로 된 판결이 내려지기를 기대해 본다.

(142) 보호요건과 존속기간의 불균형과 불합리한 보호기간 연장 등 많은 문제점이 있다. 김원오, 지적재산권 중첩보호체제의 문제점과 해결원리 – 응용미술품의 의장법과 저작권법에 의한 중첩보호를 중심으로– 산업재산권, 15호, 한국지식재산학회, 2004. 121–174면.

(143) 같은 취지, 김창화, 앞의 논문, 35면.

(144) 대법원 2000. 3. 28. 선고 2000도79 판결, 1996. 2. 23. 선고 94도3266 판결, 1996. 8. 23. 선고 94누5632 판결 등 참조.

5-4

[중국] 디자인권자의 부당행위책임

最高人民法院 (2014)民三终字第7号 民事判决

| 박종학 | 법무법인 화현 변호사

I 사실의 개요

혼다 자동차本田技研工业株式会社는 2002년 2월 13일 국가지식재산권국으로부터 '자동차'汽车라는 명칭으로 제01319523.9호 디자인등록을 받았다.(145) 혼다 자동차는 2003년 9월 18일부터 2003년 10월 8일까지 쌍환 자동차石家庄双环汽车股份有限公司가 생산 · 판매한 S-RV 자동차가 혼다 자동차의 CR-V자동차 디자인권을 침해하였다며(146) 8회에 걸쳐 쌍환 자동차 및 그 판매상 등에게 경고장을 발송하고 쌍환 자

(145) 혼다 자동차의 디자인권의 도면 및 CR-V 모델.

(146) 전리법 제40조는 미국특허법의 '디자인특허(design patent)'와 같은 형식으로 디자인전리(外观设计专利, design patent)라고 규정하고 있다. 이 글에서는 이해의 편의상 우리나라 디자인보호법의 '디자인권'이라는 용어를 사용한다.

동차에게 생산 · 판매 중지 및 사과 등을 요구하였다.[147]

쌍환 자동차는 2003년 10월 16일 하북성 석가장시 중급인민법원에 S-RV자동차는 혼다 자동차의 디자인권을 침해하지 않는다는 확인청구소송을 제기하였고, 혼다 자동차는 2003년 11월 24일 북경시 고급인민법원에 쌍환 자동차의 S-RV자동차가 CR-V자동차 디자인권을 침해하였다며 그 생산 · 판매의 중지 및 손해배상청구의 소를 제기하였다. 최고인민법원은 2004년 6월 24일 (2004) 民三他字第4号로 북경시 고급인민법원에 제기된 사건을 석가장 중급인민법원으로 이송하여 불침해 확인청구사건과 병합심리할 것을 재정裁定하였다.[148]

쌍환 자동차는 2003년 12월 24일 국가지식재산권국 전리복심위원회国家知识产权局 专利复审委员会에 혼다 자동차의 '01319523.9호 디자인권' 무효심판을 청구하여[149] 2006년 3월 6일 무효심결(전리복심위원회 제8105호 무효결정)을 받았고, 북경시 제1중급인민법원[2006. 12. 25. 선고 (2006) 一中行初字 第779号 行政判决], 북경시 고급인민법원[2007. 9. 28. 선고 (2007) 高行终字 第274号 行政判决]의 1, 2심 행정소송에서 무효심결이 유지되자, 2008년 4월 26일 디자인권 불침해 확인청구소송 계속 중에 석가장

(147) 쌍환 자동차의 S-RV 모델:

(148) 중국의 재판형식에는 판결(判决), 재정(裁定), 결정(决定)이 있다. 판결이란 인민법원이 사건에 대한 심리를 마치고 사실과 법률에 근거하여 내린 기속력 있는 종국적 판단을 말한다. 재정(裁定)이란 인민법원이 소송절차 중의 각종 절차적인 사항을 처리하기 위하여 내리는 기속력 있는 종국적 판단을 말한다. 예컨대, 수리거부, 이송, 보전처분 등에 대한 결정이다. 결정이란 소송의 원활한 진행을 위하여 소송절차 중에 발생하는 장애 또는 소송의 정상적인 진행을 방해하는 특별한 사항에 대하여 내리는 종국적 판단을 말한다. 예컨대, 회피신청의 처리, 소송기간 연장신청의 처리, 소송방해행위의 처리 등에 대한 결정이다. 재정(裁定)은 법이 상소를 허용하는 경우 상소할 수 있으나, 결정은 상소할 수 없는 점에서 서로 구별된다. 박종학, "중국의 판결절차", 외국사법제도연구(9)(2011), 법원행정처, 686.

(149) 전리법 제45조는, 국무원 전리행정부서가 전리권 수여를 공고한 날부터 어떠한 단위 또는 개인이든 해당 전리권의 수여가 본 법의 관련규정에 부합하지 않는다고 인정한다면 전리복심위원회에 해당 권리권의 무효선고를 청구할 수 있다고 규정하고 있다. '전리권무효선고청구'는 디자인보호법상의 '무효심판청구'와 같으므로 이해의 편의상 '무효심판청구'라 하고 '전리권무효선고결정'은 '무효심결'이라 한다.

시 중급인민법원에, 혼다 자동차가 연속하여 쌍환 자동차에게 경고장을 발송하여 쌍환 자동차로 하여금 S-RV자동차의 생산 · 판매를 중지하고 제품, 도면, 설비 등을 폐기하도록 요구함으로써 30일간 출시가 지연되고 자동차의 외관 및 틀을 개조함으로써 1,949만 위안에[150] 이르는 손해가 발생하였다는 이유로 총 2,579.139만 위안을 손해배상으로 청구하였다.

혼다 자동차는 북경시 고급인민법원 (2007) 高行终字 第274号 행정판결에 대하여 최고인민법원에 재심을 청구하였고, 최고인민법원은 2010년 11월 26일 (2010) 行提字 第3号 行政判決로 북경시 고급인민법원의 2심 행정판결과 전리복심위원회의 무효심결을 모두 취소하였다.

혼다 자동차는 석가장 중급인민법원에 계속 중인 소를 취하하고, 2013년 4월 25일 하북성 고급인민법원에 34,857.04만 위안의 디자인권 침해소송을 제기하였다. 최고인민법원은 2012년 5월 22일 (2012) 民三終字 第1号 民事裁定으로, 하북성 고급인민법원이 1심법원으로서 석가장시 중급인민법원이 심리 중인 불침해 확인청구소송과 디자인권 침해소송을 병합심리 하도록 재정하였다.

하북성 고급인민법원은 2013년 1월 16일 디자인권 불침해 확인청구소송과 디자인권 침해소송을 분리 입안한[151] 후 심리를 진행하였다.[152]

쌍환 자동차는 2013년 4월 1일 혼다 자동차가 하북성 인민정부에 침해중지 조치에 관한 서한을 보내고, 다수의 언론매체 및 인터넷사이트 등에 쌍환 자동차 S-RV자동차가 혼다 자동차의 디자인권을 침해하였다고 보도하는 등의 악의적 행위가 쌍환 자동차의 합법적 경영권 및 명예권 등을 침해하고 있다는 이유로 36,574만 위안의 손해배상 청구소송을 제기하였다.

하북성 고급인민법원은 2014년 2월 19일 "쌍환 자동차가 생산 · 판매한 S-RV 자동차는 혼다 자동차의 01319523.9 디자인권을 침해하지 않음을 확인한다. 혼다

(150) 인민폐 1위안은 한화 167.45원이다. 2017년 3월 3일 naver 검색.

(151) 중국민사소송법 제208조에 의하면, 인민법원이 소장을 접수(接到)하고 7일 내에 입안(立案)하거나 불수리 재정(裁定不予受理)을 하여야 한다. 인민법원의 입안은 소장이 수리되어 소송절차가 개시되는 것을 의미한다.

(152) 혼다 자동차가 쌍환 자동차를 상대로 제기한 디자인권 침해소송에 대하여 하북성 고급인민법원은 2014년 2월 19일(2012)冀民三初字 第2号 民事判决로 쌍환 자동차의 S-RV자동차가 혼다 자동차 디자인권의 보호범위에 속하지 않는다는 이유로 혼다 자동차의 청구를 기각하였고, 최고인민법원은 2015년 7월 23일(2014)民三终字 第8号 民事判决로 상소를 기각하였다.

자동차는 쌍환 자동차에게 경제적 손해액 5,000만 위안을 배상한다. 쌍환 자동차의 나머지 청구를 기각한다[河北省 高级人民法院 (2013) 冀民三初字 第1号 民事判决]."라고 판시하였다.

최고인민법원은 2015년 12월 8일 쌍방 상소사건에 대하여(153) "쌍환 자동차가 생산 · 판매한 S-RV자동차는 혼다 자동차의 디자인권을 침해하지 않음을 확인하고, 혼다 자동차가 쌍환 자동차에게 1,600만 위안을 손해배상 하라는 판결을 선고하였다(이하 '대상판결'이라 한다).

Ⅱ 판시(디자인권 불침해 확인청구 인용)

"쌍환 자동차의 디자인권 침해행위 성립 여부에 관하여, 일반소비자 입장에서 자동차의 정면도, 측면도 및 후면도 3방향에서 혼다 자동차의 디자인과 쌍환 자동차의 디자인의 주요 특징을 전체관찰한 결과, S-RV자동차의 외형 윤곽이 사다리꼴 제형이고, 두 개 후사경을 연결한 아래쪽 사다리꼴 경사면과 위쪽 사다리꼴 경사면이 자연스럽게 맞닿아 있어서 현저한 각도변화가 없는 반면, 혼다 자동차의 디자인은 양측 후사경을 연결한 위쪽, 아래쪽 부분이 서로 다른 형상으로 아래쪽은 직사각형 모양이고, 위쪽은 사다리꼴 모양인 점 등에서 현저한 차이가 있어 S-RV자동차는 혼다 자동차의 디자인권의 보호범위에 속하지 않으므로, 쌍환 자동차의 디자인은 혼다 자동차의 디자인권을 침해하지 않는다." (디자인권자의 부당행위로 인한 손해배상청구 일부 인용)(154)

"혼다 자동차의 경고장 발송행위 등이 불법행위를 구성하는지 여부에 관하여,

(153) 중국민사소송법상 상소, 항소는 우리나라 항소와 상고를 포함하는 상소와 다르다. 상소는 당사자가 1심 인민법원의 재판에 대하여 상급인민법원에 그 취소나 변경을 구하는 불복신청을 말한다. 항소는 인민검찰원이 재판감독절차로서 이미 법률적 효력이 발생한 인민법원의 재판에 대하여 재심을 청구하는 행위를 말한다.

(154) 이 글은 디자인권자의 부당행위책임에 관한 것이므로, 양 디자인의 구체적인 대비는 한 가지만 기재하고 나머지는 생략한다.

혼다 자동차가 쌍환 자동차 및 판매상 등에게 S−RV자동차의 생산 · 판매 중지를 요청한 1단계의 행위는 디자인권자의 정당한 권리행사에 해당한다. 그러나 혼다 자동차가 쌍환 자동차와 이미 디자인권 불침해 확인청구소송이 계속 중인데도 디자인권 침해사실을 입증할 추가증거가 없는 상태에서 전국 S−RV자동차 판매상 등에게 경고장을 발송한 2단계 행위는 단순히 디자인권을 보호하기 위한 것이 아니라 경쟁자에게 타격을 가하여 거래처 및 거래기회를 빼앗는 것으로서 공평한 경쟁질서에 반하는 부정경쟁행위에 해당한다. 그러므로 혼다 자동차는 중국부정경쟁방지법 제2조, 제20조에 따라 쌍환 자동차에게 경제적 손해액 1,600만 위안(합리적 권리보호비용 포함)을 배상할 의무가 있다."

해설

1. 들어가는 말

혼다 자동차와 쌍환 자동차는 디자인권 침해청구, 관할권 이의신청, 디자인권 불침해 확인청구, 디자인권 무효심판청구, 손해배상청구 등으로 12년간 법적으로 다투었고, 이에 대한 최종 판단이 대상판결이다.

이 사건은 새로 출시한 쌍환 자동차의 S−RV자동차가 혼다 자동차의 디자인권을 침해했는지 여부 및 혼다 자동차가 쌍환 자동차에 대한 2단계 행위로 인하여 손해배상책임을 부담하는지 여부가 쟁점이다.

아래에서는 우리나라 권리범위확인심판과 대비되는 전리권 불침해 확인청구소송 및 디자인권자의 권리행사가 부정경쟁행위에 해당한다고 판시한 부분에 대하여 살펴본다.

2. 디자인권 불침해 확인청구소송

중국민사소송법은 권리 불침해 확인청구소송을 규정하고 있지 않다. 권리 불침해 확인청구소송은 최고인민법원의 사법해석에서 인정된 제도이다. 최고인민법원 전리권 침해분쟁사건 심리 시의 법률응용 문제에 관한 해석(2009년 12월 21일 통과, 사법해석 제21호) 제18조는 "권리자가 타인에게 전리권 침해경고장을 발송한 후 경고를 받은 자 또는 이해관계자가 서면으로 권리자에게 소권을 행사하도록 최고하고 권리자가 그 서면 최고를 받은 날로부터 1개월 내 또는 서면 최고를 발송한 날로부터 2개월 내에 권리자가 경고를 철회하지 않고 소송도 제기하지 않는 경우, 경고를 받은 자 또는 이해관계자는 법원에 그의 행위가 전리권을 침해하지 않는다는 확인청구소송을 제기하고 인민법원은 이를 수리하여야 한다."고 규정한다.(155)

우리나라 디자인보호법 제122조는, 디자인권자 · 전용실시권자 또는 이해관계인은 등록디자인의 보호범위를 확인하기 위하여 디자인권의 권리범위확인심판을 청구할 수 있다고 규정하고 있다. 권리범위확인심판과 침해소송은 서로 기판력이 미치지 않고 중복소송에도 해당하지 않는다. 따라서 권리범위확인심판의 심결 및 심결취소소송의 판결은 침해소송에서 유력한 증거방법이 될 수 있으나, 침해소송에 대한 기속력은 인정되지 않는다.(156)

중국이 사법해석을 통하여 전리권 불침해 확인청구소송을 인정함으로써 전리권자의 침해금지청구 및 손해배상청구에 대비하여, 침해자로 주장된 자는 전리권 불침해 확인청구소송을 통하여 일정한 절차적 요건을 갖춘 경우 자신의 실시행위가 타인의 디자인권을 침해하지 않음을 확인받음으로써 권리자에 대항할 수 있다.(157)

대상판결은, "쌍환 자동차의 디자인권 침해행위 성립 여부에 관하여, 일반소비자 입장에서 자동차의 정면도, 측면도 및 후면도 3방향에서 구매하려는 자동차에 대하여 관찰을 진행하고, 일반소비자가 주목하지 않는 다른 각도 부분은 대비의 범위에 포함하지 않는다. 혼다 자동차의 디자인과 쌍환 자동차의 디자인의 주요 특

(155) [最高人民法院关于审理侵犯专利权纠纷案件应用法律若干问题的解释 (2009年12月21日最高人民法院审判委员会第1480次会议通过, 法释〔2009〕21号)] 第十八条 权利人向他人发出侵犯专利权的警告, 被警告人或者利害关系人经书面催告权利人行使诉权, 自权利人收到该书面催告之日起一个月内或者自书面催告发出之日起二个月内, 权利人不撤回警告也不提起诉讼, 被警告人或者利害关系人向人民法院提起请求确认其行为不侵犯专利权的诉讼的, 人民法院应当受理.

(156) 대법원 2011. 2. 24. 선고 2008후4486 판결.

(157) 디자인보호법이 규정한 권리범위확인심판 중 소극적 권리범위확인심판이 중국의 전리권 불침해 확인청구소송과 유사하다. 소극적 권리범위확인심판은, 디자인권자 이외의 자가 계쟁대상물이 디자인권의 권리범위에 속하지 아니한다는 취지의 심결을 구하는 심판을 말한다. 노태정, 디자인보호법(3정판), 세창출판사(2009), 787면.

징을 전체관찰하고 세부적으로 대비한 결과, S-RV자동차의 외형 윤곽이 사다리꼴 제형이고, 두 개 후사경을 연결한 아래쪽 사다리꼴 경사면과 위쪽 사다리꼴 경사면이 자연스럽게 맞닿아 있어서 현저한 각도변화가 없는 반면, 혼다 자동차의 디자인은 양측 후사경을 연결한 위쪽, 아래쪽 부분이 서로 다른 형상으로 아래쪽은 직사각형 모양이고, 위쪽은 사다리꼴 모양인 점, S-RV자동차의 두 후사경을 연결한 아래쪽 차량 앞부분 높이가 위쪽의 방풍유리 높이와 2:1 비율이고, 차량 앞부분이 시각적으로 중후한 반면, 혼다 자동차의 디자인은 양측 후사경을 연결한 아래쪽 차량 앞부분 높이가 위쪽 방풍유리 높이와 1:1 비율이고, 위아래 부분이 시각적으로 비교적 균등하고 특출한 차이가 없는 점, S-RV자동차의 후사경 바깥쪽 경계선이 전조등의 바깥쪽 경계선과 하나의 선 위에 있는 반면, 혼다 자동차의 디자인은 자동차 후사경 안쪽 경계선과 전조등 바깥쪽 경계선이 하나의 선 위에 있어 양 차체가 시각적으로 확연한 차이가 있는 점, S-RV자동차와 디자인권의 후면도를 비교하면, S-RV자동차의 안쪽 들어간 폭은 혼다 자동차 디자인의 안쪽 들어간 폭보다 현저하게 큰 점 등에서 현저한 차이가 있어서 S-RV자동차는 혼다 자동차 디자인권의 보호범위에 속하지 않으므로, 쌍환 자동차의 디자인은 혼다 자동차 디자인권을 침해하지 않는다."라는 이유로 쌍환 자동차가 생산 · 판매한 S-RV자동차는 혼다 자동차의 디자인권을 침해하지 않음을 확인한다고 판시한 하북성 고급인민법원의 1심판결을 유지하였다.

3. 디자인권자의 부당행위와 손해배상책임

(1) 혼다 자동차의 디자인권 침해중지를 위한 행위

1) 쌍환 자동차 및 판매상 등에 대한 경고장 발송

혼다 자동차는 2003년 9월 18일부터 2003년 10월 8일까지 8회에 걸쳐 쌍환 자동차에게 경고장을 보내어 생산 · 판매의 중지를 요구하고, 디자인권을 침해한 도면, 전용설비, 전용공구, 제품소개서 및 광고 등의 폐기를 요구하였다. 혼다 자동차는 2004년 1월 9일 중국 각지의 자동차 판매상 등에게 쌍환 자동차의 S-RV자동차 판매는 혼다 자동차의 디자인권을 침해한다며 판매상 등을 상대로 소송을 제기할 것이라는 경고장을 보냈다.

2) 하북성 인민정부에 분쟁해결 협조요청

혼다 자동차의 관계회사인 둥펑東風 자동차는 2004년 8월 6일 하북성 인민정부에 하북성 내 자동차 회사들이 혼다 자동차의 CR-V자동차 디자인을 모방하여 자동차를 제조 · 판매하고 있고, 혼다 자동차를 보호하지 않으면 지식재산권을 보호하지 않는 모범사례가 되어 하북성의 외자도입이 어려울 것이며, 혼다 자동차를 보호한다면 하북성이 지식재산권 보호의 대외적인 모범이 될 것이라며 디자인권 침해 중지조치를 요청하였다.(158)

3) 언론매체의 신문보도

2004년 3~4월경 경화시보 등 다수의 언론매체 및 인터넷사이트는 쌍환 자동차가 혼다 자동차의 디자인권을 침해하여 거액의 손해배상청구가 제기되었다고 보도하였다.(159)

(2) 혼다 자동차의 경고장 발송행위의 정당성

혼다 자동차의 경고장 발송행위는 2단계로 나눌 수 있다. 1단계는 2003년 9월 18일부터 2003년 10월 8일까지 8회에 걸쳐 쌍환 자동차 및 판매상 등에게 경고장을 발송하여 쌍환 자동차의 생산 · 판매 중지를 요구한 행위이다. 2단계는 혼다 자동차가 2003년 11월 24일 쌍환 자동차의 자동차설계가 디자인권을 침해한다며 북경시 고급인민법원에 쌍환 자동차 및 판매상 등에게 침해소송을 제기한 후 전국 10여개 판매상 등에게 경고장을 발송한 것이다.

혼다 자동차의 1단계 경고행위는 쌍환 자동차에게 생산중단을 요구하고 판매상 등에게 판매행위 중지를 요구한 것으로 디자인권자의 정당한 권리행사에 해당한다. 전리법 제57조는 "전리권자의 허가를 얻지 아니하고 그 전리를 실시하여 즉 전리권을 침해하여 분쟁이 발생한 경우 당사자 간에 협상을 통하여 해결할 수 있다."고 규정하고 있다.(160) 디자인권자가 이미 법원 판결로 인정된 침해행위에 대하여

(158) 대상판결은, 둥펑 자동차의 하북성 인민정부에 대한 서신발송행위는 부당행위에 해당하지 않는다고 판시하였다.

(159) 대상판결은, 디자인권 침해 관련 언론매체 등의 보도가 민법통칙 제101조가 규정한 명예권을 침해하고, 중국부정경쟁방지법 제14조가 규정한 영업비방행위에 해당한다는 쌍환 자동차의 주장을 모두 배척하였다.

(160) 2000년 8월 25일 2차 개정된 전리법 규정이다. 2008년 12월 27일 개정된 현행 전리법 제60조에 해당한다.

침해자에게 경고장을 발송할 수 있고, 디자인권 침해소송 제기 전 및 침해소송 계속 중에 경고장을 발송할 수 있다. 디자인권자의 경고장 발송은 권리보호과정이자 협상에 의한 분쟁해결의 일환으로 법원의 침해판결 선고 전 스스로 권리를 보호하는 행위로서 법률이 금지하지 않는다. 이런 분쟁해결 방식은 권리보호비용을 낮추고 분쟁해결의 효율성을 높이며 사법시스템을 절약하여 경제적으로도 효율적이다. 혼다 자동차가 디자인권 침해 경고장을 발송한 1단계 행위는 자신의 디자인권을 보호하는 일종의 자력구제행위에 해당한다.

그러나 권리자의 경고장 발송행위는 자신의 합법적 권익을 보호하는 것으로서 민사권리의 행사이지만, 권리는 합리적인 범위 내에서 행사되어야 한다. 권리보호를 위한 조치를 취할 때에는 공평한 경쟁질서 유지를 위해 경고가 남용되지 않도록 하고 경쟁자의 합법적 권익이 제한받지 않도록 주의하여야 한다. 경고가 정당한 권리보호행위인지 경쟁자를 억압하는 부정경쟁행위인지 판단은 경고장 발송의 구체적 사정에 따라 인정되어야 하고, 경고내용의 충분성, 침해확정의 명확성에 중점을 두어야 한다. 권리자의 경고장 발송은 확정된 구체적 침해사실에 근거하여야 하고, 경고장 발송 시에 경고한 행위가 침해행위를 구성하는지 침해행위 관련 구체적 사실을 입증한 후에 경고해야 한다. 경고의 내용은 권리자의 신분, 권리의 유효성, 권리의 보호범위 및 기타 사정에 비추어 경고받은 행위가 침해행위를 구성한다는 충분한 정보가 포함되어야 한다. 권리자의 경고 목적이 경고받은 자가 권리침해가능성을 인식하여 스스로 침해행위를 중지하거나 권리자와 협상하여 분쟁을 해결함으로써 권리자가 소송을 제기하는 등의 조치를 취할 필요가 없게 하는 것이기 때문이다.

권리자의 주의의무는 경고를 받은 자에 따라 다르다. 제조자는 침해의 원인제공자로서 경고의 주요대상자이고, 권리자는 경고를 받은 제조자가 침해행위를 중지하거나 협상을 통해 실시허가를 받을 것을 희망한다. 권리자의 경고대상자에는 판매상, 수입상, 사용자 등이 포함되고, 이들은 제조자의 거래상대방으로서 권리자가 거래처로 확보해야 할 고객집단이다. 판매상 등은 통상 침해판단이 상대적으로 어렵고 침해 관련 구체적 사정에 대해 아는 것도 적으며, 위험회피의식이 강하다. 그리하여 판매상 등은 경고를 받으면 관련 제품의 반품과 제조자와의 거래중단을 선택하기 쉽고 이는 제조자에게 제품 판매를 불가능하게 하여 관련 제품거래의 경쟁질서에 영향을 미친다.

경고는 침해행위를 당연히 중단시킬 수 없고 경고를 받은 자가 침해행위를 중지하느냐는 그의 자유이다. 특히 판매상 등은 침해행위 경고의 내용에 따라 영업위험을 부담할 것인지 결정하여야 한다. 그러므로 권리자가 제조자에게 침해행위 경고장을 발송하는 경우 그 경고와 관련된 정보, 즉 권리보호범위, 침해혐의에 대한 구체적 정보 및 침해인정 여부와 관련된 충분한 정보를 상세하게 공개하여야 한다. 그렇지 않으면 판매상 등은 내용불명의 경고로 인한 거래상 불이익을 피하기 위해 쉽게 거래중단을 결정할 수 있고 이는 공정한 경쟁질서에 위반된다.

혼다 자동차는 S-RV자동차 판매상 등에게 경고장을 발송한 1단계를 넘어 2단계로 쌍환 자동차가 이미 협상을 진행함과 아울러 디자인권 불침해 확인청구소송을 제기하였고, 스스로 디자인권 침해금지 등의 소를 제기하였음에도 계속하여 전국 S-RV자동차 판매상 등에게 경고장을 보냈다. 그런데 경고장에는 디자인권의 명칭, 침해주장 제품의 명칭 및 침해자 명단이 기재되어 있을 뿐 디자인 유사에 관한 구체적인 이유 주장이나 충분한 침해 대비 등을 공개하지 않았을 뿐만 아니라, 쌍환 자동차가 이미 법원에 법적 구제조치를 취하고 있다는 등과 같이 판매상 등이 경고된 행위를 중지할 것인지를 합리적으로 판단할 수 있게 할 만한 사실을 공개하지 않았다. 경고를 받은 판매상 등은 쌍환 자동차의 거래자이면서 혼다 자동차의 경쟁자 또는 장래 고객집단으로서, 혼다 자동차가 이들 판매상 등에게 경고장을 발송한 것은 디자인권을 보호하는 동시에 경쟁자인 쌍환 자동차에게 타격을 가하여 거래처나 영업기회를 빼앗는 것이 되어 부당하다.

(3) 혼다 자동차의 2단계 경고장 발송행위 등의 법적 책임

대상판결은, 중국부정경쟁방지법 제2조에 따라(161) 경영자는(162) 시장거래에서 자율, 평등, 공평, 신의성실의 원칙에 따르고, 공인公認된 상업도덕을 준수하여야 하고, 이는 제조자에게 경고장을 발송하는 때에도 적용되는데, 혼다 자동차의 2단계 경고장 발송행위는 합리적인 주의의무를 다한 것이라고 인정하기 어렵고 이는 중국부정경쟁방지법 제2조를 위반한 것이라고 판시하였다.

나아가 혼다 자동차가 S-RV자동차 판매상 등에게 경고장을 발송한 2004년 당시는 자동차 시장의 고속성장기이었고 유사모델의 제품주기, S-RV자동차 출시

(161) 第二条 经营者在市场交易中，应当遵循自愿、平等、公平、诚实信用的原则，遵守公认的商业道德。

(162) '경영자'란 상품경영 또는 영리적 서비스업에 종사하는 법인, 법인이 아닌 단체와 개인을 말한다(중국부정경쟁방지법 제2조 제3항).

후 판매량 감소 및 생산중단은 혼다 자동차의 경고장 발송행위와 인과관계가 있다. 이로써 혼다 자동차의 경고장 발송이라는 부당행위가 쌍환 자동차에게 큰 손해를 발생하게 하였음을 추정할 수 있고, 평가자문보고서가 확정한 쌍환 자동차의 2003년 10월경부터 2007년 2월경까지 판매한 자동차 16,442대, S-RV자동차 1대당 인민폐 2.12만 위안의 이윤, 평가자문보고서의 일부 내용을 참고하고 혼다 자동차의 경고장 발송 경위 및 경고받은 판매상 등의 범위 등을 종합하여 중국부정경쟁방지법 제20조 제1항에 따라[163] 혼다 자동차가 쌍환 자동차에게 경제적 손해 1,600만 위안(합리적 권리보호비용 포함)을 배상하라고 판시하였다.

대상판결이 혼다 자동차의 2단계 경고장 발송행위의 손해배상책임의 근거로 제시한 중국부정경쟁방지법 제2조는 시장거래의 기본원칙을 규정한 것으로 구체적인 내용은 다음과 같다.

1) 자율원칙

자율원칙은 경영자가 종사하는 시장거래활동에서 내심 의사에 따라 상사관계를 성립, 변경, 종료할 수 있는 것을 말한다. 경영자가 시장거래활동 참가 여부를 타인의 간섭을 받지 않고 스스로 결정하고, 거래대상 · 거래내용 · 거래방식도 스스로 결정하며, 경영자간의 거래관계가 쌍방의 진정한 의사표시의 합치에 기초하는 것을 말한다. 사기 · 강박에 의한 거래행위 또는 우월적 지위를 이용하여 상대방에게 불합리한 조건을 강요하여 거래하는 것은 자율원칙을 위반하여 부당하다.

2) 평등원칙

평등원칙은 상품경제의 본질적 요구로서, 시장거래활동에 참가하는 경영자는 법적 지위가 평등하므로 균등한 권리를 향유한다는 것을 말한다. 거래당사자는 행정상의 예속관계 없이 각자 독립적이고, 균등한 민사적 권리를 향유하며, 거래당사자간의 권리의무의 설정은 의사합치의 결과라는 것이다. 어떤 단위単位[164] 또는 개

(163) 제20조 ① 경영자가 이 법 규정에 위반하여 침해받은 경영자에게 손해를 초래한 경우 손해를 배상할 책임이 있고, 침해받은 경영자의 손해를 계산하기 어려운 경우 배상액은 침해자가 침해기간 동안 침해행위로 인하여 취득한 이윤으로 하고, 또한 침해받은 경영자가 자신의 합법적 권익을 침해한 부정경쟁행위를 조사하기 위하여 지급한 합리적 비용도 배상해야 한다.

(164) '단위'란 ① 기관, 단체, 법인, 기업 등 비자연인의 실체 혹은 그 소속부문, ② 봉급생활자가 출근하는 장소, 즉 직장, ③ 수학, 물리학, 의학에서 사용하는 개념 등 여러 가지 의미를 내포하고 있다. 대체적으로 '법인 또는 기타 조직'으로 이해된다.

인이 행정권력을 빌려 타인의 상품거래행위를 제한할 수 없고 경제적 우위 또는 독점적 지위를 남용하여 다른 경영자와의 공정한 경쟁을 배제할 수 없다.

3) 공평원칙

공평원칙은 공정경쟁의 관념이 법률상 구체화된 것으로, 시장경쟁에 참여한 경영자는 동일한 규칙을 따라야 한다는 것이다. 불법 또는 부도덕한 방법으로 경쟁우위를 얻는 행위, 즉 뇌물이나 리베이트를 제공한 상품판매행위, 부정하게 취득한 타인의 영업비밀을 이용한 타인의 시장참여 배제행위는 불공평한 경쟁행위에 해당한다.

4) 신의성실원칙

신의성실원칙은 공평원칙과 마찬가지로 공인된 상업도덕이 법률상 구체화된 것으로, 경영자는 시장거래활동에서 선의, 성실성을 가지고 신용을 유지하여야 한다는 것이다.

5) 공인된 상업도덕의 준수

공인된 상업도덕이란 오랜 시장거래활동에서 형성되어 보편적으로 승인 · 준수되는 상사행위준칙을 말한다. 공인된 상업도덕은 기본적인 도덕인 '공평', '신의성실'을 기초로 하여 형성된 다양하고 구체적인 상관습이다. 중요한 상관습은 이미 법률규범이 되었으나 상업도덕의 모든 내용을 법규에 포함할 수 없다. 이점에서 공인된 상업도덕이 규범작용을 발휘한다는 것은 중요한 의의가 있다.

중국부정경쟁방지법 제20조 제1항은 경영자가 제2조를 위반하여 다른 경영자에게 손해를 초래한 경우 손해배상책임이 있다고 규정하고 있다. 중국부정경쟁방지법은 개별적 부정경쟁행위뿐만 아니라 부정경쟁행위에 대한 일반조항을 두고 있다.(165)

(4) 우리나라 판례상 디자인권자의 부당행위책임

서울중앙지방법원 2006. 12. 27. 선고 2006가합58801 판결은, 실용신안권 및

(165) 위 조항은 정의 규정에 불과하므로 그 작용에 한계가 있다는 견해도 있다. 吴汉东 等著, 知识产权基本问题研究, 中国人民大学出版社, 2006, 828页.

디자인권이 등록무효로 되자, 침해자로 주장된 자가 권리자의 ① 형사고소, ② 가압류 · 가처분, ③ 침해금지 등 손해배상청구, ④ 경고장 발송(침해자로 주장된 자에 대한 침해중지 요청 및 제3자에 대한 구입정지 요청) 등으로 인한 침해자로 주장된 자의 손해배상청구 사건에서, 권리자의 고의 또는 과실이 없거나 손해발생과 인과관계가 없다는 이유로 침해자로 주장된 자의 손해배상청구를 기각하였다.

항소심인 서울고등법원 2007. 12. 18. 선고 2007나32582 판결은, ①, ③, ④ 행위에 대하여는 1심판결의 판시를 인용하고, ② 가압류 · 가처분의 집행과 불법행위 성립 여부에 대하여 부당보전처분으로 인하여 침해자로 주장된 자가 정신적 고통을 당하였음이 경험칙상 명백하다는 이유로 2,000만 원의 위자료를 인용하고 1심판결 중 이 부분을 취소하였다. 상고심인 대법원 2008. 5. 15.자 2008다8126 판결은 심리불속행으로 상고를 기각하였다.

우리나라 판례는 디자인권자의 부당행위책임을 민법 제750조의 불법행위책임으로 구성한 것에 특징이 있고, 이는 대상판결이 중국부정경쟁방지법 제2조의 일반규정에 의해 법적 책임을 추궁한 것과 차이가 있다.

Ⅳ 대상판결의 의의

대상판결은, 혼다 자동차의 디자인권이 최종적으로 유효하다고 결론이 났음에도 권리보호방식의 적정성을 문제삼아 혼다 자동차의 손해배상책임을 인정하였다. 대상판결은, 혼다 자동차의 권리보호방식이 적정한 것인지는 경고된 행위가 침해행위를 구성하는지에 따라 판단할 것이 아니라, 권리보호방식이 정당한 것인지, 공평한 경쟁질서를 위반한 것인지, 경쟁자에 대한 억압행위가 비교형량에 맞는지 등에 따라 판단하여야 하는데, 혼다 자동차의 2단계 경고행위는 권리보호방식이 적정하지 않아 중국부정경쟁방지법 제2조를 위반하였다는 것이다.

디자인권자의 경고행위 자체는 일반적으로 권리남용에 해당하지 않고 불법행위 등을 구성하지 않는다. 대상판결은 권리자가 경고장을 발송하여 자신의 합법적 권익을 보호하는 것은 당연한 민사적 권리의 행사이지만, 그 권리의 행사는 합리적

범위 내의 것이어야 한다고 판시하였다. 우리나라는 경고장 발송행위에 대하여 민법 제750조의 불법행위 성립 여부를 판단하였음에 비해, 대상판결은 경고장 발송의 합법성부터 공정경쟁관계 및 시장거래자의 영업위험 등 다양한 측면을 검토하여 경고장 발송행위가 정당한 권리보호행위로 인정되는지 여부를 중국부정경쟁방지법 제2조의 일반조항을 적용하여 디자인권자의 부당행위책임을 인정한 사례라는 점에 의의가 있다. 다만, 중국부정경쟁방지법 제2조의 일반조항을 위반하였다고 판시하면서 구체적으로 어느 원칙을 위반한 것인지 명시적으로 밝히지 않은 것은 아쉬움으로 남는다.

5-5

[미국] 연방법원의 Patent Venue Law *

TC Heartland v. Kraft Foods Group Brands (S.Ct. 2017)

| 노태악 | 서울고등법원 부장판사

I TC Heartland 판결(166)의 사실관계와 쟁점

1. 사실관계

피고 TC Heartland사는 인디애나 주법에 따라 설립되어 인디애나 주에 본사

* 이 글은 2018. 1. 20. 「디자인법연구회」에서 발표된 것이다. 그 후, 이 판결을 주제로 다룬 국내 연구로는 이주환, '미국 특허소송 재판적에 대한 법리의 역사적 전개과정 –미국 연방대법원 TC Heartland 판결을 중심으로–', 지식재산연구 제13권 제1호, 2018. 3., 91면 이하; 김세욱, '미국에서 특허침해소송 관할 문제와 시사점 –미 연방대법원의 TC Heartland 판결을 중심으로–', Law & technology, 제14권 제3호, 2018. 5., 20면 이하; 김용진, '특허침해소송 관할의 국제적 발전 동향과 우리나라에의 영향 분석 –미국 연방대법원의 TC Heartland 재판과 유럽연합의 통합특허법원의 재판관할을 중심으로–', 외법논집, 제42권 제3호, 2018. 8., 319면 이하 등이 있다. 그 이후 발간된 것으로 참고한 미국문헌으로는, Frederick H. Davis, Zachary R. Hill, 'Patent Litigation: Could Arkansas be Home to more Suits After TC Heartland?', 53–FALL Ark. Law. 38 (Fall, 2018); Howard I. Shin, Christopher T. Stidvent, 'Patent Venue A Year After TC Heartland', 11 No. 2 Landslide 42 (2018); Alex Chachkes and Josh Montgomery, 'TC Heartland's Impact in 2018' (Dec. 12, 2018) 등이 있다.

(166) TC Heartland LLC v. Kraft Foods Group Brands LLC, 137 S.Ct. 1514 (2017).

를 두고 있는a limited liability corporation organized and existing under Indiana law 음료수 관련 식품제조업체이고, 원고 Kraft Food사는 델라웨어 주법에 따라 설립되고 그 주 사무소를 일리노이 주에 두고 있는 피고의 경쟁회사이다.

원고가 피고를 상대로, 피고의 제품이 원고의 특허('liquid water enhancers used in flavored drink mixes', 풍미가 가미된 액체 음료 농축물 및 포장에 관한 특허)를 침해하였다는 이유로 델라웨어 주 연방지방법원에 소를 제기하였다. 이에 피고는, 델라웨어 주에는 아무런 피고의 현존이 존재하지 않는바no local presence, 즉 누구와도 물품공급계약을 체결한 사실이 없으며no supply contract, 직접적인 구매청약no directly solicit sales을 한 바도 없다(델라웨어 주에서 피고 제품은 전체 매출의 약 2%가 못 미치는 정도)는 등의 이유로 델라웨어 법원은 부적절한 재판관할improper venue(167)(168)이라는 이유로 인디애나 주 연방지방법원으로 관할이송to transfer the venue 또는 소 각하to dismiss the case 신청을 하였다.

2. Venue 규정과 그 해석을 둘러싼 역사적 배경

※ §1391(c) (general venue provision) v. §1400(b) (patent venue provision)

1948년 미국 연방의회는 연방법전 제28편(정식 명칭이 따로 있는 것은 아니지만 사법과 사법절차 관련법이라고 통칭한다)에 현재와 같은 §1400(b) 규정을 둠과 동시에 §1391(c)의 'general venue statute' 규정을 도입하였다. 기업의 경우, 처음으로

(167) Venue defined.--As used in this chapter, the term "venue" refers to the geographic specification of the proper court or courts for the litigation of a civil action that is within the subject-matter jurisdiction of the district courts in general, and does not refer to any grant or restriction of subject-matter jurisdiction providing for a civil action to be adjudicated only by the district court for a particular district or districts.
〈http://codes.findlaw.com/us/title-28-judiciary-and-judicial-procedure/28-usc-sect-1390.html〉.

(168) venue는 우리나라에서나 일본에서 재판지(裁判地) 또는 법정지로 번역되는 것이 보통이다. 간혹 재판적이라는 개념으로 번역 · 사용되는 경우도 있기는 하지만 재판적(裁判籍, Gerichtsstand)이란 토지관할의 발생 원인이 되는 인적 · 물적인 관련지점(이시윤, 제9판 신민사소송법, 박영사(2015), 99면) 또는 연결점(한충수, 민사소송법, 박영사(2016), 57면)을 말하는 것으로 정확한 번역으로 보기는 어렵다. 우리 법상 정확하게 일치하는 개념은 없고 대체로 토지관할과 재판적의 개념을 포함한 것으로 볼 수 있다. 이하, 이 글에서는 이송의 대상이라는 관점에서 편의상 우리법상의 '재판관할' 또는 '관할'로 사용하거나 원어 그대로 'venue'라는 표현을 사용하기로 한다.

"the residence of a corporate defendant as 'any judicial district in which it is incorporated or licensed to do business or is doing business'" 이라 명문으로 규정하였는데, 이때 §1400(b)의 'reside' 개념 및 §1391(c)의 관계에 대한 해석이 문제가 되기 시작하였다. 연방대법원은 1957년 Fourco Glass 판결에서(169) 특허재판의 venue는 국내기업domestic corporation의 경우 법인이 설립된 주에서만 'reside' 한다고 판시하였다. 그런데 그 후 §1400(b) 규정에 대한 개정은 없었으나 §1391의 개정은 두 차례 있었다. 즉, 1988년 미국 연방의회는 피고 기업의 'residence'에 관하여 'any judicial district in which it is subject to personal jurisdiction at the time the action is commenced' 개념을 정의하는 규정을 두게 되었고, 2011년 "'for all venue purposes,' the residence of a corporate defendant includes any judicial district in which it 'is subject to personal jurisdictional with respect to the civil action in question'" 라는 규정을 두었다. 결국, 기업의 경우 일반 민사소송에서는 기업이 설립된 주in its state of incorporation 뿐만 아니라 송달 받을 수 있다면 어떤 주(in any state where it is subject to service of process)에서도 피고가 될 수 있다는 것이다. 그런데 이러한 일반규정이 특허침해사건의 venue 해석에도 미칠 것인가 하는 문제가 대두된 것이다. 미국 연방법원의 실무는 아래에서 보는 1990년 연방순회항소법원Court of Appeals for Federal Court: 'CAFC'의 'VE Holding 판결'에 따라 당연히 인정된다고 보아 왔다.(170)

3. 제1심 및 CAFC의 판단

제1심인 델라웨어 연방지방법원과 항소심인 CAFC는 모두 피고가 델라웨어주에 충분한 접촉이 있다는 이유로 위 이송신청을 받아들이지 않았다. 특허침해사건의 관할이 인정되는 근거로서 기업이 소재한다reside는 것은 §1391(c) 일반규정에서 밝히고 있는 것처럼 대인관할personal jurisdiction이 인정되는 모든 지역을 의미한다는 것이다. 이는 종전의 VE Holding 판결에 따른 것이다.

(169) Fourco Glass Co. v. Transmirra Products Corp., 353 U.S. 222 (1957).

(170) VE Holding Corp. v. Johnson Gas Appliance Co., 917 F.2d 1574 (Fed. Cir. 1990).

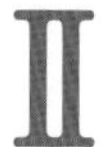

연방대법원 TC Heartland 판결의 요지와 의의

1. 판결의 요지

이 사건에서의 쟁점은 특허침해사건의 관할규정인 §1400(b)의 'reside'와 일반규정인 §1391(c)에서의 'residency'의 개념을 동일하게 해석할 수 있는가에 있다. 제1심과 CAFC는 VE Holdingp 판결에 따라 이를 동일하게 보았으나, 연방대법원은 특허침해사건의 관할은 §1400(b)에 의하여 결정되고 §1391(c)의 규정은 적용되지 않는다는 것이다(8인의 대법관 전원이 일치한 의견이다). 즉, 재판관할에 관한 일반규정 §1391(a)의 'except as otherwise provided by law' 규정은 이러한 예외를 분명히 밝힌 것이고 바로 'safer-harbor' 조항에 해당한다는 것이다. 따라서 TC Heartland는 델라웨어 주에서 설립된 법인이 아니므로 특허침해사건에서의 관할을 결정하는 'a resident'에 해당하지 않는다는 것이 그 결론이다.

연방대법원은 위 판결을 통하여 1957년의 Fourco Glass 판결(171)은 여전히 유효하고, 위 판결에 따라 §1400(b) 관할규정의 'reside'는 기업이 설립된 주the state of incorporation를 의미한다고 판시하면서 CAFC 판결을 파기하였다. 즉, 특허침해사건에서 피고 기업의 관할과 관련하여, 첫째, 국내 법인의 경우 'reside'는 법인이 설립된 곳만을 의미하고 둘째 피고의 침해행위act of infringement가 있고 정규적이고 고정된 사업장regular and established place of business이 존재하여야 한다는 점을 분명히 하였다.

다만, 위 판결은 첫째, 연방대법원은 Fourco 판결을 다시 판단한 것은 아니며, 둘째 위 판결에서의 venue 분석은 기업에 대한 특허침해사건의 venue에 관한 것이며, 비법인 단체unincorporated entities에 대하여 판단한 것은 아니다. 셋째, 위 판단은 외국기업에 대하여 분명하게 밝히지는 않았다.(172) 따라서 외국기업인 우리나라 기업의 경우 적용될 여지가 없고 종전처럼 여전히 미국 전역에서 소를 제기 당할 위험성은 그대로 남아 있다.

(171) Fourco Glass Co, v. Transmirra Products Corp., 353 U.S. 222 (1957).

(172) Timothy P. McAnulty, David C. Seastrunk, Max Miroff, Patent Venue Law, CIPA Journal, 3 (Oct. 2017).

2. 판결의 의의

TC Heartland 판결은 1990년부터 2017년까지 특허침해사건의 venue에 관한 판례법을 바꾼 것이 확실하고, 텍사스 동부 연방지방법원의 특허침해사건의 venue에 조종(the death knell)을 울린 것이라는 표현도 있다.(173)

이미 많은 특허침해소송이 텍사스 법원을 벗어나고 있으며, 많은 기업들이 주 사무소를 두고 있는 델라웨어 법원으로 상당한 정도의 사건이 이동하고 있다고 한다.

구체적으로 살펴보면 2017. 5. 22. 이후 텍사스 동부 연방지방법원은 91건이 접수되었으나 델라웨어 연방지방법원은 100건이 넘는 사건이 접수되었다. 그런데 2017. 1. 1.부터 2017. 5. 22.까지의 기간을 비교해 보면, 텍사스 법원은 548건, 델라웨어 법원은 223건 접수된 것으로 나타난다.(174)

이른바 특허 괴물이 자신에게 유리한 관할의 선택에 대하여 확실히 제한을 가한 것은 분명하지만 한편으로는 자금력이 충분하지 못한 특허 권리자의 경우 피고가 설립된 주에서 소송을 해야 한다면 더 큰 비용과 시간을 부담해야 하는 우려도 있다.

한편, 특허침해사건의 관할에 대한 분명한 판시에도 불구하고 여전히 해석의 여지가 남아 있는 문제도 있다. 첫째, 현재 계속 중인 사건에서는 피고가 부적절한 관할의 항변을 포기한 것으로 볼 것인지 아니면 여전히 제기할 수 있는 것인지가 문제이다. 둘째, 앞으로 특허침해사건에서는 피고인 국내기업이 설립된 주가 아니라면 proper venue를 갖기 위해서는 과연 §1400(b)의 'regular and established place of business'가 어떤 요건을 갖추어야 할 것인지 및 주장하는 침해행위가 어디에서 발생하였다고 볼 것인지에 관하여 논의가 집중될 것으로 예상하는 견해도 있다. 실제로 뒤에서 보는 2017년의 In re Cray 판결에서는 'regular and established place of business'의 이슈가 쟁점이 되었다.

(173) Keith Grady & Karen Morris, Denying TC Heartlamd Changed the Law on Venue Ignores Reality, IP Watchdog (Oct. 8, 2017).

(174) Timothy P. McAnulty, David C. Seastrunk, Max Miroff, Patent Venue Law, CIPA Journal, 4 (Oct. 2017).

TC Heartland 판결 이후의 연방 하급심 재판 실무와 전망

1. TC Heartland 판결 이전의 하급심 실무

CAFC는 앞서 본 것처럼 1948년 venue에 관한 일반규정에서 기업의 reside 개념을 도입한 후 두 번에 걸쳐 개정한 바 있으므로 이러한 개정을 근거로 1990년 VE Holding 판결에서 §1391(c)의 'a corporate resident' 규정은 특허침해사건의 재판지에 관한 §1400(b) 규정에도 적용된다고 판시하였다. 즉, 위 판결에 의하면, 피고 기업에 대하여 대인관할personal jurisdiction이 인정되는(미국에서 인적 관할은 'minimum contact'로 쉽게 인정되는 편임) 어떤 주에서도 특허 침해사건을 제기할 수 있게 된다. 피고가 침해한 것이라고 주장하는 제품이 판매되는 어떤 곳에서도 소송을 제기할 수 있게 되므로 그 결과 사실상 미국 연방 전역에서 소제기가 가능하게 되고, 조금이라도 특허 권리자에게 유리한 지역, 예를 들면 텍사스 동부 연방지방법원 같은 곳에 전략적으로 소송을 제기하게 되었다. 텍사스의 각 연방지방법원은 피고에게 불리한 증거개시절차나 손해배상액을 많이 인정하는 등의 이유로 특허 권리자에게 특히 유리한 곳으로 알려져 있다.(175) 따라서 피고는 그곳에서 물건이 팔린다는 것 외에는 전혀 연결점이 없는 경우에도 특허소송을 제기 당하게 되었다고 한다.

2. 계속 중인 사건에서 쟁점이 된 경우

연방소송규칙Federal Rule of Civil Procedure: "Rule" 12(b)(3) 규정에서 부적절한 venue 항변improper venue defense은 답변서를 제출하기 전 제출될 것을 요구하고 있다. 위 시기 전에 제출되지 않았다면 그 권리를 포기한 것으로 간주한다(Rule 12(h)(1)). 따라서 계속 중인 사건에서 답변서가 이미 제출된 후라면 다시 TC Heartland 판결을 들어 venue 이송신청을 할 수 있는가 하는 것이 문제된다.

TC Heartland 판결이 특허침해사건의 venue에 관한 판례법이 변경된 것으로 보는 것이 실무가들의 일반적인 견해이나, 하급심의 실무는 위 판결은 종전의 판례

(175) 미국에서 텍사스 동부 연방지방법원의 집중현상과 그 이유 및 비판에 관하여, 김세욱, 앞의 글 22~23면 이하 참조. 그런데 집중현상의 원인들로 텍사스 동부 연방지방법원이 증거개시절차나 준비기일의 지정이 빠르고 담당재판부의 예측가능성이 크다는 점을 들고 있는 것은 주목할 만하다.

를 다시 확인한 것으로 부적절한 관할항변은 이미 포기된 것으로 본다는 입장과 판례법의 변경으로 다시 항변을 제출할 수 있다는 입장으로 나눠진다. 흥미로운 것은 TC Heartland 판결이 판례법을 변경한 것이 아니라는 다수의 판단은 텍사스 동부 연방지방법원에서 나오고 있다.[176]

3. CAFC의 In re Cray 판결(2017년)[177]

2015년 매사추세츠 주에 본사를 두고 있는 원고 Raytheon은 슈퍼컴퓨터 제조회사로서 워싱턴 주 시애틀에 기반을 둔 Cray를 상대로 자신의 특허를 침해했다고 주장하며 Cray 직원이 살고 있는 지역인 텍사스 동부 연방지방법원에 소송을 제기하였다. 이에 피고인 Cray는 위 지역 내에서 침해행위를 한 바 없고 'regular and established place of business'도 없다고 주장하면서 이송신청을 하였다.

텍사스 동부 연방지방법원의 Gilstrap 판사는[178] 2017년 6월 텍사스 동부지역에서 Cray 직원의 집이 있고 해당 직원은 집에서 업무를 하였으며, 또한 회사는 집에서 업무를 할 수 있도록 행정적인 지원을 해주었다는 점을 들어 'regular and established place of business'가 존재한다고 판단하여, 위 이송신청을 받아들이지 않았다.[179]

그러나 CAFC는 위 제1심의 판단에는 'regular and established place of business' 법리에 대한 오해가 있다는 취지(court's interpretation impermissibly expands

---

(176) Keith Grady & Karen Morris, Denying TC Heartland Changed the Law on Venue Ignores Reality, IP Watchdog (Oct. 8, 2017).

(177) No. 2017-129, 2017 WL 4201535 (Fed. Cir. Sept. 21, 2017).

(178) James Rodney Gilstrap (born May 1, 1957) (also known as J. Rodney Gilstrap or Rodney Gilstrap) is the Chief United States District Judge of the United States District Court for the Eastern District of Texas. He is notable for presiding over more than one quarter of all patent infringement cases filed in the country and is often referred to by various sources as the country's single "busiest patent judge."
〈https://en.wikipedia.org/ wiki/James_Rodney_Gilstrap〉.

(179) Raytheon Co. v. Cray Inc., 2017 U.S. Dist. LEXIS 100887 (2017), Scott Graham, Inside Counsel, Texas Judge Sets Patent Venue Test for a Post-TC Heartland World.
〈http://www.insidecounsel.com/2017/07/06/texas-judge-sets-patent-venue-test-for-a-post-tc-h〉

the patent venue statute, 28 U.S.C. §1400(b))로 파기하였다. 즉, 피고 직원의 현존만으로는 §1400(b) 규정에 충분히 부합하지 않고 당해 지역 내에, (1) 피고의 사업이 행하여지는 물리적인 장소physical geographical location in the district가 존재하여야 하고, (2) 그 장소는 반드시 'regular and established place of business'여야 하며, (3) 그 장소는 반드시 피고의 장소여야 하고 피고 직원의 장소여서는 안 된다는 것이다.(180) 즉, 직원의 집은 피고의 'regular and established place of business'로 인정할 수 없으며, 더구나 직원이 회사의 허락 없어도 자유롭게 자신의 집을 이사할 수 있다면 이를 'regular and established place of business'로 인정할 수 없다는 것이다. 게다가 Cray는 이 직원의 집에 대하여 어떠한 소유나 임대 등의 권한을 가지고 있지도 않다. 결론적으로 1심법원의 Gilstrap 판사가 어떠한 물리적인 장소가 없어도 가능하다는 취지로 해석하는 것은 §1400(b) 규정을 부당하게 확대해석하였다는 것이다.

CAFC의 위 판결로 실무가들은 특허침해사건의 포럼쇼핑에 쐐기를 박았다거나, 텍사스 동부 연방지방법원은 더 이상 특허권자에게 매력적인 법원으로써의 지위를 잃게 되었음이 분명해졌다고 보는 입장이 많다.(181) 반면, Cray 판결과 같이 엄격하게 관할을 해석하게 되면 Amazon과 같은 가상기업virtual companies의 경우 피고가 설립된 주가 아니면 어느 곳에서도 소송을 제기하지 못할 우려를 표시하는 견해도 있다.(182)

4. 텍사스 연방지방법원의 탈피 경향

TC Heartland 판결 이후 텍사스 동부 연방지방법원의 탈피 현상은 뚜렷해진 것으로 보인다. 종전에는 소송제기의 약 1/3 비율을 차지했던 것이 이제는 약 1/7의 비율로 떨어지고, 델라웨어 지방법원의 경우 종전 약 1/8에서 1/4의 비율로 늘어나게 되었다. 그뿐만 아니라 거의 반 이상 늘어난 캘리포니아 지역의 북부 및 중앙 연방법원의 성장도 눈여겨 볼만하고 아울러 뉴저지나 뉴욕 연방지방법원에서도

(180) Keith Grady & Karen Morris, Denying TC Heartlamd Changed the Law on Venue Ignores Reality, IP Watchdog (Oct. 8, 2017).

(181) Patrick H. J. Hughes, Attorneys weigh in on impact of Federal Circuit Patent Venue Ruling In re Cray, 24 No. 13 Westlaw Journal Intellectual Property, 2 (2017).

(182) 〈http://www.patentdocs.org/2017/10/does-the-federal-circuits-in-re-cray-decision-suggest-a-new-business-model-for-savvy-infringers.html〉.

상당한 증가세를 보인다.(183)

IV 맺음말

미국 특허침해소송의 경우, 특허권자인 원고는 사실상 미국 전역의 연방지방법원에 소를 제기하는 것이 가능하다는 그동안의 미국 하급심법원의 실무관행이나 특히 텍사스 동부 연방지방법원에 집중되는 현상은 이번 TC Heartland 판결에 의해 상당한 정도로 바뀌게 되었다. 대상판결 그 자체로서 우리나라의 재판관할에 어떠한 시사를 주는 것은 아니지만 대상판결에서 미국의 국내기업에 한정된다는 판시가 분명한 이상 외국기업인 우리나라 기업의 경우 적용될 여지가 없고 종전처럼 여전히 미국 전역에서 소를 제기당할 위험성은 그대로 남았다. 아울러 최근 구체화 되고 있는 유럽연합의 통합특허법원Unified Patent Court에서의 토지관할과 국제재판관할(다만, 통합특허법원협정 제31조에 따르면 국제재판관할규정은 2012년의 브뤼셀규칙을 적용하게 되어 있음) 등에 관하여 비교분석을 통한 본격적인 연구가 필요한 것으로 보인다. 마침 2018년 이러한 국제적 경향을 반영한 법무부의 국제사법 개정 법률안이 현재 국회에 제출되어 있는바, 이와 관련한 여러 문제 제기와 활발한 논의를 기대한다.

(183) 자세한 통계의 변화는 다음과 같다:

	Year Prior to TC Heartland	Year After to TC Heartland	2018 (YTD)
E.D. Tex.	37.8%	14.7%	14.2%
D. Del.	12.6%	22.3%	24.0%
N.D. Cal.	3.4%	7.9%	10.1%
C.D. Cal.	6.0%	9.3%	8.2%
All other Venues	40.2%	45.8%	43.5%

* 출처: Alex Chachkes and Josh Montgomery, TC Heartland's Impact in 2018 (Dec. 12, 2018), Data collected from Lex Machina.

디자인보호법 판례연구

초판발행 2019년 8월 10일

저 자 디자인법연구회
펴낸이 안종만 · 안상준

편 집 정은희
기획/마케팅 조성호
표지디자인 조아라
제 작 우인도 · 고철민

펴낸곳 (주) 박영사
서울특별시 종로구 새문안로3길 36, 1601
등록 1959.3.11. 제300-1959-1호(倫)
전 화 02)733-6771
fax 02)736-4818
e-mail pys@pybook.co.kr
homepage www.pybook.co.kr
ISBN 979-11-303-3423-3 93360

정 가 49,000원